Werner Rau

MOBIL REISEN

BALTIKUM

Werner Rau

MOBIL REISEN

BALTIKUM

MOBILE TOURING HIGHLIGHTS
LITAUEN – LETTLAND – ESTLAND
KALININGRAD

**Die Grand Tour
für individuelles Wohnmobil-Cruising,
Caravaning & Van-Camper-Touring**

**Mit vor Ort ermittelten GPS-Koordinaten
und mit sechs Radtouren**

WERNER RAU VERLAG

Idee, Layout, Text, Karten, Stadtpläne und Fotos (falls nicht anders gekennzeichnet): Werner Rau
Titelgestaltung: HitzArtworks, 72667 Schlaitdorf
Titelfoto: Rīga (Lettland), Schwarzhäupterhaus und St. Petrikirche

4. komplett überarbeitete Auflage 2021/2022

Herstellung: Druckerei & Verlag Steinmeier, 86738 Deiningen
Printed in Germany

ISBN 978-3-926145-89-5
Geo Nr. 663 10190

Wir lassen nicht im Ausland drucken! Wir nehmen die Dienste heimischer Anbieter in Anspruch – der Umwelt und dem „ökologischen Fußabdruck" zuliebe.

INHALT

Zum Kennen lernen

Anreise

Die Touren – Mobil Reisen: Baltikum

Litauen (Lietuva)

Lettland (Latvija)

Estland (Eesti)

Estland (Eesti)

Oblast Kaliningrad

Radtouren

Praktische und nützliche Informationen von A bis Z

Kurzessays

Karten und Stadtpläne

EIN WORT ZUM BUCH

Individuell reisen und mehr erleben! Nicht suchen, sondern finden, erleben und genießen. Rau´s Reiseführer sagen konkret wo´s langgeht.

Reisebücher aus der neuen Reihe MOBIL REISEN sind handliche, praktische Reiseführer, maßgeschneidert sowohl fürs Reisemobil-Cruising als auch fürs Van-Camper-Touring und fürs Caravaning.

Zusammen mit ihren bewährten Tourenvorschlägen bilden Rau´s Reiseführer eine gelungene Mischung aus zeitgemäßer Informationsvielfalt, Kultur und aktuellen Tipps für täglich neue Reiseerlebnisse.

Gehen Sie mit dem vorliegenden Band „MOBIL REISEN: BALTIKUM" auf Ihre ganz individuelle Entdeckungsreise. Dieser Reiseführer bietet Ihnen ausgewählte Touren und Routenvorschläge zum Nachreisen, aber auch Stadtspaziergänge, Tipps zu Radl-Touren und vieles mehr.

Jeden Tag gibt es neue, liebliche oder dramatische Landschaften zu erkunden, Reisehöhepunkte zu erleben. Und jeden Abend können Sie auf behaglichen Campingplätzen oder auf naturnahen Stellplätzen Station machen. Denn auf jeder der vorgeschlagenen Touren finden Sie in diesem Band ausgesuchte Campingplätze aufgeführt und beschrieben. Und alle Campingplätze und Wohnmobilstellplätze sowie wichtige Sehenswürdigkeiten sind mit vor Ort erfassten GPS-Navigationskoordinaten versehen.

Neu aufgenommen haben wir Angaben zu Stellplätzen für Wohnmobile – soweit das für den Bereich des Baltikums möglich ist. Näheres zu Stellplätzen im Baltikum finden Sie weiter hinten im Buch in der Rubrik „Praktische und nützliche Informationen von A bis Z – Camping".

Alle Angaben in diesem Reiseführer sind mit größter Sorgfalt nach dem zum Zeitpunkt der Manuskripterstellung aktuellsten erreichbaren Stand zusammengestellt. Änderungen sind aber nicht auszuschließen, leider auch nicht Irrtümer. Und obwohl wir natürlich auf die Richtigkeit der Informationen achten, können wir für die gemachten Angaben keine Haftung übernehmen. Und alle genannten Preise sollten nur als Anhaltspunkte verstanden werden.

Die Entfernung der in diesem Reiseführer beschriebene Tour durch alle drei baltischen Staaten ist stattlich. Will man die Reise geruhsam angehen, das eine oder andere in Ruhe besichtigen oder auch mal eine Rad- oder Wandertour unternehmen, werden drei Wochen kaum dazu ausreichen. Planen Sie besser vier Wochen ein. Jeder hat natürlich seine eigenen Reisegewohnheiten. Und natürlich kann man die in diesem Reiseführer vorgeschlagenen Touren auch abkürzen oder ganz auslassen. Schauen Sie sich einfach den gelb unterlegten Vorspann vor jeder Tour an.

Die eigentliche Tour durchs Baltikum startet dann im litauischen Kaunas. Wer lieber über die Ostsee anreist, startet in Klaipėda, dem früheren Memel. Von dort geht es kreuz und quer nordwärts durch alle drei baltischen Staaten bis an die estnisch-russische Grenze bei Narva.

Verkehrstechnisch trifft man vor allem in den ländlichen Regionen noch auf wenig Verkehr, aber gelegentlich auch auf schlechte oder gar unbefestigte Wegstücke. Erwähnt werden muss aber auch, dass sich, nicht zuletzt mit EU-Unterstützung, der Zustand des Straßennetzes gebessert hat.

Zuschriften mit reiserelevanten Neuigkeiten aus dem Baltikum und Informationen zu neuen Stellplätzen sind immer sehr willkommen, unterstützen sie doch mein Bestreben, Rau´s Reiseführer aus der Reihe MOBIL REISEN immer auf dem neuesten Stand zu halten.

Zuschriften und Tipps zu neuen Campingplätzen und Stellplätzen für Wohnmobile stellen wir gerne auf unserer Webseite unter „Baltikum Updates" für alle Interessierten zur Verfügung, damit alle Reisende davon profitieren können.

Gute Reise!

EIN KURZPORTRÄT DER BALTISCHEN STAATEN

Das **Baltikum** besteht aus drei einzelnen Staaten, der **Republik Estland (Eesti Vabariik)**, der **Republik Lettland (Latvijas Republika)** und der **Republik Litauen (Lietuvos Respublika)**. Von Nord nach Süd kann man sich die Reihenfolge der Länder ganz einfach merken, indem man sie alphabetisch aufzählt.

Das Baltikum grenzt im Norden mit Estland an den Finnischen Meerbusen (Teil der Ostsee), im Westen an die Ostsee (früher auch *mare balticum*), im Osten an Russland und Weißrussland (Belarus) und im Süden mit Litauen an Polen und an die russische Oblast Kaliningrad.

Größe der Baltischen Länder

Das Baltikum mit rund 6 Mio. Einwohnern umfasst eine Fläche von ca. 175.016 qkm und ist damit knapp halb so groß wie die Bundesrepublik Deutschland. Davon entfallen auf Litauen (Lietuva), als größtem der drei Staaten, 65.200 qkm. Dies entspricht in etwa der Größe von Niedersachsen und Sachsen-Anhalt zusammen. Dafür hat Litauen allerdings den kürzesten Küstenabschnitt von nur 99 Kilometer Länge, inklusive einer der schönsten Küsten Europas, der Kurischen Nehrung.

Der flächenmäßig zweitgrößte Staat Lettland (Latvija) ist mit 64.589 qkm nur etwas kleiner als Litauen. Lettland hat von den drei Staaten die längste West-Ost-Ausdehnung von knapp 450 km Länge. Bei einem Blick auf die Karte fällt in Lettland als erstes die Rīgaer Bucht auf, die im Norden von der estnischen Insel Saaremaa flankiert wird.

Estland (Eesti) ist mit seinen 45.227 qkm der kleinste baltische Staat und im Vergleich etwas kleiner als Niedersachsen.

Wer vom Baltikum spricht, darf aber dabei auch nicht das russische Gebiet um Königsberg vergessen. Diese Exklave grenzt im Süden an Polen und im Norden und Osten an Litauen, sowie im Westen an die Ostsee. Hier teilt sich Russland die Kurische Nehrung mit Litauen.

ESTLAND (EESTI)

Das nördlichste der Baltischen Länder, Estland, grenzt an Russland sowie im Süden des Landes an Lettland.

Bevölkerung

In Estland leben etwas weniger als 1,3 Millionen Menschen und es werden seit einigen Jahren immer weniger Menschen. Dabei spielt Auswanderung bei dem Bevölkerungsrückgang aber weniger eine Rolle. Die Mehrzahl der Einwohner sind Esten mit einem Bevölkerungsanteil von 65%, sowie Russen mit 28%. Die restlichen 7% teilen sich Ukrainer, Weißrussen und Finnen. Die Bevölkerungsdichte liegt im Schnitt bei 29 Einwohnern je qkm. Allerdings leben über 70% der Esten in den Städten.

Rund ein Drittel der Bevölkerung gehört der **evangelisch-lutherischen** Glaubensrichtung an. In der von Russen dominierten Region herrscht der **russisch-orthodoxe** Glaube vor, dies entspricht rund 20% der gläubigen Bevölkerung.

Der überwiegende Teil der Bevölkerung lebt in der **Hauptstadt Tallinn** (ca. 435.000 Einwohner), die sich lediglich 80 km von der finnischen Hauptstadt Helsinki entfernt befindet. Die nächsten größeren Städte sind Tartu (98.000), Narva (58.000) und Kohtla-Järve (43.000).

Die offizielle **Amtssprache** ist Estnisch, man spricht aber auch viel Russisch. Immer mehr setzen sich aber auch Englisch, Finnisch und Deutsch durch. Estnisch gehört, wie Finnisch und Ungarisch zur finno-ugrischen Sprachgruppe.

Nationalfeiertag ist der 24. Februar (Tag der Unabhängigkeit 1918). Die **Nationalhymne** beginnt mit den Worten: „Mein Vaterland, mein Glück …".

In Estland gilt die **Osteuropäische Zeit** (OEZ = MEZ+1). Von Ende März bis Ende Oktober gilt die Sommerzeit, bei der die Uhr um eine Stunde vorgegestellt wird.

Die estnische **Nationalflagge** besteht aus drei quer verlaufenden gleich hohen Balken. Von oben nach unten sind diese blau, schwarz und weiß. Diese Farben symbolisieren den Himmel, die Erde und den Frieden.

Staatswesen und Verwaltung

Im Jahr 1991 erlangte Estland als parlamentarische Republik wieder seine Unabhängigkeit von der Sowjetunion und bestätigte im Jahr darauf durch ein Referendum die derzeit gültige Verfassung. Der estnische Präsident, derzeit Präsidentin Kersti Kaljulaid, ist das Oberhaupt des Staates. Die Regierung wird vom Premierminister, derzeit Jüri Ratas, geführt.

Die Unabhängigkeit wird am 24. Februar gefeiert, dem Tag, an dem 1918 die Unabhängigkeit der ersten estnischen Republik ausgerufen werden konnte. Der Tag an welchem im ausgehenden letzten Jahrhundert (1991) die Freiheit von der Sowjetbesetzung errungen wurde gilt deshalb nicht als „Tag der Unabhängigkeit", da es sich hier ja nicht um die ursprüngliche Proklamation der Unabhängigkeit handelte, sondern um die Wiedererlangung und das Wiederaufleben bereits bestehender Rechte.

Wirtschaftliche Schwerpunkte

Der Handel mit Rohstoffen und Erzeugnissen aus den Bereichen Holz, Textil und Metall stellt den Kern der estnischen Wirtschaft dar. Hier wird etwa ein Drittel des Bruttoinlandsproduktes generiert. Zusätzlich wird die Wirtschaft auch durch den Servicesektor, insbesondere in den Branchen Transport und Tourismus, gestützt. Alleine der Bereich Tourismus trägt zu einem knappen Drittel zum Bruttoinlandsprodukt bei.

Das Volumen des Güterumschlags, insbesondere des Transithandels mit Öl aus Russland, sowie des Passagierverkehrs verzeichnet seit Jahren zweistellige Zuwachsraten. Die Landwirtschaft spielt hingegen nur noch eine untergeordnete Rolle. Ihr Anteil liegt mittlerweile bei unter 4%.

Liberale Bedingungen in der Außenwirtschaftspolitik sowie die EU-Mitgliedschaft seit 2004 und ein Einkommensteuersatz von 26% schaffen gute Investitionsbedingungen für ausländische Unternehmen. Die Privatisierung der früheren Staatsbetriebe ist inzwischen abgeschlossen.

Umweltpolitisch problematisch war lange Zeit insbesondere die anhaltende Luftverschmutzung in der Region Ida-Virumaa im Nordosten des Landes. Bei der Verbrennung von Ölschiefer, die etwa 90% der Strom- und Wärmeversorgung sicherte, entstanden 88% des Gesamtausstoßes an Stickstoff und 95% des Staubs (feste Partikel) in Estland. Die Modernisierung der Großkraftwerke fand mit Hilfe ausländischer Finanzmittel, u.a. mit einem Darlehen der Kreditanstalt für Wiederaufbau in Höhe von € 90 Mio. statt.

Über die Hälfte des verbrannten Ölschiefers blieb als Asche zurück, die auf Halden gelagert wurde. Hinzu kam das Problem der Landschaftszerstörung durch die Tagebaue, in denen der Ölschiefer gewonnen wurde.

Alternative Energieträger steckten lange in den Kinderschuhen. Allerdings wurde bereits vor Jahren ein Windpark zur Energiegewinnung westlich von Tallinn angelegt. Dieser wurde gerne in der Bevölkerung als Sehenswürdigkeit deklariert, so stolz waren die Esten auf die neue Technologie, die im Übrigen durch die Bundesrepublik Deutschland gefördert wurde.

Was weiterhin Probleme bereitet, ist die Entsorgung des ständig zunehmenden Konsumabfalls. Durch die Schließung veralteter Deponien wird die Anzahl der Deponien deutlich verringert und das Müllaufkommen auf wenige Deponien konzentriert, die den EU-Standards angepasst werden können.

Durch die damit verbundenen höheren Kosten und der insbesondere im ländlichen Raum noch nicht befriedigend geregelten Entsorgung entstehen landesweit immer mehr wilde Deponien. Bisher werden erst etwa 10% des anfallenden Mülls wiederverwertet. Doch seit einiger Zeit werden auch Sammelsysteme für organischen Abfall in größeren Städten eingerichtet. Kleinere Gemeinden sollen in nächster Zeit folgen.

Trotz einer recht langen Übergangszeit bewirkten die EU-Beitrittsverhandlungen auch hier einen Wechsel in der Politik und stärken auf lange Sicht das Bewusstsein für die Bewahrung einer möglichst intakten Lebensumwelt.

Stolz ist Estland dagegen auf seine digitalen Technologien. Zum Beispiel sind in Estland fast 100 Prozent aller verwaltungstechnischen Aufgaben - von der Geburt bis zur Sterbeurkunde - digital zu erledigen bzw. vom heimischen Computer aus machbar. Und Estland war schon vor Jahren das erste Land weltweit, in dem Wahlen, zunächst Gemeinderatswahlen, digital möglich waren. Auch das Gesundheitssystem ist vernetzt, was den Vorteil hat, dass in einem Notfall jeder Arzt auf die Patientendaten zugreifen kann.

Landesnatur

Estland liegt im nordwestlichen Teil des Osteuropäischen Plateaus, wo die Höhenunterschiede klein sind. Der Südosten und Osten des Landes liegen nur ein wenig höher als der westliche Landesteil. Die durchschnittliche Höhenlage beträgt 50 m über dem Meeresspiegel. Der höchste Gipfel (der **Grosse Eierberg = Suur Munamägi**) ragt gerade mal 318 m über dem Meeresspiegel empor.

Zum Staatengebiet gehören über 1.500 kleinere und größere **Inseln**. Die wichtigsten hiervon sind **Saaremaa, Hiiumaa, Muhu** und **Vormsi**. Insgesamt nehmen die Inseln etwa 9,2% der Landfläche Estlands ein.

Die Küstenlinie, inklusive der Inseln, beträgt stattliche 3.794 km. Dort befinden sich zahlreiche kleine Buchten mit Sandstränden, Schärenlandschaften und zerklüftete Steilküsten.

Die artenreiche Pflanzenwelt im Binnenland und an den Buchten der Ostsee bietet Zugvögeln im Frühjahr und Herbst reiche Nahrung. In der Rīgaer Bucht und in der Meerenge Väinameri nähren sich Millionen von Eisenten, Samt- und Trauerenten und auf den Strandwiesen halten sich hunderttausende von Weißwangen- und Ringelgänsen auf.

Im Binnenland gibt es fast ebenso viele Seen wie Inseln vor der Küste, 1.400 an der Zahl. Der größte von ihnen, der **Peipussee**, grenzt im Osten direkt an Russland und erstreckt sich über eine Fläche von 3.555 qkm. Er ist damit der viertgrößte See Europas.

LETTLAND (LATVIJA)

Lettland grenzt einerseits an die Ostsee und andererseits an Belarus (Weißrussland) und Russland sowie im Süden an Litauen.

Bevölkerung

Die Gesamteinwohnerzahl beträgt fast 2 Mio. Einwohner. Davon entfallen rund 56% auf Letten, 32% sind Russen, 4% Weißrussen und 3% Ukrainer. Andere nationale Minderheiten sind Polen und Litauer. Weit mehr als die Hälfte der Bevölkerung lebt in den Städten.

Die Gesamtbevölkerung verteilt sich auf einer Fläche von 64.589 qkm. So ergibt sich eine **Bevölkerungsdichte** von 31 Einwohnern pro qkm.

Der größte Teil der Bevölkerung gehört der **evangelisch-lutherischen Kirche** an. Im Osten des Landes dominiert jedoch die römisch-katholische Kirche. Neben der russisch-orthodoxen und der Jüdischen Synagogengemeinschaft existiert die deutsch evangelisch-lutherische Kirche mit 5 Gemeinden.

Die **Hauptstadt Rīga** liegt südöstlich der Rīgaer Bucht und hat bei sinkender Tendenz noch fast 700.000 Einwohner. Die zweitgrößte Stadt Lettlands ist Daugavpils im Südosten des Landes und hat nur noch 95.000 Einwohner. Von der Einwohnerzahl dicht gefolgt wird sie von der Hafen- und Industriestadt Liepāja.

Die offizielle **Amtssprache** ist Lettisch. Russisch ist allerdings weit verbreitet.

Nationalfeiertag ist der Tag der Proklamation im Jahr 1918, der 18. November. Die **Nationalhymne** beginnt mit den Worten: "Gott, segne Lettland ...".

In Lettland gilt wie in Estland die **Osteuropäische Zeit** (OEZ = MEZ +1). Von Ende März bis Ende Oktober gilt wie in Deutschland die Sommerzeit, bei der die Zeit um eine Stunde vorgestellt wird.

Die lettische **Nationalflagge** erinnert ein wenig an die Österreichische. Drei horizontal verlaufende Balken in den Farben rot-weiß-rot. Allerdings sind die roten Balken etwas größer und haben einen anderen Rotton als die des Alpenlandes.

Staatswesen und Verwaltung

Die Republik Lettland ist eine parlamentarische Demokratie westlichen Musters. Die Gemeinden haben einen relativ begrenzten Kreis von Zuständigkeiten.

Die Verfassung, auf Lettisch **Satversme,** stammt aus dem Jahr 1922 und wurde am 21.08.1991 wieder in Kraft gesetzt.

Von der ursprünglichen Verfassung weichen einzelne Bestimmungen ab, die 1991 ergänzt oder geändert wurden. So liegt beispielsweise das Wahlalter jetzt bei 18 Jahren und die Amtszeit des Parlaments beträgt nunmehr vier Jahre. Die Grundrechte sind in einem 1992 beschlossenen Gesetz niedergelegt.

Wichtigstes Staatsorgan ist das aus einer Kammer bestehende Parlament **Saeima**. Es verfügt über sehr weitgehende Kompetenzen, auch bei der Bestellung von Amtsträgern: So wählt es z. B. sämtliche Richter.

Als Staatspräsident fungiert derzeit Egils Levits und als Ministerpräsident steht Arturs Krišjānis Kariņš der Regierung vor.

Wirtschaftliche Schwerpunkte

Einstmals war Lettland von der Landwirtschaft geprägt. Seit dem Jahr 1945 ist die Wirtschaft des Landes aber einem Strukturwandel unterworfen, der das Land von einem agrarreichen Staat zu einer modernen Industrieregion verwandelte. Zu Zeiten der Sowjetunion war der Grad der Industrialisierung und der Verkehrserschließung weit höher als der sowjetische Durchschnitt.

Allerdings profitierten die Letten lange nicht vom Reichtum ihrer Republik. Sie mussten im Rahmen der Wirtschaftsplanung den größten Teil ihrer produzierten Güter in die anderen Sowjetrepubliken liefern.

Die Wirtschaft des Landes ist mittlerweile fast komplett privatisiert. Und auch sozialstaatliche Elemente des Wirtschaftssystems sind in Form von Koalitionsfreiheit, Mindestlohn, Arbeitslosenunterstützung, Kündigungsschutz, Lohnfortzahlung im Krankheitsfall und Altersrente verwirklicht, ihre Weiterentwicklung stößt jedoch an finanzielle Grenzen.

Der lettische Außenhandel verzeichnet seit Jahren einen Anstieg im zweistelligen Prozentbereich. Exportiert werden hauptsächlich Holzprodukte, Textilien, Metallwaren, Chemikalien und Maschinen. Die Einfuhr wird dominiert von Maschinen und Ausrüstungen, Textilwaren und Lebensmittel.

Größter nationaler Außenhandelspartner Lettlands ist Deutschland mit einem Anteil von 15,7 % an den Gesamtexporten und 17,1 % an den Gesamtimporten. Weitere wichtige Handelspartner Lettlands sind Großbritannien, Schweden, Russland, Finnland, Litauen, Dänemark und Estland.

Landesnatur

Lettland bietet - mit seiner Lage nur wenig nördlich des geographischen Mittes Europas - fast unberührte Natur. An der 497 km langen Küste wechseln sich weiße Sandstrände mit felsigen Abschnitten ab. Und in Lettland findet man den längsten Sandstrand Europas. Viele Strandabschnitte sind mit der begehrten „Blauen Flagge" ausgezeichnet.

Mehr als 2.000 Seen und über 12.000 Flüsse und Bäche befinden sich im Landesinneren.

Die Hälfte des Landes ist von Kiefern- und Mischwäldern bedeckt, uralte majestätische Eichen, Linden und Eschen, früher als Heiligtümer verehrt, gelten heute noch als Nationalsymbol.

Große Vogelpopulationen, darunter einige seltene Arten, zeugen von einem intakten Ökosystem. So können im Sommer in ganz Lettland Weißstörche aus unmittelbarer Nähe beobachtet werden. Und mit etwas Glück kann man sogar einen der selteneren Schwarzstörche erspähen.

Mit 311m ist der zentral in der Landesmitte gelegene **Gaizinkalns** der höchste Punkt des Landes.

Der Fluss **Daugava**, der nordwestlich von Moskau entspringt, teilt das Land in zwei Hälften. Er erreicht im Südwesten des Landes bei Daugavpils lettisches Staatsgebiet, fließt quer durch das Land und mündet schließlich bei Rīga in die Ostsee.

Einen Superlativ, den der mittlere Baltikumstaat vorweisen kann, ist die **Ventas rumba**. Hierbei handelt es sich mit seinen 249 Metern um den breitesten „Wasserfall" Europas. Er befindet sich rund 5 Kilometer südlich von Kuldīga, das wiederum 90 Kilometer nordöstlich von Liepāja liegt.

LITAUEN (LIETUVA)

Der südlichste der drei baltischen Staaten, Litauen, grenzt nicht nur an Belarus (Weißrussland) und Polen, sondern auch an die Ostsee und an die russische Exklave um Kaliningrad, dem ehemaligen Königsberg.

Bevölkerung

Bei Litauen handelt es sich nicht nur um das flächenmäßig größte Land des Baltikums, es ist auch mit fast 2,8 Mio. Menschen der einwohnerstärkste Staat. Von den Bewohnern sind 83,5% Litauer, 6,7% Polen und 6,3% Russen. Daneben leben in Litauen noch weitere Nationalitäten, wie Weißrussen und Ukrainer in einer geringen Minderheit.

Gleichzeitig ist Litauen mit 44 Einwohnern je qkm auch das am dichtesten besiedelte Land. Im Vergleich zu Deutschland (230 Einwohner/qkm) ist Litauen aber noch relativ dünn besiedelt.

Die meisten Menschen leben auch hier in den Städten, und zwar 70% der Bevölkerung.

Die Nähe zu Polen macht sich in der Religionszugehörigkeit stark bemerkbar. So ist der größte Teil der Litauer **katholisch**. Daneben bekennen sich einige zum Protestismus sowie zur russisch-orthodoxen Kirche.

Vilnius ist die einzige Hauptstadt des Baltikums, die nicht an der Ostsee liegt. Vilnius liegt lediglich 40 Kilometer von der polnischen Grenze und nur 30 Kilometer von der Grenze zu Belarus (Weißrussland) entfernt im äußersten Südosten des Landes. Gleichzeitig ist Vilnius, das am Zusammenfluss der Neris und der Vilnia liegt, mit fast 575.000 Einwohnern die größte Stadt Litauens. Weitere wichtige Städte sind Kaunas mit rund 305.000 Einwohnern sowie Klaipėda (163.000 Einwohner).

Die **Amtssprache** ist Litauisch.

Litauen verfügt über drei **Nationalfeiertage**. Am 16. Februar wird die Wiederherstellung der Souveränität von 1918 gefeiert. Das Original des Verkündungstextes der Unabhängigkeit wurde Ende März 2017 im Politischen Archiv des Auswärtigen Amtes gefunden. Außerdem feiert Litauen den 11. März als Tag der Wiederherstellung der Unabhängigkeit sowie am 06. Juli die Staatsgründung im Jahr 1250 mit der Krönung von Fürst Mindaugas.

In Litauen gilt ebenfalls die **Osteuropäische Zeit** (OEZ = MEZ +1).

So wie in den anderen beiden baltischen Staaten hat auch in Litauen die **Nationalflagge** drei quer verlaufende Balken. Von oben nach unten ist sie gelb, grün und rot.

Die **Nationalhymne** beginnt mit den Worten: „Litauen, unser Vaterland, ".

Staatswesen und Verwaltung

Litauen ist eine parlamentarische Demokratie mit ausgeprägten präsidialen Elementen.

Am 25.10.1992 wurde durch ein Referendum die Verfassung angenommen. In ihr ist die Gewaltenteilung von Exekutive, Legislative und Jurisdiktion verankert. Sie enthält einen Grundrechtskatalog, der dem deutschen Grundgesetz vergleichbar ist.

Das Parlament **„Seimas"** besteht aus einer Kammer mit 141 Abgeordneten. Das Parlament wird alle vier Jahre neu gewählt.

Staatspräsident ist derzeit Gitanas Nausėda und als Ministerpräsident fungiert zur Zeit Saulius Skvernelis.

Wirtschaftliche Schwerpunkte

Nachdem die litauische Wirtschaftspolitik in den letzten Jahren erfolgreich sowohl das Haushaltsdefizit als auch das Leistungsbilanzdefizit senken konnte, muss sie sich nun auf die Verringerung der Arbeitslosigkeit und den Umbau des sozialen Systems konzentrieren. Die Privatisierungspolitik macht weiter Fortschritte.

Der durchschnittliche Lebensstandard in Litauen liegt jedoch nur bei circa 30 % des EU-Durchschnitts. Damit gehört Litauen zu den ärmsten EU-Ländern. Ein Sechstel aller Beschäftigten ist in der Landwirtschaft tätig.

Der Energiesektor Litauens ist durch Großinvestitionen früherer sowjetischer Regierungen geprägt: Die Raffinerie Mažeikiai ist das umsatzstärkste Unternehmen des Landes; das ehemalige Kernkraftwerk Ignalina (vom Typ „Tschernobyl-Reaktor") bei Druksiai verfügte über höhere Stromerzeugungskapazitäten (2600 MW) als der damalige maximale Stromverbrauch ganz Litauens. Doch im Rahmen der Beitrittsverhandlungen zur EU wurde gefordert, dass dieses einzige Atomkraftwerk des Baltikums stillgelegt wird. Ende 2009 wurde es endgültig heruntergefahren. Möglicherweise wird es noch bis in die 2030er-Jahre dauern, bis das Kraftwerk vollständig demontiert ist.

Landesnatur

Die litauische Ostseeküste ist geprägt von der **Kurischen Nehrung**, die auch als „Sahara Europas" bezeichnet wird.

Bei der Kurischen Nehrung handelt es sich um eine etwa 100 Kilometer lange Landzunge aus Wald- und Sanddünen. An ihrer breitesten Stelle bringt sie es auf 1.500 m, die engste Stelle ist knapp 400 m breit.

Von Klaipėda setzt man mit einer Fähre über das Haff. Ohne Visum für Russland kann man jedoch nur den nördlichen Abschnitt bereisen, denn Litauen und das Kaliningrader Gebiet teilen sich die Nehrung jeweils zur Hälfte.

Die Kurische Nehrung ist Nationalpark und als Weltkulturerbe der UNESCO in die Liste der schützenswertesten Naturparks aufgenommen.

Bis zu 60 m hoch türmt sich der Sand an der Nehrung. 50 km feinster Sandstrand, dahinter ein Kiefernwald, in dem Elche und Wildschweine zu Hause sind.

Das dazugehörige Kurische Haff zwischen der Halbinsel und dem litauischen Festland ist dreimal so groß wie der Bodensee und gleichzeitig ein Paradies für Angler und Ornithologen.

Ähnlich wie Lettland ist auch Litauen überwiegend mit Wald bedeckt. Und Litauen zählt nicht weniger als 3.000 Seen.

Die höchste Erhebung Litauens, der 284 m hohe **Būdakalnis,** liegt im baltischen Hochrücken.

GESCHICHTE IN STICHWORTEN

Die ersten Anzeichen frühgeschichtlicher Siedlungen haben die Jäger und Sammler der **Kunda-Kultur** hinterlassen. Sie wird zurückdatiert auf die Zeit um 9000 Jahre v. Chr.

6000 Jahre später wanderten Vorfahren finno-ugrischer Stämme in die Küstenregion ein und besiedelten neben den Ureinwohnern die baltische Region.

Ab der Zeit um Christi Geburt begann der rege Handel mit Bernstein. Hauptabnehmer war damals das Römische Reich.

7. – 9. Jh. n. Chr. – Die Wikinger beginnen mit ihren Raubzügen und fallen in die baltische Region ein.

1009 – Der Name Litauen wird in den Quedlinburger Annalen erstmalig erwähnt.

1030 – Fürst Jaroslaw fällt in Estland ein und baut die Burg Tartu.

11. – 12. Jh. – Die Russen streben nach Westen, werden aber von den Semgallen geschlagen und geben ihre Bestrebungen auf.

1180 – Kaufleute und Missionare besegeln die Küste. Die blutige Missionierung begann unter dem Orden von Meinhard von Segeberg.

1201 – Bischof Albert I. gründet an der Mündung der Düna (Daugava) die Festung Riga.

1208 – Der Degenorden beginnt in Estland mit Gewalt die Christianisierung.

1219 – Der dänische König Waldemar II. erobert die Burg Toompea und lässt die Festung Reval errichten. Damit ist die heutige Stadt Tallinn gegründet. Der Name Tallinn stammt aus dem dänischen und bedeutet „die dänische Stadt" (Taani linn).

1237 – Der livländische deutsche Ordensritterstaat wird gegründet.

1253 – Die einzelnen Fürstentümer werden unter König Mindaugas nach seiner Krönung zu einem gemeinsamen Staat vereinigt. Gleichzeitig wird Riga Erzbistum und bedeutende Hansestadt.

1323 – Die heutige Hauptstadt Litauens, Vilnius, wird erstmals urkundlich erwähnt.

1346 – Die Dänen verkaufen Tallinn an den Deutschen Orden

1386 – Durch die „Krakauer Hochzeit" zwischen dem litauischen Großfürsten Jagiełło und der polnischen Prinzessin Hedwig werden diese beiden Länder nun durch die polnisch-litauische Dynastie der Jagellonen regiert.

1387 – Die Christianisierung Litauens beginnt.

1392 – Der Großfürst Vytautas herrscht über Litauen. Unter ihm erlangt das Land seine größte Ausdehnung von der Ostsee bis zum Schwarzen Meer.

1410 – Die Schlacht bei Tannenberg bedeutet für den Deutschen Orden eine herbe Niederlage gegen das polnisch-litauische Heer.

16. Jh. – Die Reformation beginnt.

1558 – 1595 – Der Livländische Krieg verwüstet weite Teile der Region, Estland gehört nun zu Schweden.

1621 – Gustav II. Adolf erobert Riga und die größten Teile Livlands.

1700 – 1721 – Großer Nordischer Krieg. Estland und Livland fallen an Russland.

1795 – Das polnisch-litauische Doppelreich zerfällt und Litauen sowie das Herzogtum Kurland und Semgallen fallen ebenfalls an Russland.

1816 – Aufhebung der Leibeigenschaft in Estland.

1817 – Auch in Kurland wird die Leibeigenschaft aufgehoben

1869 – 1873 – Die ersten Liederfeste in Estland (Tartu) und Lettland (Riga) finden statt.

1905 – Russische Revolution. Die Revolution wird von Russland niedergeschlagen. Es finden Massenstreiks statt. Tausende von Aufständischen werden hingerichtet. Litauen erhält einen eigenen Landtag.

1914 – 1918 – Der Erste Weltkrieg. Litauen wird bereits im Jahr 1915 von deutschen Truppen besetzt. Im Februar 1918 ist das gesamte Baltikum von Deutschland besetzt.

16. 02. 1918 – Nach Ende des Ersten Weltkrieges wird Litauen als erster baltischer Staat wieder unabhängig.

24. 02. 1918 – Nur acht Tage später erlangt auch Estland seine Unabhängigkeit.

18. 11. 1918 – Als letzter Staat im Baltikum ruft auch Lettland seine Unabhängigkeit aus.

1920 – Alle drei baltischen Staaten schließen einen Friedensvertrag mit Russland ab.

1921 – 1922 – Estland, Lettland und Litauen werden in den Völkerbund aufgenommen.

23. 08. 1939 – Deutschland und Russland vereinbaren einen Nichtangriffspakt (Hitler-Stalin-Pakt).

01. 09. 1939 – Deutschland überfällt Polen und löst damit den Zweiten Weltkrieg aus.

1940 – Als Folge des Krieges annektiert Russland die baltischen Staaten. Damit ist die Unabhängigkeit dieser Staaten nach nur zwei Jahrzehnten beendet. Die drei Staaten sind nun Sowjetrepubliken. Massendeportationen nach Sibirien werden durchgeführt.

1941 – 1944 – Nazi-Deutschland besetzt das Baltikum und beginnt sofort mit der Judenvernichtung.

08. 05. 1945 – Kapitulation der deutschen Wehrmacht. Die baltischen Staaten werden von der Sowjetunion zurückerobert und sind fortan wieder Sowjetrepubliken.

1949 – Hunderttausende sind weiterhin auf der Flucht. Es folgt die zweite große Deportationswelle nach Sibirien. Viele Balten feiern die Sowjets nicht als Befreier, sondern bekämpfen sie als Partisanen.

1985 – Michail Gorbatschow wird zum Obersten Sowjet gewählt.

1988 – In Litauen wird die nationale Volksbewegung „Sajudis" gegründet, in Lettland die Volksfront „Tautas Fronte" und in Estland die Volksfront „Rahvarinne". Am 11. September findet die „Singende Revolution" statt, bei der 300.000 Menschen in Tallinn eine Kundgebung der Volksfront abhalten.

16. 11. 1988 – Estland erklärt seine Souveränität.

28. 07. 1989 – Auch Lettland erklärt seine Souveränität.

23. 08. 1989 – Zum 50. Jahrestag des Hitler-Stalin-Paktes erinnert eine 600 km lange Menschenkette, an der über eine Million Menschen teilnehmen. Die Menschenkette, die als „Baltischer Weg" in die Geschichte eingeht, beginnt in der litauischen Hauptstadt Vilnius und verläuft über Riga bis nach Tallinn.

11. 03. 1990 – Litauen erklärt seine Unabhängigkeit. Die Sowjetunion verhängt daraufhin eine Wirtschaftsblockade.

04. 05. 1990 – Lettland erlässt eine Unabhängigkeitserklärung.

14. 05. 1990 – Die Unabhängigkeitserklärung Estlands wird von Moskau nicht anerkannt.

Januar 1991 – Putschversuch in Lettland und Litauen, das mit Blutvergießen endet. Sowjetische Soldaten stürmen in Vilnius das Parlament und den Fernsehturm. Dabei sterben 14 Menschen. In Riga wird das Innenministerium gestürmt. Vier Menschen sterben bei diesem Versuch.

02. 06. 1991 – Der neu gewählte russische Staatspräsident Boris Jelzin erkennt die Unabhängigkeitserklärungen der drei baltischen Staaten an.

19. 08. 1991 – In Moskau erfolgt ein Putschversuch. Dieser wird niedergeschlagen. Daraufhin setzen die drei Staaten nun ihre Unabhängigkeit durch.

26. 08. 1991 – Island ist weltweit der erste Staat, der die drei Republiken anerkennt.

06. 09. 1991 – Nun hat auch der Staatsrat der UdSSR die drei Baltischen Staaten als unabhängig anerkannt.

September 1991 – Estland, Lettland und Litauen werden in die UNO aufgenommen.

1993 – Estland und Litauen werden Mitglied des Europarates. In Estland wird die neue Währung „Kroon" und in Lettland die Währung „Lat" eingeführt. Litauen führt die Währung „Litas" ein.

1994 – Die Altstadt von Vilnius zählt ab sofort zum Weltkulturerbe der UNESCO.

Am 28. September sinkt das Fährschiff „MS ESTONIA" auf dem Weg von Tallinn nach Stockholm. Das Schiffsunglück mit 850 Opfern ist die schwerste Schiffskatastrophe der europäischen Nachkriegszeit.

1995 – Lettland wird ebenfalls Mitglied des Europarates.

1997 – Die Altstädte von Tallinn und Riga werden zum Weltkulturerbe der UNESCO erhoben.

2000 – Als Weltnaturerbe der UNESCO zählt grenzüberschreitend die Kurische Nehrung in Litauen und Russland.

2001 – Estland gewinnt den Eurovision Song Contest.

2002 – Als Sieger des vorjährigen Eurovision Song Contest findet dieser in Tallinn statt. Gewinner ist dieses Mal das Nachbarland Lettland, weshalb im Jahr 2003 Riga der Austragungsort für den Musikwettbewerb ist.

2004 – Die drei baltischen Staaten werden Mitglied der Europäischen Union (EU). Außerdem werden die ehemaligen Wehrburgen von Kernavė in Litauen auf die Liste der Weltkulturerben gesetzt. Estland erhält zudem mit Matsalu seinen fünften Nationalpark. Die lettische Fußballnationalmannschaft nimmt zum ersten und bisher einzigen Mal an einer Europameisterschaft teil und scheidet in der Vorrunde aus.

2005 – Der Struve-Bogen ist eine nicht sichtbare Messlinie, die sich von Norwegen bis zum Schwarzen Meer erstreckt und auch durch alle drei baltischen Staaten verläuft. Der Bogen und die damit verbundenen Messpunkte werden in die Liste der Weltkulturerben aufgenommen.

2006 – In Riga findet die Eishockey-Weltmeisterschaft statt.

2007 – Alle drei baltischen Staaten werden zusammen mit Polen Mitglied des Schengen-Raumes, sodass man über Land ohne Grenzkontrollen von Deutschland bis Tallinn reisen kann. Der Rāzna-Nationalpark ist der vierte in Lettland.

2009 – Vilnius ist Europäische Kulturhauptstadt.

2010 – Die Eiskunstlauf-Europameisterschaft wird in Estland durchgeführt.

2011 – Estland führt den Euro als Zahlungsmittel ein und die Hauptstadt Tallinn präsentiert sich als Europäische Kulturhauptstadt. Litauen ist Ausrichter der Basketball-Europameisterschaft.

2013 – Beim größten zivilen Unglück Lettlands seit der Wiederherstellung der Unabhängigkeit sterben 54 Menschen als das Dach eines gerade einmal zwei Jahre alten Supermarktes einstürzt.

2014 – Lettland führt den Euro als Zahlungsmittel ein. Im gleichen Jahr ist die Hauptstadt Riga Europäische Kulturhauptstadt. Auf Grund des Konflikts auf der Krim-Halbinsel wurden die Nato-Mission zur Luftraum-Überwachung im Baltikum verstärkt.

2015 – Litauen führt den Euro als Zahlungsmittel ein.

2016 – Im Oktober wird Saulius Skvernelis vom Parlament zum Ministerpräsidenten von Litauen gewählt. Der 39-jährige Jüri Ratas von der Estnischen Zentrumspartei ist seit November 2016 Ministerpräsident Estlands.

2017 – Estland hat die EU-Ratspräsidentschaft inne.

2018 – Litauen tritt der OECD bei.

2019 – Im Januar wird in Lettland Egils Levits zum Staatspräsidenten und Arturs Krišjānis Kariņš zum Ministerpräsidenten gewählt. Anfang März finden in Estland Parlamentswahlen mit einer sehr großen Teilnahme (auch per Internet) von Wahlberechtigten statt. Kersti Kaljulaid wird Staatspräsidentin von Estland. Jüri Ratas bleibt Premierminister. Und im Juli 2019 wird Gitanas Nausėda zum Staatspräsidenten von Litauen gewählt.

2020 – Die Präsidenten der drei baltischen Staaten haben sich im April in einer Videokonferenz über die Corona-Pandemie beraten. Auch die baltischen Staaten sind von den Auswirkungen der Corona-Pandemie betroffen. Viele touristische Einrichtungen, Museen, Campingplätze, Restaurants etc. blieben, zumindest in den Monaten März bis Mai, geschlossen.

NAMHAFTE PERSÖNLICHKEITEN AUS DEN BALTISCHEN STAATEN

Karl Ernst von Baer (1792 - 1876), Entdecker der Eizelle von Säuger und Mensch.

Karl Ernst von Baer wurde am 28. Februar 1792 im estnischen Landesteil Järvamaa geboren. Nach einem Schulbesuch in Tallinn studierte er Medizin in Tartu. Nach dem Abschluss seiner Doktorarbeit ging er jeweils für ein Jahr nach Wien und Würzburg. Dort erwachte sein Interesse an der Anatomie und er begann sich für Entwicklungsfragen zu interessieren. Im Jahr 1816 habilitierte er schließlich an der Universität in Königsberg, wo er das Zoologische Museum gründete und es als Direktor leitete.

Dort begann er neben seinen anatomischen Forschungen auch mit embryologischen Studien an Tieren. Im Jahr 1827 veröffentlichte er seine Entdeckung der menschlichen Eizelle, die heute unter dem Begriff „Baersche Regel" bekannt ist.

Doch man erkannte zu dem Zeitpunkt die Bedeutung seiner Forschung nicht und so fiel es ihm schwer, Finanzhilfen für weitere Projekte zu erhalten. Er ging nach St. Petersburg und leitete dort das Zoologische Museum an der Akademie der Wissenschaften. In Russland weitete er seine Forschungen auf die Gebiete Geographie, Ökologie und Anthropologie aus. Er startete eine Expedition nach Nova Zemlya, untersuchte eiszeitliche Spuren im Süden Finnlands und machte als Erster auf die Bedeutung des Permafrostes aufmerksam.

Nach weiteren naturwissenschaftlichen Erfolgen in Russland kehrte er im Jahr 1867 wieder nach Tartu zurück, wo er neun Jahre darauf verstarb.

Krišjānis Barons (* 31. Oktober 1835 in Strutele, Lettland – † 8. März 1923 in Rīga) Volkskundler, Schriftsteller und Herausgeber.

Krišjānis Barons gilt als Vater der Dainas („Dainu tēvs") und wurde wegen seiner volkskundlichen Arbeit bekannt. 217.996 lettische Volkslieder und Gedichte sammelte und systematisierte er zwischen 1894 und 1915 in sechs Bänden. In der politisch-literarischen Bewegung „Junge Letten" spielte er eine wesentliche Rolle. Die 100-Lats-Banknote zeigte sein Bild. Im Übrigen die einzige lettische Banknote, die mit einem Gesicht verziert war. Das zeigt die Hochachtung des lettischen Volkes vor Barons.

Mikalojus Konstantinas Čiurlionis (* 1875 in Varėna – † 1911 in Pustelnik bei Warschau), litauischer Komponist und Maler.

Als Sohn eines Organisten kam Čiurlionis früh in Kontakt mit Musik und erhielt von 1889 bis 1893 Unterricht in der Orchesterschule von Plungė. Daraufhin folgte ein Musikstudium in den Fächern Klavier und Komposition am Warschauer Musikinstitut. Schließlich perfektionierte er seine musikalische Ausbildung zu Beginn des 20. Jahrhunderts am Leipziger Konservatorium.

Nach dem dortigen Abschluss ging er wieder nach Warschau um Malunterricht zu nehmen. Im Anschluss an seine Schülerzeit an der Warschauer Schule der Schönen Künste gab er Konzerte und war an zahllosen Kunstausstellungen beteiligt. Für kurze Zeit ging er wieder nach Litauen zurück und verbrachte zwei Jahre in Litauen, bevor er sich in St. Petersburg niederließ. Auf Grund von psychischen Problemen folgten jedoch zahlreiche Klinikaufenthalte. Bereits im Alter von 35 Jahren verstarb der Künstler an einer Lungenentzündung. In Litauen gilt er als Nationalheld

Posthum wurde ihm gerade in Litauen größte Anerkennung zuteil. Sowohl seine Musik als auch seine Gemälde erlebten große Resonanz. 1987 wurde eine Čiurlionis-Gesellschaft ins Leben gerufen. Vytautas Landsbergis gilt als größter Kenner seines Schaffens. Heute besitzt Čiurlionis in seinem Heimatland den Status eines Nationalhelden, doch auch international sind seine Werke anerkannt. Insbesondere deshalb, weil sich seine musikalischen und malerischen Werke miteinander verbinden. So malte er zum Beispiel Gemälde und bezeichnete sie mit den musikalischen Begriffen Allegro und Andante.

Steponas Darius (1896 – 1933) und Stasys Girėnas (1893 – 1933), Piloten.

Der litauische 10-Litas-Schein zeigte einst auf der Vorderseite ihr Konterfei, während auf der Rückseite ihr Flugzeug abgebildet war. Beinahe jede größere Stadt verfügt über eine Darius ir Girėno gatvė (Darius und Gireno-Straße) und das Fußballstadion von Kaunas trägt ebenso ihren Namen. Doch wie kommen zwei einfache Piloten zu dieser Ehre?

Im Juni 1932 kauften sich die beiden Piloten ein gebrauchtes Flugzeug vom Typ Belanca CH-300 Pacemaker und ließen diese für einen geplanten Langstreckenflug umbauen. Nach Fertigstellung tauften sie das orangefarbene Flugzeug auf den lateinischen Namen für Litauen: „Lituanica".

Ihr Ziel: Die Überquerung des Atlantiks von den Vereinigten Staaten in ihre Heimat. Es sollte der zweitlängste Non-Stop Flug der damaligen Zeit werden und war hinsichtlich der Flugroute einer der exaktesten, obwohl die gut ausgebildeten Piloten nur über einen Kompass verfügten.

Nach monatelangen, akribischen Vorbereitungen hob die Maschine am 15. Juli 1933 in New York ab, um 7.186 km später in Kaunas zu landen – so der Plan.

Nach 37 Stunden und 11 Minuten befanden sich die beiden Flugpioniere bereits in der Nähe des heutigen Myślibórz in Polen und hätten nur noch 650 Kilometer zurück zu legen gehabt. Doch so weit kam es nicht mehr.

Aus bis heute ungeklärten Gründen stürzte die Maschine dort nach exakt 6.411 km ab. Das Flugzeug war perfekt ausgerüstet, die Piloten qualifiziert ausgebildet und im Tank war noch genug Treibstoff. So konnte man nur annehmen, dass es an den schwierigen Wetterbedingungen gelegen hat, dass diese Atlantiküberquerung einen tödlichen Ausgang nahm.

Ein deutsches Flugzeug überführte die Reste der Maschine und die beiden Leichname nach Litauen.

Da das Land zu dem Zeitpunkt noch sehr jung und dementsprechend die Bevölkerung national gesinnt war, war dieser Flug ein herausragendes Ereignis. Die Trauer über den Absturz war dementsprechend groß.

Die litauische Regierung veranlasste ein pompöses Begräbnis der beiden Piloten in Kaunas, zu dem rund 60.000 Menschen erschienen. Zu dem Zeitpunkt hatte die Stadt gerade einmal 100.000 Einwohner. Drei Jahre nach dem Absturz wurde ein Mausoleum für Darius und Girėnas errichtet.

Sergei Michailowitsch Eisenstein (* 1898 in Rīga – † 11. Februar 1948 in Moskau), Regisseur.

Eisenstein begann als Karikaturenzeichner, arbeitete als Bühnenbildner und Kostümzeichner.

Als Regisseur wurde er berühmt durch den Filmklassiker „Panzerkreuzer Potemkin" sowie durch den Film „Oktober - Zehn Tage, die die Welt erschütterten".

Spätere Filme wurden in der Sowjetzeit ein Opfer der Zensur. So auch Teil 2 seines als Dreiteiler geplanten Werkes: „Iwan, der Schreckliche". Interessant ist, dass der erste Teil noch mit dem Stalinpreis ausgezeichnet wurde, jedoch beim zweiten Teil zu viele Parallelen zwischen Iwan und dem damaligen Machthaber Stalin gezeigt wurden.

Eisenstein starb im Alter von 50 Jahren am 11. Februar 1948 nach einem Herzinfarkt.

Großfürst Jagiełło (Władysław II)

Großfürst Jagiełło gilt als Begründer der Jagellonen-Dynastie. Gegründet wurde die Dynastie durch die Heirat des Großfürsten mit der polnischen Königin Hedwig im Jahr 1386, die auch als „Krakauer Hochzeit" bekannt ist.

Die polnisch-litauische Verbindung herrschte über Polen, Böhmen, Ungarn und natürlich über das Großfürstentum Litauen.

Die Nachkommen des Fürsten und Hedwig von Polen schufen im 15. und 16. Jahrhundert den größten Staat in Mitteleuropa und die bis heute größte Staatsfläche Litauens, das kurzfristig sogar bis zum Schwarzen Meer reichte.

Lydia Koidula (* 24. Januar 843 in Vändra – † 11. August 1886 in Kronstadt), Lyrikerin.

Die estnische Schriftstellerin galt als Begründerin der estnischen Dramatik und war in der estnischen Nationalbewegung aktiv. Neben patriotischer Lyrik und zahlreichen Gedichten schrieb sie auch einige Dorfkomödien.

Otto von Kotzebue (* 30. Dezember 1788 in Tallinn – † 3. Februar 1846 in Tallinn), Forschungsreisender.

Otto von Kotzbue war der Sohn des in Weimar geborenen Dichters August von Kotzebue.

Bereits im Alter von 18 Jahren nahm er an einer Weltreise unter der Leitung von Adam Johann von Krusenstern teil. Ein Jahrzehnt später leitete er selber eine Expedition zur Erforschung des Atlantiks und Pazifiks. Dabei wurden zahlreiche Inseln sowie der nach ihm benannte Kotzebue-Sound entdeckt und kartographiert. Die Kleinstadt Kotzebue im US-Bundesstaat Alaska wurde ebenfalls nach ihm benannt.

Friedrich Reinhold Kreutzwald (* 26. Dezember 1803 in Jõepere – † 25. August 1882 in Tartu), Arzt und Schriftsteller.

Kreutzwald kam auf einem Gutshof bei Rakvere zur Welt, war als Lehrer in Tallinn und St. Petersburg tätig und studierte schließlich Medizin in Tartu.

Er wurde Mitglied in einem Studentenzirkel, der von Friedrich Robert Fählmann geleitet wurde. Dieser diente der Pflege der estnischen Sprache und Kultur und war Vorgänger der „Gelehrten Estnischen Gesellschaft", die im Jahr 1838 daraus entstand.

Nach seinem Medizinstudium behandelte Kreutzwald über vier Jahrzehnte lang hauptsächlich arme Leute in der Kleinstadt Võru. Daneben war er als Schriftsteller tätig und übersetzte manches deutsche Werk ins Estnische.

Als im Jahre 1850 Fählmann verstarb, übertrug man ihm die Aufgabe, dessen Sammlung estnischer Sagen und Volkslieder zu Ende zu führen.

Diese Sammlung ging als „Kalevipoeg" in die Geschichte ein und wurde zum Nationalepos Estlands.

Adam Johann Baron von Krusenstern (* 1770 in Hagudi bei Rapla – † 1846 in Kiltsi), Seefahrer.

Der aus Estland stammende Baron von Krusenstern leitete in den Jahren 1803 bis 1806 die erste russische Weltumsegelungsexpedition, an der auch Otto von Kotzebue teilnahm.

Nach seiner Rückkehr wurde er zum Admiral befördert und zum Ehrenmitglied der Akademie der Wissenschaften in St. Petersburg ernannt.

Nach ihm wurden zahlreiche geographische Orte benannt, so zum Beispiel das Kap Krusenstern an der Küste Alaskas, die heutige Kleine Diomeden-Insel in der Beringstraße, eine der Marshall-Inseln sowie ein Mondkrater.

Zenta Mauriņa (* 15. Dezember 1897 in Lejasciems – † 25. April 1978 in Basel), Schriftstellerin.

Bereits im Alter von fünf Jahren erkrankte sie an Kinderlähmung und war seitdem an den Rollstuhl gebunden.

Nach dem Zweiten Weltkrieg flüchtete sie vor den Sowjets nach Schweden, wo sie die nächsten 20 Jahre verbrachte.

1966 zog sie in das baden-württembergische Bad Krozingen. Zwei Jahre später erhielt sie das Bundesverdienstkreuz 1. Klasse, dem drei Jahre später der Konrad-Adenauer-Preis der Deutschlandstiftung folgte.

Ihre Werke befassen sich hauptsächlich mit dem Schicksal ihres Heimatlands Lettland und sind geprägt durch die Freiheit und Unterdrückung im 20. Jahrhundert.

Sie zeichnet sich verantwortlich für die Erzählung „Im Anfang war die Freude" sowie für zahlreiche Essays.

Wilhelm Ostwald (* 2. September 1853 in Riga – † 4. April 1932 in Leipzig), Chemiker.

Wilhelm Ostwald gilt als Begründer und Organisator der physikalischen Chemie und erhielt im Jahr 1909 den Chemie-Nobelpreis für seine Forschungen auf dem Gebiet der Katalyse.

Jānis Rainis, eigentlich Jānis Pliekšans (* 11. September 1865 in Jēkabpils – † 12. September 1929 in Majori), Dichter und Politiker.

Neben klassischen Werken übersetzte Rainis auch Goethe's Faust und hatte mit seinen Arbeiten einen wesentlichen Einfluss auf die literarische Sprache Lettlands.

Doch Rainis war auch als Politiker aktiv und galt als geistiger Führer der Revolution von 1905. Diese scheiterte jedoch und er musste mit seiner Frau das Land verlassen. In der Schweiz lebten sie bis zum dem Zeitpunkt als Lettland wieder unabhängig wurde.

Nach ihrer triumphalen Rückkehr wurde Jānis Rainis Mitglied des Zentralkomitees der Lettischen Sozialdemokratischen Arbeiterpartei und war ein Jahr lang Bildungsminister.

Sein Ziel, Präsident des Landes zu werden, konnte er jedoch nicht erreichen und verlor dadurch an politischem Einfluss.

An seinem Geburtstag wird alljährlich das nationale Dichterfest abgehalten.

Antanas Smetona (* 10. August 1874 in Uzulenis – † 9. Januar 1944 in Cleveland, USA), erster Präsident der Republik Litauen.

Smetona war Zeit seines Lebens engagiert, sein Heimatland Litauen unabhängig werden zu lassen. Bereits in seiner Jugendzeit protestierte er gegen die orthodoxe Kirche und wurde dafür mehrfach vom Gymnasium verwiesen.

Später war er einer der ersten Mitglieder der Litauischen Demokratischen Partei, die er daraufhin im Seimas vertrat. Neben seinen politischen Aktivitäten war er zugleich für mehrere Zeitungen und Verlage tätig und unterrichtete Litauisch.

Ein wichtiges Datum in seiner Karriere dürfte der 16. Februar 1918 gewesen sein, als er die Unabhängigkeitserklärung Litauens mit unterschrieb.

Am 4. April des Folgejahres wird er durch den Staatsrat zum ersten Präsidenten der Republik Litauen ernannt. Doch bereits ein Jahr später gab er dieses Amt an Aleksandras Stulginskis ab.

Im Anschluss arbeitet er als Journalist und hält als Kunsttheorie- und Geschichtsprofessor Vorlesungen.

Ein erneuter Einstieg in die Politik beschert ihm im Jahr 1926 zum zweiten Mal die Präsidentschaft der Republik.

Als die UdSSR ein Ultimatum an Litauen stellt, schlägt Smetona den bewaffneten Widerstand vor, findet hierfür jedoch keine Anhänger, so dass er heimlich nach Deutschland, in die Schweiz und später in die USA flieht.

Antanas Smetona starb bei einem Feuer auf seinem Anwesen in Cleveland/Ohio.

Vytautas (* 1350 – † 27. Oktober 1430), Großfürst von Litauen.

Dem Sohn von Kęstutis wurde im Jahr 1392 das gesamte Land Litauen übertragen, nachdem es in den Jahren zuvor ständig Reibereien zwischen der Fürstenfamilie gab. Dabei ging es um Macht und Landbesitz.

Im Jahr 1401 wurde Vytautas Großfürst, worauf er schon lange gewartet hatte.

Obwohl er nun die vollständige Macht über Litauen innehatte, erkannte er die polnisch-litauische Union an, die besagte, dass die Großfürsten Litauens und die Könige Polens nur mit Zustimmung beider Partner gewählt werden. Erst diese Union schuf ein Machtverhältnis, mit dem Polen und Litauen gemeinsam im Jahr 1410 in der Schlacht bei Tannenberg den Deutschen Orden schlagen konnten.

ANREISE

Mit dem Auto

Bei der Wahl des Anreiseweges gibt es zwei populäre Möglichkeiten.

Einerseits die **Fährüberfahrt** in eine der Hafenstädte (Klaipėda in Litauen, Rīga in Lettland, Tallinn in Estland), andererseits ist es möglich über den **Landweg durch Polen** anzureisen.

Auf dem Landweg durch Polen bleiben einem nicht allzuviele Auswahlmöglichkeiten. Wer kein Visum für die Russische Förderation um das Königsberger Gebiet im Westen oder für Belarus (Weißrussland) im Osten besitzt, dem bleibt eigentlich nur die Möglichkeit über die polnisch-litauischen Grenze ins Baltikum einzureisen.

Die Hauptroute ist in diesem Fall die Europastrasse E67 zwischen dem polnischen Suwałki und dem litauischen Kaunas. Etwas weiter südöstlich befindet sich noch eine weniger frequentierte Straßenverbindung (Straße 16/135) zwischen Ogrodniki (Polen) und Lazdijai (Litauen).

Wer aus dem Norden der Bundesrepublik durch Polen fährt, kann die Strecke über Bydgoszcz, Eylau (Straße 16), Ostróda und Olsztyn nach Suwałki nutzen. Im Süden verläuft alternativ die Route über Wrocław und Warschau. Zu beachten ist, dass diese südliche Route die Transitstrecke zwischen Ost und West und daher teilweise sehr stark befahren ist.

Die Entfernung zwischen Berlin und Vilnius (Hauptstadt Litauens) beträgt rund 1.000 km.

Übernachtungsplätze entlang des Anreiseweges durch Polen:

Wohnmobilstellplätze sind in Polen noch nicht so populär wie in Deutschland, Frankreich oder Italien. Doch immer öfter entstehen, außer den klassischen Campingplätzen, auch Wohnmobilstellplätze.

Polen – Biskupice

Wohnmobil-Stellplatz Agroturystyka Wigwam Camp Nr. 45 (ehem. Wojciech i Szczepanski) [52° 26′ 58.74″ E17° 09′ 50.88″], Jankowo-Młyn 23, 62-007 Biskupice, Tel. +48 618 1552 87; www.wigwam.agro.pl. Privater, ganzjährig geöffneter Stellplatz, auch für Caravans, in ansprechender Lage, bei einem Wohnhaus und einem großen, wigwamähnlichen Holzgebäude das als Veranstaltungsraum (Lagerfeuerpartys) genutzt wird. Stromanschluss, WLAN, Frischwasser und Ausguss für Chemikaltoiletten und Abwässer gegen Gebühr. Leider etwas überteuert. Verkehrsgünstig nordöstlich von Posen gelegen, Zufahrt nach Biskupice über die Straße 194 und südwärts Richtung Jankowo, ziemlich ansteigende Zufahrt.

Polen – Ełk

Wohnmobil-Stellplatz Plaza Miejska Camp Nr. 62 (ehem. Mosir) [N53° 48′ 58.69″ E22° 21′ 11.76″], Ul. Parkowa 9, 19-300 Ełk, Tel. +48 876 109 700; http://mosir.elk.pl/plaza-miejska/camping/. Geöffnet Anfang Juni bis Ende September. Ordentlich angelegter und gepflegter Wohnmobilstellplatz mit befestigten Stellplätzen mit Strom und Wasser. Wiese für Zelte. Nur wenige Schritte vom Seeufer entfernt. Zufahrt durch das Zentrum von Ełk.

Polen – Mragowo/Nowe Bagienice

Camping Lorsby [N53° 50′ 23.32″ E21° 12′ 28.02″], Nowe Bagienice 16, Tel. +48 897428 263; www.lorsby.pl; ganzjährig geöffnet; westlich von Mragowo an der Straße 16 gelegen. Kleiner Platz mit fast 40 Stellplätzen, an einem See. Baumschatten. Restaurant. Mietunterkünfte.

In Polen gilt ganzjährig die Pflicht, mit Abblendlicht zu fahren. Das Telefonieren mit dem Handy ist für den Fahrer während der Fahrt verboten.

Mit dem Schiff

Eine sehr angenehme Art der Anreise bietet sich mit dem Schiff über die Ostsee an.

Von Deutschland aus reist man mit DFDS von **Kiel** nach **Klaipėda** in Litauen (www.dfds.de, tägliche Abfahrten).

Fünfmal in der Woche legt in **Travemünde** die Fähre der Stena Line (www.stenaline.de) nach **Liepāja** in Lettland ab.

Nach **Tallinn** in Estland kommt man mit **Zwischenstopp in Helsinki** (Travemünde – Helsinki, Finnlines, www.finnlines.de und weiter **Helsinki – Tallinn** mit Tallink Silja, www.tallinksilja.de oder mit Viking Line, www.vikingline.de)

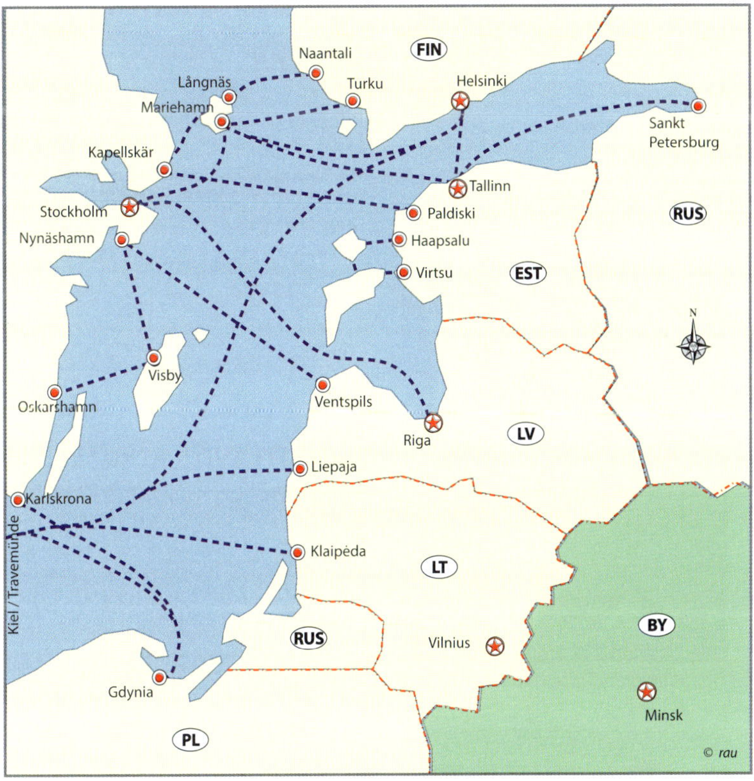

Fährhafen Triiki, Insel Saaremaa, Estland

Mobile Touring Highlights

Die schönsten
Van-Camper- und Wohnmobil-Touren im
BALTIKUM

Die Burg von Trakai

LITAUEN (LIETUVA)

7 Touren – ca. 10 Tage

Seite 25

Das Schwarzhäupterhaus in Rīga

LETTLAND (LATVIJA)

4 Touren – ca. 6 Tage

Seite 99

Der Leuchtturm von Kõpu

ESTLAND (EESTI)

6 Touren – ca. 8 - 10 Tage

Seite 156

Die Erlöserkathedrale in Kaliningrad

OBLAST KALININGRAD

1 Tour – ca. 3 Tage

Seite 269

LITAUEN (LIETUVA)

7 Touren – ca. 10 Tage

Die Burg von Trakai

TOUR 1: KLAIPĖDA – KURŠIŲ NERIJA / KURISCHE NEHRUNG

Länge der Tour: Rund 100 km, ohne Abstecher.

Die Route: Straße 167 über die **Kurische Nehrung**.

Abstecher: Rundfahrt über Straßen 168, A13/E272 und A11 bis **Palanga** und **Kretinga.**

Reisedauer: Mindestens zwei Tage.

Höhepunkte: **Klaipėdas Innenstadt mit dem Theaterplatz** * – das **Thomas-Mann-Haus** ** in Nida – die Düne bei **Nida** *** – die Landschaft der **Kurischen Nehrung** ***.

Als günstiger Ausgangspunkt für eine Rundreise durch die Baltischen Staaten bietet sich zum Beispiel die litauische Hafenstadt **Klaipėda** an. Klaipėda ist mit Fähren mit Autotransport der Reederei DFDS (www.dfds.de) täglich von Kiel aus zu erreichen. Die Fähren legen in Kiel um 21 Uhr ab und erreichen Klaipėda gegen 18 Uhr am folgenden Tag. Die Überfahrt dauert 21 Stunden.

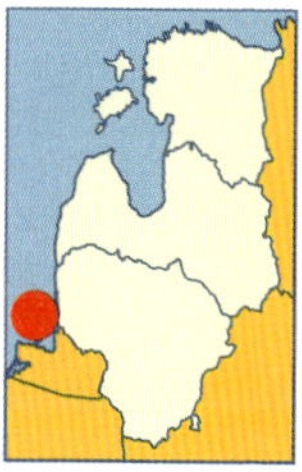

Klaipėda war einstmals eine der nordöstlichsten Städte Deutschlands. Über ein halbes Jahrtausend stand die Stadt, die damals Memel genannt wurde, unter dem Einfluss der Deutschen. Was aber kaum bekannt ist: Sie war sogar mal Hauptstadt von Deutschland. Jedoch ist dies nur ein ganz kurzes Kapitel in der Stadtchronik, als Berlin nämlich im Jahr 1807 Besuch von einem Franzosen namens Napoleon bekam.

Übrigens soll der Name Klaipėda nach der Legende über die Stadtgründung angeblich von „klampi pėda" herstammen, was so viel wie „schlammige Füße" heißen soll. Legende wie gesagt, denn die wissenschaftlicher klingende Versione lautet, dass sich der Stadtname ableitet vom Kurischen für „Brot essen" - „klaip ėda" nämlich.

Begonnen hat alles Mitte des 13. Jh., als Ritter des Deutschen Ordens hier eine Festung errichteten. 1254 wurden der entstandenen Siedlung Lübecker Stadtrechte verliehen. Nach dem Niedergang des Deutschen Ordens kam Memel an Preußen und wurde, wie schon erwähnt von 1807 bis 1808 Hauptstadt des preußischen Königreichs.

1854 wird Klaipėda, wie schon einmal ziemlich genau 300 Jahre zuvor, durch einen gewaltigen Stadtbrand fast vollständig zerstört. 1923 endlich wird Klaipėda an Litauen angeschlossen. Heute leben in der Hafenstadt, die als einzige in Litauen im Winter eisfrei bleibt, annähernd 163.000 Menschen.

Wer über Russland oder mit dem Schiff direkt von Deutschland aus anreist, der wird zuerst ein wenig abgeschreckt, da auf den ersten Blick nur Hafenkräne und Industrie zu sehen sind. Ebenso ergeht es einem bei einer Fahrt aus der Stadt heraus. Die Vororte sind geprägt von zahlreichen Hochhaus-Siedlungen, die den Einfluss der Sowjets nach dem Zweiten Weltkrieg zeigen. Das Erstaunliche ist die Art der Stadtfläche. Klaipėda ist sehr schmal, nur bis zu drei Kilometer breit, doch dafür zieht sie sich fast 20 km an der Küste entlang.

Einen größeren, bislang kostenfreien **Parkplatz [N55° 42' 18.2" E21° 07' 54.9"]** findet man am Jachthafen gegenüber den Mauerresten einer früheren Burg in der Pilies gatvė, am südwestlichen Rand der Altstadt. Von dort nur über die verkehrsreiche Pilies gatvė (Fußgängerüberweg etwas weiter oben an der Zufahrt zum Jachthafen) und schon ist man in der Altstadt auf dem hübschen Theaterplatz in der Altstadt."

Im Herzen der Stadt befindet sich eine ansehnliche **Altstadt**, die sich an das südliche Ufer des kleinen Flusses Danė schmiegt. Im schachbrettartigen Altstadtviertel befinden sich zahlreiche **Fachwerkhäuser** sowie am Jachthafen Reste einer **Burg [N55° 42' 17.69" E21° 7' 48.32"]**, die sich einstmals hier erhob, Priešpilio St. 2 *(geöffnet Di - Sa 10 - 18 Uhr, Führungen, letzter Einlass 30 Min. vor Schließung; www.mlimuziejus.lt)*. Natürlich gibt es ein **Burgmuseum**, das über die Vergangenheit der Burg von Prinz Friedrich berichtet. Man sieht den **Großen Saal** mit Sammlungen von Waffen, Werkzeugen und Alltagsgegenständen, sowie eine Ausstellung über das Leben in der Stadt in den vergangenen Jahrhunderten.

Ganz in der Nähe liegt am westlichen Rand der Altstadt und an der Ostseite der Durchgangsstraße Pilies der **Theaterplatz [N55° 42' 28.5" E21° 07' 53.7"]**. Mitten auf dem Platz blickt man direkt auf den Brunnen mit dem Standbild **„Ännchen von Tharau"**. Es wurde 1989 wieder enthüllt, ist aber lediglich eine Kopie der Figur, die bereits 1912 an der Stelle stand. Das Ännchen steht auf dem Springbrunnen, der nach Simon Dach benannt ist, dem Dichter, dem die Ännchen-Verse einfielen: „Ännchen von Tharau ist's, die mir gefällt, Sie ist mein Leben, mein Gut und mein Geld ...".

Zwei Straßenzüge vom Theaterplatz weiter altstadteinwärts können Sie – wenn Sie viel Zeit und Lust dazu haben – nach dem **„Wundertätigen Altstadtmäuschen" [N55° 42' 30.7" E21° 07' 56.1"]** suchen. Diese kleine, wohlbeleibte, kaum 20 cm hohe Bronzemaus auf einem halbkugelförmigen Sockel kann nämlich Wünsche wahr werden lassen, wenn man ihr eine Zauberfor-

Ännchen von Tharau-Denkmal

mel ins Ohr flüstert. Die Zauberformel muss aber die richtige sein, nämlich die, die auf dem Bronzeband unten eingraviert ist und die nach freundlicher Übersetzung des Verkehrsamtes auf Deutsch lautet: „Fasse Gedanken in Worte – und Worte wirken Wunder". Das Altstadtmäuschen ist in der Kurpių gatvė, gegenüber vom Jazzclub „Kurpiai" (www.jazz.lt; Tel. +370 464 105 55) mit der berühmtesten Bar im Lande, zu finden.

Fast gegenüber vom Touristenbüro liegt in der Liepu gatvė das **Uhrenmuseum** Laikodžių **musiejus [N55° 42 ,44.32" E21° 8' 3.02"]**. Interessant ist die Sammlung wunderschöner alter Uhren. Zudem wird über die Geschichte des Uhrmacherhandwerks berichtet.

Das „Wundertätige Alstadtmäuschen" in Klaipėda

Ein großes, bis 22 Uhr geöffnetes **Einkaufszentrum [N55° 41' 40.05" E21° 9' 16.46"]**, das „Akropolis" (Taikos ave. 61, www.akropolis.lt) mit über 200 Geschäften, über 10 Restaurants, Kino, Bowlingbahnen, Spielkasino etc. liegt im südöstlichen Bereich der Stadt.

ROUTE: Es gibt zwei Möglichkeiten von Klaipėda auf die Kurische Nehrung zu gelangen. Eine Fähre befindet sich an der Mündung der Danė. Wohnmobile werden dort allerdings zurückgeschickt mit der Bitte, die etwas weiter südlich gele-

PRAKTISCHE HINWEISE – KLAIPĖDA

Touristeninformation, Liepu gatvė 11, Tel.: 46-39 60 66, Fax: 46-41 21 85, E-Mail: info@klaipeda.lt, Web: www.klaipeda.lt.

Feste und Folklore

Auf der Burg Klaipėda wird in der ersten Juniwoche regelmäßig das **Jazzfestival** organisiert. Das größte Fest in der Stadt ist das **Meeresfest** mit Konzerten, Ausstellungen, Messen und Schiffsausflügen.

RESTAURANT

Restaurant Navalis, Herkaus Manto gatvė 23, Tel.: 46-40 42 00, Fax: 46-40 42 02, E-Mail: info@navalis.lt, Web: www.navalis.lt. Spezialität des Hauses ist Sushi, sowie auf offenem Feuer gereichte Desserts.

HOTEL

Amberton Hotel, Naujojo sodo gatvė 1, Tel.: 46-40 43 72, Fax: 46-40 43 73, E-Mail: hotel@klaipedahotel.lt, Web: www.ambertonhotel.com. Das größte Hotel an der gesamten litauischen Küste mit 210 Zimmern inkl. Sat-TV, Telefon und Mini-Bar. Im Erdgeschoss befindet sich seit 2004 der Nachtclub „Honolulu", der im hawaiianischen Stil eingerichtet ist.

CAMPING

Giruliai bei Klaipėda

Camping Pajūrio Kempingas [N55° 45' 57.30" E21° 5' 32.75"], Slaito gatvė 3, 44001 Giruliai / Klaipėda, http://campingklaipeda.lt/de; Tel. +370 68 32 50 55; Jan. – Dez. Nördlich von Klaipėda in einem Wald nahe einer Bahnlinie gelegen. Wiesengelände mit einigen befestigten Stellplätzen. Ca. 3 ha – 75 Stpl., Standard-Sanitärausstattung; rund 800 Meter vom Strand entfernt.

Karklė bei Klaipėda

Camping Kopos [N55° 48′ 36.4″ E21° 04′ 21.8″], Placio gatve 37; Tel. +370 687 49 456; www.karkleskopos.lt; 1. Apr. – 1. Okt.; kleine, ebene Wiese an der Küstenstraße nach Palanga; ca. 2 ha – 50 Stpl.; einfache Standard-Sanitärausstattung.

Camping Karklecamp Pajurio Takas [N55° 48′ 30.3″ E21° 04′ 23.8″], Placio 54 A, Tel. +370 688 48 280; www.karlecamp.com/de/; 1. Mai – 30. Sept.; Campingmöglichkeit mit ca. 30 Stpl. bei einem Gästehaus, ebene Wiese zwischen Straße und Waldrand, mit markierten Stellplätzen; kleiner, familiär geführter Campingplatz zwischen Klaipeda und Palanga; Standard-Sanitärausstattung; rund 500 Meter vom Strand entfernt.

WOHNMOBIL-STELLPLATZ – SMILTYNE, KURISCHE NEHRUNG

Wohnmobil-Stellplatz Marina Smiltyne [N55° 41′ 47.07″ E21° 7′ 10.81″], Smiltynes gatve 25, Tel. +370 62 64 20 00. **Zufahrt:** Am nördlichen Ende der Kurischen Nehrung ca. 2,5 km nördlich vom Fährhafen Smiltyne (Fähre nach Klaipėda). **Ausstattung:** Ebene, schattenlose Wiese am Sportbootshafen für 20 Wohnmobile in schöner Lage. Frischwasser, Ausguss für Grauwasser und Chemikaltoiletten. **Geöffnet:** Mitte April – Ende Nov. **Gebühr:** Pauschale inkl. V & E-Einrichtung. Kein Campingleben gestattet!

gene Fähre zu nutzen. Die Zufahrt zu diesem Fähranleger befindet sich an der Kreuzung Agluonos gatvė und Minijos gatvė [N55° 41‘ 18.57“ E21° 8‘ 19.98“]. Die Überfahrt dauert nur wenige Minuten und findet alle 20 Minuten zwischen 4.30 Uhr und 2 Uhr in der Nacht statt, also fast rund um die Uhr. Lange Wartezeiten sind nicht zu erwarten. Vom Fähranleger auf der Kurischen Nehrung fährt man ein kurzes Stück nach Westen zur Inselhauptstraße 167, die südwärts nach ***Nida*** *führt.*

Exakt 98 km lang erstreckt sich die Halbinsel der **Kurischen Nehrung** zwischen dem **Kurischen Haff** und der Ostsee. Ohne eine Fähre benutzen zu müssen, ist die Kurische Nehrung nur von Russland (Oblast Kaliningrad) aus erreichbar, wo die Halbinsel beginnt. Sie endet wenige Meter vor der litauischen Stadt Klaipėda. Ohne ein Visum für die Oblast Kaliningrad ist jedoch nur der nördliche (litauische) Teil der Halbinsel bereisbar. Genau auf der Hälfte der langgestreckten, sandigen Landzunge befindet sich die Grenzstation Kaliningrad/Litauen.

Ein Viertel von Neringa, wie die Kurische Nehrung auch genannt wird, ist mit Sanddünen bedeckt. Der Rest besteht hauptsächlich aus Kiefern- und Birkenwäldern, die in dem lockeren Sandboden Halt gefunden haben. Rehe, Füchse, Hasen und Wildschweine leben hier, selbst Elche sollen gelegentlich gesichtet worden sein. Im Jahr 1991 wurde die Kurische Nehrung zum Nationalpark erklärt und es folgte neun Jahre später die Eintragung in die Liste des UNESCO-Weltnaturerbes.

Fast 3.000 Menschen leben auf litauischer Seite in den kleinen Ortschaften Nida (Nidden), Preila (Preil), Pervalka (Perwelk), Juodkrantė (Schwarzort), Alksnynė und Smiltynė (Sandkrug).

In Nida befindet sich zugleich das administrative und auch touristische Zentrum der Halbinsel. Der Ort Smiltynė hingegen gehört noch zum Verwaltungsbezirk von Klaipėda.

Auf der Straße 167 erreicht man schon nach recht kurzer Zeit die Mautstation, an der man den Eintritt für den **Nationalpark Kurische Nehrung [N55° 38′ 01.38″ E21° 07′ 48.39″]** zu entrichten hat. Die Direktion des Nationalparks Kurische Nehrung ist wie folgt

Schier endlos, Strände und Dünen auf der Kurischen Nehrung

erreichbar: Kuršių Nerija NP, Smiltynės gatvė 11, 5800 Klaipėda, Tel.: +370 4640 22 57, Fax: +370 46 40 22 56 *(nur in der Sommersaison geöffnet; Di - Sa 9 - 12 Uhr, 13 - 18 Uhr)*.

Oder auch in der Naglių gatvė 8 in LT-93123 Nida/Neringa, Tel.: +370 46 95 12 56 *(geöffnet Mai + Sept. Mo - Sa 9 - 12 Uhr, 12.45 - 18 Uhr; Juni - Aug. tgl. 9 - 18 Uhr)*; E-Mail: info@nerija.lt, Web: www.nerija.lt.

Mein Tipp für Radler!

Falls Sie Fahrräder dabeihaben, fahren Sie zuerst bis zum Campingplatz von Nida, stellen Sie dort das Fahrzeug ab und machen Sie sich mit dem Fahrrad auf Erkundungstour über die Nehrung.

Auf dem Weg von Norden nach Süden erreichen wir zunächst die Ortschaft **Juodkrantė**. Der einstige deutsche Name Schwarzort entstammt wahrscheinlich der Tatsache, dass die Gemeinde bzw. das Ufer recht dunkel erscheint.

Einen größeren **Parkplatz [N55° 32' 36.12" E21° 7' 20.88"]** findet man direkt an der Durchgangsstraße und unweit nördlich vom Schiffsanleger. Ganz in der Nähe, in der L. Rėzos gatvė 8, liegt das **Touristenbüro Juodkrantes turizmo informacijos centras Juodkrantėje [N55° 32' 32.15" E21° 7' 17.27"]**, Tel. +370 469 53 490; http://visitneringa.com/ *(geöffnet Di - Sa 10 - 18 Uhr)*.

Erwähnt wurde Juodkrantė zum ersten Mal im Jahr 1429. Aufsehen erregte der Ort aber erst in der Mitte des 19. Jahrhunderts als über 2.000 Tonnen Bernstein in unmittelbarer Nähe gefunden und abgebaut wurden.

Im Anschluss entwickelte sich Juodkrantė zu einem Kurort, der weit über die Grenzen hinaus bekannt war. Der Kurbetrieb endet zwar mit dem Beginn des Zweiten Weltkrieges, doch auch heute kann man noch über die Promenade schlendern.

Im südlichen Ortsbereich findet man den sog. **Hexengarten/Raganų kalnas [N55° 32' 8.57" E21° 7' 3.33"]**. Bei ausreichend zur Verfügung stehender Zeit – ein Stunde wird nötig sein – lohnt ein Spaziergang hierher allemal. Man wandert durch einen Skulpturenpark, der Ende des 20. Jh. angelegt wurde. Unter dem Motto „Die Erde und das Wasser" fand zwei Jahre lang ein Bildhauersymposium statt, bei dem über 30 Skulpturen von ausländischen und litauischen Bildhauern geschaffen wurden. Zu sehen sind u. a. Phantasiefiguren aus der baltisch-nordischen Märchenwelt, zu denen natürlich Hexen ebenso zählen wie Teufel oder Kobolde.

Die Dorfkirche gehört eigentlich zur evangelischen Gemeinde, dient aber auch Messen für die katholische Bevölkerung. Neben der Kirche findet man ein interessantes **Miniaturenmuseum [N55° 31′ 55.1″ E21° 07′ 02.5″]**.

In Juodkrantė wird Anfang Juli immer das **Internationale Fischerfest** organisiert, bei dem der Festzug des Neptuns stattfindet.

In **Pervalka** gibt es nicht viel zu sehen. Lediglich 40 Menschen wohnen ganzjährig in der kleinen Gemeinde, die gegründet wurde, weil die ursprünglichen Ortschaften Nagliai und Karvaiciai vom Sande verweht wurden. Südlich von Pervalka erhebt sich eine 53 m hohe Düne mit dem Namen „Skirpstas".

Auf dem weiteren Weg auf der Straße 167 gen Süden befindet sich auf der linken Seite die nächste Düne. Sie heißt „Karvaiciai" und hat unter sich den gleichnamigen Ort begraben, aus dem die Einwohner von Pervalka und Preila stammen.

Der Abzweig nach **Preila** erscheint kurz darauf. Mit etwas mehr als 200 Einwohnern ist Preila der drittgrößte Ort der Nehrung.

ROUTE: Kurz vor dem Grenzübergang in die russische Exklave Kaliningrad zweigen wir links ab nach ***Nida****.*

Nida ist, wie bereits erwähnt, das touristische Zentrum der Kurischen Nehrung. Bei einer Einwohnerschaft von kaum 1.600 Einwohnern muss Nida pro Jahr rund 50.000 Besucher verkraften. Dennoch macht das Städtchen keinen überlaufenen Eindruck und es gibt auch keinen übermäßigen touristischen Rummel. Gemütlich wirkende kleine Holzhäuser reihen sich entlang den Straßen und vermitteln dem Besucher ein hübsches Ortsbild, das teilweise an Skandinavien erinnert.

Das wohl bekannteste Haus dieser Art ist das **Thomas-Mann-Haus (Thomo Manno Kultūros Centras) [Parkplatz, N55° 18′ 45.55″ E21° 0′ 46.06″]** in der Skruzdynės gatvė 17 (*geöffnet Mai - Sept. tgl. 10 - 18.00 Uhr, sonst Di - Sa 10 - 17.00 Uhr; https://www.mann.lt/de/*). Das Haus liegt ein gutes Stück nördlich des Ortszentrums nahe der Küste des Kurischen Haffs. Vom Parkplatz muss man noch ein kurzes Stück zu Fuß bis zum Haus gehen.

Thomas Mann

Geboren wurde Paul Thomas Mann, wie er mit vollem Namen hieß, am 6. Juni 1875 in Lübeck. Schon während der Schulzeit schien ihm klar zu sein, dass er Schriftsteller sein möchte, da er bereits im Alter von 14 Jahren mit „Thomas Mann – lyrisch-dramatischer Schriftsteller" unterschrieb. Nach dem Schulbesuch nahm er einen bürgerlichen Beruf auf und arbeitete in einer Versicherung. Doch dies langweilte ihn sehr und er beendete die Tätigkeit im Jahr 1895. Kurz zuvor erschien sein erstes Werk, die Kurznovelle „Gefallen".

Sein erster Roman war „Buddenbrocks. Verfall einer Familie", der 1901 erschien und für den Mann im Jahr 1929 den Literaturnobelpreis erhielt.

Schon früh erkannte er die Gefahren der aufstrebenden Nationalsozialisten und appellierte in einer Rede in Berlin an die Vernunft. Schließlich kehrte er mit seiner Frau Deutschland den Rücken und zog nach Südfrankreich, später in die Schweiz und schließlich in die USA. Zwischenzeitlich wurde ihm die deutsche Staatsangehörigkeit aberkannt.

Weitere Werke von ihm sind „Der Zauberberg", „Lotte in Weimar" und „Doktor Faustus". Thomas Mann starb nach kurzer Krankheit im Alter von 80 Jahren in Zürich.

Es werden gelegentlich Ausstellungen und Lesungen in dem gemütlichen Gebäude veranstaltet.

Thomas Mann hielt sich 1929 zum ersten Mal in Nida auf, nachdem er von einem Urlaub aus Rauschen, dem heutigen Svetlogorsk, zurückkam. Das Haus, in dem er sich damals in Nida aufhielt, gefiel ihm so gut, dass er es kaufte und es im Jahr darauf mit seiner Familie als Sommerhaus bezog.

Bis 1932 verbrachte Thomas Mann drei Sommer in Nida. Hier schrieb er z. B. „Joseph und seine Brüder". Als er 1933 emigrierte, ging das Haus in den Besitz von Hermann Göring über, der es als Jagdhaus nutzte.

Als der Zweite Weltkrieg zu Ende ging, war das Haus abbruchreif. Der Schriftsteller Antanas Vencloca setzte sich aber für den Erhalt des für diese Region typischen roten Holzhauses mit weit heruntergezogenem Dach ein.

Nach Beendigung der Restaurierungsarbeiten im Juli 1967 konnte hier eine Thomas-Mann-Gedenkstätte eingeweiht werden. Seit 1995 ist das Anwesen nun offizielles **Thomas-Mann-Kulturzentrum**. Zu ihm gehören u. a. die sog. „Übersetzungswerkstätten" die zur Förderung von jungen Übersetzern beitragen und dem literarischen Austausch dienen.

Eine Ausstellung im Kulturzentrum mit Namen „Frau Thomas Mann" widmet sich der Gattin Thomas Mann's, Katia Mann. Die Ausstellung soll die Wichtigkeit von Katia Mann für Thomas Mann dokumentieren. Die Funktionen als Mutter von sechs Kindern, Vertraute, Ratgeberin und Sekretärin vereinte sie in ihrer Rolle und stärkte so die Schaffenskraft von Thomas Mann.

Auf dem Weg zum Thomas-Mann-Haus nördlich von Nida kommt man an zwei weiteren Museen vorbei, am **Bernsteinmuseum [N55° 18' 30.9" E21° 00' 28.0"]**, Pamario gatvė 20 *(geöffnet Juni - Aug. tgl. 9 -20 Uhr, Apr., Mai, Sept., Okt. tgl 10.00-19.00 Uhr; www.ambergallery.lt)* und ein Stückchen weiter am **Historischen Museum Kurische Nehrung / Kuršių nerijos istorijos muziejus [N55° 18' 40.6" E21° 00' 36.1"]**, Pamario gatvė 53 *(1. Juni - 15. Sept. tgl. 10 - 18 Uhr; 16. Sept. - 31. Mai Di - Sa 10 - 17 Uhr; www.neringosmuziejai.lt/de/)*.

Ein Thema, das auch im Historischen Museum behandelt wird, ist der **Krähenfang**. In früheren Zeiten, als die Wanderdünen die Felder zugeweht hatten, mussten sich die Bewohner der Kurischen Nehrung neben dem Fischfang noch nach anderen Verpflegungsmöglichkeiten umsehen. Man kam darauf, dass auch Krähen genießbar seien. Aber wie an die schlauen Vögel kommen? Man versuchte es mit in Schnaps getränkten Körnern, mit Fliegenpilz-Ködern und man stellte Netzfallen auf, in die die Krähen durch einen dort angebundenen Artgenossen gelockt wurden. Beim Töten der Krähen war man nicht zimperlich. Man biss ihnen einfach den Nacken durch und krönte das Ganze mit einem kräftigen Schluck Schnaps. Wie man liest, soll Krähe angeblich überaus lecker schmecken. Und damit auch nichts verkam, benutzte man die Krähenfedern zum Füllen von Bettkissen und Bettdecken. Heute dürfen Sie aber davon ausgehen, dass die Hotelbetten nicht mehr mit Krähenfedern gefüllt sind und in den Restaurants auch kein Krähengericht mehr aufgetischt wird.

In der Nähe des Bernsteinmuseums liegt in einem Wäldchen der **Friedhof** der evangelisch-lutherischen Gemeinde von Nida. Bemerkenswert sind die für die Kurische Nehrung typischen geschnitzten **Holzkreuze** (krikštai) auf dem Friedhof.

Sehenswert ist darüber hinaus das **Kurische Fischergehöft Žvejo etnografinė sodyba [N55° 18' 05.6" E21° 00' 21.4"]**, Naglių gatvė 4, ein ethnographisches Museum mit Ausstellungen über Leben und Kultur der Kurischen Fischer in früheren Zeiten *(geöffnet 1. Juni - 30. Aug. tgl. 10 - 18 Uhr; 1. Sept. - 31. Mai Di - Sa 10 - 17 Uhr; http://www.neringosmuziejai.lt/lt/nidos-zvejo-etnografine-sodyba/)*. Hübsch anzusehen sind auch die bunten **Wetterfahnen** im Garten des Museums.

Nida eignet sich außerdem vorzüglich für Wassersportaktivitäten, vor allem aber auch als Ausgangspunkt für **Radtouren**. Es gibt kilometerlange Radwege, die durch die Wälder nordwärts führen, zunächst an der Haffseite entlang über Preila nach Pervalka, dann weiter an den Stränden der Ostsee entlang. Wenn Sie Lust auf eine Radtour bekommen, aber kein Fahrrad mitgebracht haben, ist das in Nida kein Problem. Es gibt im Ort mehrere Fahrradverleihs.

Einer der großen touristischen Anziehungspunkte, den man auch auf einem ausgedehnten Spaziergang erreichen kann, ist die Große Düne, die **Parnidis-Düne/Parnidžio kopa [Parkplatz, N55° 17′ 42.5″ E20° 59′ 12.7″]**. Die bis weit über 50 m hohe Düne erstreckt sich unweit südlich von Nida. Allerdings kann der angegeben Parkplatz von Touristenbussen zugeparkt sein. Für Wohnmobile bleibt dann kaum noch Platz. Und vom größeren Parkplatz [N55° 18′ 4.29″ E20° 59′ 14.97″] an der Straße ist es doch ein Stück Wegs hinauf auf die Düne.

Vom Oberen Parkplatz führt ein kurzer Fußweg bis zu einer Sonnenuhr. Eine frühere Sonnenuhr wurde von Anatolij, einem Orkan, im Jahre 1999 umgestürzt.

Von hier oben genießen Sie einen fantastischen **Panoramablick**. Wenn Sie nach rechts schauen, dann sehen Sie drei Farben – das Blau der Ostsee, das Grün der rechts liegenden Wälder und das Braun-Beige des Sandes. Und nach Süden Sand soweit das Auge reicht bis hin zur russischen Grenze. Am Horizont gut zu erkennen ist die große Düne. Diese darf nicht betreten werden, einerseits aus Gründen des Naturschutzes, andererseits auch weil die Düne die Grenze zu Russland markiert. Mit bloßem Auge gerade noch so zu erkennen, ist die Grenzbeschilderung.

Aber ein Spaziergang über die Dünen lohnt allemal. Es geht im steten Auf und Ab durch den meterhohen Sand durch zwei kleine Täler. Das „Tal des Schweigens", in dem es tatsächlich still zu sein scheint sowie das „Tal des Todes". Dieses ist schnell zu erkennen. Zahlreiche Holzkreuze erinnern an die französischen Soldaten, die 1870 bis 1872 in dem Tal gefangen genommen wurden und starben.

Wenn Sie hier spazieren gehen, bleiben Sie bitte auf den angelegten Wegen, das schützt nicht nur die fragile Dünennatur, sondern auch Sie vor gefährlichen Sandbewegungen!

Vor dem Campingplatz führt eine kleine Straße aufwärts zu erwähntem Parkplatz.

Vom Hafen in Nida führt der knapp 2 km lange **Dünenpfad** und zuletzt ein Treppenweg hinauf zu einem Aussichtspunkt auf dem Dünenkamm.

PRAKTISCHE HINWEISE – NERINGA-NIDA, KURISCHE NEHRUNG

Kultur- und Touristen-Informationszentrum „Agila" [Parkplatz, N55° 18′ 12.6″ E21° 00′ 20.0″], Naglių gatvė 18E, LT-93121 Neringa-Nida, Tel. +370 469 523 45; info@visitneringa.lt; http://visitneringa.com/de. *Geöffnet Juni - Aug. Mo - Sa 9 - 18 Uhr, So 9 - 15 Uhr; Sept. - Mai Mo - Fr 10 - 18 Uhr.*

Kuršių nerijos nacionalinio parko Lankytojų centras, Nationalpark Besucherzentrum, Naglių gatvė 8, LT-93123 Neringa-Nida, Tel. +370 469 512 56; www.nerija.lt. *Geöffnet im Sommer Di - Sa 9 - 12 + 12.45 - 18 Uhr; im Winter Mo - Fr 8 - 12 + 12.45 - 17 Uhr.*

Feste und Folklore

Mitte Juni wird traditionell jedes Jahr die Sommersaison feierlich eröffnet. Alle Ortschaften auf der Nehrung bieten ein umfangreiches Angebot mit Ausstellungen und Märkten an. In Nida findet Ende Juni ein **Folklorefestival** statt. Bei den Umzügen anlässlich des Festes sieht man traditionelle Bräuche, Trachten und Tänze.

Mitte Juli wird im Sommerhaus von Thomas Mann und in der Kirche zu Nida das **Thomas Mann Festival** veranstaltet. Dabei gibt es zahlreiche Konzer-

te, Filmvorführungen und Kunstausstellungen sowie Literaturnachmittage. Karten für die Veranstaltungen des Thomas Mann Festivals kann man bestellen bei https://www.mann.lt/de/karten.
Ende August zeigen Museumsfachleute und Archäologen in Nida das Handwerk des Altertums und des frühen Mittelalters.

RESTAURANT

Restaurant Seklyčia, Lotmiškio gatvė 1, Tel.: +370 46-95 00 00, Fax. +370 46-95 00 0. Dieses Restaurant bietet alles von europäischer über litauische bis zur vegetarischen Küche. Geöffnet von 9 – 24.00 Uhr. Das Hotel-Restaurant befindet sich am südöstlichen Rand von Nida.

CAMPING

Camping Nidos kempingas [N55° 17′ 55.45″ E20° 58′ 57.68″], E. A. Jonušo gatvė. 11, Tel.: +370 46 95 20 45, Fax: +370 46-95 20 45, E-Mail: info@kempingas.lt, Web: https://kempingas.lt/de/. 1. Apr. – 31. Okt.; am Südwestrand von Nida gelegen. Kleiner, gut ausgestatteter Platz auf Wiesen von Kiefernwald umgeben. Einige durch Rasengittersteinen befestigte Stellplätze für Wohnmobile und Caravans. Kleine Wiese für Zelttouristen. Ca. 1,5 ha – 110 Stpl. Standard-Sanitärausstattung. Restaurant, Fahrradverleih, Tennis, Schwimmbad, V & E für Wohnmobile. 10 Fremdenzimmer. Der Campingplatz, der gerne von geführten Wohnmobilgruppen als Standquartier genutzt wird, ist nur wenige Meter vom Zugang zur Großen Düne entfernt.

Abstecher von Klaipėda nach Palanga und Kretinga

ROUTE: *Von Klaipeda zur Hauptstraße A13/E272 und nordwärts bis* ***Palanga****, ca. 32 km.*

Wer Ruhe sowie einsame Strände sucht und einen gemütlichen Fischerort besichtigen möchte, der ist in **Palanga** allerdings falsch. Palanga gilt zwar als Kurort und erwartet das ganze Jahr hindurch Besucher. Am schlimmsten ist es in den Sommermonaten, wenn die Stadt mit Touristen überbevölkert ist. Ein Souvenirstand nach dem nächsten, zahlreiche Menschen bis spät in die Nacht auf den Straßen und viele Aktivitäten sind dann zu erwarten.

Vor allem in der berühmten Jonas Basanavičiaus Straße (früher Graf Tiškevičiai Boulevard, nach dem Begründer des Kurbetriebs), eine Fußgängerzone, schieben sich die Menschen dann an den Souvenir- und Imbissbuden, an Cafés und Kneipen vorbei.

Bernsteinfischen und das Bearbeiten des „Baltischen Goldes" war lange Zeit die Haupteinnahmequelle vieler Einwohner von Palanga. Was lag also näher, im 19. Jh. bei der Schaffung eines neuen Stadtwappens auf die lange Bernsteintradition zurückzugreifen. Seitdem ziert eine goldene Bernsteinkette auf blauem Grund das Wappen. Gekrönt wird die Kette von einer zierlichen silbernen Krone, ein Hinweis auf die legendäre Meeresgöttin Jūratė, die immer mit einer Halskette aus Bernstein dargestellt wurde.

Im Jahr 2013 durfte sich die Stadt mit dem Titel „Kulturhauptstadt Litauens" schmücken, der jährlich neu vergeben wird, ganz nach dem Vorbild des großen Bruders, der Europäischen Kulturhauptstadt.

Eine Besucherattraktion in Palanga ist der **Botanische Garten Palangas Botanikos parkas [N55° 54′ 38.14″ E21° 3′ 44.62″]**. Gegründet wurde der Park im Jahr 1897 und erhielt seine Gestaltung durch den französischen Landschaftsarchitekten Eduard Andre, der mit seinem Sohn drei Jahre in Palanga lebte. Der Palangas Botanischer Garten befindet sich im Süden der Stadt und dehnt sich westwärts bis an den Strand aus.

Neben einer artenreichen Flora findet man mitten im Botanischen Garten das sehenswerte **Bernstein- und Kunstmuseum Gintaro muziejus [N55° 54' 24.03" E21° 3' 21.68"]**, Vytauto gatvė 17, *(geöffnet Juni - August Di - Sa 10 - 17.00 Uhr, So 10 - 19.00 Uhr, sonst Di - Sa 11 - 17.00 Uhr, So 11 - 16.00 Uhr; www.pgm.lt)*. Das in den Räumlichkeiten des prächtigen ehemaligen Schlosses des Grafen Feliksas Tiškevičiais mit parkähnlichem Garten eingerichtete Museum beherbergt in 15 Zimmern über 4.500 Ausstellungsstücke aus Bernstein. Der gesamte verarbeitete Bernstein wurde in der näheren Umgebung gefunden und schließlich bearbeitet.

Leider gibt es beim Museum im Park keine Parkmöglichkeit. Und auch in den Straßen am Rand des Parks ist es schwierig einen Parkplatz zu finden.

Im südlichen Bereich des Parks liegt der 22 m hohe **„Berg" Birutės**, eher ein flacher Hügel, aber einer mit uralter Kulttradition. In früheren Zeiten soll hier ein heidnischer Tempel später dann bis ins 14. Jh. eine Sternwarte gestanden haben. Heute steht hier eine gotische Kapelle aus dem 19. Jh.

Weiter nördlich des Botanischen Gartens findet man am Westende der Straße J. Basanavičiaus gatvė die 470 m lange Seebrücke oder **Palangamole Palangos tiltas [N55° 55' 11.51" E21° 3' 0.58"]**. Sie wurde 1997 gebaut, ist aber nicht die erste Brücke dieser Art, die an der Stelle errichtet wurde. Vor allem abends zum Sonnenuntergang empfiehlt sich ein Spaziergang auf der Seebrücke.

Von der Seebrücke über die Straße J. Basanavičiaus gatvė zurück in das lebhafte Stadtzentrum. Zwischen all den zahlreichen Geschäften erhebt sich an der Vytauto gatvė die **St. Maria-Kirche [N55° 55' 2.91" E21° 3' 55.97"]**, die Mariä Himmelfahrt geweiht ist. Das neogotische Gebäude wurde um die Wende zum 20. Jh. von einem schwedischen Architekten ganz aus rotem Backstein und mit finanzieller Hilfe von Graf Tiškevičiais errichtet. Mit 76 m Höhe ist die Kirche das höchste Gebäude von Palanga.

PRAKTISCHE HINWEISE – PALANGA

Touristeninformation Palangos turizmo informacijos centras, Vytauto gatvė 94, LT-00132 Palanga, Tel.:+370 046 04 88 11, Fax: +370 046 04 88 22, E-Mail: info@palangatic.lt, Web: www.palangatic.lt.

Feste und Folklore

Die **Sommersaison** wird mit der Sommersaison auf der Kurischen Nehrung im Juni gleichzeitig eröffnet. Zahlreiche Konzerte und Sportturniere sowie ein Feuerwerk werden veranstaltet. Die **Nachtserenaden** im Bernsteinmuseum finden in der ersten Augustwoche statt. Abende mit klassischer Musik.

RESTAURANTS

Restaurant und Café Medūza, Kontininkų gatvė 9, Tel.: +370 46 05 64 50, www.pkmeduza.lt. 150 m von der Ostsee entfernt mit Blick in den Kiefernwald. Im Restaurant gibt es überwiegend italienische Küche, im Café kontinentale Gerichte.

Restaurant Žuvinė, Basanavičiaus gatvė 37a, Tel.: +370 46 04 80 70; https://zuvine.lt/. Modernes Fischrestaurant. Der Fisch wird gebacken, gekocht oder geräuchert serviert.

CAMPING

Camping Palangos kempingas compensa [N55° 52' 35.27" E21° 3' 57.63"], Klaipėdos pl. 33i, LT-0010 Palanga, Nemirseta, Tel.: +370 60 08 88 11; https://palangacamping.lt/de/; Ende Mai – 30. Sept.; ca. 5 km südlich von Palanga, Zufahrt von der Hauptstraße Klaipedos. Gelände im Nadelwald; ca. 5 ha – 70 Stpl., Standard-Sanitärausstattung; Restaurant, Tennis, V & E für

Wohnmobile. Etwa fünf Gehminuten von der Ostsee entfernt. In der Nähe vom Platz führt der Küstenradweg vorbei.

*ROUTE: Von Palanga auf der Straße A11/E272 ostwärts nach **Kretinga**.*

Kretinga ist eine kleine Stadt mit rund 20.000 Einwohnern. Der Ort wurde zum ersten Mal im Zusammenhang mit der Errichtung einer Burg erwähnt.

Die **Touristeninformation [N55° 53' 27.5" E21° 14' 31.3"]** findet man in der Vilniaus gatvė 2B, Tel. +370 445 73 102; www.kretingosturizmas.info.

Ein größerer **Parkplatz [N55° 53' 21.8" E21° 14' 28.3"]** liegt südlich der Touristeninformation jenseits einer Parkanlage an der Straße Rotušės a.

Sehenswert in Kretinga ist die **Mariä-Verkündigungskirche [N55° 53' 30.64" E21° 14' 33.22"]** am Rathausplatz. Sie stammt aus den Anfängen des 17. Jahrhunderts und ist mit zahlreichen Holzschnitzereien ausgestattet.

Nicht weit davon entfernt erkennt man an dem stufenförmigen Giebel das Franziskanerkloster, das zur gleichen Zeit wie die Kirche gebaut wurde.

In der Straße Vilniaus gatvė 20 befindet sich ein ehemaliges **Herrenhaus [Parkplatz, N55° 54' 0.34" E21° 14' 51.03"]** *(geöffnet im Sommer Mi - So 10 - 18 Uhr, Wintergarten Di - So 10 - 20.30 Uhr; im Winter Mo - So 10 - 18 Uhr, Sa bis 19 Uhr)*, das seit Anfang der 1990er Jahre ein **Museum** beherbergt. Es zeigt eine Dauerausstellung über alte litauische Volkskunst sowie Exponate der Grafenfamilie Tyszkiewicz, die einst Herren des Adelsgutes waren. Zu ihrer Zeit wurde im Jahr 1875 ein Wintergarten angelegt, in dem heute fast 600 verschiedene Pflanzen gedeihen.

Rund 30 Kilometer nordöstlich von Kretinga befindet sich der **Nationalpark Žemaitijos nacionalinis parkas**. Das Naturschutzgebiet erstreckt sich um den See Plateliai (Platelių ež.). An seinem Westufer liegt der Ort **Plateliai [Parkplatz, N56° 02' 16.5" E21° 48' 49.6"]**, urbanes Zentrum des Nationalparks.

Die Gegend um den See war uraltes Siedlungsgebiet der Samogiten, einem Menschenschlag, der sich nur langsam der Neuzeit öffnete und noch heute seine Traditionen pflegt. Wahrscheinlich sind auch deshalb noch viele alte Legenden gerade aus der Region Žemaitija erhalten geblieben. Plateliai ist jedes Jahr Schauplatz eines großen Mittsommerfestes.

Žemaitijos Nationalpark, Platelių-See bei Plateliai

Über Aktivitäten, Wander-, Wassersport- und Angelmöglichkeiten im Nationalpark und im See gibt das **Nationalparkzentrum Zemaitija National Park Directorate** Auskunft in der Didžioji gatvė 10, LT-90420 Plateliai *(geöffnet tgl. 8 - 17 Uhr; www.zemaitijosnp.lt).*

Knapp 9 km östlich von Plateliai und jenseits des Sees Platelių ež., bei der ehemaligen Militärsiedlung **Plokštinė/ Plokščiai,** Šilinės gatvė 4 **[Parkplatz, N56° 01' 47.7" E21° 54' 20.5"]** liegt eine (nun natürlich nicht mehr aktive) **Atomraketenbasis** aus der Zeit der Sowjetherrschaft und des Kalten Krieges. Das Gebiet war bis in die 1980er Jahre hinein absolutes Sperrgebiet. Wahrscheinlich wussten die allerwenigsten Litauer, was sich hier tat. Das ganze Objekt unterlag strengster Geheimhaltung. Heute sind Besucher willkommen, um das hier eingerichtete **Museum über den Kalten Krieg Šaltojo karo muziejus** auf Führungen zu besichtigen. Mit einem gewissen Schaudern im Rücken bekommt man u. a. die vier 27 m tiefen Raketensilos zu sehen, in denen Atomraketen standen, die auf uns in Westeuropa gerichtet waren. *Führungen finden statt: 1. Mai - 30. Sept. tgl. zwischen 10 Uhr und 18 Uhr; 1. Okt. - 30. Apr. tgl. zwischen 10 und 16 Uhr. Führungen starten immer zur vollen Stunde.* Infos dazu findet man auch auf der Webseite des Nationalparks *http://www.zemaitijosnp.lt/en/expositions/.* Die Anfahrt zur ehemaligen Raketenbasis, vor allem auf dem letzten Wegstück, ist wegen der schlechten Straße etwas anstrengend!

Bernstein – Das Gold des Baltikums

Bernstein wird oft auch als das „Gold der Ostsee" bezeichnet. In der Regel benutzt man Bernstein als Schmuckstück und es ranken sich Legenden um das so genannte Bernsteinzimmer. Aber was ist Bernstein eigentlich genau? Um es vorweg zu nehmen, Bernstein ist trotz der Bezeichnung „Stein" nicht mineralisch. Es entstand in den letzten 260 Millionen Jahren und besteht im Grunde aus zähflüssigem Harz von damaligen Bäumen.

In den 90er Jahren des letzten Jahrhunderts machte Bernstein in dem verfilmten Buch von Michael Crichton „Jurassic Park" Furore. In der Geschichte wird erzählt, in einem Bernstein sei ein frühzeitlicher Moskito gefunden worden, in dessen Blut sich DNA von Dinosauriern befindet, die mittels moderner Technologie geklont werden können. Dies ist natürlich nur Fiktion, doch Bernstein mit so genannten Inklusen, also Einschlüssen von kleinen Tieren, werden tatsächlich gefunden und sind für Paläontologen von großem Interesse. Diese Insekten starben, als sie auf dem noch flüssigen Harz landeten und sich von dort nicht fortbewegen konnten. Neben der naturwissenschaftlichen Betrachtung wird Bernstein gerne zu Schmuckstücken verarbeitet und getragen.

Besonders berühmt war das Bernsteinzimmer, das seit dem Zweiten Weltkrieg verschwunden ist und sich bis dahin im Schloss von Königsberg befand. Seit seiner Entstehung Mitte des 18. Jh. mussten die Bernsteinpaneele und Schnitzereien immer wieder restauriert, repariert und gepflegt werden. 1941 verhindert der Zweite Weltkrieg eine vorgesehene Generalüberholung. Das Bernsteinzimmer wird in „kritischem Zustand" zur Evakuierung vorbereite. Aber dazu kommt es nicht mehr. Seither ist das originale Bernsteinzimmer verschollen. Über seinen Verbleib kursieren fantasievolle Gerüchte. Offiziell gilt die Version, dass das Bernsteinzimmer beim Sturm auf Königsberg zwischen dem 9. und 11. April 1945 verbrannte.

1986 endlich wurde nach langen Vorarbeiten mit der originalgetreuen Rekonstruktion des Bernsteinzimmers begonnen. Man hatte berechnet, dass etwa sechs Tonnen Rohbernstein dafür nötig sein würden, von denen aber letztendlich nur etwa 20 Prozent verwendet würden.

Die langwierigen Arbeiten gestalteten sich als sehr kostenintensiv. Und letztendlich ist es dem finanziellen Engagement der Firma Ruhrgas AG zu verdanken, dass das Projekt tatsächlich vollendet werden konnte. Dann, im Jahre 2003, rechtzeitig zur Dreihundertjahrfeier von Sankt Petersburg, konnte die aufwändige Rekonstruktion des legendären Bernsteinzimmers im St. Petersburger Katharinenpalast wieder der Öffentlichkeit zugänglich gemacht werden.

Bernstein kann im Übrigen elektrostatisch aufgeladen werden und es gab in der Vergangenheit zahlreiche Versuche zur Elektrizitäterzeugung mit diesem Harz. Nicht umsonst heißt Bernstein im griechischen „Elektron".

Man unterscheidet zwischen Rohbernstein (ungeschliffen und originalbelassen), Naturbernstein (geschliffen und poliert, farblich nicht verändert) und Pressbernstein. Pressbernstein wird in der Regel als Echtbernstein oder Ambroid angeboten, entstand aber nicht natürlich, sondern unter hohem Druck bei hohen Temperaturen. Bei der Herstellung von Pressbernstein werden die Formen und Farbtöne verändert.

Eine wichtige physikalische Eigenschaft von Bernstein im Gegensatz zu mineralischen Steinen ist die Schwimmfähigkeit von Bernstein. In Süßwasser sinkt Harz, das nur ein wenig schwerer als Wasser ist, auf Grund seiner geringen Dichte sofort. In stark salzhaltigem Wasser jedoch, wie zum Beispiel in einer gesättigten Kochsalzlösung, bleibt Bernstein an der Wasseroberfläche. Durch diese Eigenschaft wird das Sammeln und Sortieren erleichtert.

Die bekannteste und auch ergiebigste Fundregion innerhalb Europas ist der Ostseeraum. Besonders auf der Halbinsel des Kaliningrader Gebietes, also zwischen dem Frischen Haff in Polen und dem Kurischen Haff in Litauen, ist die Chance am größten, fündig zu werden. Doch auch an der deutschen, niederländischen und dänischen Küste kann das Millionen Jahre alte Harz, insbesondere nach starken Stürmen, gefunden werden. Selbst im europäischen Binnenland lagern einige Vorräte an Bernstein. Vorkommen gibt es auch in Tschechien, Rumänien und Ungarn. Sie tragen hier die Namen Mährischer Bernstein oder Rumänit. Außerhalb des europäischen Kontinents ist Bernstein ebenso zu finden. Der Madagaskar-Bernstein beispielsweise ist jedoch nur 1.000 – 10.000 Jahre alt.

Bleibt nur noch zu klären, warum Bernstein, der ja im übertragenen Sinne auf Bäumen wächst, am Ufer der Ostsee angeschwemmt wird. Im Zeitraum des Alt-Tertiärs, also vor rund 40 bis 50 Millionen Jahren, gab es die Ostsee, wie wir sie heute kennen, noch nicht. Damals verlief die Küstenlinie von Norwegen zum heutigen Gebiet der Oder und der Bereich des Binnenlandes war mit Kiefern bewachsen. Die Kiefernwälder versanken im Laufe der Zeit in Mooren und als der Meeresspiegel anstieg, lockerten die Wellenbewegungen und Strömungen den einstigen Waldboden auf und spülten das alternde Harz heraus.

Daher findet man in der Regel bei den Inklusen nur Landbewohner oder Insekten. Allerdings ist die Chance, überhaupt eine Inkluse zu finden, äußerst gering. Nur jeder 500. Bernstein enthält Teile eines Lebewesens.

TOUR 2: KLAIPĖDA (MEMEL) – KAUNAS (KAUEN)

Länge der Tour: Rund 234 km, ohne Abstecher.

Die Route: Über die traße 141 von **Klaipėda** über **Šilutė** und **Jurbarkas** bis **Kaunas**.

Reisedauer: Mindestens ein Tag.

Höhepunkte: Ein Spaziergang durch **Kaunas****.

*ROUTE: Von Klaipėda auf der Straße 141 nach Süden nach **Šilutė**. Wer es etwas eiliger hat, kann auch auf direktem Wege über die Autobahn A1 nach **Kaunas** fahren (ca. zwei Stunden Fahrzeit).*

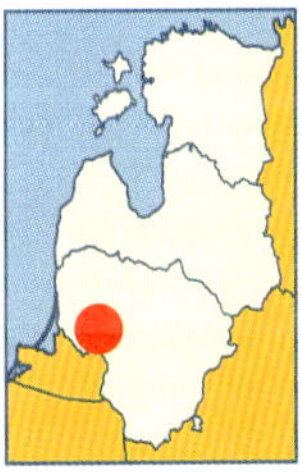

In **Šilutė (Heydekrug)** selbst gibt es nicht viel zu sehen. Lediglich eine Kirche aus den 20er Jahren des letzten Jahrhunderts ist ein Blickfang. Vielmehr dient der Ort als Ausgangspunkt für eine Fahrt auf die Rusnė-Insel oder auf die Halbinsel Ventės Ragas, die in das Kurische Haff hineinragt.

*ROUTE: Von Šilutė fahren wir auf der 141 südostwärts weiter über die Ortschaften **Pagėgiai** und **Viešvilė** nördlich an der russischen Exklave Kaliningrad entlang bis nach **Jurbarkas**. Jurbarkas liegt an Litauens größten Fluss Nemunas (Memel), der auf lange Strecken auch die Nordgrenze zur russischen Oblast Kaliningrad bildet.*

Die Geschichte **Jurbarkas'** beginnt Mitte des 13. Jahrhunderts als der Deutsche Orden an der Mündung des Flus-

PRAKTISCHE HINWEISE – ŠILUTĖ (HEYDEKRUG)

Touristeninformation Šilutės turizmo informacijos centras, Lietuvininkų gatvė 10/Parko gatvė 2, LT-99185 Šilutė, Tel.: +370 44 17 77 85, Mobil +370 663 34 418, E-Mail: info@siluteinfo.lt, Web: www.siluteinfo.lt.

CAMPING – VENTĖ

Camping Ventainė [N55° 20′ 42.7″ E21° 11′ 36.9″], Mariu g. 7, Ventė, Tel. +370 441 68 525; http://www.ventaine.lt/kempingas/; 1. Jan. – 31. Dez.; rund

23 km westlich von Šilutė auf der kleinen Halbinsel Ventės ragas befindet sich ein ehemaliger Bauernhof direkt am Kurischen Haff im Regionalpark des Nemunas Deltas. Mit kleinem Sandstrand, der mit tausenden von Muscheln übersät ist. Weites, so gut wie ebenes Wiesengelände; ca. 3 ha – 30 Stpl., plus ca. 50 Zeltplätze + Dau.; gute Sanitärausstattung. Restaurant, Schwimmbad. Boots- und Fahrradverleih. Zum Anwesen gehört ein Hotel mit 27 Zimmern. Die Besitzer organisieren – je nach Bedarf – mit ihrer Privatfähre Fahrten zum Kurischen Haff und bis nach Nida.

ses Mituva in den Nemunas eine Burg errichtete. Diese Georgenburg genannte Festung wurde aber nach der Niederlage gegen das polnisch-litauische Heer im Jahr 1410 aufgegeben. Heute ist von der Festung leider nichts mehr zu sehen.

Später wurde die Stadt aufgrund der Grenzlage zu einem bedeutenden Handelsplatz mit Zollamt.

Doch in der Sowjetära verlor der Ort an Charme und ist heute kaum sehenswert.

Die zweitürmige **Hl. Dreifaltigkeitskirche [N55° 4' 32.02" E22° 45' 51.95"]** stammt aus dem Jahr 1907 und steht in unmittelbarer Nähe der längsten Nemunas-Brücke des Landes. In der Umgebung der Kirche findet man Parkplätze.

*ROUTE: Von Jurbarkas weiter auf der Straße 141 südostwärts nach **Kaunas**, rund 86 km. Die Straße führt teilweise direkt am nördlichen Nemunas-Ufer entlang.*

Östlich von Jurbarkas befinden sich am Fluss Nemunas, der ehemals als Memel bekannt war, zwei sehenswerte Burgen bzw. Schlösser.

Zuerst erreicht man das **Schloss Panemunė [Parkplatz, N55° 5' 58.30" E22° 59' 8.21"]** beim Ort **Pilis I**. Das Anwesen, das unweit nördlich der Durchgangsstraße 141 liegt, befand sich einstmals in der Hand der ungarischen Kaufmannsfamilie Eperjes und wurde zu Beginn des 17. Jahrhunderts erbaut. Nach jahrzehntelangem Verfall begann man in der Sowjetzeit mit der Restaurierung. Heute liegt das Schloss mit seinem markanten Streifendekor mitten in einem kleinen Regionalpark.

Nur wenige Gehminuten vom Schloss Panemunė entfernt findet man direkt am Ufer der Nemunas/Memel einen **Park-/Picknickplatz [N55° 5' 52.41" E22° 59' 31.80"]**.

Knapp zehn Kilometer weiter östlich erwartet den Besucher das **Schloss Rau-**

PRAKTISCHE HINWEISE – JURBARKAS

Touristeninformation Jurbarkas turizmo informacijos centras [N55° 4' 45.14" E22° 45' 30.14"], Vydūno gatvė 19, LT-74001 Jurbarkas, Tel.: +370 447 51 485 , E-Mail: turizmas@jurbarkas.lt, Web: www.jurbarkotic.lt. *Geöffnet: Mo - Fr 8 - 17 Uhr.*

HOTEL

Hotel Jurbarkas, Dariaus ir Girėno str. 98, Tel.: +370 447 51 646, E-Mail: hotel@hoteljurbarkas.com, Web: www.hoteljurbarkas.lt. Mehrgeschossiger Betonbau mit Blick auf den Nemunas inkl. Supermarkt, Internetcafé und Sauna.

CAMPING

Camping Kempingas Medaus Slėnis [N55° 5' 28.17" E22° 57' 49.51"], Raseinių gatvė 19, Šilinė 74465, rund 13 km östlich von Jurbarkas, direkt an der Straße 141, Tel: +370 640 32 128. Kleiner privater Campingplatz mit netten Betreibern, die Englisch sprechen. Große Wiesenfläche mit einem kleinen Teich, umgeben von Bäumen. Über die Straße gelangt man hinab zum Memel-Ufer. Ca. 3 ha – 100 Stpl.; gute Standard-Sanitärausstattung. V & E für Wohnmobile. WLAN, Boots- und Fahrradverleih. Miethütten.

donė [N55° 05′ 49.0″ E23° 07′ 47.9″], das ebenfalls von einem Park umgeben ist, während des Zweiten Weltkrieges stark zerstört wurde und nach einer langen Periode der Restaurierung nun wieder mit seinem 33 m hohen Turm über den Fluss Nemunas hinweg weithin sichtbar ist.

Die **„Blüten von Panemunes"** nennt sich das traditionelle Fest mit Konzerten und Handwerkermärkten, das auf der Burg Raudonė im Mai stattfindet.

Direkt am Ufer des Nemunas-Flusses, etwa zwischen Raudonė und Naujokai, liegt ein kleiner **Parkplatz [N55° 5′ 27.27″ E23° 10′ 43.04″]**.

Rund 305.000 Einwohner leben in **Kaunas** und machen die Stadt zur zweitgrößten des Landes. Am östlichen Stadtrand befindet sich das so genannte Kaunasser Meer. Dabei handelt es sich natürlich nicht um ein Meer, sondern um einen über 63 km^2 großen Stausee.

Direkt an der Mündung des Flusses Neris in den Nemunas im Innenstadtbereich stand schon im 13. Jahrhundert eine kleine Ansiedlung innerhalb einer steinernen Burg. Zu Beginn des 15. Jahrhunderts durfte sich die Siedlung nach den Magdeburger Stadtrechten als „Stadt" bezeichnen. Die Entwicklung des Ortes ging nun schnell voran. Sogar ein Zollamt wurde von der Obrikkeit genehmigt. Und am Nemunas-Fluss konnte sich ein Hafen etablieren, der maßgeblich mit zur Stadtentwicklung beigetragen hat.

Der Fluss Nemunas ist auch unter der Bezeichnung Memel bekannt. So wurde der Fluss genannt, als das Deutsche Reich bis an das Memel-Ufer und noch weiter reichte. Als Memelland wird die Region zwischen dem Fluss und der Stadt Klaipėda bezeichnet.

Wie in vielen baltischen Städten änderte sich das Stadtbild, als erst die Schweden die Macht übernahmen, schließlich die Russen kamen und auch Napoleon kurzzeitig das Sagen hatte. Und zwischendurch wurden die Bewohner von Kaunas immer wieder von Stadtbränden heimgesucht. Und Kaunas war die einzige Stadt in ganz Litauen, die dem Hansebund angeschlossen war. Zusätzlich können die Einwohner auch behaupten, ihre Stadt sei mal Hauptstadt gewesen. Dies jedoch nur kurz, als die Rotarmisten Vilnius besetzt hielten und die Regierung nach Kaunas umziehen musste. Dies nützte der Stadt insofern, dass sie wirtschaftlich und kulturell für diese kurze Zeitspanne aufblühte, so entstand in dieser Periode der Botanische Garten und auch die Universität wurde gegründet.

Mit dem Ende des Zweiten Weltkrieges, während dessen im Ghetto von Kaunas mehrere tausend Juden umkamen, musste die Stadt ihren Titel als Hauptstadt wieder an Vilnius abgeben, das von 1940 bis zur Unabhängigkeit Litauens im Jahre 1990 Hauptstadt der Litauischen Sozialistischen Sowjetrepublik war. Bis auf den heutigen Tag ist Vilnius Hauptstadt der Republik Litauen geblieben.

Ob Sie nun auf der Autobahn A1 oder auf der Straße 141 von Westen her auf Kaunas zufahren, fahren Sie bis zu den Brücken über den Neris-Flusses und biegen Sie nach Überqueren der Brücken rechts ab.

Von der A1 kommend, nehmen Sie gleich nach der Brücke die Ausfahrt Senamiestis zur links abzweigenden Straße Jonavos gatvė, die südwärts und vorbei am Camping Kaunas City [N54° 56′ 5.30″ E23° 55′ 5.45″] Richtung Altstadt führt.

Steuert man auf der Straße 141 auf Kaunas zu, zweigt man nach der Flussbrücke am großen Kreisverkehr Pilies žiedas rechts ab, passiert den Supermarkt IKI Litauanica und gelangt über den südlichen Teil der Janovas gatvė zum Parkplatz vor der Stadtburg. Diesen großen, bislang gebührenfreien **Parkplatz [N54° 54′ 0.07″ E23° 53′ 15.76″]**, neuerdings mit „Elektro-Tankstelle" versehen, findet man am Nordwestrand der Altstadt vor der Stadtfestung und ganz in der Nähe des Rathausplatzes. Ein guter Ausgangspunkt für einen Altstadtrundgang.

Ansonsten sind Parkplätze in der Altstadt allerdings Mangelware.

Die Burg von Kaunas

Man kann aber auch den steilen Savanorių prospektas, die Ausfallstraße nach Nordosten, hinauf in den Stadtteil Aleksotas auf den Žaliakalnis-Hügel (Grünberg) fahren, sich oben einen **Parkplatz [N54° 54′ 7.95″ E23° 55′ 4.79″]** suchen, um dann mit der **Žaliakalnis-Standseilbahn Funikulieriui (1) [N54° 54′ 7.50″ E23° 55′ 5.03″]** *(Aušros gatvė 6, verkehrt Mo - Fr 7 - 19, Sa + So 9 - 19 Uhr, Änderungen möglich!)*, einer der ältesten Standseilbahnen in Europa, hinab in die **Neustadt Naujamiestas** zu gelangen (siehe auch unter „Spaziergang durch Kaunas' Neustadt Naujamiestas". Bis in die Altstadt ist es von hier allerdings noch ein gutes Stück nach Westen.

Die Stadt Kaunas stellt Bewohnern und Besuchern gegen Gebühr insgesamt 300 Räder und 2000 Scooter (Roller) zur Verfügung. Wem's behagt kann sich damit u. U. die Stadtbesichtigung etwas erleichtern. Aktivieren kann man Räder und Roller über die App „CityBee", https://www.citybee.lt/bikes oder https://www.citybee.lt/scooters.

Die alte Stadtburg und andere Sehenswürdigkeiten findet man in der **Altstadt Senamiestis von Kaunas**, die auf einer Halbinsel am Zusammenfluss von Nemunas und Neris liegt. Die Straßen in der Altstadt von Kaunas sind allerdings relativ klein, eng und bieten kaum Parkplätze.

Spaziergang durch Kaunas' Altstadt Senamiestis

Ausgangspunkt ist der **Rathausplatz Rotušės aikštė (11) [N54° 53′ 49.1″ E23° 53′ 08.0″]**.

Das Haus mitten auf dem Rathausplatz fällt ins Auge, ähnelt es auf den ersten Blick doch einer Kirche, ist aber keine. Es wird im Volksmund gerne als „Weißer Schwan" bezeichnet. Nahe liegend, denn das schneeweiße Gebäude mit dem Turm kann mit etwas Fantasie an einen Schwan erinnern – oder eben auch an eine Kirche. Tatsächlich handelt es sich um das **Rathaus (13)**. Errichtet werden sollte es schon im 16. Jahrhundert, doch schwere Zerstörungen stoppten das Bauprojekt, so dass es erst Mitte des 17. Jahrhunderts fertig gestellt werden konnte.

Gotische, barocke und frühklassizistische Elemente machen das Bauwerk, architektonisch betrachtet, interessanter als manch eine Kirche. Während der Zarenzeit diente das stattliche Rathaus gelegentlich als standesgemäße Unterkunft, wenn sich der russische Herrscher in Kaunas aufhielt.

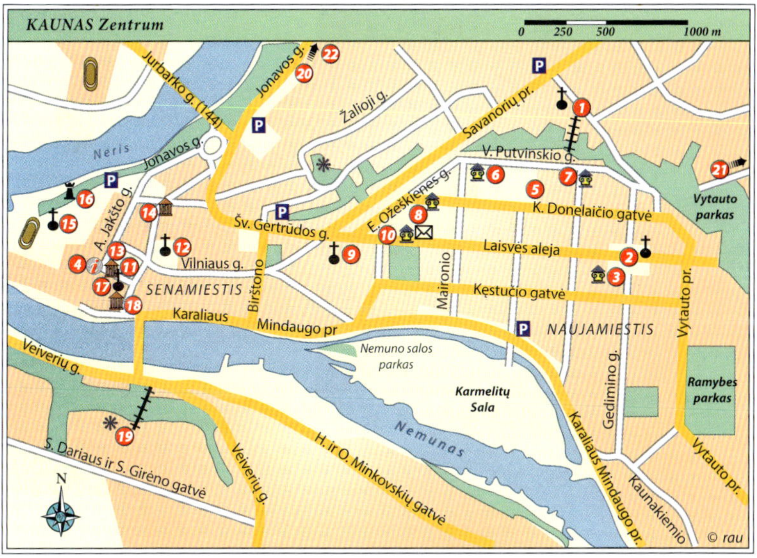

*KAUNAS (KAUEN) ZENTRUM – **1** Žaliakalnis-Standseilbahn Bergstation, Auferstehungskirche – **2** Unabhängigkeitsplatz/Michaeliskirche – **3** Žilinskas-Museum – **4** Touristeninformation – **5** Vienybės Platz – **6** Kriegsmuseum – **7** Teufelsmuseum – **8** Puppentheater – **9** St. Gertrude-Kirche – **10** Zoologisches Museum – **11** Rathausplatz Rotušės aikštė – **12** St. Peter-und-Paul-Kirche – **13** Rathaus/Touristenbüro – **14** Maironis-Haus /Museum– **15** Georgenkirche – **16** Burg – **17** St. Franziskus-Kirche – **18** Perkūnas-Haus – **19** Aleksotas-Hügel, Aussicht – **20** Richtung IX. Fort – **21** Richtung Kaunasser Stausee – **22** Richtung Kaunas City Camp*

Heute findet man im Rathaus neben diversen Ämtern und der Hauptstelle des **Touristenbüros (4)** das **Kaunas Stadtmuseum (Kaunas Istorijos Tėkmėje)** *(geöffnet Di - Sa 10 - 18 Uhr, So 10 - 16 Uhr; www.kaunomuziejus.lt/en/)*, das sich mit der Stadtentwicklung befasst. Das Museum ist in den seit Herbst 2016 für die Öffentlichkeit zugänglichen Gewölben des Rathauskellers untergebracht. Ausgestellt sind Gegenstände aus dem täglichen Leben der Stadt- und Landbevölkerung, Exponate aus der Hansezeit sowie eine Gefängniszelle.

Wenn Sie im Uhrzeigersinn einmal rund um das Rathaus gehen, können Sie unterwegs einige interessante Gebäude und Museen besichtigen.

Es beginnt mit dem **Literatur- und Maironis-Museum (14) [N54° 53′ 48.4“ E23° 53′ 03.1“]**, Rotušės aikšte Nr. 13 *(geöffnet Di - Sa 9 -17 Uhr; http://maironiomuziejus.lt/)*. Vor dem Haus befindet sich eine Statue des bereits erwähnten Literaten und Pfarrers Mačius-Maironis. Im Haus nebenan, dem **Marionis-Haus**, hat er lange Zeit gewohnt. Die ehemaligen Wohnräume dienen heute als „Gedenkwohnung“ an den dichtenden Gottesmann. Zusätzlich gibt es in der ersten Etage eine Ausstellung mit Exponaten aus der Entwicklung der litauischen Literatur.

Im Haus Rotušės aikšte Nr. 19 befand sich einst ein Museum für Kommunikationsgeschichte. Schwerpunkthemen waren Postwesen, Telekommunikation und Informatik.

Etwas weiter westlich vom Rathausplatz kommt man in der Straße Papilio gatvė vorbei am **Masalski-Palast.** In der ehemaligen Stadtresidenz der Fürsten Masalski ist heute ein Priesterseminar untergebracht.

Noch ein kurzes Stück weiter sieht man, ebenfalls in der Papilio gatvė, die

Der „Weiße Schwan", das Rathaus in Kaunas

Georgenkirche Sv. Jurgio (15) [N54° 53′ 54.41″ E23° 53′ 1.48″]. Nördlich davon findet man die restaurierte **Burg (16) [N54° 53′ 56.7″ E23° 53′ 07.7″]** *(geöffnet Juni - Aug. Di - Sa 10 - 18 Uhr, So 10 - 16 Uhr; Sept. - Mai Di - Sa 10 - 18 Uhr; www.visit.kaunas.lt/de/erleben/sights/museen-und-galerien/museen/die-burg-kaunas).* Man begann mit dem Bau im 13. Jahrhundert. Damals war das befestigte Gebäude das erste von Bedeutung hier. Rasch etablierte sich um die Burg eine Siedlung, aus der schließlich die heutige Stadt entstanden ist.

Die strategisch günstige Lage am Zusammenfluss von Neris und Nemunas machte die Festung bei den Feinden der Stadt bald zu einem begehrten Ziel. Und so dauerte es auch nicht lange, bis sie 1362 von Ordensrittern erobert und zerstört wurde. Schon bald begann man mit dem Wiederaufbau. Die heute sichtbare Burganlage entstand im 16. Jh., damals die erste Festung in Litauen, die ganz aus Backsteinen errichtet und mit zwei Wallanlagen versehen wurde.

An der Nordostseite des Rathausplatzes ist in den ehemaligen Räumlichkeiten der medizinischen Fakultät der Universität von Kaunas, Rotušės aikšte 28, das **Lietuvos medicinos ir farmacijos istorios muziejus [N54° 53′ 49.44″ E23° 53′ 15.20″]**, das Museum für litauische Medizingeschichte und Pharmazie untergebracht *(geöffnet Di - Sa 10 -17 Uhr; www.ismu.lt).* Das Museum zeigt eine schöne Ausstellung über die Geschichte der litauischen Heilkunde und Pharmazeutik, sowie Exponate der Medizinischen Universität Kaunas. Im Inneren ist eine Apotheke inklusive Laboratorium und Kellerräumen aus dem 19. Jahrhundert nachgebildet.

An der Nordostecke des Rathausplatzes sieht man den dunklen Backsteinbau der **St. Peter-und-Paul-Kathedrale, Šv. Petro ir Povilo arkikatedra (12) [N54° 53′ 49.6″ E23° 53′ 17.8″]**, Vilniaus gatvė 1, mit ihrem 55 m hohen Kirchturm. Der ursprünglich gotische Bau stammt aus den Anfängen des 15. Jh., erfuhr im Laufe seiner Geschichte aber viele Um- und Anbauten in unterschiedlichen Stilen. Vom gotischen Kirchenbau ist eigentlich nur noch der Chor übriggeblieben. Auf der Südseite der Kathedrale befindet sich die Grabstätte des Pfarrers und Dichters Mačiulis-Maironis.

Das Innere der Kirche beeindruckt den Besucher mit neun reich verzierten Altären und einer Sakristei mit Kreuzgewölbe.

Wer vom Rathausplatz südwärts weiter bis zum Ufer des Flusses Nemunas geht, trifft auf das **Sportmuseum [N54° 53′ 45.2″ E23° 53′ 01.3″]**, Muziejaus gatvė 7 *(geöffnet Di - Sa 10 – 17 Uhr, letzter Do im Monat geschlossen; www.lietuvossportomuziejus.lt).* Neben der Entwicklung der Sportgeschichte Litauens informiert es über die Teilnahme an internationalen Wettkämpfen und erinnert an litauische Sportler.

Zwei weitere wichtige Gebäude befinden sich auf der Südseite des Rathausplatzes.

Schnell zu erkennen ist die **St. Franziskuskirche (17) [N54° 53′ 46.4″ E23° 53′ 10.5″]**, für deren Bau man fast 100 Jahre benötigte. Sie wurde 1753 errichtet, diente erst den Franziskanern als Ordenskirche, war danach die Alexander-Nevskij-Kathedrale und musste in der Sowjetzeit schließlich als Schule herhalten. Seit Anfang der 1990er Jahre hat sie ihre Funktion als Gotteshaus zurückbekommen.

Ganz in der Nähe liegt das gotische **Perkūno Namas (18)**, das **Haus des Donnergottes [N54° 53′ 43.9″ E23° 53′ 11.6″]**, Aleksoto gatvė 6. Es stammt aus dem 15. Jahrhundert und wurde von Kaufleuten geplant und als Handelshaus des Hansebundes genutzt. Bei Umbauarbeiten Anfang des 19. Jahrhunderts fand man in einer Mauer eine Bronzestatue, die den Donnergott (Perkūnas) darstellt. Nach dem Einzug des litauischen Theaters im Jahr 1844 hat man das Bauwerk im letzten Jahrhundert mehrfach umgebaut und restauriert, bis es sein heutiges Aussehen erhielt. Heute beherbergt es ein Jesuitengymnasium.

Die letzte Sehenswürdigkeit in der Altstadt ist schließlich die **Vytautas Kirche [N54° 53′ 42.2″ E23° 53′ 10.6″]** aus dem 15. Jh. Die Kirche in der Aleksoto gatvė 3, geweiht der Heiligen Jungfrau Mariä Himmelfahrt, ist eines der ältesten Kaunasser Gebäude im gotischen Stil und kann eine bewegte Geschichte vorweisen. Ursprünglich gehörte sie den Franziskanern. Später kam die französische Armee unter Napoleon und richtete in dem Gotteshaus ein Waffenlager ein. Danach wurde sie eine Zeit lang als orthodoxe Kathedrale benutzt. In der Kirche befindet sich die Grabstätte des Schriftstellers Tumas-Vaižgantas.

Hier am Südrand der Altstadt bietet es sich an, auf der Brücke Vytauto Didžiojo tiltas (Straße 130) den Fluss Nemunas/Memel zu überqueren. Am Südufer liegt die **Talstation der Zahnradbahn [N54° 53′ 31.7″ E23° 53′ 16.0″]**, die auf den **Aleksotas-Hügel (19)** fährt. Von dort oben genießt man hinter dem Gebäude der Musikakademie einen schönen Ausblick [N54° 53′ 29.5″ E23° 53′1 01.4″] auf die Stadt. Auf der rechten Seite kann man die kleine Insel im Fluss erkennen, die mit ihrer schönen Parkanlage zum Spazieren und Picknicken einlädt.

Spaziergang durch Kaunas' Neustadt Naujamiestis

Will man den Stadtspaziergang hinein in Kaunas' Neustadt Naujamiestis ausdehnen, verlässt man die Altstadt am Rathausplatz Rotušės aikštė nach Osten und folgt der verkehrsberuhigten **Vilniaus gatvė** bis zur **St. Gertrude-Kirche (9) [N54° 53′ 50.7″ E23° 54′ 05.0″]** und geht über die Laisvės alėja hinein in die Neustadt.

Weniger anstrengend ist der Spaziergang, wenn man dafür einen weiteren Tag vorsehen kann! Denn es ist ein gutes Stück Wegs von der Altstadt in die Neustadt!

Aber die gepflasterte Vilniaus gatvė, die als älteste und eine der schönsten Straßen in ganz Kaunas gilt, bietet Abwechslung, (z. B. bemerkenswerte Telefonzellen u. ä.).

In der Vilniaus gatvė Nr. 33 sieht man am Nordrand eines Parks das **Historische Präsidentenpalais Litauens [N54° 53′ 50.8″ E23° 53′ 50.3″]** *(geöffnet Di, Mi, Fr 10 - 17 Uhr, Do 10 - 19 Uhr, Sa + So 11 - 16 Uhr; www.istorineprezidentura.lt/en/)*. Das Palais war schon Präsidentensitz in der Zeit um 1846, als Kaunas vorübergehend Hauptstadt von Litauen war.

Für viele Litauer zählt der ehemalige Palast der litauischen Präsidenten als das bedeutendste Denkmal der Republik Litauen zwischen 1918 und 1940. Das Palais war Sitz von drei Präsidenten. Zwischen 1919 und 1920 und nochmals von 1926 bis 1940 residierte hier Präsident Antanas Smetona. Nach ihm war der Palast Sitz von Präsident Aleksandras Stulginkis (1922 – 1926). Ihm folgte Präsident Kazys Grinius.

Besucher des Präsidentenpalais erfahren Interessantes über die Entstehung der Republik Litauen und über den Wandel, den die Stadt Kaunas von einer Festungsstadt hin zu einer modernen Stadt erlebte.

Der Palast war Schauplatz wichtiger politischer, auch außenpolitischer Entscheidungen, die für Litauen getroffen wurden. Und er war Mitte Juni 1940 der letzte Treffpunkt zwischen Vertretern der jungen Republik Litauen und der sowjetischen Besatzungsmacht.

Im Juli 2005 schließlich öffnete der in Kaunas 1926 geborene Präsident Valdas Adamkus (Amtszeiten 1998 bis 2003 und 2004 bis 2009) den historischen Präsidentenpalast für die Öffentlichkeit.

Alternativ zum Spaziergang von der Altstadt in die Neustadt von Kaunas kann man auch über die Straße Savanorių prospektas, die Ausfallstraße nach Nordosten, hinauf in den Stadtteil Aleksotas auf den Žaliakalnis-Hügel (Grünberg) fahren, sich oben einen Parkplatz [N54° 54' 7.95" E23° 55' 4.79"] suchen, und dann mit der Žaliakalnis-Standseilbahn Funikulieriui (1) [N54° 54' 7.50" E23° 55' 5.03"] (verkehrt Mo - Fr 7 - 19, Sa + So 9 - 19 Uhr, Änderungen möglich!), eine der ältesten Standseilbahnen in Europa, hinab in die Neustadt Naujamiestas zu gelangen.

Die Bergstation der Žaliakalnis-Standseilbahn Funikulieriui befindet sich in der Aušros gatvė 6, an der **Auferstehungskirche (1),** unverkennbar durch ihren markanten, über 70 m hohen Turm. An der Kirche wurde sage und schreibe 50 Jahre lang gebaut. Mit Unterbrechungen wohl, denn zeitweise musste die Kirche auch als Radiofabrik herhalten. Auf dem Kirchendach gibt es eine Aussichtsterrasse, von der ein schöner Blick auf die Stadt möglich ist.

Mit der Standseilbahn unten in der Neustadt angekommen, führt von der Talstation an der Putvinskio gatvė Nr. 22 die Straße A. Mickevičiaus gatvė geradewegs nach Süden. Wir folgen der Straße, die nach dem polnischen Dichter Adam Mickiewicz benannt ist, hinein in die **Neustadt Naujamiestas**. Die zweite Querstraße ist die Laisvės alėja, die breite, autofreie, 1,6 km lange Haupt- und Einkaufsstraße, die Neustadt und Altstadt verbindet. Wir biegen hier links ab und folgen der Laisvės alėja bis zum nahen **Unabhängigkeitsplatz Nepriklausomybės aikšte (2)**.

Unübersehbar auf dem Platz erhebt sich die **Michaeliskirche [N54° 53' 49.4" E23° 55' 15.4"].** Errichtet wurde sie ausgangs des 19. Jh. von russischen Architekten im russisch-orthoxen Stil eines sog. Sobors für die Armee des Zaren. Das Gotteshaus ist mit seinen fünf Kuppeln weithin sichtbar. Es gehört heute wieder der katholischen Gemeinde.

Nur ein kurzes Stück südlich der Michaeliskirche liegt rechter Hand die **Kunstgalerie Mykolas Žilinskas (3) [N54° 53' 46.3" E23° 55' 13.4"]** *(geöffnet Di, Mi, Fr 10 - 17 Uhr, Do 10 - 19 Uhr, Sa + So 12 - 17 Uhr; www.visit.kaunas.lt/de/erleben/sights/museen-und-galerien/galerien/mykolas-zilinskas-kunst-galerie/).* Ausgestellt ist die Sammlung des Kunstmäzen Mykolas Žilinskas (1904 – 1992). Viele der Kunstobjekte stammen aus Sammlungen litauischer Gutshöfe. Darüber hinaus sind Ausstellungen ausländischer Künstler zu sehen.

Wir gehen nun über die Laisvės alėja (Allee, Fußgängerzone) nach Westen. Auf fast 2 km reihen sich hier Geschäfte, Restaurants, Cafés etc. Raucher aufgepasst! In der Fußgängerzone ist Rauchen verboten! Seit Jahren schon nimmt die Stadt nämlich am internationalen Projekt „Gesunde Stadt" teil.

Nachdem Sie die A. Mickevičiaus gatvė wieder passiert haben, gehen Sie die Daukanto gatvė rechts, vorbei am Hotel Metropolis und an der Technischen Universität zur Donelaičio gatvė. Gleich gegenüber liegt der Platz **Vienybės aikštė (5)**, der zu sowjetischen Zeiten Lenin-Platz hieß. 1928 errichtete man auf dem Platz eine Statue, die Litauens Unabhängigkeit symbolisieren sollte. Sie wurde während der Okkupation entfernt, aber 1989 neu enthüllt.

Zu sehen gibt es am Vienybės Platz zudem den **Garten des Kriegsmuseums [N54° 53' 57.6" E23° 54' 45.8"]** (K. Donelaičio gatvė 64), in dem sich einige Büsten und Statuen für bedeutende Schriftsteller und Politiker des Landes befinden. Im Garten brennt zudem ständig ein Feuer, das als „ewige Flamme" zusammen mit den Holzkreuzen hier an die Gefallenen erinnert, die für Litauens Unabhängigkeit gekämpft haben. Zu den Unabhängigkeitskämpfern zählt zum Beispiel auch der Student *Romas Kalanta*, der sich 1972 aus Protest gegen die Sowjetherrschaft selbst verbrannte.

Im **Kriegsmuseum (6)** selbst, K. Donelaičio Str. 64, *(geöffnet Di - So 10 - 17 Uhr, letzter Einlass 30 Min. vor Schließung; www.vdkaromuziejus.lt/en/)* sind zeitgenössische Dokumente, typische Waffen und auch Wrackteile des abgestürzten Flugzeuges, mit dem die beiden Piloten Darius und Stasys Girėnas den Atlantik in neuer Rekordzeit und schneller als der legendäre Charles Lindbergh in West-Ost-Richtung überqueren wollten, ausgestellt.

Alternativ dazu hat man die Möglichkeit, das unweit nördlich untergebrachte **Nationale Ċiurlionis-Museum [N54° 54' 01.3" E23° 54' 43.3"]** zu besichtigen, Zugang von der V. Putvinskio gatvė 55 *(geöffnet Di, Mi, Fr, Sa, So 10 - 18 Uhr, Do 11 - 19 Uhr, letzter Einlass 30 Min. vor Schließung; www.ciurlionis.lt/en/)*. Das Museum für bildende Kunst zeigt Gemälde und Grafiken des Künstlers M. K. Čiurlionis (1875 – 1911), sowie eine Ausstellung über die litauische Malerei des 20. Jahrhunderts.

Im Gebäude unweit westlich gegenüber, V. Putvinskio g. 64, muss es mit dem Teufel zugegangen sein, zumindest ist es dort „höllisch" interessant. Der Künstler A. Žmuidzinavičius hat zahlreiche Darstellungen des Teufels geschaffen, die nun im sog. **Teufelsmuseum Velnių muziejus (7) [N54° 54' 03.0" E23° 54' 38.0"]** präsentiert werden, das im Atelier in der ehemaligen Wohnung des Künstlers eingerichtet ist *(geöffnet Di, Mi, Fr 11 - 17 Uhr, Do 11 - 19 Uhr, Sa + So 10 - 17 Uhr, letzter Einlass 30 Min. vor Schließung; www.ciurlionis.lt/en/)*. Ein kurioses Museum, in dem übrigens auch Stalin und Hitler entsprechend teuflisch dargestellt sind.

Vom Teufelsmuseum oder vom Platz Vienybės aikštė westwärts zur Maironio gatvė und dort südwärts bis zur Fußgängerzone Laisvės alėja. Ein kurzes Stück weiter westlich findet man in einem Hinterhaus das **Puppentheatermuseum Kauno valstybinis leliu teatras (8) [N54° 53' 50.8" E23° 54' 26.2"]**, Laisvės alėja 87A *(geöffnet Do + Fr 11 - 17 Uhr, Sa + So 10 - 14 Uhr; www.kaunoleles.lt)*, das für seine wunderschön gefertigten Handpuppen bekannt ist.

Die Heilige Michaels-Kirche in Kaunas

Wir gehen die Fußgängerzone Laisvės alėja weiter nach Westen bis zum Platz mit dem **Denkmal des Großfürsten Vytautas Vytauto Didžiojo paminklas**. Der aus Litauen stammende Bildhauer Grybas entwarf das Denkmal, das im Andenken an den 560. Todestag des geehrten Großfürsten enthüllt wurde. Unter der Figur sind vier Soldaten zu erkennen, die seine Gegner symbolisieren; einen Teutonen, einen Tataren, einen Polen und einen Russen. Die Litauer mussten auch dieses Denkmal 1990 nach dem Abzug der Russen neu einweihen.

Wenig weiter westlich passiert man den Eingang des Zoologischen Museums **Kauno Tado Ivanausko Zoologijos Muziejus (10) [N54° 53' 52.41" E23° 54' 14.29"]**, Laisvės alėja 106 *(geöffnet Di - So 10 - 18 Uhr; www.zoomuziejus.lt/en/)*. 140.000 Exponate aus dem gesamten Spektrum des

Tierreiches befinden sich in der 1919 gegründeten Ausstellung. Neben den zahlreichen Tierpräparationen bietet das Museum auch einen kleinen Kinosaal, in dem interessante Naturfilme gezeigt werden.

Schließlich erreicht man die etwas versteckte **St. Gertrude-Kirche (9) [N54° 53' 50.7" E23° 54' 05.0"]**, einen Backsteinbau im gotischen Stil aus dem 15. Jh.

Hinter der St. Gertrude-Kirche kann man links in die Vilniaus gatvė einbiegen, die hinein in die **Altstadt Senamiestis** führt.

Die **Statuen der drei Präsidenten Litauens** auf der rechten Seite im Park vor dem Historischen Präsidentenpalais Litauens erinnern daran, dass man sich in der zeitweiligen Hauptstadt Litauens befindet. Diese drei Staatsoberhäupter (Smetona, Grinius und Stulgiskis) regierten das Land von Kaunas aus.

Sehenswertes außerhalb des Stadtzentrums von Kaunas

Eine wesentliche Sehenswürdigkeit von Kaunas kann nicht unerwähnt bleiben. Sie liegt allerdings außerhalb der Stadt, was einen fahrbaren Untersatz bedingt. Will man die Sehenswürdigkeit besichtigen verlässt man Kaunas in nordwestlicher Richtung und folgt am besten zunächst der Autobahn A1 Richtung Klaipėda, zweigt aber schon kurz darauf am großen Autobahnverteiler auf die A5 ab, um gleich danach rechts zum **Parkplatz [N54° 56' 27.46" E23° 52 ,34.71"]** in der Nähe des Fort-Museums abzuzweigen.

Vom Parkplatz führt ein Fußweg am Museum **Kauno IX forto muziejus** vorbei zum **Fort Kauno tvirtoves IX fortas (20)**, Žemaičių plentas 73, *(geöffnet Mi - So 10 - 16 Uhr, diverse Führungen gegen Gebühr; www.9fortomuziejus.lt/?lang=en)*.

Das Neunte Fort gehörte zu den Festungsanlagen der Stadt aus jüngerer Zeit. Begonnen hatte man mit dem Bau erst zu Beginn des 20. Jahrhunderts und fertig gestellt wurde die Anlage am letzten Abend vor Beginn des Ersten Weltkrieges. Im Zweiten Weltkrieg wurde das Fort von den Nationalsozialisten genutzt und erhielt den Decknamen Fabrik Nr. 1005-B. 80.000 Menschen wurden hier ermordet, etwas weniger als die Hälfte war jüdischen Glaubens (Gedenkstätte für Holocaustopfer).

Nach Ende des Zweiten Weltkrieges übernahmen andere Machthaber das Kommando, nutzten diese „Fabrik" aber zu ähnlichen Zwecken. Denn auch in der Zeit der Okkupation durch die Sowjetunion wurden hier Erschießungen durchgeführt. Heute können die Räumlichkeiten, teils nur mit einer Führung, besichtigt werden.

Die gestaute Memel bildet östlich von Kaunas einen ausgedehnten See, das „Kaunasser Meer" **Kauno marios**. Der Stausee ist das größte künstliche Gewässer im Land und entstand 1959, als das Wasserkraftwerk gebaut wurde. Allein die gesamte Uferlänge des Stausees beläuft sich auf rund 200 km. Die Wasseroberfläche des Sees umfasst stattliche 63,5 qkm, und die tiefste Stelle im See ist bei rund 22 Metern.

Um den See herum hat man 1992 einen **Regionalpark** eingerichtet, um die Natur und die Kulturdenkmäler zu schützen. Das gesamte Areal umfasst mehr als 10.000 ha. Man kann am Ufer durch zahlreiche Kiefernwälder spazieren gehen oder das **Kloster bei Pažaislis [Parkplatz, N54° 52' 32.34" E24° 1' 11.95"]** am Westufer des „Kaunasser Meeres" besichtigen, bei dem es sich um ein prachtvolles Barockbauwerk handelt.

Längst ist der Regionalpark ein beliebtes Ausflugsziel der Kaunasser Bevölkerung geworden mit entsprechendem Besucherandrang an sommerlichen Wochenenden.

In **Rumšiškės**, gut 16 km südöstlich von Kaunas (zu erreichen über die Autobahn A1 nach Vilnius), findet man in der L. Lekavičiaus gatvė 2 das **Litauische Freilichtmuseum Lietuvos liaudies buities muziejus [Parkplatz, N54° 51' 57.47" E24° 12' 7.20"]** oder auch Brauchtumsmuseum genannt *(geöffnet Mai – Sept. tgl. 10 – 18 Uhr; www.llbm.lt/de/)*.

Dieses besuchenswerte, aber sehr weitläufige Freilichtmuseum gibt einen schönen Einblick in die ländliche Architektur und in die Volkskunde der in dieser Gegend lebenden Litauer. Zahlreiche

Wohn- und Wirtschaftsgebäude aus den verschiedensten Regionen des Landes wurden hierhergeschafft und originalgetreu wiederaufgebaut. Über 50 Häuser präsentieren in vier „Regionen" Dauerausstellungen mit Möbeln, Textilien, Küchen- und Arbeitsgeräten.

Neben den Wohn- und Handwerksbereichen ist auf einem kleinen, separaten Teil des Geländes ein Eisenbahnwaggon zu sehen, der zur Deportation der litauischen Bevölkerung genutzt wurde und der nun an diese tragische Zeit erinnern soll.

Und wer lieber mit dem Schiff den Kaunasser Stausee überqueren will, hat die Möglichkeit dies mit einem der beiden **Ausflugsboote** zu machen. Sie heißen ‚Algirdas' und ‚Nemunas' und fahren über den Nemunas-Fluss sogar bis nach Birštonas.

PRAKTISCHE HINWEISE – KAUNAS (KAUEN)

Touristeninformation Kaunas Rathaus [N54° 53' 49.1" E23° 53' 08.0"], Rotušės aikštė 15, Tel. +370 616 50 991; www.visit.kaunas.lt/en/. *Geöffnet Mo - Fr 9 – 13 Uhr, 14 - 18 Uhr, Sa 10 – 13 Uhr, 13.30 - 16 Uhr, So 10 – 13 Uhr, 13.30 – 15 Uhr.*

RESTAURANT

Bernelių užeiga, M. Valančiaus gatvė 11, Tel. +370 61 52 68 12; www.berneliuzeiga.lt. Das Restaurant bietet das rustikale Ambiente von Landgasthöfen mit leckeren typischen Gerichten aus Litauen.

HOTELS

Hotel Kaunas, Laisvės av. 79, Tel.: 75-08 50, Fax: 75-08 51, E-Mail: kaunas@kaunashotel.lt. Web: www.kaunashotel.lt. Vier-Sterne-Hotel in der Fußgängerzone der Neustadt, gilt als bestes Haus am Platz. Modern eingerichtete Zimmer Fitnessraum, Swimmingpool, Sauna und Restaurant im Erdgeschoss.

Park Inn by Radisson Kaunas, K. Donelaičio gatvė 27, Tel. +370 37 306 100; www.radissonhotel.com. Komforthotel mit mehr als 200 modernen Zimmern, von denen die meisten einen schönen Blick auf die Altstadt und den Fluss Neris erlauben. Olympic Casino, Wi-Fi, Fitness Center, Solarium, Flughafen-Shuttle. Im Erdgeschoss befinden sich neben dem Restaurant, ein Café und eine Bar. Zum Haus gehört auch ein bewachter Parkplatz.

CAMPING

Camping Kaunas City [N54° 56' 05.4" E23° 55' 06.5"], Jonavos gatvė 51A, Tel. +370 61 80 94 07; www.kaunascamping.eu; Anf. Mai – Anf. Sept.; am Nordwestrand der Stadt am Ostufer der Neris und unterhalb der Autobahn A1/E85 (Kaunas – Warschau), Autobahnausfahrt Senamiestis bei KM 4 (von Norden kommend) bzw. bei KM 5 (von Süden kommend) zur Straße 141 (Jonavos gatvė) Richtung Centras, neben der Jozita-Tankstelle. Ebenes, eingezäuntes, baumloses, neu gestaltetes Campinggelände mit befestigten, parzellierten Stellplätzen mit Strom und Wasser zwischen Grasstreifen; ca. 2,5 ha – 25 Stpl.; Standard-Sanitärausstattung neueren Datums. Sauna, Waschmaschine, Mietbungalows. Bushaltestelle vor dem Platzeingang.

Camping Kaunas Camp Inn [N54° 54' 55.9" E23° 50' 02.3"], Raudondvario plentas 161A, Tel. +370 602 33 444; www.campinn.lt; 1. Mai – 30. Sept.; etwa 3 km westlich des Stadtzentrums, Zufahrt von der Autobahn A5/E67 Ausfahrt Centras; kleines, eingezäuntes, videoüberwachtes, etwas geneigtes Grasgelände mit Nadel- und Laubbaumgruppen, teils erdiger Untergrund, auch gekieste Stellflächen. Im hinteren Platzteil Tennisplatz angrenzend. An zwei Seiten stark befahrene Straßen, laut durch Straßenlärm. Unterhalb des Platzes der Lampedis-See mit Sandstrand; ca. 3 ha – 50 Stpl.; Standard-Sanitärausstattung. Waschmaschine, Trockner, WLAN. Miethütten. Gut zugängliche V & E-Station am Platzeingang. Vor dem Platz Parkplatz für Badegäste.

TOUR 3: KAUNAS – DRUSKININKAI

Länge der Tour: Rund 63 km, ohne Abstecher.

Die Route: Über die A1 bis **Rumšiškės** – Straßen 188, 129 und Straße A16/E28 bis **Birštonas** – A16/E28 bis Straße 129 – Straße 129 und Straße 220 bis **Alytus** – Straße 132 bis **Seirijai** – Straße 180 über **Leipalingis** nach **Druskininkai**.

Reisedauer: Mindestens ein Tag.

Höhepunkte: Spaziergänge durch die Kurorte **Birštonas** * und **Druskininkai** **.

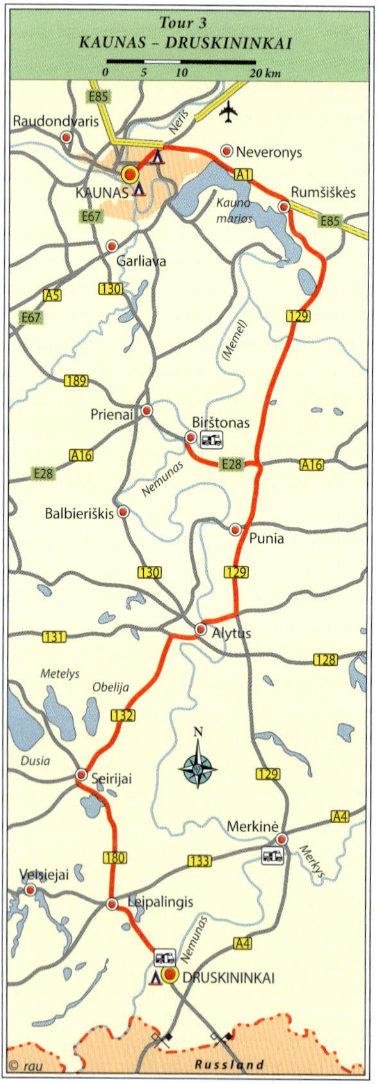

ROUTE: ***Kaunas*** *verlassen wir über die A1 / E85 in Richtung Vilnius. Von der Schnellstraße ab zur Ausfahrt* ***Rumšiškės****, wo wir auf die 188 für kurze Zeit südwärts fahren. Sie mündet in die Straße 129, die uns 38 km weiter südlich zur A16 / 28 bringt. Dort biegen wir rechts (westwärts) ab bis wir nach 9 km* ***Birštonas*** *erreicht haben.*

Südlich von Kaunas macht der Fluss Nemunas (Memel) eine große Biegung und inmitten dieser Flussschleife liegt der kleine Kurort **Birštonas** mit seinen etwas über 3.000 Einwohnern in einer waldreichen Landschaft. Die Ortschaft wurde im 14. Jahrhundert zum ersten Mal erwähnt, kann aber keine besonderen Sehenswürdigkeiten vorweisen.

Einen größeren, allerdings fast immer stark frequentierten **Parkplatz [N54° 36‘ 0.61“ E24° 2‘ 9.73“]** findet man in der Vaižganto gatvė beim Supermarkt IKI Birštonas. Und am Westrand des Ortes findet man den Supermarkt Norfa XL mit großem **Parkplatz [N54° 36‘ 17.96“ E24° 1‘ 8.65“]** zwischen Straße B. Sruogos gatvė und A16/E28.

Als Reiseziel dient Birštonas eher Erholungssuchenden und Naturfreunden, denn die Attraktion des Ortes ist die waldreiche Landschaft, die sie umgibt. Bereits die Fürsten früherer Zeiten, schätzten die landschaftlich schöne Umgebung.

Wegen seiner Mineralquellen ist Birštonas als **Kurort** bekannt und beliebt geworden. Die ersten Gäste kamen bereits im 19. Jahrhundert hierher zur Kur.

Ein weiterer Grund für die Errichtung der zahlreichen Sanatorien ist aber auch das hier vorherrschende milde Klima. Die Sanatorien selbst sind heute mit modernsten Kureinrichtungen ausgestattet und helfen mit den verschiedensten Therapien, mit Massagen, ätherischen Ölen und natürlich mit dem hiesigen Heilwasser unter anderem bei Rheuma- und Gelenkerkrankungen.

Zwischen den Behandlungen haben Kurgäste die Möglichkeit, die zahlreichen angelegten und beschilderten **Spazierwege im Park Vytauto parkas** zwischen dem Westufer des Nemunas und dem Kurort zu erkunden oder dort auf die kleine Anhöhe mit dem steinernen Reiterstandbild des **Großfürsten Vytautas Vytauto Didžiojo paminklas [N54° 35' 53.85" E24° 2' 6.25"]** zu gehen. Von dort oben kann man die Aussicht auf den Fluss Nemunas und die Ortschaft genießen.

Noch ausgedehntere Spaziergänge sind in den Wäldern auf der Landzunge Druskų miškas in der Flussschleife des Nemunas möglich, wenn man vom Anleger Keltukas „Birštonas" [N54° 36' 0.61" E24° 2' 9.73"] am Ostrand des Ortes am Sanatorium Tulpes mit der Fähre über den Fluss übersetzt.

Zu besichtigen gibt es das **Heimatmuseum Birštono Muziejus [N54° 36' 16.59" E24° 1' 58.60"]** *(geöffnet Di - Fr 10 - 18.00 Uhr, Sa 11 - 17 Uhr, So 11 - 16 Uhr; Eintritt frei; http://www.birstonomuziejus.lt/)* in der Vytauto gatvė 9. Ausgestellt sind hier vornehmlich Gegenstände aus dem Leben der Stadt- und Landbevölkerung früherer Tage.

Das **Sakralinis muziejus [N54° 36' 8.21" E24° 2' 3.33"]** *(geöffnet Di - Fr 10 - 18.00 Uhr, Sa 11 - 17 Uhr, So 11 - 16 Uhr; www.sakralinis.lt)*, das Museum für Sakralkunst ist in der Birutės gatvė 10 in einem alten Pfarrgebäude neben der Kirche Šv. Antano eingerichtet worden. Wie der Name des Museums schon verrät geht es um sakrale und liturgische Kunstgegenstände wie Monstranzen, Kelche, Kreuze und kostbare Messgewänder, die dort ausgestellt werden.

Wer gut zu Fuß ist, kann sich auf den Weg zum etwa 2 km westlich von Birštonas oberhalb des Nemunas-Flusses im neu geschaffenen **Nationalpark Nemunasschleife** gelegenen **Aussichtsturm Biršteno apžvalgos bokšas [N54° 36' 12.89" E24° 0' 46.34"]** machen *(geöffnet tgl. 7 - 18 Uhr, soll verlängert werden; https://www.visitbirstonas.lt/de/sehenswurdigkeiten/aussichtsturm-birstonas/)*. Bislang ist der Aussichtsturm (Zutritt kostenlos) nur zu Fuß zu erreichen, die Zufahrt ist nur gehbehinderten Personen gestattet. Wer den rund 20 Minuten langen Fußweg von Birštonas scheut kann versuchen beim Restaurant Seklytėlė [N54° 36' 17.12" E24° 0' 30.50"] zu parken. Von dort ist der Fußweg zum Turm nur noch halb so lang. Oder man nimmt an einer Tour mit Elektrofahrzeugen von „Birštonas Tours" teil (Infos dazu im Touristenbüro). Insgesamt ist der Aussichtsturm 55 m hoch. Wer zur Aussichtsplattform in 45 m Höhe hinaufsteigt hat 300 Stufen zu überwinden. Es gibt keinen Aufzug.

PRAKTISCHE HINWEISE – BIRŠTONAS

i

Touristeninformation Birštonas, B. Sruogos gatvė 4, LT-59209 Birštonas, Tel.: +370 31-96 57 40, E-Mail: info@visitbirstonas.lt, Web: www.visitbirstonas.lt. *Geöffnet Mo - Fr 9 - 18 Uhr, Sa 10 - 18 Uhr, So 10 - 17 Uhr.*

Feste und Folklore

Ende März wird das traditionelle **Jazzfestival** veranstaltet und Ende April trägt man den **Rudermarathon** aus. Am letzten Wochenende im Mai findet der so genannte **Poesie-Frühling** statt während am zweiten Juniwochenende das **Kurortfest** mit zahlreichen Veranstaltungen auf dem gesamten

Stadtgebiet veranstaltet wird. Dazu zählt ein Volleyballturnier, Motorbootrennen und ein Luftballonspektakel für die Kinder. Im Juli sucht man im internationalen Wettstreit den „Kräftigsten von Nemunas".

CAMPING

Camping Beržų alėja [N54° 36 ,41.10" E24° 0' 5.03"], Prienų gatvė, +370 646 14 161; ganzjährig geöffnet; Campingmöglichkeit beim gleichnamigen Hotel. Ob diese Campingmöglichkeit auch weiterhin angeboten wird, war bis Drucklegung dieser Ausgabe nicht in Erfahrung zu bringen!

WOHNMOBIL-STELLPLATZ – BIRSTONAS

Wohnmobil-Stellplatz Birstonas Nemuno Vingis [N54° 36' 14.692" E24° 2' 27.726"], Turistų gatvė 18; Stellmöglichkeit mitten im Wald am Jugendheim Birstono Nemuno. Das Gelände liegt am Ostufer des Nemunas-Flusses und ist von Birstonas aus nicht direkt mit dem Auto zu erreichen! Dementsprechend über Prienai und die Turistų gatvė (Landstraße 3306 enlang des Ostufers des Nemunas-Flusses) anfahren. Keine Ver- und Entsorgungsmöglichkeit.

ROUTE: Von Birštonas auf der A16/ E28 ostwärts bis zur Kreuzung der Straße 129. Ihr folgen wir südwärts bis zum Abzweig der Straße 220, die westwärts nach ***Alytus*** *führt.*

Die Ortschaft **Alytus** ist zwar die sechstgrößte Stadt des Landes, hat jedoch nur wenige Sehenswürdigkeiten anzubieten.

Interessant sind aber die Lage und die Geschichte des Ortes, die beide eng miteinander verbunden sind. Denn Alytus war in der Vergangenheit eine geteilte Stadt. Die Grenze war der Fluss Nemunas, der die Stadt in zwei Hälften teilte. Eine gehörte zum Deutschen Orden, die andere zur Litauisch-Polnischen Union.

Später verlief hier die Grenze zwischen Russland und Preußen und danach wiederum die Grenze zwischen Polen und Litauen.

Einen größeren **Parkplatz [N54° 23' 45.22" E24° 2' 41.52"]** findet man mitten im Stadtteil westlich des Flusses an der Jotvinių gatvė hinter dem Hotel Dzukija.

Eine architektonische Besonderheit der Stadt wurde im Jahr 2016 eröffnet. Es handelt sich um die höchste **Fahrrad- und Fußgängerbrücke [N54° 23' 34.22" E24° 4' 50.83"]** des Landes, die Teil einer alten Bahntrasse war. Die Bahntrasse funktionierte man zu einem Fahrradweg um, auf dem man die Stadt wunderbar auf zwei Rädern von Ost nach West und umgekehrt durchqueren kann

ROUTE: Von Alytus aus geht es über die Straße 132 südwestwärts bis ***Seirijai****. Dort wechseln wir auf die 180 und fahren über* ***Leipalingis*** *bis nach* ***Druskininkai****.*

PRAKTISCHE HINWEISE – ALYTUS

Touristeninformation Alytaus turizmo informacijos centras, S. Dariaus ir S. Girėno gatvė 1, Tel.: +370 31 55 20 10, Fax: +370 3155 19 82 2, E-Mail: info@alytus-tourism.lt, Web: https://www.alytusinfo.lt/. *Geöffnet Mo – Fr 8.30 - 17.30 Uhr.*

HOTEL-RESTAURANT

Restaurant Senas Namas, Užuolankos g. 24, Tel.: +370 31 55 34 89, E-Mail: info@senasnamas.lt, Web: www.senasnamas.lt. Kleines Hotel mit gemütlichem Restaurant. Neben herkömmlichen Speisen wird auch ein Fondue (ab sechs Personen) angeboten.

Druska ist die litauische Bezeichnung für Salz. Salzhaltig wiederum sind die Mineralquellen, die im Dreiländereck von Polen, Litauen und Weißrussland hervortreten. So kam die Stadt **Druskininkai** zu ihrem Namen.

Entstanden ist der Ort recht spät im 17. Jahrhundert. Vor etwas über 200 Jahren schon erkannte man die Heilkraft des Wassers und man erklärte die Ortschaft erst zur Heilstätte und später zum Kurort.

Mit der Fertigstellung der Eisenbahnstrecke zwischen St. Petersburg und Warschau florierte das Geschäft mit den Kurbehandlungen. Heute gibt es in der 15.000-Personen-Stadt Durskininkai nicht weniger als neun Sanatorien.

Zusätzlich zum Mikroklima, das hier herrscht, liegt die Ortschaft zudem in einer pittoresken Landschaft mit zahlreichen Kiefernwäldern, die nicht nur zum Wandern einladen, sondern in denen auch zahlreiche Fahrradwege angelegt wurden.

Der Maler Jonynas und der Skulpturenkünstler Lipchitz, zwei populäre Künstler des Landes, wurden in Druskininkai geboren.

Die Innenstadt ist ruhig und gemütlich. Umgeben ist sie vom Fluss Nemunas im Norden sowie von den beiden Seen Vijūnėlio und Druskonio im Süden.

Auch wenn man nicht auf dem Campingplatz am Südrand der Stadt übernachten möchte, so hat man dort jedoch gute **Parkmöglichkeiten [N54° 0' 35.82" E23° 58' 40.69"]**.

Von dort gehen wir nordwärts durch die bewaldete Straße Gardino gatvė und die weiterführende V. Kudirkos gatvė bis wir am lauschigen Druskonio See mit seinen schönen Wasserspielen vorbeikommen. Auf der linken Seite, am Nordende des Sees, steht in der M. K. Čiurlinio gatvė in einem hübschen Park ein auffallendes neoklassizistisches Gebäude mit Turm, in dem sich das **Städtische Museum Druskininkų miesto muziejus [Parkplatz, N54° 1' 0.65" E23° 58' 22.02"]** befindet *(geöffnet täglich von 11 - 17.00 Uhr; http://www.druskininkumuziejus.lt/en/museum/)*.

Auf der anderen Straßenseite beginnt die **Vilniaus Allee**. Sie ist die Fußgängerzone und wichtigste Straße in der Stadt. Direkt auf der rechten Seite gegenüber vom Hotel Credo erhebt sich hinter den hohen Bäumen der Turm der neogotischen **Kirche der Heiligen Maria**. Sie stammt vom Ende des 19. Jahrhunderts.

Im Kurpark von Druskininkai

Wenige Meter darauf sieht man eines der Kurhäuser von Druskininkai. Dieses fällt durch eine eigentümliche Architektur auf. Moderne Schlamm- und Mineralbäder helfen bei der Heilbehandlung in den Sanatorien, die die beiden Mineralwasserquellen Dzūkija und Druskininkai umgeben.

Auf der von Bäumen gesäumten Straße Vilniaus Allee geht es weiter nordwärts. Unter dem dichten Laubwerk sind auf dem Weg einige witzige und sehenswerte Skulpturen aufgestellt. Der „Badende" zieht hierbei wohl die meisten Blicke auf sich. Ein etwas größeres Denkmal befindet sich dahinter rechts im Park des Hotels Europa Royale. Es wurde anlässlich des 100. Geburtstages von M. K. Čiurlionis errichtet. Čiurlionis (1875 – 1911) war ein populärer Komponist sowie Maler in Litauen und verbrachte sehr viel Zeit in Druskininkai. Ihm zu Ehren wurde eine Straße benannt.

In eben dieser Straße, der M. K. Čiurlionio gatvė, wurde im Haus Nummer 35 das **Gedenkmuseum M. K. Čiurlionio memorialinis muziejus [N54° 1′ 3.95″ E23° 58′ 11.25″]** eingerichtet, das sich mit seinen Werken beschäftigt *(geöffnet Di - Sa 11 - 18.00 Uhr, So 11 - 16 Uhr; https://ciurlioniomemorialinis.lt/)*. Es ist gleichzeitig das Haus, in dem der Künstler große Teile seiner Kindheit verbrachte.

Die Fußgängerzone Viliniaus Allee hingegen wird auf dem weiteren Weg „städtischer". Relativ neu errichtet wurde ein mit zahlreichen Videokameras überwachtes Gebäude. Es beherbergt das moderne **Spa-Hotel Aqua [N54° 1′ 22.72″ E23° 58′ 21.76″]**. Rund 180 Hotelgäste können in dem Komplex unterkommen, in dem sich zudem ein Badeparadies, ein Casino, Restaurants und ein weiteres Hotel befinden.

Die orthodoxe Kirche ind Druskininkai

Die Badelandschaft „Aquapark" im Spa-Hotel Aqua verfügt über mehrere Pools, ein Wellenbad sowie verschiedene Wasserrutschen. Und die Anlagen im Aquapark sind nicht alleine nur für Hotelgäste gedacht, sondern allen Besuchern offen. Im Untergeschoss gibt es noch Möglichkeiten, sich beim Bowling oder Billard zu vergnügen. Der Wasserpark (www.akvapark.lt) ist *Mo - Do 10 - 22.00 Uhr und Fr - So 10 - 23.00 Uhr geöffnet.*

Gleich dahinter fließt der Nemunas gemächlich durch die Landschaft, die auf der Nordseite relativ unbebaut ist und zahlreiche Wandermöglichkeiten durch den Wald möglich macht.

Westlich der Vilniaus Allee befindet sich in einem hübschen Villenviertel ein großer begrünter Kreisverkehr. Und mitten im Kreisverkehr ist eine kleine blaue **Holzkirche** zu sehen. Das orthodoxe Gotteshaus stammt aus dem Jahr 1865 und ist mit sechs kleinen Zwiebeltürmchen versehen. *Geöffnet Mo - Fr 14 - 17 Uhr, Sa 17 - 19 Uhr und So 9 - 12 Uhr.* Im Inneren sieht man Ikonen, Gemälde und eine ausgemalte Hauptkuppel.

In den letzten Jahren hat sich Druskinikai mit verschiedenen touristischen Angeboten als beliebtes Reiseziel etabliert. So entstand der erwähnte Aquapark als Spaßbad mit mehreren Rutschen und diversen Wasserbecken. Außerdem kann man in der ansonsten flachen Umgebung alpine Erfahrungen machen.

Vom Aquapark [N54° 1' 23.081" E23° 58' 22.926"] aus pendelt seit einigen Jahren eine **Kabinenseilbahn** in einer Höhe bis zu 52 Metern relativ rasch über den bewaldeten Norden der Stadt, überquert auch den Fluss Nemunas/Memel und erreicht nach über einem Kilometer die Skihalle „Snow Arena". Die als **Snow Arena [Parkplatz, N54° 1' 54.25" E23° 57' 31.43"]** bezeichnete Skihalle wurde im Jahr 2011 vom litauischen Staatspräsidenten offiziell eröffnet und bietet seither das ganze Jahr über Abfahrtskivergnügen.

PRAKTISCHE HINWEISE – DRUSKININKAI

Touristeninformation Druskininkai, Gardino gatvė 3, Tel.: +370 31 36 08 00, E-Mail: information@druskinkai.lt, Web: https://info.druskininkai.lt. Beim Campingplatz.

Feste und Folklore

Das Fest des Kurortes findet in den Maiwochen innerhalb der Grünanlagen statt und bietet für Einheimische und Kurgäste ein abwechslungsreiches Programm. Während der gesamten Sommermonate werden zu Ehren von M.K. Čiurlionis Kammer- oder Orgelmusikabende veranstaltet. Im Juli und August kann man auf der Terrasse des Städtischen Museums Kammermusik-Konzerten lauschen.

RESTAURANTS

Restaurant Dangaus Skliautas, Kurorto gatvė 8, Tel.: +370 31 35 18 19. Im Nordosten der Stadt am Nemunasufer gelegen. Geöffnet hat dieses gemütliche Lokal, das vornehmlich europäische Küche serviert, fast rund um die Uhr. Am Wochenende schließt es um 04.00 Uhr, sonst um 02.00 und öffnet schon wieder um 10.00 Uhr. Vom Lokal hat man einen schönen Blick auf den Nemunas.

Restaurant Sicilija I, Taikos gatvė 9, Tel.: +370 31 35 18 65, https://sicilia.lt. Italienische Pizzeria. Das Unternehmen hat ein weiteres Restaurant, das Sicilia restoranas - vyninė, in der M. K. Čiurlionio gatvė 56, Tel. +370 31 35 72 58.

HOTELS

Hotel Regina, T. Kosciuškos gatvė 3, Tel.: +370 31 35 90 60, Fax: +370 31 35 90 61, E_Mail: reservation@regina.lt, Web: www.regina.lt. Das Hotel befindet sich nur wenige Schritte nordwärts von der orthodoxen Kirche entfernt auf der rechten Seite. Die 40 Zimmer in dem modernen Gebäude verfügen über Sat-TV und Telefon sowie über Badezimmer mit Fön. Im Erdgeschoss des eleganten Hotels ist eine Bar untergebracht.

Hotel Europa Royale Druskininikai Viešbutis, Vilniaus Ave 7, Tel.: +370 600 07 666; https://www.europaroyaledruskininkai.lt/Spa-Viesbutis-Europa-Royale-Druskininkai-819.html. Das luxuriöse und moderne Vier-Sterne-Hotel ist das beste Haus am Platze und liegt in unmittelbarer Nähe der Marienkirche. Die über 100 Zimmer verfügen über Klimaanlage, Sat-TV, Telefon, Mi-

ni-Bar, Safe, Internetanschluss und Fußbodenheizung im Badezimmer. Zum Haus gehören ein türkisches Bad, eine Fitnesshalle, Autoverleih, Fahrradverleih und ein Parkplatz.
Hotel Violeta,20 Zi., Kurorto gatvė 4, Tel.: +370 313 60 600, Fax: +370 313 60 602; E-Mail: info@violeta.lt, Web: www.violeta.lt. Im östlichen Stadtgebiet und am Ufer des Nemunas liegt dieses einladende Hotel. Die Gästezimmer verfügen über Sat-TV, Internetanschlussmöglichkeit, Minibar, Fön und Fußbodenheizung im Bad. Zum Haus gehören eine Tiefgarage, zwei Bars, ein Wintergarten und eine Außenterrasse direkt am Ufer des Flusses.

CAMPING

Camping Druskininkai Kempingas [N54° 0' 33.02" E23° 58' 39.11"], Gardino gatvė. 3, 66204 Druskininkai, Tel.: +370 313 60 800; E-Mail: information@druskininkai.lt; https://druskininkai.lt/en/accomodation-category/camping-en/. Anf. Mai – Ende Sept. Im Süden des Kurorts gelegen. Zufahrt von der A4 bis zur Gardino gatvė, der man nordwärts zur Stadt und zum Platz folgt; beschildert. 4-Sterne-Campinganlage neueren Datums. Ebenes, längliches Grasgelände zwischen Straße und Waldrand und unweit südlich des Sees Druskonis. Durch Hecken parzellierte und durch Rasengitterstein befestigte Stellplätze, Wiese für Zelte. Ca. 2 ha – 45 Stpl., gute Standard-Sanitärausstattung, Waschmaschine, Trockner, Campingküche. Fahrradverleih. Restaurant (Touristeninfo) an der Platzzufahrt. V & E für Wohnmobile. Mietunterkünfte. Bushaltestelle vor dem Platz.

WOHNMOBIL-STELLPLATZ

Wohnmobil-Stellplatz Dainava [N54° 1' 28.85" E23° 58' 17.28"], Maironio gatvė 18; kleine gebührenpflichtige Stellplatzmöglichkeit für etwa 10 Wohnmobile (auch für Zelte) im Norden der Stadt. Naturbelassenes, eingezäuntes und nachts beleuchtetes Pinienwaldgelände hinter dem Hotel Dainava. Ganz in der Nähe der Station der Kabinenseilbahn zur Snow Arena. Stromanschlüsse (Gebühr), einfache Sanitäranlagen (Gebühr). Ausguss für Abwässer. Anmeldung im Hotel Dainava, Maironio gatvė 22, Tel. +370 313 59 100; www.hotel-dainava.lt.

Entlang der Reiseroute findet man immer wieder einladende Park- und Picknickplätze

TOUR 4: DRUSKININKAI – VILNIUS (WILNA)

Länge der Tour: Rund 101 km, ohne Abstecher

Die Route: Über die A4 über **Merkinė** und **Senoji Varėna** bis Straße 128 östlich vom Weiler **Strielčiškės** – teils schlechte Landstraßen bis **Rūdiškės** – Straße 220 bis **Trakai** – A4/A16 bis **Vilnius**.

Reisedauer: Mindestens ein Tag.

Höhepunkte: **Denkmalpark Grūtas Parkas** ** – Wanderung durch den **Dzukija-Nationalpark** * – Besichtigung der **Burg Trakai** *** – **Stadtrundgang durch Vilnius** *** – der Stadtblick vom **Burgberg in Vilnius** *** – die **Kathedrale in Vilnius** ** – das **Museum für Angewandte Kunst** ** in Vilnius.

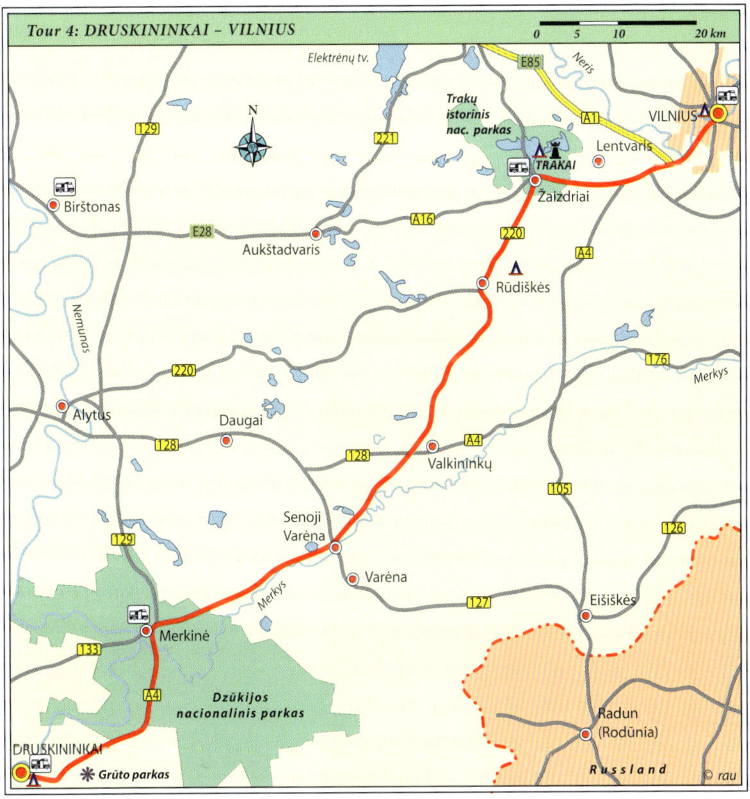

ROUTE: *Von Druskininkai ostwärts zur A4. Schon nach wenigen Kilometern passiert man die nördlich der Straße M. K. Čiurlionio gatvė gelegene, aus Holz errichtete **Villa Girios Aidas**.*

Die hübsche **Holzvilla Girios Aidas [N54° 0′ 25.58″ E24° 0′ 13.71″]** *(geöffnet Mi - So 10 - 18 Uhr)*, die man am besten zu Fuß ansteuert, liegt mitten in einem ausgedehnten Waldgebiet. Sie beherbergt heute eine interessante Ausstellung über die Flora und Fauna des umliegenden Waldes. Daher auch der Name, denn Girios Aidas bedeutet „Waldecho". Schon vor der Villa sieht man am Waldrand an der Straße einige fotogene geschnitzte Holzfiguren.

ROUTE: Weiter bis zur A4, der wir Richtung Vilnius folgen. Schon nach wenigen Kilometern, wenn die Fernstraße einen Landrücken zwischen zwei Seen passiert, liegt am Nordende des gleichnamigen Sees der Ort ***Grūtas****. Dort biegen wir rechts ab und folgen der Beschilderung* ***Grūto Parkas****.*

Als die baltischen Staaten ihre Unabhängigkeit wiedererlangten, bauten sie nicht nur viele Dinge wieder auf, die durch den Sowjeteinfluss zerfallen waren, sondern sie bauten auch gewisse Dinge wieder ab. Denkmäler, die an den wichtigsten Plätzen der Stadt standen und nicht erwünscht waren, wurden rasch demontiert und entfernt.

So verschwanden die Büsten und überdimensionierten Statuen von Marx, Lenin und Stalin in der Versenkung.

Bis zu dem Tag, als ein findiger Geschäftsmann sie hervorholte, auf seinem Privatgelände aufstellte und dieses dann **Grūto Parkas [Parkplatz, N54° 1' 28.71" E24° 4' 42.61"]** nannte *(geöffnet 9 - 20 Uhr, in der Nebensaison 9 - 17 Uhr; http://grutoparkas.lt/de_DE/)*. Die Eröffnung des Parks, in dem nun zahlreiche Denkmäler aus der Sowjetzeit ausgestellt sind, konnte jedoch erst im Frühjahr 2000 erfolgen.

Erst musste das litauische Parlament beraten, ob dies eine so gute Idee sei, denn man befürchtete eine Art Wallfahrtsort der Kommunisten.

Weltweit sorgte die geplante Ausstellung für Schlagzeilen. Eine mehrere Meter lange Schautafel zeigt die Zeitungsausschnitte aus aller Herren Länder.

Lenin-Skulptur im Grūto Parkas

Im Park bewegt man sich auf einem Rundweg und sieht neben den Statuen auch zahlreiche Fotodokumente, wo sich die einzelnen Figuren zuvor befanden. Daneben gibt es noch kleinere Ausstellungsräume, in denen den Besuchern die Sowjetzeit näher erläutert wird.

Zwischenzeitlich hat sich der Park mehr zu einem Freizeit- und Vergnügungspark mit Minizoo und Gastronomie gewandelt.

ROUTE: Für die nächsten 18 Kilometer bleiben wir weiterhin auf der A4. Man erreicht den Abzweig der Straße 133, der wir westwärts nach ***Merkinė*** *folgen.*

Nicht sonderlich anziehend wirkt **Merkinė** mit seinem IKI Dzūkija Supermarkt [N54° 9' 45.51" E24° 11' 7.15"] mitten im Ort, der Tourismusinformation und dem angeschlossenen **Nationalparkbüro Dzūkijos nacionalinis parkas [N54° 9' 47.23" E24° 11' 9.78"]** in der Vilniaus gatvė 3 und dem lange etwas vernachlässigten Bauwerk der **Marienkirche [N54° 9' 41.40" E24° 11 ,1.71"]** in der Liepų gatvė 9 auf den Besucher.

Bedeutsamer war die Stadt wohl im 14. Jahrhundert, als sich dort eine Burg befand. Von ihr ist heute jedoch nichts mehr zu sehen.

Merkinė ist das Zentrum des **Dzukija-Nationalparks Dzūkijos nacionalinis parkas**. Mit einer Fläche von fast 55.000 ha reicht der ausgedehnte Nationalpark von der Grenze zu Belarus (Weißrussland) im Süden bis zum Fluss Nemunas/Memel. Vier Fünftel des Naturschutzgebietes bestehen aus Kiefernwald. Eine der höchsten Erhebungen im hügeligen Waldland ist der 124 m hohe Šaudzyklos kalnas.

Der Park ist kaum bewohnt und beherbergt drei Reservate und 28 verschiedenartige Schutzgebiete. Zahlreiche Pflanzen- und Tierarten, von denen einige vom Aussterben bedroht sind, leben in der Region.

Von den erwähnten Schutzgebieten dienen vier dem Schutz der hiesigen Kultur. Die noch sehr traditionell wirkenden und nicht gerade einfach zu erreichenden Dörfer **Dubininkas [N54° 5' 41.99" E24° 17' 6.05"], Musteika [N53° 57' 20.14" E24° 21' 56.04"]** oder **Zervynos [N54° 6' 29.11" E24° 29' 48.67"]** am Flüsschen Ūla mit altertümlichen Bauernhäusern lohnen einen Besuch.

Geprägt wird vor allem der nordöstliche Teil des Nationalparks durch den Fluss Ūla, der auf einer Länge von 84 km durch die Wälder fließt. Er entspringt in Weißrussland und erreicht die litauischen Wälder bei Dubičiai im Südosten des Landes. Auf seinem weiteren Weg passiert er, noch ein gutes Stück südöstlich vom Nationalpark, den Ort **Krokšlys [N54° 2' 7.04" E24° 37' 31.47"]**. Dort hat man zwei Eichen zu Ehren der Flugpioniere Stasys Girėnas und Steponas Darius gepflanzt, die bei ihrer Atlantiküberquerung – schon fast am Ziel – ums Leben kamen.

Für eine Kanufahrt auf den Flüssen Ūla und Merkys muss man sich bei der Parkverwaltung anmelden. Trotzdem sollten sich Kanubegeisterte nicht davon abhalten lassen, hier eine Kanutour zu unternehmen.

Daneben bestehen auch noch die Möglichkeiten eine Wanderung oder eine Radtour durch die Wälder zu unternehmen.

Zum Beispiel beginnen im per Straße und Bahn zu erreichenden Ort **Marcinkonys [N54° 3' 9.81" E24° 24' 27.03"]** Wanderwege, wie der 14 km lange „Zackagiris-Wanderweg". Auf dem Wanderweg passiert man Bienenstöcke, Bibersiedlungen und eine Wanderdüne, die noch heute junge Pflanzen unter sich begräbt. Das Informationszentrum in Merkine hält Prospektmaterial über den Wanderweg bereit.

Die Parkverwaltung des Nationalparks ist wie folgt zu erreichen: Dzūkijos nacionalinis parkas [N54° 9' 47.23" E24° 11' 9.78"], Vilniaus gatvė 3, LT-65334 Merkinė, Tel.: +370 672 46 275; www.gamta.cepkeliai-dzukija.lt.

Dzūkijos nacionalinis parkas [N54° 3' 41.51" E24° 23' 54.04"], Miškininkų gatvė 61, LT-65303 Marcinkonys, Tel. +370 672 46 388; E-mail: info@dzukijosparkas.lt; www.dzukijosparkas.lt.

Und in Marcinkonys, das übrigens als größtes Dorf Litauens gilt, kann man in der Miškininkų gatvė unweit nördlich des Bahnhofs das kleine **Nationalparkmuseum Dzūkijos nacionalinio parko etnografinė sodyba [N54° 3' 15.38" E24° 24' 28.11"]** besichtigen. Das Ethnographische Museum vermittelt Einblick in die traditionelle Lebensweise der Dzuken, wie die Bewohner des Nationalparks heißen. Zu sehen gibt es zum Beispiel Werkzeuge der Waldarbeiter oder Erklärungen über den Fischfang in den zahlreichen Seen der Umgebung.

PRAKTISCHE HINWEISE – MERKINĖ

Touristeninformation, Vilniaus gatvė 2, LT-65334 Merkinė, Tel.: +370 672 46 275, E-Mail: merkine@dzukijosparkas.lt, Web: www.dzukijosparkas.lt. *Geöffnet Di - Fr 8 - 12, 12.45 - 17 Uhr, Sa 8 - 12, 12.45 - 1545 Uhr.*

WOHNMOBIL-STELLPLATZ – MERKINĖ

Wohnmobil-Stellplatz Merkinė [N54° 9' 25.62" E24° 10' 38.64"], ganzjährig zugänglicher Park- und Picknickplatz. Wer in Merkinė südwärts auf der Straße 133 an der Kirche vorbeifährt und hinter der Rechtskurve die Brücke über den Fluss Nemunas überquert, der kann direkt dahinter rechts in den kleinen Feldweg abbiegen und zu einem Parkplatz am Fluss runterfahren. Die Stelle bietet sich als idealer Ort zum freien Stehen mit dem Wohnmobil an, jedoch keine Ver- und Entsorgungsmöglichkeit. Toiletten, Picknickbänke, Feuerstellen und Müllcontainer vorhanden.

*ROUTE: Von Merkinė über die Straße A4 nordostwärts. Nach knapp 40 km verlassen wir die A4, biegen links (westwärts) ab und fahren auf der Straße 128 nur ein ganz kurzes Stück in Richtung Alytus, um gleich wieder rechts nach **Lieponys** abzuzweigen. Von hier geht es nun über eine Schotterpiste weiter Richtung Norden. Lieponys lassen wir links liegen, überqueren die Bahngleise, passieren die drei Wohnhäuser von **Pagelužys** und biegen in **Žeronys** links ins nahe **Rūdiškės** ab. Hinter den Bahngleisen Rūdiškės biegen wir rechts ab und fahren auf der Straße 220 bis nach **Trakai**.*

Etwas bessere Straßenverhältnisse – aber auch einen gehörigen Umweg – bietet der Weg über Onuškis nach Rūdiškės.

Der Name des kleinen Ortes Senuhų Trakų bedeutet so viel wie „Alt-Trakai".

Alt-Trakai liegt an der Bahnlinie rund 5 km südöstlich vom eigentlichen Städtchen **Trakai**. In Senuhų Trakų soll Großfürst Gediminas in der ersten Hälfte des 14. Jahrhunderts die Stadt gegründet haben, die bald Hauptstadt des Großfürstentums Litauen wurde.

Während der Zeit, als sein Sohn und später sein Enkel regierten, wurden die Stadt Trakai und die Region von den Kämpfen gegen den Deutschen Orden geprägt. Gleichzeitig wurden in der zweiten Hälfte des 14. Jahrhunderts zwei Burgen auf dem heutigen Stadtgebiet erbaut.

Die Steinburg von Alt-Trakai wurde aber bereits im Jahr 1391 wieder zerstört und bis heute nicht mehr aufgebaut. Die zweite Burg, die prächtige **Burg von Trakai**, hingegen ist heute der eigentliche Anziehungspunkt im Ort. Das in rotem Sandstein aufgeführte Gebäudeensemble gleicht einer Bilderbuchburg, die malerisch auf einer Insel im Norden des Galvės-Sees liegt, dessen Ufer bis an das Stadtgebiet von Trakai reicht.

Im Jahr 1409 erhielt Trakai die Magdeburger Stadtrechte. Damit verlor „Alt-Trakai" zwar endgültig an Bedeutung; im „Neuen Trakai" aber ließen sich nach der Erhebung zur Stadt zahlreiche Kaufleute aus England und Deutschland nieder. Bedeutung erhielt die Stadt auch dadurch, dass hier der litauische Obergerichtshof tagte, vor allem aber, weil Trakai Residenzstadt der litauischen Großfürsten war.

Große Einwohnerverluste erlitt die Stadt, als erst die Pest wütete und im 17. und 18. Jahrhundert Kriege große Zerstörungen mit sich brachten. Heute leben rund 4.500 Menschen in Trakai, das

CAMPING – RŪDIŠKĖS

Camping de Harmonie [N54° 30' 27.77" E24° 53' 24.41"], Buklos KM Raj Trakai, Rūdiškės, Tel. +370 614 21 560, www.harmonielitouwen.nl; Mitte Apr. – 15. Sept. Östlich von Rūdiškės Richtung Bakieriškės gelegen, mehrere Kilometer lange Zufahrt über eine Schotterpiste (Straße 4705), beschildert. Von Niederländern betriebener, kleiner gemütlicher Campingplatz mitten im Wald an einem kleinen See; ca. 2 ha – 50 Stpl., gute Standard-Sanitärausstattung; Fahrradverleih, Miethütten.

von zahlreichen Seen umgeben ist und jedes Jahr von einigen Tausend Touristen besucht wird.

Parkplätze [N54° 38‘ 57.39“ E24° 55‘ 49.87“] findet man ehesten noch am Westrand der Stadt entlang der Trakų gatvė.

Einen speziellen **Parkplatz für Wohnmobile und Caravans [N54° 38‘ 57.76“ E24° 55‘ 28.92“]**, der auch als Wohnmobilstellplatz dient, findet man nordwestlich des Ortes und unweit südlich der nördlichen Zufahrtsstraße Karaimų gatvė an der Straße Žalioji gatvė 5. Unweit davon, noch näher an der Hauptstraße, liegt ein privater, gebührenpflichtiger Wohnmobil-Stellplatz (siehe weiter hinten).

Trakais Burg Pilies sala [Zugangssteg, N54° 38‘ 56.8“ E24° 55‘ 57.8“], auch als Inselburg bekannt, *(geöffnet Mai - Sept. tgl. 10 – 19 Uhr; März, Apr. + Okt. Di - So 10 - 18 Uhr; Nov. - Feb. Di - So 9 - 17 Uhr, letzter Einlass 30 Min. vor Schließung; www.trakaimuziejus.lt)*, betritt man über eine schmale Holzbrücke.

Am Ende der Brücke durchschreitet man ein Tor und befindet sich erst einmal in der Vorburg, die durch einen tiefen Graben von der Hauptburg getrennt ist.

Die Vorburg mit großem Innenhof besitzt die Form eines unregelmäßigen Trapezes und ist von einer Mauer mit drei Türmen umgeben. Benutzt wurde die Vorburg als Zufluchtsort für die Bürger der Stadt, wenn diese angegriffen wurde. An den Innenhof grenzen auf der Westseite die Kasematten an, in denen heute in einer kleinen Ausstellung Waffen, Porzellan und komplett eingerichtete Zimmer der einstigen Burgmannschaft zu sehen sind.

In der Hauptburg, die früher nur über eine Zugbrücke zu erreichen war, ist der Große Saal untergebracht. Dieser ist mit einem schönen gotischen Sterngewölbe verziert.

Darüberhinaus beherbergt die Burg heute das Historische Museum Trakai mit archäologischen und historischen Ausstellungen, eine Münzsammlung, Ausstellungen zur Geschichte Litauens, zur Karäischen Kultur, zur Geschichte des Kunsthandwerks und des Schrifttums der Region u. a

Es lohnt sich aber auch einfach nur der Spaziergang auf der Insel um die Burg herum. Besonders der Gang durch den Graben zwischen Vorburg und Hauptpalast lässt ahnen, wie sicher man sich innerhalb der Mauern fühlen konnte.

Von der Holzbrücke aus sieht man in Richtung Osten am Ufer einige Ruinen. Sie gehören zur Halbinselburg, die sich im

Die Inselburg Trakai. Foto: BTZ Berlin.

Norden des Ortes befand und von elf Türmen geschützt wurde. Beide Burgen wurden im Jahr 1655 zerstört, doch nur die Inselburg wurde wieder komplett aufgebaut. Von der Halbinselburg wurden bisher nur vier Türme wieder errichtet.

Das bewirtschaftete Fahrgastschiff „Skaistis" ist nur eines von mehreren Schiffen, die auf den Gewässern rund um Trakai verkehren. Es legt zwischen 10.30 und 18.30 Uhr alle 60 Minuten zu 45-minütigen Touren über den Galvé-See ab. Informationen erhält man unter Tel. +370 699 27 797 oder bei www.barta.lt.

Als Alternative besteht die Möglichkeit, mit einer kleinen Segelyacht über den See zu schippern, die Kapitäne bieten etwas aufdringlich vor dem Schloss ihre Dienste an, mit Ihnen eine Rundfahrt zu machen. Am Festland gibt es auch einen Tretbootverleih.

Der Ort Trakai, dessen kleine Promenade sich fest in Händen der Souvenirhändler befindet, ist auch bekannt für eine religiöse Minderheit, die **Karäer.** Diese kleinste Volksgruppe Litauens, zu der sich heute nur noch 150 Menschen zählen können, wurde bereits in der Mitte des 16. Jahrhunderts in Trakai angesiedelt. Die Religion der Karäer ähnelt dem Islam, ging jedoch aus dem Judentum hervor. Ihre Sprache ist der türkischen Sprachfamilie zuzuordnen.

Wenn Sie sich an der Promenade oder am Kulturzentrum Trakų krašto tradicinių amatų centras [N54° 38′ 55.70″ E24° 55′ 56.38″], Karaimų gatvė 41, www.trakukrastas.lt; *geöffnet tgl. 10 - 18 Uhr*, nach links (südwärts) wenden, gehen Sie über die Hauptstraße Karaimų gatvė, die Karäer Straße und sehen u. a. die typischen Holzhäuser der Karäer-Gemeindemitglieder. Die der Straße zugewandte Hausseite zeigt immer den Giebel des Gebäudes sowie drei kleine Fenster. Das erste Fenster ist traditionell Gott, das zweite dem Großfürsten Vytautas dem Großen (1392 – 1430) und das dritte schließlich dem Hausherrn gewidmet.

Im Haus Karaimų gatvė Nr. 22 befindet sich das **S. Šapšalo Karaimų Ethnographic Museum [N54° 38′ 49.8″ E24° 55′ 59.0″]** *(geöffnet Apr. - Okt. Mi - So 10 - 18 Uhr; Nov. - März Mi - So 9 - 17 Uhr; www.trakaimuziejus.lt)*, das über die Lebensweisen und Traditionen des Karäischen Volkes informiert. Das Gebäude selbst ist das Gebetshaus der Karäer, die „Kenesa", was soviel wie Tempel bedeutet.

Das Wort Kenesa stammt aus dem Arabischen und soll nicht-islamische Gebetsstätten bezeichnen. Ähnlich wie in islamischen Gebetshäuseren werden auch in einer Kenesa keine figürlichen Darstellungen, sondern Ornamente oder Pflanzendarstellungen zur Ausschmückung des Raumes verwendet. Und auch Karäer beten in der Kenesa nach Geschlechtern getrennt.

Unweit südlich, in der Karaimų gatvė 4, kann man auf einer kleinen Halbinsel das **Traku istorijos musiejus, das Historische Museum Trakai [N54° 38′ 44.5″ E24° 56′ 10.9″]** besichtigen *(geöffnet tgl. a. Mo 10 - 18 Uhr; www.trakaimuziejus.lt)*. Zu sehen ist u. a. die Kapelle eines früheren Dominikanerklosters.

Auf der Halbinsel soll im 15. Jh. der Großfürst Žygimantas Kęstutaitis einem Verschwörerkomplott zum Opfer gefallen sein. Und auf dem höchsten Punkt der Halbinsel, dem Opferberg, soll in grauer Vorzeit heidnischen Göttern geopfert worden sein.

Noch ein Stück weiter südlich liegt auf einer leichten Erhebung die **Kirche Heimsuchung der Hl. Jungfrau Maria [N54° 38′ 34.25″ E24° 56′ 2.58″]**, Birutės gatvė 5, *(geöffnet 9 - 17 Uhr; www.trakubaznycia.lt)*. Sie wurde im Jahr 1409 von Großfürst Vytautas gestiftet und im gotischen Stil errichtet. Es wird vermutet, dass das von den Gläubigen – ähnlich wie die Schwarze Madonna im polnischen Częstochowa – hochverehrte Marienbildnis über dem Altar im Jahr 1123 im damaligen Konstantinopel gemalt wurde.

Über die Karaimų gatvė (Karäer Straße) und vorbei an den Karäerhäusern gehen wir zurück zur Promenade.

Westlich von Trakai und westlich der Straße 107 erstreckt sich um den See Plomėnų das **Vogelschutzgebiet Plomėnų**. In dem Naturreservat mit einer Fläche von 314 Hektar können fast 90

Vogelarten beobachtet werden, von denen zwei Drittel hier nisten und brüten. Ausgangspunkt für einen ausgedehnten Spaziergang durch das Vogelschutzgebiet sind die **Parkplätze [N54° 39' 01.7" E24° 55' 21.8"]** in der Apžvalgos gatvė am nordwestlichen Ortsrand an der Zufahrtsstraße nach Trakai.

Das Vogelschutzgebiet, die Altstadt, die Inselburg und zahlreiche Seen in unmittelbarer Nähe gehören zum **„Historischen Nationalpark von Trakai" – Trakų istorinis nacionalinis parkas,** der im Jahr 1991 gegründet wurde. Er dient dem Schutz der historischen und archäologischen Kultur- und Naturdenkmäler und ist der einzige seiner Art in ganz Litauen – Trakai NP, Karaimų gatvė 5, 21104 Trakai, Tel. +370 528 55 776; www.seniejitrakai.lt.

Falls Sie Lust und Zeit zu einem erholsamen Spaziergang haben, bietet sich der prächtige, im Stil Ludwigs XVI. angelegte Park des restaurierten **Gutshofes in Užutrakis** an, Užtrakio gatvė 17, **[Parkplatz, N54° 39' 46.56" E24° 56' 47.95"]**. Vom Parkplatz längerer Fußweg zum Gutshof. Das ehemalige Anwesen von Graf J. Tiškevičius (1868 – 1917) liegt nordöstlich von Trakai am Ostufer des Galvės-Sees *(geöffnet für angemeldete Gruppen; www.seniejitrakai.lt).*

Auf dem Weg zum Gutshof in Užutrakis, kann man von der Straße 4722 nach Rykantai (östlich des Abzweigs der Uztrakio-Straße) nordwärts zum sog. **Hügel der Engel Angelų kalva [Parkplatz, N54° 40' 35.1" E24° 55' 42.8"]** abzweigen und von dort einen prächtigen Panoramablick auf die Seenlandschaft genießen. Der Hügel mit seinen zahlreichen hölzernen Engelsskulpturen wurde anlässlich der 1000-Jahrfeier Litauens angelegt.

PRAKTISCHE HINWEISE – TRAKAI

Zentrum für Touristeninformation Trakai, Karaimu gatve 41, LT-21104 Trakai, Tel.: +370 528 51 934, Mobil +370 672 09 476, E-Mail: trakaitic@trakai.lt, Web: www.trakai-visit.lt. *Geöffnet Okt. - Apr. Mo - Fr 8 - 17 Uhr, Sa + So 10 - 17 Uhr; Mai - Sept. tgl. 9 - 18 Uhr.*

Feste und Folklore

Ende Mai wird das traditionelle **Volksfest** mit zahlreichen Konzerten veranstaltet während einen Monat später das **Rennen um den See Totoriskes** absolviert wird. Am 15. Juli wird anlässlich der Schlacht von Tannenberg (in Polen hat man den Deutschen Orden geschlagen) das **Pferderennen um den Pokal „Vytautas der Große"** ausgetragen und im Spätsommer arrangiert man das **Volksmusikfestival**. Und schließlich wird vor der Kulisse der Halbinselburg das **Mittelalterfest** veranstaltet. Dabei werden zahlreiche Handwerksmärkte aufgestellt und man führt Ritterkämpfe mit Schwertern, Keulen und Knüppeln vor. Mutige haben die Möglichkeit barfuß über heiße Glut zu gehen. Im Juni kann man der internationalen **Regatta** des akademischen Ruderklubs auf dem Galvé-See zusehen.

RESTAURANTS

Restaurant Kybynlar, Karaimų gatvė 29, Tel.: +370 698 06 320, E-Mail: kybynlar@kybynlar.lt, Web: www.kybynlar.lt. Bei einem Besuch in Trakai ein Muss, denn das Restaurant serviert Gerichte aus der Küche der Karäer. Angeboten werden in zwei Gaststuben Fleisch- und Geflügelgerichte sowie geräucherter Fisch. Mit Außenterrasse direkt am Galvé-See. Geöffnet von 11 – 21.00 Uhr, in den Sommermonaten Fr und So bis 22.00 Uhr.

Apvalaus Stalo Klubas, Karaimų gatvė 53a, Tel.: +370 52 85 55 95, Web: www.asklubas.lt. Gediegenes Restaurant mit angeschlossener Pizzeria in angenehmer Atmosphäre, ebenfalls mit Terrasse und Blick auf die Inselburg.

Le Vivier Trakai, Karaimų gatvė 66a, Tel.: +370 615 55 684. In der Nähe des Seeufers im westlichen Teil der Stadt. Von der Terrasse Blick auf die Burg.

HOTEL

Hotel Academia Remigum, Karaimų g. 93A, Tel.: +370 698 13 777, Fax: +370 52 82 22 98, E-Mail: info@academia.lt, Web: www.academia.lt. Einfaches Gästehaus mit schöner Zimmerausstattung, Restaurant und direktem Blick auf die Burg. Das Hotel des Ruderclubs „Rowing Hotel" nimmt auch Gäste auf, die nicht Mitglied des Ruderclubs sind.

CAMPING

Camping Slėnyje [N54° 40' 08.6" E24° 55' 46.2"], Slėnio 1 (Užutrakis), Tel.: +370 528 53 880, E-Mail: slenyje@gmail.com, Web: www.camptrakai.lt. 1. Jan. – 31. Dez.; rund 7 km nördlich von Trakai gelegen, Zufahrt von der Straße nach Rykantai bei KM 2, einspurige, gut ausgeschilderte Zufahrt; parkähnliches, gestuftes Wiesengelände in ansprechender Lage auf einer Halbinsel im Norden des Galvė-Sees, bei einem Hotel (36 Zi), Anlegestelle für Ausflugsboote nach Trakai; ca. 5 ha – 150 Stpl.; gute Standard-Sanitärausstattung; V & E für Wohnmobile. Restaurant, Imbiss. Sauna. Mietbungalows. Bootsverleih. Badegelegenheit, teils verschilftes Ufer. Angelmöglichkeit.

WOHNMOBIL-STELLPLATZ

Wohnmobil-Stellplatz Trakai [N54° 38' 59.71" E24° 55' 31.70"], Žalioji gatvė 2, Tel. +370 685 36 170. Nordwestlich des Ortes Trakai und unweit südlich der nördlichen Zufahrtsstraße Karaimų gatvė. Ganzjährig laufend zugänglich. Privat geführter, kostenpflichtiger Park- und Wohnmobil-Stellplatz in eingezäuntem, unbefestigtem, schattenlosem Innenhof eines Anwesens, an den See mit Bootssteg grenzend. Wasser, Strom, Wi-Fi, Biotoilette.

Nur ein kurzes Stück weiter, Žalioji gatvė 5, findet man rechts der Straße einen weiteren kostenpflichtigen, ganzjährig zugänglichen **Parkplatz [N54° 38' 57.69" E24° 55' 28.77"]** auf welliger Wiese mit einigen befestigten Platzteilen bei einzel stehenden Wohnhäusern, der ebenfalls als Wohnmobilstellplatz genutzt wird. Frischwasser möglich.

*ROUTE: Von Trakai südwärts zur A16. Sie führt ostwärts geradewegs in die litauische Hauptstadt **Vilnius**, die man nach rund 26 km erreicht. Im Stadtgebiet von Vilnius wird die Straße teilweise dreispurig. Halten Sie sich bitte rechts, da die Zufahrt ins Zentrum (Centras) relativ spät nach rechts ausgeschildert ist. Achtung, auf der Straße befinden sich mehrere so genannte „Starenkästen", die teure Fotos machen, wenn man zu schnell unterwegs ist.*

Der Sage nach begann in **Vilnius (Wilna)** alles mit einem Traum. Fürst Gediminas, der in Trakai lebte, kam von einer Jagd in den Wäldern nicht mehr vor Dunkelheit zurück und schlug sein Nachtlager an der Mündung der Vilna in die Neris auf. Dort träumt er von einem eisernen Wolf, der laut jaulend auf einem Hügel steht und unbezwingbar ist. Nach seiner Rückkehr in Trakai ließ Gediminas den Traum deuten. Man sagte ihm, dass er an der Stelle, wo sich der Wolf befand, eine Burg zu errichten hätte. Diese wäre genauso unbezwingbar. Diesem Ratschlag folgt der Fürst und es entstand an der Stelle die Stadt Vilnius.

Legende hin oder her, Tatsache ist, dass Fürst Gediminas im Jahr 1323 die Stadt zum ersten Mal schriftlich erwähnte und in einem Schreiben an die Hansestädte, den Papst und an zahlreiche Kaufleute von seiner neu gegründeten Hauptstadt berichtete.

Um Kaufleuten und Handwerkern die Stadt schmackhaft zu machen, lockte er mit zahlreichen Angeboten, wie Steuerermäßigung und Landschenkungen.

Die neue Hauptstadt entwickelte sich rasant und die natürliche Befesti-

Blick auf die Altstadt von Vilnius, vom Burghügel aus gesehen

gung durch die zwei Flüsse reichte nicht mehr aus. Anfang des 16. Jahrhunderts baute man daher eine knapp 3 Kilometer lange Mauer um die Stadt, in der sich neun Tore befanden. Das Jesuitenkolleg wurde im Jahr 1570 gegründet und war Vorreiter für die erste baltische Universität. Doch die Blütezeit nahm ein abruptes Ende als sich Litauen mit Polen durch die Union von Lublin vereinte. Vilnius wurde unbedeutend.

Nach einem verheerenden Brand im Jahr 1610 kamen die Russen und besetzten die Stadt. Damit begann ein Wechselspiel von Machthabern. Die Russen wurden von den Schweden verdrängt, diese wieder von den Russen, es folgten Polen und schließlich Napoleon, der auf seinem Weg nach Russland auch nicht vor Vilnius Halt machte und die Stadt besetzte.

Am Ende des 19. Jahrhunderts erhielt die Stadt den Beinamen „Jerusalem des Nordens", denn rund die Hälfte der damaligen 150.000 Einwohner war jüdischen Glaubens.

Der Einfluss fremder Mächte war auch im 20. Jahrhundert nicht beendet. Nach der Besetzung durch die deutsche Wehrmacht kamen die Sowjets zum Zug und hielten über vier Jahrzehnte die Stellung. Doch das änderte sich 1991 als Litauen endlich die Unabhängigkeit erlangte. Leider starben dabei am 13. Januar 1991 (Vilnusser Blutsonntag) 14 Menschen am Fernsehturm, die eine Menschenkette bildeten und bei der Erstürmung durch sowjetische Fallschirmspringer von Panzern überrollt wurden.

Heute ist Vilnius mit fast 575.000 Einwohnern die Hauptstadt der unabhängigen Republik Litauen. Und im Jahr 2009 war Vilnius gemeinsam mit Linz an der Donau sogar Europäische Kulturhauptstadt.

Wer gerne und viele Museen besucht und sich länger in Vilnius aufhalten will, der sollte über den Erwerb des **Vilnius Passes** nachdenken; http://www.vilnius-tourism.lt/de/vtic/uber-uns/vilnius-pass-2/. Auf der Webseite heißt es u. a.: „Der Karteninhaber kann den öffentlichen Nahverkehr benutzen, kostenlos Museen besuchen und kostenlos an Stadtführungen zu Fuß teilnehmen. Außerdem kann man mit der Karte Rabatte für bestellte Stadtexkursionen mit Omnibus/Kleinbus, für den Fahrradverleih, für Eintrittskarten in Konzerte, beim Bezahlen in Restaurants, Cafés und Parks, für bestellte Übernachtungen und Gesundheitsdienstleistungen sowie für Souvenirs etc. bekommen".

Den Vilnius Pass gibt es für die Gültigkeitsdauer von 24, 48 und 72 Stunden zum Preis zwischen 20 und 40 Euro pro Person. Der Preis eines einmal aktivierten Vilnius Passes ist nicht erstattbar.

Zu erwerben ist der Vilnius Pass in den Büros der Touristeninformationen, oder er kann online bestellt werden; http://www.vilnius-tourism.lt/de/sehen/vilnius-city-card/uber/.

Die beste **Parkmöglichkeit** in Vilnius hat man im Norden der Altstadt. Am südlichen Ufer des Flusses Neris verläuft die breite Straße T. Kosciuškos. Etwas südlich der Straße, genau an der Mündung des kleinen Wasserlaufs Vilnia befindet sich unterhalb des Kalnų-Hügels ein kostenpflichtiger, meist bewachter Parkplatz (1) [N54° 41′ 16.9″ E25° 17′ 37.6″], auf dem man auf dem hinteren Teil des Parkplatzes mit einem Wohnmobil auch nächtigen kann. Allerdings hat der Platz auf uns einen nicht sehr einladenden Eindruck als Übernachtungsplatz gemacht. Der Parkplatz – von dem man übrigens vermuten kann, dass sich hier vor rund 700 Jahren das besagte Nachtlager von Fürst Gediminas befunden haben muss – ist ein idealer Ausgangspunkt, um die Stadt zu erkunden, da man sich gleich neben der Burg und nahe der Kathedrale befindet.

Das Flüsschen Vilnia war im Übrigen der Namensgeber der Stadt. „Vilnia" bedeutet so viel wie Welle. Aber Wellen macht eher der größere Fluss Neris, in den die Vilnia mündet.

Auch wenn Vilnius – im Vergleich zu anderen Hauptstädten – in weiten Bereichen eher den Eindruck eines Provinzstädtchens macht, lassen Sie sich nicht täuschen. Achten Sie – wie überall in vielbesuchten Städten – auf Ihre Habseligkeiten – auch auf oben erwähntem Parkplatz!

Sehenswertes in der Altstadt

Falls man oben erwähnten Parkplatz als Ausgangspunkt für einen Stadtspaziergang nimmt, geht man vom Parkplatz zurück zur Hauptstraße T. Kosciuškos gatvė, wendet sich links (westwärts) und steht vor dem großen Gebäudeensemble des Alten Arsenals. Es war Teil der Unteren Burganlage von Vilnius. Hier ist das **Taikomosios Dailės Muziėjus, das Museum für Angewandte Kunst (4) [N54° 41′ 18.1″ E25° 17′ 30.6″]** eingerichtet, Arsenalo gatvė 3A *(geöffnet Di - Sa 11 - 18 Uhr, So 11 - 16 Uhr; www.ldm.lt/en/).*

Im Museum sind nicht nur Kunstwerke, wie zum Beispiel Porzellan, Keramik oder Möbel aus Litauen und dem Ausland, sondern auch Mauerreste des Alten Arsenals zu sehen. Es handelt sich

Innenhof des ehemaligen Arsenals und der Schrägaufzug hinauf auf den Burgberg

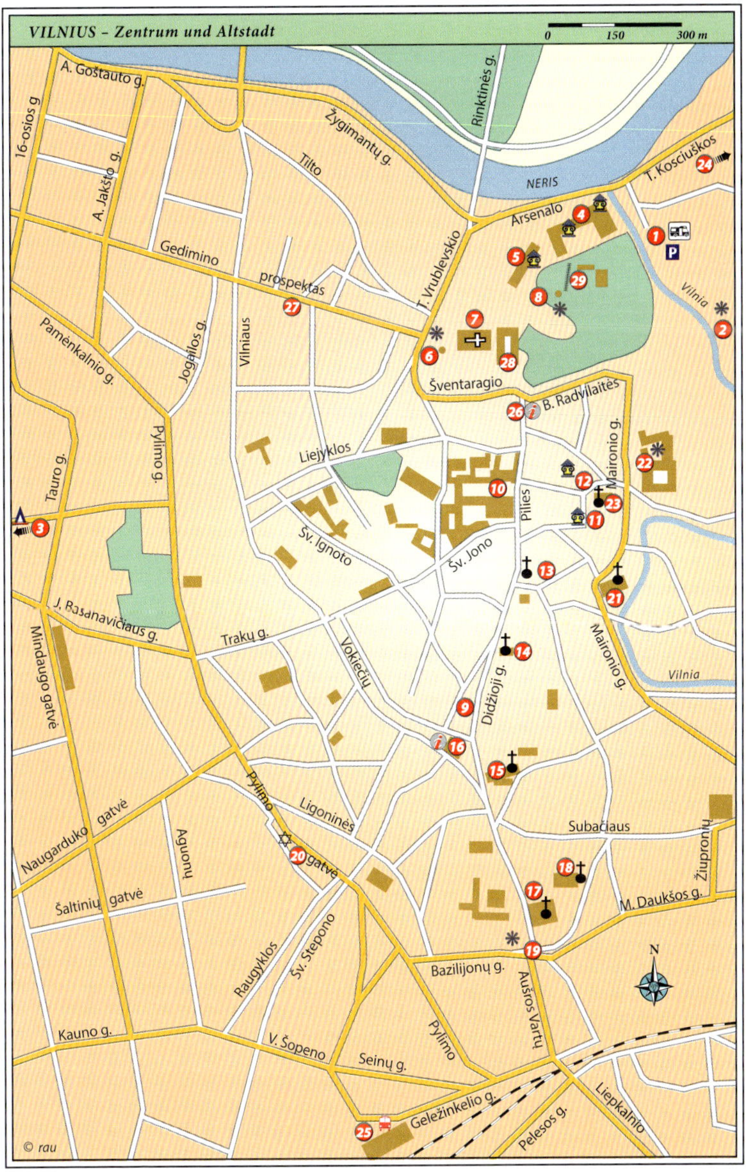

*VILNIUS (WILNA) – **1** Parkplatz – **2** Berg der drei Kreuze – **3** Richtung Fernsehturm und City Camping – **4** Museum für Angewandte Kunst und Archäologisches Museum – **5** Nationalmuseum und Mindaugas-Denkmal – **6** Glockenturm – **7** Kathedrale – **8** Gediminas-Turm – **9** Rotušės Platz – **10** Universität – **11** Bernsteinmuseum – **12** Mickevičius-Museum – **13** Piatnickaya-Kirche – **14** St. Nikolai-Kirche – **15** St. Kasimir-Kirche – **16** Tourismus-Information, Rathaus – **17** Theresienkirche – **18** orthodoxe Heiliggeistkirche – **19** Tor der Morgenröte – **20** Synagoge – **21** orthodoxe Kirche der Heiligen Mutter Gottes – **22** gotisches Ensemble – **23** St. Michaelskirche – **24** St. Peter-und-Paul-Kirche – **25** Bahnhof – **26** Touristen-Information Pilies gatvė – **27** ehem. KGB-Museum, heute Museum der Genozid-Opfer – **28** Palast der Großherzöge – **29** Funiculare, Schrägaufzug zum Gediminas-Turm*

Der Gediminas-Turm auf dem Burgberg von Vilnius

dabei um ein Zeughaus aus dem 16. Jahrhundert. Ebenso kann man Teile der einstigen Stadtbefestigung betrachten.

Im Innenhof des Alten Arsenals findet man die Talstation des **Schrägaufzuges (29)**, mit dem man sehr bequem hinauf zur knapp 50 m hoch gelegenen oberen Burganlage und zum markanten **Gediminas-Turm (8)** gelangt. Der Schrägaufzug verkehrt von April bis September tägl. 10 - 21 Uhr und von Oktober bis März täglich 10 - 20 Uhr, letzter Einlass 30 Minuten vor Schließung.

Der Turm ist der stattliche Rest der Mitte des 16. Jh. im Krieg mit Russland zerstörten Burganlage. Im Turm ist heute eine Ausstellung zur Geschichte der Burg untergebracht. Und von den Zinnen des Turms hat man einen prächtigen Panoramablick auf Alt- und Neustadt und auf die Windungen des Flusses Neris.

Wieder zurück im Hof des Alten Arsenals gehen wir auf der Arsenalo gatvė links zur Südseite des Alten Arsenals und kommt gleich darauf zum **Nationalmuseum - Lietuvos Nacionalinis Muziėjus (5) [N54° 41′ 14.5″ E25° 17′ 20.2″]** *(geöffnet Di - So 10 -18 Uhr; www.lnm.lt/en/)*. Durch das Denkmal von König Mindaugas direkt vor dem Eingang ist das Museum kaum zu verfehlen. Hier ist eine ständige Ausstellung untergebracht, die über die Landesgeschichte von der Steinzeit bis in die Moderne informiert.

Wenn wir uns nun links (südwärts) halten, so sehen wir den frei stehenden **Glockenturm der Kathedrale von Vilnius (6) [N54° 41′ 8.5″ E25° 17′ 12.1″]**. Hier am Kathedralenplatz befand sich einst die so genannte „Untere Burg", die jedoch Mitte des 17. Jahrhundert zerstört wurde. Sie war mit Mauern und Gängen mit der Oberen Burg verbunden

Der 57 m hohe Glockenturm war einst ein Teil der Befestigungsanlagen. Er beherbergt 16 Glocken und ist vermutlich eines der ältesten Bauwerke der Stadt.

Unmittelbar neben dem Glockenturm erhebt sich das Wahrzeichen der Stadt, die **Kathedrale Arkikatedra bazilika (7)**. Die sechs dorischen Säulen an der Westfassade sind rund 20 m hoch und erinnern an einen griechischen Tempel. Die vier Statuen in den Nischen stellen die vier Evangelisten dar. Weiter oben erkennt man Heiligenfiguren sowie Noah mit seiner Familie, wie sie sich für die Rettung vor der Flut bedanken.

Mindaugas-Denkmal vor dem Nationalmuseum in Vilnius

Die Seitenflanken der Kathedrale sind ebenfalls mit jeweils sechs Säulen versehen. Auf der Südseite, die zur Altstadt hin ausgerichtet ist, sind dazwischen litauische Fürsten dargestellt. Auf der anderen Seite stehen Statuen von Heiligen und Aposteln.

Die Kathedrale wurde im 15. Jahrhundert gebaut, nachdem ein Vorgängerbau durch ein Feuer vernichtet worden war. Doch auch dieser Bau wurde ein Opfer des „Roten Hahns" und brannte bei dem Großfeuer von 1610 nieder. Das danach erbaute barocke Gotteshaus erhielt sein heutiges Gesicht schließlich im 18. Jahrhundert. Im letzten Jahrhundert dann wurde die Kathedrale auf Befehl der Sowjets als Konzertsaal zweckentfremdet.

Im dreischiffigen Kircheninneren sieht man 11 Kapellen. In der hinteren rechten Ecke ist die Kasimir-Kapelle aus dem 17. Jahrhundert zu finden, die wertvollste Kapelle der Kathedrale. Hier ist Alexander, König von Litauen und Polen beigesetzt.

In den Katakomben der Kathedrale sind die Grabmale von Fürsten, Adeligen und Bischöfen des Großfürstentums Litauen zu finden, darunter Gediminas, der wohl mächtigste Herrscher Litauens, dann Vytautas der Große, der zeitweise in Trakai residierte, weiter Königin Elžbieta Habsgurgaitė, die Gemahlin von Žygimantas Augustas und dessen zweite Frau Königin Barbora Radvilaitė.

Etwa zwischen Glockenturm und Westfassade der Kathedrale ist in das Pflaster des Platzes die „Wunder-Pflasterplatte" eingelassen. Viele Leute in Vilnius glauben fest daran, dass Wünsche in Erfüllung gehen, wenn man sich auf der Platte stehend einmal um sich selbst dreht. Die Buchstaben auf der Platte ergeben das Wort „Stebuklas", was „Wunder" bedeutet. Tatsächlich erinnert die „Wunder-Pflasterplatte" an die 595 km lange Menschenkette, den legendären „Baltischen Weg", der 1989 hier begann und über Riga bis nach Tallinn reichte.

Vilnius, der Kathedralenplatz mit dem freistehenden Glockenturm.

Gegenüber der Kathedrale zieht sich der Gedimino Prospektas, die Haupteinkaufsstraße des sog. Neuen Zentrums, rund 1,5 km weit nach Westen, vorbei an den größten Plätzen der Stadt bis zum Ufer der Neris. Zahlreiche Cafés, Restaurants und Geschäfte säumen den breiten Boulevard, genauso wie einige staatliche Gebäude. Das Justiz-, das Landwirtschafts- und das Verkehrsministerium sind ebenso zu sehen, wie das **Parlamentsgebäude [N54° 41′ 25.0″ E25° 15′ 41.2″]** am Ende der Straße.

Zum Glück nicht mehr ihrem ursprünglichen Zweck dienen die Einrichtung in Haus Nummer 2A in der Aukų gatvė, einer Nebenstraße der Gedimino Prospektas. Das ehemalige Gerichtsgebäude beherbergte zwischen 1944 und 1991 das Ministerium für Staatssicherheit, Büros des KGB u. ä. Davor hatte sich in der Nazi-Zeit die Gestapo dort eingerichtet. Über 1.000 Menschen sollen hier ermordet worden sein. Fast alle der Hingerichteten hatten sich für die Freiheit Litauens eingesetzt. Heute informiert im Haus das **Museum der Genozid-Opfer (27) [N54° 41′ 17.0″ E25° 16′ 14.3″]** über die dunkle Geschichte der damaligen Zeit *(geöffnet Mi - Sa 10 - 18 Uhr, So 10 - 17 Uhr, Eintritt frei; www.genocid.lt/muziejus/en/)*. Zu sehen gibt es unter anderem die Zellen der dort Inhaftierten, die original belassen wurden.

Zurück zum Kathedralenplatz.

Nicht zu übersehen ist auf dem weiten Kathedralenplatz das monumentale **Denkmal**. Es erinnert an Gediminas, den ersten Großfürsten Litauens, Einiger des Landes und Gründer von Vilnius. In einem Dekret des Großfürsten wird der Stadtname Vilnius 1323 erstmals erwähnt. Gediminas wurde 1275 geboren und regierte das Land 25 Jahre lang bis zu seinem Tod 1341.

Unmittelbar hinter der Kathedrale sieht man den komplett neu restaurierten **Palast der Großfürsten von Litauen (28) [N54° 41′ 08.5″ E25° 17′ 18.9″]**. Das Gebäudeensemble mit großem Innenhof ruht auf den Mauerresten der sog. „Unteren Burg“ aus dem 13. Jh.

Eine Blütezeit erlebte das Palais im 16. Jh. während der Regentschaft des Fürsten Žygimantas Augustas. Vor allem dessen erster, aus Italien stammender Frau Bona Sforza ist es zu verdanken, dass etwas von der Eleganz des Renaissancestils auch am Hofe in Vilnius Einzug hielt. Anfang des 17. Jh. war der Palast Schauplatz der ersten Opernaufführung in Litauen. Eine kleine Sensation in den Kreisen des Adels der damaligen Zeit.

Der Kathedralenplatz, Palast der Großfürsten und rechts das Gediminas-Denkmal

Kaum ein halbes Jahrhundert später wurde der Palast während der Auseinandersetzungen mit Russland stark in Mitleidenschaft gezogen, war mehr und mehr dem Verfall preisgegeben. Im 19. Jh. schließlich wurden die Reste des Palastes von der „zaristischen Verwaltung Russlands" ganz abgerissen. Erst 2002 konnte mit dem Wiederaufbau begonnen werden. 2009 war Wiedereröffnung.

Der Palast der Großherzöge beherbergt nun das interessante **Historische Museum Nacionalinis muziejus Lietuvos Didžiosios Kunigaikštystės valdovų rūmai** *(geöffnet 1. Juni – 31. Aug. Mo, Di, Mi, + So 10 - 18 Uhr, Do, Fr + Sa 10 - 20 Uhr; 1. Sept. – 31. Mai Di, Mi, Fr + Sa 10 – 18 Uhr, Sa 10 – 20 Uhr, So 10 – 16 Uhr; www.valdovurumai.lt/de/)* mit Dauerausstellungen und Dokumentationen zur Geschichte des Fürstenpalastes, wiederhergestellten historischen Sälen und Salons, einer Schatzkammer u. ä.

Der Altstadtbereich von Vilnius

Südlich der Kathedrale beginnt die **Pilies gatvė**. Sie ist eine der ältesten Straßen der Stadt, war im Mittelalter die wichtigste von Vilnius und ist noch heute gut für einen gemütlichen Stadtbummel durch die Altstadt.

Die Pilies gatvė führt zum **Rotušės Platz (Rathausplatz, - 9 -)**, trägt dort den Namen Didžioji gatvė, zweigt vor der Konzerthalle nach links ab und verläuft als Aušros Vartų gatvė weiter bis zum **Tor der Morgenröte Medininkų aušros (19)**. Dieses ist das einzig erhalten gebliebene Tor der alten Stadtmauer.

Auf dem Weg dorthin, vorbei an Geschäften, Cafés, Restaurants und Kneipen, passieren Sie rechterhand als Erstes das Gebäude der **Universität (10) [N54° 40′ 56.7″ E25° 17′ 17.4″]**. 1579 gegründet, ist sie die älteste Hochschule des Baltikums. Das Areal der Universität weist neben der Universitäts-Bibliothek zahlreiche Höfe auf. An den größten und wichtigsten Hof grenzt neben dem Hauptgebäude der Hochschule auch die gotische **Johanniskirche**. Sie wurde im Jahre 1387 erbaut. Aber nach einem Brand in der ersten Hälfte des 18. Jahrhunderts erhielt sie starke barocke Züge.

Gegenüber der Universität beginnt die Šv. Mykolo gatvė 8. Hier ist das **Bernsteinmuseum und Galerie - Gintaro muziejus (11)** zu finden **[N54° 40′ 58.6″ E25° 17′ 28.3″]** *(geöffnet tgl. 10 - 19 Uhr; http://www.ambergallery.lt/de/bernstein-museum-galerie/)*. Es zeigt nicht nur zahlreiche Schmuckstücke, sondern erklärt auch die Entstehung und die Verarbeitungsweise des „Baltischen Goldes".

Direkt im Anschluss kann man das **Mickievičius-Museum (12) [N54° 41' 00.2" E25° 17' 30.3"]** in der Bernardinų gatvė 11 besichtigen *(geöffnet Di - Fr 10 - 17 Uhr, Sa + So 10 - 14 Uhr)*. Der polnische Schriftsteller Adam Mickiewicz studierte und lebte lange Zeit in Vilnius. Über diese Schaffenszeit informiert das Museum in seiner ehemaligen Wohnung.

Vom Mickievičius-Museum zurück zur Pilies gatvė.

Auf dem weiteren Weg Richtung Tor der Morgenröte, vorbei am Hotel Narutis (Pilies 24) und am Haus der Signatoren (Pilies 26, 1918 Unterzeichnung der Litauischen Unabhängigkeitserklärung) gelangen Sie zur **Piatnickaja-Kirche/ St. Paraskeve-Kirche (13) [N54° 40' 51.2" E25° 17' 20.0"]**. Ursprünglich stand hier seit dem 14. Jh. eine Art Tempel für den heidnischen Gott Ragutis. Nachdem der Tempel niedergebrannt war, hat man an derselben Stelle gegen Ende des 16. Jahrhunderts ein orthodoxes Gotteshaus errichtet. In den Jahren 1705 und 1708 besuchte daraufhin sogar Zar Peter I. die neu erbaute Kirche.

Eine weitere orthodoxe Kirche folgt kurz darauf zwischen den beiden Botschaftsgebäuden von Österreich und Schweden. Es ist die **St. Nikolai-Kirche (14) [N54° 40' 47.7" E25° 17' 18.3"]** im typisch gotisch-byzantinischen Stil. Das heutige Aussehen erhielt sie jedoch erst im Jahr 1865 als sie während der Russifizierung umgebaut wurde.

Nun sind es nur noch wenige Meter bis zum dreieckigen **Rotušės aikštė (Rathausplatz, - 9 -)**. Im Rathaus mit seiner Säulenfassade ist u. a. ein Büro der **Touristeninformation (16) [N54° 40' 41.61" E25° 17' 14.89"]** untergebracht. Daneben ist im ehemaligen Rathaus der Künstlerpalast eingerichtet.

An der linken, südöstlichen Seite des Rathausplatzes erkennt man die etwas zurückversetzte, in einem Rosafarbton gehaltene Fassade der **St. Kasimir-Kirche (15) [N54° 40' 39.4" E25° 17' 16.0"]**, Didžioji gatvė 34 *(geöffnet Apr. - Sept. Mo - Sa 10 - 18.30 Uhr, So 8 - 18.30 Uhr; Okt. - März Mo - Sa 16 - 18.30 Uhr, So 8 - 14 Uhr; www.vilnius-tourism.lt/de/sehen/sehenswurdigkeiten/kirchen/st-kasimirkirche/)*.

Der Kirchenbau mit einer 40 m hohen Kuppel hat eine turbulente Geschichte hinter sich. Errichtet wurde die St. Kasimir-Kirche zu Beginn des 17. Jahrhunderts vom Jesuitenorden. Drei Jahrzehnte später waren die Bauarbeiten

Die St. Kasimir-Kirche am Rathausplatz in Vilnius

beendet und die Kirche konnte geweiht werden. Es dauerte allerdings nur 20 Jahre, bis sie beim Einmarsch der russischen Armee völlig niederbrannte. Bald baute man die Kirche wieder auf. Und das nicht nur einmal. Das Gotteshaus brannte 1704 und noch einmal 1749 völlig aus.

Um die Wende des 18. Jahrhunderts wurde der Jesuitenorden kurzzeitig aufgelöst und die Kirche wurde von den Augustinern übernommen.

Die Dekorationen und Kunstelemente im Innern der Kirche wurden durch die französische Armee zerstört, als diese das Gebäude zur Getreideaufbewahrung nutzte.

Nachdem die Franzosen abzogen, richteten Missionare alles wieder her und ergänzten 11 Altäre. Dennoch blieb das Gotteshaus bis 1839 ungenutzt bzw. in den Händen der Russen, die sie schlicht und einfach in eine orthodoxe Kirche mit dem Namen St. Michael umbauten. Nachdem Anfang des 20. Jahrhunderts die Deutschen im Besitz des Gebäudes waren, gab man sie 1919 wieder an die Jesuiten zurück.

Die letzte Schließung fand 1949 statt, als die Sowjets das Gebäude als Getreidelager nutzten. Dabei wurden die Glocken und die Orgel zerstört. Im Jahr 1963 kam die sowjetische Führung sogar auf die Idee, in dem Haus ein Museum des Atheismus zu eröffnen.

Doch seit 1991 arbeiten wieder Jesuiten in der Kasimir-Kirche. Sie gilt als eine der schönsten Barockkirchen in der Hauptstadt mit einigen Elementen der Gotik und der Renaissance. Ihr Vorbild war die Il Gesù-Kirche in Rom. Die St. Kasimir Kirche von Vilnius wiederum war Vorbild für die meisten Barock-Kirchen in Litauen. Die Kuppel hat einen Durchmesser von rund 17 m. Auf ihr ist die Krone der Großherzöge von Litauen zu sehen.

In der Heiliggeistkirche in Vilnius

Am Rathaus mit der Touristeninformation folgen Sie links weiter der Didžioji gatvė, passieren das einladende Hotel Radisson Blu Astorija mit Restaurantterrasse, dann das **Basilius-Tor** des gleichnamigen Klosters sowie die Philharmonie und sehen vor sich die breite Fassade der **St. Theresienkirche - Šv. Teresės bažnyčia (17) [N54° 40' 30.4" E25° 17' 21.5"]**. Sie stammt aus dem 17. Jahrhundert und wurde im frühbarocken Stil erbaut. Dazu gehört ein Kloster, das berühmt ist für das Bier, das schon die Karmeliter-Mönche in früheren Zeiten brauten. Das Innere der Kirche wurde erst durch eine Renovierung in den heutigen imposanten Zustand gebracht.

Kurz vor der Theresienkirche ist noch ein kleines Tor zu sehen. Geht man hindurch, kommt man zur russisch-orthodoxen **Heiliggeistkirche (18)**. Auch sie stammt aus dem 17. Jahrhundert und beherbergt die sterblichen Überreste

Das Tor der Morgenröte

der Märtyrer Antonius, Iwan und Eustachius. Zu sehen gibt es, mit schönen Reliefs und Ikonen verziert, auch eine große Ikonostase, die von freistehenden Säulen gestützt wird.

Auf der anderen Seite der Theresienkirche endet schließlich die Fußgängerzone. Dort befindet sich das **Tor der Morgenröte – Aušros-Tor (19) [N54° 40' 27.8" E25° 17' 22.2"]**. Es stammt aus der ersten Hälfte des 16. Jahrhunderts, wurde 300 Jahre später erweitert und beherbergt seitdem die wichtigsten Heiligtümer der katholischen Kirche Litauens. So ist das Tor ein wichtiges Pilgerziel für katholische Polen, Weißrussen und Ukrainer.

Wenn Sie durch das Tor der Morgenröte hindurch gehen und danach sofort nach rechts der Bazilijonų gatvė in die Pylimo gatvė folgen erreichen Sie die linkerhand gelegene **Synagoge (20) [N54° 40' 34.1" E25° 16' 54.0"]**. Sie ist die letzte von einstmals über 100 Synagogen und jüdischen Tempeln, die sich früher auf dem Stadtgebiet von Vilnius befanden. Dieses gestreifte Gebäude wurde während der Naziherrschaft als Lagerhaus benutzt. Heute konnte die Synagoge wieder ihrem eigentlichen Zweck als Gotteshauses zugeführt werden. An der Fassade steht ein hebräischer Schriftzug, der übersetzt etwa lautet: „Ein Haus des Gebetes ist ein heiliger Platz für alle Menschen".

Vilnius wurde auf Grund ihres hohen Juden-Anteils auch als „Jerusalem des Nordens" bezeichnet. Jeder zweite Bürger war Jude, es erschienen sechs jiddische Zeitungen in der Stadt. Am Ende des Holocaust überlebten gerade einmal 800 Juden. Wenn wir ein Stück zurückgehen und rechts in die Rudninkų gatvė einbiegen, passieren wir den auf der rechten Seite liegenden Gedenkstein in Erinnerung an das jüdische Ghetto.

Zurück zum Rathausplatz und auf der Didžioji gatvė wieder nordwärts. Biegen Sie rechts hinter der St. Paraskeve-Kirche in die Latako gatvė ab. Sie führt zur Maironio gatvė, wo sich auf der rechten Seite die orthodoxe Kirche der **Heiligen Mutter Gottes (21) [N54° 40' 52.4" E25° 17' 31.2"]** erhebt. Mitte des 14. Jh. auf Veranlasssung von Julijona, Gemalin von Großfürst Algirdas erbaut und im 16. Jh. unter Fürst Konstantinas Ostrogiskis umgebaut, diente das Gotteshaus im 18. Jh. als Hör- und Anatomiesaal der Universität. Mitte des 19. Jh. kam die Kirche wieder in den Besitz der orthodoxen Gemeinde. Das Bauwerk ist die erste orthodoxe Kirche und auch das größte Gebäude seiner Art in ganz Vilnius. Die Fassade ist im georgischen Stil erbaut und gleicht durch die schneeweißen Wände und den fehlenden Zwiebeltürmen nicht den anderen orthodoxen Bauten.

Etwas weiter nördlich, also wieder in Richtung Gedeminas-Hügel, ist ein weiteres interessantes Baudenkmal zu sehen. Das sogenannte **„Gotische Ensemble“ (22)** besteht aus der **St. Annakirche [N54° 40' 59.10 E25° 17' 34.4“]** und dem dreistöckigen Gebäude des ehemaligen **Bernhardinerklosters**, das sich gleich dahinter anschließt.

Die kleine St. Annakirche, ein Meisterwerk der gotischen Backsteinarchitektur, stammt aus dem 15. Jahrhundert und reicht bis fast an die Straße heran, während sich das Kloster ein wenig im Hintergrund befindet.

Mehr als zwei Dutzend verschiedene Backsteinarten wurden extra für die filigrane, von drei Türmchen geschmückte Westfassade der St. Annakirche angefertigt. Der Kirchturm befindet sich rechter Hand vom Gotteshaus und wurde 1874 im neugotischen Stil errichtet. Direkt dahinter verbirgt sich die Christustreppe aus dem 17. Jahrhundert.

Ein Torbogen am Glockenturm ist Zugang zum Kirchhof der wesentlich größeren Bernhardinerkirche, die genau genommen Kirche des Hl. Franziskus und Hl. Bernhardin heißt. Sie wurde im 16. Jahrhundert mit in die Stadtmauer integriert und diente somit auch dem Schutz der Stadt. Im Innenraum ist ein Holzaltar aus dem Jahr 1614 zu sehen.

Auf der linken Seite der Bernhardinerkirche – dafür muss man einmal um die St. Annakirche gehen – steht das Bernhardinerkloster, in dem heute die Kunstakademie von Vilnius untergebracht ist.

Die **St. Michaelskirche (23) [N54° 40' 58.6“ E25° 17' 33.4“]** liegt auf der anderen Straßenseite, gegenüber der Anna-Kirche. Das Interieur des Gotteshauses ist reich mit Verzierungen geschmückt. Der freistehende Glockenturm ist Anfang des 18. Jahrhunderts erbaut worden und wird gekrönt von einer eisernen Wetterfahne, die den Erzengel Michael darstellt. Heute findet man in der Kirche ein Architekturmuseum.

Wenn wir nun die Maironio gatvė weiter nordwärts hinab gehen, erreichen wir nach der Linkskurve über die Barboros Radvitalitės gatvė und die Šventaragio gatvė wieder den Kathedralenplatz. Von dort bis zum Parkplatz ist es nicht mehr weit.

Und wer Lust hat, eine weitere Kirche zu besichtigen, der geht am Park-

Das „Gotische Ensemble“ in Vilnius

platz einfach geradeaus vorbei und gelangt nach rund 1 km zur **St. Peter-und-Paul-Kirche (24) [Parkmöglichkeit, N54° 41' 36.3" E25° 18' 19.0"]**. Unscheinbar und schlicht ist die Kirche von außen. Doch im Inneren präsentiert das barocke Bauwerk an den Wänden über 2.000 Skulpturen mit verschiedensten Ornamenten. Zahlreiche historische Geschehnisse und biblische Momente werden dargestellt. Über dem Altar hängt ein Gemälde, auf dem Petrus und Paulus zu sehen sind.

Einen schönen Blick auf die Stadt mit ihren zahlreichen Kirchtürmen kann man nach einem etwas mühsamen Aufstieg vom **„Berg der drei Kreuze" (2) [Trys kryžiai, N54° 41' 12.33" E25° 17' 52.08"]** im Kalnų Park im Norden der Altstadt genießen.

Vor rund 100 Jahren sagte man, es sei egal, aus welcher Richtung man sich der Stadt nähere, man sehe immer mindestens vier Kirchen.

Neben einem Freilichttheater findet man auf der Anhöhe drei große Kreuze. Sie stehen in Erinnerung an sieben Franziskanermönche, die im 17. Jahrhundert in Vilnius ermordet wurden.

Weit im westlichen Stadtbereich, jenseits des Neris-Ufers, sieht man den **Fernsehturm Paukščių Takas [N54° 41' 18.2" E25° 12' 51.3"]** *(geöffnet 10 -21 Uhr)*. Er ist mit 326 m Höhe das höchste Gebäude des Landes und bietet in 190 m Höhe ein Restaurant sowie eine langsam rotierende Aussichtsplattform, von der man ebenfalls einen wunderbaren Blick über die Stadt hat.

Der 1980 errichtete Turm machte am 13. Januar 1991, dem „Vilniusser Blutsonntag", weltweit Schlagzeilen, als sowjetische Soldaten den Turm stürmten, um eine Unabhängigkeitsdemonstration zu beenden. 14 Demonstranten kamen damals ums Leben. Gedenksteine befinden sich heute an den Stellen, wo damals die Toten lagen. Heute kann man eine Ausstellung über die Geschehnisse von damals sehen. Die Straße am Turm wurde nach dem tragischen 13. Januar benannt: Sausio 13-osios gatvė.

PRAKTISCHE HINWEISE – VILNIUS (WILNA)

Touristeninformation Rathaus [N54° 40' 41.61" E25° 17' 14.89"], Didžioji gatvė 31, LT-01128 Vilnius, am Vilniusser Rathaus, Tel. +370 52 62 64 70; www.vilnius-tourism.lt/de/; Mail: tic@vilnius.lt. *Geöffnet tgl. 9 - 13 + 14 - 18 Uhr.*

Touristeninformation Altstadt [N54° 41' 4.87" E25° 17' 23.10"], Pilies gatvė 2, LT-01124 Vilnius, Tel. +370 52 62 96 60; www.vilnius-tourism.lt. Mail: tic@vilnius.lt. *Geöffnet tgl. 9 - 12 + 13 - 18 Uhr.*

Feste und Folklore

Am 11. März findet jedes Jahr ein großes Feuerwerk anlässlich des **Unabhängigkeitstages** statt.
Meist Mitte/Ende des Monats findet das **Internationale Filmfestival Vilnius IFF Kino Pavasaris** statt.
Im Juni wird am Neris-Fluss das **Mittsommerfest** gefeiert, das erst am Morgen endet, wenn die Sonne aufgeht.
Im September kann man das **Festival der Instrumentalfolklore** besuchen. Es ist das einzige seiner Art in Litauen und das älteste im Baltikum. Es findet nur alle zwei Jahre (z. B. vom 9. bis 13. September 2020) statt. Bei diesem Anlass werden unter dem Namen „Griežynė" (Dialektwort für Fiedel) an Sitten und Tänze erinnert sowie Einblick in die Instrumentenherstellung gegeben.

RESTAURANTS

Ein deftiges Gericht litauischer Hausmannskost sind **„Cepelinai"**, mit Hackfleisch gefüllte Kartoffelklöße, die mit Soße und Grieben serviert werden. Die ovalen Klöße, die alternativ auch mit Quark, Gemüse, Speck oder Pilzen gefüllt sein können, ähneln der Form eines Zeppelins, daher der Name. Und wie es heißt, isst jeder gestandene Mann mindestens zwei davon.

Eine andere litauische Spezialität, die vor allem gerne im Sommer gegessen wird, ist **Šaltibarščiai**, die Kalte Rote-Beete-Suppe, aus Roter Beete, Kefir, saurer Sahne und Gurken.

Etno Dvaras, Pilies gatvė 16, Tel. +370 656 13 688; www.etnodvaras.lt; typisch litauische Gerichte in rustikaler Umgebung direkt in der Altstadt.

Boom!Burgers, Gedimino 1, Tel. +370 652 14 534; www.boomburgers.lt; gegenüber der Kathedrale, etwas versteckter Eingang, hier gibt es leckere Burger, Salate, Käsekuchen mit Eiscreme, Eisshakes und solche Sachen zu erschwinglichen Preisen.

Restaurant Amatininkų Užeiga, Didžioji gatvė 19/2, Tel.: +370 687 22 366. Typisch litauische Küche; bis morgens 5 Uhr geöffnet.

Restaurant El gaucho sano, Pilies gatvė 10, Tel.: +370 521 07 773. Das einzige argentinische Restaurant in Vilnius. Vor den Augen der Gäste wird das Essen im rustikalen Stil zubereitet.

Restaurant Achtamar, S. Konarskio gatvė 1-2, Tel.: +370 686 33 338. Leckere Gerichte aus Armenien.

Restaurant Balti Drambliai, Vilniaus gatvė 41, Tel.: +370 640 15 252; http://baltidrambliai.lt/. Für den Vegetarier.

Café Keisti Ženklai, Trakų gatvė 13, Tel. +370 526 10 779. Modern eingerichtetes Café im Westen der Altstadt. Dazu gehört auch das „Šokolado namai". Es bietet Schokolade in allen erdenklichen Formen. Einige der über 150 handgemachten Schokoladenspezialitäten sind mit Likör oder Früchten gefüllt. Für Schokoladenliebhaber ein Muss.

HOTELS

Hotel Stikliai, Gaono gatvė 7, Tel.: +370 52-62 79 71. Das 1996 eröffnete Hotel gilt als eines der besten Häuser am Platz. Die Zimmer in den oberen Etagen bieten einen Blick auf die Stadt. Restaurant, Bar.

Radisson Blu Hotel Lietuva, Konstitucijos Avenue 20, Tel.: +370 527 26 272, www.radissonhotels.com. Das größte, höchste und modernste Hotel in Vilnius. Restaurant, Skybar, Olympic Casino, Parkmöglichkeit.

WOHNMOBIL-STELLPLATZ

Wohnmobil-Stellplatz Vilnius [N54° 41' 16.9" E25° 17' 37.6"], wie im Text weiter vorne beschrieben. Im Norden der Altstadt südlich der Straße T. Kosciuškos. Wenig einladende Stellplatzmöglichkeit auf dem hinteren Teil des asphaltierten, gebührenpflichtigen (Automat), videoüberwachten und ganzjährig zugänglichen Parkplatzes; zwischen dem Flüsschen Vilnia und unterhalb des Berges der Drei Kreuze (Kalnų-Hügel). Keine Ver- und Entsorgungsmöglichkeit oder sonstige wohnmobilspezifische Einrichtungen, aber recht zentrale Lage und guter Ausgangspunkt für Stadtbesichtigungen.

CAMPING

Camping Vilnius City [N54° 40' 48.9" E25° 13' 37.1"], Parodų gatvė 11 Tel.: +370 629 72 223; www.vilnius-camping.lt. 1. Mai – 15. Sept.; im Westen der Stadt gelegen, aus Richtung Trakai bzw. Kaunas kommend auf der Ringstraße bis zum großen Verkehrsverteiler kurz vor dem Fluss Neris, hier abzweigen, unter der Schnellstraße hindurch und nordwärts zum Platz, eine grobe Orientierung bietet der Fernsehturm; ebenes, eingezäuntes, von hohen Laubbäumen umgebenes Wiesengelände hinter den Messehallen; ca. 1,2 ha – 80 Stpl.; einfache Sanitärausstattung in Containern. V & E Station am Eingang. Fahrradverleih.

TOUR 5: VILNIUS (WILNA) - IGNALINA

Länge der Tour:	Rund 120 km, ohne Abstecher.
Die Route:	Über die A14 – Nebenstraße zum **Europos Parkas** – Straße und A14 zum **Zentrum Europas** – Straße A14 bis **Molėtai** – Straße 114 bis **Ignalina**.
Reisedauer:	Mindestens ein Tag.
Höhepunkte:	Der **Europos Parkas** * – der **Mittelpunkt Europas** *.

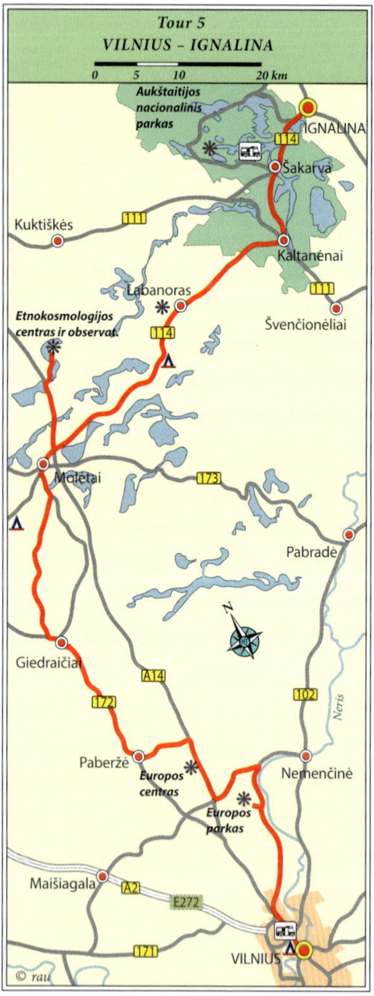

*ROUTE: Von Vilnius zunächst auf der A2/E272 nordwärts. Nach gut einem Kilometer rechts halten und auf der A14 Richtung Utena. Kurz nach dem Abzweig liegt auf der linken Seite der A14 eine ausgedehnte Parkanlage und noch etwas weiter das riesige Einkaufs- und Kinozentrum Akropolis Vilnius. Nur etwa 5 km weiter sollte auf zwei touristische Hinweisschilder an der A14 – zum einen zum geographischen **Mittelpunkt Europas** und zum anderen zum **litauischen Europapark** geachtet werden. Dem letzteren Hinweis folgen wir nach rechts.*

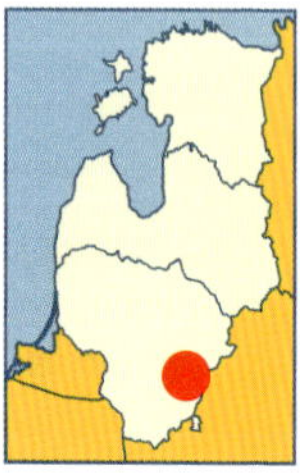

Europos Parkas oder zu Deutsch **Europa Park [Parkplatz, N54° 49‘ 50.53“ E25° 21‘ 6.14“]** *(geöffnet tgl. 10.00 Uhr bis Sonnenuntergang, E-Mail: hq@europosparkas.lt, Web: www.europosparkas.lt)* ist eine Einrichtung des Skulpturenkünstlers Gintaras Karosas. Er hatte das Ziel nach der Wiedererlangung der Unabhängigkeit ein geographisches Zentrum der Kunst zu errichten. Aus diesem Grund wählte er die Nähe zum europäischen Mittelpunkt und schuf 1991 inmitten eines großen Waldes diesen Park auf einer Fläche von 55 ha.

Rund 90 Werke verschiedener Künstler aus 29 Staaten sind hier aufgestellt. Eines davon schaffte es sogar, eine Auszeichnung des Guinness-Buch der Rekorde zu erhalten. Es sind die fast 3.000 defekten Fernsehgeräte, die, in einer Reihe aufgestellt, sich durch die Bäume schlängeln und so zum Kunstwerk „größte Anhäufung ausgedienter TV-

Geräte" wurden. Einige Litauer nutzten dabei die Gelegenheit, ihren Fernseher zu entsorgen und spendeten ihr Altgerät dem Park. Weitere Kunstwerke sind beispielsweise ein überdimensionaler Stahlsessel oder Stahlsäulen.

Im Freilichtmuseum befinden sich auch ein Restaurant mit Außenterrasse, eine Postfiliale und ein Souvenirshop.

Kunstobjekt im Europos Parkas

*ROUTE: Vom Parkplatz des Europaparks zurück zur Hauptstraße, dort links (nordwärts) nach **Bratoniškės** am Fluss Neris. Weinig weiter nordöstlich Abzweig auf die Straße 108, die westwärts ca. 6 km zurück zur A14. Der A14 folgen wir nordwärts in Richtung Utena. Knapp 3 km später geht es kurz hinter **Purnuškės** links ab zu einem kleinen Parkplatz beim **geographischen Mittelpunkt Europas**.*

Im Jahre 1989 war es, als Litauen in den **Mittelpunkt Europas [Parkplatz, N54° 54' 28.58" E25° 19' 14.97"]** gerückt wurde. Eigentlich war Litauen schon immer der zentralste geographische Punkt, doch in dem Jahr wurde es durch Wissenschaftler des Französischen Nationalinstitutes belegt. Der exakt berechnete Mittelpunkt liegt bei 54°54' Nord, 25°19' Ost in der Nähe des Dorfes **Purnuškes**. Man erreicht das Ergebnis dieser Berechnungen, wenn man folgende Daten zu Grunde legt: Als nördlichste Grenze benutzt man Spitzbergen, im Süden werden die Kanarischen Inseln mit einbezogen, die Ostgrenze liegt am Ural, genauer gesagt am Fluss Kara. Im Westen hingegen nutzte man einfach die Inseln Island und Madeira. Aus unbekannten Gründen hat man jedoch Malta und die Insel Nowaja Semlja nicht mit in die Berechnung einbezogen. Nach Angaben des Nationalinstitutes hätte das jedoch nur einen Unterschied von rund 100 m ausgemacht.

1992 hat man den Ort des geographischen Mittelpunkts Europas schließlich zur kartographischen Schutzzone erklärt und am 1. Mai 2004 enthüllte man bei einer feierlichen Präsentation aus Anlass des litauischen EU-Beitritts das Zentrum mit einer **Granitsäule** und einer Sternenkrone, die vom litauischen Bildhauer Gediminus Jokūbonis geschaffen wurde.

Seitlich von der Säule hängen an zahlreichen Fahnenmasten die Flaggen aller europäischen Staaten. Nicht ersichtlich ist allerdings, wo denn nun der Mittelpunkt genau ist. Denn in alten Reiseführern und Prospekten des Tourismusbüros ist die Rede von dem Felsen der mitten auf dem Weg liegt. Die Granitsäule ist aber rund 30 m von ihm entfernt.

*ROUTE: Auf der A14 weiter bis **Molėtai**.*

*Wer jedoch ruhigere Straßen bevorzugt und wem Schotterpisten nichts ausmachen, oder wer den Campingplatz auf der Apfelinsel ansteuern will, kann nach drei Kilometern von der A14 links (westwärts) auf das Landsträßchen 5207 abzweigen. Die Straße wird aber nach wenigen Kilometern zur Schotterpiste. In **Paberžė** biegen Sie dann rechts ab auf die Asphaltstraße 172. Nordwestlich von **Giedraičiai** geht es ein kurzes Stück auf die Landstraße 2804 und wenig später beim Weiler **Žvyrinka** nordwärts auf der unbefestigten Landstraße 2807 nach **Ambraziškiai**. Kurz vor Ambraziškiai wird die Straße befestigt. Kurz nordöstlich von Ambraziškiai erreicht man die Zufahrt zum schönen **Campingplatz auf der Apfelinsel**.*

PRAKTISCHE HINWEISE – MOLĖTAI

Touristeninformation Molėtai [Parkplatz gegenüber, N55° 13' 54.45" E25° 25' 13.70"], Inturkės gatvė 4, Tel.: +370 383 51 187, E-Mail: turizmas@moletai.lt, Web: www.infomoletai.lt. *Geöffnet Mo - Do 8 - 17 Uhr, Fr 8 - 15.45 Uhr, Sa 10 - 14 Uhr.*

CAMPING – ŽALVARIAI BEI MOLĖTAI

Camping Apfelinsel Obuolių Sala [N55° 9' 38.34" E25° 18' 24.22"], Tel.: +370 688 35 335, E-Mail: info@appleisland.lt, Web: www.appleisland.lt. 1. Apr. – 30. Okt. Südwestlich von Molėtai beim Dorf Žalvariai im Garbuostas-See ansprechend und ruhig gelegen. Eine komplette Insel als Campingplatz, die über eine schmale Holzbrücke zu erreichen ist. Gestuftes Wiesengelände mit Baumbestand. Auf der rechten Seite befinden sich zahlreiche Zeltplätze. Die linke Seite ist mit befestigten Parzellen für Wohnmobile reserviert. Der Name des Platzes kommt von der alten Apfelmühle, in der sich heute die zeitgemäßen sanitären Einrichtungen befinden. Ca. 14 ha – 200 Stpl., gute Standard-Sanitärausstattung; es gibt ein Café, Waschmaschine, Trockner, Boots- und Fahrradverleih, Tennis, Bade- und Angelmöglichkeit. Mietbungalows. V & E für Wohnmobile. Während geschlossener Veranstaltungen auf dem Gelände kann der Campingplatz für die Allgemeinheit geschlossen sein!

Mein Tipp: Da es in und um das Etappenziel Ignalina bislang keinen brauchbaren Camping- oder Wohnmobilstellplätze gibt, wird man überlegen, ob man nicht auf einem Platz bei Molėtai Station macht. Oder man fährt von Ignalina weiter zum nächsten Campingplatz in Zarasai (siehe nächste Etappe).

Auf dem Stadtgebiet der 6.000-Einwohnergemeinde **Molėtai** befinden sich mehrere Seen, die durch einen kleinen Fluss miteinander verbunden sind. Am Ufer des Pastovis-Sees gibt es einen kleinen **Skulpturenpark** einheimischer Künstler, mehr ist in dem Ort jedoch nicht zu sehen.

Bei entsprechendem Interesse kann ein Abstecher in das 10 km nordöstlich am Zelva-See gelegene Dorf **Kulionys** lohnen, Abzweig von der A14. Dort befinden sich das **Ethnokosmologische Museum [Parkplatz, N55° 18' 52.26" E25° 33' 21.54"]** sowie das recht futuristisch anmutende **Observatorium**. Letzteres bietet bei einer Führung die Möglichkeit, mit seinen drei Parabolspiegeln einen Blick in das Universum zu werfen. Das Ethnokosmologische Museum hingegen zeigt zusätzlich eine Ausstellung über die Sonnenflecken. Beide gehören zusammen und werden von der Akademie der Wissenschaften in Vilnius finanziert *(geöffnet Mo - Sa 8 - 17 Uhr. Web: www.etnokosmomuziejus.lt).*

*ROUTE: Von Molėtai aus auf der Landstraße 114 über **Mindūnai**, **Labanoras**, **Kaltanėnai** und **Palūšė** nach **Ignalina**, rund 56 km.*

Labanoras ist Namensgeber des Regionalparks **Labanoro regioninis parkas**, der das Städtchen umgibt. Zu den bescheidenen Sehenswürdigkeiten im Ort zählt höchstens die Kirche aus dem 18. Jahrhundert.

Palūšė an der Straße 114 liegt am Ostufer des Sees Lušiai. Auch im fast gemütlich wirkenden Dorf Palūšė ist es eine Kirche, die Aufmerksamkeit erregt. Die dem Heiligen Josef geweihte ganz aus Holz errichtete Kirche **Šv. Juozapo bažnyčia [Parkplatz, N55° 19' 41.90"**

CAMPING – MINDŪNAI / LABANORAS

Camping Mindūnų Kempingas [N55° 13' 11.21" E25° 33' 36.72"], Molė raj. Tel.: +370 606 11 317, Web: www.ignaturas.lt, E-Mail: info@ignaturas.lt. 1. Jan. – 31. Dez. Rund 10 km östlich von Molėtai Richtung Labanoras und südlich der Straße 114 gelegen. Der Weg von der Straße 114 zum Campingplatz ist sehr sandig, aber befahrbar. Lediglich Wohnanhänger könnten Probleme bekommen. Naturbelassenes Waldgelände, bis fast an einen See Baltieji Lakajai reichend. Ca. 3 ha – 60 Stpl., gute Standard-Sanitärausstattung. Sauna. Waschmaschine und Trockner. Angelmöglichkeit, Boots- und Fahrradverleih. Mietcaravans. V & E für Wohnmobile.

E26° 6' 13.43"] aus dem Jahr 1757 ist die Attraktion des Ortes. Im Inneren der Kirche kann man trotz einer Renovierung im 19. Jahrhundert, noch gut die traditionelle Bauweise erkennen, die einst angewendet wurde.

Rund um die Kirche sind einzelne Holzskulpturen, die von verschiedenen Künstlern gefertigt wurden, zu sehen. Jedes Jahr feiern die Menschen aus der Region das St. Laurin-Fest im Bezirk der Kirche.

Palūšė liegt im **Nationalpark Aukštaitija**. Wer Ruhe und Erholung sucht, wird diese hier im Park finden.

Die größten Siedlungen im Nationalpark sind vier kleine ethnographische Dörfer, die eher an ein Freilichtmuseum erinnern, aber dennoch bewohnt sind. Die Holzarchitektur der Häuser zeigt den typischen Aufbau der regionalen Dörfer aus den Anfängen des 19. Jahrhunderts.

Die beiden Orte **Strazdai [N55° 24' 36.83" E26° 1' 50.96"]** am Ostufer des See Baluošas und **Šuminai [N55° 23' 57.16" E26° 2' 26.39"]** auf einem Landvorsprung am Nordufer des Sees wurden auf den Heuwiesen vorangegangener Dörfer gebaut.

Die Waldaufsehersiedlung **Vaišnoriške [N55° 25' 33.46" E26° 1' 36.72"]** besteht aus fünf Höfen und liegt idyllisch an einem kleinen Fluss.

Und die **Siedlung Meironys [N55° 20' 22.22" E26° 4' 23.82"]**, die im 16. Jahrhundert als Atadringė bekannt war, liegt am nächsten zu Palūšė am Ostufer des Sees Lušiai. Am Seeufer findet man eine sog. **Naturschule**, „die ein buntes Programm an Aktivitäten für Schüler und Familien bietet" wie die Webseite https://www.aparkai.lt/de/ verkündet.

Rund um die Ortschaften, die alle auf zum Teil schlechten Landstraßen nicht einfach zu erreichen sind, verlaufen zahlreiche Naturpfade und Wanderwege. Einer von ihnen führt zum so genannten Eishügel, der den Aussichtspunkt des Parks markiert. Von ihm hat man einen wunderschönen Panoramablick auf den Nationalpark und die Umgebung.

Nicht zu den ethnographischen Ortschaften gehört **Stripeikiai [N55° 24' 35.04" E25° 56' 38.46"]** weiter im Nordwesten des Nationalparks. Dieses etwas modernere Dorf lockt dafür die Touristen mit etwas anderem. In einem der dortigen Höfe ist ein **Bienenmuseum [N55° 24' 30.09" E25° 56' 41.58"]** *(geöffnet Mai - Mitte Okt. Di - So 10 – 18 Uhr)* untergebracht, das die Arbeiten eines Imkers zeigt und die Arbeit der fleißigen Insekten in ihren Bienenstöcken näher bringt.

Der Nationalpark Aukštaitija ist bekannt für seine Seenplatte, die rund 15% des Areals ausmachen. Und an den idyllischen Seen findet fast jeder ein ruhiges Plätzchen. Diese Gewässer stammen aus der Eiszeit und sind fast alle

WOHNMOBIL-STELLPLATZ

Wohnmobil-Stellplatz Palūšė [N55° 19' 39.74" E26° 6' 20.00"], Juni – Aug.; einfacher Übernachtungsplatz auf ebener Wiese mit etwa 15 Stellplätzen, von Wald und Bäumen umgeben, gleich hinter der Kirche. Ohne Einrichtungen. Weiterbestand des Platzes als Wohnmobilstellplatz fraglich!

miteinander durch kleinere Flüsse verbunden. Die Seenplatte ist also ein ideales Gebiet für mehrtägige **Kanutouren**. Für die Übernachtung ist auch gesorgt, da in Ufernähe zahlreiche **Biwakplätze** bzw. Lagerstellen eingerichtet sind. Ausgestattet sind sie im Normalfall mit einem Toilettenhäuschen, einem Picknickplatz bzw. Bänken und Tischen und einer Stelle für Lagerfeuer. Auch die Benutzung dieser Biwakplätze mit einem Wohnmobil ist erlaubt sofern die Wege dorthin die Zufahrt mit Fahrzeugen möglich machen. Eine Entsorgungsmöglichkeit für Wohnmobilabwässer gibt es jedoch nicht, daher die eindringliche Bitte, Abwässer und Müll nur an dafür vorgesehenen Stellen oder auf Campingplätzen zu entsorgen. Die meisten Biwakplätze sind mit kleinen privaten Hinweisschildern ausgeschildert.

Die Infostelle des Nationalparks liegt in Palūšė. Die Adresse der Nationalpark-Direktion lautet: Aukštaitijos nacionalinio parko ir Labanoro regioninio parko direkcija, Lūšių gatvė 16, Palūšė, Tel.: +370 386 53 135; Web: https://www.aparkai.lt/de/. *Geöffnet tgl. 8 - 16 Uhr.*

Am östlichen Rand des Nationalparks Aukštaitija und nahe der Grenzen zu Lettland und zu Weißrussland liegt die Stadt **Ignalina**, die erst Anfang des 19. Jahrhunderts entstanden ist und ihren Aufschwung zu einer 6.000 Einwohnerstadt dem Bau der Eisenbahnstrecke zwischen St. Petersburg und Warschau zu verdanken hat. Aus touristischer Sicht dient Iganalina als Ausgangspunkt für Touren durch den Nationalpark Aukštaitija.

Ansonsten ist Ignalina nur Namensgeber für das ehemalige **Atomkraftwerk** östlich der Ortschaft **Visaginas.** Das Atomkraftwerk vom Typ Tschernobyl wurde um 1980 errichtet und war damals ein Zeichen für den technischen Fortschritt Litauens. Und es war sicher auch ein Prestigeobjekt Russlands, das maßgeblich am Bau beteiligt war. Als Litauen 2004 der Europäischen Union (EU) beitrat wurde die Stilllegung der beiden Reaktoren beschlossen, die bis dahin als die leistungsfähigsten der Welt galten. Mit der Abschaltung der Reaktoren wurde 2005 begonnen. Vier Jahre später konnte die Stilllegung abgeschlossen werden.

PRAKTISCHE HINWEISE – IGNALINA

Touristeninformation Ignalinos turizmo informacijos centras [N55° 20' 36.25" E26° 9' 49.74"], Ateities gatvė 23, 30121 Ignalina, Tel.: +370 671 93 193; +370 386 52 597; tic@ignalina.lt, Web: https://www.ignalina.info/. *Geöffnet Mo - Fr 9 - 18 Uhr, Sa 9 - 13 Uhr, 14 - 18 Uhr, So 10 - 15 Uhr.*

HOTEL

Hotel-Restaurant Žuvėdra, Mokyklos gatvė 11, Tel.: +370 686 09 069, E-Mail: info@zuvedra.com, Web: www.zuvedra.com; im Norden der Stadt am Westrand eines Parks am See Paplovinis.

WOHNMOBIL-STELLPLATZ – DRŪTŪNAI

Wohnmobil-Stellplatz und Biwakplatz Drūtūnų Baidarės [N55° 18' 45.00" E26° 2' 59.93"]. Südwestlich von Ignalina gelegen und auf der Straße 114 über Palūšė und Šakarva zu erreichen. Zufahrt nach Drūtūnai über die Landstraße 1433. Sog. „aktive Erholungszone" vornehmlich für Zelte, auf schrägen Wiesen am Rande eines Waldgebietes unweit westlich des Sees Šakarvai. Gebührenpflichtig. Picknickfeuerstellen. Der Platz wird gerne von Jugendgruppen und Kanuclubs aufgesucht.

Atomkraft in Litauen – nein danke

Das Atomkraftwerk Ignalina

Mai 2004: Ganz Europa feiert die Erweiterung der Europäischen Union auf nunmehr 25 Staaten. Ganz Europa? Nein, einer kleinen Stadt im Nordosten Litauens ist nicht nach feiern zumute. Denn der Beitritt zur EU bedeutet für die meisten Einwohner die künftige Arbeitslosigkeit. Die Rede ist von der Stadt Visaginas. Sieben Kilometer außerhalb befindet sich ein Atomkraftwerk, das 5.000 Menschen lange einen Arbeitsplatz sicherte.

Doch Litauens Eintrittskarte in die Europäische Union war teuer. Die EU verlangte kompromisslos die Schließung des Atomkraftwerkes. Denn im Kernkraftwerk von Visagina, das den Namen Ignalina (eine Stadt in der Nähe) trägt, befanden sich zwei RBMK-Reaktoren die 1.500 Megawatt Leistung produzierten. Sie zählten zu den weltweit größten Atomreaktoren, besser bekannt als Typ Tschernobyl, denn das AKW wurde 1983 noch zu Zeiten der Sowjetherrschaft ans Netz angeschlossen und war eines der letzten, das in dieser Form gebaut wurde.

Doch der Weltbevölkerung wurde am 26. April 1986 deutlich gezeigt, wie unsicher dieser Reaktortyp ist. Terroristen nutzten zudem in der Vergangenheit das Kraftwerk zur Erpressung, sie drohten mit der Sprengung, falls nicht ein lokaler Mafia-Boss aus der Haft entlassen würde. Die behördliche Antwort auf die Erpressung war, dass das AKW für mehrere Tage abgeschaltet wurde, was einen Schaden von rund 8 Mio. Euro verursachte.

So kam es schließlich dazu, dass bei den Beitrittsverhandlungen zur EU eindeutig gefordert wurde, dieses Atomkraftwerk zu schließen. Nun stand Litauen vor einem Problem, denn sie wollten einerseits in die EU, andererseits aber produziert das Kraftwerk rund 80% des Strombedarfs in Litauen. Kein Staat auf der Welt hatte damals einen höheren Anteil an Atomstrom. Und nicht nur das, Litauen exportiert den Strom und verdient damit viel Geld. Wenn nun die Reaktoren heruntergefahren werden sollten, dann ginge im südlichsten baltischen Staat buchstäblich das Licht aus.

Daher einigte man sich darauf, dass der erste Reaktor bis 2005 und der Zweite bis 2009 abgeschaltet werden solle. Im Gegenzug dazu würde Litauen eine enorme Entschädigungssumme erhalten. Wie vereinbart fuhren die Betreiber am 31. Dezember 2004 den ersten Reaktor langsam herunter und konnten ihn am 3. Januar 2005 endgültig vom Netz nehmen. Gleichzeitig kam die erste Überweisung aus Brüssel in Höhe von offiziell 245 Millionen Euro.

TOUR 6: IGNALINA (LITAUEN) - DAUGAVPILS (LETTLAND)

Länge der Tour: Rund 104 km, ohne Abstecher.

Die Route: Über die Straße 102 bis **Dūkštas** – Straße 113 bis **Visaginas** – Straße 177 – Straße 102 bis **Zarasai** – Straße 117 – Nebenstraße bis **Stelmužė** – Schotterweg bis Straße A14 – Straßen A14 und A13/E262 bis **Daugavpils**.

Abstecher: Abstecher nach **Stelmužė**. Abstecher zu den **Daugava-Schleifen.**

Alternative: Ab **Ignalina** über **Tauragnai** durch den **Aukštaitijos Nationalpark**. Zweite Alternative von **Stelmužė** zurück nach **Zarasai** und über Straße A13 direkt nach **Daugavpils**.

Reisedauer: Mindestens ein Tag, ohne Abstecher.

Höhepunkte: Besichtigung des **Atomkraftwerks** * – Rundgang durch **Daugavpils** * – Wanderung durch die **Daugava-Schleifen** **.

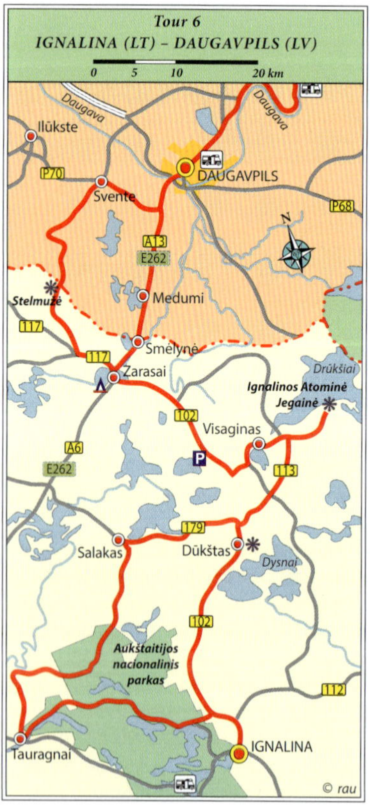

*ROUTE: Ignalina verlassen Sie über die Straße 102 in Richtung **Visaginas**, das nach 45 Kilometern erreicht wird.*

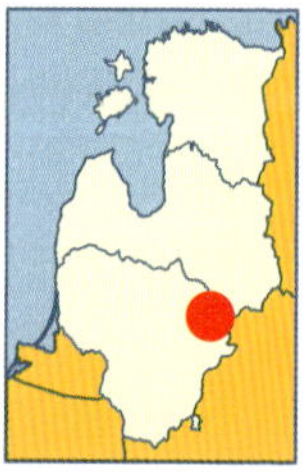

Alternativroute

*ALTERNATIV-ROUTE: Landschaftlich schöner zu fahren, jedoch mit einigen mehr oder weniger langen Stücken Schotterpisten versehen, ist der Umweg über die kleine Stadt **Tauragnai** im Nordwesten des Aukštaitijos Nationalparks. Falls Sie diesem Umweg folgen wollen, biegen Sie nach 6 km von der Straße 102 nach links (westwärts) ab in Richtung **Vaišniūnai**. Folgen Sie dieser kleinen asphaltierten Landstraße immer geradeaus bis nach **Tauragnai**. Dort geht es zunächst nordwärts, später ostwärts über **Minčia** und **Jakėnai** nach **Salakas** und von dort über die 179 weiter ostwärts bis zur Straße 102 nördlich von **Dūkštas**. Von Dūkštas (unspektakuläre Kirche aus dem Jahr 1601) geht es über die Straße 113 nordwärts bis in die Stadt **Visaginas**.*

Bei **Visaginas**, einer einstmals für ausländische Besucher „verbotenen Stadt", stellt sich die Frage, ob es dort überhaupt etwas Besonderes zu sehen gibt. Und wenn ja, ist es das Atomkraftwerk oder möglicherweise die Stadt selber? Die Chronik der Stadt ist außerordentlich kurz. Visaginas wurde am Reißbrett sowjetischer Stadtplaner konzipiert und 1975 auch tatsächlich gebaut. Grund hierfür war das benachbarte Atomkraftwerk, das sich wenige Kilometer östlich außerhalb der Stadt am Südufer des Drūkšiai-Sees befindet.

Die Stadt selbst ist also die Sehenswürdigkeit, denn keine Stadt im Baltikum ist „sowjetischer" als Visaginas. Breite Prachtalleen, große Plätze und zahlreiche sozialistische Plattenbauten, alles zusammen in einem etwas herunter gekommenen Zustand bieten genau das Bild, was man als Vorurteil von der Sowjetunion hatte. Bei einer Fahrt durch die Stadt vergisst man daher ganz schnell, dass man sich innerhalb der Europäischen Union befindet.

Geprägt ist die Stadt vom einstigen größten Arbeitgeber, dem **Atomkraftwerk Ignalinos atominė elektrinė**. Wie die meisten Atomkraftwerke befindet sich auch dieses sehr nah an einer Staatsgrenze, in diesem Fall sogar an zwei, der lettischen und der weißrussischen, was darauf schließen lassen könnte, dass die Regierungen der einzelnen Staaten doch nicht so sehr auf die Sicherheit dieser Kraftwerksart vertrauten.

Allerdings ist der Atommeiler bei Visaginas gebaut worden, als es die erwähnten Staatsgrenzen nicht gab. Geplant war der Bau des Atomkraftwerks ursprünglich bei der Stadt Ignalina, doch die damalige Regierung der litauischen Sowjetrepublik verhinderte dies mit der Errichtung des dortigen Nationalparks.

Bei der Weiterreise lassen Sie am Kreisverkehr an der Ostecke von Visaginas die dortigen Supermärkte und die Plattenbauten hinter sich. Der Weg führt auf der Straße 117 aus der Stadt hinaus. Nach wenigen Metern erscheint das Hinweisschild „Ignalina VAE, 6 km".

Auf dem Kraftwerksgelände hat man die Möglichkeit das **Besucherzentrum** zu besichtigen *(geöffnet Mo - Fr 8 - 16 Uhr, Tel: +370 386 28 512 oder +370 38 62 97 19; www.iae.lt)*. Im Besucherzentrum gibt es Modelle der Reaktorblöcke und einen Castorbehälter zu sehen. Einen Blick in das Kontrollzentrum und in die Reaktorhalle darf man mittels eines Fernsehbildschirms werfen. Gegen eine Extragebühr kann man sich Führungen anschließen.

In den 26 Jahren in denen das Kraftwerk Elektrizität produzierte wurden rund 308 Mrd. Kwh Strom erzeugt. Es versorgte zweitweise Litauen mit 60% seines gesamten Strombedarfs. Und während der Stilllegung der Anlage fielen bis 2018 156.500 Tonnen an abgebauten Installationen an. Es gilt 143 Fässer mit Atommüll zu entsorgen, die momentan sicher zwischengelagert sind. Mit dem kompletten Abbau der beiden Atommeiler soll angeblich 2027 (Reaktor 1) bzw. 2029 (Reaktor 2) begonnen werden.

Seit der Stilllegung des Kraftwerks soll die Armut in Visaginas und auch der Drogenkonsum angestiegen sein. Ein längerer Aufenthalt wird sich für die meisten Besucher kaum lohnen.

ROUTE: Von Visaginas auf der Straße 113 westwärts bis zur Straße 102, der wir nordwärts bis ***Zarasai*** *folgen.*

Unterwegs passiert man auf der Straße 102 bei KM 147, etwa auf halbem

PRAKTISCHE HINWEISE – VISAGINAS

Hotels

Hotel Gabriela, Jaunystės gatvė 21, Tel: +370 386 70 171, Fax: +370 38 67 01 51, E-Mail: gabriella@sugardas.lt, Web: www.gabriella.lt. Das kleine privat geführte 3-Sterne-Haus bietet zehn Gästezimmern, die zweckmäßig eingerichtet sind. Zum Haus gehören eine türkische und eine finnische Sauna, ein Swimmingpool, ein Restaurant, eine Bar und Internetzugang. Parkplatz.

B & B Idile, Energetikų gatvė 5, Tel: +370 652 04 493; www.idile-visaginas.com. Das Gästehaus bietet Wi-Fi, Parkplatz, Tennis, Fahrradverleih.

Wege zwischen Visaginas und Zarasai, die Zufahrt zum **Picknick- und Biwakplatz Skaidrio stovyklavietė [Zufahrt N55° 36 ‚5.48" E26° 21' 29.74"].** Der kleine private Picknickplatz mit Schutzhütte, liegt schön im Nadelwald und am Ufer des Skaidras-Sees. Unbefestigte Zufahrt über Waldweg. Sehr einfache rustikale Campingmöglichkeit.

Der Name der Stadt **Zarasai** wurde das erste Mal 1837 schriftlich festgehalten. Zu der damaligen Zeit lebte hier noch die zwischenzeitlich allerdings ausgestorbene Volksgruppe der Selen.

Die Stadt ist von sieben Seen direkt umgeben, weitere 289 liegen im Landkreis Zarasai.

Das **Heimat- und Regionalmuseum Zarasu krasto muziejus [N55° 43' 42.01" E26° 14' 41.99"]** am Südrand der Stadt in der D. Bukonto gatvė 20 an der Zufahrtsstraße A6/E262 zeigt eine Ausstellung über das Leben in und um die Stadt herum vom Mittelalter bis in die Gegenwart *(geöffnet tgl. a. Mo 9 - 18 Uhr, E-Mail: muziejus@zarasai.lt, Web: www.zarasumuziejus.lt).*

Gegenüber vom Museum sieht man eine Attraktion neueren Datums, den **luftigen Aussichtssteg Zaraso ežero apžvalgos ratas** am Ufer des Zarasas-Sees.

Am Westrand der Stadt, liegt auf einer nahen im See vorgelagerten, durch ein Brücke mit der Stadt verbundene Insel das große **Erlebnisbad Wake Inn Zarasai [Parkplatz, N55° 44' 8.78" E26° 14' 21.01"]** mit zahlreichen Wassersportmöglichkeiten.

Wenn Sie den nachstehend beschriebenen Abstecher nach Stelmužė nicht unternehmen, bitte weiter mit **Hauptroute.**

Abstecher nach Stelmužė

Wer die älteste Eiche Litauens sehen will, macht von Zarasai den Abstecher nach Stelmužė. Wer darauf verzichtet nimmt ab Zarasai den bequemeren und schnelleren Weg über die A6/A13 nach Daugavpils in Lettland.

ABSTECHER: Zarasai verlassen wir auf der Straße 117 in nordwestlicher Richtung. Nach einigen Kilome-

PRAKTISCHE HINWEISE – ZARASAI

Touristeninformation Zarasų turizmo ir verslo informacijos centras [N55° 43' 57.08" E26° 14' 47.74"], Sėlių a. 22, LT-32110 Zarasai, Tel: +370 385 51 230, +370 682 40 988; turizmas@zarasai.lt, Web: www.visitzarasai.lt. *Geöffnet Mo - Fr 8 - 12 Uhr, 13 - 17 Uhr.*

Feste und Folklore

Seit Jahrzehnten findet in der ersten Januarwoche ein **Pferderennen** und in der ersten Junihälfte findet in der Regel das **Folklorefestival Zalvynė** statt. Natürlich sieht man anlässlich des Festes viel Folklore; es gibt aber auch mythologische Veranstaltungen, die mit traditioneller und moderner Musik untermalt sind. Ende Juli wird seit vielen Jahren regelmäßig auf dem See das **Jungfrauen-Gesangs Fest** veranstaltet.

RESTAURANTS

Restaurant Monopolis, Sėlių a. 8, Tel: +370 385 30 5 45.
Café-Bar Perlas Idilija, Vilnius gatvė 16, Tel: +370 385 30 713.

CAMPING

Camping Zarasai [N55° 43' 5.43" E26° 13' 21.08"], Kaunas gatvė 53, LT-93432 Zarasai, Tel: +370 65 25 15 30, E-Mail: turizmas@zarasai.lt. Anf. Mai – Ende Sept.; südwestlich von Zarasai an der A6. Teils Wald-, teils Wiesengelände auf einer Halbinsel am Südende des Sees Zarasas. Große Ansprüche sollte man an diesen Campingplatz nicht haben, aber er liegt recht ansprechend am See. Ca. 1 ha – 40 Stpl., einfache Standard-Sanitärausstattung.

*tern zweigt nach dem Ort **Palazdine** eine kleine Asphaltstraße (5304) nach rechts (nordwärts) nach **Stelmužė** ab. Das Dörfchen liegt nur knapp zwei Kilometer entfernt von der litauisch-lettischen Grenze.*

Die **älteste Eiche Litauens [Parkplatz, N55° 49' 48.68" E26° 13' 3.31"]** steht in einem Waldpark am Westrand des Weilers **Stelmužė** und grünte vermutlich schon zu Zeiten Christi Geburt. Der 23 m hohe Baum ist zu seinem Schutz eingezäunt. Dieses Naturdenkmal bringt es auf einen Umfang von stattlichen 10 bis 13 m. Das entspricht einem Durchmesser von rund 4 m. Um zur ältesten Eiche Litauens zu gelangen, fahren Sie an dem touristischen Wegweiser (Vergų Bokštas) vorbei. Hierbei handelt es sich um ein eher unspektakuläres Bauwerk in Form eines aus Naturstein errichteten Wehrturms. Die Eiche befindet sich rund 200 m nördlich davon.

Auf einer kleinen Anhöhe hinter der Eiche steht eine **Kirche**, die komplett aus Holz gebaut wurde und dem Kreuz Jesu geweiht ist. Auch sie ist schon sehr alt, dennoch ist es fast unvorstellbar, dass zum Zeitpunkt der Kircheneinweihung die Eiche schon 1.650 Jahre gestanden haben soll. Im Inneren des Gotteshauses schufen unbekannte Künstler des 18. Jahrhunderts zahlreiche Holzschnitzereien.

*ABSTECHER: In Stelmužė kann man entscheiden ob man zurück nach Zarasai fährt, um von dort auf dem bequemeren Weg über die A6/A13/E262 nach Daugavpils in Lettland zu gelangen oder ob man in Stelmužė dem Wegweiser „Lettland 1,5 km" folgt und den kleinen Grenzübergang [N55° 49' 51.59" E26° 13' 54.36"] nach Lettland nutzen will. Von dort kann man auf kleinen Schotterstraßen z. B. über **Rauda** und **Svente** nach **Daugavpils** fahren.*

HAUPTROUTE

*ROUTE: Von Zarasai auf der A6/E262 nordostwärts bis zum Grenzort **Smėlynė [N55° 44' 39.85" E26° 18' 29.63"]** (Restaurant, Parkplatz). Nach passieren der Grenze Litauen/Lettland (seit Beitritt der Länder zur EU keine Kontrollen) führt die auf weite Strecken schnurgerade Fernstraße, die nun die Nr. A13/E262 trägt, weiter nordostwärts über **Medumi** nach **Daugavpils** in Lettland.*

Die älteste Eiche Litauens steht in Stelmužė

Die Holzkirche in Stelmužė

Auf dieser Etappe befahren wir zum ersten Mal lettischen Boden, sei es auch nur, um in die Stadt Daugavpils zu gelangen.

Lettland ist in vier größere Provinzen aufgeteilt. In die Provinz **Vidzeme** im Norden, in **Kurzeme** an der Küste im Westen, in die Provinz **Zemgale**, die sich an der lettisch-litauischen Grenze entlang schlängelt und schließlich in die Provinz **Latgale** im Osten.

Unser Weg führt zuerst durch die Provinz Zemgale, das gemeinhin auch als lettische „Heimat der Burgen und Schlösser" bezeichnet wird.

Besonders die Gegend um **Bauska**, das weiter im Westen liegt, bietet zahlreiche Herrenhäuser.

Doch bei unserer Fahrt streifen wir diese Provinz nur kurz und erreichen schon nach wenigen Minuten vor den Toren der Stadt Daugavpils die **Provinz Latgale**.

Diese Region könnte man vielleicht als das „Bayern von Lettland" bezeichnen. Tiefe katholische Religiösität, zahlreiche Seen und Wälder sowie eine nicht ganz so flache Landschaft prägen den östlichsten Teil der Region. Im Übrigen befinden sich in Latgale die zwei größten und der tiefste See des Landes.

Wer zum ersten Mal nach Lettland reist und nur die Stadt **Daugavpils (Dünaburg)** besucht, bekommt möglicherweise einen falschen Eindruck vom Land. Die zweitgrößte Stadt Lettlands nämlich ist keine Schönheit. Sie ist von Industrie geprägt und wurde in den letzten Jahrzehnten sehr vernachlässigt. Und die Sehenswürdigkeiten von Daugavpils können an einer Hand abgezählt werden.

Allerdings findet man in der Umgebung der Stadt einige lohnende Ausflugsziele, wie zum Beispiel die Schleifen des Flusses Daugava oder den Vente-See.

Doch bleiben wir erst einmal im Zentrum von Daugavpils, in dem fast alle Straßenzüge in einem rechten Winkel aufeinandertreffen.

Die Stadtgeschichte von Daugavpils beginnt bereits Ende des 13. Jahrhunderts, als Ritter des Deutschen Ordens 19 km weiter flussaufwärts eine Burg errichteten. Diese war im Laufe der Zeit mehrfach ein Ort von kriegerischen Auseinandersetzungen und wechselte des Öfteren den Besitzer.

Die Stadt selber wurde erst drei Jahrhunderte später erbaut und erhielt ebenfalls eine **Festung [Parkplatz,**

N55° 52' 55.75" E26° 29' 46.64". Von der ursprünglichen Festung Dunaburg ist heute – außer einigen Bastionen einer neueren Verteidigungsanlage aus dem 19. Jh. am Nordufer des Flusses Daugava/Düna – nicht mehr viel zu sehen.

Die Festung liegt im Nordwesten des Stadtzentrums und kann besichtigt werden. Auf einem Rundgang sieht man u. a. das Kommandantengebäude, das Hospital, Kasernen, Bastionen und Kanonen.

Die Festungsmauern beherbergen heute u. a. das **Kunstzentrum Marka Rotko mākslas centrs [N55° 53' 1.56" E26° 29' 50.46"]**, Mihaila iela 3, https://www.rothkocenter.com/, in dem Werke des Expressionisten Mark Rothko ausgestellt werden.

Nebenan in der Nikilaja iela findet man die Kulturausstellung **Daugavpils cietokšņa Kultūras un informācijas centrs.**

Einen größeren **Parkplatz [N55° 53' 7.14" E26° 30' 43.57"]** findet man in Daugavpils im Nordwesten der Stadt und östlich der Festung in der Stacijas iela vor dem Depo Super- und Handwerkermarkt.

Da die Stadt im Zweiten Weltkrieg schwere Zerstörungen hinnehmen musste, sucht man in Daugavpils vergeblich nach einer Altstadt. Nur wenige alte Gebäude sind erhalten geblieben.

Im Ostteil des Zentrums befinden sich gleich drei Kirchen. Neben der evangelischen **Martin-Luther-Kirche** existiert die katholische **Marienkirche** aus dem Jahr 1905. Doch die interessanteste von ihnen ist in der Tautas iela Nr. 2 die schneeweiße orthodoxe **Boris-und-Gleb-Kirche [N55° 52' 14.42" E26° 32' 17.00"]**, die mit zahlreichen Türmchen verziert ist. Auch sie stammt aus dem Jahr 1905, im Inneren beherbergt sie einige schöne Ikonen aus dem 19. Jahrhundert.

Die Boris-und-Gleb-Kirche liegt südöstlich vom Daugavpils Bahnhof an der Fern- und Durchgangsstraße 18. novembra iela (A13).

Will man den Stadtspaziergang fortsetzen, kann man von der orthodoxen Kirche der Straße des 18. November nach Südwesten folgen, die Bahngleise überqueren und bis zum meist ruhig dahinfließenden Fluss Daugava/Düna gehen.

Auf dem Weg zum Fluss bieten sich mehrfach Möglichkeiten, nach links abzubiegen. Die schachbrettartige Straßenführung verhindert, dass man sich zu leicht verlaufen kann.

Über die Stacijas iela erreichen man z. B. den Bahnhof, über die Viestura iela den Busbahnhof, über die Cietokšņa iela die Synagoge der Stadt und über die Ģimnāzijas iela das Haus der Einheit. Alle genannten Straßenzüge verlaufen parallel zueinander.

Das **Haus der Einheit Vienības nams [N55° 52' 15.33" E26° 31' 2.65"]** ist das größte Gebäude in der Straße Ģimnāzijas iela, das während der ersten unabhängigen Republik erbaut wurde. Karlis Ulmanis, der damalige lettische Präsident, legte 1937 den Grundstein für das Haus, heute kann es besichtigt werden. Es beherbergt mittlerweile mehrere Cafés und Geschäfte, das Theater der Stadt, die Stadtbibliothek und das Büro der Touristeninformation.

An der Nordseite des Großgebäudes ist in der Rīgas iela 22 das **Šmakokas Museum [N55° 52' 15.37" E26° 30' 59.74"]** eingerichtet *(geöffnet tgl. a. Mo 11 - 19 Uhr; www.smakovka.lv)*. Eine größere Abteilung des Museums befasst sich mit der Herstellungsgeschichte von Destillaten.

Geht man die Rīgas iela weiter nach Südwesten bis zum Haus Nr. 8, erreicht man das das Kunst-, Stadt- und Heimatmuseum **Daugavpils Novadpētniecības un mākslas muzejs [N55° 52' 9.12" E26° 30' 41.19"]** *(geöffnet Di - Sa 10 - 18 Uhr, So + Mo 10 - 16 Uhr; www.dnmm.lv/)*. Neben Exponate zur Geschichte der Stadt, kann man dort auch regionales Kunsthandwerk besichtigen.

PRAKTISCHE HINWEISE – DAUGAVPILS

Touristeninformation Daugavpils [N55° 52′ 15.25″ E26° 31′ 2.83″], Rīgas iela 22a, LV-5401 Daugavpils, Tel: +371 654 22 818, +371 264 44 810, E-Mail: turisms@daugavpils.lv, https://www.visitdaugavpils.lv/en/. *Geöffnet tgl. 10 - 18 Uhr.*

RESTAURANTS

Restaurant Gubernators, Lāčplēša iela 10, Tel: +371 654 22 455. Elegantes Restaurant, internationale Küche.

Restaurant Aragac, S. Mihoelsa 60, Tel: +371 204 13 279. Ein etwas außergewöhnliches Café, da mit georgischer Küche. Öffnet ab 12 Uhr mittags.

HOTELS

Hotel Villa Ksenija, Varsavas iela 17, Tel: +371 654-34 317, Web: www.villaks.lv; kleines Vier-Sterne-Hotel mitten im Zentrum. Es ist das beste Hotel am Platze, dementsprechend aber auch das teuerste. Im Erdgeschoss befindet sich ein rustikales Restaurant.

Hotel Leo, Kraslavas iela 58, Tel: +371 297 20 908; www.hotelleo.lv. Das 3-Sterne-Haus mit Restaurant und bewachtem Parkplatz bietet 7 gemütliche, unterschiedlich ausgestattete und gestaltete Zimmer zu erschwinglichen Preisen.

WOHNMOBIL-STELLPLATZ – JANIE STROPI

Wohnmobil-Stellplatz Chill & Grill [N55° 55′ 16.58″ E26° 34′ 56.94″], Dzintaru iela 70. Nördlich von Daugavpils neben dem Klettergarten „Tarzans". Ganzjährig zugänglicher Picknickplatz, der auch als gebührenpflichtiger Camping- bzw. Stellplatz für Wohnmobile genutzt werden kann. Von Wald umgebenes Wiesengelände am Westufer des Sees Lielais Stropu. Nur rudimentäre Sanitäreinrichtungen. Miethütten.

Falls Sie auf den nachstehend beschriebenen Abstecher in den Naturpark „Daugava-Schleifen" verzichten, bitte weiter mit der **nächsten Tour von Daugavpils nach Šiauliai** in Litauen.

Abstecher zum Naturpark „Daugava-Schleifen"

Der Naturpark „**Daugava-Schleifen**" **Daugavas loki** befindet sich südlich der A6 und östlich von Daugavpils.

Wanderpfade führen durch die Landschaft, die geprägt ist vom Fluss Daugava. Der Fluss windet sich hier in zahlreichen Schleifen durch ein enges Tal.

Die Hälfte des Tales ist bewaldet, der Waldboden ist hauptsächlich mit Farn überzogen. Hier im Naturpark „Daugava-Schleifen" gibt es mehr Farn als im gesamten übrigen Lettland.

Die Wanderwege führen zu hoch gelegenen Aussichtspunkten oder zu interessanten geologischen Objekten wie z. B. zu einem Findling, der ein Überbleibsel aus der Eiszeit ist.

Beim Gutshof Juzefova [N55° 55′ 35.74″ E26° 43′ 18.95″], südlich von **Naujene**, beginnt ein Wanderweg, der durch eine schmale Schlucht zu einem interessanten kleinen Baudenkmal Lettlands führt. Dabei handelt es sich um die Nachbildung der **Burg Dinaburga pils [Parkplatz, N55° 54′ 40.68″ E26° 43′ 35.32″].** Allerdings darf man hier keine überdimensionale Festung erwarten, denn die Burg wurde im Maßstab 1:40 nachgebaut. An der Burg trifft man auf den Naujene-Wanderpfad, der aber nur von August bis Oktober begehbar ist.

Wanderweg Nummer 3 beginnt am östlichen Rand des Nationalparks bei **Krāslava** und führt zu einigen Aussichtsplattformen.

Am Westrand des Städtchens Krāslava erhebt sich am südlichen Ufer der Daugava der ganz aus Holz errichtete Aussichtsturm **Priedaines skatu tornis [N55° 53' 33.42" E27° 8' 46.20"]**. Falls zugänglich hat man von oben einen prächtigen Blick auf das bewaldete Flusstal.

Der letzte Wanderweg verläuft an einigen Kulturdenkmälern vorbei und hat seinen Einstieg an der kleinen Siedlung **Slutišķi [N55° 54' 49.34" E26° 53' 9.68"]**. Der kleine Weiler, das „Dorf der Altgläubigen", steht seit 1998 unter Denkmalschutz und ist seit dem 15. Jahrhundert bewohnt.

Westlich von Slutišķi liegt nördlich eines weiteren Daugava-Bogens der **Aussichtsturm Vasargelišku Skatu Tornis [Parkmöglichkeit an einer Staubstraße, N55° 55' 0.03" E26° 48' 53.08"].**

Als Zentrum des Naturparks „Daugava-Schleifen" kann man das Städtchen **Krāslava** ansehen. Krāslava, in dessen Umfeld sich nicht weniger als 146 Seen befinden sollen, liegt ganz nahe an der Grenze zu Weißrussland.

Erstmals erwähnt wird Krāslava im 14. Jh. in einer Chronik des livländischen Ordens, der hier eine Festung zum Schutz der Handelswege durch das Tal der Daugava anlegte.

Großen Einfluss auf die Entwicklung der Stadt hatte die Grafen-Dynastie Broel-Plater. Ihr **Schloss** aus dem 18. Jh. in einem weiten Park mitten in Krāslava zählt noch heute – wenn auch nur von außen, das Innere ist nicht zugänglich – zu den Sehenswürdigkeiten der Stadt. Wie man liest, wurden bei Renovierungsarbeiten in den 1980ern in den Salons viele der alten, kostbaren Wandmalereien wiederentdeckt.

Mitte Juli feiert man in Krāslava ein großes Stadtfest bei dem sicher auch des alten Volksglaubens, dass „nur ein satter Mensch ein guter Mensch" sei, wieder gedacht wird.

Und in Krāslava ist man stolz darauf, dass hier seit Generationen Letten, Polen, Juden, Weißrussen und Russen zusammenleben.

Informationen über Stadt und Region erhält man im **Touristeninformationsbüro Krāslavas novada turisma informacijas centrs [Parkplatz, N55° 54' 3.43" E27° 9' 39.25"],** Pils iela 2, Tel. +371 656 22 201; https://www.visitkraslava.com/de; *geöffnet 15. Mai - 15. Sept. Mo - Fr 9.30 - 18 Uhr, Sa + So 10.30 - 19 Uhr; 16. Sept. - 14. Mai Mo - Fr 8.45 - 17.15 Uhr, Sa + So 10 - 15 Uhr.*

Das Touristenbüro liegt am Nordrand des zentralen Stadtparks (Graf Plater Park), dem Park des ausgedienten **Herrenhauses Krāslavas Grāfu Plāteru pils [N55° 53' 59.27" E27° 9' 35.38"].**

Darüberhinaus findet man an der Westseite der Parkanlage das **Städtische Kultur- und Geschichtsmuseum Krāslavas Vūstures un mākslas muzejs [N55° 54' 0.63" E27° 9' 33.43"]** *(geöffnet Mo - Fr 10 - 17 Uhr, Sa 10 - 16 Uhr, So 10 - 14 Uhr).*

Weiter gibt es im Park ein Stadion, eine Kapelle und einen Spielplatz. Und an der Südseite des Parks an der Rīgas iela (A6) liegt das Städtische Kulturhaus.

WOHNMOBIL-STELLPLATZ – UŽINKALNS

Wohnmobil-Stellplatz Daugava-Schleifen [N55° 53' 51.82" E27° 4' 6.75"], östlich von Daugavpils südlich der A6 und südöstlich des Weilers Užinkalns gelegener, kleiner Biwakplatz am Nordufer einer Daugava-Schleife in herrlich ruhiger und einsamer Lage. Die Zufahrt ist jedoch nur für abenteuerlustige Wohnmobilfahrer mit kleinen Womos empfehlenswert! Sehr einfacher, aber liebevoll eingerichteter Biwak- und Campingplatz im Grünen und am Flussufer. Ganzjährig zugänglich. Nahe der rustikalen Waldherberge Upes Dižvietas (Tel. +371 291 46 034; https://www.latvia-outdoor.eu/) gelegen.

TOUR 7: DAUGAVPILS (LETTLAND) – ŠIAULIAI (LITAUEN)

Länge der Tour: Rund 201 km, ohne Abstecher.

Die Route: Über die Straßen A13/E262 und A14/P70 bis **Subate** – Straße 122 bis **Rokiškis** – Straße 123 bis **Biržai** – Straßen 125 und 205 bis **Pasvalys** – Straße 150 bis **Šiauliai** – A12/E77 bis zum **Berg der Kreuze**

Reisedauer: Mindestens ein Tag.

Höhepunkte: Wanderung durch den **Siguldina Park** * – Besichtigung des **Berges der Kreuze** *** – Stadtbesichtigung von **Šiauliai** **.

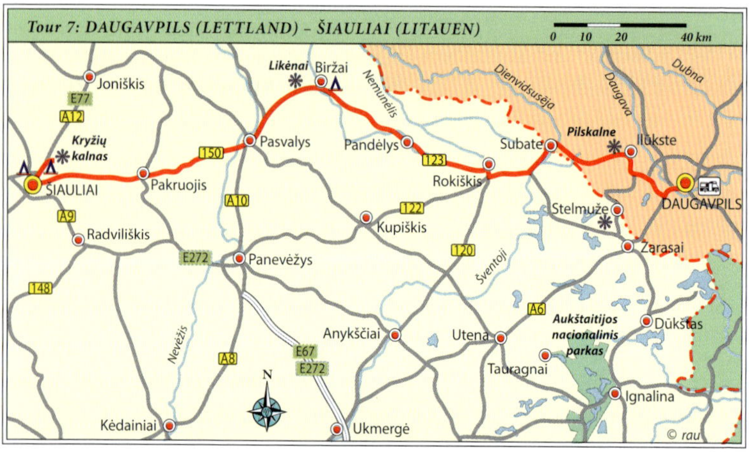

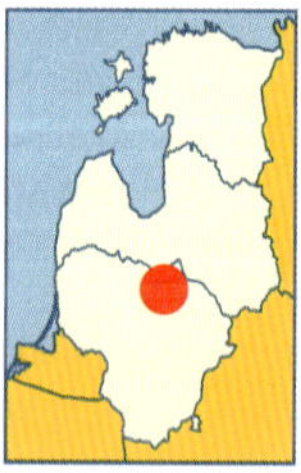

****ROUTE:** *Von Daugavpils auf der A13 südwestwärts über den Fluss Daugava bis zum Abzweig der A14, der wir nach Nordwesten nach Sevente folgen. Ab Sevente weiter nordwestwärts, jetzt auf der Straße P70, vorbei an* ***Ilūkste*** *nach* ***Subate****.*

Wenige Kilometer westlich **Ilūkste** und unweit westlich der scharfen Linkskurve die die P70 hier macht, kann man rechts in den kleinen Ort **Pilskalne** abzweigen.

Rechts an der Zufahrt nach Piskalne liegt an einem kleinen See der **Siguldina Park [N55° 58' 37.40" E26° 15' 59.22"]**. Der Besucher findet in dem schlichten Laubwaldpark mit schon etwas verwitterten Holzskulpturen neben Spazierwegen auch Picknickplätzen und Feuerstellen. Bei einem kleinen Kassenhäuschen beginnen die verschiedenen ausgeschilderten oft durch Holzbohlen befestigten Spazier- bzw. Wanderwege. In den Sommermonaten kann bei ungünstigen Wetterlagen die Wanderlust gelegentlich durch Stechmücken beeinträchtigt werden.

Die Wege sind unterteilt in einen geologischen Pfad, einem Pfad mit 32 Holzskulpturen, der für Kinder empfehlenswert ist, sowie einem weiteren Wanderweg, der zu drei verschiedenen Seen führt. Letzterer ist mit 8 km der längste, verläuft aber an Lagerfeuerplätzen und kleinen Badebuchten vorbei. Die anderen beiden Wege sind 1,6 bzw. knapp 4 km lang. In den Wintermonaten kann man die Wanderwege als Langlaufloipen nutzen.

ROUTE: Vom Waldpark auf der P70 bis nach ***Subate****. Die kleine Gemeinde am Westufer eines Sees ist aus touristischer Sicht wenig interessant. Südlich von Subate passiert man die* ***Grenze Lettland/Litauen*** *[N55° 59‘ 58.84“ E25° 53‘ 50.30“]. Ab der Grenze trägt die Straße die Nr.122, die südwärts fast schnurgerade nach Obeliai führt, ca. 10 km ab der Grenze. In Obeliai geht es westwärts bis* ***Rokiškis****.*

Wer nach **Rokiškis** fährt, bekommt den Eindruck, die Stadt muss mit dem Gelände auf dem sich die Gemeinde ausdehnen kann, nicht knausrig sein. Breite Straßen und Bürgersteige, kaum Hochhäuser und viel, viel Platz scheint das Merkmal dieser Stadt zu sein. Und ganz so Unrecht hat der Betrachter damit nicht, denn die Stadt ist nicht natürlich gewachsen. Sie besteht zwar schon seit dem 16. Jahrhundert, wie ein Dokument aus dem Jahr 1516 belegt, doch im 18. Jahrhundert beschloss der Besitzer des Fürstenguts Tyzenhauz, die Stadt neu zu gestalten.

Auf diese Weise entstand der lang gezogene, rechteckige **Unabhängigkeitsplatz [Parkmöglichkeit, N55° 57‘ 52.13“ E25° 35‘ 19.21“]** im Ortszentrum entlang der Straße Nepriklausomybės a. zwischen der **Matthäuskirche [N55° 57‘ 51.22“ E25° 35‘ 3.74“]** und dem **Fürstenhof Rokiškio dvaras [Parkmöglichkeit, N55° 57‘ 54.14“ E25° 35‘ 48.42“]**. Dabei sind die beide Bauwerke über einen Kilometer weit auseinander und stehen sich doch gegenüber.

Im **Fürstenhof** in der Tyzenhauzu al. 5, dem ehemaligen Sitz der Grafen Tyzenhauz, befinden sich eine große Kunstsammlung, eine ethnographische Kollektion und eine Münzsammlung.

Zudem wurde auch das **Heimatmuseum** von Rokiškis im Fürstenhof untergebracht *(geöffnet Mo - Do 8 - 12 Uhr, 13 - 17 Uhr, Fr 8 - 12 Uhr, 13 - 15.45 Uhr; www.muziejusrokiskyje.lt)*. Das Heimatmuseum zeigt u. a. eine sehenswerte Ausstellung des Holzkünstlers Lionginas Šepka. Er hat die Kunst des Holzschnitzens selber erlernt und ca. 1.500 Skulpturen geschaffen, von denen einige in dem Museum zu sehen sind.

Am Rande des Unabhängigkeitsplatzes, auf dem es auf Grund der Größe kein größeres Problem sein sollte, einen Parkplatz zu finden, wurde 1999 ein kleiner Torbogen erbaut. Der Bogen ist heute ein beliebter Treffpunkt der Jugend.

Unabhängigkeitsdenkmal und Matthäuskirche, Rokiškis

Weiter westlich in Richtung Matthäuskirche, befindet sich das **Unabhängigkeitsdenkmal**, das 1931 errichtet wurde.

Hinter dem Denkmal, das mitten in einer kleinen Grünfläche steht, erhebt sich die schon erwähnte **Matthäuskirche**. Das neogotische Gotteshaus wurde nach fast zwei Jahrzehnten Bauzeit im Jahr 1885 fertig gestellt und beherbergt im Inneren zahlreiche Kunstwerke.

Der 60 m hohe Turm des Backsteingebäudes sowie der Rest der Kirche wurden von der Familie Tiesenhausen (Tyzenhauz) finanziert. Mit dem Bau hatte sich die Familie eine überdimensionale Grabeskirche, einen „Grabstein", errichten lassen. Viele der Familienmitglieder der Tiesenhausens sind in einer Gruft der Kirche bestattet.

Informationen über Rokiškis und Umgebung erhält man im **Touristeninformationsbüro Rokiškio turizmo informacijos centras [N55° 57' 52.62" E25° 35' 12.71"]**, Nepriklausomybės a. 8-3, LT-42115 Rokiškis, Tel.: +370 458 51 044, +370 610 00 610, E-Mail: info@rokiskiotic.lt, Web: www.rokiskiotic.lt. *Geöffnet Mo - Do 8 - 17 Uhr, Fr 8 - 15.45 Uhr.*

Südwestlich von Rokiškis findet man bei Kilometer 14 der Straße 122 den auf den ersten Blick nicht sonderlich spektakulären **Vermessungspunkt Struvės geodezinis lankas [N55° 54' 7.35" E25° 26' 13.62"]**. Aber dieser Punkt hat es dennoch in sich und er steht mittlerweile auf der Liste des Weltkulturerbes der UNESCO. Es handelt sich um einen der Vermessungspunkte des Struve-Bogens.

Der Astronom Wilhelm von Struve (1793 – 1864) hatte im 19. Jahrhundert die Erde vermessen und nutzte dazu zwischen Hammerfest (Meridiansäule bei Hammerfest, siehe auch Reiseführer aus dieser Reihe „Mobil Reisen Norwegen, Reisewege zum Nordkap") in Norwegen und durch Schweden, Finnland, Russland, Estland, Lettland, Litauen, Weißrussland, Ukraine sowie durch die Republik Moldau bis zum Schwarzen Meer auf einer Strecke von gut 3.000 km zahlreiche Hügel. 34 dieser Messpunkte, davon alleine acht im gesamten Baltikum, wurden stellvertretend für den gesamten Struve-Bogen ausgewählt und sind damit Teil des Welterbes.

Mit heutiger GPS- und Satellitentechnologie ist die Vermessung der Erde natürlich wesentlich einfacher und genauer. Doch dabei hat man festgestellt, dass Struves Angaben seinerzeit ohne diese modernen Hilfsmittel nur wenig von den heutigen Daten abweichen.

*ROUTE: Von Rokiškis auf der Straße 123 nordwestwärts über **Pandėlys** und **Papillys** nach **Biržai**.*

In **Biržai,** im 16. Jh. ein baltisches Zentrum der Reformation und bis auf den heutigen Tag Bierbrauerstadt, wurde von Generation zu Generation in den zahlreichen Bierbrauerfamilien traditionelle Braurezepte weitergegeben. Noch heute stellen einige Brauer ihr eigenes Hausbier her. 1989 konnte man in Biržai die 400-jährige Verleihung der Magdeburger Stadtrechte feiern.

Begonnen hat in Biržai, dem früheren *Birsen*, alles mit der Errichtung der **Festung Biržų pilies rūmai** durch die Fürsten Radziwill (Radvila) Ende des 16. Jahrhunderts. Die Radziwills waren ein mächtiges Adelsgeschlecht, das ursprünglich zum litauischen Hochadel gehörte, aber auch in Polen und Preußen vertreten war.

Zu Zeiten der Radziwills diente die Festung als Schutzanlage der nördlichen Landesgrenze.

Allerdings kam der Feind nicht von Norden, sondern aus dem Westen. Es waren Truppen aus Schweden, die die Burg 1704 eroberten und zerstörten. Pikanterweise hatten in genau dieser Burg drei Jahre zuvor Zar Peter I. und der polnische König August II. einen Pakt gegen die Schweden geschmiedet, genützt hat es nichts.

Es dauerte aber über hundert Jahre bis die neuen Eigentümer des Anwesens, die Grafen Tiškevičius, auf dem Areal der alten Burg im nördlichen Stadtbereich am nahen Seeufer im 19.

PRAKTISCHE HINWEISE – BIRŽAI

Tourismusinformationszentrum Birzai [N56° 12' 2.71" E24° 45' 26.28"], J. Janonio gatvė 2, LT-41175 Biržai Tel.: +370 450 33 496, E-Mail: info@visitbirzai.lt, Web: www.visitbirzai.lt. *Geöffnet: Mo - Fr 8 - 18 Uhr, Sa + So 10 - 18 Uhr.*

CAMPING

Camping Biržai kempingas [N56° 12' 36.66" E24° 46' 27.62"], J. Basanavičiaus gatvė 69A, LT-41167 Lithuania, Tel. +370 674 67 882; www.birzaicamping.lt; Mitte Apr. – 31. Okt., im Norden der Stadt in Seenähe, neben dem Jaunimo Stadion und in der Nähe der Fußgängerbrücke über den See; gepflegtes Mischwaldgelände mit gepflasterten Platzwegen und einigen befestigten Stellplätzen, für Zelte Wiesengelände; ca. 3 ha – 60 Stpl., Standard-Sanitärausstattung; Waschmaschine, Imbiss in der Saison, Bootsverleih, Miethütten. V & E für Wohnmobile.

Jh. das heute sichtbare Schloss mit der eindrucksvollen Loggienfassade errichten ließen. Innerhalb der Schlossmauern sind heute die **Stadtbibliothek** und das **Biržai Regionalmuseum „Sėla"** untergebracht, J. Radvilos gatvė 3 *(geöffnet Apr. - Okt. Mi - Sa 10 - 16.30 Uhr, Di + So 10 - 17.30 Uhr; Okt. - Apr. Mi - Sa 9 - 15.30 Uhr, Di + So 9 - 16.30 Uhr; letzter Einlass 30 Min. vor Schließung;* www.birzumuziejus.lt*)*. Eine Abteilung des Museums befasst sich mit der langen Bierbrautradition in Biržai.

An der Nordseite der Stadt liegt der Stausee **Širvėnos ežeras**. Nordöstlich vom Schloss führt die längste **Fußgängerbrücke [Parkplatz, N56° 12' 40.04" E24° 46' 9.21"]** des Landes über den See. Die Brücke Širvėnos ežero tiltas wurde 1928 gebaut, ist 525 m lang und reicht fast bis in die Stadtmitte hinein.

Am Nordende der Brücke befindet sich der **Astravo dvaras**, der **Astravas Palast [N56° 13' 9.09" E24° 46' 9.41"]**. Das Palais, lange Sitz einer Leinenfabrik, wurde mehrfach zerstört und wieder aufgebaut und sieht heute etwas heruntergekommen aus.

Interessant und schön zugleich ist die nähere Umgebung von Biržai. Zahlreiche durch Auswaschung des kalkhaltigen Untergrundes entstandene Karst-Gesteinsstrukturen und Dolinen sind in der Region zu sehen. Besonders zahlreich sind diese Naturerscheinungen wie z. B. die **Kuhhöhle Karves ola [N56° 12' 24.22" E24° 41' 39.96"]** oder die Doline **Fuchshöhle Lapės Duobė [N56° 12' 37.02" E24° 41' 29.92"]** im Landschaftsschutzgebiet von Karajimiškis westlich von Biržai. In der besonders geschützten Landschaft kann man außerdem Versteinerungen finden.

Naturliebhaber werden sicher das **Landschaftsschutzgebiet von Kirkilų [Parkmöglichkeit, N56° 14' 54.44" E24° 41' 28.03"]** schätzen lernen. Diese Seenplatte mit ungewöhnlichem Aussichtsturm in einem Karstgebiet mit nicht weniger als 30 durch Wasserläufe miteinander verbundene, teils nur kleine, aber sehr tiefe Seen, liegt rund 8 km nordwestlich von Biržai.

*ROUTE: Ab Birzai verlassen wir den Nordosten Litauens und fahren durch agrarreiche Landschaft und über die Straßen 125 und 150 westwärts über die Ortschaften **Pasvalys** und **Pakruojis** bis nach **Šiauliai**.*

Kurz hinter dem Ortsausgang von Biržai sehen Sie links den Abzweig zur kleinen Ortschaft **Likėnai**, einem gemütlichen Kurort, in dem 1890 die erste Heilstätte errichtet wurde. Aber schon vor 500 Jahren war die heilende Wirkung des Wassers aus der Quelle des kleinen Flüsschens Smardonė bekannt. Im Jahr 1816 stellte der Erfinder der Elektrolyse T. Grotus schließlich wissenschaftlich die Heilkraft des schwefelhaltigen Wassers fest. Heute befindet sich in Likėnai ein Kurhaus mit einem großen Park, der zu ruhigen Spaziergängen einlädt.

PRAKTISCHE HINWEISE – PASVALYS

Touristeninformation Pasvalys, P. Avižonio gatvė 6, LT-39149 Pasvalys, Tel.: +370 451 34 096, E-Mail: turizmas@pasvalys.lt. Web: www.pasvaliomuziejus.lt.

WOHNMOBIL-STELLPLATZ – PAJIEŠMENIAI BEI PASVALYS

Wohnmobil-Stellplatz Camper Place Lithuania Pajiešmeniai [N56° 6′ 31.15″ E24° 29′ 4.00″]. Nordöstlich von Pasvalys und östlich der A10/E67 am Westrand des Ortes Pajiešmeniai gelegen. Naturbelassenes Wiesengelände bei einem Gehöft. Einfachste Sanitärausstattung, aber ruhig gelegen. 200 Meter zu einem kleinen See. Der Weiterbestand dieses Platzes ist fraglich!

Nordöstlich von **Pasvalys** und unweit westlich der A10 gibt es das **Tal der Kreuze Kryžių slėnį [Parkmöglichkeit, N56° 4′ 7.96″ E24° 25′ 55.41″]**, nicht zu verwechseln mit dem „Berg der Kreuze“, zu dem wir später kommen werden. Der Platz ist auch als **Baltisches Wegmonument Baltijos Kelio Paminklas** bekannt. In diesem Tal wurden bei einem Wäldchen einige geschnitzte hohe Holzkreuze aufgestellt. Sie sollen an die Menschenkette erinnern, die im Jahr 1989 von Tallinn nach Vilnius auch an Pasvalys vorbeiführte.

Pakruojis liegt etwa auf halbem Wege zwischen Pasvalys und Šiauliai. Das Städtchen wurde bereits 1585 in Chroniken erwähnt.

In Pakruojis liegt ein großer ehemaliger **Gutshof [N55° 59′ 4.91″ E23° 52′ 34.26″]** aus dem 18. Jh. (heute elegantes Boutique Hotel), dessen ausgedehnter, für die Öffentlichkeit zugänglicher Landschaftspark, der das Anwesen umgibt, als Attraktion in Pakruojis gilt. In den Wirtschaftsgebäuden des Guts sieht man heute Kunstsammlungen und es finden dort gelegentlich Konzerte statt.

ROUTE: *Von Pakruojis auf der Straße 150 westwärts Richtung* ***Šiaulia*** *zur A12/E77 (Šiaulia – Rīga), der wir etwa 10 km nordwärts bis zum Abzweig am ostwärts weisenden Schild „Kryžių Kalnas“ zum* ***Berg der Kreuze*** *folgen.*

Der nordöstlich von Šiaulia gelegene **Berg der Kreuze Kryžių Kalnas [Parkplatz, N56° 00′ 47,8″ E23° 24′ 27.3″]** ist eine der meist besuchten Sehenswürdigkeiten nicht nur in Litauen sondern im gesamten Baltikum. Folgen Sie der schmalen Zufahrtsstraße etwa 2 km bis zum nahen **Parkplatz** links der Straße.

Am Berg der Kreuze konnte man in den letzten Jahren sehr gut die touristische und kommerzielle Entwicklung im Baltikum verfolgen. Befanden sich vor wenigen Jahren auf der rechten Straßenseite an einem unbefestigten Parkplatzstreifen noch kleine Holztische, an denen ältere Frauen ihre spärliche Rente mit dem Verkauf von Holzkreuzen aufbesserten, wurde nun ein großer, asphaltierter, gebührenpflichtiger Parkplatz mit Informationszentrum und Cafeteria eingerichtet. Und die Rentnerinnen haben ihre Holztische vor einem großen Verkaufsgebäude für Souvenirs gleich am Parkplatz aufgestellt. Die Parkgebühr ist in der Cafeteria zu bezahlen.

Vom Parkplatz führt ein ca. 500 m langer, gepflasterter Fußweg zum knapp 10 m hohen **Berg der Kreuze**, der mit kaum einer anderen Sehenswürdigkeit auf der Welt zu vergleichen ist. Längst reicht der eigentliche Hügel nicht mehr aus, um alle Kreuze zu fassen, die hier im Laufe der Zeit von den Pilgern aus Gründen der Dankbarkeit an die Vorsehung für die Erfüllung eines Wunsches aufgestellt wurden.

In dem Pavillon links neben dem Berg hielt im Jahr 1993 der verstorbene Papst Johannes Paul II. eine Messe ab.

Schauen Sie sich in Ruhe die Kreuze an. Sie werden feststellen, dass der Ort kein nationales Pilgerziel mehr ist. Viele Kreuze mit Inschriften aus aller Herren Länder sind zu entdecken. Die meisten stammen natürlich aus Europa. Doch auch Inschriften von überseeischen

Der „Berg der Kreuze"

Wallfahrern sind zu finden.

Angefangen hat vermutlich alles, nachdem der Aufstand gegen den Zarismus niedergeschlagen worden war. Daraufhin tauchten im 19. Jh. hier die ersten Kreuze auf. Seinen größten „Aufschwung" erlebte der Berg der Kreuze nach dem Zweiten Weltkrieg. Damals wurden aus ein paar hundert Kreuzen ganz schnell mehrere tausend.

Die sowjetische Regierung versuchte den religiösen Brauch zu stoppen. Aber je öfter sie die Kreuze demolieren ließ, umso rascher kamen noch mehr neue Kreuze hinzu. Nach der Wiedererlangung der Unabhängigkeit gab es schließlich kein Halten mehr und der Berg der Kreuze wuchs und wuchs. Ein Ende ist nicht abzusehen.

Doch auch die nahe gelegene Stadt **Šiauliai,** das alte *Schaulen*, ist eine Reise wert.

Besucht werden darf Šiauliai erst seit dem Jahr 1987.

Davor war die Stadt ein sowjetisches Industriezentrum, in dem Militärprodukte hergestellt wurden und Besucher, die nicht aus der litauischen Sowjetrepublik kamen, keinen Zutritt hatten.

Ausländische Truppen, die in den Jahrhunderten davor durch Šiauliai gezogen waren, hinterließen eine Spur der Zerstörung.

Auf dem Russlandfeldzug plünderte zum Beispiel Napoleons Soldaten die Stadt, aber auch die Schweden gingen nicht gerade zimperlich mit Šiauliai um, als sie Anfang des 17. Jh. in Litauen einfielen.

Und als ob das alles noch nicht reichen würde, hat ein Brand im Jahr 1872 sämtliche Holzhäuser, also fast alle Gebäude, zerstört.

Seine politische und wirtschaftliche Bedeutung errang Šiauliai vor allem in den Jahrhunderten vor dem Ersten Weltkrieg als wichtiger Warenumschlagsplatz an den hanseatischen Handelswegen von Berlin über Königsberg nach Sankt Petersburg.

Die letzte Zerstörung fand dann schließlich im Zweiten Weltkrieg statt, als 75% der Stadtfläche dem Erdboden gleichgemacht wurde.

Die Stadt, die der Besucher heute sieht, kann also – mit Ausnahme der Peter- und Paulskirche – keine altertümlichen oder historischen Bauwerke mehr aufweisen.

Auf dem Weg ins Stadtzentrum von Šiauliai sieht man den 70 m hohen Turm der **Peter-und-Paulskirche Šiaulių Šv. Apašt. Petro ir Pauliaus katedra [N55° 55′ 57.90″ E23° 19′ 4.46″]**. Die Kirche aus dem 17. Jahrhundert ist das einzige Gebäude, das sämtliche Plünderungen und Zerstörungen überstanden hat und stammt aus dem 17. Jahrhundert. Lediglich der Turm, der zweithöchste in Litauen, wurde erst gegen Ende des 19. Jahrhunderts errichtet.

Von der Kirche aus geht es in Richtung Südwest auf der Tilžes gatvė weiter in das Zentrum der Stadt und zwar bis zur Vilniaus gatvė, der Einkaufsstraße und Fußgängerzone von Šiauliai. Zahlreiche Geschäfte, Restaurants und Boutiquen sind dort vorzufinden.

Am südwestlichen Ende der Fußgängerzone liegt das **Fahrradmuseum Dviračių muziejus [N55° 55′ 42.42″ E23° 19′ 11.97″]**, Vilniaus gatvė 139 *(geöffnet Di, Do + Fr 10 - 18 Uhr, Mi bis 19 Uhr, Sa 11 - 17 Uhr; https://www.ausrosmuziejus.lt/dviraciu-muziejus/)*. Das Museum erzählt mit seinen Ausstellungen vom ganz aus Holz gebauten einer Draisine nicht unähnlichem Velo, über reine Trim-Dich-Räder und Rennräder bis hin zum modernen Liegefahrrad die lange Geschichte des Velozipeds.

Weiter die Straße Vilniaus gatvė hinauf sieht man rechts das **Fotografiemuseum [N55° 55′ 52.70″ E23° 18′ 55.10″],** Vilniaus gatvė 140, Ecke Tilžes gatvė, danach das **Dramen-Theater [N55° 55′ 55.21″ E23° 18′ 55.71″]**, Tilžes gatvė 155, und das daran angrenzende **Einkaufszentrum**. Schräg gegenüber befindet sich die **Touristeninformation Šiaulių turizmo informacijos centras [N55° 55′ 55.3″ E23° 18′ 49.2″],** Vilniaus gatvė 213.

Und Katzenfreunde werden nicht umhinkönnen, dem kleinen **Katzenmuseum Katinų muziejus [N55° 55′ 38.02″ E23° 20′ 13.16″]**, Žuvininkų gatvė 18, am Nordostrand der Stadt einen Besuch abzustatten *(geöffnet Di - Fr 10 - 17 Uhr, Sa 9 - 16 Uhr)*. Aus zahlreichen Ländern findet man unzählige Exponate in der Ausstellung, auf denen eine Katze abgebildet ist oder auch Kunstgegenstände in Form eines Stubentigers, wie zum Beispiel aus Porzellan, Bernstein oder Keramik. Katzen aus aller Welt überall, als Leuchten, auf Stühlen, als Ornamente, Ansichtskarten, Fotos, Gemälden, Souvenirs etc. etc.

Für Schleckermäuler sei das **Schokoladenmuseum [N55° 55′ 46.65″ E23° 18′ 42.85″]** in der Tilžes gatvė 133 empfohlen. Es zeigt, wie Schokolade schon seit den Mayas und Azteken hergestellt wurde und bis heute in Litauen hergestellt wird. Die Firma Rūta produziert seit 1913 viele Köstlichkeiten und in deren Candy Shop lässt sich natürlich eine Kostprobe der Pralinenvielfalt erstehen *(geöffnet Mo - Fr 10 - 19 Uhr, Sa 10 - 17 Uhr; www.sokoladomuziejus.lt/en/)*.

Einen kurzen Besuch lohnt auch der **Talšos-See (Talkšos ežeras)**, der sich im Nordosten der Stadt befindet. In einem Park am Südwestufer befindet sich ein 21 m hoher **Obelisk [Parkplatz, N55° 55′ 49.03″ E23° 19′ 38.86″]**, Ežero gatvė 64, auf dessen Spitze die goldene Figur eines Bogenschützen auf einer Kugel steht. Erst auf dem zweiten Blick stellt man fest, dass es sich bei dieser Säule um eine Sonnenuhr handelt.

Auf dem Platz vor dem Obelisken sind die Zahlen 12, 3 und 6 eingelassen, die an das Jahr der ersten Stadterwähnung von Šiauliai, 1236, erinnern.

Erwähnenswert ist der Besuch der **Brauerei „Gubernija" [N55° 56′ 59.86″ E23° 19′ 13.46″].** Sie befindet sich seit dem Jahr 1796 in der Dvaro gatvė 179 und zeigt auf Führungen (Eintrittsgebühr) den Produktionsprozess des beliebten Gerstensaftes. Abschließend findet (bislang) ein Imbiss statt, bei dem ein frisch gebrautes Bier natürlich nicht fehlen darf. Weitere Informationen gibt es unter Tel.: +370 415 91 900, E-Mail: info@gubernija.lt, Web: www.gubernija.lt.

PRAKTISCHE HINWEISE – ŠIAULIAI

Touristeninformation Šiaulių turizmo informacijos centras [N55° 55' 55.3" E23° 18' 49.2"], Vilniaus gatvė 213, Tel.: +370 415 23 110, Fax: +370 415 21 105, E-Mail: tic@siauliai.lt, Web: http://tic.siauliai.lt/de. *Geöffnet: Mo - Fr 9 - 18 Uhr, Sa 10 - 16 Uhr; im Sommer auch So 10 - 14 Uhr.*

Feste und Folklore

Im Juni findet das größte litauische **Country-Fest** statt, auf dem die besten Country-Musikgruppen des Landes auftreten. Mitte September wechselt die Musikrichtung dann zu **Jazz** und findet in den Konzerthallen statt. In den **„Tagen von Šiauliai"** finden eine Volkskunstmesse und zahlreiche Folklorekonzerte statt.

RESTAURANTS

Restaurant Salingas, Tilžes gatvė 168, Tel.: +370 415 20 922. Asiatische Gerichte.

Restaurant Kavinė Retro, Vilniaus gatvė 146, Tel.: +370 669 95 432; https://www.kavineretro.lt/; E-Mail: retro@averita.lt. Europäische Küche in gemütlicher Atmosphäre, gelegentlich Jazz-Musik.

CAMPING

Šiauliai-Sutkūnai

Camping Gražina [N55° 58' 22.5" E23° 19' 37.7"], Masiuliškių gatvė 1, Sutkūnai, Tel. +370 69 93 87 35; 1. Jan. – 31. Dez.; nördlich von Šiauliai beim Vorort Sutkūnai gelegen. Von der A12 westwärts auf die Umgehungsstraße A18 zur Straße 154, die südwärts zum Platz führt. Kleiner familiärer Campingplatz bei einer Pension (8 Fremdenzimmer). Kleiner Birkenhain und ebenes, eingezäuntes Wiesengeviert mit etwas welligem Untergrund, zwischen Wiesen und Gärten und Blick auf hörbare Fabrikanlage; die nahe Bahnlinie mit seltenem Bahnverkehr stört kaum. Einen großen Teil des kleinen Platzes nimmt ein Volleyballnetz ein. Wenig, nicht nach Geschlechtern getrennte Sanitäreinrichtungen; ca. 1,5 ha – 20 Stpl.

Šiauliai-Domantai

Camping Kaimo turizmo sodyba Girelė [N55° 59' 56.9" E23° 22' 57.5"], Domantu k., Tel. +370 41 211 043; www.sodybagirele.lt/en/; 1. Mai – 30. Nov.; ca. 9 km nördlich von Šiauliai an der Straße A12 (Šiauliai – Rīga) und etwa 1 km südlich des Abzweigs zum Berg der Kreuze gelegen; fast ebenes, gepflegtes Rasengelände mit zwei kleinen Teichen, vor der Pension Girelė mit Restaurant und Fremdenzimmern; ca. 1,5 ha – 30 Stpl.; Stromanschlüsse, Sanitärs mit Duschen und WC, kein Chemikalausguss (wg. Naturschutzgebiet). Laut durch A12. Am Platz führt ein Radweg vorbei, zum Berg der Kreuze ca. 2,5 km.

Kurtuvėnai

Camping Kurtuvėnai Manor [N55° 49' 38.2" E23° 02' 46.9"], Parko gatvė 2, Tel. +370 41 37 03 33; www.kurtuva.lt; 1. Mai – 1. Okt.; rund 22 km südwestlich von Šiauliai im Kurtuvėnai Regional Park gelegen, Straße A12/E77 von Šiauliai südwärts bis Bubiai, dort westwärts auf die 215 und noch 6 km bis Kurtuvėnai, vorbei an der Kirche und links; kleines Wiesengelände an einem Weiher, durch Holzzäune begrenzt und in Stellplätze unterteilt, beim Landgut Kurtuvėnai ruhig und abgeschieden gelegen; ca. 1 ha – 50 Stpl., Standard-Sanitärausstattung. Chemikaltoilettenausguss. Spielplatz. Angelmöglichkeit.

LETTLAND (LATVIJA)

4 Touren – ca. 6 Tage

Das Schwarzhäuperthaus auf dem Rathausplatz in Rīga

TOUR 8: ŠIAULIAI/SCHAUEN (LITAUEN) – LÍEPĀJA/LIBAU (LETTLAND)

Länge der Tour: Rund 235 km, ohne Abstecher.

Die Route: Über die Straße 154 bis **Naujoji Akmenė** – Straße 156 – Nebenstraße durch **Akmenė** – Straße 155 bis **Mažeikiai** – Straße 163 bis zur Landesgrenze – Straßen P106 und P107 bis zur A9 – A9 über **Skrunda** bis **Liepāja.**

Alternative: Hinter **Skrunda** P117 bis **Aizpute** – P112 bis zur A4.

Reisedauer: Mindestens ein Tag.

Höhepunkte: Stadtbesichtigung von **Liepāja** ***.

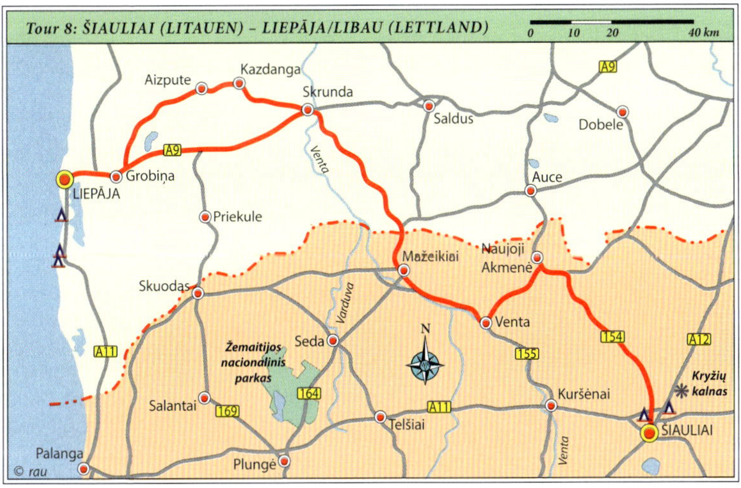

*ROUTE: Auf der Straße 154 nordwestwärts über **Gruzdžiai** und **Kruopiai** zunächst Richtung **Naujoji Akmenė** bis zur Straße 156.*

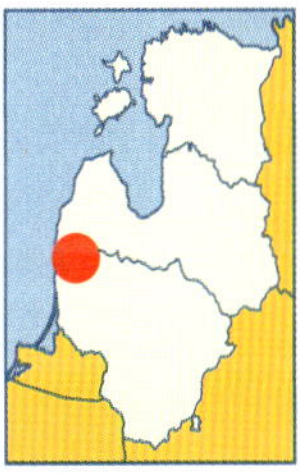

Es gibt nicht viele Gründe, in **Naujoji Akmenė** einen längeren Aufenthalt einzuplanen. Die Stadt aus dem 16. Jahrhundert bietet neben der St. Annakirche einen botanischen Garten sowie eine riesige Zementfabrik. Touristisch ist der Ort eher unspektakulär.

*ROUTE: Südlich von Naujoji Akmenė folgen wir der Straße 156 nach Südwesten, vorbei am kleinen Ort **Akmenė** bis nach **Venta** an der Straße 155. In Venta auf der 155 nordwestwärts über **Viekšniai** zunächst bis nach **Mažeikiai**, einer, ähnlich wie Naujoji Akmenė, aus touristischer Sicht wenig interessanten Stadt.*

*Ab Mažeikiai, geht es auf der Straße 163 geradewegs nach Norden zum kleinen Grenzort **Ezere**, der sich bereits auf lettischer Seite befindet. Gleich hinter dem Grenzübergang biegen wir gegenüber der Tankstelle links (nordwestwärts) ab auf die streckenweise schlechte Landstraße P106 Richtung **Nigrande**. Schon nach 3 km verlassen wir die Straße P106 und nehmen den Abzweig auf die nicht viel bessere Straße P107, die, streckenweise unbefestigt, über den kleinen Ort **Pampaļi** weiter nach Nordwesten führt. Nach rund 40 km erreicht man die A9 (Liepāja – Rīga). Der Fernstraße fol-*

*gen wir die wenigen Kilometer bis nach **Skrunda**.*

Diese Region Lettlands, durch die wir nun reisen, nennt sich **Kurland** bzw. auf Lettisch **Kurzeme**. Es ist der westlichste Teil des Landes und umfasst die bei Touristen beliebten Bezirke Liepāja, Kuldīga, Ventspils, Talsi, Saldus und Tukums. In der Region findet man noch heute einige Grabmäler aus Wikinger-Zeiten.

Kurland ist eine der historischen Landschaften Lettlands. Sie ist nach den einstigen Bewohnern, den Kuren benannt. Diese Volksgruppe existiert heute jedoch nicht mehr, anders hingegen das Volk der Liven.

Livland ist ebenfalls eine historische Landschaft Lettlands sowie Estlands und lag seinerzeit nördlich des Flusses Daugava. Kurland hingegen lag südwestlich der Daugava und reichte bis an die Ostseeküste.

Kurland wurde im 13. Jahrhundert von den Rittern des Schwertbrüderordens unterworfen und stand damit unter deutscher Adelsherrschaft. In den folgenden Jahrhunderten gab es mehrere Kriege und Machtkämpfe. So wurde das Land nach der polnisch-litauischen Union geteilt, später versuchten die Russen die Einnahme der Regionen und auch die Schweden mischten kräftig mit.

In Folge dieser Auseinandersetzungen brach die Ordensregierung zusammen. Herzog Jakob Kettler führte nun Kurland und das sogar mit viel Erfolg.

Diese kleine Region wurde nicht nur innenpolitisch stark, sondern führte Handelsbeziehungen bis nach Portugal und versuchte sogar Kolonien in Tobago und Guinea aufzubauen. 1737 starb die Dynastie der Kettler jedoch aus und es dauerte nicht lang bis zur so genannten „dritten polnischen Teilung" nach der die Region als deutsche Provinz an Russland fiel.

Liven leben heute noch einige wenige an der Rīgaer Bucht, die damals zu Kurland gehörte.

Die Küste von Kurzeme (Kurland) ist übrigens rund 360 km lang und reicht von der lettisch-litauischen Grenze bis kurz vor Jūrmala. Aber Gewässer-Uferlinien hat die Region noch wesentlich mehr. Denn nicht weniger als über 200 Seen liegen in Kurland. Von den heutigen Seen waren aber einige in früheren Zeiten Meeresbuchten, die durch Versandung zu Lagunenseen wurden.

Alternativroute

Falls Sie der nachstehend beschriebenen Alternativroute von Skrunda über Grobiņa nach Liepāja nicht folgen wollen, bitte weiter mit **Hauptroute**.

*ROUTE: Von Skrunda auf der A9 ein kurzes Stück nach Westen bis zum Abzweig der teils schlechten Landstraßen P117, die nordwärts über **Kazdanga** nach **Aizpute** führt. Ab Aizpute geht es auf der die Straße P112 südwestwärts wieder zur A9. Ihr folgen wir westwärts über **Grobiņa**, nach **Liepāja**.*

Kazdanga besteht hauptsächlich aus kleinen Wohnhäusern. Es gibt aber auch ein **Schloss** aus dem Jahr 1907. Das Schlossgebäude, das man heute sieht, ist allerdings nicht das Originalgebäude aus dem Jahr 1800. Das Original fiel nämlich im Jahr 1905 einem Brand zum Opfer. Leider verfällt das gegenwärtige Anwesen zusehends, obwohl es von einem schönen Park umgeben ist, in dem zahlreiche fremdländische Baumarten wachsen.

Aizpute wartete lange Zeit gleich mit zwei Burgen auf. Zum einen gab es eine Burg, die komplett aus Holz bestand und für deren Bau kein einziger Nagel verwendet wurde, von der aber heute nichts mehr übrig ist.

Und andererseits ist da noch die **Ruine der Ordensburg Aizputes ordena pils [N56° 43 ,15.97" E21° 35' 38.91"]**, Liepājas iela 9, aus dem 13. Jahrhundert. Ihr heutiges Äußeres stammt überwiegend aus dem 16. bis 17. Jahrhundert.

Wer mehr über Aizpute erfahren will, wird sicher im Ortsmuseum **Aizputes novadpētniecības muzejs [Parkplatz, N56° 43' 21.18" E21° 35' 51.76"]** in der Skolas iela 1, LV-3456 Aizpute, Tel. +371 296 23 284, Mail: aizpute.muzeus@gmail.com, fündig. *Geöffnet Mo - Fr 9 - 17 Uhr, Sa 10 - 14 Uhr.*

11 Kilometer nordwestlich von Aizpute liegt in **Apriķi (Appricken)** die äußerlich recht einfach aussehende evangelische **Kirche [N56° 48′ 15.39″ E21° 29′ 43.63″]**. Doch im Inneren überrascht sie mit einer erstaunlich üppigen Dekoration, mit einem prächtigem Altar, einer Kanzel sowie einer Orgelempore, die mit zahlreichen Holzschnitzereien versehen ist. Bemerkenswert ist außerdem das ausgemalte Holzdeckengewölbe.

Wie zu erfahren war, konnte die Kirche und ihr Dach im Jahr 2000 mit Hilfe der Bundesrepublik sowie mit Mitteln der „Vereinigten Kurländischen Stiftungen" renoviert werden.

HAUPTROUTE

ROUTE: In Skrunda über die A9 ins westlich gelegene ***Liepāja,*** *70 km.*

Zumindest wenn es nach der Ansicht der rund 77.000 „Dorfbewohner" geht, ist **Līva** – unser nächstes Ziel – ein „Dorf". Sie bezeichnen nämlich ihre Stadt **Liepāja (Libau)** liebevoll als „Dorf". So lautete das Motto des Stadtfestes im Jahr 2003 denn auch „750 Jahre des Dorfes Līva".

Der Ort Līva, später auch Libawe und Libau genannt, war für kurze Zeit in der Geschichte Lettlands auch Hauptstadt des Landes. Die Einwohner Liepājas machen davon allerdings kein großes Aufheben. In jeder Beziehung scheinen sie bescheiden zu sein.

Wie dem auch sei, Liepāja ist jedenfalls kein „Dorf", sondern eine Stadt, die drittgrößte des Landes sogar. Und sie darf sich bereits seit dem Jahr 1625 als Stadt bezeichnen.

Anfang des 17. Jh. war Liepāja sogar Heimathafen einer der wichtigsten und größten europäischen Handelsflotten. Ein unschätzbarer Vorteil des Hafens von Liepāja war nämlich, dass er den ganzen Winter über eisfrei blieb.

Heute hat der Hafen im Seehandel zwar an Bedeutung verloren, die Stadt aber hat einen neuen Pluspunkt entdeckt, hat nun etwas anderes zu bieten. Lange **Sandstrände** zum Beispiel, die mit der Blauen Flagge ausgezeichnet wurden und eine saubere Wasserqualität vorweisen können.

In Liepāja ist es nicht sonderlich schwierig einen Parkplatz zu finden. In den zahlreichen kleinen Straßen sind überall **Parkplätze mit Parkscheinautomaten** angelegt. Einen größeren öffentlichen, aber immer gut belegten **Parkplatz [N56° 30′ 29.67″ E21° 0′ 43.41″]** findet man an der Straße Zivju iela neben dem Stadtplatz Rozu laukums (Rosenplatz) unweit nördlich des Touristenbüros.

Wenn möglich empfiehlt es sich im Umfeld der **St. Joseph-Kathedrale Šv. Jāzepa Katedrāle [N56° 30′ 16.73″ E21° 0′ 27.63″] (1)** eine Parkmöglichkeit zu suchen. Hier beginnt unsere Stadtbesichtigung.

Die **St. Joseph-Kathedrale (1)** wurde im 19. Jahrhundert errichtet, war nach Fertigstellung jedoch wesentlich kleiner und erhielt ihr heutiges Ausse-

Die Orgelempore in der Deutschen Kirche (St. Annakirche), Liepāja

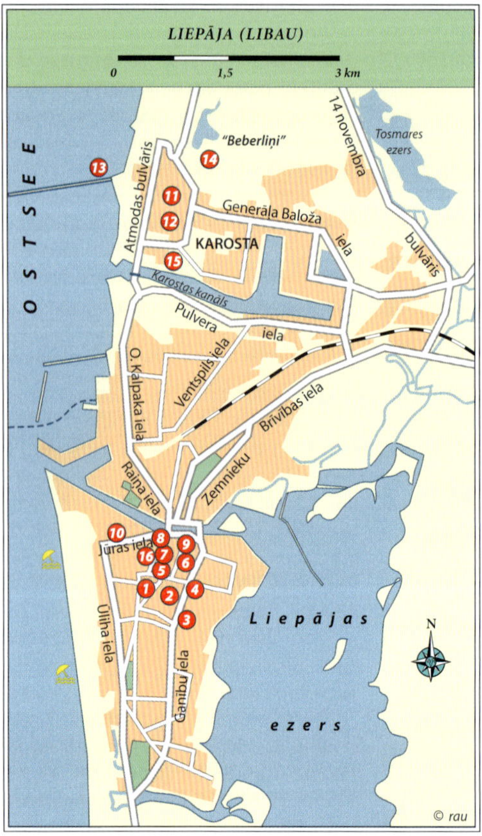

*LIEPĀJA (LIBAU) – **1** St. Joseph-Kathedrale – **2** Petermarkt – **3** Okkupationsmuseum – **4** St. Annakirche (Deutsche Kirche) – **5** Peters Häuschen – **6** Rosenplatz – **7** Touristeninformation – **8** Hl. Dreifaltigkeitskirche – **9** Lettisches Theater – **10** Museum für Kunst und Geschichte – **11** Stadtteil Karosta – **12** St. Nikolaus-Kathedrale – **13** Mole – **14** Naherholungsgebiet Beberliņi – **15** Gefängnis von Karosta, Marinehauptwache – **16** Konzerthalle*

hen im Laufe der Zeit durch zahlreiche Anbauten.

Gut zu erkennen ist dies innerhalb der Kirche, wo sich auf der linken Seite ein Altar befindet. Dieser wurde in der Anfangszeit als Hauptaltar genutzt.

In der damaligen Zeit hing über diesem Altar das Modell eines Schiffes, eine für küstennahe Kirchen typische Tradition. Viele Kapitäne hängten vor oder nach einer schwierigen Seefahrt ein Modell auf.

An der Ostseite der Kathedrale erstreckt sich der **Petermarkt Pētertirgus (2)**. Auf diesem Platz fanden bis zum Jahr 1792 Hinrichtungen statt. Heute präsentiert sich der Petermarkt wesentlich freundlicher, nämlich als gern besuchter Marktplatz, um Obst und Gemüse zu kaufen.

In der Nähe des Platzes befinden sich zwei Kirchen und südlich davon das **Okkupationsmuseum "Liepāja okupāciju režīmos" [N56° 30′ 8.55" E21° 0′ 38.94"] (3),** K. Ukstina iela 7/9. Das Museum klärt über die schwierige Zeit der Einwohner während der Sowjetära auf *(geöffnet Mi - So 10 - 18 Uhr)*.

Die andere Kirche in der Nähe des Petermarktes ist zugleich das älteste sakrale Gebäude in der Stadt. Sie wurde im Jahr 1587 erbaut, war jedoch nicht die erste Kirche an der Stelle.

Schon Anfang des 16. Jahrhunderts entstand in der Straße E. Veidenbauma iela 1 die **St. Annakirche Annas baznīca (4) [N56° 30′ 15.97" E21° 0′ 40.44"]**, die jedoch im Jahr 1560 zerstört wurde. Auch in diesem Gotteshaus hat sich im Laufe der Jahrhunderte viel verändert.

Das Schiff der roten Backsteinkirche wurde Ende des 19. Jahrhunderts im neugotischen Stil umgebaut und auch der 60 m hohe Kirchturm wurde erst später ergänzt. Die Pläne für beides, für die Kirche und für den Turm, stammen von dem Berliner Architekten Max Paul Bertschy.

Das Innere der Kirche mit der drittgrößten **Orgel** des Landes ist eindrucksvoll.

Des Weiteren beherbergt die Kirche

einen **barocken Holzaltar** aus dem 17. Jahrhundert mit einer Breite von rund 5 m und einer Höhe von fast 10 m.

Der aus Berlin stammende Architekt und Baumeister Max Paul Bertschy (1840 – 1911) bekleidete von 1871 bis zu seinem Tod das Amt des Stadtbaumeisteres von Libau/Liepāja. Bertschy ist auch in Libau/Liepāja gestorben.

Man kann den Stadtspaziergang etwas ausdehnen und an der St. Annakirche vorbei über die Eduarda Veidenbauma iela nach Osten gehen und in die zweite Straße Bariņu iela nach links einbiegen. Nach rund 200 m kommt man zu einer Stelle, an der einstmals ein kleines Holzblockhäuschen mit einem steilen Ziegeldach stand. Es wurde in der Bevölkerung gerne auch als **„Peters Häuschen" (5)** bezeichnet. Zar Peter I. soll hier im Jahr 1697 bei einem Aufenthalt in der Stadt genächtigt haben.

Zahlreiche Geschäfte modernerer Art finden sich nördlich der St. Annakirche auf dem **Platz Kuršu [N56° 30' 16.75" E21° 0' 39.55"]**, früher auch Krämerladenplatz genannt. Während sich im 18. Jahrhundert zahlreiche kleine traditionelle Läden dort gruppierten, fand man hier später u. a. auch das erste Rockcafé des Landes, auf das die Einwohner besonders stolz waren. Hier wurde nicht nur Live-Musik gemacht, sondern im Sommer hatte man auch fast rund um die Uhr geöffnet. Besonders stolz war man in der Stadt darauf, dass das erste Rockcafé im „Dorf" Liepāja eröffnet wurde und nicht in der Hauptstadt Rīga.

In diesem Zusammenhang sei auch erwähnt, dass Musik mittlerweile ein großes Thema in der Stadt ist. Überall im Stadtgebiet verteilt sieht man Skulpturen von überdimensionalen Musikinstrumenten wie zum Beispiel das Schlagzeug in Strandnähe oder die E-Gitarre in der Straße Ziviju iela, Ecke Kungu iela.

Ganz in der Nähe befinden sich in der Straße Zivju iela drei Dutzend Betonsockel auf denen jeweils eine Bronzeplatte befestigt wurde. Dieser **„Lettische Walk of Fame" [N56° 30' 23.68" E21° 0' 43.42"]** erinnert an verstorbene und noch lebende Musiker aus Lettland.

Der bereits weiter oben erwähnte Petermarkt Pētertirgus (2) war gewissermaßen der Zufluchts- oder Ausweichort für die Markthändler, die bis zum Jahr 1910 auf dem **Rosenplatz Rožu laukums (6)** ihren Geschäften nachgingen. Der Rosenplatz liegt etwas weiter nördlich. Grund für den Wechsel auf den anderen Marktplatz war der Beschluss, aus dem Rosengarten eine Grünfläche zu gestalten, was auch gelungen ist. Zwischen den zahlreichen Rosenstöcken liegen Steintafeln mit den Namen der Partnerstädte Liepājas.

An der Südostseite des Rosenplatzes ist seit einiger Zeit das **Touristenbüro (7),** Rožu laukums 5/6, eingerichtet.

Wenn Sie am Hotel Liva vorbei, auf der gleichen Straßenseite, etwas weiter nach Norden gehen, kommen Sie zur wichtigsten Kirche der Stadt, zur **Hl. Dreifaltigkeitskirche Sv.Trīsvienības katedrāle (8) [N56° 30' 36.06" E21° 0' 46.15"]** *(geöffnet Mai - Sept. Mo - Sa 11 - 18 Uhr; Okt. - Apr. Mo - Sa 11 - 13 Uhr; www.trinitatis.lv/language/de/fuhrungen/).* Der Turm kann bestiegen werden.

Die Kirche – in der Mitte des 18. Jahrhunderts für die deutsche Kirchengemeinde in Liepaja errichtet – beherbergt die größte Orgel der Stadt, die zweitgrößte in ganz Lettland. Bis zum Jahr 1912 war sie mit 7.000 Pfeifen sogar die größte der Welt. Gebaut wurde sie 1885 von den Stettiner Orgelbauern Grüneberg.

Seit dem Jahr 2002 wird das Gotteshaus durch Studenten der Technischen Universität restauriert. Ein erster Abschnitt konnte zwei Jahre später erfolgreich abgeschlossen werden. Hauptsächlich geht es darum, die Figuren und Skulpturen der mit Ornamenten verzierten Inneneinrichtung der Kirche zu säubern und zu konservieren.

Weitere deutsche Spuren sind hinter der Kirche zu finden. Gehen Sie in die Skolas iela, die östlich der Kirche verläuft, und dort zum **Lettischen Theater (9)**, das nach dem Ersten Weltkrieg in das Gebäude des deutschen Theaters einzog. An der Seite liegt das dazugehörige Theatercafé „Būt vai nebūt".

Wenn wir vom Lettischen Theater zurück zur Hl. Dreifaltigkeitskirche gehen und dort die Hauptstraße Lielā iela überqueren können Sie der Radio iela bis zur **Konzerthalle „Großer Bernstein" (16) [Parkplatz, N56° 30′ 43.63" E21° 0′ 36.41"]** folgen. Der supermoderne Bau, der für seine ausgezeichnete Akustik gelobt wird, fällt durch seine bernsteinfarbene Glasfassade auf. Die Konzerthalle, ein Werk des österreichischen Stararchitekten Volker Giencke, kann montags bis samstags von 10 bis 20 Uhr und sonntags von 10 bis 15 Uhr besucht werden; www.greatamber.lv.

Die Radio iela mündet in die Jūras iela, die westlich in die Straße Kūrmājas prospekts übergeht.

Will man den kleinen Umweg über die neue Konzerthalle nicht machen, überquert man bei der Dreifaltigkeitskirche ebenfalls die Hauptstraße Lielā iela, folgt aber etwas weiter südlich der Graudu iela nach Westen und kommt so zum links abzweigenden Boulevard Kūrmājas prospekts.

Dort steht ein weiteres Gebäude aus der Hand des Architekten Max Paul Bertschy. Es handelt sich um das **Liepāja Museum (10) [N56° 30′ 38.37" E21° 0′ 7.33"]**, Kūrmājas prospekts 16/18, das früher auch als „Ausstellung der Kunst und Geschichte" bekannt war *(geöffnet 1. Juni - 31. Aug. tgl. 10 - 18 Uhr; 1. Sept. - 31. Mai Mi - So 10 - 18 Uhr, Eintritt frei; www.liepajasmuzejs.lv/en/lm/; Mail: liepajas.muzejs@liepaja.lv)*. In den Ausstellungssälen sind rund 3.000 Kunstgegenstände zu sehen. Daneben informiert das Museum anschaulich über die deutsche Geschichte innerhalb Liepājas, über die Frühgeschichte der Liepājaregion, sowie über Leben und Arbeit der Menschen im südlichen Teil der Region Kurzeme (Dienvidkurzeme).

Unser Stadtspaziergang führt auf dem Kūrmājas prospekt weiter westwärts in Richtung Strand bis zu dem Platz, auf dem sich einst das Kurhaus befand. Auch das Kurhaus war nach Plänen des Architekten Bertschy errichtet, brannte aber 1937 vollständig ab und wurde nicht mehr aufgebaut. Es wird vermutet, dass es sich um Brandstiftung handelte, doch geklärt werden konnte das nie.

Der Kūrmājas prospekt war im Übrigen in früheren Zeiten eine Vorzeige-Promenade, wo man gerne wohnte oder die Promenade gerne auswärtigen Besuchern präsentierte. Zahlreiche Villen und Einfamilienhäuser von betuchten Familien standen hier nebeneinander.

Zum letzten Gebäude, das die Handschrift des Architekten Bertschy trägt, kommen wir, wenn wir durch den **Strandpark [Parkplatz, N56° 30′ 36.60" E20° 59′ 45.54"]** flanieren. Er wurde 1870 angelegt. Zwischenzeitlich gedeihen hier auf 50 ha Fläche über 140 verschiedene Baum- und Straucharten.

Geht man weiter bis zum langen Sandstrand, passiert man das **Denkmal Strand Piemineklis bojā gājušiem zvejniekiem un jūrniekiem**, das Denkmal für auf der See gebliebene Fischer und Seeleute.

Inmitten des Parks ist die alte Badeanstalt zu sehen. Diese von Bertschy erbaute Anlage wurde von Zar Alexander II. finanziert und ersetzte mit seinem dorischen Stil ein älteres Badehaus. Das heute leerstehende Gebäude enthielt in besseren Zeiten ein Meerwasserbad mit warmem Wasser, einige Heilschlammbäder und eine römische Sauna.

Weiter im Süden des ausgedehnten Strandparks sieht man am Strand den Stadtnamen Liepāja in großen Lettern. Und man findet dort große Abenteuerspielplätze, Sport- und Freizeitanlagen.

Mein Tipp! Eine weitere Möglichkeit, die Stadt zu erkunden, schlägt die Touristeninformation der Stadt vor. Sie hält einen Prospekt über die Straßenbahnlinie bereit, mit der man von Endhaltestelle zu Endhaltestelle in knapp 30 Minuten quer durch die Stadt fahren kann. Dabei passiert die Linie fast alle wichtigen Sehenswürdigkeiten der Stadt, die in dieser Broschüre beschrieben werden. Man muss nur daran denken an der Endstation auszusteigen und einen neuen Fahrschein zu kaufen.

Schon seit ca. 1899 fahren Straßenbahnen durch Liepāja. Damals waren sie die modernsten Verkehrsmittel im ganzen Baltikum.

Außerhalb des Zentrums von Liepāja befindet sich ein Stadtteil, der einen kurzen Besuch durchaus wert ist. **Karosta [N56° 33' 13.1" E21° 00' 58.8"] (11)**, was nichts anderes als Kriegshafen bedeutet, liegt im Norden der Stadt und gilt als eigenständiges Viertel. Es besitzt eine eigene Infrastruktur und sogar ein eigenes Kraftwerk.

Bei einer Fahrt durch Karosta kann einem der Gedanke kommen, möglichst jetzt bitte keine Autopanne zu haben. Es mögen Vorurteile sein, doch es ist wahrscheinlich sicherer, das eigene Auto nicht in Karosta alleine stehen zu lassen, sondern mit Stadtbussen der Linien 3 und 4 hierher zu fahren.

Die Plattenbauten in Karosta stehen nach Abzug der Russen teilweise leer, sehen schmuddelig aus und vermitteln irgendwie einen unheimlichen Eindruck. Dennoch sollte man sich nicht abhalten lassen, auch diesen Teil der Stadt zu besichtigen. Karosta hat nämlich einige historische Baudenkmäler und eine interessante Geschichte.

Zar Alexander III. erteilte den Befehl, an dieser Stelle einen Hafen anzulegen. Sein Sohn, Zar Nikolaus II., schlug wiederum vor, diesen Hafen nach seinem Vater zu benennen. Daher hieß Karosta in früheren Zeiten „Hafen des Imperators Alexander III.", doch dieser Name verschwand nach der ersten Unabhängigkeit Lettlands ganz schnell von den Landkarten.

Im Zentrum Karostas erhebt sich in der Straße Studentu rosta iela 7 das orthodoxe Kirchengebäude der **St. Nikolaus-Kathedrale (12) [N56° 33' 9.76" E21° 0' 44.31"]**. Das Bauwerk, dessen Grundstein im Jahr 1910 von Zar Nikolaus II. gelegt wurde, kommt ganz ohne Pfeiler aus und wird nur von den Außenwänden getragen.

Karosta verfügt über eine lange **Mole (13) [Parkplatz, N56° 33' 27.2" E21° 00' 02.9"]**. Die Liepājas Ziemeļu mols, die vom Ende der Ložmetējnieku iela 1,8 km weit in das Meer hineinragt ist bis zu 7 m breit.

Nördlich der Mole sind an der Küste Ruinen des **Nordforts Kurlies 8 [N56° 33' 56.01" E21° 0' 13.96"]** zu entdecken, die um die Wende zum 20. Jahrhundert errichtet und noch vor dem Ersten Weltkrieg wieder gesprengt wurden. Dieses verwinkelte Bauwerk ist heute bei Hobby-Höhlenforschern sehr beliebt und war während der Sowjetzeit gesperrt, obwohl es zu dem Zeitpunkt bereits eine Ruine war. Man vermutet, dass alle Einrichtungen dieser Festung mit einem einzigen unterirdischen Gang verbunden waren, der bis heute nicht gefunden werden konnte.

Schließlich darf das **Gefängnis von Karosta (15) [N56° 32' 47.16" E21° 01' 15.02"]**, Invalīdu iela 4, (heute Gefängnismuseum Karosta, *geöffnet Juni, Juli + Aug. tgl. 9 - 19 Uhr; Mai + Sept. tgl. 10 - 18 Uhr; Okt. + Apr. tgl. 11 - 17 Uhr; Nov. - März Fr, Sa, So 12 - 16 Uhr; www.karostascietums.lv/de)* nicht unerwähnt bleiben.

Ursprünglich diente das Gefängnisgebäude offiziell als „Krankenhaus". Doch schon kurz nach der Eröffnung wurden die ersten „Patienten" inhaftiert. Es wird berichtet, dass aus dem Gefängnis von Karosta nie ein Häftling entfliehen konnte. Es wurden aber nicht nur Freiheitsstrafen vollzogen. Dort wo heute Garagen zu sehen sind, fanden früher auch Erschießungen statt.

In den schmalen und oftmals überfüllten Zellen saßen einst Rebellen, später Fahnenflüchtige, die von der deutschen Wehrmacht eingesperrt wurden.

Auch die Sowjetunion, die hier sog. „Volksfeinde des Stalin-Regimes" inhaftierte, nutzte das Gebäude genauso wie die lettische Armee nach der Wiedererlangung der Unabhängigkeit als Haftanstalt. Die letzten Graffitis von Häftlingen an den Wänden innerhalb der Zellen stammen aus dem Jahr 1997.

Heute steht das Bauwerk keineswegs leer, zumindest nicht ganz. Besucher haben die Möglichkeit, bei der Veranstaltung „Hinter Gittern", lt. Touristenbüro „eine grausame, historische Realitätsaufführung", in die Rolle eines Gefangenen zu schlüpfen und sich „einkerkern" zu lassen. Und - über Geschmack lässt sich bekanntlich streiten - Sie können, wenn Ihnen der Sinn nach einer Nacht

Die St. Nikolaus-Kirche in Liepāja-Karosta

im Knast steht, in einer Zelle eine Nacht verbringen. Oder Sie können am Spionagespiel „Flucht von der UdSSR" teilnehmen.

Im ehemaligen Gefängnis ist heute auch eine Stelle des Touristenbüros eingerichtet, das u. a. über den Kriegshafen und über Liepāja informiert und Führungen organisiert. Es gibt einen Fahrradverleih und von Fremdenführern begleitete Radtouren. Zudem können Besucher sich den 16-minütigen Film „Karosta" ansehen oder sich am Buffet von sowjetischen Kellnerinnen russische Gerichte servieren lassen.

Unweit nördlich von Karosta und etwas landeinwärts von den Ruinen des Nordforts am Strand liegt das **Naherholungsgebiet Beberliņi (14)**. Zahlreiche Wanderwege verlaufen durch den Wald und an mehreren Seen vorbei. Das Naherholungsgebiet wird gelegentlich auch zu Querfeldein-Wettbewerben genutzt.

Am größten der Seen findet man einen Tarzan-Klettergarten, eine Wasserskianlage, einen angelegten Weg zum Barfußlaufen und im hochstämmigen, naturbelassenen Kiefernwald die **Stellplatzmöglichkeit für Wohnmobile „BB Camping" [N56° 33' 50.17" E21° 0' 58.10"]**, Übernachtungshütten, Café.

Ganz am Südende des Naherholungsgebiets sieht man am Waldrand an der Ģenerāļa Baloža iela 29 den roten, 37 m hohen Backsteinturm des **Karosta-Wasserturms [N56° 33' 9.98" E21° 1' 26.41"]** aus dem Jahr 1905. Damals wurde dreimal am Tag Wasser in die Leitungen der Wohnhäuser von Karosta gepumpt.

Liepāja ist auch mit direkten **Autofähren aus Travemünde** zu erreichen. Die Reederei Stena Line, https://www.stenaline.de/unsere-routen/travemuende-liepaja/fahrplan, bietet mehrmals wöchentlich Verbindungen an. Die Fahrzeit beträgt rund 27 Stunden.

PRAKTISCHE HINWEISE – LIEPĀJA

i

Touristeninformation [N56° 30' 28.22" E21° 0' 43.48"], Rožu laukums 5/6, LV-3401 Liepāja, Tel. +371 634 80 808, E-Mail: info@liepaja.travel, Web: www.liepaja.travel. *Geöffnet Mo - Fr 9 - 17 Uhr, Sa 10 - 16 Uhr.*

Feste und Folklore

Das **Seefest** in Liepāja findet in Verbindung mit den Seefesten weiterer kurländischen Orte am zweiten Juli-Wochenende statt. In der Silvesternacht findet in der Stadt ein **Maskenumzug** statt.

RESTAURANTS

Die ursprüngliche lettische Küche ist deftig und bodenständig. Graue Erbsen mit Speck, Heringe, Sauerampfersuppe oder Kartoffeln mit Quark gehören z. B. dazu. Für Leckermäuler gab es *Rupjmaizes kārtojums*, eine Süßspeise aus Schwarzbrot oder *Sklandrauši*, ein aus dem Kurländischen stammender Möhrenkuchen. Leider werden es immer weniger Restaurants, die solche Spezialitäten servieren. Eher noch finden Sie in Lokalen, die lettische Kost auf der Karte haben, den beliebten Speckkuchen oder einen Kümmelkäse.

Restaurant „Pastnieka Māja", Brīvzemnieka iela 53, Tel.: +371 634 07 521, Web: www.pastniekamaja.lv. Interessantes Lokal, das in seiner Speisekarte die Geschichte des Briefträger Arvīds erzählt. Übersetzt heißt das Restaurant „Postbotenhaus". Ein typisch lettisches Lokal mit vornehmlich osteuropäischer Küche.

Restaurant Piano, Veca Ostmala 40, Tel. +371 634 83 800; www.promenade-hotel.lv/en/restaurant-and-bar/restorans-piano. Die Küche bietet lokale und internationale Gerichte mit selbstgebackenem Brot, freitag- und samstagabends Pianomusikunterhaltung. Im Hotel Promenade.

HOTELS

Hotel Roze, Rožu iela 37, Tel.: +371 634 21 155; https://en.parkhotelliepaja.lv/hotel-roze-en/. Direkt am Strandpark gelegen, befinden sich in dem privat geführten Haus 10 komfortable Zimmer mit Kabel-TV. Im Haus gibt es eine Sauna und ein Café/Restaurant mit einer Aussichtsterrasse.

Hotel Līva, Lielā iela 11, Tel.: +371 634 20 102, Fax: 371 634 80 259, E-Mail: liva@apollo.lv, Web: www.livahotel.lv. Das 3-Sterne-Hotel gilt als führendes Touristenhotel und zentralstes Hotel der Stadt. Das Haus mit 100 neu gestalteten Zimmern liegt direkt am Rosenplatz unweit der Touristeninformation.

Näheres zum **Übernachten im Gefängnis** des Kriegshafens Karosta erfahren Sie unter Tel. +371 263 69 470 oder unter http://karostascietums.lv/de/nakts-cietuma/.

CAMPING BEI LIEPĀJA

Pērkone

Camping Verbelnieki [N56° 25' 32.8" E20° 59' 48.5"], Nicas novads, Nicas pagasts, Tel. +371 291 38 565; www.verbelnieki.lv; 15. Apr. – 30. Sept.; rund 10 km südlich von Liepāja von der Straße A11 zum Meer abzweigen; von Wald umgebenes Wiesengelände mit Baumgruppen und kleinen Weihern, bei einem Gasthof; ca. 8 ha – 150 Stpl.; einfache Sanitäreinrichtungen. Restaurant, Kiosk, Sauna, WLAN im Rezeptionsbereich. Beliebtes „Sommercafé". Miethütten. Durch einen schmalen Wald- und über einen Dünengürtel zum nahen Strand.

Nicas

Camping Ērgļi [N56° 22' 22.7" E20° 59' 46.5"], Nīcas, Tel. +371 292 95 337; https://www.latvia.travel/de/unterkunft/camping-ergli; 1. Mai – Anf. Okt. Gut 15 km südlich von Liepāja zwischen Nīcas und Bernāti, Zufahrt von der A11 und noch ca. 300 m unbefestigt. Kleiner Wiesenplatz; ca. 2 ha – 50 Stpl.; einfache Sanitärausstattung. Miethütten. WLAN im Rezeptionsbereich. 5 Gehminuten zum Strand.

Skatre

Camping „Pabērzi" [N56° 23' 29.46" E20° 59' 59.46"], Tel. +371 202 01 310, 1. Mai – 30 Sept.; rund 12 km südlich von Liepāja bei Skatre von der Straße A11 westwärts Richtung Meer abzweigen, naturbelassenes Wiesengelände, ca. 2 ha – 60 Stpl., einfache Standard-Sanitärausstattung, Miethütten.

TOUR 9: LIEPĀJA (LIBAU) – VENTSPILS (WINDAU)

Länge der Tour: Rund 170 km, ohne Abstecher.

Die Route: Über die Straße A11/A9 bis **Grobiņa** am Abzweig der Straße P111 – Straße P111 bis zum Abstecher zum Küstenort **Pāvilosta** und weiter bis **Jūrkalne** – Straße P119 landeinwärts bis **Kuldīga** – Straße P108 bis **Ventspils (Windau)**.

Reisedauer: Mindestens ein Tag.

Höhepunkte: Wandern auf dem **Küstenweg** (Bernsteinwanderweg) bei Pāvilosta – Stadtbesichtigung und Strand von **Ventspils (Windau)** ***.

*ROUTE: Von Liepāja geht es ostwärts nach **Grobiņa,** wo sich Ruinen einer Ordensburg aus dem 13. Jahrhundert befinden. In Grobiņa biegen wir links (nordwärts) ab auf die P111 und fahren durch eine waldreiche, ziemlich langweilige Gegend rund 50 km bis zum Abzweig westwärts in das Küstenstädtchen **Pāvilosta**.*

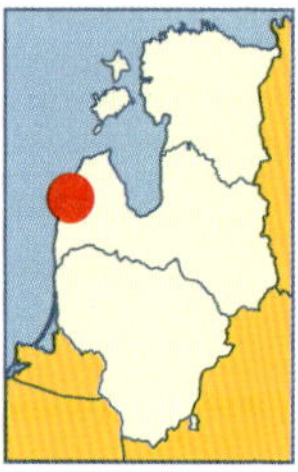

Schon nach wenigen Kilometern erscheint beim Ort **Kapsede** ein Abzweig von der P111 westwärts zu einer typisch baltischen Sehenswürdigkeit, zum **Kapsēdes dižakmens [N56° 35′ 12.87″ E21° 6′ 32.85″]**, dem größten Stein Lettlands. Um diesen Findling anzuschauen, biegen Sie links ab auf die unbefestigte Straße nach **Dižakmens** (1,8 km). Kurz vor dem Felsbrocken, der am Straßenrand liegt und eine kaum noch lesbare Inschrift hat, die an den Ersten Weltkrieg erinnert, befindet sich ein kleiner See mit einigen schön angelegten Picknickplätzen.

*ROUTE: Zurück zur Straße P111, der wir weiter nach Norden folgen. Bei **Saka** bietet sich die Gelegenheit westwärts zur Küste und nach **Pāvilosta** abzuzweigen.*

Weiter westlich von der P111 führt der sog. **Bernsteinweg** entlang der Küste über Pāvilosta bis nach Jūrkalne. Der Wanderweg verläuft durch eine schöne Naturlandschaft, die fast unberührt scheint und endet an der etwa 20 m hohen sandigen Steilküste **Jūrkalnes Stāvkrasts [N57° 0′ 21.11″ E21° 22′37.91″]** bei Jūrkalne.

Das Küstenstädtchen **Pāvilosta** liegt an der Mündung des kleinen Flusses

Die Superlative der Sehenswürdigkeiten

Drei baltische Nationen, die noch keine zwei Jahrzehnte auf dem internationalen Parkett vertreten sind, haben den Weg in die Europäische Union geschafft, nachdem sie sich friedlich aus den Fängen der Sowjetherrschaft befreien konnten. Und darauf ist man stolz.

Stolz scheinen die Balten aber auch darauf zu sein, was ihnen ihre Länder bieten und vor allem, was sie ihren Besuchern bieten können. So hat sich in den letzten Jahren eine ausgesprochen gute touristische Infrastruktur entwickelt. Fast jede Ortschaft verfügt über ein Touristenbüro, in dem zahlreiche Prospekte ausliegen oder regionale Empfehlungen gegeben werden können.

Doch sind wir ehrlich, nicht jede Region hat wirklich Interessantes zu bieten. So mancher Wald ist zwar schön und es bereitet Freude ihn durchqueren zu können und die frische Luft einzuatmen, doch es ist halt ein Wald. Und um diesen einen Wald oder auch andere Regionalitäten als etwas Besonderes anpreisen zu können, muss man sich schon was einfallen lassen.

Und weil man nicht mal eben in einen Wald einen Eiffelturm bauen kann, benutzen die Balten sehr gerne ein Adjektiv in der Superlativ-Form. So ist dieser Wald dann möglicherweise der größte zusammenhängende Wald in Nordost-Litauen. Schön und gut, aber was ist mit dem Rest von Litauen? Gibt es dort vielleicht größere zusammenhängende Wälder?

Man hat an manchen Orten den Eindruck, dass die dortigen Verantwortlichen zusammen mit Marketingstrategen verzweifelt eine Sehenswürdigkeit gesucht haben. So gibt es beispielsweise den viertgrößten Stein in Lettland oder die größte Kiefer im Baltikum oder aber das älteste Holzhaus in Nord-Estland, was allerdings nicht bedeutet, dass es in Süd-Estland vielleicht zahlreiche Holzhäuser gibt, die noch älter sind.

Diese Versuche, ihre Region als was Besonderes darzustellen, lassen einen oft schmunzeln. Doch man sollte vielleicht auch manche Dinge kritisch betrachten, weil nicht jede Sehenswürdigkeit wirklich sehenswürdig ist.

Saka und dehnt sich hauptsächlich auf der Nordseite des Flusses aus. Der schöne lange Ostseestrand macht Pāvilosta zu einem beliebten Ausflugsziel, ist aber dennoch nicht so überlaufen, wie manch andere Gemeinden an der baltischen Ostseeküste.

Wenn Sie durch den langgestreckten Ort auf das Meer zu fahren, sehen Sie auf der linken Seite, am südlichen Saka-Ufer eine Grünanlage mit der etwas versteckten katholischen Heilig-Geist-Kirche. Sie wurde erst 1999 eingeweiht.

In Pāvilosta, der Stadt mit kaum 1.000 ständigen Einwohnern, haben selbst die Grünanlagen eine Geschichte. An der Brücke über den Fluss Saka sieht man eine Eiche, die 1929 vom damaligen lettischen Präsidenten Gustavs Zemgals gepflanzt wurde. Anlass hierfür war der 50. Jahrestag des Hafenbaus von Pavilosta.

Baron Otto von Lilienfeld hatte 1879 den Bau des Hafens veranlasst, der dann tatsächlich maßgeblich zum Aufschwung der Stadt beitragen sollte. Und der Baron war auch der Namensgeber des neuen Hafens. Er nannte ihn „Paulshafen" nach seinem Bruder Paul, einem namhaften kurländischen Politiker.

Ein halbes Jahrhundert nach der feierlichen Einpflanzung der Gedenkeiche wurde 1979 der Park an der Brücke angelegt. Nur, damals gab es keinen lettischen Präsidenten der einen

PRAKTISCHE HINWEISE – PĀVILOSTA

Touristeninformation Pāvilostas tūrisma informācijas centrs [N56° 53′ 17.72″ E21° 10′ 44.76″], Dzintaru iela 2, Tel.: +371 634 98 229, LV-3466 Pāvilosta, E-Mail: pavilosta.tic@pavilosta.lv, Web: www.pavilosta.lv.

Feste und Folklore

Am dritten Samstag im Mai findet alljährlich das **Stadtfest** statt, während am zweiten Samstag im Juli das **Seefestival** veranstaltet wird. Dazu gehört auch das Sandskulpturenfestival. Am letzten Augustwochenende kann man **„Pāvilosta in „Flammen"** sehen, wenn das große Lagerfeuer angezündet wird.

WOHNMOBIL-STELLPLATZ

Wohnmobil-Stellplatz Pāvilosta Marina [N56° 53′ 13.91″ E21° 10′ 27.79″], Ostmalas iela 4, Tel.: +371 634 98 581, +371 265 57 856; E-Mail: pavilosta@pavilostamarina.lv, Web: www.pavilostamarina.lv. 1. Mai – 30. Sept.; im südwestlichen Ortsbereich am Yachthafen, auf der Südseite des Saka-Flusses. Auf dem Gelände des Yachthafens besteht die Möglichkeit in einem eingezäunten Bereich mit dem Wohnmobil zu übernachten. Dusche, Toilette, Feuerstelle für Picknicks. Moderne Mietwohnungen.

Baum pflanzen konnte, also wurde zum 100jährigen Bestehen des Hafens lediglich ein Stein in der Mitte des Parks platziert.

Am Ende der Hauptstraße Dzintaru iela liegt am Hafen und ganz in der Nähe des Stadtstrandes das älteste Steingebäude Pāvilostas. In ihm ist heute das **Pāvilosta-Museum [N56° 53′ 21.05″ E21° 10′ 22.07″]** untergebracht *(geöffnet Mitte Mai - Mitte Sept. Mi - Fr 11 - 17.00 Uhr, Sa + So 12 - 16.00 Uhr; übrige Zeit Mo - Fr 9 - 17.00 Uhr)*. Das Museum informiert über die Geschichte des Ortes und der Region.

*ROUTE: Von Pāvilosta zurück zur P111, der wir über **Jūrkalne** nordwärts folgen. Jūrkalne ist lediglich auf Grund seiner 20 m hohen sandigen Steilküste erwähnenswert.*

*In Jūkalne zweigen wir ostwärts ab und fahren auf der Straße P119 über **Alsunga** und **Ēdole** nach **Kuldīga (Goldingen)**, ca. 42 km.*

Alsunga mit seiner **Livonischen Ordensburg [N56° 58′ 53.9″ E21° 34′ 01.8″],** Pils iela 1, aus der 1. Hälfte des 14. Jh. (heute Museum), ist das Zentrum der Suitu-Region, die wiederum bekannt ist für ihre „singenden Frauen" und ihre lange folkloristische Tradition.

Ēdole, ein kleiner Ort mit Dorfsee, ist stolz auf sein **Schloss Edwahlen [Parkplatz, N57° 1′ 3.19″ E21° 41′ 51.01″]** aus dem 13. Jh., am Ostufer des Sees. Das von Parks umgebene Schloss beherbergt heute u. a. ein Hotel und Restaurant. Für Besucher ist das Anwesen Donnerstag bis Sonntag zwischen 10 und 17 Uhr zugänglich.

Ursprünglich erbaut wurde Schloss Edwahlen vom kurländischen Bischof von Piltene. Später war das Anwesen bis 1920 im Besitz der Familien der deutsch-

CAMPING BEI ALSUNGE

Camping Atputas vieta Ķīši [N56° 56′ 2.21″ E21° 38′ 31.03″], Tel. +371 292 44 221; www.kisi.lv; Apr. – Okt.; einige Kilometer südöstlich von Alsunge beim Ort Grāveri ostwärts zum See Zvirgzdu ezers abzweigen, lange, unbefestigte Zufahrt. Wiesengelände in ländlicher, ruhiger Umgebung sehr ansprechend am Westufer des Sees gelegen, ca. 2 ha – 40 Stpl., sehr einfache Sanitärausstattung. Badesteg am teilweise verschilften Ufer. Sauna. Mietunterkünfte. Bootsverleih, Angelmöglichkeit.

baltischen Barone von Behr. Aber trotz der zahlreichen Umbau- und Renovierungsmaßnahmen im Laufe seiner langen Geschichte, zuletzt im 19. Jh., kann der Bau seine mittelalterliche Herkunft nach wie vor nicht verleugnen.

Entstanden ist **Kuldīga (Goldingen)** an den Ufern des Venta-Flusses (Fluss Winau) im 13. Jh. durch die Befestigung des Flussübergangs mit einer Burg des Kreuzritterordens. Später dann, im 17. Jh., fungierte die Kleinstadt als Hauptstadt des Herzogtums Kurland.

Obwohl weit im Hinterland gelegen, war Kuldīga Hansestadt und Binnenhafen. Und in der Blütezeit des Hafenstädtchens unter der Herrschaft von Herzog Jakob, segelten Schiffe aus Kuldīga bis nach Afrika und Südamerika.

Im 19. Jh. blühten in Kuldiga die Herstellung von Streichhölzern und Nadeln, aber auch die Produktion von Zigarren, Seife und Branntwein.

Vor allem wegen der noch umfangreich vorhandenen und gut erhaltenen Bebauung mit typischen Holzgebäuden aus dem 17. und 18. Jh. wurde dem Städtchen 2008 der Titel „Stadt des europäischen Kulturerbes" verliehen.

Ein größerer öffentlicher **Parkplatz [N56° 58′ 09.0″ E21° 57′ 36.9″], Pilsētas laukums,** liegt am Südwestrand der Altstadt an der Piltenas iela.

In der **Altstadt** findet man in den hübschen Gassen, die auch schon als Filmkulisse herhalten mussten, das neogotische **Rathaus [N56° 58′ 10.2″ E21° 58′ 16.7″]** und in der Baznīcas iela 10 die ehemalige **Herzogliche Hofapotheke [N56° 58′ 08.7″ E21° 58′ 15.1″]** Herzog Jakobs, die nach der Restaurierung wieder zu besichtigen sein soll.

Zu den eher bescheidenen Sehenswürdigkeiten zählt – neben dem **ältesten Holzgebäude** in Kuldiga aus dem Jahre 1670 in der Baznīcas iela 7 – das **Museum des Bezirks Kuldīga [N56° 58′ 05.7″ E21° 58′ 35.9″]** *(geöffnet tgl. a. Mo 10 - 18 Uhr; https://www.kuldigasmuzejs.lv/; Eintritt frei),* Pils iela 5, am Ostufer des Venta-Flusses. Das Gebäude war Teil des russischen Pavillons auf der Weltausstellung 1900 in Paris. Im Museum sind u. a. heimatgeschichtliche Ausstellungen, eine Wohnung des wohlhabenden Bürgertums im 19./20. Jh., eine Spielkartensammlung etc. zu sehen.

Weiter zählen zu den Sehenswürdigkeiten das frühere **Haus des Bürgermeisters Stafenhagen [N56° 58′ 10.2″ E21° 58′ 16.7″]**, Baznīcas iela 17, (Gebäude aus dem 17. Jh. mit einem

Die historische Backstein-Bogenbrücke über den Fluss Venta in Kuldiga

Ventas Rumba, der breiteste „Wasserfall" Europas befindet sich Kuldiga

Wandschrank des schwedischen Königs Karl XII., der 1702 im Haus nächtigte) sowie die **Backstein-Bogenbrücke [N56° 58' 11.2" 21° 58' 36.0"]** über die Venta aus dem Jahre 1874. Die Brücke aus der Zarenzeit ist gerade so breit angelegt, dass damals zwei Kutschen aneinander vorbeikommen konnten (heute Fahrzeug bis max. 3,5 t).

Übrigens: Erschrecken Sie nicht, wenn Sie in der Mittsommernacht über die alte Steinbrücke spazieren sollten. Ein ebenso seltsamer wie alter Brauch wird in Kuldīga angeblich immer noch gepflegt – der „Nacktlauf". In der Mittsommernacht rennen etwa 50 Nackedeis über die historische, 170 m lange Backstein-Bogenbrücke.

Kuldīga wartet gleich mit zwei **Wasserfällen** auf. Mit einer Fallhöhe von sage und schreibe 4,15 m ist einer der beiden Wasserfälle der höchste in Lettland, zumindest aber in Kurland. Gebildet wird er vom Fluss Alekšupīte.

Der andere Wasserfall, der **Ventas Rumba** (Windau Rummel) **[Parkplatz, Café, N56° 58' 14.80" E21° 58' 49.05"]**, wird vom Fluss Venta gebildet, ist stattliche 249 m breit, aber nur einen Meter hoch, gleicht also mehr einem Wehr als einem Wasserfall. Dennoch gilt er als der breiteste Wassersturz Europas.

Lohnenswert ist ein Spaziergang auf dem Damm durch das knöchelhohe Wasser des „Wasserfalls". Wer mag, kann auch den gesamten Fluss durchwaten. Gleichzeitig hat man einen schönen Blick auf die Rundbogenbrücke, die erst in den letzten Jahren komplett restauriert wurde.

Nicht weit nördlich der Stadt Kuldīga und ein Stück östlich der Straße (Fußweg durch ein Waldgebiet zum Fluss), liegen am Fluss Riežupe die **Sandsteinhöhlen Riežupes smilšu alas [Parkmöglichkeit, N57° 00' 25.3" E21° 58' 42.5"]** *(geöffnet tgl. 11 - 17 Uhr; http://www.smilsualas.lv/)*. Es handelt sich um ein ganzes Höhlenlabyrinth von fast 2 km Länge. Zu Zeiten von Herzog Jakob im 17. Jh. wurde hier quarzhaltiger Sand zur Glasherstellung abgebaut, der mit Schiffen über die Venta abtransportiert wurde.

PRAKTISCHE HINWEISE – KULDĪGA (GOLDINGEN)

i **Touristeninformation Kuldīgas Tūrisma Informācijas centrs [N56° 58' 08.03" E21° 58' 15.73"]**, Baznīcas iela 5, LV-3301 Kuldīga, Tel. +371 633 22 259; www.visit.kuldiga.lv/en/. *Geöffnet Mo - Fr 9 - 17 Uhr.*

RESTAURANT

Pagrabiņš, Baznicas iela 5, Tel. +371 633 20 034; www.pagrabins.lv/en/; Restaurant mit Terrasse mitten in der Altstadt beim Rathaus, man serviert auch regionale Spezialitäten. Vielleicht finden Sie auf der Karte *Rupjmaizes kārtojums*, eine Süßspeise aus Schwarzbrot oder *Sklandrauši*, ein aus dem Kurländischen stammender Möhrenkuchen.

HOTEL

Hotel Kursa, Pilsētas laukums 6, Tel.: +371 633 22 430, Fax: +371 633 23 671. Zwei-Sterne-Hotel mit 25 gemütlichen Zimmern. Im Erdgeschoss befindet sich ein kleines Restaurant.

CAMPING

Padure/See Nabes ezeri
Camping Nabīte [N57° 04′ 32.7″ E21° 48′ 47.8″], Kuldigas raj. „Nabīte", Tel. +371 294 58 904; www.nabite.viss.lv; Apr. – Okt.; rund 17 km nordwestlich von Kuldīga und östlich der Straße P108 am Nordufer des Sees Nabes ezeri gelegen, Zufahrt knapp 2 km unbefestigt; weitläufiges schräges Wiesen- und Waldgelände, bis an den See reichend; ca. 9 ha – 120 Stpl.; einfache, aber zweckmäßige Sanitärausstattung; Imbiss, Waschmaschine, Bootsverleih, Sauna, WLAN im Rezeptionsbereich. V & E für Wohnmobile. Bademöglichkeit. Zahlreiche Mietbungalows.

*ROUTE: Kuldīga verlassen wir auf der Straße 108, die uns durch die waldreiche Landschaft von Kurland in das 58 km entfernte **Ventspils** bringt.*

Ventspils (Windau), die einzige Stadt von Rang im äußersten Nordwesten des Landes, ist Lettlands „Blumenstadt". Seinen Beinamen erhielt Ventspils wegen seiner zahlreichen Pflanzendekorationen und Blumenskulpturen, die überall in der Stadt verteilt sind, liebevoll gepflegt werden und so fast das ganze Jahr hindurch zu sehen sind.

Ventspils ist 1290 zum ersten Mal erwähnt worden. Die 39.000 Einwohner der Stadt erinnern jedes Jahr im August mit einem großen Fest daran.

Namensgeber von Ventspils ist der Fluss Venta, an dessen Mündung sich die Stadt ausbreitet.

An der breiten Flussmündung befindet sich noch heute ein wichtiger **Handels- und Fährhafen**, dessen Bedeutung dadurch noch steigt, dass er im Winter nicht zufriert. Fähren von Stena Line (https://www.stenaline.co.uk/routes/ventspils-nynashamn) verkehren mehrmals pro Woche zwischen Ventspils und Nynäshamn in Schweden, Fahrtdauer rund 10 Stunden.

Einen **Stadtspaziergang** startet man am einfachsten in der Nähe des **Fährterminals (17)** am Hafen. Hier findet man an der Straße Ostas iela auch **Straßenparkplätze [N57° 23′ 55.51″ E21° 34′ 7.45″]**.

Direkt an der Hafenmauer befindet sich das historisch bedeutendste Gebäude der Stadt, die **Burg des Livländischen Ordens (1) [Parkmöglichkeit, N57° 23′ 46.33″ E21° 33′ 37.81″]**, Jāņa iela 17 *(geöffnet Di - So 10 - 18 Uhr; www.ventspilsmuzejs.lv/en/)*. Um die Burg siedelten sich im 14. Jahrhundert zahlreiche deutsche Kolonisten an und verhalfen dem Ort zu Stadtrechten, die im Jahr 1378 verliehen wurden.

Die Burg ist keine Festung wie die in Trakai zum Beispiel. Vielmehr handelt es sich um ein eher bescheidenes festes Gebäude.

Mitte der 90er Jahre des vergangenen Jahrhunderts restaurierte man die Burg, die nun in pastellfarbenen Tönen glänzt. Bei den Arbeiten kamen nach dem Abtragen zahlreicher Putz- und

VENTSPILS (WINDAU) – ***1*** *Burg –* ***2*** *Krišjānis-Valdemārs-Denkmal und Kuh-Skulptur beim Campingplatz –* ***3*** *Promenade mit Steindenkmal und Blumenskulpturen –* ***4*** *St. Nikolai-Kirche –* ***5*** *Tirgus laukums –* ***6*** *Touristeninformation –* ***7*** *Rathausplatz –* ***8*** *Mühlenplatz –* ***9*** *Blumenuhr –* ***10*** *Stadtteil Ostgals –* ***11*** *Freilichtmuseum –* ***12*** *Südmole –* ***13*** *Camping „Piejūras" –* ***14*** *Aquapark –* ***15*** *Park mit Ankerskulpturen –* ***16*** *Veteranenbähnchen –* ***17*** *Fährterminal –* ***18*** *„Stadt der Kinder" Spielplatz*

Farbschichten wertvolle Fragmente von Wandmalereien zutage, deren Alter auf bis zu 500 Jahre geschätzt wird.

Im Inneren der Burg befindet sich heute eine der modernsten **Ausstellungen** des gesamten Baltikums. Gezeigt wird in einer digitalen Vorführung mit dem Motto „Lebendige Geschichte" Interessantes über die Burg, die Stadt und den Hafen. Wer sich rechtzeitig anmeldet hat zudem die Gelegenheit einen Schuss aus einer echten Kanone abzufeuern. Die ganzjährig geöffnete Burg wird auch für kulturelle Ausstellungen, Konzerte und für ein alljährliches Ritterturnier benutzt.

Nach einem Besuch der Burg lohnt sich ein **Spaziergang durch die Stadt**.

Gehen Sie über die Ostas iela an der Kaimauer des Hafens entlang in Richtung Osten.

Auf einem Bummel durch Ventspils stößt man immer wieder auf große Plastiken in Form von Kühen. Sie stammen von der sogenannten **„Kuhparade"** aus dem Jahr 2002, bei der es sich um ein internationales Künstler- und Mäzenprojekt handelte. Sieben von den einstmals 26 Kuh-Skulpturen sind noch heute über das gesamte Stadtgebiet verteilt. Die Kühe im Hafen tragen Namen wie „Seekuh an der Burg", „Reisekuh" oder „Erdöl". Und am Campingplatz befindet sich übrigens auch eine Kuh-Plastik. Sie heißt „Londoner Kuh".

Als nächstes treffen Sie auf Krišjānis Valdemārs, der als Begründer der lettischen Seefahrt gilt. Seine auf einer Parkbank sitzende **Bronzestatue (2) [N57° 23' 49.15" E21° 33' 36.94"]** wird gerne als Fotoobjekt genutzt. Interessant ist die „Blickrichtung" der Figur, denn es entgeht ihm kein Schiff, das im Hafen ein- oder ausläuft.

Das **grüne Haus**, an dem wir vorbei spazieren ist das Verwaltungsgebäude des Freihafens. Ursprünglich war dieses Jugendstilbauwerk das Hotel Royal. Im Jahr 1998 wurde es restauriert und gewann sogar einen Preis. Es erhielt die

Auszeichnung des Lettischen Architektenverbandes als beste Restaurierung des Jahres.

Auf dem weiteren Weg wird der Hafen etwas belebter, es beginnt die **Promenade (3)**. Bis Mitte des 20. Jahrhunderts noch befanden sich hier zahlreiche Lagerhallen bzw. Speicher. Doch mittlerweile sind alle abgerissen und die Promenade wird zum Spazieren und Verweilen benutzt.

Etwas weiter kann man die Skulpturengruppe der **„Sieben mentalen Meteoriten"** sehen. Geschaffen wurde sie vom Bildhauer Feldberg, der zu den populärsten seiner Zunft in Lettland zählt.

Wenn man an den auf Metallstangen befestigten sieben Felsbrocken vorbei geht, sieht man die etwas witzige Skulptur des **„Schiffsbeobachters"**. Der Künstler formte einen Felsbrocken zu einem Kopf und versah ihn mit zahlreichen Löchern. Aus den Löchern sprudeln Wasserfontänen, die das „Haar" des Kopfes bilden. Der aus Schweden stammende Fels wiegt rund 15 Tonnen. Vor seiner Bearbeitung wog er sogar 38 Tonnen.

Um den Hafen vom Wasser aus besichtigen zu können, bietet sich eine **Ausflugsfahrt auf dem Schiff „Hercogs Jēkabs"** an **[Anlegestelle, N57° 23′ 54.52″ E21° 33′ 59.48″]**. Es fährt von Mai bis Oktober mehrmals am Tag. Auf der 45 Minuten-Tour sieht man u. a. den Hafen und die Venta-Mündung; *www.portofventspils.lv/en/sustainability/boat-tour-on-hercogs-jekabs/*.

Abschließend sieht man am östlichsten Ende der Promenade einen Stein in Erinnerung an die Vertiefung des Freihafens. Dieser 1998 aufgestellte Stein wurde aus 17,5 m Tiefe ausgegraben.

Ihm gegenüber sieht man eine der vielen **Blumenskulpturen (3)** in Ventspils. Ihr Name ist, wie man beim Anblick leicht vermuten kann, „Marienkäferfamilie". Auf der anderen Straßenseite liegt in der Dārzu iela das Büro der Touristeninformation.

Die Verlängerung der Promenade nach Osten ist die Plosta iela. Sie führt vom modernen Gebäude des Fährterminals zur **orthodoxen Kirche St. Nikolai (4) [N57° 23′ 55.26″ E21° 34′ 20.04″]**. Die Kirche mit ihren fünf Zwiebeltürmchen wurde 1901 eingeweiht, entspricht aber in allen Details der typischen Bauweise einer orthodoxen Kirche des 17. Jh. In der Zeit des Ersten Weltkrieges wurde das Gotteshaus geschlossen und als Pferdestall bzw. als Benzinlager zweckentfremdet. Nach dem Krieg dauerte es weitere neun Jah-

Die orthodoxe Kirche St. Nikolai in Ventspils

Die Blumenuhr in Ventspils

re, bis die Kirche wieder als solche genutzt werden konnten.

Von der St. Nikolai Kirche gehen wir am Fährterminal stadteinwärts (südwärts) und am **Touristenbüro (6) [N57° 23' 53.5" E21° 34' 08.6"]** in der Dārzu iela Nr. 6 vorbei bis zur nahen Pils iela. In der Gegend um das Touristenbüro gibt es mehrere Parkplätze.

Unweit rechts liegt der **Tirgus laukums (5) [N57° 23' 51.95" E21° 34' 3.71"]**, der alte Marktplatz aus dem 17. Jh. Er ist bei den Einwohnern sehr beliebt, denn an den teilweise überdachten Ständen wird immer noch nach traditioneller Manier Markt abgehalten. Bis Mitte des 19. Jahrhunderts befand sich hier auch das Rathaus.

Um zum heutigen Rathaus zu gelangen überqueren Sie die Pils iela und erreichen den **Rathausplatz Rātslaukums (7).** Hier finden regelmäßig Veranstaltungen und Feste statt.

Am Platz fallen zwei Gebäude auf. Einerseits am Westrand die moderne **Bibliothek**, deren Einweihung im Jahr 2005 gefeiert wurde und als Kontrast dazu andererseits die evangelische **Nikolaikirche [N57° 23' 45.7" E21° 34' 03.2"]** aus dem Jahr 1835. Sie steht unter Denkmalschutz und besitzt einen spätklassizistischen Turm, der auf einer Führung besichtigt werden kann.

Vom Rathausplatz gehen wir südwärts am **Kulturzentrum [N57° 23 ,41.59" E21° 34' 4.09"]** vorbei und gelangen auf die **Kuldīgas iela**, der wichtigsten Straße in der Stadt, die sich in den Sommermonaten zur reinen **Fußgängerzone** verwandelt. Zahlreiche Geschäfte, Boutiquen und Restaurants laden hier zum Schlendern und Shoppen ein.

Weiter südlich liegt auf der rechten Seite der Straße Ganību iela eine Grünzone mit dem **Mühlenplatz (8) Dzirnavu laukums [N57° 23' 32.20" E21° 33' 49.26"]**, zu erkennen am **Springbrunnen**, der aus echten Mühlsteinen gefertigt wurde. Es ist aber schon lange her, dass an dieser Stelle tatsächlich Mühlen standen und ihren Dienst verrichteten.

Wenige Meter weiter finden wir einen weiteren Springbrunnen. Auch er bekam von der Bevölkerung einen Beinamen. Er wird „Sonnenboot" genannt, weil man durch die Gischt des Wassers fast immer einen kleinen Regenbogen sehen kann und die Steine im Brunnen wie Boote aussehen.

Gehen Sie noch ein Stück durch den Park, um zwei weitere Blumenskulpturen zu entdecken. Erst sehen Sie die Figur **„Bobsleighteam"** mit einem echten Bob unter bunten Pflanzen und auf der anderen Seite zeigt die **Blumenuhr**

Puķu pulkstenis (9) [N57° 23′ 22.49″ E21° 33′ 52.95″] an der Straßenkreuzung Kuldīgas iela und Lielais prospekts die Zeit an. Die Blumenuhr hat einen Durchmesser von fünf Metern und besitzt sogar einen Sekundenzeiger. Zusätzlich schlägt sie zu jeder Stunde. In den Wintermonaten werden die echten Blumen durch kältebeständige Pflanzen ersetzt.

Wenn man auf dem Lielais prospekts rund 1,5 km nach Westen geht, erreicht man den **Stadtteil Ostgals (10)**. Alternativ bleibt nur der Rückweg über die Kuldīgas iela und die Karļa iela, um zum Hafen zurück zu kehren.

Das unter Denkmalschutz stehende Viertel Ostgals wurde Mitte des 19. Jahrhunderts auf Veranlassung der russischen Regierung gegründet, um die Sandverschüttung der Stadt zu verhindern und damit die westliche Flanke von Ventspils zu befestigen. Heute präsentiert sich Ostgals als ein ruhiges und romantisches Viertel, auf dessen Kopfsteinpflaster ein gemütlicher Spaziergang lohnt.

Direkt hinter Ostgals erstreckt sich der lange, breite **Ostseestrand**, dessen Abschnitt an dieser Stelle regelmäßig mit der „Blauen Flagge" ausgezeichnet wird. Diese Ehrung erhält ein Küstenstreifen nur, wenn er den Umweltschutzrichtlinien entspricht und dementsprechend zum Baden einlädt.

Wer nicht in natürlichen Gewässern baden möchte, kann sich alternativ auch im angrenzenden **Freibad Aqua-Park (14)** erfrischen.

Rund um den Aqua-Park und hinter dem Strand nach Süden verläuft in einer Parkanlage der **Ankerpfad (15)**. Auf ihm sind zahlreiche zu Kunstobjekten gruppierte, teils riesengroße Anker zu sehen, die im Laufe der Jahre aus dem gesamten Baltikum gesammelt wurden. Der größte von ihnen befindet sich vor dem Bad, ist 6 m hoch und wiegt 23 Tonnen. Manche der ausgestellten Anker stammen aus dem 17. Jahrhundert.

Sie alle gehören zum **Küsten-Freilichtmuseum Piejuras brivdabas muzejs (11) [N57° 23′ 05.9″ E21° 32′ 18.9″]** *(geöffnet Di - So 10 - 18 Uhr; www.ventspilsmuzejs.lv/en/).*

Im Freilichtmuseum, das 1954 gegründet worden ist und unmittelbar neben dem Campingplatz liegt, können u. a. Fischerkaten, Windmühlen, Räuchereien, kleine Gehöfte, Boote, Werkstätten u. ä. besichtigt werden.

Nicht nur Kinder haben besonders Spaß daran, mit der **Schmalspurbahn** durch das Museumsgelände – dort liegt auch der „Bahnhof" der dampfbetriebenen Veteranenbahn – und durch den angrenzenden Park zu fahren. Bis Mitte des letzten Jahrhunderts noch war die Bahn offiziell im Linienbetrieb entlang der Küste unterwegs und verband zahlreiche Fischerdörfer; *www.latvia.travel/de/sehenswürdigkeit/kustenfreilichtmuseum-ventspils.*

Schließlich bietet sich bei ausreichend zur Verfügung stehender Zeit noch die Möglichkeit, vom 19 m hohen **Aussichtsturm [Parkplatz, N57° 23′ 48.74″ E21° 31′ 59.66″]** auf der **Südmole (12)** einen weiten Blick über das Meer zu genießen. Die Südmole wurde im Jahr 1905 angelegt und dient seit einigen Jahren als kleine Promenade zum Spazieren. Beim Parkplatz sind Museumsschiffe und Kuh-Plastiken zu sehen.

PRAKTISCHE HINWEISE – VENTSPILS

Touristeninformation Ventspils tūrisma informācijas centrs [N57° 23′ 54.18″ E21° 34′ 9.78″], Dārzu iela 6, Tel.: +371 636 22 263, +371 292 322 26, Web: www.visitventspils.com, E-Mail: tourism@ventspils.lv. *Geöffnet Mai - Sept. Mo - Fr 8 - 19 Uhr, Sa + So 10 - 16 Uhr, übrige Zeit Mo - Fr 8 - 18 Uhr, Sa + So 10 - 16 Uhr.*

Feste und Folklore

Im Januar wird traditionell das **Fest Svjatki** gefeiert. Das zwölf Tage dauernde Fest über slavische Kultur findet mit zahlreichen Festivitäten auf dem Rathausplatz, in der Burg und am Kulturzentrum statt. Ende Mai findet alljährlich das **Ritterturnier** in der Burg des Livländischen Ordens statt. Mitte Juni wird mit einem kleinen Fest die so genannte **„Grün-Saison"** eröffnet, was sich auf die zahlreichen Blumenskulpturen in der Stadt bezieht. In der ersten Augustwoche steht Ventspils beim **Stadtfest** Kopf: Ein Blumenfestival, ein Fest in der Burg, Handwerkertag, Fest des Buches und ein Feuerwerk sind nur einige der Veranstaltungen, die während des Stadtfests organisiert werden. Zu Weihnachten findet nochmals ein **Burgfest** statt und das **Fest der Schmalspurbahn** wird im Küsten-Freilichtmuseum gefeiert.

RESTAURANTS

Windau Coffee, Pils iela 25, Tel. +371 635 09 855. Angenehmes Café in zentraler Lage.
Café Jaunpilsēta Kafejnīca, Saules 48, Tel.: +371 636 24 222. Hausgemachte Gerichte, bis 17 Uhr geöffnet, Sa + So geschlossen.
Kupfernams Café, Karla iela 5, Tel. +371 636 26 999; www.hotelkupfernams.lv. Einladendes Restaurant, gute Küche, Terrasse, beim gleichnamigen Hotel.
Skroderkrogs, Skroderu iela 6, Tel. +371 636 27 634. Angenehmes Ambiente, gute Küche, Terrasse, Reservierung empfehlenswert.

HOTELS

Hotel des Olympischen Zentrums „Ventspils", Lielas prospekts 33, Tel. +371 636 28 032, E-Mail: viesnica@ocventspils.lv. Web: www.hotelocventspils.lv. Das dreistöckige Gebäude, ein 2-Sterne-Hotel in zentraler Lage, liegt direkt an der Hauptstraße und verfügt über 80 zweckmäßig eingerichtete Zimmer. Parkplatz vor dem Haus.
Hotel Vilnis, Talsu 5, Tel. +371 636 28 606, E-Mail: hotelvilnis@apollo.lv, Web: www.dzintarjura.lv. Zeitgemäßes Drei-Sterne-Hotel mit über 30 Zimmer.
Jugendherberge Ventspils Augstkolas tūiristu viensīca, Inženieru 101, Tel.: +371 636 29 202. Im Juli und August gibt es 256 kostengünstige Schlafplätze im Wohnheim der Hochschule.

CAMPING

Camping Piejūras „Seaside Camping" (13) [N57° 23' 2.65" E21° 32' 13.91"], Vasarnīcu iela 56, Tel. +371 636 27 925; www.camping.ventspils.lv/de/; 1. Jan. – 31. Dez. Der Platz liegt im Westen der Stadt. Aus Süden kommend am Kreisverkehr der Campingbeschilderung folgen und über die Inženieru iela zur Vasarnīcu iela, die schließlich zum Platz führt. Der zeitgemäße städtische Campingplatz zählt zu den besseren Anlagen an diesem Küstenstrich Lettlands. Ebenes Gelände, größtenteils im hochstämmigen Pinienwald. Teils auch auf schattenloser Grasfläche im Zentrum der Anlage zwischen Sanitärgebäude, Miethüttenreihe und Beachvolleyballplätzen, dahinter amphitheatralische Bühne. Die Stellplätze auf der schattenlosen Fläche sind dem Geräuschpegel der Spielplätze, Miethütten und Grillstellen ausgesetzt. Ca. 9 ha – 300 Stpl.; zeitgemäße Sanitärausstattung. Sauna. Große Campingküche. Imbiss. 40 Mietbungalows. Fahrradverleih. Das Freilichtmuseum liegt unmittelbar neben dem Platz!
Vom Campingplatz führt ein Bretterweg an besagter Bühne vorbei über einen kleinen Hügel zu einer weitläufigen, gepflegten **Parkanlage** mit vielen Ankerskulpturen. Durch den Park fährt das Veteranenbähnchen vom Freilichtmuseum (siehe dort). Man geht durch den Park etwa 400 m bis zum kilometerlangen, breiten **Sandstrand**, der sich hinter einem Dünengürtel ausdehnt.

TOUR 10: VENTSPILS (WINDAU) – RĪGA

Länge der Tour:	Rund 195 km, ohne Abstecher.
Die Route:	Über die A10/E22 bis zur Kreuzung P120 – Straße P120 bis **Talsi** – Straße P128 bis **Jūrmala** – Straße A10/E22 bis **Rīga**.
Alternative:	Von Ventspils (Windau) über die Straße P124 bis **Kolka** – Straßen P131/P128 bis Jūrmala**.**
Reisedauer:	Mindestens ein Tag. Aufenthalt in Rīga mindestens zwei weitere Tage.
Höhepunkte:	Erholung am **Usmas-See** ** – **Slītere-Nationalpark** * – **Kemeri-Nationalpark** ** – Besichtigung und **Strand von Jūrmala*** – **Stadtrundgang durch Rīga** *** mit **Altstadt, Domplatz, Rathausplatz** *** und **Schwarzhäupterhaus** *****, die **St- Petrikirche** und der **Blick von deren Turm** *****, Jugendstilhäuser** *** in der Alberta iela.

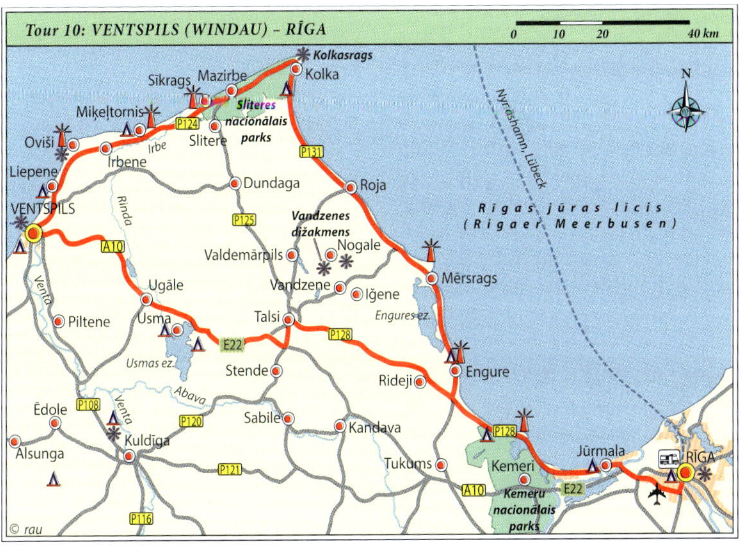

ROUTE: Ventspils verlassen wir auf der rechten Flussseite und folgen der Beschilderung A10/E22 Richtung Rīga. Nach 35 Kilometern passieren wir den Ort ***Ugāle****.*

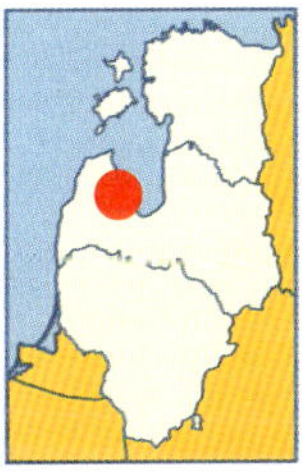

Viel zu sehen gibt es nicht in der kleinen Siedlung **Ugāle**. Trotzdem besitzt der Ort eine Besonderheit. In der evangelischen **Kirche** ertönt noch heute die älteste Orgel Lettlands, die nach vierjähriger Bauzeit im Jahr 1701 fertig gestellt wurde und aufgrund ihres prächtigen Schnitzwerks sehenswert ist.

ROUTE: Von Ugāle auf der A10/E22 weiter in Richtung Rīga. Schon 10 km weiter kommt man an einer Tankstelle zu einem Straßenabzweig, der südwärts zum ***See Usma*** *führt.*

Wenn Sie auf einem der zahlreichen Campingplätze rund um den **Usma-See**

Camping am Usma See

(Usmas ezers) übernachten, werden Sie morgens mit großer Wahrscheinlichkeit auf eine Nebelwand blicken. Fast täglich macht der See in den Morgenstunden seinem Namen alle Ehre, denn Usma-See bedeutet nichts anderes als Nebelsee. Zwar sind drei andere Seen in Lettland größer, dieser zieht trotzdem die meisten Touristen an. Vermutlich liegt das an der Nähe zum Meer und der dortigen touristischen Infrastruktur, denn die anderen Seen befinden sich wesentlich weiter östlich im Landesinneren.

Auch am Usmas ezers wird, typisch baltisch, in der Beschreibung des Sees ein Superlativ genannt. Mitten im See befindet sich nämlich die **Moritzinsel (Moricsala)**. Sie gilt als das älteste Naturschutzgebiet Lettlands, gegründet 1912, und sie ist gleichzeitig der zweit-

CAMPING AM USMA-SEE

Camping Usmas [N57° 14' 24.1" E22° 10' 07.5"], Priežkalni, Usmas pagasts, Ventspils rajons, Tel. +371 263 34 500; www.usma.lv/de; beim Usma Spa Hotel. 15. Apr. – 15. Okt. An der Usma-Tankstelle (bei KM 141) Abzweig von der Straße A10/E22 (Ventspils – Rīga) südwärts und noch knapp 1 km; fast ebene Wiesen hinter dem Hotel direkt am Usma-See, ein einladender Platz in schöner Lage in waldreicher Umgebung; ca. 4 ha – 50 Stpl.; zeitgemäße Sanitärausstattung. Restaurant, Schwimmbad, Sauna, Solarium im Hotel. Badegelegenheit, Angelmöglichkeit, Boots- und Fahrradverleih. V & E für Wohnmobile.

Ģibuļi

Camping Bukdangas [N57° 11' 21.93" E22° 12' 45.77"], Tel. +371 292 56 487; www.bukdangas.lv; Jan. – Dez., am Ostufer des Usma-Sees, Abzweig östlich des Usma-Sees von der A10/E22 südwärts, vorbei am Parkplatz des Usma-Aussichtsturms, auf unbefestigter Straße zum Platz; Wiesengelände am See in waldreicher Umgebung, ca. 3 ha – 70 Stpl., Standard-Sanitärausstattung, Sauna, Bademöglichkeit im See.

Es gibt noch weitere kleine, einfache Campingplätze bzw. Biwakplätze am See und an den Ufern benachbarter Seen. Aber nicht alle dieser Plätze haben Einrichtungen für Wohnmobile oder Wohnwagen. Doch ist man bei fast allen gerne als Gast gesehen und man versucht, doch noch irgendwo einen Stellplatz anzubieten, jedoch ohne Strom.

älteste Naturschutzpark Europas. Die Insel verdankt ihren Namen dem sächsischen Grafen Moritz, der sich vor dem russischen Heer im 18. Jahrhundert auf der Insel versteckte.

Aber der See hat neben zahlreichen Buchten und Landzungen und der Moritzinsel noch weitere Eilande. Die größte Insel ist Viskūžu. Weitere Inseln sind Lielalksnīte, Mazalksnīte, Zossaliņa und Dvīnītes.

*ROUTE: Weiter auf der A10/E22 südostwärts, bis zum Autobahnkreuz, ca. 28 km. Dort ab auf die P120 nordwärts. Nach 6 km erreicht man den großen Kreisverkehr am Südrand von **Talsi**.*

Mehrere Seen liegen in der hügeligen Umgebung des Städtchens **Talsi**. Die beiden größten – der Vilkmuižas ezers und der Talsu ezers – liegen im Norden bzw. im Süden des Stadtgebietes.

Talsi gilt auch als **Zentrum der Kurländischen Schweiz**, einer relativ flachen und von zahlreichen Seen und Wasserläufen durchsetzten Landschaft, deren einzige Hügel bei Talsi zu finden sind.

Bei der Fahrt vom großen Kreisverkehr an der P120 über die rechts (nordostwärts) abzweigende Straße Stendes iela (P127) in die Stadt, trifft man zuerst auf den südlichen See **Talsu ezers**. Am Nordostufer des Sees kann man den Burgberg erkennen, der in früheren Zeiten von den Kuren besiedelt war. Dies haben archäologische Ausgrabungen in den 1930er Jahren bewiesen.

Nahe des Südrandes des Sees kann man links in die Fabrikas iela abzweigen, die am Westufer des Tulsa-Sees vorbei stadteinwärts führt. Folgt man der Fabrikas iela, sieht man auf der linken Straßenseite das **Denkmal [N57° 14' 30.01" E22° 35' 44.98"]** des lettischen Freiheitskämpfers Koklētājs. An dem 1996 eingeweihten Denkmal erkennt man gut die Kokle, ein lettisches Musikinstrument, das an eine Harfe erinnert.

Wenn Sie die Straße weiter hinab fahren, erreichen Sie das Zentrum der 11.000-Einwohner-Stadt. Auf der linken Seite hat man **Parkmöglichkeiten** auf dem Platz Pilsētas laukums, der direkt vor der **Touristeninformation [Parkplatz, N57° 14' 38.4" E22° 35' 28.9"]** liegt, Lielā iela 19/21, Tel. +371 632 24 165; www.visittalsi.com/en/ oder www.talsitourism.lv.

An die Altstadt, die rasch durchquert ist und lediglich durch die alte Bebauung aus dem 19. Jahrhundert et-

Talsi am Talsu-See in der Kurländischen Schweiz

PRAKTISCHE HINWEISE – TALSI

Touristeninformation Talsi [Parkplatz, N57° 14' 38.4" E22° 35' 28.9"], Lielā iela 19/21, LV-3200 Talsi; Tel. +371 632 24 165; www.visittalsi.com/en/ oder www.talsitourism.lv; E-Mail: tic@talsi.lv. *Geöffnet Mo - Fr 9 - 18 Uhr, Sa 10 - 14 Uhr. Im Juni, Juli + Aug. auch So 10 bis 14 Uhr und samstags bis 16 Uhr.*

Feste und Folklore

Am Kulturhaus findet alljährlich in den Sommermonaten das **Stadtfest** statt. Im August wird der so genannte **Dižmāra-Markt** am kleineren See veranstaltet.

RESTAURANT

Restaurant Māra, Lielā iela 16, Tel.: +371 632 91 256. Täglich bis 19.00 Uhr geöffnet.

HOTEL

Hotel Talsi, Kareivju iela 16, Tel.: +371 632 32 020, E-Mail: hoteltalsi@hoteltalsi.lv, Web: www.hoteltalsi.lv. Zentral gelegenes 50-Zimmer-Hotel am Südwestrand des Vilmuižas-Sees, Restaurant, Wellness Center, Parkmöglichkeit.

was Aufmerksamkeit verdient, grenzt im Norden der größte See der Stadt, der **Vilkmuižas ezers**. Der See und seine Ufer wurden vom 11. bis ins 14. Jahrhundert hinein als Begräbnisstätte der Kuren benutzt. Man verbrannte die Toten und verstreute ihre Asche mitsamt Grabschmuck auf dem See.

Ein kleines Schloss befindet sich auf dem Burgberg am Seeufer. Es stammt von den Freiherren von Firck.

Schließlich lohnt noch ein kurzer Blick auf das Haus in der Zvaigžņu iela 1. Es beherbergt die Familiengruft der Kupffers, einer ehemaligen stadtbekannten Arztfamilie.

Eine Ausstellung über die Geschichte Talsis kann man im **Talsi-Regionalmuseum - Talsu Novada Muzejs** sehen **[N57° 14' 33.5" E22° 36' 11.0"]**, Mīlenbaha iela 19, *(geöffnet Di - So 10 - 17 Uhr; www.talsumuzejs.lv)*. Das am östlichen Ortsrand auf dem 105 m hohen Hütel Tiguļu kalnā gelegene neoklassizistische Museumsgebäude wartet auch mit einem Kunst-Café auf.

Abstecher ab Talsi

Wer einen umfassenderen Eindruck von der Landschaft der „Kurländischen Schweiz" erlangen und den „nördlichsten Weinberg der Welt" sehen möchte, der sollte von Talsi einen kleinen Abstecher nach Süden machen. Zuerst erreicht man an der Straße P120 den kleinen Ort **Dižstende**, der von einem großen Park geprägt ist, in dem sich mittendrin ein schönes klassizistisches Gutsgebäude befindet.

Folgt man der Straße P12 noch 12 km weiter kommt man nach **Sabile**, das an der Straße P130 im Tal des Abava-Flusses liegt. Das Städtchen hält sich zugute, den „nördlichsten Weinberg der Welt" auf seiner Gemarkung zu haben. Und tatsächlich sieht man an einem Hang gleich hinter dem Touristenbüro in der Pilskalna iela 6 [N57° 2' 43.00" E22° 34' 29.59"] einige Rebenzeilen.

Lustig ist ein Besuch im **Puppengarten Leļļu dārzs** in der Straße Rīgas iela 17, unweit östlich des Touristenbüros.

Weiter südwestlich liegt an der P130 und am Oberlauf des hier noch jungen Flüsschens Abava der Ort **Kandava.** Mitten im Ort kann man auf einem Hügel die bescheidenen Reste einer Ritterburg [N57° 2' 6.03" E22° 46' 48.24"] sehen. Am Fuße des Hügels dehnt sich die kleine Ortschaft aus, die mit ihren engen Gassen und einem Pulverturm, der noch aus dem Mittelalter erhalten geblieben ist, zu einem Bummel einlädt.

Und wer lieber durch fast unberührte Landschaften wandert, kann dies im **Naturschutzgebiet Čužu purva dabas**

taka [kleiner Parkplatz, N57° 1' 35.12" E22° 47' 7.91"] tun, durch das das Flüsschen Abava mäandert und das im Südosten des Ortes liegt.

Eine weitere Ausflugsalternative von Talsi aus wäre eine Fahrt nach Norden. 15 Kilometer nördlich von Talsi kommt man auf der P127 in den wenig aufregenden Ort **Vandzene** mit einem Gutsschloss im klassizistischen Stil, das aber nicht besichtigt werden kann.

Besichtigen kann man dagegen, zumindest von außen, eine südöstlich von Vandzene in **Iģene** gelegene seltene **Holzkirche [N57°18'3.63" E22°49'12.61"]**. Falls geöffnet sollte man sich unbedingt die aufwändig geschnitzte Holzkanzel im Inneren der Kirche ansehen. Holzkirchen dieser Art gibt es nur noch wenige in Kurzeme/ Kurland.

Zu guter Letzt kann man von Vandzene 10 km nach Norden, nach **Nogale** fahren. Interessant dort ist das in einem kleinen Park südöstlich des Ortes nahe eines kleinen Sees etwas versteckt gelegene Jagdschloss von Nogale. Die Freiherren von Firck ließen sich in der zweiten Hälfte des 19. Jahrhunderts das Schlösschen errichtet. Falls geöffnet und eine Besichtigung möglich ist, sind bemerkenswerte Innenräume zu sehen.

Direkter Weg Richtung Rīga

ROUTE: Unser direkter Weg nach Rīga führt von Talsi südwärts bis zum großen Kreisverkehr. Dort folgen wir der P129 ein kurzes Stück ostwärts bis zur rechts abzweigenden Straße P128. Ihr folgen wir durch die waldreiche Region bis wir nach längerer Fahrt den westlich von Rīga gelegenen ***Kemeri-Nationalpark*** *erreichen (siehe auch* ***Hauptroute*** *weiter hinten).*

Falls Sie der nachstehend beschriebenen Alternativroute ab Ventspils zum Kap Kolka nicht folgen, bitte weiter mit **Hauptroute** etwas weiter hinten.

Alternativroute und Umweg über das Kap Kolka

ALTERNATIVROUTE: ***Kolka*** *liegt rund 90 km nordöstlich von Ventspils auf einer Landspitze am Nordostende des Küstennationalparks* ***Slīteres nacionālais parks.*** *Die Straße P124 nach Kolka ist seit geraumer Zeit durchgehend asphaltiert. Die zur Küste oder ins Inland abzweigenden Nebenstraßen sind aber unbefestigte Staubstraßen. Die Fahrt über Liepene nach Kolka ist landschaftlich allerdings absolut unspektakulär!*

Ventspils *verlässt man zunächst ostwärts auf der A10, um später der P124 nordwärts und letztendlich bis Kolka zu folgen. Unterwegs hat man immer wieder Gelegenheit zu Küstenoren wie Liepene, Ovīši, Miķeļtornis u. a. abzuzweigen.*

Der Grund für den weiten Abstecher nach Kolka kann in den Wandermöglichkeiten entlang der Küste im Nationlapark Slīteres nacionālais parks liegen.

Nach 22 km auf dem Weg nach Norden kann man nach **Ovīši** abzweigen. Dort steht seit 1814 der **älteste Leuchtturm** Lettlands.

Rund 30 km nordöstlich von Ventspils bietet sich Gelegenheit von der Hauptstraße P124 zwischen KM 25 und KM 26 südwärts nach **Irbene** abzuzweigen. Nach knapp 1 km auf befestigter Rollbahn kommt man zum **Ventspils Starptautiskais Radioastronomijas Centrs (IZI VSRC)**, einer absolut unscheinbaren Anlage. Lediglich zwei riesengroße **Radioteleskop-Parabolantennen,** die die Sowjets einst hier in den abgelegenen Wäldern errichtet hatten, fallen ins Auge. Alleiniger Verwendungszweck damals: Spionage und das Abhören von Satellitenverbindungen in der westlichen Welt.

Die größere der beiden verbliebenen Parabolantennen RT-32 hat einen Durchmesser von 32 m und ist heute noch die größte ihrer Art in Nordeuropa und die achtgrößte weltweit.

CAMPING NÖRDLICH VON VENTSPILS

Liepene

Camping Liepene [N57° 29′ 23.5″ E21° 38′ 52.4″], Tārgales pagasts, Tel. +371 291 02 990; http://www.kempingsliepene.lv/de/; 1. Jan. – 31. Dez.; rund 15 km nördlich von Ventspils Abzweig von der P124 Richtung Liepene und noch ca. 2 km staubige Schotterstraße bis zur Weggabelung, dort geradeaus zum Platz. Naturbelassene, ausgedehnte, wellige Waldwiesen mit einzelnen Nadelbaumgruppen und einem Froschteich hinter zwei Wohnhäusern (Rezeption). Im vorderen Platzteil Stromanschlüsse. Picknicktische. Ca. 5 ha – 100 Stpl.; sehr einfache Sanitäreinrichtungen. Sauna, Internetecke, Aufenthaltsraum. Kein Chemikalausguss. Durch einen Waldgürtel zum ca. 400 m entfernten Ostseestrand.

Camping Jēņi [N57° 29′ 31.2″ E21° 39′ 34.3″], Tārgales pagasts, Liepene, Tel. +371 291 52 971; www.campingjeni.lv; 1. Jan. – 31. Dez; rund 15 km nördlich von Ventspils Abzweig von der P124 Richtung Liepene und noch ca. 2 km staubige Schotterstraße bis zur Weggabelung, dort rechts und noch ca. 800 m Erdstraße. Größeres Wiesengelände beiderseits der staubigen Zufahrtsstraße, mit Waldanteil. Ca. 5 ha – 150 Stpl.; Standard-Sanitärausstattung, Sauna, Bungalows. V & E für Wohnmobile. Auf einem Spaziergang durch einen Kiefernwald ist der Ostseestrand zu erreichen.

Miķeļtornis

Camping Miķeļbāka [N57° 35′ 52.21″ E21° 57′ 55.86″], Miķeļtornis, Tel.: +371 278 84 438, E-Mail: martins@mikelbaka.lv, Web. www.mikelbaka.lv/de/. Anfang Apr. – Mitte Sept. Campinggelände auf Wiesen von Wald umgeben. Zeltwiese und Stellmöglichkeiten für Wohnmobile und Caravans. Ca. 3 ha – 100 Stpl., Standard-Sanitärausstattung, großer zentraler Picknickplatz mit Feuerstelle. Sommercafé. Miethütten. Der Platz liegt direkt an einem langen Sandstrand.

Heute nützen Radioastronomen aus Lettland die Anlage zu wissenschaftlichen Zwecken.

Nach der Restaurierung der Antennen werden wieder Führungen unter fachkundiger Leitung angeboten, al-

Strand bei Liepene

Wanderbeschilderung im Slīteres Nationalpark bei Kolka

lerdings nur nach telefonischer Anmeldung unter Tel. +371 292 30 818 (an Werktagen), Tel +371 264 13 925 (an Sonn- und Feiertagen) oder eMail: Info-virac@venta.lv. Mehr Infos dazu bietet https://venta.lv/en/science/ventspils-international-radio-astronomy-centre/. Es gibt einen kostenpflichtigen **Parkplatz [N57° 33' 11.20" E21° 51' 30.40"]**.

Nach dem ältesten Leuchtturm Lettlands bei Oviši kann man bei **Miķeļtornis** den **höchsten Leuchtturm** des gesamten Baltikums betrachten. Er wurde im Jahr 1884 errichtet und ist 62 m hoch.

Auf dem weiteren Weg passieren wir die Grenze zum **Slītere-Nationalpark (Slīteres nacionālais parks)**. Das Gebiet des Nationalparks erstreckt sich an der gesamten Küste entlang bis zum Kap Kolka.

Hier sind Naturschönheiten zu finden, die teilweise nur auf Führungen zu entdecken sind. Doch auch Individualisten werden sich mit Hilfe von einigen Hinweistafeln zurechtfinden.

Zudem befindet sich in fast jedem Ort innerhalb des Nationalparks ein Aussichtsturm, der jeweils einen grandiosen Ausblick auf die Ostsee und die Küstenregion ermöglicht.

Am südlichen Ende des Nationalparks trifft man auf einen ehemaligen Leuchtturm aus dem Jahr 1849. Dort beginnt der **Naturpfad Slītere.** Auf ihm gelangen Wanderer über die sanften Hügel der „Blauen Berge" weiter in das Landesinnere. Bei den „Blauen Bergen" handelt es sich weniger um ein Gebirgsmassiv als um ein ehemaliges Steilufer, das bis zu 20 m in die Höhe ragt. Rund 10.000 Jahre ist es her, als die Brandung des Baltischen Eismeers bis hierher ans Ufer schlug.

Auf unserem weiteren Weg gen Norden treffen wir auf den Abzweig nach **Sīkrags**, das wegen der dortigen acht Fischerkaten einen kurzen Stopp wert sein kann, sowie auf den Abzweig zum Fischerort **Mazirbe (Klein-Irben)**. Dort lohnt der Besuch des Museums im **Kulturhaus des Liven-Volks Stūrīši Lībiešu viesu nams un muzejs [N57° 41' 0.46" E22° 18' 59.16"]**, *geöffnet Di - Fr 11 - 17 Uhr.*

Und man kann in Mazirbe geräucherten Fisch genießen.

Mazirbe ist im Übrigen der Hauptort von den sechs Dörfern, in denen die letzten verbliebenen Liven leben.

Die **Liven** bezeichnen sich selbst nicht als Letten und bewahren ihre eigene Kultur und Sprache. Es handelt sich

Wanderparkplatz und Aussichtsturm bei Kolka

um eines der kleinsten europäischen Völker, die hauptsächlich vom Fischfang und in völliger Abgeschiedenheit leben. Gut zu erkennen ist zudem ihr eigener Baustil an den Fischerkaten, wie zum Beispiel in **Košrags**, das nun auch eine Straßenanbindung an die P124 bekommen hat.

Kurz vor **Kolka** liegt links (westlich) des großen Kreisverkehrs, keine 400 m vom Ostseestrand entfernt, ein gebührenfreier **Parkplatz [N57° 45' 23.8" E22° 35' 28.2"]** mit hohem **Aussichtsturm**. Wer sich der Mühe des Aufstiegs unterzieht, wird mit einem Blick auf die umliegenden Wälder und aufs Meer belohnt.

Am Parkplatz beginnt der Pinienpfad „Priezu dabas taka", ein 1,2 km langer, ausgeschilderter Rundwanderweg durch den Küstenwald, einem kleinen „Urwald" mit Jahrhunderte alten, umgestürzten und vom Sand zurückeroberten Pinien. Weiter über die ältesten und längst wieder bewaldeten Dünen und am Strand zurück zum Aussichtsturm und Parkplatz.

Ein weiterer, allerdings gebührenpflichtiger **Parkplatz [N57° 45' 23.8" E22° 36' 00.2"]** liegt vor der Cafeteria-Sommercafé „Divjūriņas-Kolkasrags", wenn man an besagtem Kreisverkehr geradeaus fährt. Auf dem Parkplatz ist es gestattet gegen eine Extragebühr im eigenen Auto (Wohnmobil) zu übernachten.

Gleich neben dem Café ist das **Informationsbüro Kolkasraga apmeklētāju informācijas centrs [N57° 45' 23.39" E22° 36' 0.13"]**, www.kolkasrags.lv, eingerichtet worden, das Auskunftsmaterial über das Kap Kolka bereithält *(geöffnet täglich, ab 15. Oktober aber nur Fr, Sa + So und an Sturmtagen ab 10 Uhr bis zum „letzten Besucher")*.

In der Touristeninformation kann man u. a. auch Auskünfte zu **Radtouren** erhalten, wie die in Mazirbe beginnende, 28 km lange, mittelschwere, mitunter über schlechte Waldwege führende **Mountainbiketour zu den „Livländischen Dörfern"**, oder zu der 50 km langen, mittelschweren **Mountainbiketour „Slītere Rundtour"**, die am Parkplatz von Kolka beginnt und die - je nach Lust und Laune - in ein bis zwei Tagen bewältigt werden kann.

Wer schon mal an der Landzunge Grenen beim dänischen Skagen war und beobachtet hat, wie die Strömungen von Nord- und Ostsee, von Skagerrak und Kattegat, zusammentreffen, der weiß in etwa was ihn am **Kap Kolka Kolkasrags [N57° 45' 31.96" E22° 36'**

17.08"] erwartet. Vom Parkplatz führt ein Fußweg durch einen Kiefernwald, vorbei am einem prähistorischen Dolmen nicht unähnlichem Steindenkmal [N57° 45′ 28.73″ E22° 36′ 8.97″], bis zum Sandstrand am Kap.

Hier am nordöstlichsten Punkt des Slītere-Nationalparks trifft das Wasser der Ostsee auf das der Rīgaer Bucht. Ein landschaftlich schönes Bild. Poetische Stimmen besingen die Gegend hier als Treffpunkt der Gewässer, der Menschen und Nationen oder als Schnittpunkt zwischen Vergangenheit, Gegenwart und Zukunft.

U. a. hieß es früher: „Stürme, lieber Wind und bring mein Schiff schnell nach Kurland. Dort in Kurland wurde mir eine Tochter zum Weib versprochen."

Krišjānis Valdemārs, dessen Denkmal wir im Hafen von Ventspils gesehen haben, verstieg sich einst sogar zu der Behauptung, dass am Kap Kolka der Mittelpunkt der Erde sein muss. Dass dem nicht so ist, wissen wir heute längst. Vielleicht meinte Herr Valdemars aber eher den Schiffsfriedhof vor dem Kap. Denn rund um das Kap Kolka liegen so viele Schiffswracks auf dem Meeresgrund wie an keiner anderen Stelle in der Ostsee.

Seit jeher stellen die Untiefen am Kap Kolka, die sich 6 km weit ins Meer erstrecken, eine Gefahr für die Seefahrt dar. Es

Die orthodoxe Kirche in Kolka

wird berichtet, dass bis ins 13. Jh. hinein mit Warnfeuern versucht wurde, den Seefahrern eine sichere Passage von der Straße von Irbe in den Golf von Rīga zu weisen.

Mitte des 16. Jh. dann wurde ein erster Holzturm am Kap errichtet, der 200 Jahre später durch einen Turm aus Stein ersetzt werden konnte. Und erst 1872 machte man sich die Mühe und schüt-

PRAKTISCHE HINWEISE – KOLKA

Feste und Folklore
Anfang August feiert man in Mazirbe das **Livische Kulturfest**.

CAMPING

Kolka

Camping Kolka Uši [N57° 44′ 57.10″ E22° 35′ 37.50″], Tel. +371 294 75 692. Kleine private Campingmöglichkeit beim Ferienhaus Uši. Gegenüber der Orthodoxen Kirche an der P131, zwischen Straße und Küste, nur etwa 700 Meter südlich vom Kreisverkehr am Kap Kolka. Große naturbelassene Wiesen, durch Baumgruppen von der Küste (Golf von Rīga) getrennt. Ansprechende Lage, aber so gut wie keine Ausstattung.

Melnsils bei Roja

Camping Melnsils [N57° 39′ 4.40″ E22° 34′ 54.09″], Tel. +371 286 05 606; www.melnsils.lv; Anf. Mai – Ende Sept., Wiesengelände auf einer Waldlichtung am Meer, ca. 4 ha – 50 Stpl., einfache Standard-Sanitärausstattung, Miethütten, Fahrradverleih.

tete in den Gewässern etwa fünf Kilometer vor dem Kap eine künstliche Insel auf, um darauf einen Leuchtturm bauen zu können.

Im Frühjahr sind am Kap Kolka regelmäßig mehrere Hunderttausend Zugvögel zu beobachten, die hier Halt machen, darunter Gänse, Enten, Bussarde und sogar Adler.

*ALTERNATIVROUTE: Ab Kolka auf der Straße P131 nach Süden. Unterwegs passiert man zahlreiche Fischerdörfer, die sich an der Küstenstraße reihen, wie **Pūrciems, Roja, Mērsrags** oder **Engure**. Nach rund 100 km erreicht man Schließlich den **Kemeri-Nationalpark**.*

Roja ist recht unscheinbar. Zu den wenigen Sehenswürdigkeiten des Küstenstädtchens zählen die Ausstellungen im **Heimat-, Fischerei- und Seefahrtmuseum Rojas Jūras zvejniecības muzejs [N57° 30′ 4.56″ E22° 48′ 52.79″]**, Selgas iela 33 (P131), mit sehenswerten Segelschiffmodellen *(geöffnet Di - Sa 10 - 17 Uhr)*. Große Ausstellung zum Thema Hochseefischerei.

Das „Teufelsboot", eine historische Grabstelle

Informationen von touristischem Belang erhielt man bislang in der **Touristeninformation Rojas Tūrisma informācijas centrs [N57° 30′ 15.27″ E22° 48′ 28.52″]** in der Selgas iela 14B (P131), Tel. +371 286 30 590; www.roja.lv; *(geöffnet Mo - Sa 10 - 18 Uhr, So 11 - 15 Uhr; Weiterbestand an dieser Stelle fraglich!)*.

Ein gutes Stück südwestlich von Roja und weiter im Landesinneren kann man zunächst über die P126 und bei **Lube** über teils schlechte Nebenstraßen über den Weiler **Lībe** zum so genannten, aber nicht leicht zu findenden **Teufelsboot Bīlavu velna laiva [N57° 25′ 24.60″ E22° 41′ 44.98″]** gelangen. Zu sehen gibt es am Rand eines Nadelwaldes eine Grabstätte früherer Einwanderer aus Skandinavien. Aus großen Feldsteinen wurde die Form eines Schiffes nachgebildet. Zu vergleichen sind sie mit der Form und der Beschaffenheit mit den Wikinger Schiffssetzungen zum Beispiel in Schweden, nur sind diese hier wesentlich kleiner.

Nicht weit davon entfernt wächst eine der dicksten Linden des Landes. Der **Götzenlinde** genannte Baum hat einen Stammumfang von 8,5 m.

Das Hafenstädtchen **Mērsrags** liegt am Ende des Entwässerungskanals der Salzmarschen im Hinterland und am Nordrand eines Naturparks der sich rund um den **Engure See** erstreckt und auch die Küste und die Gewässer davor mit einbezieht.

Vor Jahrhunderten war der See noch eine Meeresbucht, die sich im Laufe der Zeit durch Sandaufspülungen aber schloss und seitdem eine Lagune bildet.

Die sieben Inseln im Gewässer sowie das Seeufer sind Heimat für rund 60 Vogelarten. Aus diesem Grund kommen viele Ornithologen an den Engure See und nutzen Aussichtsplattformen für Vogelbeobachtungen.

Zu den eher bescheidenen Sehenswürdigkeiten von Mērsrags zählt der nördlich des Ortes an der Küste gelegene, fast 22 m hohe **Leuchtturm Mērsraga bāka [N57° 21' 55.87" E23° 7' 17.90"]** aus dem Jahre 1875, der gelegentlich samstags zwischen 13 und 14 Uhr besichtigt werden kann.

Besichtigen kann man in Mērsrags zudem das **Dorfmuseum „Saieta nams" [N57° 20' 54.9" E23° 07' 15.4"]**, Rožu iela 16 *(geöffnet tgl. 10 - 18 Uhr)*, eine kleine private Runensammlung mit mythologischen Symbolen sowie eine maritime Sammlung. Die Ausstellungen im Museum, das in einem der ältesten Häuser des Ortes untergebracht ist, geben darüber hinaus Einblick in die Geschichte des Küstenstädtchens.

Eine kulinarische Spezialität in Mērsrags, aber nicht nur hier, sondern in vielen Küstenorten in dieser Gegend Lettlands, ist Räucherfisch. In Mērsrags findet man entlang der Hauptstraße Lielā iela einige Räuchereien, die diese Spezialität anbieten.

In dem Straßendorf **Bērzciems,** einem Zentrum der Ornithologie am Engure-See (http://eedp.lv/), an der P131, etwa auf halbem Wege zwischen Mērsrags und dem Küstenstädtchen Engure gelegen, konnte man außerhalb der Brutzeit der diversen Vogelarten zusammen mit einem Führer eine Vogelstation besichtigen. Wer Glück hatte, konnte sogar das Beringen von Vögeln beobachten. Ob dieser Service Besuchern auch weiterhin angeboten wird, war nicht verlässlich in Erfahrung zu bringen.

Außerdem findet man in dem kleinen Ort Bērzciems einige Fischräuchereien mit Restauration. Und die Küstengewässer hier werden gerne zum Kitesurfen genutzt.

PRAKTISCHE HINWEISE – MĒRSRAGS

Touristeninformation Mērsrags [N57° 20' 11.68" E23° 7' 22.47"], Zvejnieku iela 2, Tel.: +371 632 37 704, E-Mail: infocentr@mersags.lv, Web: www.mersrags.lv. *Geöffnet Mo + Mi 8 – 12 Uhr, 13 – 17 Uhr, Di + Do 8 – 12 Uhr, 13 -18 Uhr, Fr 8 – 14 Uhr.*

Touristische Infos erhält man auch im Verwaltungsgebäude des Bezirks, Liela iela 35.

RESTAURANT

Restaurant Kreses, Lielā iela 74, Tel.: +371 265 11 167.

CAMPING

Mērsrags

Camping Saules [N57° 21' 28.19" E23° 7' 46.29"]; Bākas iela 29; Tel. +371 277 97 555; http://sauleskempings.lv/; Anf. Mai – Ende Aug.; nördlich des Ortszentrums von Mērsrags, Zufahrt von der Straße zum Leuchtturm Mērsraga bāka; von Bäumen umgebene, fast ebene Wiesen mit Miethütten, nahe der Küste mit Sandstrand; einfache Sanitäreinrichtungen; Fahrradverleih.

Auf der Fahrt von Mērsrags Richtung Jūrmala passiert man mehrfach die Zufahrten zu kleineren Campingplätzen, die nur eine Wiese und ein Toilettenhäuschen mit Dusche haben. Sie sind überwiegend für Zelttouristen gedacht, aber auch mit dem Wohnmobil ist das Übernachten hier möglich.

Abragciems bei Engure

Camping Abragciems [N57° 11' 52.00" E23° 12' 13.83"], Tel. +371 631 61 668, +371 261 10 738; www.abragciems.lv; Anf. Mai – Ende Sept.; nördlich von Engure Zufahrt von der P131 beim Ort Abragciems meerwärts (ostwärts); Wiesen- und Waldgelände in ansprechender Lage am Meer; ca. 4 ha – 120 Stpl.; ordentliche Sanitärausstattung; Waschmaschine, Restaurant, Boots- und Fahrradverleih; zahlreiche Mietunterkünfte.

Rund um den Engure See breitet sich Salzgrasland aus, das bis zur Ostseeküste reicht. In diesen Marschen sind Wanderwege angelegt, die entlang des Sees führen, dabei passiert man Bootsstationen, bei denen ein Ruderboot ausgeliehen werden kann. Die Naturparkverwaltung bittet sehr darum, beim Rudern das schutzbedürftige Ufer und Schilf zu respektieren, damit kein Vogel beim Nisten gestört wird.

Und ein fast 70 km langer **Radweg** führt von Bērziems über Mērsrags und Ķūļciems um den See bis nach Engure. Besonders leicht ist diese Tour aber nicht gerade. Sie führt nämlich gelegentlich über sandige Waldpisten, mitunter auch über Kiespisten.

Auf der Fahrt von Mērsrags über Engure Richtung Jūrmala sind immer wieder schöne Ausblicke auf das Meer, die Rīgaer Bucht, möglich, was auf den meisten bisherigen küstennahen Straßen kaum möglich war. Die Sandstrände sind vielfach mit großen Steinen und Felsbrocken durchsetzt, aber recht einladend.

Abstecher ins Filmstädtchen Cinevilla

Rund 7 km südlich von Engure bietet sich Gelegenheit südwärts nach **Tukums** abzuzweigen, ca. 17 km. Südlich von Tukums, also weiter im Landesinneren, liegen die **Cinevilla Studios [Parkplatz, N56° 52′ 40.1″ E23° 13′ 13.1″]**. Zu erreichen ist der Ort über die P98 von Tukums Richtung Slampe, dann der Beschilderung folgen.

Für den Besuch des Dorfes wird eine kleine Gebühr erhoben.

Aber Cinevilla ist ein Dorf ohne Einwohner. Und von den Häusern sind auch nur die Frontfassaden zu sehen. Der Grund: Cinevilla ist eine Filmstadt. Im Jahr 2004 wurden die Kulissen errichtet und der erste Film im Ort gedreht: „Rīgas sargi" was so viel bedeutet wie „Verteidiger Rigas". Da der Film bisher leider nicht ins Deutsche synchronisiert wurde, muss man sich bei Interesse mit der englischsprachigen Version „Defenders of Riga" befassen.

Besucher von Cinevilla können in die Kostüme der Darsteller schlüpfen und so durch die Filmstadt schlendern. Man darf also nicht überrascht sein, wenn ein Soldat des Ersten Weltkriegs auf einen zumarschiert und dabei eventuell Turnschuhe trägt. Zudem existiert auf dem Gelände noch ein Kriegsmuseum, welches sich mit Ausrüstungsgegenständen des Ersten Weltkrieges befasst *(geöffnet tgl. 10 - 19 Uhr; www.cinevilla.lv).*

In der „Filmwelt" von Cinevilla

Interessant ist auch zu sehen, wie beim Film „special effects" gemacht werden.

HAUPTROUTE

Straßen, gesäumt von Wäldern rechts und links des Weges sind charakteristisch für Lettland. Oft ist es nicht möglich zu unterscheiden ob es sich um einen gewöhnlichen Wald oder um ein geschütztes Naturreservat handelt. Wenn man wenige Kilometer vor Jūrmala z. B. das Hinweisschild übersieht, erkennt man nicht, dass man nun durch den Kemeri-Nationalpark fährt.

Südlich der Küste zwischen Klapkalnciems und Jūrmala erstreckt sich der erst 1997 gegründete **Nationalpark Kemeru nacionalais parks**, ein ausgedehntes Waldgebiet mit Hochmooren (eines der größten in ganz Lettland) und einigen kleineren Mineralquellen.

Die Hochmoore bilden eine Torfschicht, die eine Dicke bis zu 8 m erreicht und sage und schreibe 8.000 Jahre alt ist. Das ganze Naturschutzgebiet ist ein idealer Rastplatz für Zugvögel, wie zum Beispiel für den Weißrückenspecht, der zum Wappentier des Nationalparks wurde.

Am Westrand des Ortes **Kemeri** beginnt am Westende der Straße Partizānu iela ein kurzer **Wanderweg [N56° 56' 41.19" E23° 28' 27.20"]** durch den Südteil des Naturparks.

Ein längerer **Rundweg [N56° 54' 59.97" E23° 27' 52.84"] (Lielais Kemeru tīrelis)** beginnt an einem **Parkplatz** südwestlich von Kemeri, Zufahrt von der Fernstraße A10. Auf extra angelegten Holzplankenwegen und Knüppeldämmen kann man fast 3 km weit durch das Moor und seine kleinen Seen und Weiher spazieren. Zwei Stunden sollten Sie dafür einplanen. Die Parkverwaltung bittet dringend darum, die Holzplanken nicht zu verlassen, um die überaus fragile Pflanzenwelt der Moore nicht zu zerstören! Der weiche Moosboden würde sehr stark eingedrückt werden und auf lange Sicht würden Schäden zurückbleiben.

Am Kaniera-See nördlich von Kemeri gibt es einen Aussichtsturm, der eigens dazu errichtet wurde, um Vögel besser beobachten zu können.

Die Parkplätze im Kemeri-Nationalpark sind alle kostenpflichtig.

Weitere Informationen erhält man bei der Nationalparkverwaltung in Kemeri, Tel. +371 677 30 078; www.latvia.travel/de/sehenswurdigkeit/kemeri-national-park; www.kemerunacionalaisparks.lv.

In und um Kemeri, dem Hauptort des Nationalparkgebiets, leben heute rund 3.500 Menschen. In der Gegend sind Soldatengräber, sowie Schützengräben aus dem Ersten und dem Zweiten Weltkrieg zu finden.

ROUTE: *Unweit östlich von Kemeri erreicht man auf der Straße P128 die ersten Häuser von* ***Jūrmala****.*

Schmal und lang ist das Stadtgebiet von **Jūrmala**. Eingezwängt zwischen Ostsee und dem Fluss Lielupe bzw. dem See Babītes kann sich die Stadt nur in Ost-West-Richtung ausdehnen, was sie denn auch auf einer Länge von stattlichen 30 km tut!

Die Ein- und Durchfahrt durch **Jūrmala ist mautpflichtig!** Tickets kann man aus am Stadtrand an den Zufahrtsstraßen in Haltebuchten aufgestellten Automaten ziehen; von April bis September betrung die Gebühr bislang 2,- Euro, von Oktober bis März keine Mautgebühr. Elektrofahrzeuge sind von der Maut befreit! Es gibt Parkscheine mit einer Gültigkeit von 24 Stunden. Kontrollen sind häufig, und die Bußgelder sind hoch! Infos über Mautgebühren, auch zur Maut in Lettland, hält die Webseite https://www.bussgeldkatalog.org/maut-lettland/ bereit.

Wer lediglich durch Jūrmala hindurchfährt (mit Mautgebühr!), wird später behaupten, es reihe sich ein Gästehaus an das nächste und der Ort habe nichts zu bieten, außer einer ewig langen Hauptstraße. Dies ist so natürlich nicht ganz richtig. Aber dass Jūrmala stark vom Tourismus geprägt ist, kann die Stadt nicht verbergen.

Bis ins 19. Jh. war hier an der südlichen Küste der Rīgaer Bucht wenig mehr als eine Handvoll Fischerdörfer zu finden. Das änderte sich schlagartig, als im 19. Jh. die ersten Badegäste – angezogen von den kilometerlagen, breiten, feinsandigen **Stränden** und den **Kuranwendungen** mittels Heilschlamm etc. – aus der nahe gelegenen Hauptstadt Rīga hierher zur Sommerfrische kamen.

Von da an wuchs die Gemeinde zu einem immer größer werdenden Kur- und Seebad von mittlerweile stattlicher Ausdehnung heran. Die touristische Infrastruktur ist entwickelt, vor allem das Hotelwesen. Die meisten Hotels bieten Heilbäder und/oder Wellnessbereiche an.

Viele Hotels liegen am beliebten **Stadtstrand „Majori“,** der seit Jahren regelmäßig mit der blauen Flagge des Europäischen Umwelt Fonds ausgezeichnet wird. In den Sommermonaten erreicht das Wasser eine Temperatur von 16° bis zu 20°C.

Reisende, die etwas Zeit mitbringen, können – neben schön mit sehenswerten Schnitzereien verzierten Holzhäusern aus dem frühen 20. Jh. – in der Tirgoņu iela Nr. 27/29 ein besuchenswertes **Stadtmuseum [N56° 58‘ 16.5“ E23° 48‘ 05.0“]** besichtigen *(geöffnet Mi - So 10 - 17 Uhr; www.liveriga.com/de/9417-stadtmuseum-jurmala/).* Das Museum informiert nicht nur über die Stadtgeschichte, sondern lädt auch zu einer Art archäologischer Unterwasserexpedition ein. Anschaulich und kurzweilig wird die historische Bucht des Rīgaer Meerbusens erklärt, der übrigens im Schnitt nur 26 m tief ist. Die tiefste Stelle bringt es auf 60 m.

Zu einem der schönsten Häuser in Jūrmala, zumindest aber im Stadtteil Dubulti, wird das **Haus von Aspezija [N56° 58‘ 17.70“ E23° 46‘ 52.24“]** gezählt, an der Durchgangsstraße Zigfrīda Meierovica prospekts 18/20 gelegen. Das prächtige, noch fast komplett eingerichtete Holzhaus aus dem frühen 20. Jh., einst Dichterresidenz, war damals vor allem berühmter Künstlertreffpunkt in Jūrmala *(geöffnet 15. Mai – 15. Sept. Di - Sa 10 -18 Uhr, im Winterhalbjahr bis 17 Uhr).*

Eine Attraktion besonderer Art ist der **Līvu Akvaparks [Parkplatz, N56° 58‘ 32.62“ E23° 51‘ 35.56“]** im Stadtteil Bulduri in der Viestura iela 24 *(geöffnet im Sommer Mo - Fr 11 - 22 Uhr, Sa + So 10 - 21 Uhr; übrige Zeit ab 12 Uhr geöffnet und zwischen September und Mai an Wochenenden geschlossen; www.akvaparks.lv/).* Der Aquapark gilt als eines der größten Spaßbäder in Nordeuropa mit 10 Schwimmbecken, 20 Wasserrutschen, mit Wellnesskomplex, einer „Salzkammer“ etc.

Mein Tipp: Wenn Sie sich mit dem Gedanken tragen, in Jūrmala ein paar Tage auszuspannen, sollten Sie sich nicht unbedingt ein Wochenende dazu aussuchen. Wenn dann noch das Wetter mitmacht, erstickt Jūrmala im Verkehr und Stadt, Strand und die Fußgängerzone und Restaurantmeile Jomas iela im Stadtteil Majori platzen dann aus allen Nähten!

PRAKTISCHE HINWEISE – JŪRMALA

Touristeninformation Center Jūrmala [N56° 58‘ 17.6“ E23° 47‘ 52.8“], Lienes iela 1/5, LV-2015 Jūrmala-Majori, Tel. +371 671 47 900; www.visitjurmala.lv/en/. *Geöffnet Mo - Sa 9 - 17 Uhr, So 10 - 15 Uhr.*

RESTAURANTS

Restaurant Kūriņš, Kaugurciema iela 47, Tel.: +371 677 34 677. Urige Kneipe mit deftiger Kost, in Strandnähe nordöstlich der Innenstadt. Im Sommer mit Strandterrasse.

Restaurant Romantica, ehemals „Al Thome“, Pilsoņu iela 2, Restaurant am Majori-Strand.

Bistro Dukāts, Baznīcas iela 12/14, Tel.: +371 677 60 482, Bistro mit Konditorei und Café.

HOTEL

Hotel Jūrmala Spa, Jomas iela 47/49, Tel.: +371 677 84 400; www.hoteljurmala.com. Neuzeitliches Hotelhochhaus. Wellnesshotel in Strandnähe, Restaurant, Bar, Fitnessraum, Schwimmbad, Billardraum und einem bewachten Parkplatz.

CAMPING

Camping Jūrmala [N56° 58′ 00.4″ E23° 45′ 29.0], Dubultu prospekts 51, Tel. +371 264 00 500; www.campingjurmala.lv/en/; 1. Mai – 30. Sept.; Zufahrt in Jūrmala von der Hauptstraße P128 beschildert; baumbestandenes Wiesengelände, zum Dubulti-Strand ca. 200 m; auf dem Campinggelände liegt das verlassene, ruinierte Gebäude eines ausgedienten russischen Kurhotels; ca. 6 ha – 110 Stpl.; sehr einfache Sanitärausstattung. WLAN, Tennis. Zum Bahnhof „Dubulti" 1,2 km, Verbindungen nach Riga, Fahrzeit ca. 40 Minuten.
Camping Nemo [N56° 57′ 33.16″ E23° 38′ 42.43″], Altbalss iela 1, Tel. +371 677 261 00 500; www.nemo.lv/de/; 1. Mai – 30. Sept.; am westlichen Stadtrand gelegen, beschilderter Abzweig von der Hauptstraße P128 meerwärts. Platzeinfahrt unmittelbar vor dem Einfahrtsverbotsschild nach Jūrmala für Nichteinheimische. Ebenes, eingezäuntes Wiesengelände mit einzelnen hohen Birken, am Rande einer engstehenden Miethüttenreihe, von Wald umgeben, im Hintergrund die verfallenen Reste einer Badelandschaft; ca. 4 ha– 120 Stpl.; einfache, zu wenig, nicht mehr zeitgemäße und wenig gepflegte Sanitäranlagen am Rande der Zumutbarkeit, ungünstiges Preis-/Leistungsverhältnis. Imbiss. Fotografierverbot auf dem Platz. Zum Meer rund 200 m durch einen Kiefernwald. 79 Miethütten. Ganz in der Nähe des Platzeingangs gibt es eine Bushaltestelle mit regelmäßigen Verbindungen ins nahe Rīga!

*ROUTE: Von Jūrmala nach **Rīga** benutzen wir die A10, die uns rasch und relativ bequem in das Zentrum der lettischen Hauptstadt bringt.*

Rīga – Auch in Rīga stellt Parken, zumal mit einem größeren Fahrzeug, ein Problem dar. Große Teile der verwinkelten Altstadt sind für den allgemeinen Autoverkehr gesperrt. **Parkmöglichkeiten (1)** größeren Umfangs findet man an der breiten Umgehungsstraße 11. novembra krastmala **[N56° 56′ 57.3″ E24° 06′ 03.1″]** zwischen Altstadt und dem Fluss Daugava.

Wo immer Sie auch auf gebührenpflichtigen Parkplätzen in Rīga parken, halten Sie unbedingt ganz penibel die Parkdauer ein, auch an Wochenenden! Selbst kürzeste Zeitüberschreitungen von zwei, drei Minuten werden gerne mit einer deftigen Buße belegt, die 50 Euro schon mal übersteigen kann! Einsprüche dagegen sind in lettischer Sprache abzufassen!

Mein Tipp: Am einfachsten stellt man sein Campingfahrzeug auf einem der stadtnahen Campingplätze, Rīga City Camping oder Riga Riverside Camping ab und startet von dort zu Stadtbesichtigungen.

Falls Sie aus Westen, aus Jūrmala etwa, kommend Rīga City Camping oder Rīga Riverside Camping (Details siehe am Ende der Stadtbeschreibung unter „Praktische Hinweise - Rīga") ansteuern wollen, fahren Sie VOR der über den Daugava-Fluss führende Vanšu tilts-Brücke rechts ab, unter der Brücke hindurch und auf der anderen Seite zurück, aber nicht auf die Schnellstraße, um gleich danach rechts abzubiegen, um zu den Campingplätzen zu kommen.

Rīga City Camping liegt relativ günstig noch in Gehnähe zur Altstadt, die man zu Fuß ebenfalls über erwähnte Vanšu tilts-Brücke erreicht. Am Ende der Brücke sieht man rechts das Stadtschloss liegen, Ausgangspunkt unseres ersten Stadtrundgangs. Oder man nimmt sich ein Taxi, die nicht allzu teuer sind.

*RĪGA – **Nummern 1 bis inkl. 35** siehe RĪGA, ALTSTADT – **36** Radisson Blu Hotel Latvia – **37** Staatliches Kunstmuseum – **38** Alberta iela, Jugendstilhäuser – **39** Medizingeschichtsmuseum – **40** Bahnhof – **41** Richtung Riga City Camping – **42** Richtung Flughafen – **43** Französische Botschaft – **44** Panormablick vom „Stalins Geburtstagstorte"-Hochhaus – **45** Riga Riverside Camping – **46** Nationalbibliothek Lettlands – **47** Eisenbahnmuseum – **48** Russisch-orthodoxe Kirche*

Rīgas Altstadtkern ist, wie schon erwähnt, für den allgemeinen Autoverkehr gesperrt! Die Zufahrtstraßen in die historische Altstadt sind mit Schranken versehen und nur von Anliegern, Zulieferern oder mit Genehmigung bzw. Zufahrtspass zu passieren.

Wenn Sie sich lange, vielleicht mit der ganzen Familie, in Rīga aufhalten wollen und viele Besichtigungen vorhaben, kann für Sie der Erwerb des **Rīga Passes** von Vorteil sein. Die Karte können Sie im Rīgaer Tourismus Informationszentrum Ratslaukums, Rātslaukums 6, Tel. +371 6703 7900; info@rigatic.lv oder über das Internet www.liveriga.com/de/7854-riga-pass/ für eine Gültigkeit von 24 Std. für Euro 25,-, 48 Std. für Euro 30,- oder für 72 Std. für Euro 35,- kaufen (Preise pro Person). Eingeschlossen in die Kartenpreise sind u. a. der kostenlose oder ermäßigte Eintritt in Museen, kostenlose Fahrten im öffentlichen Nahverkehr, kostenlose oder ermäßigte Führungen sowie Rabatte in Restaurants und Infomaterial.

Beim Kauf des Rīga Passes über www.LiveRiga.com erhalten Sie 10% Rabatt und einen Voucher, der an einem der Verkaufsstellen gegen den Rīga Pass eingetauscht werden kann. Beim Kauf des Riga Pass über das Internetportal www.LiveRiga.com ist eine Stornierung und/oder Änderung nicht möglich. Der Rīga Pass ist nur für den auf der Karte angegebenen Zeitraum gültig. Sollten Probleme bei Dienstleistungen oder dessen Qualität auftreten, kontaktieren Sie bitte info@rigatic.lv oder Tel. +371 670 37 900.

Hansebund

Die Hanse, oftmals assoziiert mit dem ersten „H" bei den Autokennzeichen von Hamburg, Bremen und Rostock betraf weit mehr Städte als die drei genannten.

Die Hanse war ein Bund von Kaufleuten in rund 70 größeren und bis zu 130 kleineren Städten in zahlreichen europäischen Staaten. Er reichte von den Niederlanden bis nach Estland und von Schweden bis zur Linie Köln-Erfurt-Krakau. Der wirtschaftliche Machtbereich der Hanse reichte in seiner Blütezeit sogar von Portugal bis nach Russland. Der Bund aus Fernhandelskaufleuten war so mächtig, dass sogar Wirtschaftsblockaden gegen einzelne Königreiche und im extremen Fall sogar Kriege geführt werden konnten.

Ein genaues Gründungsdatum existiert nicht, aber es wird allgemein vom Jahr 1159 gesprochen, als Lübeck wieder aufgebaut wurde. Doch es gab auch schon zuvor Zusammenschlüsse mehrerer Kaufmannsgenossenschaften. Eine davon wurde 1157 auch urkundlich festgehalten.

Gehandelt wurde mit fast allen Dingen des täglichen Lebens, aber auch mit Luxuswaren wie z.B. Pelze. Es gab vier große Hauptumschlagsplätze in Europa. Das waren Novgorod in Russland, Bergen in Norwegen, Brügge im belgischen Flandern und London. In der zweiten Hälfte des 14. Jahrhunderts war die Hanse eine nordeuropäische Großmacht, deren Zentrum von 70 Städten beherrscht wurde. Doch es gab auch ein nichtstädtisches Mitglied, den Deutschen Orden.

Die Hansestädte im Baltikum waren: Cesis, Koknese, Kuldiga, Limbazi, Rīga, Straupe, Valmiera, Ventspils (alle Lettland), Narva, Pärnu, Tallinn (damals Reval), Tartu, Viliandi (alle Estland) und das litauische Kaunas.

Von 1356 an wurden Beschlüsse des Hansebundes auf so genannten Hansetagen gefasst. Die Macht der Hanse ließ im Laufe der Jahre allerdings aus unterschiedlichen Gründe nach. Einerseits lag es schlicht an der Entdeckung des amerikanischen Kontinents, der andere Handelsreisen nun wichtiger machte, sowie andererseits an der Erstarkung der Ostsee-Anrainerstaaten bzw. der dortigen Landesherren.

Der letzte historische Hansetag fand im Jahr 1669 in Lübeck statt. Zu jenem Zeitpunkt waren nur noch neun Städte Mitglied in der Hanse.

Über 300 Jahre später, im Jahre 1980, wurde jedoch die „neue Hanse als Lebens- und Kulturgemeinschaft der Städte über die Grenzen hinweg" gegründet. Dabei geht es neben dem Handelsaustausch auch um die Kultur und die Förderung des Tourismus. Seit den 90er Jahren des letzten Jahrtausends gibt es nun auch wieder Hansetage.

Rīgas Stadtgeschichte

Es existieren zwar Chroniken, die vermuten lassen, dass Rīga bereits im Jahr 1198 gegründet wurde. Man entschied sich aber, das Jahr 1201 als Stadtgründungsjahr zu benennen. Damals verlegte der aus norddeutschen Landen stammende Bischof Albert seine Residenz von Uexküll an das Ufer des Riegebaches. Diese Tat gilt offiziell als Gründung Rīgas. Und es dauert keine drei Jahrzehnte bis Rīga Stadtrechte erhält

Viele deutsche Kaufleute, die mit östlichen Ländern Handel trieben, wählten Rīga als Sitz ihrer Kontore und als Umschlagplatz für ihre Waren. Bald entstanden der Dom, das Rathaus sowie die Gilde- und Speicherhäuser. Und 1282 schloss sich Rīga der Hanseatischen Liga, der Hanse, an.

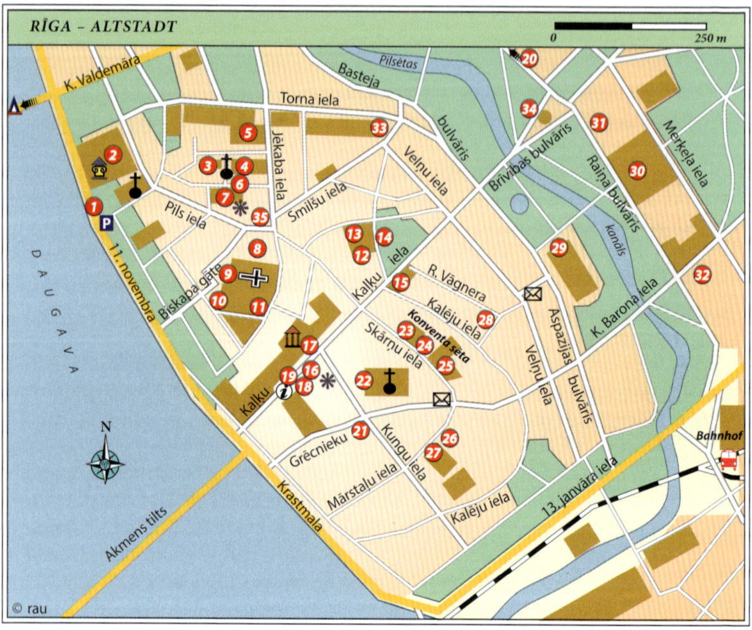

RĪGA, ALTSTADT – ***1*** *Parkmöglichkeit* – ***2*** *Schloss* – ***3*** *Maria-Magdalenen-Kirche* – ***4*** *St. Jakobi-Kirche* – ***5*** *Parlament* – ***6*** *Kaiserliches Lyzeum* – ***7*** *„Drei Brüder"-Ensemble* – ***8*** *Domplatz* – ***9*** *Dom* – ***10*** *Herder-Büste* – ***11*** *Dom-Museum* – ***12*** *Kleine Gilde* – ***13*** *Große Gilde* – ***14*** *Livenplatz* – ***15*** *Russisches Dramentheater* – ***16*** *Rathausplatz* – ***17*** *Rathaus* – ***18*** *Schwarzhäupterhaus* – ***19*** *Touristeninformation* – ***20*** *Okkupationsmuseum* – ***21*** *Mentzendorff-Haus* – ***22*** *St. Petri-Kirche* – ***23*** *Museum für Angewandte Kunst* – ***24*** *Eckens Konvent* – ***25*** *Johanniskirche* – ***26*** *Fotografie-Museum* – ***27*** *Reformierte Kirche* – ***28*** *Pharmazie-Museum* – ***29*** *Oper* – ***30*** *Universität* – ***31*** *Deutsche Botschaft* – ***32*** *Naturkundemuseum* – ***33*** *Pulverturm* – ***34*** *Freiheitsdenkmal* – ***35*** *Kunstmuseum in der ehemaligen Börse*

Bischof Albert, der Gründer von Rīga

Um 1522 kommt die Reformation nach Rīga, das nun eine lutherische Stadt wird. Im ausgehenden 16. Jh. ist Rīga Spielball verschiedener Mächte. Nach dem Livländischen Krieg (1558 - 1583) wird Rīga dem Polnisch-Litauischen Königreich einverleibt.

Von 1584 an erlebt Rīga über Jahrhunderte hinweg immer wieder Unruhen, die auf Zwistigkeiten zwischen dem Rat der Stadt und den mächtigen Kaufmannsgilden zurückzuführen waren.

Ab 1621 kommt Rīga während der Regentschaft König Gustav Adolfs II. unter schwedische Herrschaft.

Hundert Jahre später endet der Nordische Krieg. Rīga sieht sich an der Seite der Verlierer und wird unter Zar Peter I. dem Russischen Reich einverleibt.

Blick auf Rīga, im Vordergrund links der Rathausplatz, rechts der Turm des Doms und die Brücke Vanšu tilts über den Daugava-Fluss

Trotz der Wirren der Zeit büßte Rīga nie ganz seine Bedeutung als Handelshafen ein. Rīga war zwar bedeutend, aber flächenmäßig noch nicht sonderlich groß. Dies änderte sich erst im 19. Jh. als die Wallanlage verschwand und man die Vorstädte niederriss. 1812 war Napoleon im Anmarsch und man wollte seinen Truppen die ungeschützten Vorstädte nicht so ohne weiteres in die Hände fallen lassen. Auf dem frei gewordenen Gelände an der damaligen Stadtperipherie entstanden später neue Stadtviertel mit zahlreichen Jugendstilgebäuden, die noch heute eine der großen Sehenswürdigkeiten Rīgas darstellen.

Zur Hauptstadt Lettlands wurde Rīga erst im Rahmen der ersten Unabhängigkeit im Jahr 1918 erklärt.

Während des Zweiten Weltkrieges litt Rīga wie ganz Lettland zuerst unter den Truppen der deutschen Wehrmacht und danach von 1944 bis 1990 unter der Sowjetischen Okkupation. 1987 endlich formierten sich erste Proteste gegen die Sowjetherrschaft an der Freiheitssäule in Rīga. 1991 führt der Kampf um die Unabhängigkeit Lettlands zum Erfolg.

Heute leben in Lettlands Hauptstadt Rīga, der größten Metropole des Baltikums, annähernd 697.000 Einwohner.

Stadtbesichtigung

Erster Rundgang: Vom Rīgaer Schloss zum Schwarzhäupterhaus

Startpunkt unseres Stadtrundgangs ist das **Rīgaer Schloss - Rīgas Pils (2) [N56° 57′ 02.7″ E24° 06′ 05.9″]**, Pils laukums 3 (Schlossplatz). Erste Anfänge des Schlosses gehen auf eine Befestigung am Ufer der Daugava zurück, die der Orden der Schwertbrüder um 1209 angelegt hatte. Es war wegen seines hellen Baumaterials auch „Schloss Wittenstein" genannt worden.

Später dann, zwischen 1330 und 1353, erweiterte der Deutsche Orden unter dem Großmeister D. Kriege das befestigte Anwesen unter Einbeziehung der Heiliggeistkirche und Teilen der Stadtmauer. Gegen Ende des 15. Jh. zerstörten Bürger der Stadt das offenbar unbeliebte Schloss, das aber wegen seiner strategischen wichtigen Lage am Fluss, Rīgas wichtige Handelsstraße, rasch wieder neu errichtet wurde. Später, vor allem im 18. Jh., wurden zahlreiche Umbauten und Erweiterungen vorgenommen.

In der Zeit zwischen dem Ersten und dem Zweiten Weltkrieg hatte der lettische Staatspräsident seinen Sitz im

Rīgaer Schloss. Heute beherbergt es neben der Staatskanzlei drei verschiedene **Museen**, die sich mit der **Lettischen Geschichte** (Latvijas Nacionālais vestures muzejs), mit **ausländischer Kunst** (Ārzemju makslas muzejs) und mit **Literatur, Theater und Musik** (Rakstniecības, teātra und mūzikas muzejs) befassen.

An der Südseite des Schlosskomplexes sieht man die katholische **Kirche der Schmerzensreichen Madonna** aus dem 18. Jh.

Gehen Sie zur Südostseite des Schlossplatzes, dort ein kurzes Stück in die Mazā Pils iela hinein und folgen der wenig später links abzweigenden Gasse.

Gleich darauf sind Sie in der Klostera iela. Folgen Sie ihr bis zur nahen **Maria-Magdalenenkirche (3) [N56° 57' 02.8" E24° 06' 12.5"]**. An ihrer Stelle befand sich im 13. Jh. die Kapelle eines Frauenklosters. Ursprünglich wurde das Gotteshaus als russisch-orthodoxe Kirche errichtet, aber 1923 übergab man sie der katholischen Kirchengemeinde. Architekt Arthur Moedlinger baute 1929 die Turmspitze um.

Gleich hinter der Maria-Magdalenenkirche liegt in der Klostera iela 2 unübersehbar die **St. Jakobikirche - Svētā Jēkaba baznīca (4) [N56° 57' 03.2" E24° 06' 15.5"]**. Ihr spitzer Turm mit dem winzigen Glockenerkerchen ist ein markanter Blickfang im Stadtpanorama Rīgas. Die St. Jakobikirche wurde erstmalig im Jahre 1225 erwähnt, also gerade mal ein knappes Vierteljahrhundert nach Stadtgründung. Die Kirche lag damals außerhalb der Stadtmauern, was eine ungefähre Vorstellung über die noch recht geringe Ausdehnung des Stadtgebiets im 13. Jh. vermittelt. Heute gehört die St. Jakobikirche der römisch-katholischen Kirchengemeinde Rīgas. In der Reformationszeit allerdings wurde hier erstmals die lutherische Lehre verkündet und die ersten evangelischen Gottesdienste gefeiert.

Links neben der Kirche steht das ehemalige Haus der Livländischen Ritterschaft aus der zweiten Hälfte des 19. Jh. Heute tagt hier das lettische **Parlament (5) [N56° 57' 03.9" E24° 06' 16.7"]**.

Ein kurzer Gang um die St. Jakobikirche bringt uns zum **Kaiserlichen Lyzeum (6) [N56° 57' 01.8" E24° 06' 16.1"]** im Haus Nummer 4 der Mazā Pils iela. In dem Bauwerk aus dem Jahre 1657 lehrte der baltische Heimatforscher Johann Christoph Brotze. Seine hinterlassenen Aufzeichnungen gelten heute als kunsthistorisch wertvoll.

Rein optisch sind die drei gegenüberliegenden Gebäude schöner anzuschauen. Das nicht nur aus architekto-

Das Gebäudeensemble „Drei Brüder"

nischer Sicht bemerkenswerte Gebäudeensemble trägt im Volksmund die Bezeichnung **„Drei Brüder“** - **Trīs brāļi (7) [N56° 57‘ 01.5“ E24° 06‘ 15.5“]**. Übrigens: In Tallinn steht ein Ensemble mit dem Namen „Drei Schwestern“, doch dies ist nur ein Zufall. Ein Zusammenhang besteht nicht.

Bei den „Drei Brüdern“ handelt es sich vermutlich um die ältesten Wohnhäuser in der Stadt. Das älteste der drei Brüder ist Haus Nr. 17. Es entstand schon Ende des 15. Jh. und gilt als das älteste komplett erhaltene Steinhaus in Rīga. Die Nachbarhäuser entstanden in den folgenden Jahren und wurden sowohl für Wohnzwecke, als auch als Verkaufsraum und Werkstatt genutzt. Die Keller und Dachböden dienten als Lagerräume.

Da die Gebäude ein typisches Beispiel für die mittelalterliche Baukunst und der Wohnkultur sind, brachte man hier das **Lettische Architekturmuseum** unter *(geöffnet Mo - Fr 9 - 17 Uhr, Mo bis 18 Uhr)*.

Gehen Sie nun von den „Drei Brüdern“ die Gasse Mazā Pils iela nach Osten bis zur Jēkaba iela, hier rechts bis zum nahen **Domplatz** - **Doma laukums (8)**.

Am südlichen Ende erhebt sich unübersehbar der der gewaltige Backsteinbau des **Doms St. Marien** - **Doma baznīca (9) [N56° 56‘ 57.8“ E24° 06‘ 16.6“]** auf einem historischen Grundstück, das von Bischof Albert im Jahr 1211 geweiht wurde. Diese erzbischöfliche St. Marien-Kathedrale ist, architektonisch betrachtet, ein Spiegelbild der gesamten Stadt. An und in der Kirche werden Sie sämtliche Baustile finden. Sei es die Romanik oder das Barock am Ostgiebel. Im Wesentlichen aber gilt der Sakralbau als gotisches Bauwerk.

Auf der Südseite wurde der Dom mit dem Domkapitel verbunden. Auf diesem dadurch entstandenen Innenhof ist ein Denkmal für Bischof Albert zu sehen. Dieses ist jedoch nur eine Kopie des Originals aus dem Jahr 1897. Es wurde im Ersten Weltkrieg zerstört. Erst aus Anlass der 800-Jahr-Feier weihte man das heutige Denkmal ein.

Ein Blick in das Innere des Doms *(geöffnet Mai - Sept. Mo, Di, Sa 9 - 18 Uhr, Mit + Fr 9 - 17 Uhr, Do 9 - 17.30 Uhr, So 14 - 17 Uhr; Okt. - Apr. Mo - Sa 10 - 17 Uhr, So 14 - 17 Uhr; www.doms.lv/index/?lang=eng/)* ist nicht so spektakulär, wie man vielleicht glauben möchte. Erwähnenswert ist allerdings die **Orgel,** die bei der Einweihung die größte der Welt war. Sie besitzt 6718 Pfeifen und wurde von der Ludwigsburger Firma Walcker & Co. gebaut.

Der Dom St. Marien zu Rīga

Das J. G. Herder-Denkmal naben dem Dom

Auf der rechten Domseite befindet sich das Westportal, das zugleich auch das Hauptportal ist.

Ein kleines Stück daran vorbei und wir erreichen eine schmale Grünfläche. Auf ihr steht die **Büste des Schriftstellers Johann Gottfried Herder** (Herdera laukums) **(10)**. Bevor er zahlreiche Volkslieder veröffentlichte, lehrte Herder (1744 – 1803) bereits im Alter von 20 Jahren unter anderem als Pastor an der Domschule. Wem diese Büste bekannt vorkommt und sie in Weimar schon mal gesehen hat, muss sich nicht wundern. Denn dieses Denkmal in Rīga ist eine Kopie der Weimarer Büste und wurde 1864 auf dem hiesigen Herder-Platz errichtet.

Zwischen Dom und Herder-Büste geht es links zum **Dommuseum (11) [N56° 56′ 54.0″ E24° 06′ 15.5″]**, Palasta iela 4. 1773 bereits gegründet, wurde es Ende des 19. Jh. in diesem Gebäude eingerichtet und präsentiert sich nun als **Museum der Rīgaer Stadtgeschichte und der Schifffahrt Lettlands** *(geöffnet Mai - Sept. tgl. 10 - 17 Uhr; Okt. - Apr. Mi - So 10 - 17 Uhr).*

Die Anfänge des Museums gehen zurück auf die Privatsammlung des Arztes Nikolaus von Himsel. Diese Sammlung weitete sich im Laufe der Zeit zu einem richtiggehenden Museum aus. Heute sind hier eine halbe Million Exponate zu besichtigen. Die meisten stammen aus dem Mittelalter und befassen sich mit dem Leben der Bürger Rīgas und mit der Navigation auf hoher See.

Die lateinische Inschrift auf der rechten Seite des Portals des Museumsgebäudes lautet übersetzt: „Mit Gottes Hilfe haben die Nachfahren, das Andenken ihrer Ahnen wahrhaft ehrend, das restaurierte einstige Kloster der Kathedrale der Kunst und der Wissenschaft übergeben und gewidmet."

Nach diesem kurzen Abstecher gehen wir zurück zum Domplatz. Wir passieren das auf der linken Seite, Doma laukums 6, liegende Börsengebäude des Jahres 1855. Im ehemaligen **Börsengebäude** ist das **Nationale Kunstmuseum Lettlands Rīgas birža (35) [N56° 56′ 59.73″ E24° 6′ 17.43″]** eingerichtet *(geöffnet tgl. a. Mo 10 - 18 Uhr, freitags bis 20 Uhr; http://www.lnmm.lv/en/mmrb/).* Neben lettischem Design und dekorativer Kunst seit dem 19. Jh., Arbeiten lettischer Künstler von 1945 bis 2000, moderner Kunst aus Russland, antiken oder orientalischen Kunstobjekten, sowie Silberschmiedearbeiten und einer Sammlung kostbaren Porzellans sind auch wechselnde Ausstellungen zu sehen.

Gegenüber der alten Börse biegen wir an der Ostseite des Domplatzes rechts in die Šķūņu iela ab. Auf der linken Seite zweigt kurz darauf die Amatu iela ab.

Bevor Sie dort hinein gehen, werfen Sie einen Blick auf das rechts liegende Haus. Das **Jugendstilgebäude** ist mit zahlreichen Ornamenten versehen und wurde vom Architekten Friedrich Scheffel erbaut. Wer etwas genauer hinschaut, kann auf dem Dach die Hundefigur sehen, die er dort anbringen ließ.

Am Ende der Amatu iela stehen sich zwei bedeutende, sehr repräsentativ und stattlich anmutende Gebäude gegenüber – die **Große Gilde - Lielā Ģilde (13) [N56° 56′ 58.78″ E24° 06′ 29.1″]**, auch St. Mariengilde genannt, und die

Kleine Gilde - **Mazā Ģilde (12)** oder St. Johannisgilde.

Die Kleine Gilde war ein Zusammenschluss der Handwerkszünfte, während es sich bei der Großen Gilde um eine Vereinigung der Kaufleute handelte, die im 14. Jh. gegründet worden war. Die alten Gildegebäude an gleicher Stelle waren im Laufe der Zeit zu klein geworden und mussten im 19. Jh. durch die heutigen neugotischen Bauwerke ersetzt werden. Zu den Architekten zählten u. a. Heinrich Scheel und Friedrich Scheffel, die auch die Pläne zu anderen sehenswerten Stadthäusern im Jugendstil lieferten. Im Haus der Großen Gilde ist heute die Lettische Philharmonie untergebracht.

Wenn Sie zwischen den beiden Gildehäusern entlanggehen, treffen Sie auf den **Līvu laukums**, den **Livenplatz (14)**. Der Platz erhielt seinen Namen im Jahr 2000 zu Ehren der livländischen Ureinwohner. Entstanden ist der Platz im Übrigen erst im Zweiten Weltkrieg, als die dort stehenden Häuser zerstört und nicht mehr aufgebaut wurden.

Auf der linken Seite des Platzes sehen Sie gegenüber der Großen Gilde ein weiteres Bauwerk des Architekten Friedrich Scheffel, das sog. **„Katzenhaus" [N56° 57' 0.86" E24° 6' 30.41"]**, benannt nach einer hübschen Katzenfigur, die – einen Buckel machend – auf der Spitze eines Kegeldaches balanciert.

An der Südostseite des Livenplatzes verläuft die **Kalķu iela [N56° 56' 56.1" E24° 06' 32.9"]**, Rīgas größte Einkaufsstraße mit Kneipen der unterschiedlichsten Art, mit Boutiquen und Geschäften sämtlicher bekannter Marken. Diese Ecke der Rīgaer Altstadt ist das touristische Zentrum der Stadt, das mit seinem aufgesetzten Nostalgieambiente seinen ehemaligen Charakter etwas eingebüßt hat und zur turbulenten Amüsiermeile gemacht worden ist.

In Haus Nummer 16 der Kalķu iela ist – neben einem Büro der **Touristeninformation [N56° 56' 56.1" E24° 06' 33.6"]** – das russische **Dramentheater (15)** untergebracht. Der Bühnenturm des Theaters wurde 1960 von den Sowjets ergänzt, das ursprüngliche Bauwerk stammt aus 1880er Jahren.

An der Kreuzung am Büro der Touristeninformation gehen wir links und kommen über die nach Südwesten führende Kalķu iela zu einem weiteren bedeutenden Platz in der Stadt, den **Rathausplatz Rāts laukums [N56° 56' 51.0" E24° 06' 23.8"]**. Hier befinden sich eine ganze Reihe von Sehenswürdigkeiten.

Die Rolandfigur auf dem Rathausplatz

Da ist z. B. die **Roland-Figur**, die mitten auf dem Rathausplatz steht. Die Figur ist allerdings nur eine Kopie und wurde erst 1999 aufgestellt. Der Original-Roland ist in der St. Petrikirche zu finden, stand aber einstmals an dieser Stelle. Als die Original-Figur im Jahr 1896 aufgestellt wurde, symbolisierte das nach oben gerichtete Schwert den Mittelpunkt Rīgas.

Die Roland-Figur ist nicht das Einzige, was auf dem Rathausplatz neu geschaffen wurde. Das gesamte Areal war nach Ende des Zweiten Weltkrieges Brachland und wurde in der Sowjetzeit vernachlässigt. Erst 1995 begannen die Letten den Platz neu zu restaurieren. Heute präsentiert sich der Rathausplatz wie einst vor dem Krieg wieder als architektonisches Kleinod.

Das auffallende weiße Gebäude an der Westseite rechts ist das **Rathaus (17)**, zwar ein Neubau aus dem Jahr 2003, aber im Stil dem Originalrathaus aus dem 18. Jh. nachempfunden. Während der ganzen Zeit der sowjetischen Okkupation lag hier 50 Jahre lang nur Schutt. Das erste Rathaus an dieser Stelle wurde bereits im 14. Jh. erbaut.

Das neue Rathaus im alten Gewand ist innen modern gestaltet und man integrierte sogar die Jaunavu iela (Jungfernstraße) mit in das Gebäude und es entstand so eine Ladenpassage innerhalb des Rathauses. In der Jaunavu iela ist übrigens ein Eichenstamm zu sehen, der bei den Arbeiten am Rathaus freigelegt wurde. Der Stamm bringt es auf ein geschätztes Alter von 3.500 Jahren.

Das zweite, auffälligste und die Aufmerksamkeit des Betrachters fesselnde Gebäude an der Ostseite des Rathausplatzes ist das so genannte **Schwarzhäupterhaus - Melngalvju nams (18)**, die Attraktion im Rīgaer Stadtbild schlechthin *(geöffnet Mo - So 10 - 18 Uhr; www.melngalvjunams.lv/en/)*.

Auch hier konnte der originalgetreue Nachbau des komplett zerstörten Gebäudes erst zwischen 1995 und 1999 stattfinden und er wurde exakt an derselben Stelle des ersten Schwarzhäupterhauses aus dem Jahr 1334 errichtet. Im linken Teil des Hauses ist heute die **Touristeninformation (19) [N56° 56' 50.4" E24° 06' 25.0"]** untergebracht.

Bei den „Schwarzhäuptern" handelte es sich in früheren Zeiten um ledige Kaufleute aus anderen Städten, die sich hier trafen und Unterkunft fanden.

Die Mitglieder der Gilde der Schwarzen Häupter müssen ein verschworener und unternehmungslustiger Kreis gewesen sein, der nicht nur gute Geschäfte machte, sondern der hier gerne und häufig feuchtfröhliche Feste feierte. Schutzpatron der Schwarzhäupter war der Heilige Mauritius, der immer als Moor dargestellt wird. Sein schwarzes Haupt ziert das Wappen der Schwarzhäuptergilde.

Man kann das Schwarzhäupterhaus auch innen besichtigen. Interessant ist hierbei ein Gang durch die Kellerräume, in denen die Grundmauern des Originalgebäudes zu sehen sind. Bei einer Führung wird dem Besucher die gesamte Rekonstruktionsgeschichte erläutert.

Wie der Rathausplatz aussehen würde, wenn der gesamte Wiederaufbau des Platzes durch die Sowjets stattgefunden hätte, kann man nur wenige Meter entfernt sehen. Dort steht ein dunkler, trister Gebäudeklotz, dessen Äußeres nicht so recht zu dem schön rekonstruierten Rathausplatz passen will. In dem Haus, das in den 1960er Jahren erbaut wurde, befand sich ein Gedenkmuseum für die lettischen Rotarmisten.

Mittlerweile musste diese Ausstellung dem **Okkupationsmuseum - Latvijas Okupācijas muzejs (20) [N56° 56' 49.4" E24° 06' 23.6"]** weichen *(geöffnet tgl. 11 - 18 Uhr, Eintritt frei, Spende wird erbeten; Führungen gegen Gebühr; www.okupacijasmuzejs.lv/de/)*. Im Okkupationsmuseum sind zahlreiche Dokumente zu sehen, die an die Sowjetherrschaft und an die Zeit des Naziregimes erinnern. Interessant ist zudem die Darstellung, wie Lettland sich erneut zu einem unabhängigen Staat entwickelte.

Zwischenzeitlich musste das Okkupationsmuseum in die Neustadt umziehen und ist bis auf weiteres am Raina bulvaris zu finden.

Hinter dem Gebäude aus der Sowjetzeit an der Südseite des Rathausplatzes steht eine Statue von einstigen lettischen Schützen, die in Richtung Daugava blicken (Latviešu strēlnieku laukums, N56° 56′ 48.44″ E24° 6′ 20.77″).

Ein weiteres architektonisches Relikt aus der Sowjetzeit liegt ein gutes Stück weiter östlich in der Turgeņeva iela, in Bahnhofsnähe. Von dem im sozialistischen Repräsentationsstil errichteten Hochhaus, das die Rigaer gerne auch **„Stalins Geburtstagstorte" [N56° 56′ 35.8″ E24° 07′ 18.1″]** nennen, hat man von der Aussichtsplattform in 65 m Höhe einen weiten Blick auf die Stadt.

Die „gute Stube" Rīgas, der Rathausplatz mit dem Schwarzhäupterhaus und dem Turm der St. Petrikirche (links)

Weiter westlich vom Rathausplatz findet man an der Brücke Akmens tilts die **Anlegestellen der Ausflugsboote** auf der Daugava.

Unser weiterer Rundgang durch die lettische Hauptstadt Rīga führt an die Südseite des Rathausplatzes. Hinter dem Schwarzhäupterhaus findet man in der Straße Grēcinieku iela das sogenannte **Mentzendorff-Haus - Mencendorfa nams (21) [N56° 56′ 48.2″ E24° 06′ 30.3″]** *(geöffnet Mi - So 10 - 17 Uhr; https://whichmuseum.com/latvia/riga/mencendorfa-nams)*. Das Gebäude, ein gelungenes Beispiel eines Patrizierhauses aus dem 17. Jh., trägt den Namen seiner früheren Besitzer, der Familie Mentzendorff. Später war in diesem Haus bis zu Beginn des letzten Jahrhunderts die älteste Apotheke der Stadt eingerichtet. Nach einem Umbau im 18. Jh. und einer kompletten Restaurierung in den 80er Jahren, die erst 1991 beendet wurde, finden hier heute zahlreiche Ausstellungen und Veranstaltungen statt. Auch ein Teil des Museums der Rīgaer Stadtgeschichte und Schifffahrt ist hier untergebracht.

Ein weiterer Höhepunkt auf einem Spaziergang durch Rīga ist – nach Dom und Schwarzhäupterhaus – die **St. Petrikirche - Sv. Pētera baznīca (22) [N56° 56′ 51.6″ E24° 06′ 31.2″]**, deren unverkennbaren Turm Sie schon vom Rathausplatz aus sehen konnten. Die St. Petrikirche, größte Kirche in ganz Lettland, ist dem Heiligen Petrus geweiht, dem Schutzpatron Rīgas *(geöffnet Mai - Aug. Di - Sa 10 - 19 Uhr, So 12 - 19 Uhr; Sept. - Apr. Di - Sa 10 - 18 Uhr, So 12 - 18 Uhr, letzter Einlass 1 Std. vor Schließung; www.peterbaznica.riga.lv/en/)*.

Erstmalig erwähnt wurde der Sakralbau im Jahr 1209, acht Jahre nach Stadtgründung. Seitdem gab es an der Kirche immer wieder An- und Umbauten. An der Westfassade beispielsweise sind drei Portale mit barocken Skulpturen zu sehen, die aus dem 17. Jh. stammen. 200 Jahre älter ist das Sternengewölbe in Inneren der Kirche.

Und der 120 m **Kirchturm** schließlich stammt in seiner heutigen Form aus dem Jahr 1973. Der frühere Kirchturm, eine Holzkonstruktion, brannte verschiedentlich ab, zuletzt im Zweiten Weltkrieg. Der heutige dreistufige Turmaufsatz wird von einer Stahlkonstruktion getragen, die es erlaubte, in 72 m Höhe eine **Aussichtsplattform** einzurichten, die mit einem Fahrstuhl (Gebühr) bequem erreicht werden kann. Der herrliche Panoramablick von dort oben über die Stadt ist phantastisch!

In einer Höhe von 51 m befindet sich am Turm die Replik der Uhr aus dem Jahr 1746. Fünfmal am Tag, von morgens neun bis abends neun, ertönt von ihr eine lettische Volksweise. Das Gotteshaus und auch die Aussichtsplattform sind montags geschlossen.

Eine andere Sehenswürdigkeit der Stadt bedarf keiner großen Erklärung, wenn man weiß, dass Bremen die Partnerstadt Rīgas ist: Auf dem **Petrikirchplatz** steht ein Denkmal der **Bremer Stadtmusikanten**, das seit dem Jahr 1990 hier aufgestellt ist.

Das älteste Steinhaus der Stadt, die ehemalige **St. Georgikirche - Sv. Jura baznica [N56° 56′ 53.1″ E24° 06′ 33.4″]**, befindet sich in der Skārņu iela 10. Man erreicht das Haus, wenn man an der St. Petrikirche links vorbei geht. Das schlichte Gebäude stammt aus dem 13. Jh., wurde aber im 17. Jh. zu einem mehrgeschossigen Lagerhaus umgebaut. Nach einer Komplettrestaurierung in den 1980er Jahren richtete man hier das **Museum für Dekorative Kunst und Design - Dekoratīvās mākslas und dizaina muzejs (23)** ein *(geöffnet Di - So 11 - 17 Uhr, letzter Einlass 15 Min. vor Schließung; www.lnmm.lv)*.

Die Westfassade der St. Petrikirche

In drei Sälen wird neben Porzellanmalereien, Textilhandwerkskunst und Keramikvasen in verschiedenen Kunstvariationen auch die lettische, dekorative angewandte Kunst der ersten Hälfte des 20. Jh. gezeigt. Im Untergeschoss finden zudem Wechselausstellungen und gelegentlich Konzerte statt.

Etwas weiter rechts, Skārņu iela 22, steht neben dem roten Backsteinbau der St. Johanniskirche der so genannte **Eckens Konvent (24)**, benannt nach dem ehemaligen Bürgermeister Nikolaus Ecke, der um 1455 in Rīga amtierte. Das Gebäude fällt auf durch seine freundliche Fensterfassade, die beiden **Portale** mit schönen Reliefs darüber und durch ein **Relief** „Jesus und die Sünderin" aus dem Jahre 1618 zwischen den Fenstern im ersten Stock. Im Konvent war ein Witwenasyl für die Hinterbliebenen der Handwerksmeister der Kleinen Gilde eingerichtet. Heute findet man im Erdgeschoss eine hübsche, gemütliche Teestube.

Links vom Eckens Konvent führt ein Hausdurchgang hinein in den **Konventhof Konventa sēta [N56° 56' 53.1" E24° 06' 36.4"]**. Dieses komplexe Gebäudeensemble stellte ab dem 13. Jh. für viele Generationen quasi das „soziale Zentrum" der Stadt dar. Hier befanden sich Asyle von Bruderschaften und Schwesternorden, Herbergen, Hospize, Armenhäuser und sonstige wohltätige Anstalten, in denen Bedürftige um Hilfe bitten konnten. Heute findet man im Konventhof Geschäfte, Restaurants, einen Biergarten und das sehr einladende **Hotel „Konventa Sēta"**, das sich alleine schon wegen seiner vorzüglichen zentralen Lage bestens für einen Aufenthalt eignet (Beschreibung weiter hinten).

Rechts, im Anschluss an den Eckens Konvent, führt ein Gässchen zum **Portal der St. Johanniskirche Jāņa baznīca (25)**. Früher stand hier eine Kapelle des Dominikanerklosters aus dem Jahr 1297, die Ende des 15. Jh. durch die St. Johanniskirche ersetzt wurde. Sie gilt als das einzige Bauwerk der Stadt, das Stilelemente der Renaissance vorweisen kann. Der Südostturm allerdings, das prächtige Netzgewölbe im Inneren und auch das Eingangsportal (eine originalgetreue Kopie aus dem Jahre 1925), an dem wir vorbeigegangen sind, wurden im gotischen Stil errichtet.

Durch das düstere **Johannistor Jāņa vārti** tritt man hinaus auf den **Johannishof Jāņa sēta [N56° 56' 52.8" E24° 06' 37.9"]**, in dem sich die erste Burg der Schwertbrüder befand, die später von Rīgaer Bürgern zerstört wurde. Im frühen 13. Jh. stand hier auch die erste Residenz von Bischof Albert, der als Gründer von Rīga gilt. So gesehen kann der Johannishof mit Fug und Recht als Wiege Rīgas angesehen werden.

Eine weitere Abteilung des Museums für Rīgaer Stadtgeschichte, das **Museum für Fotografie (26) [N56° 56' 47.5" E24° 06' 37.8"]**, befindet sich in der Mārstaļu iela 8, Eingang aber von der Alksnaja iela. Um zum Museum zu gelan-

Die St. Johanniskirche

Bürgermeister Armitsted-Denkmal

gen, gehen wir auf der Skārnu iela weiter Richtung Südwest. Die Ausstellung im Museum für Fotografie zeigt eine sehenswerte Sammlung historischer Apparate und erläutert die Entwicklung der Fotografie in Lettland von 1839 bis heute *(geöffnet Mi, Fr, Sa, So 10 - 17 Uhr, Do 12 - 19 Uhr; www.fotomuzejs.lv)*.

Die **Reformierte Kirche (27)** gleich neben dem Fotografiemuseum, stammt aus der ersten Hälfte des 18. Jh., wurde jedoch fast 200 Jahre lang als Lagerhaus benutzt. Erst seit den 1980er Jahren finden in der Kirche wieder Gottesdienste statt. Das Sandsteinportal wurde übrigens 1737 in Bremen hergestellt.

Gehen Sie nun zurück zum Johannishof und verlassen Sie ihn durch das nördliche Tor. Von der Teātra iela biegen Sie links in die Riharda Vāgnera iela ab und erreichen dort im Haus Nummer 13 das **Pharmaziemuseum (28) [N56° 56' 54.6" E24° 06' 42.3"]** *(geöffnet Di - Sa 10 - 17 Uhr, So 10 - 16 Uhr; http://fm.mvm.lv/)*. Neben einem kleinen Garten mit Heilkräutern sieht man im Museum eine barocke Holzwendeltreppe und ein Rokoko-Portal. Doch das eigentliche Thema dieses Museums ist die Geschichte und Entwicklung der Pharmazie Lettlands bis zum Jahr 1940.

Zweiter Rundgang: Von der Nationaloper zur „Jugendstilmeile" Alberta iela

Mein Tipp! Auch für diesen zweiten Teil der Stadtbesichtigung sollten Sie sich einen separaten Tag vornehmen. Bequemes Schuhwerk ist hilfreich, da die Entfernungen der einzelnen Sehenswürdigkeiten wesentlich größer sind als in der Altstadt.

Wir verlassen das Zentrum der Altstadt über die Hauptgeschäftsstraße Kaļķku iela in nordwestlicher Richtung, lassen das noble Traditionshotel De Rome [N56° 57' 00.4" E24° 06' 42.4"] rechts liegen, überqueren den lauten und verkehrsreichen Aspazijas bulvāris und kommen in den nördlichen, neueren Stadtteil von Rīga. Hier reihen sich zahlreiche Grünanlagen und Parks entlang des Stadtkanals.

Gleich rechts erstreckt sich zwischen Aspazijas bulvāris und dem Stadtkanal ein hübscher Park mit dem **Nymphenbrunnen [N56° 57' 1.06" E24° 6' 47.75"]**. An seinem Ostende sieht man die Säulenfassade der Lettischen Nationaloper.

Gehen Sie am Kanal entlang bis zur Oper. Kurz vor der Fußgängerbrücke, die links abzweigt und die wir später überqueren, sehen Sie am Weg rechterhand die lebensgroße **Bronzeplastiken von Bürgermeister Džordž Armitsted [N56° 57' 0.42" E24° 6' 50.31"]** samt Frau und Hund. Armitsted, der von 1901 bis 1917 amtierte, hatte sich sehr für Rīga verdient gemacht. Er sorgte z. B. dafür, dass Rīga schon sehr früh eine elektrischen Straßenbahn bekam, war maßgeblich dafür verantwortlich, dass die prächtigen Jugendstilhäuser in der Alberta ieal entstanden (auch dort erinnert ein Denkmal an ihn) und Armitsted war es, der den Bau der Oper initiierte.

Die **Lettische Nationaloper (29) [N56° 56' 58.8" E24° 06' 50.4"]** konnte erbaut werden, nachdem Mitte des 19. Jh. die Reste der Stadtwälle am Kanal abgetragen waren. Ihr erstes Opernhaus,

Der Nymphenbrunnen vor der Lettischen Nationaloper

das sog. „Deutsche Theater", nannten die Rīgaer gerne auch ihr „Weißes Haus". Und kein geringerer als Richard Wagner war von 1837 bis 1839 Musikdirektor am Deutschen Theater in Rīga. Aber die Rīgaer hatten nur 20 Jahre Freude an ihrem neuen Opernhaus, das 1882 von einem Feuer vernichtet wurde. In den Neubau konnte die Oper erst nach dem Ersten Weltkrieg wieder einziehen. Sein heutiges Gesicht erhielt das Opernhaus nach Restaurierungen und Modernisierungen in den letzten 90er Jahren.

Wenn Sie von der Südseite des Theaters über den Aspazijas bulvāris hinüber in die Altstadt schauen, sehen Sie in der Teātra iela linkerhand ein markantes Gebäude, das heute die italienische Botschaft beherbergt und dessen Dachkuppel von einem besonderen Kunstwerk, der **Atlantengruppe**, gekrönt wird. Drei bärtige Atlanten mit verschränkten Armen tragen auf ihren Schultern einen großen Erdball, der abends beleuchtet ist. Das Kunstwerk wurde vom Bildhauer August Volz geschaffen, aus dessen Werkstatt übrigens auch der Nymphenbrunnen vor dem Theater stammt.

Von der Lettischen Nationaloper gehen wir über die schon erwähnte Brücke, die Timm-Brücke, über den Kanal. Benannt ist die Brücke nach der Witwe eines Akademikers aus St. Petersburg, die großzügigerweise die Kosten für den Brückenbau übernommen hatte.

Auf der anderen Seite des Kanals sehen wir am Raiņa bulvāris das Hauptgebäude der lettischen **Universität (30)**. Ursprünglich wurde das Haus 1862 für das Polytechnikum errichtet, doch seit 1919 hat hier die Universität Einzug gehalten. An der Fassade können Sie die drei Wappen erkennen, das von Livland, von Kurland und von Lettgallen.

Links neben der Universität liegt das Gebäude der **Deutschen Botschaft (31)**.

Halten Sie sich rechts bis zur nächsten großen Kreuzung. Auf der rechten Straßenseite sehen Sie das 1979 eingeweihte **Denkmal [N56° 56′ 57.0″ E24° 06′ 59.2″]** des lettischen Opernkomponisten **Alfrēds Kalniņš** (1879 – 1951). Der ältere, bärtige Herr sitzt sehr ernst auf seinem Podest.

Direkt gegenüber biegen Sie nordwärts in die Krišjaņa Barona iela ab. Während sich im Gebäude auf der linken Seite die **Lettische Musikakademie** befindet, ist rechts das **Lettische Naturkundemuseum - Latvija Dabas muzejs (32) [N56° 56′ 57.9″ E24° 07′ 04.1″]** zu sehen, Krišjaņa Barona iela 4 *(geöffnet Mi + Fr 10 - 17 Uhr, Do 10 - 19 Uhr, Sa*

+ So 11 - 17 Uhr; www.dabasmuzejs.gov.lv/en/). Naturwissenschaftliche Ausstellungen aus Lettland und vielen anderen Ländern.

Auf dem weiteren Weg nach Nordosten passieren wir die Merķeļa iela und haben auf der linken Seite den **Vērmanes dārzs** (Wöhrmannscher Garten) **[N56° 57′ 00.3″ E24° 07′ 06.4″]**. Beim Durchqueren der Parkanlage auf dem Hauptweg in westlicher Richtung passieren wir einige Denkmäler. Das interessanteste befindet sich noch außerhalb des Parks auf der linken Seite. Es zeigt den Maler **Kārlis Padegs**, dessen 1998 geschaffene Figur lässig an einer Metallstange lehnt.

Im Park selbst treffen wir auf eine Plastik, die den Kopf von **Krišjanis Barons [N56° 57′ 2.62″ E24° 7′ 7.88″]** darstellt. Barons war Namensgeber für die an der Südostseite des Parks entlangführende Straße. Barons lebte von 1835 bis 1932 in Lettland und galt als populärer Folklorist.

An der Nordwestecke des Parks erwartet uns der Gebäudekomplex des alten **Lichtspielhauses Rīga**. Dieses altehrwürdige Gebäude stammt aus dem Jahr 1923. Noch heute sind Portal, Foyer und frühere der frühere Vorführsaal mit zahlreichen Rokoko-Ornamenten und schönen Wandbildern verziert.

Heute haben sich diverse Restaurants hier etabliert.

Darüber hinaus ist in dem Gebäudekomplex das **Andrejs Upīts Gedächtnismuseum** untergebracht. Der lettische Schriftsteller Andrejs Upīts lebte hier bis 1970. Das Museum informiert über sein Leben, Wirken und seine Werke *(geöffnet Di - Sa 11 - 17 Uhr; www.upisamuzejs.lv)*.

Im Gebäudeblock [N56° 57′ 08.3″ E24° 06′ 54.2″], der sich am breiten Brīvības bulvāris nordöstlich anschließt, befinden sich Büros und Sitzungssäle des **Ministerrats.**

Gegenüber, an der Westseite des Boulevards, erstreckt sich der **Park Esplanāde**.

Unübersehbar dort ist die kuppelreiche russisch-orthodoxe **Christi-Geburt-Kirche (48) [N56° 57′ 13.4″ E24° 06′ 57.9″]**, Brīvības bulvāris 23. Sie wurde auf Geheiß von Alexander II. in der zweiten Hälfte des 19. Jh. im russisch-byzantinischen Stil nach Plänen des Architekten August Pflug erbaut. Wie so viele Kirchen Lettlands wurde auch diese während der Sowjetzeit zweckentfremdet. Von den 1960er Jahren an bis zur politischen Wende waren in dem Bauwerk eine Ausstellungshalle und ein Planetarium untergebracht. Nach umfassenden Restaurierungen wird die Kirche nun wieder als Gotteshaus genutzt.

Unweit nördlich sieht man ein modernes Hochhaus, das noch aus der Sowjetzeit stammt und heute das **Radisson Blu Hotel Latvija** beherbergt. **Kleiner Tipp:** Wenn Sie etwas Zeit mitbringen, kommen Sie doch abends nochmals hierher zurück zum Hotel Latvija. Im 26. Stock finden Sie hier die **Skyline Bar**, geöffnet von 16 bis 02 Uhr. Von hier oben können Sie bei einem Drink einen schönen Blick auf Rīga genießen.

Man kann nun den Stadtspaziergang abkürzen und über den Brīvības bulvāris am Park Esplanāde entlang nach Südosten zum Freiheitsdenkmal (siehe weiter unten) und zurück stadteinwärts gehen.

Oder man kann von hier aus den Stadtrundgang noch etwas ausdehnen und weiter in den Westteil der Stadt in die **Alberta iela** mit ihren sehenswerten **Jugendstilhäusern** gehen, was empfehlenswert ist!

Um zur Albertas iela zu gelangen gehen wir am Radisson Blu Hotel Latvija links in die Elizabetes iela nach Nordwesten, überqueren die Hauptstraße Kr. Valdemāra iela und gehen bis zur Querstraße Anonijas ielas. Schöne **Jugendstilfassaden** weisen die **Gebäude Nr. 10a und 10b** links auf. Sie stammen aus dem Jahre 1903, Architekt Michail Eisenstein, Vater des berühmten Regisseurs Sergei Eisenstein. Von Michail Eisenstein stammen die meisten der Jugendstilhäuser in diesem Viertel.

An der Westecke der Kreuzung Elizabetes iela/Anonijas ielas sieht man das nette Lokal **„Zum Fliegenden Frosch" - „Lidojošā varde" [N56° 57′ 29.1″ E24°**

06' 38.4"]. Man kann hier auch schön im Freien sitzen und eine willkommene Pause auf dem Stadtspaziergang einlegen.

Wir gehen rechts am „Fliegenden Frosch" vorbei, die Anonijas ielas ein kurzes Stück nach Norden und wenden uns kurz darauf links in die **Alberta iela [N56° 57' 30.9" E24° 06' 41.6"]**. Hier erklärt sich nun deutlich der Beiname „Jugendstilstadt", den Rīga trägt. Viele der bereits wunderbar restaurierten Fassaden sind Paradebeispiele für den Jugendstil. Auch hier stammen viele Pläne von Michail Eisenstein (Häuser Nr. 2, 2a, 6, 8 und 13). Besonders prächtig ist die Fassade an **Haus Nr. 13** in dem sich heute die Hochschule für Rechtswissenschaften befindet.

Jugendstilfassade in der Alberta iela

Die meisten Jugendstilhäuser in der Alberta iela entstanden in relativ kurzer Zeit zwischen 1901 und 1908. Und benannt ist die Straße übrigens nach Bischof Albert, dem Stadtgründer.

Sehenswert ist – neben den Jugendstilgebäuden – das **Jugendstilmuseum - Rīgas Jūgendstila Muzejs [N56° 57' 34.2" E24° 06' 30.8"]**, Alberta iela 12, Eingang in der Strēlnieku iela *(geöffnet Di - So 10 - 18 Uhr, letzter Einlass 15 Min. vor Schließung; www.jugendstils.riga.lv/)*. Gezeigt werden u. a. Werke und Arbeiten des Kunstmalers Janis Rozentāls. Sein Denkmal steht vor dem Lettischen Nationalen Kunstmuseum (siehe weiter hinten).

Das Jugendstilmuseum ist in Rozentāls ehemaligen Wohnung untergebracht, in der zeitweise auch der Schriftsteller Rūdolfs Blaumanis sowie der Jugendstilarchitekt Konstantins Pēkšēns logierten.

Am Westende der Alberta iela gehen wir links in die **Strēlnieku iela,** die uns zurück zur Elizabetes ielu bringt. Gleich linkerhand fallen in der Strēlnieku iela wunderschöne Jugendstilfassaden auf. Bemerkenswert ist besonders **Haus Nr. 4A,** das 1905 ebenfalls nach Plänen von Michail Eisenstein entstanden ist.

Dieses Gebäude wurde ursprünglich als Wohnhaus konzipiert, beherbergte später diverse Schulen, war von 1957 bis 1993 Studentenherberge, bis es 1993 vom Lettischen Staat der Stockholmer Hochschule für Wirtschaft gestiftet wurde. Prächtig restauriert konnte es im November 1994 in Anwesenheit des schwedischen Königs Karl XVI Gustaf und Präsident Guntis Ulmanis neu eröffnet werden.

Ein Denkmal vor dem Eingang ist Bürgermeister Džordž Armitsted gewidmet, dem wir schon an der Lettische Nationaloper begegnet sind.

Im Weitergehen stoßen wir auf die Elizabetes ielu. Gegenüber liegt der weitläufige **Kronvalda Park**. Am Nordrand des Parks, an der Elizabetes ielu, dient ein Fragment der Berliner Mauer als Mahnmal [N56° 57′ 30.90″ E24° 06′ 14.9″].

Entweder durch den Park oder über den an seiner Ostseite verlaufenden Oskara Kalpaka bulvāris gehen wir links, ostwärts. An der Einmündung der Antonijas iela passiert man das linkerhand gelegene **Pauls-Stradiņš-Museum für Medizingeschichte - Paula Stradiņa Medicīnas vēstures muzejs (39) [N56° 57′ 25.0″ E24° 06′ 28.8″]** *(geöffnet Di - Sa 11 - 17 Uhr, Do 11 - 19 Uhr, So 11 - 16 Uhr; www.mvm.lv)*. Das Museum – eines der größten seiner Art weltweit – zeigt eine interessante Sammlung des Medizinhistorikers Stradiņa, die er später der Stadt vermachte. Die ausgestellten Exponate informieren über die Entwicklung der Medizin vom Altertum bis heute.

Schräg gegenüber liegt innerhalb des Kronvalda Parks das **Kongressgebäude [N56° 57′ 20.6″ E24° 06′ 25.9″]**. Zu erkennen ist das moderne Bauwerk aus dem Jahre 1982 an seinem verspiegelten Anbau und dem sich davor befindlichen Springbrunnen. Vor dem Eingang erinnert ein Denkmal an den Schriftsteller Andrejs Upits (1877 – 1970).

Das monumentale neoklassizistische Gebäude aus dem Jahre 1913 an der Kr. Valdemāra 3 [N56° 57′ 15.9″ E24° 06′ 27.7″], östlich des Kongressgebäudes, diente schon vielen Herren und Zwecken. Ursprünglich Sitz des Rīgaer Hypothekenvereins, dann des Außenministeriums, diente es zeitweise als Residenz des letzten lettischen Präsidenten vor dem Zweiten Weltkrieg, Kārlis Ulmanis, und wurde schließlich bis 2003 vorübergehend als Rathaus genutzt.

Folgt man dem Oskara Kalpaka bulvāris weiter nach Südosten ist die nächste große Hauptstraße die man quert, die Kr. Valdemāra iela. An der gegenüber liegenden Westecke des Esplanāde Parks sieht man einen futuristischen Stahlobelisken, der sich bei genauerem Hinsehen als **Standuhr** mit zwei verschiedenen Uhrzeiten entpuppt, ein Geschenk der japanischen Stadt Kobe, Rīgas Partnerstadt. Die Uhren zeigen lettische und japanische Zeit.

Weiter links sieht man den neugotischen Gebäudekomplex der **Staatlichen Kunstakademie,** 1940 ursprünglich als Kommerzschule des Börsenkomitees errichtet.

Nördlich der Kunstakademie liegt – gleich neben dem Denkmal des lettischen Malers Janis Rozentāls – das **Lettische Nationale Kunstmuseum - Latvijas Nacionālais mākslas muzejs (37) [N56° 57′ 21.4″ E24° 06 ′45.8″]** *(geöffnet Di - Do 10 – 18 Uhr, Fr 10 - 20 Uhr, Sa + So 10 - 17 Uhr, letzter Einlass 15 Min. vor Schließung; http://www.lnmm.lv/en/lnma/)*. Das neobarocke Museumsgebäude wurde vom Architekten Wilhelm Neumann entworfen. Neumann war zugleich auch Kunsthistoriker und wurde daher auch der erste Direktor des Museums, das ursprünglich ein städtisches Museum war. Begonnen hat alles mit einer Gemäldegalerie, die durch Exponate des Kunstvereins und durch Schenkungen erweitert wurde.

Der weitere Verlauf unseres Stadtspaziergangs führt nun auf dem Kalpaka bulvāris noch ein kurzes Stück weiter ostwärts bis zur Reimersa iela, die rechts abzweigt.

Würde man hier links hinein in den Esplanāde Park gehen, käme man zum roten Granitdenkmal des lettischen Dichterfürsten **Rainis [N56° 57′ 14.8″ E24° 06′ 46.9″]**, der eigentlich Jānis Pliekšāns hieß und zwischen 1865 und 1929 lebte.

Wir gehen rechts hinein in die Reimersa iela bis zum verkehrsreichen Reina bulvāris. Mitten im gegenüber liegenden **Park Bastejkalns** steht ein Denkmal für den Schriftsteller **Rūdolfs Blaumanis** (1863 – 1908) **[N56° 57′ 10.3″ E24° 06′ 35.0″]**. Die Inschrift auf dem Denkmalsockel gibt einen von Blaumanis gerne benutzen Satz wieder: „Mein Gold ist mein Volk, meine Ehre ist seine Ehre“.

In der Nähe dieses Denkmals befinden sich fünf Gedenksteine. Sie erinnern an die Opfer, die beim Beschuss des Innenministeriums durch die Sowjets ums Leben kamen.

Schließlich erreicht man – dem Reina bulvāris weiter ostwärts folgend, achten Sie auf des Okkupationsmuseum (20) und auf die wunderschöne Villa linkerhand, in der sich heute die französische Botschaft befindet – den großen Platz mit dem Obelisken des **Freiheitsdenkmals Brīvības piemineklis (34) [N56° 57′ 5.7″ E24° 06′ 48.7″]**. Das 1935 errichtete Denkmal ist 42 m hoch und wurde ausschließlich mit Spendengeldern aus der Bevölkerung finanziert, was vielleicht auch die fünfjährige Bauzeit erklärt. Die Frauenfigur auf der Spitze, von den Einheimischen liebevoll „Milda" genannt, hält in ihren Händen drei goldene Sterne, die die historischen Provinzen Livland, Lettgallen und Kurland symbolisieren. Der Sockel ist mit mythologischen Figuren und Darstellungen von Geschichtsereignissen verziert.

Im weiteren Verlauf trägt der breite Boulevard zwischen Freiheitsdenkmal und Aspazijas bulvāris den Namen Brīvības iela.

Vom großen Platz gehen wir über die Brīvības iela südwärts, überqueren die große Kanalbrücke, sehen auf der linken Seite wieder die Nationaloper und auf der anderen Kanalseite die sog. **Laima-Uhr**, ein stadtbekannter und bei Jung und Alt sehr beliebter Treffpunkt. Laima, der Schriftzug ist unter der Uhr unübersehbar angebracht, ist der Firmenname eines der ältesten Süßwarenproduzenten in Rīga.

Man kann den verkehrsreiche Aspazijas bulvāris am Hotel de Rome überqueren, der Kaļķu iela ein kurzes Stück hinein in die Altstadt folgen und schon kurz darauf rechts in die Vaļņu iela einbiegen, die direkt auf den runden, unübersehbaren **Pulverturm Pulvertornis (33) [N56° 57′ 04.3″ E24° 06′ 31.2″]** aus dem 17. Jh. zuführt. In früheren Zeiten stand an dieser Stelle der so genannte „Sandturm". Er sicherte den Zugang zur Stadt über den Großen Sandweg. Das

Reicher Figurenschmuck am Sockel der Freiheitsdenkmals in Rīga

heutige Bauwerk – sein Name verrät es schon – diente als Magazin und Lager für das Schießpulver der Stadtwachen.

Das **Kriegsmuseum Latvijas Kara muzejs**, Smilšu iela 20, befindet sich in einem Anbau an den Pulverturm aus den 1930er Jahren *(geöffnet Mi - So 10 - 17 Uhr; http://www.karamuzejs.lv/)*. Eines der Ausstellungsthemen des Museums ist die Geschichte Lettlands des 20. Jh. Dabei erhält der interessierte Besucher nicht nur Einblick in die Gründungsgeschichte der unabhängigen Republik Lettland, sondern ihm wird auch Anschauungsmaterial über die Zerstörungen in den beiden Weltkriegen und während der Besetzungen durch fremde Mächte gezeigt.

Letzter Punkt auf unserem Stadtrundgang durch Lettlands Hauptstadt ist das kleine **Schwedentor Zviedru vārti [N56° 57′ 05.2″ E24° 06′ 23.0″]**, unweit westlich des Kriegsmuseums Ecke Aldaru iele und Torņa iela gelegen. Es entstand Ende des 17. Jh., als die Schutzwälle abgerissen wurden und man dieses Tor als Durchbruch in die Stadtmauer baute.

Wenn Sie nun über die Torņa iela weiter Richtung Daugava-Fluss gehen, gelangen Sie wieder zum **Rīgaer Stadtschloss**, dem ursprünglichen Ausgangspunkt unserer Stadtbesichtigungen.

Für Süßmäuler sei noch kurz das **Schokoladenmuseum „Laima" - Šokolādes Muzejs [N56° 57' 47.10" E24° 7' 53.53"]** in der Miera iela 22 erwähnt *(geöffnet Di - So 10 - 18 Uhr; www.laimasokoladesmuzejs.lv)*. Den Besucher erwartet viel Information über die Herstellung von Schokolade, den Anbau von Kakao, Tipps zur eigenen Herstellung von Schokolade und natürlich Kostproben von heißer Schokolade etc.

Schließlich verdient das **Ethnographische Museum** von Rīga Erwähnung. Es liegt allerdings außerhalb der Stadt und wird deshalb am Anfang der nächsten Tour näher beschrieben.

Wer sich wirklich sehr für alte Flugzeuge interessiert, sollte sich die Mühe machen und dem **Luftfahrtmuseum [N56° 55' 32.2" E23° 58' 53.1"]** am Internationalen Flughafen von Rīga einen Besuch abstatten*(geöffnet Mo - Fr 10 - 16 Uhr; http://en.airmuseum.lv/deutsch/)*. Das privat geführte Museum, das ohne staatliche Unterstützung und ohne Ausstellungshalle auskommen muss, präsentiert auf seinem Freigelände eine beachtenswerte Sammlung von sowjetischer Flugzeugtechnik, die als die umfangreichste außerhalb der GUS gilt. Mancher der Flugzeugveteranen, von denen keiner mehr flugtauglich ist, machen zwar einen schon etwas ramponierten Eindruck, geben aber einen sehr interessanten Überblick, was in russischen Flugzeugwerften alles konstruiert und produziert wurde.

Die neue **Nationalbibliothek Lettlands (46) [Parkplatz, N56° 56' 25.08" E24° 5' 56.11"],** Mūkusalas iela 3, wurde am linken Daugavaufer im August 2014 eröffnet. Das imposante pyramidenartige Gebäude wurde vom berühmten lettischen Architekt Gunārs Birkerts geschaffen und beherbergt über 4 Millionen Bücher, darunter viele historische Volianten *(geöffnet Mo - Fr 9 - 20 Uhr, Sa + So 10 - 17 Uhr; Führungen vom Erdgeschoss bis zum 11. Obergeschoss werden von montags bis samstags angeboten, Reservierung unter Tel. +371 220 22 920 oder eMail ekskursijas@lnb.lv. Besuche ohne Führung können vom Erdgeschoss bis zum 7. Obergeschoss unternommen werden; www.lnb.lv/en/)*.

Direkt hinter dem Gebäude der neuen Nationalbibliothek Lettlands liegt das sehenswerte **Lettische Eisenbahnmuseum von Riga - Dzelzceļa Muzejs (47) [Parkplatz, N56° 56' 26.13" E24° 5' 37.64"],** Uzvaras Boulevard 2A, *(geöffnet Di, Mi, Fr, Sa 10 - 17 Uhr, Do 10 - 20 Uhr; www.railwaymuseum.lv/en)*. Es zeigt die Geschichte der Eisenbahn in Lettland seit Ende des 19. Jh. Eine interessante Animation beschreibt z. B. den Bau und die Funktionsweise einer Dampflokomotive. Ein nachgebauter Bahnsteig aus dem 18.Jh. versetzt den Besucher in die damalige Zeit. Viele weitere Dokumente und Exponate runden den lohnenswerten Besuch ab.

Ausflug zum Schloss Rundāle

Schloss Rundāle (Ruhental) [Parkplatz, N56° 24' 59.7" E24° 01' 49.4"], das man auch als „Versailles des Baltikums" bezeichnen könnte, liegt rund 80 km südlich von Rīga. Man fährt auf der A7/E67 bis **Bauska [N56° 24' 25.6" E24° 11' 14.8"]** (mittelalterliche Burgruine, Sitz des Livländischen Ordens im 15. Jh., im 16. Jh. Residenz der Herzöge von Kurland) und dort auf der P103 12 km westwärts bis **Pilsrundāle**.

Erbauen ließ sich das prächtige barocke Anwesen, das mit seinen drei Flügeln einen weiten Innenhof umschließt, der Herzog von Kurland, Ernst Johan von Biron (1680 – 1772). Zwischen 1736 und 1740 und mit Unterbrechungen bis 1769 entstand ein Palast mit 138 Räumen. Besucher können heute 48 der am kostbarsten ausgestatteten Salons und Repräsentationsräume besichtigen *(geöffnet Mai - Okt. tgl. 10 - 18 Uhr, Nov. - Apr. 10 - 17 Uhr; www.rundale.net)*.

Eines der Glanzstücke ist der üppig dekorierte und mit einem riesigen Deckengemälde versehene **Goldene Saal**, der Audienzsaal des luxusverliebten Herzogs von Kurland. Der Saal wird heute gelegentlich bei staatlichen Empfängen genutzt.

Die Pläne zu Schloss Rundāle stammen von keinem geringeren als dem russischen Hofarchitekten Bartolomeo Francesco Rastrelli, der bereits für den Bau des Winterpalais in Sankt Petersburg verantwortlich zeichnete.

Der Bauherr, der höfischen Prunk liebende Herzog von Biron, ein Favorit der russischen Zarin Anna Joanovna (1693 – 1740) galt im 18. Jh. als mächtigster und wohl auch als einer der begütertsten Männer Russlands. In solch herausragender Position blieb es nicht aus, dass sich der Herzog eine Reihe einflussreicher Gegner und Neider machte.

Als die Zarin dann 1740 verstarb, sank der Stern des Herzogs rapide. Seine Gegner witterten Morgenluft. Und es dauerte nicht lange und der Herzog sah sich als Verbannter in Sibirien wieder. Erst als Katharina II. die Große auf den Zarenthron kam, durfte der Herzog zurückkehren und an Schloss Rundale weiterbauen lassen. Als der Riesenpalast 1769 endlich fertiggestellt war, blieben ihm nur noch drei Jahre, um sich daran zu erfreuen. Ernst Johan von Biron, Herzog von Kurland, starb 1772.

Nach dem Tode Birons kam das Anwesen in rasch wechselnde Hände und wurde jahrelang für wenig höfische Zwecke wie Veteranenheim, Schule, Lager u. ä. zweckentfremdet.

Ausgangs des vergangenen Jahrhunderts dann wurde endlich mit den dringend notwendigen Restaurierungsarbeiten begonnen. Und heute können Besucher Schloss Rundāle wieder in seiner ganzen Pracht bewundern.

Abwechslung und Entspannung verspricht ein gemütlicher Spaziergang durch den herrlichen barocken **Rosengarten** des Schlosses.

Unweit nordöstlich von Schloss Rundāle liegt nördlich der Straße P103 das stattliche **Schloss Mežotne**, das als schönstes klassizistisches Architekturbeispiel in ganz Lettland gilt. Gebaut wurde das Schloss von Zarin Katharina II. der Großen für Charlotte von Lieven, die Gouvernante der Kinder der Zarin. Heute nimmt ein Großteil des Anwesens ein Nobelhotel und ein Restaurant ein.

PRAKTISCHE HINWEISE – RĪGA

Touristeninformation im Schwarzhäupterhaus Melngalvju nams [N56° 56‘ 50.4“ E24° 06‘ 25.0“], Rātslaukums 6, LV-1050 Rīga, Tel. +371 670 37 900; www.liveriga.com/de/7831. *Geöffnet tgl. 10 – 18 Uhr.*
Touristeninformationszentrum für Lettland [N56° 56‘ 56.1“ E24° 06‘ 33.6“], Platz der Liven, Kalku iela 16, Tel. +371 672 27 444; www.liveriga.com/de/7831. *Geöffnet tgl. 10 - 18 Uhr.*

Feste – Rimi Riga Marathon. Jedes Jahr Mitte Mai. **Stadtfest Riga** – 14. - 16. August mit vielen Konzerten in Sälen, Gärten und Parks. Im Rahmen des Festes findet das internationale Oldtimer-Treffen „Riga Retro“ statt.

RESTAURANTS

Alus Arsenals, Pils laukums 4, Tel. +371 673 22 675; www.alus-arsenals.lv; Eingang in der Arsenāla iela; in der Altstadt unweit östlich des Stadtschlosses, stadtbekanntes und beliebtes Lokal im Stil eines lettischen „Krogs“ (Gasthaus), deftige, typisch lettische Küche, viele Gerichte „vom Schwein“. Hauseigenes Bier (alus arsenāls), rustikales Ambiente, erschwingliche Preise.
Peter‘s Brewhouse, Skārņu iela 9, Tel. +371 67 806 404. Privatbrauerei mit Restaurant in der Altstadt, deftige Küche, große Karte, frisches alus (Bier), abends zeitweise Live Music.
Folkklubs Ala Pagrabs, Peldu iela 19, Tel. +371 277 96 914; www.folkklubs.lv/en; sehr bekanntes Restaurant mit Folkloreunterhaltung in der Altstadt mit bodenständigen Küche und einer großen Auswahl an lettischen Bieren.

Als landestypisches Getränk gilt – neben alus (Bier) natürlich – der **„Melnais Balzāms"** der **Schwarze Balsam"** aus Rīga, ein dunkler, hochprozentiger, bitter-süßer Likör, dessen gesamter Zutatenmix aus 24 Ingredienzien (u. a. Beeren, Pfefferminz, Johanniskraut, Wermut, Birkenknospen, Ingwer, Melisse), aber geheim ist. Als „Createur", als Schöpfer des Schwarzen Balsams, gilt ein Apotheker aus Rīga namens Abraham Kunze, der Mitte des 18. Jh. den „Heiltrank" in irdene Flaschen abfüllte und erstmals anbot. Wie es heißt schwören viele Letten, vor allem der älteren Generation, auf „ihren" Balzāms. In Maßen, aber schön regelmäßig genossen, halten sie ihn für reine Medizin. Und hartnäckig hält sich die Legende, Schwarzer Balsam hätte schon Zarin Katharina die Große geheilt. Heute trinkt man ihn nicht nur pur, sondern lieber als Basis für Mixgetränke, mit Kaffee, mit einem großen Löffel Speiseeis oder mit warmer Milch.

HOTELS

Konventa Sēta, 141 Zi.; Kalēju iela 9/11, Tel. +371 600 08 700; http://konventa-seta.hotels-riga-lv.com/de/; eingerichtet in den restaurierten Gebäuden des historischen Konventhofs, mitten in der Altstadt unweit der St. Petrikirche gelegen. Sehr komfortables Mittelklassehotel mit modern ausgestatteten Zimmern zu erschwinglichen Preisen. Restaurant, Biergarten, Sauna, Schwimmbad, WLAN. Parkmöglichkeit gegen Gebühr.
Radisson Blu Hotel Latvija, 571 Zi.; Elizabetes iela 55, Tel. +371 67 772 222; www.radissonblu.com/latvijahotel-riga. Modernes, zentral in der Neustadt gelegenes Hochhaus. Von den meisten Zimmern grandioser Blick auf Rīga, komfortables Haus der gehobenen Mittelklasse. Bar „Skyline" und die Sauna mit prächtigem Stadtblick in der obersten Etage. Restaurant „Esplanāde", Schwimmbad, Fitnesseinrichtungen. Kasino, Nachtclub. Tiefgarage.

CAMPING

Camping Rīga City [N56° 57′ 23.0″ E24° 04′ 48.0″], Kīpsalas iela 8, Tel. +371 670 67 519; www.rigacamping.lv/index_de.html; 15. Mai – 15. Okt.; westlich der Stadt im Stadtteil Kīpsala auf einer Insel am westlichen Daugava-Ufer gelegen. Aus Westen, aus Jūrmala zum Beispiel, kommend auf der A10/E22 immer Richtung Zentrum fahren, dann aber VOR der Daugava-Brükke rechts ab, unter Brücke hindurch und auf der anderen Seite zurück, aber nicht auf die Schnellstraße, sondern vor dem Olympia Supermarkt rechts ab und am Islande Hotel vorbei zum Campingplatz.
Ebene, schattenlose Wiese wenig ansprechend hinter dem Stadion und der Messehalle gelegen. Teils auf Gras, teils befestigter Untergrund, separate Wiese für Zelte rechts vom Platzeingang; ca. 1,5 ha – 100 Stpl.; einfache Sanitärausstattung in Containern, Duschen in separatem Gebäude, Imbiss. Stadtrundfahrten starten zweimal täglich am Campingplatz.
Rīga City Camping liegt günstig noch in Gehnähe zur rund 2,5 km entfernten Altstadt, die man zu Fuß ebenfalls über erwähnte Daugava-Brücke erreicht. Am Ende der Brücke sieht man rechts das Stadtschloss liegen, Ausgangspunkt unseres ersten Stadtrundgangs (s. o.).
Camping Rīga Riverside [N56° 57′ 56.3″ E24° 04′ 48.8″], Matrozu iela 15, Tel. +371 266 588 99; www.riversidecamping.lv; 15. Mai – 15. Sept.; westlich der Stadt im Stadtteil Kīpsala auf einer Insel am westlichen Daugava-Ufer gelegen. Zufahrt siehe Camping Riga City (s. o.). Eher ein Stellplatz als ein Campingplatz. Eingezäunte Asphaltfläche in einem Gewerbegebiet am Westufer der Daugava mit Blick auf Hafenanlagen und zur Stadt; ca. 2 ha – 35 markierte Stellplätze, Sanitäranlagen in Containern.

ESTLAND (EESTI)

6 Touren – ca. 8 - 10 Tage

Der Leuchtturm von Kõpu auf der Insel Hiiumaa

TOUR 11: RĪGA (LETTLAND) – VÕRU (ESTLAND)

Länge der Tour: Rund 265 km, ohne Abstecher.

Die Route: Über die Straße A2/E77 über **Sigulda** bis Abzweig P20 – Straße P20 bis **Valmiera** – Straße A3 bis **Valka** – Straße 67 bis **Võru**.

Abstecher: Zum **Münchhausenmuseum** bei Dunte.

Reisedauer: Mindestens zwei Tage.

Höhepunkte: Das **Motormuseum von Rīga** ** – das **Freilichtmuseum von Rīga** *** – Abstecher zum **Münchhausenmuseum** – Erholung im **Gauja-Nationalpark** ** – „Besteigung" des **Suur Munamägi** * – Wanderung durch das **Piusa-Tal** ** – ein Spaziergang durch **Võru**.

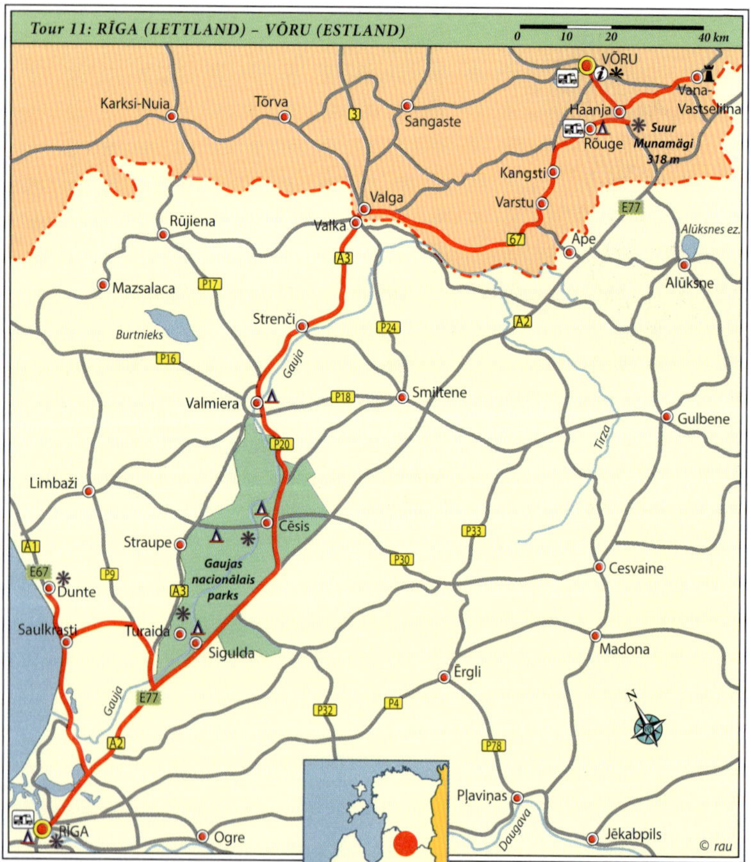

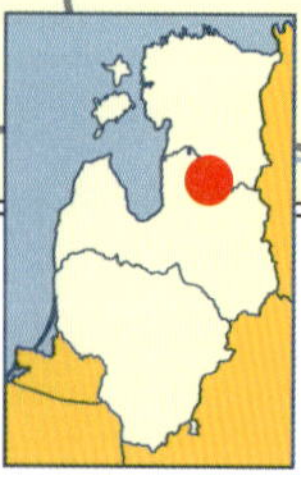

ROUTE: Von Rīga auf der Ausfallstraße Brivības iela, später A2/E77, nordostwärts. Nach rund 10 km bietet sich Gelegenheit von der A2/E77 auf die Straße Richtung ***Mežciems***

abzweigen. Am westlichen Ortsrand von Mežciems liegt das ***Motormuseum Rīga****.*

Das sehenswerte **Motormuseum von Rīga [Parkplatz, N56° 58′ 13.93″ E24° 13′ 42.59″]** liegt in der Sergeja Eizenšteina iela 8 *(geöffnet tgl. 10 - 18 Uhr; www.motormuzejs.lv; Ermäßigung auf den Eintrittspreis bei Vorlage des Rīga Passes).* Das Motormuseum zeigt auf über 4000 qm historische Automobile und Motorräder, darunter über 100 Unikate. U. a. wird die größte Sammlung historischer Kraftfahrzeuge im Baltikum mit Hilfe von multimediatechnischem Design präsentiert. Eine der Raritäten des Museums ist die legendäre „Göttin" und Autodesign-Ikone Citroen DS 19.

ROUTE: Vom Motormuseum zurück zur A2/E77, um nach weiteren rund 2 km von der A2/E77 bei Jugla zum ***Freilichtmuseum Lettlands*** *abzuzweigen, Zufahrtsbeschilderung „Open Air Museum". Das Museumsgelände befindet sich in unmittelbarer Nähe zur Autobahn.*

Das **Ethnographische Freilichtmuseum - Brivdabas muzejs [Parkplatz, N56° 59′ 41.8″ E24° 16′ 07.9″],** Brivības iela 21 *(geöffnet im Sommer tgl. 10 - 20 Uhr, sonst tgl. 10 - 17 Uhr; www.brivdabasmuzejs.lv)* lohnt einen Stopp.

Ein ausgedehnter Spaziergang durch das weitläufige lichte Föhrenwaldgelände, das sich zwischen Schnellstraße und dem Juglas-See erstreckt, führt den Besucher zu weit verstreut liegenden, typischen alten Bauernhäusern, Kirchengebäuden, Fischerkaten, Scheunen, Windmühlen und Werkstätten von Schmieden, Töpfern, Webern etc. etc. Die Gebäude wurden aus den historischen Regionen Lettlands, aus Kurzeme, Zemgale, Letgale und Vidzeme hierher gebracht.

1924 hatte man die Idee das Freilichtmuseum einzurichten. Aus anfänglich sechs Gebäuden mit Kirche und einem ländlichen Schulgebäude ist heute auf dem 80 ha großen Gelände eine Ausstellung mit 121 Gebäuden geworden.

Das Museumsgelände ist aber auch Treffpunkt während großer Traditions- oder Folklorefesten zu Ostern, während der Sommerferien, zu Erntedank- und Kirchweihfesten oder zu Weihnachten. Höhepunkt der alljährlichen Feste ist das schon seit einem halben Jahrhundert stattfindende Folk- und Kunstfestival, zu dem sich Künstler aus ganz Lettland treffen.

ROUTE: Rund 14 km nordöstlich von Riga gabeln sich die Verkehrswege. Nach Norden führt die A1/E67 in Küs-

Im Freilichtmuseum von Rīga

*tennähe über **Saulkrasti** und **Dunte** zur lettisch-estnischen Grenze und weiter ins estnische **Pärnu**. Nach Nordosten dagegen führt die autobahnähnlich ausgebaute A2/E77 nach **Sigulda (Segewold)** mit seinem hübschen Bahnhof, in dem sich auch das Touristeninformationsbüro befindet.*

Will man dem nachstehend beschriebenen Abstecher zum Münchhausenmuseum nicht folgen, bitte weiter mit **Hauptroute** weiter hinten.

Abstecher zum Münchhausen-Museum

*ROUTE: Auf die A1 Richtung Küste abzweigen. Die Straße führt über **Saulkrasti** nach **Dunte**, das rund 8 km nördlich von Saulkrasti liegt. Abzweig nach Dunte von der A1 an der Münchhausen-auf-der Kanonenkugel-Statue.*

Dunte ist – glaubt man der Schilderung des Münchhausen-Museums – „der besondere Ort in der Mitte Lettlands, wo sich das Meer mit dem Festland trifft, im Winter man die Pferde an den kirchlichen Spitzen befestigt und mit einem Schuss zehn Enten tötet".

Eine besondere Sehenswürdigkeit in Dunte ist das **Münchhausen-Museum Minhauzena muzejs [Parkplatz, N57° 24' 17.13" E24° 25' 28.82"]** *(geöffnet Mai - Okt. Mo - Do 10 - 17 Uhr, Fr - So 10 - 19 Uhr; Nov. - Apr. Mi - So 10 - 17 Uhr; Web: www.minhauzens.lv oder https://www.latvia.travel/de/sehenswurdigkeit/das-munchhausen-museum).*

Das Museum informiert nicht nur über die Geschichten Münchhausens und stellt mittels Wachsfiguren Szenen aus den unglaublichen Geschichten des Lügenbarons nach, sondern man findet auf dem Anwesen auch Teiche und Eichenwälder, von denen Münchhausen erzählt hat.

Ein über 5 Kilometer langer Wanderweg durch den Wald führt bis zum Ostseeufer an der Vidzeme-Küste und passiert dabei zahlreiche geschnitzte Holzskulpturen, die man aus den Lügengeschichten kennt, wie zum Beispiel die Kanone, die ihn in die Lüfte geschossen haben soll.

Hieronymus Carl Friedrich von Münchhausen (1720 – 1797) wurde in Bodenwerder geboren, wo er auch die meiste Zeit seines Lebens verbrachte. Während seiner Dienstzeit in einem russischen Kürassier-Regiment hielt sich der Baron mit der sprühenden Fantasie oft auf seinem Landgut in Dunte auf. Damals lernte er seine Frau Jacobine, Baronesse und Tochter des Richters von Dunte, kennen.

*ROUTE: Ist man dem Abstecher nach Dunte gefolgt, kehrt man auf der A1/E67 zurück bis südlich von **Saulkrasti** und fährt auf der P6 ostwärts nach **Sigulda (Segewold)**.*

HAUPTROUTE

Das nächste Ziel, das nördlich von **Sigulda** gelegene **Urstromtal des Flusses Gauja**, entstand in der Eiszeit. Der Fluss hat sich hier ein bis zu 85 m tiefes Tal gegraben.

Das Gebiet, das schon im 19. Jahrhundert von Touristen besucht wurde, wird auf Grund der sanften Hügel auch gerne als **„Livländische Schweiz"** bezeichnet. Doch erst im Jahr 1973 wurde das Tal zum Nationalpark erklärt. Heute sind rund 4% des Parks als striktes Reservat gekennzeichnet und dürfen nicht betreten werden!

Der Großteil des **Gauja-Nationalparks** (http://www.latvia.travel/de/sehenswurdigkeit/nationalpark-gauja) kann aber besucht werden. Es sind zahlreiche Wanderwege eingerichtet worden, die dem Besucher zahlreiche Informationen über die hiesige Natur geben. Auf Lehrpfaden erfährt man Wissenswertes über Fauna und Flora. Damit insbesondere bei Kindern keine Langeweile aufkommt, hat man manche Wege mit Märchenfiguren verschönt.

Der interessanteste und zugleich längste **Wanderweg** liegt nordöstlich von Sigulda bei der kleinen Gemeinde **Līgatne** (Touristeninformation Līgatnes

PRAKTISCHE HINWEISE - SIGULDA (SEGEWOLD)

Touristeninformation Sigulda [N57° 09' 11.6" E24° 51' 13.6"], Ausekļa iela 6, LV-2150 Sigulda, Tel.: + 371 679 71 335; www.tourism.sigulda.lv; https://www.latvia.travel/de/city/sigulda-8. *Geöffnet 1. Mai - 30. Sept. tgl. 9 - 19 Uhr; 1. Okt. - 30. Apr. tgl. 9 - 18 Uhr.*

Feste und Folklore
Ende Mai wird das **Stadtfest** gefeiert und in der zweiten Julihälfte findet das **Opernmusikfest** statt.

RESTAURANT

Restaurant Aparjods, Ventas iela 1, Tel.: +371 679 74 414; http://www.aparjods.lv/de.

HOTEL

Hotel Santa, Kalnjāņi, 14 Zi., Tel.: +371 677 05 271; www.hotelsanta.lv. Südlich der Innenstadt, ruhige, ansprechende Lage oberhalb eines kleinen Sees.

CAMPING

Camping Siguldas Pludmale [N57° 09' 27.5" E24° 50' 14.5"], Peldu iela 2, Tel. +371 292 44 948; www.makars.lv; 1. Mai – 1. Okt.; nordwestlich des Ortes Zufahrt an der Straße nach Turaida, vor der Flussbrücke links und noch 600 m. Schmale, wellige Wiese, durch Laubwaldgürtel vom Gauja-Fluss getrennt, gegenüber „Tarzans Klettergarten"; ca. 1 ha – 40 Stpl.; einfache Sanitärausstattung. Waschmaschine, Bootsverleih, WLAN auf Teilen des Platzes. Miethütten.
Camping Lakeside [N57° 7' 52.78" E24° 51' 50.98"], Kalnabeites, Sigulda pagats, Tel. +371 271 52 155; www.lakeside.lv; 1. Mai – 30. Sept.; im Süden von Sigulda über die Straße P8 (Sigulda – Mālspils) zu erreichen; Wiese am Matiņu See; 1,5 ha – 40 Stpl.; einfache Sanitärausstattung. WLAN auf Teilen des Platzes, Internetecke, Boots- und Fahrradverleih.

Tūrisma informācijas centrs, Spriņģu iela 2; GPS: N57° 14' 1.03" E25° 2' 23.09; Tel. +371 641 53 169; www.visitligatne.lv; geöffnet 10 - 18 Uhr). Der Weg führt an mehreren Freigehegen vorbei, in denen Luchse, Wildschweine, Otter, Bären und Wisente leben. Ein Aussichtsturm wurde für bessere Ausblicke aufgestellt.

Wem der Blick vom Aussichtsturm nicht ausreicht, kann bei Sigulda den Gauja-Fluss mit einer Seilbahn in 40 m Höhe überqueren. An Wochenendabenden wird die Seilbahn für ganz Wagemutige genutzt, die sich per **Bungeesprung** in die Tiefe stürzen möchten.

*ROUTE: Von Sigulda auf der P8 nordwärts nach **Turaida**, 6 km.*

Auf dem Weg durch das grüne Gauja-Tal von Sigulda hinauf nach **Turaida** passiert man den Zugang zur **Gutmannshöhle - Gutmana ala [Parkplatz, N57° 10' 33.2" E24° 50' 44.8"],** der größten Höhle im Baltikum *(Besucherzentrum geöffnet Mai - Sept. tgl. 9 - 19 Uhr; Okt. - Apr. tgl. 9 - 17 Uhr; www.enter-gauja.com/de/sachen-zu-erledigen/enter-natur/gutmannshöhle).* Gutmannshöhle heißt sie übrigens deshalb, weil hier ein „guter Mann" mit dem angeblich wundertätigen Wasser der hiesigen Quelle Kranke geheilt haben soll.

Diese Quelle wiederum sei entstanden, so die Legende, als die Frau des livischen Fürsten Rindaugs einen Strom von Tränen vergoss. Wegen ihrer Untreue hatte sie ihr Mann hier am Ufer eingegraben.

Eine andere tragische, wahre Liebesgeschichte soll 1620 auch hier ihren Anfang genommen haben, nämlich die der jungen Maija, der „Rose von Turaida", die sich hier heimlich mit ihrem Geliebten Victor getroffen haben soll. Ihr Grabdenkmal ist im Museumsreservat von Turaida zu sehen.

Weiter oben passiert die Straße das **Museumsreservat von Turaida [Parkplatz, N57° 11' 12.2" E24° 50' 46.0"]** *(geöffnet Mai - Sept. tgl. 9 - 20 Uhr; Okt. tgl. 9 - 19 Uhr; Nov. - März tgl. 10 - 17 Uhr; Apr. tgl. 10 - 19 Uhr; www.turaida-muzejs.lv/home_en1/?lang=en).*

Das Grabdenkmal der „Rose von Turaida"

Ein Spaziergang durch diese weite Parkanlage des ehemaligen Landgutes Turaida lohnt. Vom Eingang mit dem Besucherzentrum/Kasse und dem etwas unterhalb gelegenen ehemaligen Haus des Gutsverwalters, geht man vorbei an der Getreidedarre zur kleinen Kirche, die links etwas erhöht auf einem mittelalterlichen Begräbnishügel liegt. Mit Unterstützung von Pfarrer Daniel Merkel konnte die Kirche um 1750 erbaut werden. Sie gilt als älteste Holzkirche in Lettland.

Ganz in der Nähe sieht man das Denkmal an die „Rose von Turaida".

Ein Stück weiter kommt man am sog. Gärtnerhaus vorbei, in dem heute ein interessantes Museum über das Volk der Liven eingerichtet ist.

Kurz darauf sieht man schon die mächtigen Türme der **Burg von Turaida.**

Die Burg liegt hoch über dem Gauja-Tal. Der Blick vom Bergfried ist grandios. Früher befand sich an der Stelle eine Holzburg, die jedoch vom Kreuzritterorden zerstört wurde.

Im Jahr 1214 begann daraufhin mit wohlwollender Unterstützung der Bischöfe von Rīga, die in der Burg eine wichtige Schutzfestung ihres Erzbistums sahen, der Wiederaufbau.

Durch ein Feuer, ausgelöst durch einen missglückten Kanonenschuss, wurde die Burg im 18. Jh. so stark beschädigt, dass sie als Verteidigungsbollwerk wertlos wurde.

Lange dienten die Gemäuer dann als willkommener Steinbruch zum Bau von Stadthäusern oder Landsitzen. Erst Mitte des 19. Jh. wurde mit einer Renovierung der Burganlage begonnen. Heute ist sie

Die Burg von Turaida

Skulpturenpark im Museumsreservat von Turaida

mit ihren vielen Ausstellungen zur Burggeschichte, von den Kellerverliesen bis zu den Gardequartieren und Geschützbastionen, eine der beliebtesten und meistbesuchten Touristenattraktionen der Region. Und wie gesagt, der Blick vom Hauptturm ist trotz des mühsamen Aufstieges prächtig.

Auf dem Rückweg zum Ausgang kann man einen kleinen Umweg über den Skulpturen- und Volksliederpark und den Liedergarten machen.

Auf der anderen, der nördlichen Seite des Besucherzentrums, liegen Gebäude des ehemaligen Landgutes Turaida, darunter Wagenschuppen, Stallungen, Schmiede, Schwitzstube oder Fischkeller.

ROUTE: *Von Sigulda zurück zur A2/E77. Ihr folgen wir über* ***Augšlīgatne*** *25 km weit nach Nordosten bis zur Ausfahrt Cēsis. Von hier auf der P20 nordwärts nach* ***Cēsis (Wenden)****, 12 km.*

Cēsis hieß früher einmal *Wenden*. Und Wenden wiederum leitet sich ab von „Venden", dem Namen einer aus Holz erbauten Burg, die vom 11. bis zum 13. Jh. hier stand.

Die eigentliche Stadt und ihre Ordensburg wurden 1206 gegründet. Wenden erlebte eine rasante Entwicklung als Handelszentrum und wurde bald Mitglied im Hansebund. Die damalige Bedeutung der Stadt geht auch daraus hervor, dass sie Münzrecht besaß und Gold- und Silberstücke prägen durfte.

Die mittelalterliche befestigte **Ordensburg [N57°18'47.31" E25°16'16.23"]** *(geöffnet Di - Sa 10 - 17 Uhr, So 10 - 16 Uhr, letzter Einlass 45 Min. vor Schließung; www.cesupils.lv/en/)* wurde während des Nordischen Krieges in der zweiten Hälfte des 16. Jh. geräumt und verlor ihre Bedeutung.

Vor der Festung liegt ein schöner Burggarten (Eintritt). Wenn Sie hindurchgehen, erreichen Sie an der Wand eine Holztruhe, in der eine Lenin-Statue aufbewahrt wird. Sie wurde nach dem Ende der Okkupation vom Platz der Einheit entfernt.

Zur **Besichtigung des Turmes** auf der Westseite der Ordensburg erhalten Sie einen Schutzhelm und eine Laterne, da die Treppen und Gänge in dem Gemäuer teils sehr eng sind.

Alternativ zum Burggarten kann man einen Spaziergang durch den eintrittsfreien **Schlosspark** machen. Neben einem See mit Springbrunnen ist dort der sog. **Nussberg** (Riekstu kalns) zu sehen.

Auf ihm befand sich die erwähnte hölzerne Burg aus dem 11. Jh.

Bei der mittelalterlichen Ordensburg kommt man zur **„Schmiede für Alten Schmuck“**, in der nach alter Handwerkskunst schöne Schmuckstücke aus Bronze und Silber hergestellt werden.

Das **Neue Schloss Cēsu Jaunā pils**, gleich östlich der alten Ordensburg, erhebt sich an einer Stelle, an der einst die Torbefestigungen der Burg standen. Eine davon kann man noch hinter dem Schloss sehen. Im 18. Jh. erwarb ein Graf von Sievers die Burg und ließ das Schloss als Wohngebäude ausbauen.

Vor der Burg in Cēsis

Seit dem Zweiten Weltkrieg ist das **Museum für Geschichte und Kunst** im Schloss untergebracht und informiert hauptsächlich über die Geschichte der Stadt Cēsis *(geöffnet Di - So 10 - 17 Uhr)*.

Ein kurzes Stück nordöstlich des Neuen Schlosses überqueren wir die Lenču iela und erreichen den **Maipark [N57° 18′ 51.29″ E25° 16′ 22.11″]**. Markant ist dort die Skulptur „Kampf mit den Zentauren“, die in der Nähe des künstlichen Teichs steht.

Rechter Hand beginnt, etwas weiter südöstlich, der Weg durch die **Altstadt**, die im Zweiten Weltkrieg starke Zerstörungen erlitten hat.

Quer durch die Altstadt verläuft die **Rīgas iela [N57° 18′ 45.83″ E25° 16′ 28.41″]**, die schon vor 800 Jahren die Hauptstraße in Wenden war. Sie wird auch heute noch von interessanten und historischen Gebäuden gesäumt. Zwei davon sind das **Rathaus** und das **Kaufmannshaus** (Haus Nr. 16). Letzteres stammt aus dem 18. Jh. und besitzt ein klassizistisches Portal. Dieser zweigeschossige Barockbau gilt als prächtigstes Gebäude der Stadt und ist anschauliches Beispiel für die Wohnkultur des gehobenen Bürgertums im 18. Jh.

Am oberen, nordöstlichen Ende der Rīgas iela treffen wir am **Platz der Einheit - Vienības laukums [N57° 18′ 47.2″ E25° 16′ 29.5″]** auf das **Raunas Vārti**, das rekonstruierte Fragment eines Stadttors. Das Kopfsteinpflaster des Platzes der Einheit war lange verschüttet, und wurde erst jüngst bei Ausgrabungsarbeiten wieder freigelegt. In der Mitte des Platzes steht das **Siegesdenkmal** aus dem Jahr 1998. Es ist die Kopie des Originals das von 1924 bis 1951 hier stand, bis es in einer Nacht- und Nebelaktion von den Sowjets zerstört wurde. Die Inschrift auf dem Denkmalsockel lautet übersetzt etwa: „Vom Schwerte ging die Sonne auf“. Die goldene Kugel auf dem Obelisken symbolisiert die Sonne eines freien Lettland.

Fast am südwestlichen Ende der Hauptstraße Rīgas iela passieren wir den zentralen **Rosenplatz Rožu laukums [N57° 18′ 41.30″ E25° 16′ 15.48″]**. Hier befindet sich ein kleines Geschäft, das im Volksmund „Chinesenhäuschen“ genannt wird. In früheren Zeiten stan-

PRAKTISCHE HINWEISE - CĒSIS (WENDEN)

Touristeninformation Cēsu Tūrisma informācijas centrs, Baznīcas laukums 1, LV-4101Cēsis, Tel. +371 641 21 815, Mobil +371 283 18 318; http://turisms.cesis.lv/de/. *Geöffnet Mai - Sept tgl. 10 – 18 Uhr; Okt. - Apr. Di - Sa 10 - 17 Uhr, So 10 - 16 Uhr.*

Feste und Folklore
Mitte Mai finden die **Museumstage** im Museum für Geschichte und Kunst statt. Im August kann man das **Musikfestival Cēsis** erleben und im September am alljährlichen **Marathon „Rund um Cēsis"** teilnehmen.

RESTAURANTS

Vinetas un Allas kārumlāde, Rigas iela 12, Tel. +371 283 75 579; einladendes Café, das auch kleinere Gerichte serviert, gleich hinter der Johanniskirche gelegen.

HOTEL

Hotel Cēsis, Vienības laukums 1, Tel.: +371 641 20 122, https://www.hotelcesis.lv/. Komfortables, recht zentral am Platz der Einheit gelegenes Hotel. Restaurant, Sommerterrasse, Café.

CAMPING

Camping Žagarkalns [N57° 18' 25.6" E25° 13' 16.0"], Mūrlejas iela 12, Tel. +371 262 66 266; www.zagarkalns.lv; 15. Mai – 15. Sept.; ca. 4 km westlich von Cēsis beschilderter Abzweig von der Straße nach Limbaži (P14) südwärts und an der Brücke wieder links; Campinggelegenheit auf Wiesengelände direkt an der Gauja gelegen; ca. 2 ha – 50 Stpl. plus Zeltwiese, sehr einfache Sanitärausstattung, Tennis.

Camping Ungurs [N57° 21' 10.8" E25° 05' 14.7"], Raiskuma pagasts, Tel. +371 291 20 992; 15. Mai – 1. Sept.; rund 15 km westlich von Cēsis beschilderter Abzweig von der Straße nach Limbaži (P14); einfache Campingmöglichkeit, von der Straße zu einem Laubwaldgürtel am verschilften Seeufer geneigtes, langgestrecktes Wiesengelände; ca. 1 ha – 40 Stpl.; sehr einfache Sanitärausstattung; Sauna, Badegelegenheit. Miethütten.

Raiskums bei Cēsis
Camping Apaļkalns [N57° 19' 02.1" E25° 08' 52.5"], Tel. +371 294 481 88; www.apalkalns.lv; 15. Apr. – 1. Okt.; Zufahrt von der P14 Richtung Limbaži, ca. 5 km westlich von Cēsis beschilderter Abzweig und noch 4,2 km Richtung Raiskums, deutlich beschildert; zu einer hohen Laubbaumreihe am von Wald umgebenen See Raiskuma ezers hin leicht geneigtes, gepflegtes Wiesengelände in ansprechender Lage. Wiesen für Zelte, befestigte Stellplätze für Wohnmobile/Caravans teils mit Holzplattform, Picknicktischen und Grill. Kinderspielplatz, Miethütten, Campingküche und Aufenthaltsraum, Boots- und Fahrradverleih, WLAN, Internetecke. V & E für Wohnmobile mit befahrbarer Plattform. Schilfufer mit Bade- bzw. Kanuanlegesteg. Engagierte Platzleitung, gepflegter Gesamteindruck. Zählt, bzgl. Lage, Platzgestaltung und Pflege, zu den besten Campingplätzen in Lettland.

den an der Stelle ein Brunnen sowie ein Pranger.

An der Nordostseite des Rosenplatz sieht man die **St. Johanniskirche**. Der einzige Schmuck dieses Gotteshauses aus dem 13. Jh. ist die Sonnenuhr an der südwestlichen Ecke. Im Inneren sind die Grabstätten deutscher Ordensmeister zu sehen, z. B. die von Wolter von Plettenberg.

*ROUTE: Von Cēsis über die P20 nordostwärts bis **Valmiera (Wolmar)**.*

Valmiera (Wolmar) wurde 1323 zum ersten Mal als Stadt erwähnt. Seitdem war die Stadt am Gauja-Fluss zweitweise auch als Wolmar, Wolmaria oder auch Woldemar bekannt.

Die größte Stadt in der Region wurde einst vom Orden der Schwertbrüder beherrscht. Diese ließen die **St. Simonkirche Svētā Sīmaņa bazuīca [N57° 32' 18.82" E25° 25' 33.43"]** an der heutigen Durchgangsstraße P17 sowie unweit östlich der Kirche eine **Burg** errichten, deren Reste heute aber kaum noch der Rede wert sind. Eine Blütezeit erlebte die Stadt, als in Valmiera einstmals Hansetage stattfanden.

Am Ostrand der Stadt kann am Ende der Straße Bruņinieku iela das **Stadtmuseum [N57° 32' 21.24" E25° 25' 42.96"]** besichtigt werden. Hier wurde die ehemalige Altstadt von Valmiera in ein Freilichtmuseum verwandelt *(geöffnet Di – Sa 10 – 17 Uhr, von Juni bis August auch So 10 – 15 Uhr; https://valmierasmuzejs.lv/de/anfang/)*.

Einen größeren öffentlichen und recht zentral gelegenen **Parkplatz [N57° 32' 20.01" E25° 25' 8.91"]** findet man an der Kārla Baumaņa iela hinter dem Kulturhaus und dem Touristenbüro.

*ROUTE: Von Valmiera (Wolmar) auf der A3/E264 über **Strenči** und durch waldreiche Landschaft zur lettisch-estnischen Grenze, die nach ca. 47 km in der Grenzstadt **Valga (Walk)** erreicht wird.*

Valga (Walk) eine einstmals zusammengehörende Gemeinde wurde durch die Grenzziehung im Mittelalter geteilt, arbeitete aber wirtschaftlich weiterhin zusammen – auf der einen Seite das lettische **Valka**, auf der anderen Seite das estnische **Valga**.

Aus uralten Chroniken weiß man, dass die Stadt ursprünglich auch als *Walco* bekannt war und bis ins 16. Jh. – und noch nach der Grenzziehung – recht wohlhabende Einwohner beherbergte.

Erst mit der Okkupation durch die Sowjets 1940 vereinte sich die Stadtverwaltung, die Staatsgrenze fiel und man war verpflichtet eine gemeinsame Sprache, nämlich Russisch, zu sprechen und

PRAKTISCHE HINWEISE – VALMIERA (WOLMAR)

Touristeninformation Valmiera [N57° 32' 18.41" E25° 25' 16.52"], im Kulturhaus, Rīgas iela 10, LV-4201 Valmiera, Tel.: +371 642 07 177, Mobil +371 263 32 213; Web: www.valmiera.lv, E-Mail: tic@valmiera.lv. *Geöffnet Juni - Aug. Mo - Fr 9 - 18 Uhr, Sa 10 - 17 Uhr, So 10 - 15 Uhr; übrige Zeit Mo - Fr 9 - 18 Uhr, Sa 10 - 15 Uhr.*

Feste und Folklore
Stadtfest von Valmiera in der ersten Juliwoche.

RESTAURANTS

Restaurant Veselības bastions kafejnica, Bastiona iela 24, Tel.: +371 64 225 502.
Restaurant Rātes vārti, Lāčplēša iela 1 (P17), Tel.: +371 642 81 942; www.ratesvarti.lv.

HOTEL

Hotel Wolmar, Tērbatas iela 16A, +371 642 07 301; http://www.hotelwolmar.lv; komfortables 30-Zimmer-Hotel in zentraler, verkehrsgünstiger Lage.

CAMPING

Camping Baili [N57° 32' 2.70" E25° 28' 7.24"], Brenguļu iela, Kauguru pagasts, Tel. +371 292 84 119; www.baili.lv; Anf. März – 30. Nov.; östlich von Valmiera, Freizeitzentrum bei einem Wintersportgebiet, Wiesengelände in waldreicher Umgebung, nahe des Gauja-Flusses; ca. 2 ha – 50 Stpl.; einfache Standard-Sanitärausstattung; Restaurant, Sauna, Miethütten, Bootsverleih.

PRAKTISCHE HINWEISE – VALKA/VALGA

Touristeninformation Valkas novada Tūrisma informācijas birojs [N57° 46' 27.13" E26° 1' 10.04"], Rīgas iela 22, LV-4701 Valka, Tel.: +371 647 25 522, +371 264 96 945; www.visit.valka.lv; E-Mail: tib@valka.lv. *Geöffnet Di - Sa 9 - 17 Uhr.*

Touristeninformation Valgas apmekletaju centrs [N57° 46' 35.72" E26° 1' 51.97"], Kesk 11, EE-68203 Valga, Tel.: +372 766 1699, Mail: valga@visitestonia.com; www.valgamaa.ee/et/. *Geöffnet Mitte Mai – Mitte Sept. Mo - Fr 10 - 17 Uhr; Mitte Sept. - Mitte Mai Mo - Fr 10 - 16 Uhr, Sa + So 10 - 14 Uhr.*

Feste und Folklore

Im September wird das grenzüberschreitende **Valga-Valka-Rennen** veranstaltet. Einen Monat später findet in Valka das **Herbst-Festival** statt.

RESTAURANT

Valga Voorimehe pubi, Julius Kuperjanovi 57, Valga (EST), Tel.: 76-61 31 1, Web: www.voorimehepubi.ee. Rustikale Einrichtung und abwechslungsreiches Programm mit Live-Musik.

HOTEL

Metsis Hotell, Julius Kuperjanovi 63, Valga (EST), Tel. +372 766 6050; www.hotellmetsis.com; das zentral gelegene 18-Zimmer-Hotel ist in einem kleinen Haus aus dem Jahr 1912 eingerichtet. Im Jahr 2005 wurde es komplett renoviert. Restaurant, Sauna.

mit einer gemeinsamen Währung, dem Rubel, zu bezahlen.

Nach der politischen Wende 1990 feierten nicht nur beide Staaten, sondern auch beide Städte ihre Unabhängigkeit. Allerdings ging das so weit, dass sich Valga und Valka voneinander distanzierten, obwohl die Einwohner während der Sowjetzeit auch Traditionen und Teile der jeweils anderen Sprache voneinander lernten.

Erst als beide Länder seit Mai 2004 Mitglied in der Europäischen Union sind, kooperieren sie wieder, zumindest auf touristischer und wirtschaftlicher Ebene. Doch es wird in Zukunft weiterhin zwei Müllabfuhren und zwei Stadtverwaltungen geben, denn es sind schließlich zwei Städte in zwei verschiedenen Ländern mit unterschiedlicher Rechtsprechung.

Außerdem existieren zwei Touristeninformationen, die der Besucher auch beide aufsuchen sollte, da sie in mancher Hinsicht unterschiedliches Informationsmaterial besitzen.

Die schönere ist jedoch die auf estnischer Seite. Dies entspricht im Übrigen dem gesamten Stadtbild. Das lettische Valka hat keine architektonischen Schönheiten zu bieten, die interessantesten Gebäude befinden sich allesamt auf estnischem Staatsgebiet.

Da Valka/Valga in den letzten Jahrhunderten durch ein halbes Dutzend Großfeuer mehrfach fast komplett zerstört wurde, stammt das älteste Gebäude gerade einmal aus der Wende zum 19. Jahrhundert.

Es handelt sich um die **St. Johannkirche Valga Jaani kirik [N57° 46' 36.56" E26° 1' 49.63"]** an einem kleinen Park in der Riia Straße. Sie wurde nach Plänen des Architekten Christian Haberlandt nach fast 30jähriger Bauzeit im Jahr 1816 fertig gestellt. Der Kirchenbau stellt ein schönes Beispiel für den Übergang vom Barock zum Klassizismus dar. Die Orgel im Inneren stammt aus deutschen Landen und wurde von Ladergast hergestellt. Die Gedenktafel an der Fassade ist in Erinnerung an die Toten des Unabhängigkeitskrieges angebracht worden.

Etwas jünger, aber aus demselben Jahrhundert ist in der Pargi Straße die kreuzförmige **russisch-orthodoxe Is-**

sidor-Kirche Valga Issidori Peakirik [N57° 46′ 32.08″ E26° 2′ 39.30″] des Architekten V. J. Lunski. Sie war auch Maß und Vorbild für eine katholische Kirche [N57° 46′ 37.51″ E26° 3′ 16.52″] in der Malevastraße, die in der Zarenzeit errichtet werden durfte, denn die katholische Kirche durfte nicht höher sein, als die Issidor-Kirche.

Zu guter Letzt sollte in der Kesk-Straße noch ein Blick auf das einzige **Rathaus [N57° 46′ 35.63″ E26° 1′ 51.77″]** Estlands geworfen werden, dass aus Holz erbaut wurde. Es stammt aus dem Jahr 1865 und wurde damals in der typischen Holzarchitektur des Landes errichtet. Heute ist hier auch die Touristeninformation der Stadt Valga untergebracht.

Verkehrshinweis in Estland

Mehr über die Region um Valga (Walk) erfährt man im **Valga Museum [N57° 46′ 37.33″ E26° 2′ 15.73″]**, Vabaduse 8, einem Heimat- und Naturkundemuseum *(geöffnet Di - Fr 11 - 18 Uhr, Sa 10 - 15 Uhr; www.valgamuuseum.ee)*.

Weder ein Politiker, Staatsmann oder Künstler, sondern ein erfolgreicher Sportler stammt aus Valga. 1895 erblickte hier im damaligen Walk ein gewisser Alfred Neuland das Licht der Welt. Neuland verschrieb sich dem Kraftsport und holte als Gewichtheber bei den Olympischen Spielen 1920 in Antwerpen mit 110 kg im Stoßen die erste Goldmedaille für Estland. Alfred Neuland starb im November 1966 in Tallinn.

Estland/Eesti

Mit Valga haben wir nun Estland, das nördlichste der drei baltischen Staaten, erreicht.

Das Land, dessen Hauptstadt Tallinn ganz im Norden liegt, ist administrativ in 15 Landkreise aufgeteilt. Dabei handelt es sich um die beiden Insellandkreise Hiiumaa und Saaremaa im Nordwesten sowie um Läänemaa, Harjumaa, Lääne-Virumaa, Ida-Virumaa, Raplamaa, Järvamaa, Jõgevamaa, Pärnumaa, Viljandimaa, Tartumaa, Põlvamaa, Võrumaa und Valgamaa. Im letztgenannten befinden wir uns nun, dessen Hauptstadt zugleich der Ort Valga ist.

Die Landschaft in Süd-Estland lädt durch ihre verschiedenen Facetten zu einer ausgiebigen Reise ein und ist neben den estnischen Inseln eine der schönsten Landschaften des Landes. Hier befindet sich der Paipsi-Pihkva järv, der größte See des Baltikums, der zugleich die Grenze zu Russland bildet und auch die höchste Erhebung aller drei baltischen Staaten, der 318 m hohe Suur Munamägi oder Großer Eierberg, ist hier zu finden. Zahlreiche Moore, Nationalparks und das Haanja Hochland bieten beste Wandermöglichkeiten. In den Wintermonaten ist die Region, besonders die Gegend um den Ort Otepää, sogar als Wintersportgebiet bekannt.

*ROUTE: Valga verlassen wir in südöstlicher Richtung und nehmen die Straße 67 über **Varstu** Richtung **Võru**. Die Straße verläuft die ersten 12 Kilometer direkt an der Grenze entlang. Später biegen wir bei **Nursi** von der Straße 67 südwärts ab und fahren Auf der Straße 215 zunächst bis **Rõuge.***

Der Bau der **Kirche Rõuge Maarja kogudus [Parkplatz, N57° 43′ 52.83″**

E26° 55′ 44.37″] in **Rõuge** soll sehr mühsam gewesen sein.

Jedesmal wenn wieder ein Kirchenbau fertiggestellt war, soll der Neubau im See untergegangen sein. Der Dorfälteste gab den Rat, eine Frau namens Maarja mit einzumauern, um die Kirche zu retten. Noch heute sagt man in Rõuge, dass keine Frau mit dem Namen Maarja sich am Silvesterabend der Kirche nähern sollte. Denn der Geist des damaligen Opfers darf am letzten Tag des Jahres die Wand verlassen, um auf den nahe gelegenen Rõuge-See hinauszurudern, um sich gegen ein anderes Opfer mit demselben Namen auszutauschen. Soweit die Sage.

Tatsächlich errichtet wurde das Gotteshaus Ende 1720, ihr heutiges Äußeres stammt aus dem Jahr 1860. Seinerzeit wurden an der Kirche die damals recht niedrigen Wände erhöht. Möglicherweise wird in der Sage aber auch von einer anderen Kirche berichtet, die zuvor an derselben Stelle stand.

Zumindest würde die Maarja-Kirche in den See passen, schließlich ist er mit 38 m der tiefste See des Landes. Der Rõuge-See ist einer von sieben Seen, die gemeinsam das **Urstromtal Rõuge** bilden.

Das Tal grenzt direkt an den nördlichen Rand des Burgbergs des Ortes und besitzt mehrere kleine Nebentäler, wie zum Beispiel das **Nachtigallental**. Dieses verläuft in nordwestliche Richtung bis nach Nursi und bildet südlich von Nursi den **Hinni-Canyon [N57° 45′ 54.97″ E26° 52′ 45.41″].** Dort bietet sich die Möglichkeit einer Wanderung auf einem 10 km langen Naturpfad. Der Canyon ist an manchen Stellen bis zu 8 m tief und verengt den Fluss auf 2 m Breite.

Der **Burgberg** von Rõuge hingegen war Heimat für eine Bauernburg aus der Zeit zwischen dem 6. und 11. Jahrhundert. Die Bauernburg wurde als erste ihrer Art archäologisch erforscht.

Etwas außerhalb des Dorfes gelangt man zur **Touristeninformation Ööbikuoru infokeskus [Parkplatz, N57° 43′ 41.93″ E26° 56′ 19.75″]**, die sich seit dem Jahr 2007 in einer Holzhütte neben der Landstraße im Nachtigallental befindet. Dort gibt es aber nicht nur touristische Informationen, sondern auch schönes Kunsthandwerk aus Holz sowie gewebte Teppiche.

Ganz in der Nähe der Touristeninformation sieht man mitten auf einer Wiese den stählernen **Aussichtsturm Rõuge Ööbikuoru vaatetorn**. Der Turm kann bestiegen werden und bietet von den storchennestähnlichen Aussichtsplattformen einen herrlichen Blick auf die Umgebung.

Nicht weit westlich vom Touristeninformationspunkt liegt das **Rõugemuseum Ööbikuoru hüdrotöökoda-muuseum [N57° 43′ 40.09″ E26° 55′ 48.78″]**, Ööbikuoru tänav 3. Das Heimatmuseum mit Freilichtabteilung verfügt auch über eine interessante Techniksammlung.

PRAKTISCHE HINWEISE – RÕUGE

Touristeninformation [Parkplatz, N57° 43′ 42.17″ E26° 56′ 18.63″], Tinid Küla, Tel.: +372 503 2341; https://rouge.kovtp.ee/web/eng/tourist-information. *Geöffnet 15. Mai - 15 Sept. tgl. 10 - 18 Uhr.*

Feste und Folklore

Traditionell wird in den Sommermonaten das **Bootsrennen** veranstaltet. Dabei gilt es, alle sieben Seen in der Umgebung Rõuges der Reihe nach mit dem Ruderboot zu überqueren. Dazwischen muss es gelingen, schnellstmöglich von See zu See zu laufen.

WOHNMOBIL-STELLPLATZ

Wohnmobil-Stellplatz Gästehaus Suurjärve [N57° 43′ 54.79″ E26° 55′ 24.34″], Tel.: +372 78 59 273; Web: www.maremajutus.ee. Privates Gästehaus mit 13 Zimmern und großer Wiese auf der man sein Wohnmobil abstellen darf. Es existieren ein Grill und eine Sauna. Frischwasser möglich, Entsorgung nicht.

CAMPING

Camping Ööbikuoru [N57° 43′ 43.23″ E26° 55′ 46.26″], Ööbikuoru 5, Tel.: +372 521 8784; www.visit.ee; auf der Straße nach Haanja zunächst der Beschilderung folgen und dann die erste Straße rechts. Kleiner und einfacher Campingplatz mit Bungalows, sehr schön im Nachtigallental gelegen.

ROUTE: Wir passieren Rõuge und folgen der Beschilderung auf teils schlechter Straße 148 bis nach ***Haanja****, kurz vor Haanja treffen wir auf die Asphaltstraße 161. Hier biegen wir rechts ab, fahren durch den Ort Haanja und sehen kurz darauf auf der linken Seite der Straße 161 einen* ***Parkplatz [N57° 42‘ 54.85“ E27° 3‘ 18.36“]****. Hier beginnt der Fußweg hinauf zum Aussichtsturm Suure Munamäe vaatetorn auf dem Hügel* ***Suur Munamägi****.*

Wenn man es nicht wüsste, würde man durch den Ort **Haanja** fahren, ohne die größte Sehenswürdigkeit des Baltikums zu beachten. Denn der Ort selbst ist wenig spektakulär und in der hügeligen Umgebung fällt der höchste „Berg" der baltischen Staaten auch nicht besonders auf. Doch laut Barometer befindet man sich am höchsten Punkt des **„Suur Munamägi" [N57° 42′ 50.22″ E27° 3′ 35.45″]** auf 318 Meter Höhe. Die Übersetzung aus dem Estnischen bedeutet so viel wie „Großer Eierberg", was auf die Form des Berges zurückzuführen ist.

Da wir uns am Fuße des Berges nicht auf Meereshöhe befinden, sondern schon etwas höher, müssen wir dementsprechend keine 318 Höhenmeter erklimmen. Zumal das Wort erklimmen eine kleine Übertreibung ist. Vom Parkplatz des Suur Munamägi kann man seine Spitze bequem über Treppen erreichen.

Oben hat man die Möglichkeit, auf den 29 m hohen kostenpflichtigen **Aussichtsturm** zu steigen (gegen eine Ex-

Kalevipoeg – das Nationalepos Estlands.

Kalevipoeg ist die estnische Bezeichnung für *Kalevs Sohn*. Das Nationalepos des nördlichsten baltischen Staates Estland besteht aus fast 20.000 Versen in 20 Gesängen. Zusammengestellt wurde es ab Mitte des 19. Jahrhunderts von Friedrich Reinhold Kreutzwald.

Kreutzwald nahm als Grundlage für das Epos verschiedene Sagen und Volkslieder der Esten, die vom riesenhaften Kalevipoeg handelten. In zahlreichen Legenden wirft der Riese mit Felsen und Findlingen nach Feinden oder dem Teufel, er formt Flüsse oder Hügel, auf denen er sein Haupt bettet. Kaum eine Region Estlands, in der Kalevipoeg keine Spuren hinterlassen hat. Erstmalig wird er im 17. Jahrhundert von Heinrich Stahl erwähnt. Bei der Kalevipoeg-Saga sind viele Ähnlichkeiten zum finnischen Nationalepos Kalevala zu finden.

Erste Entwürfe für ein Nationalepos stammen aus der Feder von Friedrich Robert Fählmann aus dem Jahr 1838, der 1850 jedoch verstarb. Nach seinem Tode übernahm Kreutzwald das Verfassen der Verse. Er stützte sich zum Teil auf Originalquellen oder dichtete selber Textteile dazu.

Die erste Version von „Kalevipoeg" hatte 13.817 Verse, wurde aber zensiert. Die moderne Version bietet nun 19.023 Verse und erschien in jener Fassung im Jahr 1862.

Für die kulturelle Identität und Entwicklung des estnischen Nationalbewusstseins war „Kalevipoeg" von nicht zu unterschätzender Bedeutung.

tragebühr kann man den Aufzug benutzen). Von oben hat man nicht nur einen herrlichen Blick auf den umliegenden und 20.000 ha großen Haanja Naturpark, sondern kann bei guter Fernsicht im Osten sogar die russische Stadt Petseri erkennen. Der Turm wurde zwar 1971 erbaut, ist aber nicht der erste, der hier stand. Bereits fünf Türme gab es hier vorher. Sie waren ursprünglich für die Landvermessung vorgesehen. Der erste nicht aus Holz bestehende Turm wurde 1939 gebaut.

Im Turm gibt es unten ein kleines Café. *Öffnungszeiten Aussichtsturm: Apr. – Aug. tgl. 10 - 20 Uhr; Sept. + Okt. tgl. 10 - 17 Uhr; Nov. - März Sa + So 10 - 15 Uhr; https://suurmunamagi.ee/de/.*

Übrigens wären die Esten keine Esten, wenn es nicht auch zum Eierberg mindestens eine Legende gäbe. Eine davon erzählt, dass Kalevipoeg, ein riesenhafter Held des Nationalepos, auf einer Reise durchs Land war und sich ein Kissen aus Gras zum Schlafen geformt habe. Dieses Kopfkissen soll der Suur Munamägi gewesen sein.

Am Fuß des Bergs steht ein Denkmal, das seit 1932 an die Soldaten des Unabhängigkeitskrieges erinnert.

Ähnlich unauffällig wie der Große Eierberg Suur Munamägi liegt der zweitgrößte Berg des Baltikums nur wenige hundert Meter weiter nördlich in der Hügellandschaft. Der **Vällämägi** bringt es auf 304 m und liegt malerisch in der Nähe des Perajärv (Pera-See). Dort lohnt sich eine Wanderung auf den angelegten Wanderwegen durch die bewaldete Landschaft.

Eine weitere estnische Legende besagt, dass die hiesigen Berge vom Teufel persönlich errichtet wurden. Er wollte damit erreichen, dass die Menschen hier in den südestnischen Hügeln laut fluchen und immer wieder seinen Namen rufen sollten. Wäre die Legende wahr, so hätte sich der Teufel sehr verrechnet, denn es gibt bei einer Wanderung durch die sanften und bewaldeten Hügel überhaupt keinen Grund zu fluchen. Ganz im Gegenteil, denn die Wege sind gut zu begehen, durchgehend markiert und verlaufen an zahlreichen interessanten Naturschönheiten vorbei.

Im Tourismusbüro von Võru (Adresse siehe weiter hinten) ist eine Wanderkarte der Region erhältlich, die sämtliche Wege und Sehenswürdigkeiten aufführt und auch auf Übernachtungsmöglichkeiten bei einer mehrtägigen Wandertour hinweist.

Ruhig und romantische, das der Piusa

Rund 12 km östlich des Suur Munamägi lohnt sich ein kleiner Abstecher in die Ortschaft **Vana-Vastseliina**. Man sieht zwar nur noch stattliche Mauerreste der alten, aus dem 14. Jh. stammenden **Bischofsburg Neuhausen [N57° 43' 44.58" E27° 21' 40.41"]**, https://vastseliinalinnus.ee/en/, und einen 19 m hohen Turm in der nordöstlichen Ecke der ehemaligen Ruine, doch ist die Burg sehr geschichtsträchtig.

Angefangen hat es mit einem Wunder, das in der Kapelle der Burg stattgefunden haben soll und den Ort eine Zeit lang zu einem Pilgerziel machte.

Noch mehr Aufsehen erregte die Festung durch die Belagerung durch 80.000 Russen im Jahr 1588. Immerhin sechs Wochen lang konnten sich gerade mal 80 Reiter und ein paar Bauern unter dem Befehl von Jüri Uexküll gegen die massive Überzahl der Belagerer wehren.

Ein Grund für das Ausharren und den anfangs erfolgreichen Widerstand der Burgbesatzung war auch die Lage der Burg. Sie war an drei Seiten geschützt. Im Norden und Osten war die Burganlage vom Meeksi-Tal umschlossen, während die Westseite vom Fluss Piusa abgegrenzt war.

Nach der Eroberung durch die Russen wechselte die Festung laufend den Besitzer. Erst waren sie dänisch, dann polnisch und schließlich schwedisch. Zerstört wurde Burg Neuhausen im 18. Jahrhundert wiederum von Russen.

Nicht weit westlich von der Burg Neuhausen entfernt liegt das Städtchen **Vastseliina**. Von dort lohnt sich eine Wanderung auf dem Pfad durch das Tal des windungsreichen Flusses **Piusa** nordwärts bis zum Weiler Lindora.

Der 15 km lange Weg kann auch mit dem Fahrrad befahren werden. Zu sehen gibt es in diesem Tal hohe Sandsteinwände, die auf der rechten Flussseite bis zu 43 m hoch aufsteigen.

Halten Sie während der Wanderung Ausschau nach kleinen Höhlen, die durch Wasserquellen ausgewaschen wurden. Sie reichen einige Meter in den Sandstein hinein und lassen kristallklares Wasser heraussprudeln.

*ROUTE: Unweit nördlich von Vastseliina verläuft die Fernstraße 2, der wir nordwestwärts bis **Võru** folgen. Alternativ fährt man zurück nach Haanja und nimmt dort die Straße 161 nordwärts nach **Võru**, das man nach 18 Kilometern erreicht.*

Im Jahr 1784 gab Zarin Katharina die Große den Befehl die Stadt **Võru** zu gründen. Gleichzeitig spendete sie 28.000 Silberrubel, damit eine evangelische Kirche erbaut werden konnte. Die Grundsteinlegung für dieses schlicht gehaltene Gotteshaus fand vier Jahre später statt. Es wird vermutet, dass der Architekt, Christoph Haberlandt, aus der lettischen Hauptstadt Rīga stammt bzw. sich sehr von dem dortigen Baustil inspirieren ließ. Die vier Turmuhren der **Katharinenkirche [Parkplatz, N57° 50' 53.18" E26° 59' 41.03"]** wurden im Jahr 1879 in Gang gesetzt. Gleichzeitig erhielt der Kirchturm einen neuen Helm, der 1887 vom Blitz getroffen wurde. Bereits 20 Jahre zuvor schlug der Blitz in die Kirche ein, doch dieses zweite Mal verursachte der Blitzschlag ein Feuer, bei dem ein Großteil der Inneneinrichtung beschädigt wurde.

Gegenüber der Katharinenkirche liegt das Büro der Touristeninformation.

Auf dem Grün rund um das Gebäude sehen Sie einen Gedenkstein des Künstlers Mati Karmin. Er ist den Opfern aus Võru gewidmet, die im September 1994 bei dem Untergang der Ostseefähre „Estonia" ums Leben kamen.

In der 15.000-Einwohnerstadt existiert nicht weit von der evangelischen Kirche entfernt, in der Straße Lembitu 1, noch ein weiteres Gotteshaus mit dem Namen der Zarin. Die russisch-orthodoxe **Kirche Võru Ekaterina kirik [N57° 50' 53.30" E26° 59' 50.84"]** wurde 1806 im Barockstil erbaut, hat einen einfachen quadratischen Grundriss und erinnert mit seinem Äußeren in Ermangelung zahlreicher Zwiebeltürmchen kaum an eine russisch-orthodoxe Kirche.

Ebenfalls sehenswert sind die Museen in Võru. Zum einen gibt es das **Kreutzwald Gedächtnismuseum**

[N57° 50' 37.76" E26° 59' 50.02"] in der Straße Kreutzwaldi 31 *(geöffnet Mi - So 10 - 18 Uhr; https://lauluisa.ee/dr-friedrich-reinhold-kreutzwald-memorial-museum/)*. Es zeigt das Leben und Wirken des Arztes und Schriftstellers Dr. Friedrich Reinhold Kreutzwald, der über vier Jahrzehnte in der Stadt lebte und als Autor des estnischen Nationalepos „Kalevipoeg" Verdienste erworben hat.

Die Ausstellungen des zweiten Museums, des **Võrumaa-Museums [N57° 50' 46.53" E26° 59' 31.24"]** in der Katariina allee 11, befassen sich mit der geschichtlichen Entwicklung in der Region seit der Steinzeit und zeigen Interessantes über das Leben in und um Võru *(geöffnet Mi - So 11 - 19 Uhr; https://vorumuuseum.ee/vana-voromaa-museum-and-art-gallery/)*.

Abschließend lohnt sich ein Spaziergang zum Ufer des **Tamula-Sees [Parkplatz, N57° 50' 50.25" E26° 59' 0.53"]**. Am Nordostufer des Sees erinnert eine Bronzefigur ebenfalls an Fr. R. Kreutzwald, den berühmtesten Einwohner der Stadt. Die in Italien hergestellte Kreutzwald-Statue wurde 1926 aufgestellt.

In der Nähe befindet sich seit 1998 eine Fußgängerbrücke, die auf die sog. **Roseninsel (Roosisaar)** führt. Auf der Insel kann man einige 5.000 Jahre alte Fundstücke aus der Steinzeit sehen.

PRAKTISCHE HINWEISE – VÕRU

Touristeninformation, Jüri 12, EE-65608 Võru, Tel.: +372 782 1881, E-Mail: voru@visitestonia.com, Web: www.visitvoru.ee, Wi-Fi kostenlos. *Geöffnet Mitte Mai - Mitte Sept. Mo - Fr 9 - 18 Uhr, Sa + So 10 - 15 Uhr; übrige Zeit Mo - Fr 9 - 17 Uhr.*

Feste und Folklore

Im Juli wird das internationale **Folklorefestival** veranstaltet.

RESTAURANT

Café Katariina, Katariina allee 4, Tel.: +372 782 4490.

HOTELS

Hotel Tamula, 24 Zi., Vee 4, Tel.: +372 783 0430; www.tamula.ee; einladendes Haus in ansprechender Lage am Ostufer des Tamula-Sees, Tennisplätze, Fahrradverleih, Parkplatz

Hotel Kubija Spa, 62 Zi., Männiku 43a, Tel.: +372 504 5745, https://www.kubija.ee/en/. Das 3-Sterne-Wellnesshotel liegt rund 5 km südlich des Stadtzentrums in ansprechender, wald- und seenreicher Umgebung. Bar, Restaurant, Fahrradverleih, Wellnessbereich, Saunakomplex, Schwimmbad, Parkplatz. Caravanpark.

WOHNMOBIL-STELLPLATZ – VÕRU

Wohnmobil-Stellplatz Hotel Kubija Spa [N57° 48' 52.22" E27° 0' 27.28"], Männiku 43a, Tel.: +372 504 5745; https://www.kubija.ee/en/caravan-park/. Das Wellnesshotel Kubija (s. o.) bietet die Möglichkeit mit dem Wohnmobil (Caravan) auf einem der 16 hoteleigenen Stellplätze gegen Gebühr zu nächtigen. Es gibt Stromanschlüsse, Frischwasser und Abwasserentsorgungsmöglichkeiten. Stellplatzgäste können Toiletten und Duschen, sowie gegen eine Extragebühr die Wellnesseinrichtungen im Hotel benutzen.

TOUR 12: VÕRU – TARTU

Länge der Tour: Rund 110 km, ohne Abstecher.

Die Route: Über die Straße 64 bis **Põlva** – Straße 89 bis zur Straße 2 bei **Saverna** – Nebenstraße 147 bis **Otepää** – Straßen 46 und 2 bis **Tartu**.

Abstecher: Straße 62 bis **Räpina**, ca. 29 km. Abstecher zur **Insel Piirissaar**.

Reisedauer: Mindestens ein Tag.

Höhepunkte: Landschaft bei **Otepää** * – Stadtbesichtigung von **Tartu** **.

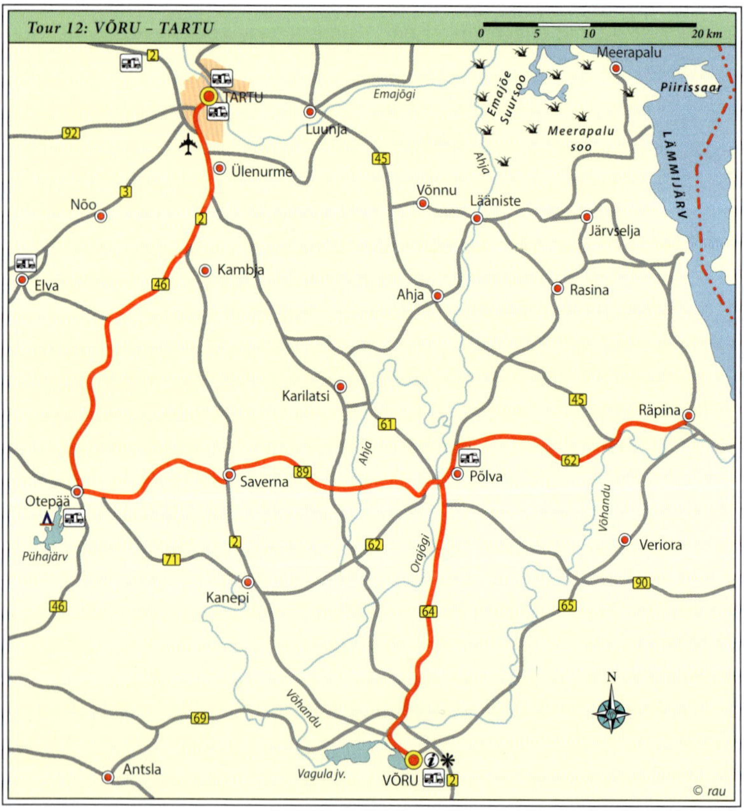

ROUTE: *Von Võru fahren wir ein kurzes Stück auf der A2 nordwestwärts in Richtung Tartu, biegen jedoch am Kreisverkehr schon wieder ab auf die Straße 64, die nordwärts nach* ***Põlva*** *führt, 26 km.*

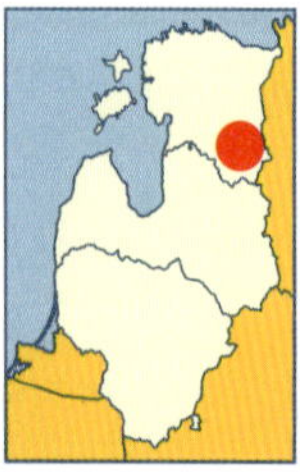

Põlva mit seinen knapp 10.000 Einwohnern, Hauptstadt des gleichnamigen estnischen Landkreises, wurde bereits Mitte des 15. Jahrhunderts gegründet.

Põlva musste aber noch über 500 Jahre bis zum Jahr

1993 warten bis sie endlich den Status einer Stadt erhielt.

Ein größerer öffentlicher **Parkplatz [N58° 3' 19.01" E27° 3' 37.74"]** liegt in der Pärna Straße rechts der Straße 62 und der Brücke über den Orajõgi, ganz in der Nähe des Maarja-Kirche. Auch schräg gegenüber von der Maarja-Kirche findet man **Parkmöglichkeiten [N58° 3' 18.80" E27° 3' 22.32"].**

In Põlva liegt an der Durchgangsstraße 62 und unweit südlich des Stausees Põlva järv die alte Kirche **Põlva Maarja kirik [N58° 3' 16.78" E27° 3' 25.37"]**, die beachtenswert ist. Sie stammt aus dem Jahr 1240 und hat ihren Namen auf Grund einer Legende bekommen. Laut dieser wurde eine junge Frau – ähnliches erzählt man sich übrigens über eine Kirche im estnischen Städtchen Rõuge (siehe dort) – beim Bau des Gotteshauses mit eingemauert. Damit sollte der Teufel besänftigt werden, dem es nicht gefiel, dass die Bürger eine Kirche errichteten.

Die Legende besagt, dass sich der Teufel dermaßen darüber ärgerte, dass er in der Nacht den Kirchenrohbau mit Steinen bewarf und somit das Tagewerk der Bauarbeiter immer wieder zerstörte. Doch in der Nacht, als das junge Mädchen geopfert wurde, riss seine Hose und er verlor alle Steine, die noch heute auf dem Grundstück des Forstwartes Kadaja liegen sollen. Übrigens sollte die Frau knieend geopfert werden, „põlv" ist das estnische Wort für Knie.

Das Kircheninnere wurde vor allem im spätklassizistischen Stil gestaltet. Viele verschiedene Künstler haben hier bei der Einrichtung ihre Spuren hinterlassen. Müllverstedt hat im Jahr 1883 die Orgel erschaffen, das Altarbild ist das Werk vom Künstler Maydell, die Glocke dagegen, die im 36 m hohen Turm hängt, wurde 1868 in einer Gießerei in Bochum gefertigt.

In der Umgebung der Kirche befinden sich zwei Denkmäler. Direkt am Eingang des Gotteshauses steht ein Mahnmal, das 1928 eingeweiht wurde. Es erinnert an den Unabhängigkeitskrieg. An der Tafel, die daran angebracht ist, wurden die Namen von Gefallenen aus dem Ersten und Zweiten Weltkrieg verewigt. Ein paar Monate nach Ende des Zweiten Weltkrieges wurde das Denkmal zerstört und erst 1989 wieder neu errichtet.

Das zweite Mahnmal befindet sich etwas weiter abseits. Dieses wurde in Erinnerung an den Zweiten Weltkrieg aufgestellt. Auf der linken Seite der Strasse befindet sich im Park ein Gemeinschaftsgrab von 137 Soldaten, die während des Zweiten Weltkrieges ums Leben kamen. Dafür steht auch die Skulptur namens „**Mutter mit ihrem verwundeten Sohn**" mitten in der Grünfläche. Sie wurde nach einem Entwurf von Kalju Reitel errichtet.

Hinter der Maarja-Kirche erstreckt der 33 ha große Stausee im Norden Põlvas. Seit dem Jahr 1960 staut der 80 m lange Damm den Ora-Fluss. Ein schöner Sandstrand befindet sich an der westlichen Seeseite. Wassersportmöglichkeiten sowie andere Gelegenheiten zur Erholung machen aus dem See einen interessanten Platz in der Stadt.

PRAKTISCHE HINWEISE – PÕLVA

Touristeninformation Põlva, Kesk 20, EE-63308 Põlva, Tel.: +372 555 43 907; https://visitpolva.ee/index.php?lang=de; Mail: info@visitpolva.ee. Im Rathaus. *Geöffnet Mo - Fr 9 - 18 Uhr, Sa + So 10 - 15 Uhr.*

RESTAURANT

Restaurant Põlva, Kesk 10, im Einkaufszentrum Toiduait, geöffnet 7.30 - 20 Uhr.

HOTEL

Hotel Pesa, Uus 5, Tel.: +372 799 8530, https://kagureis.ee/de. Zentral an einer kleinen Nebenstraße gelegenes 30-Zimmer-Hotel. Mini-Spa, Bar, Restaurant, Parkplatz.

WOHNMOBIL-STELLPLATZ - PÕLVA

Wohnmobil-Stellplatz Tammekännu [N58° 4' 19.20" E27° 2' 56.83"], Ootsimäe tee3, am Nordwestrand von Polva. Bei den rustikalen Ferienhäusern Tammekännu werden ganzjährig gegen Gebühr Stellmöglichkeiten für Wohnmobile angeboten, Strom ist möglich, jedoch keine Ver- und Entsorgungsmöglichkeit. Sauna, Grillplatz.

Abstecher in die „Gartenstadt" Räpina

Falls Sie dem Abstecher nach Räpina nicht folgen, bitte weiter mit **Hauptroute** weiter hinten.

*ROUTE: Von Põlva über die Bahngleise zur Straße 62, der wir zunächst nordwärts folgen. Am Kreisverkehr bei **Himmaste** macht die Straße 62 einen Knick nach Osten. Wir folgen der Straße 62 ostwärts bis **Räpina,** das nach 29 km erreicht wird.*

Der Name **Räpina** geht auf eine alte Überlieferung zurück, als die Russen sich nicht auf einen Namen für das Dorf einigen konnten. Nach einer Auseinandersetzung über die Namensgebung sollen sie einen Bullen zum Schiedsrichter gemacht haben. Man beschloss den Bullen laufen zu lassen und dem Dorf den Namen des Baumes zu geben, an dem das Tier stehen bleiben würde. Der Bulle marschierte geradewegs auf eine Eberesche zu, was im Russischen Rjabina heißt. Im Estnischen wurde daraus schließlich Räpina. Die erste namentliche Erwähnung des Ortes stammt aus der Mitte des 16. Jahrhunderts.

Zu den wenigen Sehenswürdigkeiten zählt an der Straße Pargi Nr. 28 das klassizistische **Schloss Sillapää [N58° 5' 49.76" E27° 27' 3.74"]**, das allerdings erst aus dem 19. Jahrhundert stammt, am Westrand von Räpina im Sillapää Mõisapark am Beginn einer Halbinsel im See Räpina järv liegt und einen Besuch durchaus wert ist. Heute ist im Schloss von Räpina ein Gartenbaumuseum untergebracht. Wer sich für das Thema Gartenbau interessiert, findet in diesem **Räpina Koduloo- ja Aiandusmuuseum,** dem Museum für Lokalgeschichte und Gartenbau, dazu aufschlussreiche Ausstellungen *(geöffnet 1. Mai - 30. Sept. Di - Sa 10 - 18 Uhr; 1. Okt. - 30 Apr. Mo - Fr. 10 - 18 Uhr; https://muuseum.rapina.ee/allgemeine-informationen/).*

Sehenswert ist auch der **Stadtpark**. 300 verschiedene Arten von Sträuchern und Bäumen sind dort zu sehen. Zahlreiche Landschaftsarchitekten waren hier tätig und haben mit ihrer Arbeit nicht unerheblich mit dazu beigetragen, dass sich Räpina heute gerne auch als „Gartenstadt" bezeichnen lässt.

HAUPTROUTE

*ROUTE: Von Põlva auf der Straße 89 geht es westwärts zunächst bis nach **Saverna** an der Fernstraße 2. Am Ende der hügeligen Strecke biegen wir in Saverna links ab, folgen der Straße 2 ein kurzes Stück nach Süden und zweigen schon bald darauf westwärts auf die Straße 147 ab, die über **Valgjärve** und **Pikajärve** meist kurvenreich bis nach **Otepää** führt.*

Otepää ist die am höchsten gelegene estnische Stadt. Sie liegt 150 m über dem Meeresspiegel.

PRAKTISCHE HINWEISE - RÄPINA

Touristeninformation Räpina, Kooli tänav 1, EE-64504 Räpina, Tel.: +372 799 5001; https://www.visitestonia.com/de/touristeninformationszentrum-des-landkreises-polva; *geöffnet Mo - Fr 12 - 17 Uhr.*

RESTAURANT/BAR

Puuriida Pubi, Kooli 16, Tel.: +372 796 4665.

Und diese erhöhte Lage machte Otepää zu einem regionalen Zentrum des Wintersports. In den 70er Jahren des letzten Jahrhunderts gab es hier bereits eine Skischule, die nicht unwesentlich mit dazu beitrug, dass es hier bis heute möglich ist, verschiedene Wintersportarten zu betreiben und Otepää sogar zur Hauptstadt des estnischen Wintersports werden konnte. An den Bergen Väike Munamägi und Kuutsemägi wurden Skilifte gebaut und Abfahrtspisten eingerichtet. In den vergangenen Jahren wurde hier schon zweimal (2010 und 2015) die Biathlon-Europameisterschaft ausgerichtet.

Einblick über die Entwicklung Otepääs zur estnischen Wintersportkapitale vermittelt das **Wintersportmuseum Talispordimuuseum [N58° 3′ 11.96″ E26° 30′ 6.78″**] in der Straße Valga maantee 12, am Stadion. Eines der Glanzstücke des Museums ist die Sammlung von Medaillen, die estnische Sportler erringen konnten.

Aber nicht nur Wintersport ist hier beliebt. Auch im Sommer bietet die Region Möglichkeiten zur Entspannung. Vor allem Wassersport ist in dem seenreichen Hochland um Otepää möglich. Unter den zahlreichen Seen ist der **Püha-järv [Parkplatz, N58° 2′ 48.95″ E26° 28′ 11.07″]** südwestlich von Otepää der größte und bekannteste.

Am Poslovitsa-Strand dieses Sees befindet sich die so genannte Blut-Quelle. Ihr Wasser soll der Legende nach magische Kräfte haben. Man sagt: Wer dieQuelle am Mittsommertag besucht, wird einer starken und ewigen Liebe begegnen.

Der See wurde auch schon vom Dalai Lama [Denkmal am Ostufer des Puhajärv N58° 2′ 39.59″ E26° 28′ 0.14″] besucht und auch gesegnet. Ausgezeichnet wurde das Gewässer auch auf Grund der hervorragenden Wasserqualität mit der Blauen Flagge

Der ehemalige **Herrenhof Pühajärve**, der im 14. Jahrhundert den Rittern Hermann und Otto von Uexküll gehörte, befindet sich im Süden von Otepää. Zu der damaligen Zeit trug das Anwesen den Namen Gut Wollust. 1836 wurde der Hof durch die neue Besitzerin, der Gräfin von Stackelberg, in Pühajärve (Heiligensee) umbenannt. 1920 wurde das Gut offiziell zur Erholungsstätte ernannt, das Künstlern und Schriftstellern zur Erbauung dienen sollte. Das dortige Erholungsheim wurde in der ersten Hälfte des 20. Jahrhunderts in den Gebäuden des Herrenhofes untergebracht.

Otepää ist in Estland berühmt ge worden durch die Aufbewahrung der Nationalflagge. Als das Hissen der blau-schwarz-weißen Nationalfahne im Jahr 1884 verboten wurde, brachten Studenten aus Tartu die Flagge in die Kirche von Otepää und versteckten sie dort.

Im nördöstlichen Stadtbereich findet man des **Estnische Flaggenmuseum Eesti Lipu Muuseum [N58° 3′ 40.26″ E26° 30′ 5.21″]** das ganz ausführlich über die Geschichte der estnischen Nationalflagge informiert. U. a. erfährt man dort, dass die erste Flagge im Frühjahr 1884 von einer Dame namens Paula Hermann aus Seidenstoff genäht worden sein soll.

PRAKTISCHE HINWEISE – OTEPÄÄ

Touristeninformation Otepää Turismiinfokeskus [Parkplatz, N58° 3′ 32.81″ E26° 29′ 48.51″], Tartu maantee 1, EE-67404 Otepää, Tel.: +372 766 1200; www.otepaa.eu. *Geöffnet Mo - Fr 9 - 18 Uhr, Sa + So 10 – 15 Uhr.*

Feste und Folklore

Der **Eisfischen-Angelwettbewerb** wird im Februar auf dem nahe gelegenen und zugefrorenen Pühajärv-See ausgetragen.

In der ersten Juniwoche findet das **Pühajärve Beach Party Festival** statt.

Auf dem alljährlichen **Musikfestival** treten Estlands bekannteste Musiker auf.

RESTAURANTS

Restaurant Kikka külalistemaja, Tamme pst. 9; Tel.: +372 765 5982. Barbecue-Bar mit leckeren Grillgerichten und mit Terrasse.
Edgari Trahter, Lipuväljak 3, Tel.: +372 766 6558; www.edgari.ee.

HOTELS

Hotel Pühajärve Spa & Holiday Resort**,** 87 Zi., Tel.: +372 766 5500; www.pyhajarve.com. Komfortables Wellnesshotel, in ansprechender Lage am See und verkehrsgünstig an der Straße nach Sangaste gelegen. Bar, Restaurant (Fr – Sa), Parkplatz, Fahrradverleih.
Lille Hotell, Lille 6, Tel.: +372 511 8170: www.lillehotel.ee. Kleines komfortables und modern eingerichtetes Hotel in zentraler Lage.

CAMPING

Sihva bei Otepää
Camping Annimatsi Pühajärve [N58° 2‘ 21.32“ E26° 25‘ 37.66“], Annimatsi tee**,** Tel.: +372 511 0317. Web: www.annimatsi.ee, E-Mail: annimatsi.camp@mail.ee. April – Nov. Zufahrt von Otepää südwestwärts auf der Straße 195 über Aedlinna (Abzweig beim Pühajärve-Sanatorium auf die Straße 175) und über die Straße 236 zum Platz westlich des Sees Pühajärv. Sehr einfache Campingmöglichkeit, mehr ein Biwakplatz, eine Notlösung. Ebene, von Wald umgebene Wiesen. Der Platz scheint vor allem bei einheimischen Motorradtourern und Liebhabern von Autooldtimern beliebt zu sein. Am Eingang des Platzes befinden sich einige Wohnmobilstellplätze. Hinter der rustikalen Kneipe ist die Zeltwiese, auf der Camper, die keinen Strom benötigen, ebenfalls nächtigen können. Ca. 2 ha – 30 Stpl., sehr einfache Sanitäranlagen, Bar, Miethütten.

WOHNMOBIL-STELLPLÄTZE

Otepää/Püjajärve
Wohnmobil-Stellplatz Hotel Pühajärve [N58° 2‘ 49.48“ E26° 27‘ 43.25“], Tel.: +372 766 5500; www.pyhajarve.com. Das oben erwähnte Hotel Pühajärve bietet auf dem befestigten Parkplatz gegen Gebühr Stellmöglichkeiten, keine Ver- und Entsorgungsmöglichkeit.

Elva
Wohnmobil-Stellplatz Motel Waide [N58° 13‘ 13.34“ E26° 22‘ 8.53“], Waide Motell, Käo Küla, 61510 Elva, Tel. +372 730 3606; https://www.waide.ee/de-de/caravan-park. Ca. 2 km westlich von Elva direkt an der Fernstraße A3 gelegen. Anmeldung in der Motel-Reception (geöffnet 8 – 21 Uhr). Das Motel Waide bietet Stellplätze für 50 Wohnmobile auf Rasen. Stromanschlüsse, Sanitäranlagen, Waschmaschine, Ausguss für Chemikaltoiletten, Schnellrestaurant, WLAN.

*ROUTE: Von Otepää auf der Straße 46 nordostwärts. Nach rund 26 km stößt man bei Saverna auf die Fernstraße A2. Ihr folgen wir nordwärts und kommen in die Universitätsstadt **Tartu**.*

*Alternativ dazu kann man von Otepää westwärts auf der Straße 71 bis nach **Rõngu** an der Fernstraße A3 fahren und der A3 nordwärts über **Elva** nach **Tartu** fahren.*

Tartu (Dorbat) wurde 1030 erstmals namentlich erwähnt. Heute leben hier in der zweitgrößten Stadt des Landes und wichtigsten Stadt Süd-Estlands knapp 100.000 Menschen. Nicht ohne Stolz verweist man auch darauf, dass die Stadt über nicht weniger als 16 Hochschulen und 5 Theater verfügt.

Besonders zum alljährlich im Juli stattfindenden Hansetage-Festival ist noch etwas vom besonderen Flair früherer Tage zu spüren, als Tartu Hansestadt von Estland war. Zahlreiche Bürger der Stadt, die im Handel tätig sind, nehmen am Hansetag-Festival teil. Es lohnt sich, das Festival, das noch viel von der mittelalterlichen Atmosphäre bewahrt hat, zu besuchen.

Auch wegen eines anderen Festes ist Tartu bekannt. Denn hier hat das **Estnische Sängerfest** seine Wurzeln, das mittlerweile immer in Tallinn stattfindet.

Auch das Estnische Nationaltheater wurde einst in Tartu gegründet.

Tartu ist eine lebendige Stadt, wozu Universität und Studenten lebhaft beitragen. Immerhin ein Fünftel der Einwohner studiert an den verschiedenen Hochschulen und an der Universität. Die vom schwedischen König Gustav II. im 17. Jahrhundert gegründete Uni befindet sich mitten in der Innenstadt, in der Nähe vom Domberg. Der Domberg, auf Estnisch Toomemägi, ist nicht nur eine Grünfläche, sondern auch ein Platz, wo man zahlreiche Denkmäler zu sehen bekommt.

Für einen **Stadtrundgang** durch Tartu kann man sein Fahrzeug hinter dem Einkaufszentrum an der Soola Straße gleich gegenüber des **Busbahnhofes (1)** auf dem **Parkplatz [N58° 22′ 38.82″ E26° 43′ 54.53″]** an der Straße Kaluri 2 beim McDonalds Drive Turu abstellen.

Ausgehend vom Parkplatz überqueren wir die verkehrsreichen Hauptstraßen Turu und Riia (A3/E264) und gelangen auf die Haupteinkaufsstraße Küüni, wo sich hinter dem neuen Einkaufszentrum rechts der Park Tartu Keskpark mit großem Spielplatz befindet. Ihm gegenüber liegen auf der anderen Straßenseite einige Geschäfte und Cafés.

Am Parkrand sieht man an der Straße Küüni die Skulptur „Vater und Sohn" [N58° 22′ 44.11″ E26° 43′ 28.38″] des Bildhauers Ulo Õun (1940 – 1988). Gefertigt wurde die Skulptur zwar bereits 1977, aufgestellt wurde sie aber erst am Kinderschutztag im Juni 2004. Bei der Skulptur handelt es sich um ein Selbstbildnis des Künstlers mit seinem anderthalbjährigen Sohn Kristjan. Allerdings ist der Sohn genauso groß dargestellt wie der Vater selbst.

Schräg gegenüber steht an der Westseite (Straße Ülikooli) der kleinen Grünanlage Barclay plats die Bronzefigur von Generalfeldmarschall Barclay de Tolly. Berühmt wurde er durch die napoleonischen Kriege, in denen er auf russischer Seite kämpfte. Die Büste des Marschalls wurde 1859 auf einem großen Denkmalssockel aufgestellt, nachdem sie durch Spenden seiner Offiziere finanziert worden war.

Der Rathausplatz in Tartu

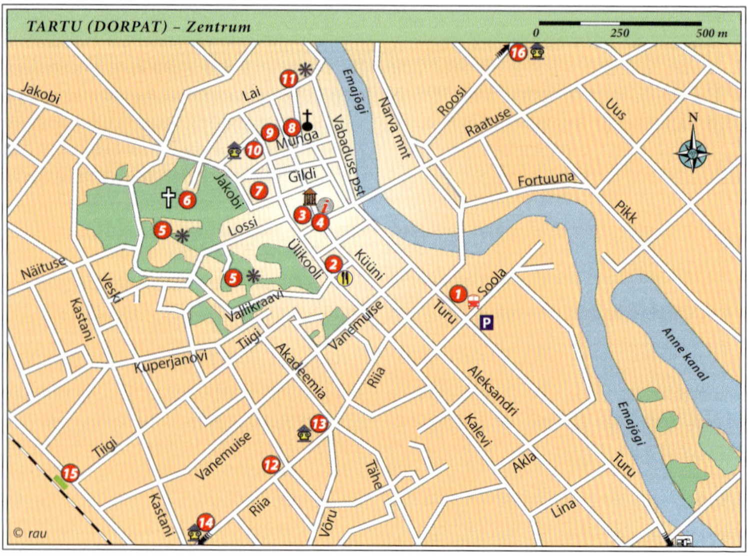

*TARTU (DORPAT) – **1** Busbahnhof – **2** Lokal „Vilde Ja Vine“ – **3** Rathausplatz – **4** Touristen-information – **5** Domberg – **6** Dom – **7** Universität – **8** Johanniskirche – **9** Tampere-Haus – **10** Spielzeugmuseum – **11** Botanischer Garten – **12** Zellen des KGB – **13** ehem. Militärmuseum – **14** zum Oskar-Lutsu-Gedächtnismuseum – **15** Bahnhof – **16** Estnisches Nationalmuseum, Universitätsmuseum*

Gegenüber liegt das Barclay-Hotel, neben dem sich links in der Straße Vallikraavi Nr. 4 das Lokal **„Vilde Ja Vine“ (2) [N58° 22‘ 41.56“ E26° 43‘ 23.01“]** befindet. Die zwei Bronzefiguren vor dem Pub stellen zwei Schriftsteller dar, die auf einer Steinbank sitzen und die viele gemeinsame Charaktereigenschaften hatten.

Einer der beiden ist der irisch-englische Literat Oscar Wilde (1854 – 1900). Bei der zweiten Figur handelt es um den estnischen Schriftsteller und Journalisten, der fast den gleichen Nachnamen trug, nämlich: Eduard Vilde (1865 – 1933). Man weiß nicht genau, ob das Lokal wirklich wegen der zwei Literaten den Namen „Wilde“ bekommen hat, fest steht allerdings, dass einer der Besitzer zufälligerweise auch Wilde hieß.

Über die beiden Herren, die als Bronzefiguren unter einer Straßenlaterne sitzend dargestellt sind, wird ja gesagt, dass sie sich im Jahr 1892 hier getroffen hätten. Doch ob es wirklich so war, ist nicht belegt. Wie dem auch sei, ziemlich sicher ist, dass die beiden jedenfalls in ihren politischen Auffassungen Ähnlichkeiten hatten.

Zurück an der Küüni Strasse gehen wir links, nordwestwärts. Der Weg führt gerade zum trapezförmigen **Rathausplatz Raekoja plats (3)**. Die Gebäude, die ihn umgeben, wurden im Stil des Klassizismus errichtet. Zum großen Teil wurde der Rathausplatz im Jahr 2005 restauriert. Seit dem Umbau ist die **Touristeninformation (4)** mit kleinen Ausstellungsräumen im Rathaus untergebracht.

Das Rathaus, das aus dem 18. Jahrhundert stammt, ist das auffälligste Gebäude an der Westseite des Platzes. Es ist nicht das erste Rathaus an dieser Stelle. Zuvor befanden sich hier schon zwei Rathäuser, die jedoch beide einem Brand zum Opfer fielen. In dem jetzigen Gebäude befand sich im Erdgeschoss ursprünglich ein Gefängnis. Dagegen dienten die oberen Stockwerke dem Rat der Stadt. Heute ist das gesamte Gebäude für die Stadtverwaltung vorgesehen.

Im Rathausturm befinden sich die Glocken, die dreimal am Tag (um 12, 18 und 21 Uhr) ein Glockenspiel erklingen lassen. Die Glocken wurden in Karlsruhe in der dortigen Gießerei hergestellt.

Seit 1998 steht vor dem Rathauseingang der schöne **Brunnen Suudlevad tugengid** mit einer interessanten Skulptur. Sie stellt ein sich küssendes Pärchen unter einem aufgespannten Regenschirm dar.

Der Brunnen des „küssenden Pärchens" vor dem Rathaus

Laut der tragischen Legende soll das Studentenpärchen beim Küssen unterm Regenschirm zu einer Steinfigur verwandelt worden sein, als ein Blitz in den Schirm einschlug. Diese Geschichte ist ein Beispiel der modernen Mythen und Sagen, die zeigen, dass die Esten auch heute noch ihren Sinn für Legenden behalten haben.

Geht man links am Rathaus vorbei, trifft man auf den östlichen Teil des **Dombergs Toomemägi (5)**, der steil ansteigt.

Die **Sternwarte Tartu Tähetom [N58° 22' 44.30" E26° 43' 12.31"]** *(geöffnet tgl. a. Mo 11 – 18 Uhr)*, die aus dem Anfang des 19. Jahrhunderts stammt, ist die erste Sehenswürdigkeit auf unserem Weg. Entworfen wurde sie vom Universitätsarchitekten Johann Wilhelm Krause.

In der Sternwarte war der Astronom Wilhelm von Struve (1793 – 1864, modernes Denkmal vor der Sternwarte) in den 20er und 30er Jahren des 19. Jahrhunderts tätig. Er sorgte dafür, dass die Warte mit dem größten Fraunhofer-Fernrohr der damaligen Zeit ausgestattet wurde. Struve vermaß die Länge des Meridians im Baltikum.

Danach gehen wir am Denkmal von Friedrich Robert Faehlmann (1798 – 1850) vorbei. Faehlmann war ein estnischer Schriftsteller und Arzt und hauptsächlich am estnischen Nationalepos „Kalevipoeg" beteiligt. Friedrich Robert Faehlmann hat sich auch mit den Legenden, die sich um die estnischen Götter drehen, befasst. Die Bronzebüste wurde 1930 errichtet.

Hinter der Skulptur des Faehlmann-Denkmals, weiter im Park, befindet sich ein Gebäude – das **Anatonikum**, das Alte Anatomische Theater von 1805, das ebenfalls von Krause entworfen wurde und bis 1999 zur Universität gehörte.

Über die Lossi Strasse, die im Westen und im Norden um den Domberg führt, gehen zwei Brücken, die beide Teile des Domberges miteinander verbinden. Die südliche von ihnen heißt **Teufelsbrücke (Kuradisild)** und wurde 1913 dem Zaren Alexander I. gewidmet. Es war der 300. Jahrestag der Romanov-Dynastie.

Die nördlich gelegene ältere Brücke, die wir nun überqueren, heißt **Engelsbrükke (Inglisild).** Sie stammt aus dem Jahr 1838. Allerdings wird vermutet, dass der Name der Brücke nichts mit Engeln zu tun hat, sondern die Bezeichnung vom estnischen Wort für „englisch" abgeleitet wird, da der Park im englischen Stil angelegt wurde.

Auf der rechten, nordwestlichen, Seite vor der Engelsbrücke gibt es den **Schießpulverkeller [N58° 22′ 47.96" E26° 42′ 59.89"]**, den man heute nicht mehr als solchen erkennen kann, weil sich darin ein Biergarten befindet. Früher trennte er die Bischofsresidenz von der Vorburg.

Weiter auf der Ostseite des Dombergs steht die höchste richterliche Instanz Estlands, das **Staatsgericht**. Es befand sich zwar schon von 1920 bis 1935 in Tartu, doch erst seit 1993 ist es wieder in Estlands zweitgrößter Stadt zu finden. Zuvor war in dem Gebäude das Universitätskrankenhaus eingerichtet. Das im Jahre 1763 erbaute Gebäude diente ursprünglich als Kaserne.

Der **Dom Toomkirik (6) [N58° 22′ 48.74" E26° 42′ 51.01"]**, der dem Berg seinen Namen gab, ist hier der wichtigste Bau. Die Bauzeit dauerte vom 13. bis zum 15. Jahrhundert. In den Reformationszeiten und während des Livländischen Krieges hat das dreischiffige Gebäude viele Schäden hinnehmen müssen. 1624 kam es zu einem Brand, der den Dom endgültig zerstörte. Die Ruinen mussten fast 200 Jahre auf die teilweise Renovierung warten.

Am Anfang des 19. Jahrhunderts hat man den Chor wieder rekonstruiert, um als Universitätsbibliothek zu dienen. Diese musste im Jahr 1982 das Gebäude zu Gunsten des **Universitätsmuseums Tartu Ülikooli ajaloo muuseum** verlassen *(geöffnet Mai - Sept. Di - So 10 - 18 Uhr; Okt. - Apr. Mi - So 11 - 17 Uhr; https://www.muuseum.ut.ee/)*. Das wohl wertvollste Exponat des Museums ist ein islamischer **Globus** aus dem 13. Jahrhundert, einer der letzten, der bis heute erhalten werden konnte. Ansonsten gibt das Museum mit seinen Sammlungen einen schönen Überblick über die Geschichte der Wissenschaften, der Forschung, Kunst, Astronomie und der Medizin vom 17. Jh. bis heute sowie über das Studentenleben in Tartu.

War das Betreten vor wenigen Jahren noch verboten, so können mittlerweile die beiden Türme des ehemaligen Domes wieder besichtigt werden. Gegen eine kleine Gebühr besteht die Möglichkeit in den engen Gängen auf die beiden Dächer zu gelangen und von oben in den Dom hineinzuschauen. Dabei sieht man nicht nur die Restaurierungsarbeiten, sondern auch eine Zuschauertribüne, da in den Sommermonaten innerhalb der Ruine Theateraufführungen stattfinden.

Um den Aussichtspunkt des Domberges, nördlich der Basilika, sind einige **Denkmäler** aufgereiht. Es beginnt mit dem 1983 eingeweihten Denkmal des Dichters Kristjan Jaak Peterson, der nur 21 Jahre alt wurde und 1822 verstarb. Kurz vor seinem Tod wanderte er per Pedes von Tartu in seine Geburtsstadt Rīga.

Dahinter steht das Denkmal des Historikers und Pfarrers Villem Reiman (1861 – 1917). Es ist relativ neu aus dem Jahre 2004. Das ursprüngliche, erste Denkmal wurde bereits 1931 ihm zu Ehren eingeweiht, aber durch die Sowjets im Jahr 1950 zerstört.

Direkt daneben steht einer von 400 Opfersteinen in Estland. Die naturverbundenen Esten glaubten in früheren Zeiten an die magische Heilkraft, wenn man diesen Steinen Opfern brachte.

Ein Jahr vor seinem Tod wurde im Jahr 1851 das Denkmal für den deutschen Philologen und Professor Johann Carl Simon Morgenstern (1770 – 1852) errichtet. Er gilt als der Gründer der Universitätsbibliothek und war ihr erster Direktor. Innerhalb der Bibliothek wird auch seine eigene Privatsammlung mit über 11.000 Bänden aufbewahrt.

Zu guter Letzt treffen wir auf das Denkmal von Karl Ernst von Baer (1792 – 1876), der die hiesige Universität absolvierte. Der deutschbaltische Naturwissenschaftler arbeitete in Königsberg und St. Petersburg und gilt als Entdecker der Eizelle bei Säugetieren. Das Denkmal aus dem Jahr 1886 wird alljährlich in der Walpurgisnacht von Studenten dazu missbraucht, eine Flasche Sekt über dem Kopf auszugießen.

Vom Domberg gehen wir hinab zur Jacobistrasse und wenden uns dort nach rechts. Man passiert ein **Denkmal des schwedischen Königs Gustav II. Adolf**. Ihm ist es zu verdanken, dass die Stadt Tartu ihre Universität, die früher Academia Dorpatensis hieß, bekam. Im Jahr 1632 wurde vom König die Gründungsurkunde der Akademie unterzeichnet.

Das Denkmal stand seit 1928 im Hof der Universität, wurde dann, wie das Reiman-Denkmal, 1950 von den Sowjets zerstört. 1992 hat man es an der heutigen Stelle mit schwedischer Unterstützung wiederaufgebaut. Bei beiden Einweihungen war der schwedische König präsent.

Geht man links am Denkmal des schwedischen Königs Gustav II. Adolf vorbei bis zur Gildi-Straße und an der nächsten Kreuzung gleich wieder rechts, trifft man auf ein Gebäude, um das sich die meisten Geschehnisse der Stadt drehen – das Hauptgebäude der **Tartuer Universität (7)**. Die 1632 gegründete *Academia Gustaviana*, hat eine interessante Geschichte.

67 Jahre nach Gründung musste sie wegen eines Krieges nach Pärnu umziehen. Im Jahr 1802 wurde sie wiedereröffnet und sollte dem russischen Imperium als ein wissenschaftliches deutschsprachiges Zentrum dienen.

Bekannte Persönlichkeiten brachte die Universität hervor, so zum Beispiel Karl Ernst von Baer oder auch Wilhelm Ostwald. Für letzteren, dem Chemieno-belpreisträger von 1909, wurde hinter der Universität, beim Denkmal für den schwedischen König eine Gedenktafel an der Wand angebracht.

Im 19. Jahrhundert wurde an der Universität eine Studentenvereinigung gegründet, mit der Bezeichnung „Estnische Studentenverbindung". Die Gründung war damals schon möglich und gesetzlich geregelt. Die Vereinigung entwarf eine dreifarbige Flagge – blau, schwarz und weiß. Diese Flagge wurde später vom unabhängigen Estland zur Nationalflagge erklärt.

Gegen Ende des 19. Jahrhundert ist die Universität russischsprachig geworden. Zu erwähnen ist an dieser Stelle, dass Frauen hier erst seit dem Jahr 1915 zum Studium zugelassen sind.

Die klassizistische Aula, die sich im Gebäude befindet, ist beachtenswert und gilt als der ehrwürdigste Raum in ganz Estland. Hier finden regelmäßig Konzerte und Aufführungen statt.

Gustav II. Adolf Denkmal

Eine Fassade der Universität in Tartu

Schräg gegenüber sieht man das Denkmal zu Ehren des Staatsmannes Jaan Tõnisson, der 1940 verhaftet und verschleppt wurde. Wo, wann und woran er starb ist nie geklärt worden. Die Gitterwand hinter dem Denkmal soll die Medienwelt symbolisieren, da Tõnisson auch Chefredakteur der Zeitung „Postimees" war.

Man kann den Stadtspaziergang vom Universitätsgebäude über die Straße Ulikooli nach Norden bis zur weiterführenden Jaanistraße fortsetzen. In der Jaanistraße treffen wir auf die **Johanniskirche Jaani kirik (8)**, die aus der ersten Hälfte des 14. Jahrhunderts stammt und im gotischen Stil erbaut wurde. Während des Zweiten Weltkrieges hat das Gotteshaus zahlreiche Zerstörungen erleiden müssen. Mit der Renovierung begann man erst 2005. Sehenswert an der Kirche sind die Terrakotta-Figuren.

Gegenüber der Kirche steht das **Tampere-Haus (9)**, das seinen Namen auf Grund der Städtepartnerschaft mit der südfinnischen Stadt Tampere hat. Das Haus in der Straße Jaani 16 beherbergt das **Museum des Bürgers von Tartu**, das aus dem 19. Jahrhundert stammt *(geöffnet Mi -Sa 11 - 17 Uhr, So 11 - 15 Uhr; https://linnamuuseum.tartu.ee/en/19-saj-linnakodaniku-muuseum/kulastajainfo/)*. Hauptthema der Ausstellungen ist das Leben der damaligen Stadtbürger. Zudem präsentiert das Museum wechselnde Ausstellungen.

Wir gehen weiter und biegen links in die Lutsustraße ein. Auf der rechten Seite befindet sich das kleine **Spielzeugmuseum Tartu Mänguasjamuuseum (10) [N58° 22′ 56.74" E26° 43′ 7.36"]**, das es zu besuchen lohnt *(geöffnet Mi - So 11 - 18 Uhr, der Spiel- und Bastelraum schließt bereits um 16 Uhr; Web: www.mm.ee)*. Zu sehen gibt es eine große Stofftiersammlung, eine Modelleisenbahnanlage, Puppenstuben, sowie einen Spiel- und Bastelraum.

Gegenüber treffen wir auf ein kleines Kunsthandwerkeratelier – den Antoniushof oder Antoniuse Gild. Hier kann man Künstler gelegentlich bei der Arbeit beobachten, aber auch ihre Werke kaufen. Dadurch unterstützt man das Atelier.

Nur wenige Schritte weiter, am Ende der Lutsustraße, Ecke Jakobistraße, liegt rechterhand ein mächtiges Holzgebäude, das zu den schönsten Gebäuden dieser Art in ganz Tartu zählt. Das recht repräsentativ wirkende Gebäude mit einem schön geschnitzten Eingangsportal, war Mitte des 18. Jh. das Stadthaus von Pastor Plasching. Heute beherbergt das Haus das **Teatri Kodu [N58° 22' 54.67" E26° 43' 2.73"]**, ein früheres Marionettentheater.

Auf der Laistraße, die etwas weiter nördlich parallel zur Lutsustraße verläuft und zum Botanischen Garten führt, können wir einige spätklassizistische Gebäude betrachten.

Wir halten uns auf der linken Straßenseite und erreichenden den **Botanischen Garten Tartu Ülikooli botaanikaaed (11) [N58° 23' 2.21" E26° 43' 17.61"]**, Lai 38, der sich hinter einer hohen Mauer ausdehnt und zur Universität gehört, bzw. von ihr betreut wird *(geöffnet tgl. 10 - 17 Uhr; https://www.botaanikaaed.ut.ee/)*.

Der Botanische Garten wurde im Jahr 1803 gegründet, also ein Jahr nach der Neueröffnung des Universitätsgebäudes. Auf der knapp 3 ha großen Fläche befinden sich ein kostenpflichtiges Palmenhaus, ein Rosarium und eine großzügig angelegte Kakteensammlung.

Auf der Vabadusestraße, die Hauptstraße der Stadt, die ganz in der Nähe des Haupteingangs des Botanischen Gartens südwärts stadteinwärts führt, sehen wir **Überreste der Stadtmauer**. Die Mauer mit einstmals neun Toren und 18 Türmen war im Mittelalter fast 2 Kilometer lang. Die Vabadusestraße führt am Fluss Emajõgi entlang. Auf Estnisch bedeutet Emajõgi Mutterfluss (Ema=Mutter, Jõgi=Fluss).

Auf dem kleinen Grünstreifen, der zwischen dem Fluss und der Straße verläuft, befinden sich drei interessante Denkmäler. Eines davon stellt den heroischen Helden Kalevipoeg dar [N58° 22' 57.33" E26° 43' 28.09"], von dem das estnische Nationalepos handelt. Im Jahr 1950 wurde sein Denkmal, die „estnische Freiheitsstatue", zwar zerstört, aber 2003 wieder neu geschaffen.

Wenige Schritte entfernt hat am Ufer des Emajõgi das schwimmende Restaurant „Sisivete Saatkond" festgemacht.

Etwas weiter südlich sieht man das Denkmal des Schöpfers des Nationalepos „Kalevipoeg", Friedrich Reinhold Kreutzwald [N58° 22' 55.03" E26° 43' 29.39"]. Interessant ist, dass sein Denkmal 1952 an der Stelle des entfernten Denkmals für den Helden Kalevipoeg errichtet wurde. Doch als 2003 dieses wieder aufgestellt werden sollte, hat man das Kreutzwald-Denkmal einfach ein Stück verrückt.

Und noch etwas weiter südlich hat man den Schriftsteller Oskar Luts mit einem Denkmal [N58° 22' 53.16" E26° 43' 29.99"], das seit 1987 hier steht, verewigt.

Die Vabadusestraße erreicht schließlich den Raekoja plats, den Rathausplatz. Auf der linken (östlichen) Seite, gegenüber dem Rathausplatz, sehen wir die **Bogenbrücke Kaarsild [N58° 22' 50.31" E26° 43' 31.32"]**, eine markante Fußgängerbrücke, die den Fluss Emajõgi überspannt. Am Brückenkopf steht ein kleines Modell der ehemaligen Brücke, die bis zum Zweiten Weltkrieg dort stand. Sie wurde seinerzeit auf Befehl von Zarin Katharina II. erbaut.

Die heutige Brücke wird – nach einer festen Tradition – von Studienabsolventen nicht auf dem gewöhnlichen Weg, sondern über den weit in die Höhe steigenden Brückenbogen überquert, was die örtliche Polizei natürlich nicht gerne sieht. Auf Grund der Gefährlichkeit dieses Unterfangens und auch weil es schlicht verboten ist, geschieht dies natürlich nur nachts im Schutze der Dunkelheit.

Am Ende unseres Spaziergangs durch Tartu liegt am östlichen Rande des Rathausplatzes die **Städtische Gemäldegalerie Tartu Kunstimuuseum [N58° 22' 50.08" E26° 43' 27.83"]** *(geöffnet von Mi, Fr - So 11 - 18 Uhr, Do bis 20 Uhr; www.tartmus.ee)*. Sie ist gut zu erkennen wegen der schrägen Stellung des Gebäudes. Es wurde im Jahr 1793 auf Teilen der alten Stadtmauer erbaut. Eine Seite des Bauwerks wurde auf Holzpfählen aufgebaut, die im Laufe der Zeit abgesunken sind. In der Gemäldegalerie sind u. a. zu sehen Objekte grafischer Kunst, Gemälde, Zeichnungen und Skulpturen sowie zeitgenössische Kunst und wechselnde Ausstellungen.

Weitere interessante Museen findet man in der Vanemuisestraße. In Nummer 46 z. B. ist das **Museum für Naturgeschichte der Universität Tartu Ülikooli loodusmuuseum [N58° 22' 24.48" E26° 42' 57.85"]** eingerichtet *(geöffnet Di - So 10 - 18 Uhr; https://www.natmuseum.ut.ee/)*. Die Ausstellungen befassen sich mit Themen wie „Erde, Leben, Geschichte", die biologische Vielfalt des Flusses Emajõgi, die -*+Metamorphose von Insekten oder die naturkundlichen Expeditionen der Universität. Zudem gibt es zoologische, botanische und geologische Sammlungen zu sehen.

Gleich daneben wurde im Haus Nr. 42 das **Estnische Literaturmuseum Eesti Kirjandusmuuseum [N58° 22' 26.79" E26° 43' 3.33"]** untergebracht *(geöffnet Mo - Do 9 - 17 Uhr, Fr. 9 - 16.30 Uhr; www.kirmus.ee)*.

Gehen Sie vom Estnischen Literaturmuseum auf der Vanemuisestraße wenige Schritte nach Nordosten bis zur Straße Pepleri und dort rechts, südwestwärts, bis zur Riiastraße und bis zu den ehemaligen **Zellen des KGB (12) [N58° 22' 23.77" E26° 43' 12.32"]** *(geöffnet Di - Sa 11 - 17 Uhr; https://linnamuuseum.tartu.ee/en/kgb-kongide-muuseum/)*. Das Museum ist im berüchtigten „Grauen Haus" untergebracht, in dem zwischen 1940 und 1950 der sowjetische Geheimdienst KGB seinen Sitz in Tartu hatte. Die Zellen im Kellergeschoss geben einen Einblick in die Zeit der Okkupation in Estland und sie lassen nur annähernd erahnen, wie dort Gefangene behandelt wurden. Betroffene konnten in den winzigen Zellen ohne Tageslicht bis zu 10 Tagen in Isolationshaft genommen werden. Essen (Brot und Wasser) gab's nur alle drei Tage. Eine Ausstellung informiert über die „Estnische Widerstandsbewegung".

Auf der gegenüberliegenden Straßenseite war das **Militärmuseum (13)** untergebracht. Es war direkt der estnischen Armee unterstellt. Besichtigung nur nach Voranmeldung!

Ein weiteres Museum, das **Oskar Lutsu-Gedenkmuseum (14) [N58° 22' 7.11" E26° 42' 36.73"]**, liegt südöstlich des Bahnhofs von Tartu in einer kleinen Villa an der Straße Riia Nr. 38 *(geöffnet Di - Sa 11 - 18 Uhr; https://linnamuuseum.tartu.ee/en/lutsu-majamuuseum/)*. Oskar Luts (1887 – 1953) war ein überaus beliebter estnischer Schriftsteller. Wegen seines Schreibstils wurde er auch „Charles Dickens von Estland" genannt. Die Ausstellung handelt über sein Leben und seine 69 Werke, darunter die romantisch-mystische Erzählung „Kevada", die als sein erfolgreiches Erstlingswerk 1912 veröffentlicht und später sogar verfilmt wurde. Luts verbrachte ab 1936 die letzten 17 Jahre seines Lebens in seiner Villa in Tartu.

Der **Bahnhof (15)** befindet sich im südwestlichen Teil des Stadtzentrums. Und wer sich für die Geschichte der Druckkunst und für Papierherstellung interessiert wird im **TYPA Eesti Trükija Paberimuuseum [N58° 22' 10.52" E26° 43' 5.64"]**, Kastani tänav 48f, viel Informatives finden *(geöffnet Mi - So 12 - 18 Uhr; www.typa.ee)*. In dem interessanten Druck- und Papierkunstzentrum sieht man neben historischen Druckmaschinen auch eine seltene Sammlung von Druckstöcken und Lettern aus Holz und Blei.

Das **Estnische Nationalmuseum Eesti Rahva Muuseum - ERM (16) [Parkplatz, N58° 23' 44.40" E26° 44' 32.88"]**, *(geöffnet Di - So 10 - 18 Uhr; https://www.erm.ee/)*, ist 2016 umgezogen, von der Kuperjanovistraße in Bahnhofsnähe, an den Nordostrand der Stadt in die Muuseumi tee 2. Das Museum ist auch mit Bussen der Linie 7 zu erreichen. Die umfangreichen Ausstellungen in dem futuristisch anmutenden Flachbau aus Beton und Glas befassen sich in erster Linie mit der estnischen Geschichte und Kultur von heute bis zurück in die Eiszeit. Ein weiteres große Ausstellungsthema widmet sich der Kultur der verschiedenen finnisch-ugrischen Volksgruppen. Das Museum stellt auch Erklärungstexte in deutscher Sprache zur Verfügung. Sehen Sie ein bis zwei Stunden vor, um alle Abteilungen sehen zu können.

PRAKTISCHE HINWEISE – TARTU

Touristeninformation Tartu Külastuskeskus (4) [N58° 22' 47.54" E26° 43' 19.34"], Raekoja plats 1, EE-510089 Tartu, Tel.: +372 744 2111; www.visittartu.com. *Geöffnet Mo 9 - 18 Uhr, Di - Fr 9 - 17 Uhr, Sa + So 10 - 14 Uhr.*

Feste und Folklore
Im Februar findet der populäre **Tartu-Ski-Marathon** statt. Ende Mai wird immer die beliebte mehrtägige **Fahrrad-Rallye** organisiert. Mitte Juli findet das große Fest der **Hansetage** (https://www.hansapaevad.ee/en/) statt.
Von Juni bis August feiert die Stadt das **Sommer-Musik-Festival** und es werden in dieser Zeit immer wieder Open-Air-Konzerte veranstaltet.

RESTAURANTS

Itaalia Köök La Doce Vita, Kompanii 10, Tel.: +372 740 7545; www.ladolcevita.ee. Italienisches Restaurant im Herzen der Altstadt.
Restaurant Vilde Ja Vine, Vallikraavi 4, Tel.: +372 734 3400; www.vilde.ee.

HOTELS

Rehe Hotell, Linnavere tee 3, Tel. +372 730 7287; Web: www.rehehotell.ee. 27-Zimmer-Hotel, etwas südlich von Tartu gelegen, über die Straße Richtung Võru zu erreichen. Bar, Restaurant, Sauna, bewachter Parkplatz.
Hotell Tartu, Soola 3, Tel.: +372 731 4300; www.tartuhotell.ee. Zentral gelegenes zeitgemäßes Hotel direkt neben dem Busbahnhof mit Blick auf den Fluss Emajõgi. 112 Zimmer, Restaurant, Sauna, Fitness- und Wellness-Center, Café, Parkplatz.

WOHNMOBIL-STELLPLÄTZE

Wohnmobil-Stellplatz Hotel Rehe [N58° 20' 2.84" E26° 42' 34.05"], Linnavere tee 3, Tel. +372 730 7287; Web: www.rehehotell.ee. Gegen Gebühr erlaubt das Hotels Rehe das Übernachten im Wohnmobil auf dem Hotelparkplatz vor dem Haus, keine Ver- und Entsorgungsmöglichkeit. Anmeldung im Hotel. Hotel Rehe liegt etwas südlich von Tartu und ist über die Straße Richtung Võru zu erreichen.
Wohnmobil-Stellplatz Tartu Karlova Hafen [N58° 22' 8.95" E26° 44' 43.21"], Rebase 18; karlovasadam.ee. Kleiner gebührenpflichtiger Wohnmobilstellplatz am Yachthafen von Tartu. Ganzjährig zugänglich. Schotterfläche am Flussufer, hinter dem Baumarkt ESPAK, keine zwei Kilometer von der Altstadt entfernt. Stromanschlüsse, Frischwasser, Ausguss für Abwässer, Toiletten, Duschen, Wi-Fi. Gegen Extragebühr Waschmaschine und Trockner.

Rahinge bei Tartu
Wohnmobil-Stellplatz Kure Turismitalu [N58° 24' 25" E26° 36' 44"], Kure tee 4, Tel. +372 50 47 412, +372 74 94 705; www.kuretealu.ee; 1. Jan. – 31. Dez.; rund 7 km westlich von Tartu Abzweig von der Straße 2 (Tartu – Tallinn); ebenes, schattenloses Wiesengelände (auch für Caravans und für Zelte) bei einem Gästehaus und kleinen Weihern. Einige befestigte Stellplätze. Ca. 2,5 ha – 40 Stpl. WLAN. Ausguss für Chemikaltoiletten. Stromanschlüsse und Duschen Gebühr. Frühstück und Abendessen auf Bestellung.

Abstecher zur Insel Piirissaar

*ROUTE: Von Tartu auf der Straße 45 südöstwärts bis nach **Issaku**. Dort links (ostwärts) ab und der Beschilderung nach **Võnnu** folgen. Weiter über **Lääniste**, **Ahunapalu** und **Parapalu** zur Anlegestelle **Laaksaare sadam [Parkplatz, N58° 20' 17.61" E27° 24' 58.70"]**, Von hier verkehren Schiffe zur **Insel Piirissaar**.*

Mit dem Auto ist die kleine **Insel Piirissaar** zwar nicht zugänglich. Dennoch soll sie nicht unerwähnt bleiben.

Die Insel liegt rund 65 km östlich von Tartu im See Peipsi-Pihkva järv, dem größten See des Baltikums.

Unweit östlich der Insel verläuft die Grenze zu Russland.

Wer Ruhe sucht, der wird sie auf Piirissaar finden. Das Eiland, das dem estnischen Volksepos nach durch den Helden Kalevipoeg entstanden ist, beherbergt heute an der Nordostseite der Insel drei Dörfer – **Tooni, Piiri** und **Saare**. Hauptverwaltungsort der Insel ist das Dorf **Tooni**.

Zu erreichen ist die Insel entweder mit dem Schiff oder mit kleinen Sportflugzeugen. Letzteren steht allerdings nur eine Wiese als Landebahn zur Verfügung und das auch nur dann, wenn diese nicht durch Hochwasser geflutet ist.

Auch mit dem Auto ist die Insel erreichbar, jedoch nur im Winter von mutigen Fahrern, wenn der Peipus-See/Peipsi järv zugefroren ist.

Doch so beschaulich sich das alles anhört, die Insel war in den letzten Jahrhunderten auf Grund ihrer strategisch wichtigen Lage mehrfach Ort von Feindseligkeiten.

Mitte des 13. Jahrhunderts kämpften Ritter des Deutschen Ordens auf dem Eis des Sees. Bei dieser Schlacht sollen 400 Deutschordensritter umgekommen sein. Geplant war die Missionierung Russlands.

Doch die russische Armee unter Führung des Fürsten Alexander Newski schlug die Angreifer zurück. Newski wurde zum Nationalhelden Russlands. Zahlreiche russisch-orthodoxe Kirchen sind nach ihm benannt.

Auch im letzten Jahrhundert waren Deutsche an Kämpfen auf der Insel beteiligt. Nachdem Soldaten der Roten Armee das Eiland besetzten, wurde die Insel von den Deutschen zwei Wochen lang bombardiert und die Soldaten der Roten Aarmee vertrieben.

Und auch heute trifft man noch auf militärische Einrichtungen. Nicht zu übersehen ist zum Beispiel der 38 m hohe Grenzbeobachtungsturm der Esten. Immerhin darf man nicht vergessen, dass nur wenige Meter vor der Küste der Insel die EU-Außengrenze verläuft. Doch es soll die Möglichkeit geben, nach Absprache mit den Grenzbeamten den Turm auch zu besteigen.

Die wenigen Einwohner auf der kleine **n**Insel Piirissaar leben hauptsächlich vom Fischfang und Gemüseanbau. Der Boden ist relativ fruchtbar, da der See oft über die Ufer tritt und den Boden dann mit nährstoffreichen Ablagerungen anreichert.

Camping- und Wohnmobilstellplatz Kure, bei Tartu

TOUR 13: TARTU - NARVA

Länge der Tour:	Rund 210 km, ohne Abstecher.
Die Route:	Über die Straße 3 bis zur Straße 43 – Straße 43 bis **Koosa** – Straße 240 bis **Varnja** – Nebenstraße 242 bis **Alatskivi** – Straße 43 bis **Mustvee** – Straße 3 bis **Jõhvi** – Straße 1/E20 bis **Narva**.
Reisedauer:	Mindestens ein Tag.
Höhepunkte:	**Dörfer** der **Altgläubigen** * – **Peipus-See** ** – Besichtigung der Hermannfeste in **Narva** **.

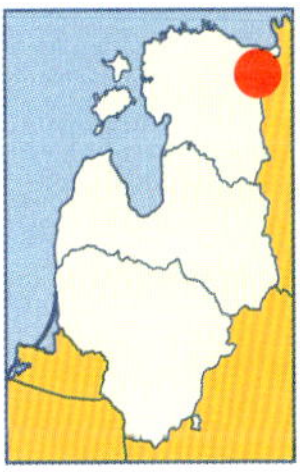

*ROUTE: Von Tartu über den Fluss Emajõgi und auf der A3 nordostwärts bis **Aovere**. Dort ostwärts auf die Straße 53 über **Vara** bis **Koosa.** In Koosa Abzweig und auf teils unbefestigter Straße südostwärts bis **Varnja** am Westufer des Peipus-Sees.*

In **Varnja** treffen wir auf den viertgrößten Binnensee Europas, den **Peipus-See**, im Estnischen auch Peipsi-Järv. Bei dem 3.555 qkm großen See handelt es sich zugleich um die Staatsgrenze zwischen Russland und Estland. Somit ist der See auch EU-Außengrenze.

Bei der Größe des Sees kann man allerdings das andere Ufer nicht erkennen. Das Gewässer vermittelt eher den Eindruck eines Meeres.

Etwas südlich von Varnja mündet der aus Tartu kommende Fluss Emajõgi – ein weites versumpftes Delta bildend – in den See.

Die hiesige Region ist hauptsächlich von Russen und von den russischstämmigen so genannten *Altgläubigen* bewohnt. Heute Leben in ganz Estland noch rund 15.000 Menschen, die sich dieser Volkgruppe zugehörig fühlen und deren über 300jährige Kultur und Traditionen weiterleben.

Wenn man an der Westküste des Peipus-Sees nordwärts fährt, passiert man zahlreiche kleine Ortschaften, in denen

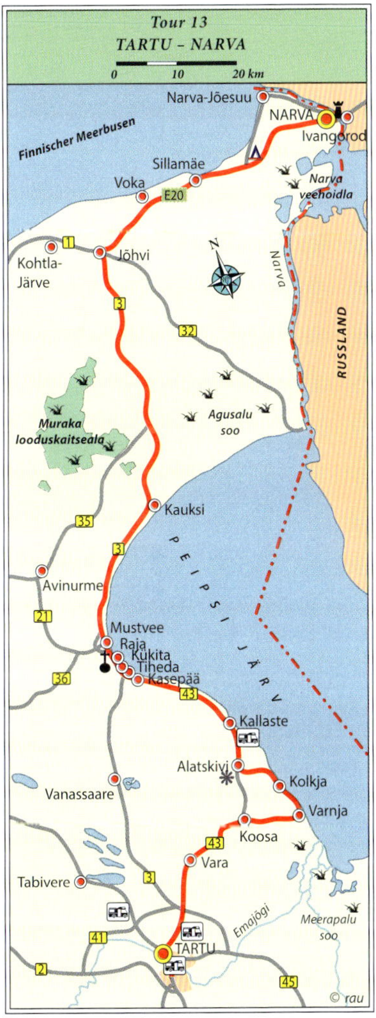

Am Peipus-See

noch Spuren der Altgläubigen-Kultur zu sehen sind.

Im Straßendorf Varnja zum Beispiel existieren zwei Kirchen, eine russisch-orthodoxe aus dem Jahr 1855 und am Nordrand der Gemeinde ein Bethaus der Altgläubigen von 1903. Ferner gibt es in dem kleinen Fischerdorf an der Hauptstraße nach Kolkja das **Museum Varnja Elava Ajaloo Muuseum [N58° 29' 27.06" E27° 14' 28.22"]** über die Geschichte und das Leben der Altgläubigen.

*ROUTE: Weiter nordwärts an der Westküste des Peipus-Sees entlang und über **Kolkja** nach **Alatskivi**, das etwas westlich vom See liegt.*

Kolkja ist ein Zusammenschluss aus den Gemeinden Klein-Kolkja, Groß-Kolkja und Sohvia. Das Örtchen Sohvia entstand in den 1820er Jahren und erhielt seinen Namen zu Ehren der Tochter des Gutsherren Stackelberg.

In Kolkja und auch den anderen kleinen Dörfern am Ufer des Peipus-Sees wie z.B. Varnja, Kasepää und Nina lebt hauptsächlich – neben der zahlreichen russischen Bevölkerung – die Volksgruppe der Altgläubigen.

Die *Altgläubigen* sind eine aus Russland stammende Gemeinschaft, die den weltlichen Dingen in vielerlei Hinsicht eine Absage erteilt. Sie verweigerten lange Zeit aus religiösem Anlass ihren Kindern den Schulbesuch und gingen Kirchen anderer Glaubensrichtungen lieber aus dem Weg. Auf Grund dieser Einstellung waren sie in der allgemeinen Bevölkerung nicht sonderlich beliebt und wurden im 17. Jahrhundert verfolgt und vertrieben. Sie „durften" sich in einer Region Estlands ansiedeln, wo der Boden nicht besonders fruchtbar war und wo baltendeutsche Gesetze galten.

Auffällig ist die Bauweise ihrer Wohnhäuser. Sie sind allesamt farbenfroh, aber im Grundriss meistens im selben Stil errichtet. So findet man hinter dem Haus einen geschlossenen Hof, der dem Gemüseanbau dient. Vorwiegend pflanzten die Altgläubigen Gurken und Zwiebeln an, die von den übrigen Esten jedoch gerne gegessen wurden und auch heute noch für ihren guten Geschmack berühmt sind.

Anfang des letzten Jahrhunderts lebten noch ca. 8.000 Menschen in den Dörfern der Altgläubigen, heute hingegen sind es lediglich noch 1.000 Altgläubige-Einwohner, die in der Region westlich vom Peipus-See leben.

Doch diese bewahren ihre Traditionen und stellen sie mittlerweile auch im Museum in Kolkja aus.

Das Schloss in Alatskivi

Das **Museum Kolkja vanausuliste muuseum [N58° 32' 55.30" E27° 13' 18.03"]**, Ranna 12, in Kolkja zeigt Gebrauchsgegenstände aus dem Leben eines Altgläubigen und bringt einem die Lebensweise dieser Volksgruppe näher *(geöffnet Mi - So 11 - 18 Uhr)*.

Der Ort **Alatskivi** hieß früher auch mal Aleskiue oder Allatkiwwi. Die alten Namen stehen für den damaligen Gutshof, der 1601 zum ersten Mal erwähnt wurde.

Heute befindet sich ein kleines **Schloss [Parkplatz, N58° 36' 13.63" E27° 7' 42.83"]**, Lossi 10, auf dem Grundstück des Gutshofes *(geöffnet Juni - Okt. tgl. 10 - 18 Uhr; Nov. - Mai Di - So 10 - 16 Uhr; alatskiviloss.ee)*. Als Vorbild für das Schloss diente unter anderem auch das berühmte Schloss Balmoral in Schottland.

Der Besitzer des Gutes, ein gewisser Arved Georg von Nolcken, reiste viel und ließ sich von anderen Schlossern für das Aussehen und den Bau seines Anwesens inspirieren.

Von Nolcken ließ sein Schloss Alatskivi hauptsächlich von Russen errichten, die in den benachbarten Orten Nina und Kolkja lebten. Lediglich die Schreinerarbeiten wurden von Arbeitern aus Tartu gefertigt.

Über zwei Etagen dehnt sich die stattliche Empfangshalle im Schloss aus. In ihr befinden sich ein Neo-Renaissance-Portal, zwei Kamine und eine stolze Säulengalerie. Weitere 98 Räume verteilen sich auf einer Fläche von rund 1.200 m^2.

Die breite Treppe bringt den Besucher zu den Wohngemächern und in die Bibliothek. Auf der unteren Etage sind die Repräsentationssäle untergebracht.

Das Gebäude, das in den letzten Jahren auch als Kaserne und Grundschule genutzt wurde, wird von einem 60 ha großen Park umgeben, in dem sich zwei malerische Seen befinden.

*ROUTE: Weiter auf der Straße 43 nordwärts nach **Kallaste**.*

Sehenswert in **Kallaste** ist die **Michaelskirche** aus dem Jahr 1777. Sie steht an der Stelle, an der schon im 14. Jahrhundert ein kleines Gotteshaus errichtet stand. Das Altarbild „Jesus am See" wurde von einem Künstler in Dresden gestaltet.

Des Weiteren kann der Ort das einzige Steilufer des gesamten Peipus-Sees auf estnischer Seite vorweisen. In den roten Sandsteinklippen des Steilufers sind Höhlen zu finden, in der sich im

WOHNMOBIL-STELLPLÄTZE

Kallaste

Wohnmobil-Stellplatz Hostel Laguun [N58° 39' 59.84" E27° 9' 55.54"], Liva 1, Tel. +372 505 8551; http://hostel-laguun.ee; ganzjährige Stellplatzmöglichkeit für Wohnmobile auf Wiese beim Hostel Laguun in Kallaste. Kleiner Platz auf Wiese mit sehr einfacher Ausstattung, direkt oberhalb des Strandes am See. Gegen Gebühr Stromanschlüsse und Nutzung des Grills oder der Sanitäranlagen im Hostel.

Pusi

Wohnmobil-Stellplatz Gästehaus Willipu [N58° 38' 41.67" E27° 9' 56.10"], Tel.: +372 563 52 117, +372 569 55 758; www.willipu.ee. Im Dorf Pusi, ca 2 km südlich von Kallaste, führt rechts ein Feldweg Richtung Peipus-See. Kurz vor dem See knickt die Straße nach Norden ab und verläuft zum Weiler Pusi. Das Gästehaus Willipu bietet gegen Gebühr Stellplatzmöglichkeiten für ca. 20 Wohnmobile. Stromanschluss möglich, Sauna, Dusche, Toilette, Möglichkeit zum Ausguss von Abwässern.

Volksglauben die „Schmiede des Teufels" befunden haben soll.

ROUTE: Wir verlassen Kallaste in nördlicher Richtung und fahren weiter entlang des nahen Peipus-Seeufers.

Die Orte **Kasepää**, **Tiheda**, **Kükita** und **Raja** liegen direkt hintereinander und bilden eine Aneinanderreihung von Straßendörfern. Man kann kaum feststellen in welchem Dorf man sich gerade befindet.

Im letzten Ort, **Raja**, steht das **Kloster der Altgläubigen Raja vanausuliste palvela [N58° 49' 14.23" E26° 56' 43.32"].** Im Inneren wird nur noch der Gebetsraum benutzt, die übrigen Räume sind leer. Neben dem Kloster erhebt sich der **Glockenturm**, in dem sich noch heute acht massive Glocken befinden. Vom Rest der Kirche ist nur noch das Fundament zu sehen, allerdings bietet der Turm eine schöne Kulisse vor dem Peipus-See.

Nach der erwähnten „Perlenschnur" von Dörfern treffen wir auf die Fernstraße 3 und auf die größte Stadt am Peipus-Ufer, **Mustvee**.

Der Glockenturm des Klosters der Altgläubigen von Raja am Peipus-See

PRAKTISCHE HINWEISE

Touristeninformation Infopunkt Mustvee, Tartu 12, in der Stadtbücherei, EE-49604 Mustvee, Tel.: +372 772 6346. *Geöffnet Juni - Aug. Mo - Fr 10 - 17 Uhr; Sept. - Mai Mo - Fr 10 - 17 Uhr, Sa 10 - 14 Uhr.*

Touristeninformationszentrum Kasepää, Sõpruse 84, EE-49503 Kasepää, Jõgevamaa, Tel. +372 513 9633; www.peipsi.ee.

In Mustvee, das zwar schon 1493 erstmals namentlich erwähnt wurde, gibt es so gut wie keine alten Häuser mehr, denn die Stadt wurde im Zweiten Weltkrieg zu 75% zerstört. So sind von den ehemals sieben Kirchen Mustvees nur drei erhalten geblieben.

Nördlich von Mustvee kommen wir durch den nordöstlichsten estnischen Landkreis Ida-Virumaa, der direkt an Russland grenzt.

Bemerkenswert ist die Nordküste der Region die steil zur Ostsee abfällt. Hauptstadt des Bezirkes ist die Kleinstadt Jõhvi mit fast 13.000 Einwohnern. Wesentlich größer und bedeutender dagegen ist die weiter östlich gelegene Grenzstadt Narva mit etwas mehr als 56.000 Einwohnern.

Interessant im Landkreis Ida-Virumaa ist die Statistik über die Bevölkerungsgruppen. Nur 67 % der hiesigen Einwohner sind tatsächlich Esten. Der restliche Anteil ist russischen Ursprungs. Noch größer ist der Anteil der russischstämmigen Bevölkerung, wenn man nur die Stadtbevölkerung betrachtet. Denn in allen Städten des Kreises Ida-Virumaa leben lediglich 13% Esten, wobei die Grenzstadt Narva fast nur von Russen bewohnt ist. Lediglich knapp 4% aller Bürger in Narva sind Esten.

*ROUTE: Am Nordende des Peipus-Sees fahren wir auf der A3/E264 nordwärts bis **Jõhvi**.*

Jõhvi wurde das erste Mal 1241 in einer schriftlichen Aufzeichnung der Dänen erwähnt.

Den Status einer Stadt erhielt Jõhvi aber erst rund 700 Jahre später im Jahre 1938 und nach dem Zweiten Weltkrieg wurde Jõhvi gar zur Bezirkshauptstadt erhoben.

Im Krieg erlitt Jõhvis Altstadt starke Schäden, lediglich zwei Kirchen und einige wenige Steinhäuser sind von der alten Bausubstanz erhalten geblieben. Heute ist Jõhvi u. a. ein wichtiger Verkehrsknotenpunkt.

Am Hauptplatz inmitten eines Zentrums von Supermärkten und Parkplätzen fallen die grünen Dächer der **russisch-orthodoxen Kirche [N59° 21' 28.53" E27° 24' 55.20"]** auf, Narva maantee 2.

Nicht minder interessant ist die **Michael-Kirche [N59° 21' 33.87" E27° 24' 36.12"]** in der Straße Viru tänav, im Zentrum unweit östlich der Durchgangsstraße 3/E264. Die Michael-Kirche stammt aus dem 13. Jahrhundert und wurde im gotischen Stil erbaut. Sie gilt heute als das älteste Bauwerk in ganz Jõhvi. Aufgrund der bis zu zwei Meter dicken Mauern geht man davon aus, dass die Kirche auch als Wehrkirche und als Zufluchtsort der Bevölkerung in Kriegszeiten diente. Das einschiffige Gotteshaus beherbergt heute auch ein **Kirchenmuseum** *(geöffnet Di - Fr 11 - 16 Uhr; Mai - Okt. auch Sa 11 - 15 Uhr; http://johvimuuseum.ee/)*. Muse-

PRAKTISCHE HINWEISE – JÕHVI

Touristeninformation Jõhvi, Kooli tn 2, EE-41595 Jõhvi, Tel. +372 337 0568; https://www.visitestonia.com/de/touristeninformationszentrum-von-johvi. *Geöffnet Mitte Mai - Mitte Sept. Mo - Fr 11 - 17 Uhr, Sa + So 10 - 15 Uhr.*

RESTAURANT

Restaurant Linnaisa kohvik, Tartu mnt. 2, Tel.: +372 505 8293. Kleines, gemütliches Steakrestaurant.

HOTEL – JÖHVI

Hotel Wironia, Rakvere 7, 20 Zi., Tel. +372 336 4200; www.wironia.ee. Zentral gelegenes 3-Sterne-Hotel. Grill-Restaurant, Bar, Parkplatz.

umsbesucher können einen Audioguide in mehreren Sprachen erhalten, darunter auch Deutsch.

*ROUTE: Von Johvi auf der A1 ostwärts bis **Narva**, rund 47 km.*

Narva, die alte, wichtige Grenzstadt zu Russland, ist die drittgrößte Stadt Estlands. Die Grenze verläuft mitten durch den Narva-Fluss, der auf beiden Seiten von uralten, trutzigen Festungen bewacht wird und der von nur einer einzigen Brücke überspannt wird. Nur über diese Brücke ist die Einreise nach Russland hier möglich. Seit dem Mittelalter verläuft hier aber auch eine Grenze ganz anderer Art. Hinter der Narva begann das Stammgebiet der russisch-orthodoxen Kirche.

Narva wurde 1240 als eine der ersten Städte Estlands gegründet und erhielt hundert Jahre später Stadtrechte. Die meisten der rund 70.000 Einwohner haben russische Wurzeln. Nur jeder 25. Einwohner ist Este.

Größte und einzige Sehenswürdigkeit ist **die Burg, die Hermannfeste**, die einen Besuch durchaus lohnt!

Fahren Sie aus Westen (Straße 1/ E20) kommend im Stadtgebiet über die Haupteinfallstraße Tallinna mnt immer Richtung Zentrum bis zum großen Kreisverkehr mitten in der Stadt. Östlich des Kreisverkehrs sieht man am **Peetri plats [N59° 22′ 33.8″ E28° 11′ 49.4″]** den estnischen Grenzposten (für Pkw, Wohnmobile, Transporter, keine Lkw), vor dem fast immer Autos warten. Wenn Sie später evtl. nach Russland einreisen wollen, müssen Sie diesen Posten passieren.

Rechts hinter diesem Grenzübergang erstreckt sich eine Parkanlage und dahinter wiederum liegt die ausgedehnte Burganlage der Hermannfeste. Fahren Sie vor dem Grenzposten rechts und parken am besten (wenn möglich) in einer Straße an der Westseite (Malmi Straße) oder an der Südseite des Parks auf dem **Parkplatz [N59° 22′ 24.94″ E28° 11′ 58.95″]** an der Raja Straße, ganz in der Nähe der „Schwedischen Löwen".

Man geht durch erwähnten Park zur **Burg Hermannfeste Hermanni linnus [N59° 22′ 30.7″ E28° 11′ 49.7″]**. Der weite Burgvorhof wird von mächtigen Mauern, die teils aus dem 14. Jh. stammen, und von Wehrgängen eingefasst. Ein befestigtes Tor auf der linken Seite führt hinein in die Burganlage.

Ganz am anderen Ende des Burghofes erhebt sich unübersehbar die recht beeindruckende Burg mit dem alles überragenden, martialischen, gut 50 m hohen **Turm „Langer Hermann"** (15. und 16. Jh.). Seinen Namen verdankt der Turm angeblich dem Großmeister des Deutschen Ordens, Hermann von Brüggeney. Mehr religiös motivierte Stimmen meinen dage-

Der Grenzübergang Estland/Russland in Narva

Die Hermannfeste in Narva, rechts im Hintergrund die russische Festung Invangorod

gen, der Name wurde zu Ehren des Hl. Hermann, dem Schutzpatron der Ritter des Deutschen Ordens, vergeben. Der Gebäudeflügel rechts vom Turm wird **Konventhaus** genannt und stammt aus dem 14. Jh.

Ursprünglich angelegt wurde die Hermannfeste im 13. Jh. von Dänen, die damals ganz Nordestland beherrschten. Die Anlage hatte zu Zeiten der Dänen aber bei weitem noch nicht die heutigen Ausmaße.

Das änderte sich ab 1347, als die Dänen die Burg an den Livländischen Orden, einen Zweig des Deutschen Ordens, verkauften. Narva wurde Hauptsitz des Ordensgroßmeisters, der die Anlage den Ordensregeln gemäß ausbauen und um Einrichtungen wie einen Konvent, einen Kapitelsaal, Refektorium, Dormitorium, Wirtschaftsgebäude etc. erweitern ließ.

Im „Langen Hermann" sind auf mehreren Etagen das **Narva Stadtmuseum** sowie eine **Kunstgalerie** untergebracht *(geöffnet tgl. 10 - 18 Uhr; www.visitestonia.com/de/museum-in-narva)*.

Die gesamte Festung liegt auf einem Geländeplateau über dem Narva-Fluss. Von den Bastionen auf der rechten Seite hat man einen **schönen Blick über den Fluss** hinüber zur nicht minder mächtigen **Festung Ivangorod** auf russischer Seite.

Wenn Sie vom „Langen Hermann" zum Ausgangstor in der Festungsmauer zurückgehen, erkennen Sie rechts ein niederes Gebäude an der Mauer. Davor sieht man – etwas versteckt hat man den Eindruck – ein Lenin-Denkmal, das in früheren Zeiten mitten in der Stadt stand.

Schön ist der Anblick der beiden Burgen, wenn man weiter südlich am **Rootsi lövi,** dem **Schwedischen Löwen [Parkplatz, N59° 22′ 20.95″ E28° 12′ 1.12″]** steht. Dieses Denkmal liegt außerhalb an der Südseite der Festung unweit östlich des modernen Kulturhauses Narva Kultuurmaja Rugodiv, A. Puškini 8.

Das Löwendenkmal wurde anlässlich der 300-Jahrfeier des Nordischen Krieges errichtet und erinnert an den Sieg der Schweden, die in Narva erfolgreich einen Angriff der Russen abwehrten, obwohl diese mit 50.000 Soldaten weit in der Überzahl waren. Die Schwedischen Löwen erreichen Sie über die Allee Malmi, die vom Peetri plats (estnischer Grenzposten) aus nach Süden führt.

Unweit südlich des Löwendenkmals erhebt sich die von ihrem äußeren Erscheinungsbild her etwas eigenwillig anmutende **Alexander-Großkirche**

Aleksandri Suurkirik, Kirku 9. Errichtet wurde die Kirche im späten 19. Jh. Sie war damals die größte Kirche in Estland und bot Platz für weit über 2.500 Gläubige. Im Zweiten Weltkrieg wurde das polygone und säulenlose Kirchengebäude stark zerstört. Später nutzte die Sowjetführung das Haus als Lagerhalle.

In der Zeit zwischen Oktober 2006 und Mai 2008 wurden umfangreiche Restaurierungsarbeiten durchgeführt und so kann die Kirche heute wieder für ihren eigentlichen Bestimmungszweck genutzt werden.-

Im 19. Jahrhundert hielt auch in Narva die Industrialisierung Einzug, die zahlreiche Volksgruppen anzog. In Narva lebten damals nicht nur zahlreiche Russen, sondern auch Finnen, Schweden und Deutsche.

Alle Nationalitäten hatten ihr eigenes Gotteshaus – bis auf die Esten, die schon damals eine Minderheit in der eigenen Stadt waren. Ihnen blieb nichts anderes übrig als die Johanneskirche der Deutschen oder die Michaelkirche der Finnen anzumieten. Erst als der adelige, deutschbaltische Gutsherr George von Kramer das Grundstück in Flussnähe stiftete, konnten die Esten ihre eigene Kirche, die Alexander-Großkirche, bauen.

Narva-Jõsuu im Norden ist eigentlich keinen Abstecher wert. Dort stehen lediglich Ferienhäuser in einem Wald direkt am Strand, die je nach Jahreszeit einen überfüllten oder ausgestorbenen Eindruck hinterlassen. Doch an der Verbindungsstraße von Narva nach Narva-Jõsuu führt ein Weg westwärts, der einen Blick auf einen großen **russisch-orthodoxen Friedhof [N59° 25′ 11.79″ E28° 6′ 25.01″]** ermöglicht, der abgeschieden mitten in einem Kiefernwald liegt.

PRAKTISCHE HINWEISE – NARVA

Touristeninformation Narva [N59° 22′ 34.87″ E28° 11′ 45.54″], Peetri plats 3, EE-20308 Narva, Tel. +372 359 9137; www.narva.ee/en/. *Geöffnet 1. Mai - 14. Mai tgl. 10 - 16 Uhr; 15. Mai - 15. Sept. tgl. 10 - 17.30 Uhr; 16. Sept. - 12. März tgl. 10 - 16 Uhr.*

Feste und Folklore

Festival **„Stadttage von Narva"** Anfang Juni in der Festung und in der Altstadt, mit Umzug, Veranstaltungen, Ausstellungen und dem Handarbeits-Jahrmarkt; https://www.visitestonia.com/de/stadttage-von-narva. Anfang Juli knattern zahllose Motorräder im Rahmen des **Bikefestes** durch die Stadt; http://www.culture.ee/event/international-bike-fest-narva-bike/.

RESTAURANTS

Geneva Music Cafe, Võidu Prospekt 2, Tel.: +372 359 9421; www.geneva.ee. Die Top-Adresse in Narva, wenn es um das abendliche Ausgeh-Vergnügen geht. Live-Musik wird fast täglich geboten**.**

German Pub oder auch **Hermann Pub**, Puškini 10, Tel. +372 359 1548; www.germanpub.ee. Gemütliches Restaurant, erschwingliche Preise.

Narva Pärl, Hariduse tn 5, Tel. +372 356 0165; https://restoranparl.ee/en/; gepflegtes Grillrestaurant.

HOTEL

Hotel Narva, A. Puškini 6, Tel.: +372 359 9600; www.narvahotell.ee. Zentral gelegenes 3-Sterne -Hotel, größtes Hotel in Narva, 50 Ziimmer, Restaurant, Café zeitweise mit Live-Music, Parkplatz.

CAMPING

Campingplätze findet man in Küstennähe westlich von Narva, bei **Laagna**, bei **Toila** oder bei **Saka**, siehe nächste Etappe.

TOUR 14: NARVA – TALLINN

Länge der Tour: Rund 255 km, ohne Abstecher.

Die Route: Über die Straße 1/E20 über **Kohtla-Järve** bis **Pada** – Straße 20 bis **Kunda** – Nebenstraßen über **Altja**, **Sagadi** und **Palmse** bis **Loksa** – Straße 85 – Straße 1/E20 bis **Tallinn**.

Abstecher: Abstecher zum **Gut Sagadi**, sowie kleinere Abstecher auf Stichstraßen zu diversen **Küstenorten**.

Reisedauer: Mindestens zwei Tage.

Höhepunkte: Die **Ostsee** mit **Steilküste** ** bei Saka – der **Lahemaa-Nationalpark** ** – **Gut Sagadi** * und sein Forstmuseum – **Gut Palmse** * – Besichtigung der Stadt **Tallinn*****, **Altstadt** *** von Tallinn, der **Rathausplatz** ***, die **St. Nikolaikirche** ***, die **Altstadtstraße Pikk** **, die **Domkirche St. Marien** **, die **Alexander-Newski-Kathedrale** ***, der **Blick von der Stadtburg** ***, die **Museen** der Stadt Tallinn – das **Freilichtmuseum Rocca al Mare** *** bei Tallinn.

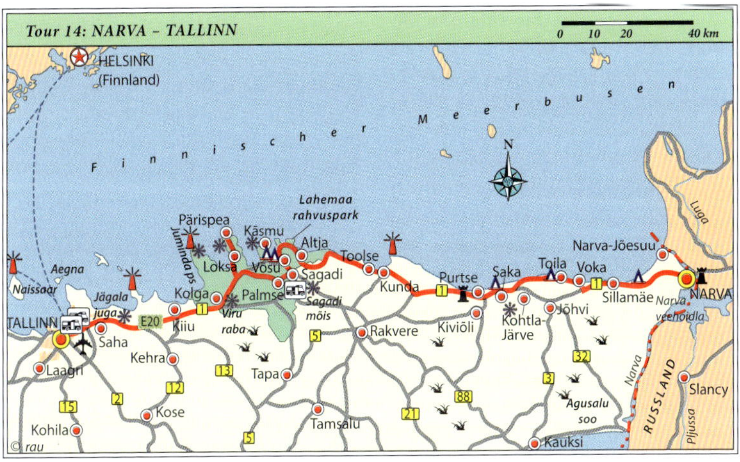

ROUTE: *Falls man von Narva aus nicht ins russische St. Petersburg weiterreist, fährt man von Narva auf der Straße 1/E20 westwärts, vorbei am Abzweig zum Hotel-Camping Laagna, über* ***Sillamäe*** *bis zum Abzweig nach* ***Voka****, ca. 40 km. In Voka geht es nordwärts zur Küstenstraße, der wir bis* ***Kohtla-Järve*** *folgen.*

Nach rund 20 Minuten Fahrt erreicht man den kleinen Badeort **Sillamäe**. Dieser Ort war viele Jahre von der Außenwelt abgeschlossen, weil hier ein militärisches Kraftwerk betrieben wurde. Als die streng geheime Anlage geschlossen wurde, öffnete sich die Seestadt auch wieder für den Tourismus. Denn schon im 18. Jahrhundert war Sillamäe ein Urlaubsort, damals für Intellektuelle

CAMPING - LAAGNA

Camping Hotel Laagna [N59° 23' 46.48" E27° 58' 11.33"], Tel. +372 5306 0603m +372 392 590; www.laagna.ee; Jan. - Dez., ca. 16 km westlich von Narva Abzweig von der Straße 1/E20 bei KM 198 meerwärts und noch knapp 1 km. Die Einfahrt erscheint nach einer langgezogenen Linkskurve. Geneigtes Wiesengelände an einem kleinen See beim Hotel Laagna; ca. 2 ha - 50 Stpl.; einfache Sanitäranlagen. Sauna, Restaurant im Hotel, Fahrradverleih.

RESTAURANT - SILLAMÄE

Restaurant Peetri Pizza, Viru puiestee 35. Estnische Pizzerienkette, im Einkaufszentrum Maxima X im Ostteil des Ortes, nahe der Hauptstraße gelegen.

HOTEL - SILLAMÄE

Krunk Hotell, Kesk 23, Tel.: +372 392 9030; www.krunk.ee. Kleines, privat geführtes 3-Sterne-Hotel im Zentrum, mit einfachen, aber zweckmäßigen Zimmern. WLAN, Grill Bar, Parkplatz.

aus Estland und Russland. Heute ist Sillamäe eine Stadt mit typischer Architektur des Stalinismus, was man an der Innenstadt mit seinen breiten Boulevards und Alleen spürt.

Zu besichtigen ist das **Sillamäe Muuseum [N59° 23' 56.57" E27° 45' 38.53"]**, Kajaka 17a *(geöffnet 1. Mai - 13. März Di - Fr 10 - 18 Uhr, Sa 10 - 16 Uhr; https://sillamae-muuseum.ee/et/)*, ein kleines kulturhistorisches Regionalmuseum.

Einige Kilometer weiter östlich liegt bei **Sinimäe** südlich der Hauptstraße auf einer Anhöhe die **Gedenkstätte Mälestusmärgid oder „Sinimäe Memorial" [Parkmöglichkeit, N59° 22' 27.77" E27° 51' 18.88"]**, ein Erinnerungsdenkmal an die Schlacht von 1944 zwischen Russen, Esten und Deutschen. Das Denkmal liegt auf einem flachen Hügel. Oben steht ein hohes Eisenkreuz mit Strahlenkranz.

Im Ort Sinimäe, unweit östlich, gibt es das **Militär- und Kriegsmuseum Vaivara Sinimägede muuseum [Parkplatz, N59° 22' 21.62" E27° 52' 23.92"]**, das mit seinen Ausstellungsstücken an die kriegerischen Auseinandersetzungen 1944 erinnert *(geöffnet Di - Sa 10 - 17 Uhr; www.muuseum.vaivaravald.ee)*.

Westlich von **Voka** liegt **Toila** (ca. 2.500 Einw.), in der sich der schöne, besuchenswerte **Toila-Oru Park** befindet. In diesem Park stand bis zum Zweiten Weltkrieg die Sommerresidenz des ersten estnischen Präsidenten Konstantin Päts. Im Krieg wurde die stattliche Villa zerstört.

Bei Toila gibt es, nur wenige Meter vom Campingplatz und dem Hotel Toila Spa entfernt, einen von elf deutschen Soldatenfriedhöfen in Estland. Dieser wurde im Jahr 2002 durch den Volksbund Deutsche Kriegsgräberfürsorge eingeweiht und ist die letzte Ruhestätte für ca. 2.000 Soldaten aus Deutschland und Estland, die bei den Kämpfen um die Front von Narva im Jahr 1944 fielen. Vor allem der Steilküstenabschnitt an der Ostsee bei Toila zählt zu den Attraktionen hier, die viele einheimische Besucher anziehen.

PRAKTISCHE HINWEISE - TOILA

RESTAURANT

Restaurant Fregatt, Pikk 18, Tel.: +372 336 9647; montags geschlossen. Empfehlenswertes Restaurant im Zentrum von Toila, gute Küche zu erschwinglichen Preisen.

HOTEL

Toila Spa Hotel, 280 Zi., Ranna 12, Tel. +372 334 2900; www.toilaspa.ee/. Am Toila-Oru Park gelegenes, komfortables, modernes Mittelklassehotel mit Wellnesseinrichtungen, Schwimmbad, Sauna, Restaurant, Bar, Parkplatz.

CAMPING

Camping Toila Spa Hotel „Männisalu Camping" [N59° 25' 32.7" E27° 30' 53.4"], Ranna 12, Tel. +372 334 2900; www.toilaspa.ee/en/; 1. Mai – 30. Sept.; eingezäunte, ebene Wiese, teils schattenlos, teils unter hochstämmigen Kiefern, gegenüber vom Toila Spa Hotel und in Nähe der Steilküste gelegen; ca. 1,5 ha – 40 Stpl.; ordentliche Sanitärausstattung. Imbiss, Restaurant im Hotel, Campingküche, Ausguss für Grauwasser, WLAN, Fahrradverleih, Tennis. 19 nordische Miethütten. Schwimmbad und Sauna im Hotel.

Über eine Treppe an der Steilküste gelangt man hinab zum Kiesstrand. Es gibt aber keinen direkten Zugang vom Campingplatz zum Meer.

ROUTE: Von Toila auf der Straße 133, die oberhalb ganz in der Nähe der Steilküste entlangführt, nach ***Valaste****.*

Auf dem Weg nach Westen hat man während der Fahrt entlang der Küste oft einen weiten Blick über den Finnischen Meerbusen, den hiesigen Teil der Ostsee. Etwa auf halbem Wege zwischen den Orten Valaste und Otika passiert man einen unmittelbar an der Straße gelegenen **Aussichtspunkt [Parkplatz, N59° 26' 37.3" E27° 20' 08.1"]** (Feriendorfkomplex Valaste Village mit Cafeteria und Hostel „Valaste juga", Campingmöglichkeit für Wohnmobile und Caravans beim Hostel; https://valaste.eu/meist/).

Von einer Plattform am Aussichtspunkt an der Straße kann man mit etwas Mühe den **Valaste juga**, den **höchsten Wasserfall Estlands** an der Steilküste einsehen. In regenarmen Zeiten muss man aber schon genau hinschauen, um den Wasserfall als solchen zu erkennen.

Eine steile Stahlwendeltreppenkonstruktion, von der aus man auch den Wasserfall sehen kann, führte hinab an den Strand. Der erst vor wenigen Jahren eröffnete Wanderweg Valaste-Ontika führt am Strand entlang.

Die Steinschichten der Küste verraten die geologische Geschichte Estlands und erlauben einen Blick auf die letzten rund 500 Mio. Jahre. Die Esten sind sehr stolz auf diese **Kalksteinküste**, zumal es sich bei Kalk um ihr Nationalgestein handelt. Nicht umsonst haben sie den Bereich zwischen Toila und Saka als Kandidat für die Aufnahme in die Liste UNESCO-Weltnaturerben vorgeschlagen.

Vor allem der 20 km lange und stellenweise bis 56 m hohe **Steilküstenabschnitt** von Toila bis hin nach Saka ist eine Attraktion. Am Küstenrand führt ein **Wanderweg** entlang.

Etwas weiter landeinwärts liegt **Kohtla-Järve**, eine schnell wachsende Gemeinde mit rund 34.000 Einwohnern. Als bedeutender Industriestandort Estlands produzierte die Stadt lange Zeit das wichtigste Exportgut des Landes, Ölschiefer, was natürlich erheblich zur Entwicklung der Stadt und der Region beitrug.

Schon seit Mitte des 19. Jh. wurde hier Ölschiefer gefördert. Und als 1931 auch noch eine Raffinerie gebaut wurde, siedelten sich immer mehr Arbeiter hier an und die Gemeinde Kothla-Järve entstand. Aber es dauerte noch bis 1946, bis der Ort den Rang einer Stadt erwerben konnte.

Ähnlich wie im Ruhrgebiet sieht man auch in der Umgebung von Kohtla-Järve zahlreiche Abraumhalden der hiesigen Minen und Bergwerke. Die Abraumhalden hier erreichen Höhen bis fast 100 m. Amüsant ist in diesem Zusammenhang der Gedanke, dass dies die einzigen wirklichen „Berge" in Estland sind, die man auch als solche erkennt. Heute erinnert das ziemlich martialisch wirkende Denkmal „Ruhm der Arbeit" in der Keskallee 19 an die schwere Arbeit unter Tage.

Zum Thema Ölschiefer gibt es in Kothla-Nõmmes in der Straße Jaama 100 südwestlich von Kohtla-Järve auch ein Museum, das **Estnische Bergwerksmuseum Eesti Kaevandusmuuseum [Parkplatz, N59° 21′ 0.57″ E27° 10′ 30.48″]**, das anschaulich die Arbeit der Bergleute unter Tage vor Augen führt *(geöffnet 1. Juni - 31. Aug. tgl. 11 - 18 Uhr; übrige Zeit Di - Sa 10 - 17 Uhr, letzter Einlass eine Stunde vor Schließung; Tel +371 332 4017; http://kaevandusmuuseum.ee/eng/)*. Nach einer kurzen Sicherheitseinweisung und zünftig mit Helm und Bergmannsjacke ausgestattet kann man an fast zwei Stunden dauernden geführten Touren teilnehmen und mit einer Grubenbahn ins Bergwerk einfahren. Gut zu wissen ist, dass es im Bergwerk nie wärmer als 8 Grad wird und es von den Stollendecken auch mal tropfen kann. Entsprechende Kleidung und festes Schuhwerk ist also empfehlenswert.

*ROUTE: Weiterreise auf der A1/E20 westwärts bis **Pada.** In Pada biegen wir nordwestwärts ab auf die Straße 20, die uns auf schnurgerader Strecke nach **Kunda** bringt. Von dort geht es auf der Küstenstraße weiter Richtung **Loksa** bis zum **Naturschutzgebiet Lahemaa.***

Zuvor passieren wir jedoch noch Abzweigungen, die wieder zur Küste führen. Zum einen geht es zum Ort mit dem kürzesten Namen in Estland, **Aa**. Ein anderer Abzweig führt nach **Saka** mit einladendem Wellnesshotel und angeschlossenem Campingplatz oberhalb der Steilküste.

Ein weiterer Abzweig schließlich führt nach **Purtse.** Der Grund für einen Abstecher dorthin könnte entweder die kleine Privatbrauerei [N59° 25′ 6.96″ E27° 0,52.32″] sein oder aber die isoliert in der Landschaft stehende ehem. **Vasallenburg Purtse (Purtse kindluselamu) [Parkplatz, N59° 25′ 09.9″ E27° 00′ 44.9″]**, die an einen befestigten Wohnturm erinnert. Das Haus stammt aus dem 16. Jh. und ist sehr gut erhalten. Man findet hier ein Café, im 1. Stock einen Konzertsaal und im zweiten Stock zeitweise Kunstausstellungen. Der Weg hierher ist aber kein „Reise-Muss". Ein Besuch bzw. eine Besichtigung ist allerdings nur auf Voranmeldung möglich; Tel. +372 514 6774; *www.purtse.ee/en/avaleht/*.

Die Vasallenburg Purtse

HOTEL – SAKA

Saka Cliff Hotel & Spa, 33 Zi.; Saka mõis, Tel. +372 336 4900; www.saka.ee; kleines, feines, ruhig und abgeschieden gelegenes Hotel der gehobenen Mittelklasse, ganz in der Nähe der imposanten Steilküste. Restaurant, Schwimmbad, Sauna, Wellness, Parkplatz. Erst vor wenigen Jahren ist das unweit östlich vom Hotel gelegene Herrenhaus Saka Manor aus der Mitte des 19. Jh. als Hotel mit 12 im klassischen Stil eingerichteten Zimmern eröffnet worden, Restaurant.

CAMPING

Lääne-Virumaa/Aseri/Korkküla

Camping Mereoja [N59° 26′ 3.59″ E26° 57′ 15.04″], Uuskörtsi Kõrkküla Viru, Nigula vald, Tel. +372 590 841 96; www.mereoja.eu; 1. Mai – 30. Sept.; rund 6 km östlich von Aseri bei KM 134 von der Straße A1/E20 meerwärts abzweigen, noch 200 m, dann 500 m Erdstraße; weitläufiges, gestuftes Wiesengelände oberhalb der Steilküste, durch niedere Büsche markierte Stellplätze, von einigen Plätzen Blick aufs Meer; ca. 5 ha – 70 Stpl. davon 10 befestigt; gute Standard-Sanitärausstattung. Kiosk, Waschmaschine, Trockner, Grillstelle, WLAN auf Teilen des Platzes, Internetecke, Fahrradverleih, Sauna, V & E für Wohnmobile. Mietbungalows. Sand- und Kiesstand.

Saka

Camping Saka Mõis Spa Hotel [N59° 26′ 15.5″ E27° 10′ 42.1″], Saka mõis, Tel. +372 336 4900; www.saka.ee/en/; 15. Apr. – 15. Okt.; Zufahrt von der A1/E20 nordwärts (meerwärts) Richtung Saka Mõis abzweigen, beschildert; Anmeldung im Hotel; einladender Platz auf ebener, schattenloser, von Bäumen umgebener Wiese hinter dem Hotel und oberhalb der hier bewaldeten Steilküste; ca. 1,5 ha – 50 Stpl.; zeitgemäße, ordentliche Sanitäranlagen ohne Geschirr- oder Wäschewaschmöglichkeit, Waschmaschine, Trockner, Chemikaltoilettenausguss. Restaurant im Hotel. Schwimmbad und Sauna können im Hotel gegen Gebühr benutzt werden.

Am Platzrand zum Meer hin liegt ein hohes, viereckiges Gebäude, das aus sowjetischer Zeit stammt und damals als Horch- und Spähposten genutzt wurde. Heute dient es als Aussichtsturm.

Links vom Aussichtsturm führt ein Gittertreppenweg durch einen lauschigen Farnwald hinab zum naturbelassenen Sandstrand. Oben führt am Rand der Steilküste der Küstenwanderweg am Platz vorbei.

Das nördlichste Naturschutzgebiet Estlands ist der **Lahemaa-Nationalpark Lahemaa rahvuspark**. Viel Wald und zahlreiche kleine Fischerdörfer machen diese Region zu einem schönen Erholungsgebiet. Vor allem für die Hauptstädter aus Tallinn ist das 1971 gegründete Naturschutzgebiet ein beliebtes Ausflugsziel. Einige von ihnen haben sogar ein kleines Sommerhaus in Lahemaa stehen.

Die Fahrt in den Naturpark über **Kunda** schreckt im ersten Moment etwas ab, da man zuvor durch hässliche Industrieansiedlungen muss. Es handelt sich einerseits um ein riesiges Zementwerk, andererseits ist hier auch ein Wasserkraftwerk errichtet worden. Es war das erste seiner Art im gesamten Baltikum und stammt aus dem Jahr 1893.

Doch hat man erst einmal den Naturpark erreicht, so kann man die herrliche Landschaft in Ruhe genießen.

Zuvor durchquert man **Toolse**, wo sich nördlich des Ortes auf einer in die Ostsee ragenden Landzunge die Ruine der im Mittelalter sicher sehr mächtigen **Tolsburg [N59° 32' 5.00" E26° 28' 3.45"]** befindet. Die Burg wurde im 15. Jahrhundert erbaut. Damals tummelten sich auf der Ostsee zahlreiche Piraten. Und um die Lage unter Kontrolle zu bringen wurde wohl auch die Burg gebaut, die vom Meer aus zur Abschreckung dreister Freibeuter sehr gut sichtbar gewesen ist.

Rund 25 km südlich von Toolse befindet sich weiter im Inland die etwas größere Ortschaft **Rakvere**. Einstmals war das Städtchen eine äußerst wichtige Station zwischen Tallinn und St. Petersburg. Später, als die Schweden hier das Sagen hatten, befand sich ganz Rakvere sogar in Privatbesitz als der Schwedenkönig Gustav II. Adolf die Stadt an Reinhold von Brederod verschenkte.

Sehenswert in Rakvere sind heute die mächtigen, weithin sichtbaren Mauerreste der **Ordensburg Wesenberg [Parkplatz, N59° 20' 53.18" E26° 21' 1.91"]** aus dem 13. Jahrhundert *(geöffnet Mi - So 10 - 16 Uhr; www.rakverelinnus.ee)*.

Und wer großes Interesse am Polizeiwesen Estlands hat, für den lohnt ein Besuch im **Estnischen Polizeimuseum Eesti politseimuuseum [N59° 21' 1.73" E26° 21' 12.85"]**, Tallinna tänav 3; www.politseimuuseum.ee.

ROUTE: Auf dem Weg in den Lahemaa-Nationalpark fährt man von Rakvere auf der Straße 23 nordwestwärts zunächst bis ***Haljala*** *an der Fernstraße A1/E20.*

Haljala hat die sehenswerte **St. Mauritius Kirche [N59° 25' 53.41" E26° 16' 4.96"]**, deren Besichtigung lohnt. Man vermutet, dass für den Bau des Turmes die Marienkirche in Lübeck als Vorbild genommen wurde. Gebaut wurde die Kirche damals allerdings als Vorposten für die Burg von Rakvere, was man ihr an Hand der Schießscharten durchaus ansieht.

Der erste interessante Ort im 500 ha großen Lahemaa-Nationalpark ist **Altja**, ein Fischerdorf mit gerade einmal 25 ständigen Einwohnern. In Altja scheinen moderne Zeiten noch nicht überall so richtig Einzug gehalten haben.

So existiert hier z. B. noch die Legende von den großen Steinen am Strand, unter denen – glaubt man der Legende – angeblich die Einwohner des Dorfes geboren werden. Die Landschaft rund um Altja ist in der Eiszeit geformt worden.

Landschaftlich sehr reizvoll ist die Küstenszenerie an der Landzunge nördlich des Weilers bei den alten **Fischer-Blockhütten [N59° 35' 11.38" E26° 6' 59.29"]** oder im **Waldgebiet (Wanderwege) [N59° 35' 8.89" E26° 7' 4.03"]** an der Bachmündung unweit nordöstlich des Weilers Altja.

Beide Stellen erreicht man am besten zu Fuß. Im Ort findet man gegenüber vom Gasthof „Altja Körts" einen großen **Parkplatz [N59° 34' 55.60" E26° 6' 42.37"]**.

Den wohl schönsten **Strand [Parkplatz, N59° 35' 8.89" E26° 7' 4.03"]** in der näheren Umgebung findet man weiter westlich in **Võsu**.

CAMPING – VÕSU

Camping & Caravan Lepispea [N59° 34' 32.27" E25° 56' 11.12"], Tel.: +372 5450 1522; www.lepispea.eu; 1. Mai – 30. Sept. Am Westrand von Võsu. Einfache Campingmöglichkeit auf Wiesen bzw. Waldlichtungen am Rande des Lahemaa-Nationalparks; ca. 6 ha – 200 Stpl.; einfache Sanitärausstattung, deren Installationen bei hoher Platzbelegung knapp werden können; Waschmaschine, WLAN, Picknickplatz, Sauna, Fahrradverleih, V & E für Wohnmobile. Eventbühne. Naher Ostseestrand mit teils verschilftem Ufer.

Das Gut Sagadi

Abstecher zum Gut Sagadi

Ein gutes Stück südöstlich von Võsu liegt an der Straße 183 das imposante **Gut Sagadi Mõis [N59° 32′ 16.73″ E26° 5′ 5.28″].** Zahlreiche Wohn- und Wirtschaftsgebäude aus der Mitte des 18. Jh., Stallungen und Remisen des ansehnlichen barocken Anwesens gruppieren sich um einen weiten zentralen Hof, der wiederum zur Straße hin von einem sehr repräsentativen Tor- und Glockenturm abgeschlossen wird. Die Räumlichkeiten des an der Rückseite des Innenhofs quer stehenden Herrenhauses sind mit Wandgemälden und Möbeln aus der Zeit des 19. Jh. ausgestattet. Dahinter erstreckt sich ein weiter Park mit einem kleinen, malerischen See.

In den Gebäudeflügeln links ist das **Hotel Sagadi** eingerichtet (28 Zi., Restaurant, Tel. +372 676 78 88; www.sagadi.ee/en/accommodation/hotel) und in dem Gebäude mit den Arkaden rechts, der ehemaligen Remise und Lagerhaus, ist das **Forstmuseum Sagadi Metsamuuseum** untergebracht *(geöffnet Mai - September tgl. 10 - 18 Uhr; Okt. - Apr. tgl. 10 - 16 Uhr; www.sagadi.ee/en/)*. Es informiert über Wald, Natur und Forstwirtschaft und präsentiert darüber hinaus hübsche Holzskulpturen und Möbel.

HAUPTROUTE

ROUTE: *Võsu verlassen wir in westlicher Rüstung, passieren den Campingplatz und biegen bald danach nordwärts ab nach* **Käsmu**.

Im „Kapitänsdorf" **Käsmu** (https://www.visitestonia.com/de/das-kapitansdorf-von-kasmu) befand sich von 1884 bis 1931 eine Seefahrtschule, in der zahlreiche estnische Schiffsführer ausgebildet wurden.

Käsmu, ein estnisch-finnisch-schwedisches Dorf, das auch als *Kesemo* oder *Casperwiek* bekannt war, wurde 1453

WOHNMOBIL-STELLPLATZ

Wohnmobil-Stellplatz Oandu [Zufahrt N59° 33′ 45.86″ E26° 5′ 45.94″] nördlich von Sagadi, auf dem Weg nach Altja, erreicht man einen zwischen Straße 188 und dem See Oandu järv in einem Wäldchen gelegenen kleinen **Biwakplatz** namens Oandu, Grillplatz und überdachter Picknickplatz, aber keine wohnmobilspezifischen Einrichtungen. Jederzeit und für jedermann uneingeschränkt zugänglich. Der Platz ist auch Ausgangspunkt mehrerer Wanderwege.

erstmals urkundlich erwähnt. Vor allem im 19. Jh. war Käsmu ein bei Künstlern und Intelektuellen sehr beliebter Sommerferienort.

In der kleinen Ortschaft, die auf einer Landzunge liegt und durchaus einen Abstecher wert ist, lohnt das private **Heimat- und Meeresmuseum Käsmu Meremuuseum [Parkplatz, N59° 36' 15.5" E25° 55' 18.3"],** Merekooli tee, einen Besuch *(geöffnet tgl. 11 - 17 Uhr; www.kasmu.ee/en/)*. Neben Fotodokumenten über die große Zeit der Segelschiffe und deren Kapitäne sind Ausstellungsstücke zu sehen, die einstmals als Strandgut gefunden wurden. Zudem erfährt man Näheres über die Lebensart der Küstenbewohner. Vom Museum wird auch der Nachbau des neun Meter langen Wikingerschiffes „Aimar" betreut, mit dem man – gegen Gebühr und wenn mindestens 6 Ruderer und ausreichend Passagier zusammenkommen – eine Schiffspartie unternehmen kann.

Nördlich des Ortes führen **Wanderwege [Parkplatz, N59° 36' 37.12" E25° 54' 58.89"]** durch ausgedehnte Nadelwälder. Der Wald ist hier voller riesiger urzeitliche Steinfindlinge, die vor mehr als 110.000 Jahren von den Eismassen skandinavischer Gletscher hierher transportiert wurden.

Gelegentlich wird in Käsmu an einem Augustwochenende im Rahmen des Viru Folk Festivals ein **Musikfest** veranstaltet, das den kleinen Ort in eine Art Ausnahmezustand versetzt und die die Einwohnerzahl übers Wochenende vervielfältigt.

*ROUTE: Von Käsmu südwärts zur Küstenstraße 210 und zurück bis **Võsu**. Hier auf der Straße 181 südwärts bis **Koljaku** und nach dem Ort südwestwärts auf der Straße 176 nach **Palmse**.*

Palmses touristische Attraktion ist heute das in einem ausgedehnten Park gelegene **Herrenhauses Palmse mõis [Parkplatz, N59° 30' 43.1" E25° 57' 17.0"]**. Das Landgut befand sich 250 Jahre lang im Besitz der baltendeutschen Familie von der Pahlen. Das Hauptgebäude des stattlichen Anwesens wurde im 17. Jahrhundert errichtet, zerfiel jedoch in der Zeit nach dem Ersten Weltkrieg, als die Familie das Land verlassen musste. In den 1970er Jahren begann man schließlich unter Sowjetführung mit der Restaurierung und so präsentiert sich das Gut mit seinen Wirtschaftsgebäuden heute wieder in einem gepflegten Zustand.

Das Herrenhaus Palmse

Besucher können – neben dem **Restaurant „Peter Ludwig"**, der Alten Küche, dem Souvenirladen im Cavaliershaus oder dem Weinkeller – das prächtige **Gutshaus** mit antiken Möbeln, Musikinstrumenten, Kunstgegenständen etc., dann die Orangerie, weiter die Ausstellung „Der Geist Estlands" im sog. Ochsenstall und andere Einrichtungen besichtigen *(geöffnet tgl. 10 - 18 Uhr; www.palmse.ee/en/).*

Der ausgedehnte **Park** des Anwesens und die in der Manier eines englischen Waldparks angelegten Wälder jenseits des Palmse-Teiches laden zu ausgedehnten Spaziergängen ein, z. B. auf dem „Mõisahärra rada/Gutsherrenweg" oder auf dem „Moisaproua rada/Damenweg".

In der ehemaligen Schnapsbrennerei des Gutes ist heute das einfache, rustikale, aber sehr ordentliche **Park-Hotel Palmse** eingerichtet, 16 Zimmer, Tel. +372 538 66 266; www.palmse.ee/?=de.

In Palmse befindet sich zudem das **Besucherzentrum des Nationalparks Lahemaa,** Tel. +372 329 5555 *(geöffnet 15. Mai - 30. Sept. tgl. 9 - 17 Uhr; 1. Okt. - 15. Mai Mo - Fr 9 - 17 Uhr; www.lahemaa.ee/eng).* Ständige Ausstellung „Mensch und Natur".

*ROUTE: Ab Palmse geht es auf den Straßen 178 und 210 nach Nordwesten bis zur Straße 85, der wir nordwärts bis **Loksa** folgen.*

Hinter Palmse gelangen wir in die Region Haarjumaa. Es handelt sich um die zweitgrößte und bevölkerungsreichste Region Estlands. Auch die Hauptstadt Tallinn liegt in der Region.

Die nördlichste Festlandspitze Estlands erreichen wir auf der Fahrt durch das unspektakuläre Loksa auf die Halbinsel **Pärispea**. An den Stränden der Halbinsel liegen zahlreiche Findlinge, manche mit einem Umfang von bis zu 25 m.

Im Nordosten der Halbinsel liegt der Küstenort **Viinistu.** Dort ist im Haus einer ehemaligen Kolchose das **Kunstmuseum Viinistu Kunstimuuseum [N59° 38′ 46.30″ E25° 45′ 14.11″]** eingerichtet. Zu sehen gibt es Objekte moderner estnischer Kunst *(geöffnet tgl. 11 - 18 Uhr).*

*ROUTE: Über die Straße 85 fahren wir südwärts und treffen auf die hier zur Autobahn ausgebaute A1/E20, auf der man rasch in die estnische Hauptstadt **Tallinn** gelangt.*

Erholsam, ein Spaziergang durch die ruhige Landschaft der estnischen Hochmoore.

Der Wasserfall Jägala juga bei Jõeläthme

Der weitere Verlauf der Strecke führt am **Hochmoor Viru Raba** vorbei. Hier lohnt ein kurzer Stopp, um das Hochmoor auf einem Spaziergang über holzbohlenwege kennen zu lernen.

Nach dem Hochmoor Viru Raga erreicht man den Abzweig zum nördlich der Autobahn A1/E20 gelegenen Ort **Kolga**. Hier liegt das **Landgut Kolga mõis [Parkplatz, N59° 29' 29.04" E25° 36' 41.22"]**, eines der ältesten Landgüter Estlands, das auch heute noch in Privatbesitz ist, schon seit dem 13. Jh. existiert und damals im Besitz eines Sohnes des dänischen Königs Waldemar II. war. Es war einst das größte Gut des Landes und verfügte über eine Branntweindestillerie und eine Ziegelbrennerei.

In einem der Gebäude des Anwesens ist das interessante **Kolga-Museum** eingerichtet *(geöffnet 15. Mai - 15. Sept. Di - So 10 - 18 Uhr; 16. Sept. - 14. Mai Mo - Fr 9 - 16 Uhr; https://www.visitestonia.com/de/museum-kolga; https://kolgamuuseum.kuusalu.ee)*.

Auf dem weiteren Weg nach Tallinn passieren wir die Ortschaft **Kiiu.** Der Ort rühmt sich, über die kleinste **Wehrbefestigung,** den **Kiiu Torn [N59° 26' 51.72" E25° 23' 11.08"],** des Landes zu verfügen. Die Festung besteht lediglich aus einem einfachen Rundturm mit vier Etagen und einem hölzernen Wehrgang außerhalb der Mauern. In dem ehemaligen, wehrhaften Wohnturm aus dem 16. Jh. befindet sich heute ein **Café**.

Rund 20 km östlich von Tallinn passiert die Autobahn 1/E20 den kleinen Ort **Jõeläthme**. Vor allem bei an Archäologie Interessierten ist Jõeläthme u. a. bekannt für seine bronzezeitliche Begräbnisstätte. Ausgrabungen und Forschungen haben ergeben, dass dort schon vor rund 3.000 Jahren Felder bewirtschaftet wurden.

Nicht weit von Jõeläthme entfernt bildet das **Flüsschen Jägala** den 7 m hohen **Wasserfall Jägala juga [Parkplatz, N59° 26' 56.8" E25° 10' 45.8"]**, einen der größten in ganz Estland. Wie zu erfahren war, soll der Wasserfall im Winter einen besonders imposanten Anblick bieten, wenn der Fluss und damit auch der Wasserfall zufrieren.

Zwischen Jõeläthme und der Hauptstadt Tallinn liegt südlich der Autobahn das kleine Dorf **Saha**, das über eine kleine, sehr schlichte Kapelle verfügt. Die Kapelle ist – besonders für Liebhaber alter Kirchenbaukunst – auch deswegen interessant, weil sie seit dem Mittelalter ihr Aussehen völlig unverfälscht erhalten konnte.

Vor der Küste von Tallinn liegen zwei Inseln in der Ostsee, **Naissaar (Nargen)** und **Aegna (Wulf)**, die jahrelang militärische Sperrzone waren.

Die größere von ihnen, **Naissaar**, die „Fraueninsel", mit einer Fläche von über 18 qkm, war seit dem 16. Jh. meist von schwedenstämmigen Siedlern ständig bewohnt. Heute ist die Insel so gut wie unbewohnt. Eine Landmarke ist der 47 m hohe Leuchtturm aus dem Jahre 1960 an der Nordspitze der Insel.

Seit Jahrhunderten schon ist die strategisch wichtige Insel Ziel militärischer Verteidigungsaktivitäten. Aus diesem Grunde entstand um 1914 auch eine Schmalspurbahn, deren heute noch sichtbare 38 km lange Trasse den Norden der Insel mit deren Südspitze verbindet.

Die großen Militäranlagen wurden zu Beginn des 20. Jahrhunderts von der russischen Armee errichtet. Bis 1991 war Naissaar militärisches Sperrgebiet, was natürlich Spuren hinterlassen hat, auch ökologisch negative. Die letzten Armeeangehörigen verließen die Insel im Jahr 1993, nachdem fast 50 Jahre lang kein Privatmensch die Insel betreten durfte.

Landschaftlich besteht das Eiland fast nur aus Wald und ist seit 1995 ein geschützter Naturpark. In den letzten Jahren wurden, im Zuge einer geplanten Öffnung der Insel für den Tourismus, einige schöne Wanderwege angelegt, ehemalige Siedlungen wurden rekonstruiert und sogar ein Teil der Schmalspurbahn wurde wieder aktiviert.

In den Sommermonaten werden vom Unternehmen *Sunlines* Touren zur Insel unternommen. Infos unter *https://sunlines.eu/naissaare-reisid-ja-ekskursioonid/*. Seit einiger Zeit sollen Besucher die Insel Naissaar von Tallinn aus mit Fähren erreichen können; Fahrzeit ca. 1 Stunde. Da über diesen neuen Service aber noch keine verlässlichen Angaben zu erhalten waren, empfiehlt es sich, sich vorher im Touristenbüro in Tallinn nach dem neuesten Stand zu erkundigen!

Die kleinere der beiden Inseln heißt **Aegna** und ist nur 1,5 km vom Festland der Halbinsel Viimsi und 15 km von Tallinn entfernt. Erstmalige Erwähnung fand sie in einem Schriftstück des dänischen Königs, der auf der Insel das Holzfällen verbot. Danach war sie im 16. Jahrhundert mehr bekannt als echtes Piratennest. Später dann, zu Beginn des 20. Jh., gab es auch auf Aegna russische Befestigungsanlagen, von denen gesprengte Überbleibsel in den ausgedehnten Wäldern durchaus noch zu finden sind, wie die ehemalige, zerstörte **„Meeresfestung" [N59° 34' 49.46" E24° 44' 33.69"]** nahe der Westküste, oder die zwischenzeitlich von der Natur wieder überwucherte **Stellung einer Geschützbastion [N59° 35' 1.78" E24° 44' 57.25"]**, ebenfalls im Wald in der Nähe der Westküste.

Eine interessante Geschichte gab es in den ersten zwei Wochen des Zweiten Weltkrieges, als Estland noch neutral war. Ein polnisches U-Boot wagte sich in Küstennähe und wurde von der Regierung festgehalten. Als es der Besatzung gelang, mitsamt dem Schiff zu fliehen, wurde dem estnischen Kommandanten auf der Insel der Befehl gegeben, das Boot zu versenken. Es befanden sich allerdings auch Gefangene aus dem eigenen Lager auf dem Schiff und so schoss der Offizier absichtlich daneben. Auf Grund dieses Vorfalls sah die Sowjetunion angeblich einen Anlass und eine gute Gelegenheit, Estland Schutz und Unterstützung aufzudrängen, damit solch ein Unvermögen nicht mehr vorkomme. Ob die sowjetische Okkupation von Estland aber mit einem Volltreffer zu vermeiden gewesen wäre ist zweifelhaft.

Auch die stark von Wäldern bedeckte Insel Aegna war zuletzt ein militärisches Sperrgebiet, aber leichter zugänglich.

Heute gibt es auf der Insel Aegna, die sich zu einem Vogelparadies entwickelt hat, vier Gästehäuser. Auch Campingurlaub mit dem Zelt ist möglich. Besonders die Sandstrände, vor allem an der Westseite und an der Südseite der Insel, laden zum Verweilen und für abgehärtete Naturen auch zum Badeurlaub ein. In der Zeit von Mitte Mai bis Mitte September fährt von Pirita aus eine Fähre in unregelmäßigen Abständen nach Aegna.

Tallinn ist mit annähernd 435.000 Einwohnern Estlands Hauptstadt und wichtigster Hafen des Landes.

Dass Tallinn eine alte Stadt sein muss, lässt sich schon daraus schließen, dass der arabische Geograph Al-Idrisi (1100 – 1166) in seiner aufsehenerregenden „Weltkarte" einen Ort namens *„Qlwry"* am Nordrand seiner Karte erwähnt, das heutige Tallinn.

In Deutschland ist Estlands Hauptstadt Tallinn auch unter dem bis 1918 offiziellen Namen **Reval** bekannt.

Der Name „Tallinn" ist auf „Taani-linna", eine Burg der Dänen, zurückzuführen. Dänische Truppen unter König Waldemar II. hatten am 15. Juni 1219 in den estnischen Freiheitskampf (1208 – 1227) eingegriffen und die entscheidende Schlacht gewonnen. Der Sieg versetzte die Dänen in die vorteilhafte Lage, den ganzen nördlichen Landesteil nun für sich beanspruchen zu können.

Während die Dänen die nächsten 127 Jahre herrschten, erhielt Tallinn die Lübecker Stadtrechte, mit der Folge, dass sich deutsche Kaufleute in der Stadt niederließen.

In der Zeit, als die Stadt Mitglied des nordischen Hansebundes wird, erteilt die dänische Königinmutter Margarethe den Befehl, eine Stadtmauer errichten zu lassen.

Im Frühjahr des Jahres 1343 beginnen die Esten mit einem Aufstand, um ihre Unabhängigkeit zurückzuerlangen. Nach drei Jahren gelang es, die Dänen zum Rückzug zu bewegen. Ihre Unabhängigkeit haben die Esten damit aber nicht bekommen. Die Dänen verkauften den Landesteil nämlich an den Deutschen Orden.

In der Folgezeit entwickelte sich Tallinn für die damaligen Verhältnisse zu einer wahren Metropole. Nach einem Großfeuer im Jahr 1433, das zahlreiche Gebäude zerstörte, wird drei Jahre später das St. Birgittenkloster erbaut.

Ein weiteres Jahrhundert darauf besitzt die Stadt sogar das höchste Gebäude der Welt. Auf diesen Titel, den die St. Olavkirche im Norden der Altstadt rund acht Jahrzehnte innehatte, sind die Hauptstädter noch heute stolz.

In der Folgezeit wechseln sich nun die Machthaber in der Stadt ab. Nach dem Livländischen Krieg (oder Erster Nordischer Krieg, 1558 – 1583) zwischen Russland und dem Deutschen Orden hat das schwedische Königshaus das Sagen in Estland. In dieser 160 Jahre dauernden Herrschaft wird unter König Gustav II. Adolf das Tallinner Gymnasium gegründet. Auch die erste Druckerei entsteht. 1689 erscheint in Tallinn die ers-

Tallinns turmreiche Skyline

te Zeitung, die deutschsprachige „Revalsche Post-Zeitung".

Nach den Schweden kamen die Russen. Nachdem 75% der Bevölkerung der Pest zum Opfer fielen, kapitulierte das unter schwedischer Herrschaft stehende Tallinn 1710 im Großen Nordischen Krieg. Nun begann die Herrschaft des Zarenreiches, die über 200 Jahre anhielt. 1739 erschien die erste estnischsprachige Bibel und 1833 kam sogar der erste Stadtführer über Tallinn heraus. Der war allerdings in französischer Sprache gehalten.

Gegen Ende des 19. Jahrhunderts entwickelte sich auch im Norden Estlands die Industrie sehr rasch und die Eisenbahnstrecke zwischen St. Petersburg und Tallinn wurde 1870 eingeweiht.

Am 24. Februar 1918 wird die unabhängige Republik Estland ausgerufen, worauf ein zwei Jahre andauernder Freiheitskampf zwischen Estland und Russland ausbricht.

Im Zweiten Weltkrieg wird auch Estland nicht verschont. Besonders das Frühjahr 1944 ist in der Hauptstadt durch starke Zerstörungen durch die Rote Armee geprägt. Sehen kann man dies noch nördlich des Vabaduseplatzes in der Harju-Straße, wo sich auf der linken Seite vor der St. Nikolaikirche Überreste eines Gebäudes sowie eine Gedenktafel befinden.

Nach Ende des Zweiten Weltkrieges verliert Tallinn seine Stellung als Hauptstadt, da Estland nun lediglich eine Teilrepublik der Sowjetunion ist. Diesem Umstand verdankt Tallin, dass es 1980 Austragungsort der Segelwettkämpfe während der XXII. Olympischen Spiele von Moskau war. Nach dem Ende der sowjetischen Okkupation feiert Tallinn und natürlich ganz Estland 1991 seine wieder erlangte Unabhängigkeit.

1997 wird die mittelalterliche Altstadt in die UNESCO-Liste des schützenswerten Weltkulturerbes aufgenommen. 2011 war Tallinn Kulturhauptstadt Europas.

Tipps zur Stadtbesichtigung

Parken in der Altstadt von Tallinn ist praktisch nicht möglich, weil größtenteils autofreie Zone. Auch in den neueren Stadtteilen ist es schwierig einen Straßenparkplatz zu ergattern. Parkscheine zieht man aus Automaten, Bedienungshinweise auch in englischer Sprache. Die ersten 15 Minuten sind gebührenfrei. Es muss aber eine Parkscheibe mit der eingestellten Startzeit des Parkens gut sichtbar hinter der Windschutzscheibe platziert sein. Im Stadtzentrum ist das Parken an Sonntagen gebührenfrei.

Parkmöglichkeiten findet man westlich der Altstadt beim **Bahnhof [Parkplatz, N59° 26' 17.4" E24° 44' 01.8"]** entlang den Straßen Toompuiestee und Rannamäe Tee, sowie westlich des Freiheitsplatzes Vabaduse väljak am Südrand des **Stadtparks Harjumägi [N59° 25' 58.2" E24° 44' 28.8"]**, Zufahrt von der Straße Kaarli pst. Ob die erwähnten Parkmöglichkeiten weiterhin für die Allgemeinheit zugänglich sein werden, war bis Drucklegung nicht in Erfahrung zu bringen!

Eine Besichtigung der sehr sehenswerten Altstadt von Tallinn wird man also zu Fuß unternehmen.

Praktisch ist ein handyartiger **Audioführer**, der Ihnen alles über die Sehenswürdigkeiten in Tallinn erzählt und den Sie im Touristenbüro gegen Gebühr (mit Tallinn Card 60% Rabatt) und unter Vorlage einer Kreditkarte und Ihres Ausweises ausleihen können; https://www.audioguide.ee/de/was-ist/ oder www.visittallinn.ee/eng/visitor/see-do/tours/sid-526.

Wenn Sie sich nicht daran stören, von fremder Menschenkraft transportiert zu werden, können Sie sich wie in Indien per **Fahrradrikscha** durch die Altstadt fahren lassen; *https://greengears.ee/en/*.

Es werden **geführte Stadtrundgänge** durch die Altstadt, sowie eine ganze Reihe von Rundgängen, die unter einem bestimmten Motto stehen, angeboten, wie „Tallinns Legenden", „Geistertour", „Mittelalterliches Tallinn", „Tallinn der Sowjetzeit" etc. Infos beim Touristenbüro oder unter *https://visittallinn.ee/deu/besucher/aktivitäten/unternehmungen/touren-tagesausflüge*.

Das Zentrum der Neustadt bis in die Vororte Pirita oder Rocca al Mare (Estni-

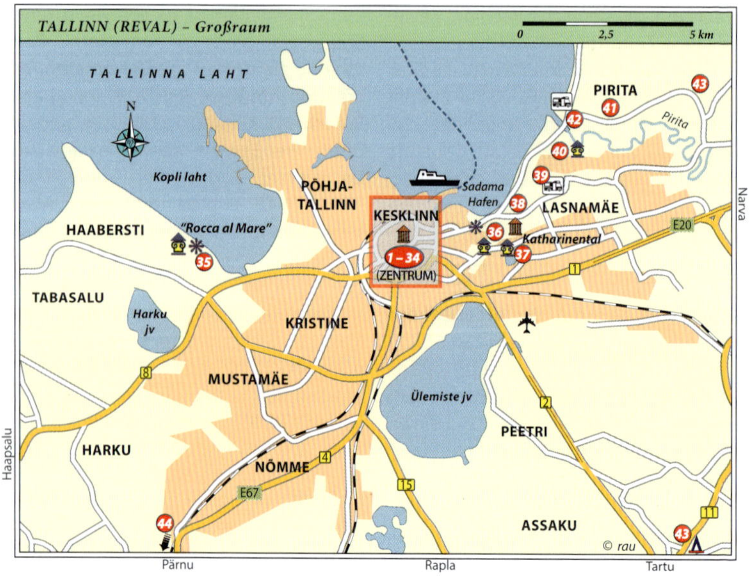

*TALLINN, GROSSRAUM – Nummern **1 bis 34** siehe Stadtplan Tallinn (Reval) Zentrum weiter hinten – **35** Freilichtmuseum „Rocca al Mare" – **36** Katharinental, Schloss, Mikkel-Museum, Vilde-Museum, Präsidentenresidenz – **37** Estnisches Kunstmuseum KUMU – **38** Sängerfestwiese – **39** Tallinn City Camping, Wohnmobil-Stellplatz –**40** Estnisches Historisches Museum – **41** Birgittenkloster – **42** Pirita Camping und Wohnmobil-Stellplatz – **43** Fernsehturm – **44** Richtung Vanamõisa bei Saue (Camping Vanamõisa) – **45** Camping Kivi Tourism Farm*

sches Freilichtmuseum) besichtigt man am einfachsten, in dem man sich der praktischen **Hop-On-Hop-Off Stadtrundfahrtbusse** bedient. Informationen über die Sehenswürdigkeiten hören Sie in den Sightseeing-Bussen mit Audio-Guides auch in deutscher Sprache. Die Busse verkehren ganzjährig mehrmals täglich vom Viru Platz an der Ostseite der Altstadt, Details unter *www.citytour.ee/de/*.

Wer plant, bei seinem Besuch in Tallinn möglichst viele Museen und Sehenswürdigkeiten zu besuchen, der sollte über den Kauf einer **Tallinn Card** nachdenken. Diese Pauschalkarte ist bei der Talliner Touristeninformation, vielen Hotels und in großen Reisebüros erhältlich und ermöglicht den kostenlosen Eintritt in rund 40 Museen und Sehenswürdigkeiten sowie die kostenlose Nutzung der Stadtbusse und eine Tallinn Card Map. Zusätzlich bieten einige Geschäfte und Restaurants den Karteninhabern Rabatte an. Die Tallinn Card gibt es für Gültigkeiten von 24 (€ 29,-), 48 (€ 43,-) und 72 (€ 52,-) Stunden. Die Tallinn Card PLUS schließt zusätzlich eine kostenlose Stadtrundfahrt der Hop-on-Hop-off Busse ein, Preise jeweils um € 11,- teurer; *www.visittallinn.ee/ger/tallinncard* (Preisänderung wahrscheinlich).

Stadtspaziergang
Die Unterstadt – Vom Rathausplatz über die „Dicke Margarethe" bis zur Pikk

Startpunkt unseres Stadtspaziergangs durch Tallinn ist das Büro der **Touristeninformation (4) [N59° 26′ 11.2″ E24° 44′ 40.1″]**, Ecke Niguliste und Kullassepa Straße.

Linkerhand sieht man auf einer begrünten Anhöhe unübersehbar die **Nikolaikirche (3) [N59° 26′ 10.3″ E24°**

44' 33.5"] mit ihrem mächtigen Turm aufragen. Sie wurde im 13. Jahrhundert von deutschen Kaufleuten errichtet. Heute ist hier das **Niguliste-Museum (3)** eingerichtet *(geöffnet 1. Mai - 30. Sept. tgl. 10 - 18 Uhr; 1. Okt. - 30. Apr. Mi - So 10 - 18 Uhr, letzter Einlass 30 Min. vor Schließung; www.nigulistemuuseum.ekm/ee/en/)*. Im Museum ist u. a. das **Gemälde „Der Totentanz"** des Lübecker Malers Bernt Notke zu sehen. Sehenswert ist die **Silberkammer** des Museums. Es zeigt silberne Exponate der Gilden und der Schwarzhäupter. Das älteste Stück stammt aus dem 16. Jh., das jüngste aus dem ersten Jahrzehnt des letzten Jahrhunderts. Keine andere Stadt in Europa hat eine vergleichbare Ausstellung.

Das mächtige Denkmal vor der Kirche erinnert an Eduard Vilde (1865 – 1933), estnischer Journalist, Schriftsteller und Dramaturg. In den 20er Jahren des vergangenen Jahrhunderts war Vilde als estnischer Konsul in Berlin in diplomatischen Diensten.

Wenige Meter hinter dem Touristenbüro breitet sich der immer von Leben erfüllte und nicht nur von historischen Gebäuden, sondern auch von breiten Restaurantterrassen umgebene **Rathausplatz Raekoja plats (5) [N59° 26' 13.6" E24° 44' 41.3"]** aus. Dieser zentral gelegene Platz ist wie schon vor 800 Jahren auch heute noch der unumstrittene Mittelpunkt Tallinns. 1441 soll auf dem Tallinner Rathausplatz der erste Weihnachtsbaum aufgestellt worden sein. Heute finden auf dem Rathausplatz regelmäßig Konzerte und Festlichkeiten statt und er ist Schauplatz der Feiern während der „Altstadttage".

Wenn Sie sich die Straßennamen der umliegenden Gassen anschauen, dann lesen Sie Kinga, Saiakang oder Kullassepa. Die Namen bedeuten so viel wie Schuhstraße, Weckengang oder Goldschmiedestraße und sind ein deutlicher Hinweis darauf, dass der Platz auch Mittelpunkt eines lebhaften Handwerker-, Markt- und Handelsviertels war. Vermögendere Kaufleute richteten ihre Läden direkt am Marktplatz oder unter den Gewölben des Rathauses ein.

An der Nordostecke des Platzes zweigt die Apteegi-Straße ab. Direkt am Anfang der Gasse liegt die **Ratsapotheke Raeapteek (6) [N59° 26' 15.8" E24° 44' 46.0"]** aus dem Jahre 1422. Sie ist eine der ältesten Apotheken der Welt und dient heute als kleines Museum *(Mo - Sa 10 - 18 Uhr; www.raeapteek.ee/de/)*. Die Traditionsapotheke wurde 10 Generationen lang von der ungarischen Familie Burchart geführt. Im 15. Jh. hätte man die Apotheke vielleicht eher für ein Kaffeehaus gehalten. Hier konnte man nämlich nicht nur Pillen und Pülverchen bekommen, sondern auch Schnaps und Kuchen, Süßigkeiten und Wein zu sich nehmen.

Gegenüber der Apotheke sieht man ein sehr schmales grau-weißes Haus. Es ist das älteste Haus am Markt und wurde als einziges als Handwerkerhaus genehmigt. Ansonsten befanden sich rund um den Markt nur Geschäfts- und Handelshäuser.

Das wichtigste Bauwerk erhebt sich, sehr hoch, sehr weiß und unübersehbar am Südrand des Platzes, das gotische **Rathaus (7) [N59° 26' 13.5" E24° 44' 43.6"]** *(geöffnet 25. Juni - 31. Aug. Mo - Sa 10 - 16 Uhr; https://raekoda.tallinn.ee/tallinner-rathaus)*. Im Jahr 2004 wurde das 600jährige Jubiläum des Hauses gefeiert. Eigentlich ist das Rathaus noch älter. Das Jahr 1404 markiert lediglich das Ende langjähriger Umbauarbeiten.

In der ersten Etage befinden sich der **Ratssaal** und der **Bürgersaal** während im Untergeschoss die **Schatzkammer** und der **Weinkeller** untergebracht waren.

Im Ratssaal tagte natürlich der Stadtrat, in den nur Angehörige der Großen Gilde gewählt werden konnten. Die Ratsmitglieder wurden zwar auf Lebenszeit gewählt, doch da es sich ja gleichfalls um Mitglieder der Großen Gilde, also um Kaufleute handelte, waren sie nach einer gewissen Zeit berechtigt, sich von ihren Pflichten im Stadtrat befreien zu lassen, um sich weiter um ihr Geschäft kümmern zu können.

Heute werden die repräsentativen Säle des Rathauses bei offiziellen Emp-

Tallinns Rathausplatz. Foto: BTZ Berlin

fängen und zu wechselnden Kunstausstellungen genutzt.

Wenn Sie vor dem Rathaus stehen, schauen Sie einmal nach oben zur Turmspitze. Dort dreht sich bereits seit 1530 eine **Wetterfahne**. Sie trägt den Namen „Alter Thomas" und ist eines der Wahrzeichen der Stadt.

Mühsam, aber lohnend ist die Besteigung des 64 m hohen, schlanken, achteckigen **Rathausturmes (Tallinna Raekoja torn)** *(geöffnet 15. Mai - 15. Sept. tgl. 11 - 18 Uhr; www.raekoda.tallinn.ee/tallinner-rathaus. Eintritt frei mit Tallinn Card)*. Wenn Sie gut zu Fuß sind, haben Sie 171 Stufen vor sich, die teilweise bis zu 40 cm hoch sind! Besonders die letzten vier, fünf Stufen sind sehr eng und können zu Problemen führen. Lohn der Mühe ist ein schöner Blick auf den Rathausplatz, die Alt- und die Neustadt bis hin zum Hafen.

Auch vor dem Rathaus befinden sich geschichtliche Spuren. Zum Beispiel sind die Standorte des einstigen Eichamtes und des Prangers gekennzeichnet. Auch ein ehemaliger Brunnen ist, durch einen großen, flachen Stein markiert, zu sehen, wenn nicht von Marktständen verstellt.

Und dort, wo zwei Steine den Buchstaben L bilden, wurde im Mittelalter ein Priester enthauptet. Es war die Strafe dafür, dass er ein Dienstmädchen mit einer Axt tötete. Die Hinrichtung des Priesters sollte allerdings die einzige innerhalb der Stadtmauern bleiben.

Gewöhnlich wurden Missetäter ins Gefängnis gesteckt. Es befand sich in der Raekoja Nr. 4 - 6 hinter dem Rathausgebäude. Heute ist hier das **Museum der Fotografie (8) [N59° 26' 12.7" 24° 44' 43.2"]** eingerichtet *(geöffnet 1. Mai - 30. Sept. Mi, Fr, Sa 10 - 18 Uhr, So 11-16 Uhr; 1. Okt. - 30. Apr. Mi, Fr, Sa 10 - 17 Uhr, Do 12 - 20 Uhr, So 11 - 16 Uhr; www.linnamuuseum.ee/museum-of-photography/. Eintritt frei mit Tallinn Card)*. Es zeigt eine interessante Ausstellung historischer Fotografien, alter Fotoapparate sowie den Nachbau einer Dunkelkammer, wie sie zu Beginn des 20. Jh. genutzt wurde. Wer sich für Fototechnik etwas näher interessiert, wird beim Anblick der Patentschrift und des Ur-Modells der legendären Kleinkamera Minox begeistert sein. Das Gebäude selbst stammt aus dem 15. Jh.

Wenn Sie nun den Rathausplatz überqueren und links an der Ratsapotheke vorbei durch die kleine Gasse gehen, kommen Sie am **Knoblauchrestaurant „Balthasar"** (Tel. +372 627 64 00; https://balthasar.ee/en/; vielleicht probieren Sie zum Nachtisch Knoblaucheis?) und an der einladenden **Confiserie „Kehrwieder" [N59° 26' 16.3" E24° 44' 44.7"]** vorbei, Saiakang 2, www.kohvik.ee. Schon seit 1697 wird hier außerdem Kaffee geröstet. Alleine der Duft nach Kaffee und Schokolade werden Sie wahrscheinlich veranlassen, einen Blick ins „Kehrwieder" zu werfen und sich mit köstlichen, hausgemachten Pralinen oder leckerer Eiscreme zu versorgen. Gegenüber liegt ein uriges Kellerlokal gleichen Namens.

Wenige Schritte weiter erreichen Sie die **Heiliggeistkirche Pühavaimu kirik (9) [N59° 26' 17.2" E24° 44' 43.7"]**, die in der estnischen Kulturgeschichte eine wichtige Rolle spielte. Der Geistliche Johann Koell druckte den ersten Katechismus in estnischer Sprache ab und war lange Zeit als Pfarrer in dieser Kirche tätig. Auch der Autor der „Livländischen Chronik", Balthasar Russow, nach dem das oben erwähnte Knoblauchrestaurant benannt ist, predigte in der Heiliggeistkirche.

An der Außenfassade über dem Eingang zeigt eine **barocke Uhr** aus dem Jahr 1684 die Zeit an. Im Kircheninneren können Sie die älteste **Kanzel** der Stadt sowie Balkone sehen, die mit zahlreichen biblischen Motiven verziert sind. Der **Altar** ist unbedingt sehenswert. Er stammt aus dem Jahr 1483 und ist einer der wichtigsten mittelalterlichen Kunstwerke des Landes.

Wir gehen zurück zum Rathausplatz und dort links am Rathaus vorbei.

Zwischen den zahlreichen Stadtbesuchern sieht man vereinzelt mittelalterlich gekleidete Händler, die lecker duftenden Kuchen und frisch gebrannte Mandeln feilbieten.

Rechts an der Straßenecke liegt das rustikale Restaurant **„Olde Hansa" (10) [N59° 26' 12.1" E24° 44' 46.0"]**, www.oldehansa.com, das zwar eines der schönsten, aber auch eines der touristischsten Restaurants Tallinns ist. Man speist hier in „mittelalterlicher" Atmosphäre und wird in rustikalem Rahmen in ungewohnter, etwas derber Art bedient. Wer hier speist, genießt sein Essen zwar in angenehmem Ambiente, wird aber selten auf Einheimische treffen.

Das **„Peppersack" [N59° 26' 12.0" E24° 44' 47.7"]**, www.peppersack.ee/en/, ein weiteres, uriges, bei Touristen beliebtes Großrestaurant samt Café liegt gleich gegenüber.

Gehen Sie durch die kleine Gasse weiter abwärts und Sie treffen auf die wichtigste Einkaufsstraße der Altstadt, die **Viru-Straße**.

Am Ende der Straße sehen Sie die mächtige **Stadtmauer** und das **Viru-Tor [N59° 26' 11.6" E24° 45' 00.4"]**. Dahinter beginnt die Neustadt. Biegen Sie unmittelbar vor dem Viru-Tor links ab in die Müürivahe Straße. In den Einbuchtungen der Stadtmauer schlagen täglich zahlreiche Straßenhändler ihre Stände auf und bieten Strickwaren, Hüte und weitere modische Accessoires an.

Die mehrere Meter dicke Stadtmauer wurde auf Befehl der dänischen Königin Margarethe 1265 errichtet und in den folgenden Jahrhunderten immer wieder ergänzt. Die vier Kilometer lange und bis zu 15 m hohe Mauer war mit insgesamt 60 Türmen bestückt. Der Bau eines jeden Turmes fand immer unter der Aufsicht eines anderen Baumeisters statt, der für die Fertigstellung verantwortlich war und dessen Namen der Turm dann trug.

Weitere Wehranlagen wurden im 17. Jahrhundert erbaut. So entstand beispielsweise vor dem Kanonenturm „Kiek in de Köök", zu dem wir später kommen werden, die „Bastion von Ingermanland". Die Bastionen entstanden alle während der Schwedenherrschaft. Also gab man jeder Bastion den Namen einer Region in Schweden, z. B. Ingermanland. Und

*TALLINN (REVAL) ZENTRUM – **1** Vabaduse Väljak Platz – **2** zum Hafen, Sadam – **3** Nikolaikirche, Niguliste-Museum – **4** Touristeninformation – **5** Rathausplatz – **6** Ratsapotheke – **7** Rathaus – **8** Fotografie-Museum – **9** Heiliggeistkirche – **10** Olde Hansa – **11** Katariina Käik, Gasse – **12** Dominikanerkloster – **13** Markt an der Stadtmauer – **14** Tallinner Stadtmuseum – **15** Gebäudeensemble „Drei Schwestern" – **16** St. Olavkirche – **17** „Dicke Margarethe"-Turm, Seefahrtmuseum – **18** Seeminenmuseum – **19** Estonia-Denkmal – **20** Schwarzhäupterhaus – **20a** Russisches Museum – **21** Haus der Großen Gilde, Estnisches Historisches Museum – **22** Café Maiasmokk – **23** Domberg – **24** Aussichtspunkt Kohtuotsa Vaateplatvorm – **25** Domkirche – **26** Parlamentsgebäude – **27** Alexander-Newskij-Kathedrale – **28** Turm „Langer Hermann" – **29** „Kiek in de Kök"-Turm – **30** Eric-Adamson-Museum – **31** Okkupationsmuseum – **32** Estnische Nationaloper – **33** Viru-Tor – **34** Aussichtspunkt Patkuli Vaateplatvorm und Treppe in die Unterstadt*

Tallinns Stadtmauer. Foto: BTZ Berlin

die „Schonen-Bastion" am nördlichen Altstadtrand ist nach der Provinz Skåne in Südschweden benannt. Später verloren die Bastionen ihre militärische Bedeutung und man wandelte sie in Grünanlagen um.

Die Müürivahe Straße verläuft unmittelbar an der Stadtmauer entlang nach Norden. Linker Hand sieht man eine kleine, unscheinbare Toreinfahrt. Sie führt aber nicht in einen Hinterhof, sondern in die kleine Gasse **Katarina Käik (11) [N59° 26' 15.2" E24° 44' 58.5"]**. Selbst manch Einheimischer findet die Gasse nicht auf Anhieb, so versteckt liegt sie. Die Gasse wurde nach Zarin Katharina der Großen benannt, die bei einem Aufenthalt in der Stadt diesen Weg benutzt haben soll. Ansonsten findet man in der Gasse mit ihren markanten Gurtbögen nur das kleine **Restaurant „Controvento"** und ein kunsthandwerkliches Geschäft. Interessant sind die uralten Grabplatten an der rechten Seite an der Mauer des dahinter liegenden ehemaligen Dominikanerklosters.

Wir gehen wieder zurück auf die Müürivahe Straße und biegen links ab.

Auf der linken Seite sieht man das ehemalige **Dominikaner-Kloster (12) [N59° 26' 17.0" E24° 44' 55.3"]**, das älteste Klostergebäude in der Unterstadt *(geöffnet 1. Mai - 30. Sept. tgl. 10 - 17.30 Uhr; www.claustrum.eu/index.php/)*. Auch hier gibt es einige Kunsthandwerksläden und Werkstätten, die sich um das Gebäude aus dem 13. Jahrhundert angesiedelt haben. Im Inneren des Klosters befanden sich drei Gebäudeflügel, von denen der östliche noch erhalten ist. Dort sind im sog. **Claustrum** Schlaf- und Speisesaal der Mönche sowie Bibliothek und Wohnstätte des Abts zu sehen.

Das eigentliche **Museum des Dominikanerklosters** betritt man über den Innenhof von der römisch-katholischen Peter-und-Paulkirche aus. Hier sind zahlreiche gotische Bildhauerarbeiten und die sog. Energiesäule im Keller ausgestellt.

Im weiteren Verlauf unseres Stadtspaziergangs gehen wir am Nordende der Müürivahe Straße links durch die kurze Mungastraße zur Vene Straße. Wenige Schritte weiter rechts liegt auf der anderen Straßenseite das **Tallinna Linnamuuseum**, das **Tallinner Stadtmuseum (14) [N59° 26' 19.1" E24° 44' 53.9"]**, Vene 17 *(geöffnet 1. Mai - 30. Sept. tgl. 10 - 18 Uhr; 1. Okt. - 30. Apr. Di 10 - 19 Uhr, Mi, Do, Fr, Sa 10 - 17 Uhr, So 11 - 16 Uhr; www.linnamuuseum.ee/en/linnamuuseum/)*. Die Ausstellung informiert auf kurzweilige Weise, unterstützt durch Videos und anschauliche Modelle, über die Geschichte und Entwicklung der estnischen Hauptstadt. Das Obergeschoss ist ganz dem 20. Jahrhundert gewidmet inklusive beider Weltkriege, Okkupation und Wiedererlangung der Unabhängigkeit.

Gehen Sie die Vene-Straße weiter Richtung Norden. Sie treffen dann auf den Brookus-Platz. Dort biegen Sie rechts in die Sulevimägi ein und wenden sich aber schon kurz darauf links, um in die altehrwürdige **Pikk Straße** zu gelangen, die schon seit dem Mittelalter als Hauptstraße der Altstadt fungiert.

Wir folgen der Pikk, der wahrscheinlich ältesten Straße der Stadt, weiter nordwärts bis zu ihrem Ende am **Großen Küstentor [N59° 26′ 33.1″ E24° 44′ 57.4″]**. Auf dem Weg dahin sieht man links die St. Olaikirche oder **St. Olav-Kirche - Oleviste kirik (16)** (Eingang in der Lai Straße). Die Kirche ist dem norwegischen Heiligen St. Olav geweiht. Der 123 m hohe Turm (kann gegen Gebühr bestiegen werden) – ursprünglich war er einmal stattliche 159 m hoch! – dominiert noch heute die Stadtsilhouette.

Kurz vor dem Küstentor verdient auf der linken Straßenseite ein interessantes Gebäudeensemble mit Namen **Kolm õde** oder **„Drei Schwestern" (15) [N59° 26′ 31.1″ E24° 44′ 55.9″]**, Pikk 71, Beachtung, heute Nobelhotel. Unklar ist, ob die Bezeichnung auf die Ähnlichkeit der drei Häuser zurück zu führen ist, oder ob die Gebäude einstmals wirklich im Besitz von drei Schwestern waren.

Die Häuser in Tallinn wurden zum Schutz vor Bränden schon früh aus Stein erbaut und hatten eine einfache Architektur. Die Hausfassade hatte meistens einen schmalen Giebel, dahinter standen Haus und Nebengebäude. Die Nebengebäude erreichte man über den Hofgang, der durch ein Tor abgetrennt war. Gewohnt wurde in der Regel im Erdgeschoss, während die oberen Stockwerke als Lagerraum genutzt wurden. Dies änderte sich erst nach Ende des Hansebundes im 17. Jh. Manche Lagerräume wurden nun zu Wohnräumen umgebaut und zahlreiche Häuser bekamen auch von außen ein neues Aussehen.

Die St. Olav-Kirche

Wenige Schritte weiter endet die Pikk am erwähnten Küstentor. Unmittelbar rechts ist der mächtige Turm, die sog. **„Dicke Margarethe" Paks Margareeta (17) [N59° 26′ 32.9″ E24° 44′ 57.6″]**, nicht zu übersehen. In dem einstigen Ka-

Estonia – Ein Untergang wirft Rätsel auf

Eine junge aufstrebende Nation besitzt mit Stolz seit anderthalb Jahren ein Passagierschiff, das als das größte und modernste im Land gilt. Dann geht es unter und 852 Menschen verlieren ihr Leben bei dem größten Schiffsunglück in der europäischen Nachkriegsgeschichte. Dementsprechend häufig trifft man in Estland, dieser aufstrebenden Nation, auf Denkmäler und Gedenksteine, die an dieses schreckliche Ereignis erinnern sollen. Der Untergang des Fährschiffs „Estonia" am 28. September 1994 war nicht nur ein Schiffsunglück. Es war ein Politikum und Anlass für Verschwörungstheoretiker, kritische Fragen zu stellen.

Was war passiert?

Die „MS Estonia" wurde 1980 von der Meyer-Werft in Papenburg gebaut und fuhr unter finnischer Flagge bei der Viking Line (Schiffsname „Viking Sally"), Silja Line („Silja Star") und Wasa Line („Wasa King"). 1992 wurde sie an ein schwedisch-estnisches Joint-Venture verkauft, damit sie unter estnischer Flagge und dem Namen „Estonia" (engl. für „Estland") auf der Strecke Tallinn-Stockholm verkehren kann. Die Fähre „Estonia" fuhr hauptsächlich nachts. Die Abfahrten in Tallinn waren um 19 Uhr und die in Stockholm um 17.30 Uhr. Ankunft war jeweils am nächsten Morgen um 9.00 Uhr. Das 157 m lange Schiff hatte Platz für 2.000 Passagiere und 370 Autos.

Mit einer 15minütigen Verspätung verließ das Schiff am 28. September 1994 den Hafen von Tallinn und hatte vor sich die raue Ostsee. Die Fahrt verlief ohne besondere Vorkommnisse bis in der frühen Nacht Wasser in das Autodeck eindrang. Um 1.22 Uhr wurde 35 Seemeilen südwestlich der finnischen Insel Utö der erste Notruf abgesetzt. Nur wenige Minuten später brach bereits der Funkkontakt ab und um 1.55 Uhr wurde die Estonia zum letzten Mal gesehen auf den Radarschirmen der sich in der Nähe befindlichen Fähren. Die erste Fähre am Unglücksort war eine Stunde nach dem Untergang die „Mariella" der Viking Line. Drei weitere Schiffe kamen kurz darauf hinzu. Aber die aufgewühlte See machte die Rettung schwierig. Hinzu kam der Kampf gegen die Zeit, denn das Wasser hatte nur eine Temperatur von 13°C.

Es konnten lediglich 137 Menschen lebend geborgen werden, 93 weitere wurden tot aus dem Wasser gezogen. Der größte Teil der Passagiere und der Besatzung hingegen wurde nie gefunden: Über 700 Menschen gelten seitdem als vermisst. Die Estonia ging innerhalb einer halben Stunde unter und überraschte die Menschen im Schlaf, so dass die meisten es gar nicht schaffen konnten, sich in Sicherheit zu bringen. Hinzu kam, dass das Schiff sehr schnell Schlagseite bekam.

Auf Grund fehlender Passagierlisten kann die genaue Anzahl der Toten wahrscheinlich niemals geklärt werden. Und was bis heute auch noch nicht endgültig geklärt wurde, ist die Ursache des Untergangs. Im Laufe der Jahre hat es mittlerweile mehrere Untersuchungsberichte diverser Organisationen gegeben. Ursprünglich wurde die nicht richtig schließende Bugklappe als Grund genannt. Später wurde behauptet, die Klappe hätte dem Sturm nicht Stand halten können. Gegen diese Behauptung wehrte sich die Meyer-Werft als Hersteller des Schiffes und beauftragte eine eigene Untersuchungskommission.

Später wurden vom Meeresgrund Filmaufnahmen gezeigt, wo man an den Wänden des Schiffes Bombenpäckchen erkannt haben will und man kam zur

Schlussfolgerung, dass es sich um ein Attentat gehandelt habe. Hinzu kam die Reaktion der schwedischen Regierung, die ursprünglich einen Betonmantel über das Wrack gießen lassen wollte und sogar ein Militärschiff an der Unglücksstelle kreisen ließ, damit niemand auf eigene Faust zur Estonia tauchen konnte.

Solch ein Verhalten wirft natürlich Fragen auf und die deutsche Journalistin Jutta Rabe recherchierte zu diesem Thema und veröffentlichte ein Buch hierüber. Nach einem unerlaubten Tauchgang zum Schiffswrack erließ die schwedische Regierung Haftbefehl gegen Rabe.

10 Jahre nach dem Unglück wurde eine erneute Untersuchung angeordnet, weil man nun glaubt, dass militärisches Material aus der ehemaligen Sowjetunion auf diesem zivilen Schiff transportiert wurde und daher möglicherweise das Schiff, aus welchen Gründen auch immer, Opfer eines Sabotageaktes wurde. Gleichzeitig wurden Stimmen laut, das Schiff zu heben, damit die Gründe für diesen Untergang endlich geklärt werden können.

nonenturm mit bis zu 5 m dicken Mauern aus dem frühen 16. Jh., der im 19. Jh. dann als Gefängnis diente, ist heute das **Eesti Meremuuseum**, **das Marine- und Schifffahrtsmuseum (17)** eingerichtet, Pikk 70 *(geöffnet Di - So 10 - 18 Uhr; letzter Einlass 30 Min. vor Schließung; www.meremuuseum.ee; freier Eintritt mit der Tallinn Card; Kombitickets mit Lennusadam-Museum)*. Auf vier Etagen zeigt das Museum sehr interessante Ausstellungen rund um das Thema Meer, Seefahrt und Fischerei. Besondere Beachtung verdient die sehenswerte Sammlung von Schiffsmodellen. U. a. wurde die komplette Steuerkabine eines Fischtrawlers aufgebaut. Zum Abschluss des Museumsbesuches hat man die Möglichkeit der „Dicken Margarethe" aufs Dach zu steigen und von dort oben die Aussicht auf den Hafen zu genießen.

Eine Zusatzausstellung bietet das **Seeminenmuseums (18)** in der Uus 37.

Wenn Sie hinaus vor das Große Küstentor treten, sehen Sie etwas weiter rechts das moderne **Estonia-Denkmal (19) [N59° 26′ 33.58″ E24° 45′ 4.67″]**, das an die Verunglückten des Estonia-Untergangs erinnert. Die Fähre legte vom ganz in der Nähe gelegenen Hafen zu ihrer letzten Fahrt ab. Das Drama des rätselhaften Schiffsunglücks erschüttert die Menschen in Estland bis heute.

Bei Interesse an historischen Schiffsveteranen lohnt ein kurzer Abstecher nach Nordwesten zum etwa 15 Gehminuten von der „Dicken Margarethe" entfernten ehemaligen **Hafen der Wasserflugzeuge Lennusadam Seaplane Harbour [Parkplatz, N59° 27′ 05.8″ E24° 44′ 20.7″]**, Vesilennuki 1 *(geöffnet 1. Mai - 30. Sept. tgl. 10 - 19 Uhr; 1. Okt. - 31. Apr. Di - So 10 - 18 Uhr; https://meremuuseum.ee/lennusadam/de/; freier Eintritt mit Tallinn Card; ermäßigte Kombitickets mit Eesti Meremuuseum)*. Im Freigelände sind der Eisbrecher-Dampfer „Suur Töll" (1914 auf der Stettiner Vulcan-Werft gebaut), das U-Boot „Lembit" (1936 in England gebaut) und andere Museumsschiffe zu sehen. Darüber hinaus gibt es im ehemaligen Hangar für Wasserflugzeuge Ausstellungen, ein Kino, ein Café-Restaurant und den Nachbau eines britischen Wasserflugzeuges vom Typ „Short 184".

Auf dem Weg von der „Dicken Margarethe" über die Pikk zurück stadteinwärts, sieht man auf der rechten Seite, Pikk 29a, ein mittelalterliches Gebäude, in dem seit 2016 das **Russische Museum Tallinns (20a) [N59° 26′ 19.85″ E24° 44′ 46.94″]** *(geöffnet Mi - Sa 11 - 18 Uhr, So 11 - 16 Uhr; 1.Okt. - 30. Apr. Mi 10 - 20 Uhr, Do - Sa 10 - 17 Uhr, So 11 - 16 Uhr; https://www.visitestonia.com/de/tal-*

Blick auf Tallinns Altstadt. Foto BTZ Berlin

linner-russisches-museum) eingerichtet ist. Es befasst sich mit der russischen Gemeinde in Tallinn und mit der russischen Kultur in Estland. Mit wechselnden Ausstellungen wird an das Erbe der russischen Gemeinde in Tallin erinnert.

Schräg gegenüber auf der linken Seite findet man das Haus Pikk 26, das ehemalige **Bruderschaftshaus der Schwarzhäupter (20) [N59° 26' 20.1" E24° 44' 48.0"],** mit bemerkenswerter Renaissancefassade aus dem 16. Jahrhundert. In dem Haus war die Vereinigung der „Großen Gilde" untergebracht.

Wie im lettischen Rīga gab es auch in Tallinn die Vereinigung der „Schwarzhäupter", die 1399 ins Leben gerufen worden war und sich nach ihrem dunkelhäutigen Schutzpatron Mauritius (über dem Portal zu sehen) so nannten.

Die „Schwarzhäupter" waren eine Bruderschaft von jungen, unverheirateten Kaufleuten, die gesellschaftliche Zusammenkunfte und Unterhaltung für die gesamte Stadt boten. Gelegentlich veranstalteten sie einen Wettbewerb, bei dem eine Papageienfigur abgeschossen werden musste. Der erfolgreichste Schütze wurde zum Gildekönig gekürt.

Auf dem schmalen Fries unter der Fensterreihe des ersten Stockwerks sieht man die Wappen verbündeter Handelskontore der Hanse in London, Peterhof in Novgorod, Oosterlinghis in Brügge und Tyskebryggen in Bergen. Darüber sieht man zwei Reliefs, die Schwarzhäupter bei einem Turnier zeigen.

Haus Pikk Nr. 17 rechts ist das **Haus der Großen Gilde (21) [N59° 26' 17.9" 24° 44' 43.1"]**, leicht erkennbar an der Freitreppe, die zum Eingang hinaufführt. In der „Großen Gilde" waren die reichsten Kaufleute der Stadt zusammengeschlossen, die wiederum großen Einfluss auf die Geschicke der Stadt hatten. Und es war gute Tradition, dass der Bürgermeister immer aus den Reihen der Großen Gilde kam.

Heute ist in dem historischen Gebäude aus dem 15. Jh. das **Estnische Historische Museum - Eesti Ajaloomuuseum [N59° 26' 17.9" E24° 44' 43.0]** untergebracht *(geöffnet 1. Mai - 30. Sept. tgl. 10 - 18 Uhr; 1. Okt. - 30. Apr. Di - So 10 - 18 Uhr; www.ajaloomuuseum.ee)*. Ausstellungen wie „Schnell reich werden" (Münzsammlung), „Zäh und Beharrlich" (11.000 Jahre Estnische Geschichte) oder „Die Macht der Elite" (Geschichte der Großen Gilde) informieren über die Geschichte Estlands von der Frühzeit bis ins 18. Jahrhundert.

Gegenüber der Großen Gilde findet man das sehr einladende, sehr traditionsreiche **Kaffeehaus Maiasmokk (Zum Süßen Zahn) (22) [N59° 26' 17.8" E24° 44' 43.9"]**, eines der schönsten seiner Art in ganz Tallinn *(geöffnet Erdgeschoss Mo - Fr 8 - 21 Uhr, Sa + So 9 - 21 Uhr, Obergeschoss tgl. 11 -21 Uhr; www.kohvikmaiasmokk.ee/en/)*. Ihm angeschlossen ist die **Konditorei Martsipanituba Kalev**, der Sie unbedingt einen Besuch abstatten sollten, nicht nur der ganz vorzüglichen Marzipanleckereien und Pralinen wegen, sondern auch wegen des kleinen **Marzipanmuseums** im nostalgischen Verkaufsraum.

In dieser alteingesessenen Konditorei werden schon seit dem 16. Jh. feinste Backwaren und Marzipankonfekt hergestellt. Später, als Georg Stude damit begann seine Pralinen im großen Stil zu produzieren, wurde daraus bald ein Unternehmen, das Niederlassungen bis in Moskau hatte. Heute ist das Süßwarenunternehmen Kalev das größte seiner Art im ganzen Baltikum.

Und auf der kleinen Terrasse vor dem Marzipanmuseum können Sie bei einem Imbiss bequem das Treiben auf dem kleinen Platz davor beobachten.

Tallinns Domberg

Der weitere Verlauf unseres Stadtspaziergangs, für den man im Interesse des Besichtigungserlebnisses besser einen weiteren Tag vorsieht, führt vom Kaffeehaus Maiasmokk über die Pikk westwärts und über die südwärts weiterführende Pikk Jalg hinauf auf den **Domberg Toompea (23)**. Vom Ostrand dieses weiten, runden 50 m hohen Kalksteinplateaus genießt man – meist in drangvoller Gesellschaft zahlreicher Souvenirhändler und lautstarker Besuchergruppen aus aller Herren Länder – einen schönen Blick auf die Altstadt, bzw. die Unterstadt. Besonders beliebt ist der weite Blick über die Altstadt mit ihren markanten Kirchtürmen bis hin zum Hafen von der **Aussichtsterrasse Kohtuotsa Vaateplatvorm (24) [N59° 26' 15.8" E24° 44' 32.0"]** (auch mit Scenic View beschildert).

Schon die Dänen unter König Waldemar hatten zu Beginn des 13. Jh. die erhöhte Lage des Domhügels als vorzüglichen Standort für ihre Burg erkannt. Die Esten nannten die Befestigung „Tanni Linnus", woraus im Laufe der Zeit „Tallinn" wurde.

Von der ursprünglichen dänischen Burg aus dem 13. Jh. ist heute kaum noch etwas zu erkennen. Die zahlreichen Fremdherrscher, die über das Land regierten, hinterließen allesamt ihre Spuren an der Festung. Das heutige Aussehen stammt hauptsächlich aus dem 13. und 14. Jh., der Zeit des Deutschen Ordens.

Wesentliche Veränderungen an der mittelalterlichen Ordensburg ließ Zarin Katharina die Große vornehmen.

Im Zuge des Burgbaus wurde auch die der Jungfrau Maria geweihten **Domkirche (25) [N59° 26' 12.4" E24° 44' 22.5"]** errichtet. Sie wurde zur Hauptkirche des estnisch-lutherischen Bistums gekürt.

In dem mächtigen, weißen Kirchenbau befinden sich u. a. Sarkophage, Grabplatten und Wappen deutsch-baltischer Adelsfamilien sowie namhafter Honoratioren der frühen Stadtgeschichte, wie dem schwedischen Heerführer Pontus de la Gardie oder dem deutsch-baltischen Admiral in russischen Diensten Adam Johann Baron von Krusenstern (1770 – 1846).

Ein gutes Stück südlich der St. Marien Domkirche liegt an der Westseite des Lossi plats, dem früheren Festungshof, das ehemalige Stadtschloss. Seit den Umbauarbeiten um 1920 dient es als **Parlamentsgebäude Parlamentin Talo (26)**. In der Zeit der Okkupation war hier der Ministerrat der sowjetischen Republik Estland tätig.

Von der alten Burg sind mehrere Türme erhalten geblieben. Der höchste steht auf der rechten Seite des Parlamentsgebäudes und wird als Flaggenturm benutzt. Im Volksmund ist er auch bekannt als „Langer Herrmann".

Gegenüber des Parlamentsgebäudes erhebt sich die mit fünf Zwiebeltürmen geschmückte **Alexander-Newskij-Kathedrale (27) [N59° 26' 08.3" E24° 44' 19.7"]**. Sie ist das jüngste Gotteshaus der Altstadt und wurde erst 1900 erbaut. Im Hauptturm hängt – neben weiteren 10 Kirchenglocken – die schwerste Glocke in Nordeuropa. Sie wiegt 15 Tonnen. Der Innenraum der russisch-orthodoxen Kirche ist mit zahlreichen Ikonen und einer vergoldeten Ikonostase geschmückt.

Die russisch-orthodoxe Alexander-Newskij-Kathedrale

Hinter der Alexander-Newskij-Kathedrale findet man in der Lühike Jalg-Straße Nr. 3 das **Adamson-Ericu Muuseum (30)** *(geöffnet Mai - Sept. Di - So 10 - 18 Uhr; Okt. - Apr. Mi - So 10 - 18 Uhr, letzter Einlass 30 Min. vor Schließung; www.adamson-eric.ee/en/)*. Zu sehen sind Arbeiten des estnischen Künstlers Eric Adamson (1902 – 1968). Adamson war auf vielen Kunstgebieten tätig. Zum Beispiel entwarf er Schmuck und verschiedene Möbeldesigns, malte aber auch.

Von der Alexander-Newskij-Kathedrale gehen wir südwärts am sog. **Dänischen Königsgarten** vorbei hinab in die Stadt.

An der Grünanlage steht links unübersehbar ein massiver Wehrturm mit dem plattdeutschen Namen **„Kiek in de Kök" (29) [N59° 26' 04.5" E24° 44' 27.6"]**, Komandandi tee 2 *(geöffnet 1. Mai - 30. Sept. tgl. 10 - 18 Uhr; 1. Okt. - 30. Apr. Di, Mi, Fr, Sa, So 10 - 17 Uhr, Do 10 - 20 Uhr; www.linnamuuseum.ee/en/kiek-de-kok/)*. Den Namen erhielt der mächtige, 38 m hohe Turm aus der zweiten Hälfte des 15. Jh. von den Soldaten, die hier Dienst leisten mussten. Man sagt, sie konnten während ihrer Arbeit in die Küchen der Altstadthäuser schauen, denn „Kiek in de Kök" heißt nichts anderes als „Schau in die Küche". Im Turm sind Ausstellungen zur Geschichte vom 12. Jh. bis zum 18. Jh. zu sehen.

Je nach Interessenlage kann man vor Beendigung dieses Stadtrundgangs noch dem weiter südlich in der Toompea 8 gelegenen **Okkupationsmuseum (31) [N59° 25' 57.7" E24° 44' 22.6"]** einen Besuch abstatten *(geöffnet 1. Mai - 30. Sept. 10 - 18 Uhr; 1. Okt. - 30. Apr. Di - So 11 - 18 Uhr, letzter Einlass 30 Min. vor Schließung; https://vabamu.ee/en/)*. Das Museum dokumentiert die Besatzungszeit des 20. Jahrhunderts. Bilder und Videos führen dem Besucher vor, wie die Menschen mit den Repressionen während der deutschen und sowjetischen Besatzung umgingen. Das Museum ist das erste seiner Art in Estland.

Vor den östlichen Altstadtmauern sieht man an der Ausfallstraße Narva mnt das erste Hochhaus in Tallinns Neustadt. Es wurde 1972 fertiggestellt. Das 23stöckige Gebäude beherbergt das sehr zentral und günstig zur Altstadt gelegene **Hotel Viru [N59° 26' 12.2" E24° 45' 17.6"]** von dem es heißt, dass während der Sowjetzeit der KGB hier ein geheimes Büro unterhalten haben soll. Kleines KGB-Museum im Hotel.

Ein wahrer Bauboom mit Hochbauten und Einkaufszentren brach aber erst nach Wiedererlangung der Unabhängigkeit aus.

In der Neustadt kann man im Keller der Estnischen Zentralbank, Estonia pst 11 - 14, das **Eesti Panga Muuseum [N59° 25' 59.9" E24° 44' 59. 7"]** besichtigen *(geöffnet Di - Fr 12 - 17 Uhr, Sa 11 - 16 Uhr, Eintritt frei; https://muuseum.eestipank.ee/en/)*. Zu sehen gibt es Banknoten und Münzen, die jemals auf estnischem Boden benutzt wurden, sei es in der Zarenzeit oder während der Sowjetherrschaft.

Das Katharinental

Der moderne Teil Tallinns und das sehenswerte **Katharinental** liegen östlich der Altstadt. Ein Fahrzeug ist vorteilhaft.

Parken kann man am einfachsten beim **Kunstmuseum KUMU [Parkplatz, N59° 26' 10.6" E24° 47' 55.0"]**. Von dort kann man zu Fuß hinab in den Park und zum Kadriorg Schloss und zu den dortigen Museen gehen.

Mit öffentlichen Verkehrsmitteln erreicht man das Katharinental mit Straßenbahnen der Linien 1 oder 3, sowie mit Bussen der Linien 5, 34A und 60, Haltestelle Poska.

Vor allem Kunstliebhaber werden das in einem modernen Gebäude untergebrachte **Estnische Kunstmuseums KUMU (37) [Parkplatz, N59° 26' 10.6" E24° 47' 55.0"]**, Weizenbergi 34/ Valge 1, besuchen wollen *(geöffnet Di, Mi, Fr, Sa, So 10 - 18 Uhr, Do 10- 20 Uhr, letzter Einlass 30 Min. vor Schließung, freier Eintritt mit Tallinn Card; https://kumu.ekm.ee/en/)*. Architekt des Museumsgebäudes war der Finne Pekka Vapaavuori. Auf fünf Stockwerken wird der Besucher mit Kunstwerken und wechselnden Ausstellungen der unterschiedlichsten Bereiche bekannt gemacht. Es gibt ein Café, ein Restaurant und einen Museumshop.

Vom Parkplatz vor dem Kunstmuseum kann man hinab in den weitläufigen **Kadrioru Park** gehen und erreicht in wenigen Gehminuten dort das Schloss Kadriorgin Palatsi.

Neben der Kunst gehört die Erholung zu **Katharinental (36)**. Mehrere Parkanlagen mit einer Größe von insgesamt 60 ha erstrecken sich um den zentralen Schwanenteich. Jeder einzelne Park ist in einem besonderen Stil angelegt worden. Gesäumt werden die Parks von Villen und Holzhäusern, die zum Teil bis zu 200 Jahre alt sind (was man manchen leider deutlich ansieht). Gebaut wurden sie, als es in der reichen Oberschicht als schick galt, Urlaub in Katharinental zu machen.

Eigentlich heißt das Viertel hier im Estnischen **„Kadriorg"**. Zu Ehren der Gemahlin von Zar Peter dem Großen wurde die Gegend dann in Katharinental umbenannt.

Wenn man also vom Kunstmuseum über den Treppenweg hinab in den Kadrioru Park geht, sieht man rechts ein kleines weiß getünchtes Haus, das als **Sommerhaus Peters des Großen (36) [N59° 26' 15.2" 24° 47' 46.0"]** bekannt. Es ist das älteste Haus in Katharinental. Zar Peter I. hatte das Anwesen im Jahre 1713 erworben. Das zaristische Sommerhaus kann besichtigt werden *(geöffnet 1. Mai - 30. Sept. Mo, Di, Do, Sa 10 - 18 Uhr, Mi 10 - 19 Uhr, So 10 - 17 Uhr; 1. Okt. - 30. Apr. Mi - Sa 10 - 17 Uhr, So 10 - 16 Uhr; Eintritt frei mit Tallinn Card; https://linnamuuseum.ee/en/peetrimaja/eng/info-for-visitors/)*. Zu sehen sind die mit Gegenständen aus der Zarenzeit dekorierten kaiserlichen Wohnräume, der Speisesaal und das Schlafgemach.

Gehen Sie auf der Parkstraße August Weizenbergi westwärts hinein in den Park. Rechts sieht man das Palais mit der **Kanzlei und Residenz** des estnischen Präsidenten **[N59° 26' 14.7" E24° 47' 36.5"]**.

Wenige Schritte weiter liegt linkerhand das **Johannes Mikkel Museum (36) [N59° 26' 15.1" E24° 47' 29.3"]** *(geöffnet Di, Do - So 10 - 18 Uhr, Mi 10 - 20 Uhr; https://mikkelimuuseum.ekm.ee/*

Das Schloss im Tallinner Stadtviertel Katharinental

en/). Die Kunstausstellung befindet sich in einem Nebengebäude des Schlosses, in der früher die Küche untergebracht war. Gezeigt wird die Privatsammlung des Kunstliebhabers Johannes Mikkel, die sich über chinesisches Porzellan und flämische Gemälde bis hin zu italienischen Gravurarbeiten erstreckt.

Hinter dem Johannes Mikkeli Museum liegt das **Kindermuseum Miiamilla**, ein kleines Kinderparadies.

Das prächtige Anwesen schräg gegenüber vom Johannes Mikkeli Museum ist das **Schloss Kadriorgin Palatsi (36) [N59° 26' 18.4" E24° 47' 28.5"]**. Zar Peter war es, der den Standort des Schlosses bestimmte. Er vergab den Auftrag an den Architekten Niccolò Michetti, der das Gebäude im barocken Stil entwarf. Wer das Gebäude betritt, trifft zuerst auf den **Hauptsaal**, der zwei Etagen hoch ist. Das Schloss *(geöffnet Di, Do - So 10 - 18 Uhr, Mi 10 - 20 Uhr; https://kadriorumuuseum.ekm.ee/en/)* ist Teil des **Estnischen Kunstmuseums (37)** und zeigt ausländische Kunst, Gemälde und Skulpturen, hauptsächlich aus Deutschland und Russland, aber auch aus Italien und Holland.

Der Schriftsteller Eduard Vilde (1865 – 1993) lebte im ehemaligen Wohnhaus des Schlossvogts weiter westlich im weitläufigen Park an der Straße Rohelina aas 3. Heute ist hier das **Eduard-Vilde-Museum (36) [N59° 26' 11.5" E24° 47' 06.7"]** eingerichtet, das sich dem Leben und Wirken des Autors widmet *(geöffnet Di, Do - Sa 11 - 17 Uhr, Mi 11 - 18 Uhr; https://kirjanduskeskus.ee/?lang=en)*.

Wenn Sie durch den Park ein gehöriges Stück nordwärts in Richtung Ostsee gehen, kommen Sie zum **Japanischen Garten**, vor allem im Frühjahr zur Zeit der Kirsch- oder Rhododendronblüte eine Augenweide.

Jenseits der stark befahrenen Ausfallstraße Narva mnt steht das **Russalka-Denkmal**. Es wurde in Erinnerung an das Panzerschiff gleichen Namens aufgestellt und stellt eine Engelsgestalt auf einem Granitsockel dar. Das Denkmal wurde 1902 vom Bildhauer Amandus Adamson geschaffen.

Sehenswertes außerhalb von Tallinn

Die im Weiteren beschriebenen Sehenswürdigkeiten liegen alle weiter nordöstlich der Innenstadt von Tallinn und sie würden das Pensum eines Stadtspaziergangs übersteigen. Man wird also das Auto oder Busse der Linien 34A und 5 benutzen.

An der Küste nordöstlich der Innenstadt liegt an der Mündung des gleichnamigen Flusses in die Ostsee der Stadtteil **Pirita**.

Auf dem Weg dahin passiert man die **Sängerfestwiese Lauluväljak (38) [N59° 26‘ 45.6“ E24° 48‘ 02.6“]** mit der großen gewölbten weißen Muschel der Open-Air-Bühne. Alle fünf Jahre treffen sich hier am ersten Wochenende im Juli mehrere tausend Menschen, um den besten Musikern und Chorsängern zuzuhören und dabei Volkstänze aufzuführen.

Eröffnet wird das Sängerfest immer mit einem Festzug, bei dem die Teilnehmer typisch estnische Trachten tragen. Dabei herrscht Volksfeststimmung und zahlreiche Ausstellungen, Jahrmärkte und kleinere Veranstaltungen finden statt. Bei dem Höhepunkt des Sängerfestes zeigen 30.000 Sänger gleichzeitig im größten Chor der Welt ihr Können.

Die Geschichte des Sängerfestwochenendes reicht zurück bis in das Jahr 1869, als in Tartu zum ersten Mal dieses Fest gefeiert wurde, damals natürlich noch in kleinerer Gesellschaft.

Hier von der Sängerfestwiese aus nahm 1988 die „Singende Revolution“ ihren Ausgang, die als ein Mosaiksteinchen für den Untergang des Kommunismus in Europa gilt.

Einer der letzten Höhepunkte war 2003 die Aufnahme des Sängerfestes in die UNESCO-Liste des geistigen und mündlichen Erbes. 2019 fand vom 4. bis 7. Juli das 150ste Sängerfest in Tallinn statt. Die nächsten Sängergroßereignisse sind für 2024 und 2029 vorgesehen (https:/2019.laulupidu.ee/en/).

Weiter nordwärts Richtung Pirita fahrend passiert man die Zufahrt zum Stellplatz **Tallinn City Camping (39) [N59° 26‘ 55.2“ E24° 48‘ 27.7“]**, siehe dort.

Kurz darauf kommt man am **Schloss Maarjamäe [N59° 27‘ 09.5“ E24° 48‘ 32.4“]**, Pirita tee 56, vorbei. Heute ist hier eine Abteilung des **Estnischen Historischen Museums** untergebracht *(geöffnet 1. Mai - 30. Sept. tgl. 10 - 18 Uhr; 1. Okt. - 30. Apr. Di - So 10 - 18 Uhr; www.ajaloomuuseum.ee)*. Schloss Maarjamäe war lange Zeit wegen Renovierung geschlossen und wurde zum hundertsten Jahrestag der Republik Estonia am 1. Februar 2018 wieder eröffnet. Das Museum widmete sich bislang – wie das Schwestermuseum im Haus der Großen Gilde in der Altstadt von Tallinn – der Geschichte Estlands.

Die Sängerfestwiese in Tallinn. Foto: BTZ Berlin

Die Singende Revolution

Gegen Ende der 80er Jahre im 20. Jahrhundert erlebte die Welt einen gewaltigen politischen Wandel. In Ungarn reisten DDR-Bürger vom Neusiedler-See aus nach Österreich. In der Prager Botschaft sprach ein Hans-Dietrich Genscher zu zahlreichen Ostdeutschen, dass ihre Ausreise in die Bundesrepublik genehmigt sei und in den baltischen Sowjetrepubliken haben die Menschen – gesungen.

Der sowjetische Staats- und Parteichef Michail Gorbatschow sprach von Perestroika (Umgestaltung) und Glasnost (Öffnung) und gab den Menschen in den ehemaligen Ostblockstaaten ein Zeichen zum Aufbruch.

Bis zum Sommer 1988 war es in den baltischen Ländern verboten, nationale Symbole zu zeigen, die Fahnen der baltischen Staaten auszurollen oder gar Versammlungen zu organisieren. Doch es gab Autonomiebestrebungen, die sich in Estland und Lettland in der Volksfront bemerkbar machten, in Litauen war es die Bewegung Sajudis.

Die erste Großkundgebung von Sajudis fand mit über 100.000 Menschen im Juli 1988 statt. Sie trafen sich im Vingis-Park und sangen an dem Ort, wo traditionell die großen Sängerfeste stattfanden. Die erste Veranstaltung dieser Art wurde 1869 in Tartu veranstaltet. Die Volkslieder sollten die Eigenständigkeit der Länder hervorheben, wurden aber zum Teil von der Sowjetregierung zensiert. Gleichzeitig mussten zwischendurch Loblieder auf die kommunistische Partei gesungen werden. Trotz der Beschränkungen wurden die Sängerfeste das Sprachrohr der Massen.

Im August 1989 fand der 50. Jahrestag des Hitler-Stalin-Paktes statt. An diesem Tag bildeten Esten, Letten und Litauer eine Menschenkette, die über 600 km lang war. Sie führte von Vilnius bis nach Tallinn und war ein Zeichen des Protestes gegen die Annektierung durch die Sowjetunion. Als im Zuge dieser Unabhängigkeitsbestrebungen das litauische Parlament die unabhängige Republik Litauen verkündete, wurde es dem Obersten Sowjet zuviel und er schickte schließlich Panzer nach Vilnius.

Nun versammelten sich die Bewohner von Vilnius vor dem Parlament, vor dem Pressehaus, dem Rundfunksender und dem Fernsehturm und begannen ihre Stimme musikalisch zu erheben. Der Begriff „Singende Revolution" machte nun endgültig die Runde. Doch 14 der Demonstranten werden nie wieder singen können. In der Nacht zum 13. Januar 1991 besetzten sowjetische Soldaten den Fernsehturm und erschossen bei der Erstürmung 14 Menschen. Trotz alledem trug die „Singende Revolution" zur Auflösung der Sowjetunion bei und war letztendlich notwendig, um auch die Unabhängigkeit der baltischen Staaten zu erreichen.

Im Park von Schloss Maarjamäe wurde Anfang Oktober 2017 in einem modernen Gebäude das neue **Film Museum von Estland** eröffnet *(geöffnet 2. Mai - 30. Sept. tgl. 10 - 18 Uhr; 1. Okt. - 30. Apr. Di - So 10 - 18 Uhr)*. Es soll den Besucher in die Geheimnisse des Filmemachens einweihen.

Pirita – hier gibt es am Jachthafen eine **Stellplatzmöglichkeit für Wohnmobile (42) [N59° 28' 02.8" E24° 49' 27.8"]** – ist nicht nur ein beliebter Wohnvorort von Tallinn, sondern auch Erholungsgebiet mit großem **Pirita Spa Hotel** (267 Zi., Tel. +372 639 86 00, www.piritamarinahotel.ee; Restaurant, Casino,

Schwimmbad, Parkplatz). Im Sommer lockt besonders der lange **Sandstrand** viele Tallinner hierher.

Bei Sportfans ist Pirita möglicherweise noch ein Begriff aus dem Jahr 1980, als hier die Segelregatta der Moskauer Olympischen Sommerspiele stattfand, die von vielen Staaten der Welt boykottiert wurden.

In Pirita steht auch das olympische Dorf von damals, heute sind dort Büroräume und das oben erwähnte Hotel untergebracht.

Im Jahr 2001 wurde in Pirita das neue **Piritakloster** für den Birgittenorden errichtet. Nebenan liegen die Ruinen des alten **Birgittenklosters (41) [Parkplatz, N59° 27' 59.4" E24° 50' 03.6"]**. Es kann besichtigt werden *(geöffnet 1. Apr. - 31. Okt. tgl. 10 - 18 Uhr; 1. Nov. - 31. März 12 - 16 Uhr; www.piritaklooster.ee/?lang=en)*.

Das Birgittenkloster war 1436 gegründet worden und war als Gemeinschaftskloster für Nonnen und Mönche konzipiert. Es dauerte aber nicht lange bis das Gebäude im Livländischen Krieg wieder zerstört wurde. Seit dem 16. Jahrhundert fristet es als Ruine sein Dasein. Die Reste des Westgiebels und der Außenmauern sind allerdings noch immer bemerkenswert.

Mit seiner stattlichen Höhe von 314 m ist der ein gutes Stück weiter nordöstlich von Pirita in einem Waldgebiet auf einer Anhöhe gelegene **Pallinna Teletorn (43) [Parkplatz, N59° 28' 20.4" E24° 53' 14.2"]**, der **Fernsehturm** der Hauptstadt, weithin sichtbar, Kloostrimetsa tee 58A *(geöffnet tgl. 10 - 18 Uhr; www.teletorn.ee/de/)*.

Nach Beendigung umfangreicher Restaurierungen hat man wieder die Möglichkeit, mit einem Fahrstuhl in 49 Sekunden bis zu einer **Aussichtsplattform** in 170 m Höhe zu gelangen. Auf Glasscheiben stehend kann man dann wagemutig in die Tiefe blicken. Zu sehen sind im Turm alle 15 Minuten ein 3D-Film mit englischsprachigen Untertiteln sowie eine historische Ausstellung über die Geschichte des Turms seit dem Bau 1980 bis zur Wiedereröffnung 2012. Außerdem kann man im höchsten Café-Restaurant Nordeuropas im 22. Stockwerk des Turms einen Imbiss einnehmen und am Abend im eleganten à-la-carte-Restaurant speisen, an Wochenenden mit Livemusik.

Zu Zeiten der Sowjetherrschaft war die Aussicht von hier oben bei Besuchern äußerst beliebt, weil man bei guter Sicht einen Blick auf die „freie Welt", nach Finnland, werfen konnte.

Noch heute hört man gelegentlich folgende Anekdote: 1991, als sowjetische Truppen, ähnlich wie in Vilnius, den Turm stürmen wollten, kamen clevere Mitarbeiter auf die Idee, den Kontakt des Fahrstuhls mit einer Streichholzschachtel zu blockieren. So sahen sich die Soldaten gezwungen, die rund 1.000 Treppen zu benutzen.

Unterhalb des Turmes, der in den 1980er Jahren anlässlich der Olympischen Sommerspiele von Moskau, der XXII. Olympiade, errichtet wurde, befindet sich der **Botanische Garten von Tallinn**; *www.botaanikaaed.ee/en/*.

Und westlich gegenüber liegt der **Waldfriedhof [N59° 28' 09.5" E24° 52' 18.3"]**, der die letzte Ruhestätte zahlreicher estnischer Berühmtheiten ist. Hier liegen Schauspieler, Staatsmänner und Künstler begraben, u. a. der Schriftsteller Eduard Vilde.

PRAKTISCHE HINWEISE – TALLINN

Touristeninformation Tallinn (4) [N59° 26' 11.2" E24° 44' 40.1"], Niguliste 2/Kullassepa 4, EE-10146 Tallinn, Tel. +372 64 57 777; www.visittallinn.ee/ger/. *Geöffnet 1. Apr- 31. Mai + 1. - 30. Sept. Mo - Sa 9 - 18 Uhr, So 9 - 16 Uhr; 1. Juni - 31. Aug. Mo - Sa 9 - 19 Uhr, So 9 - 18 Uhr; 1. - 30. Sept. Mo - Sa 9 - 18 Uhr, So 9 -16 Uhr; 1. Okt. - 31. März Mo - Sa 9 - 17 Uhr, So 10 - 15 Uhr.*

Fähren – Passagierinfo Tel. +372 631 85 50; www.portoftallinn.com/passenger-ship-schedules.

Ganzjährig verkehren mehrmals täglich Autofähren von Viking Line, Tallink Silja Line und Eckerö Line zwischen **Tallinn und Helsinki**, Fahrzeit 2 bis 3 Stunden. Zwischen Frühjahr und Herbst verkehren zusätzlich Expressschiffe der Linda Line zwischen Tallinn und Helsinki, Fahrzeit 90 Min.; www.lindaline.fi/en/. Von **Tallinn nach Stockholm** verkehren täglich Nachtfähren der Reederei Tallink, Fahrzeit 15 Stunden; www.tallinksilja.de.

Reisen nach St. Petersburg – Bis zu dreimal pro Woche verlässt im Sommer ein **Kreuzfahrtschiff** der St. Peter Line Tallinn mit Ziel Sankt Petersburg. Mit gültigem Reisepass und Buchung des gesamten Reisearrangements über St. Peter Line (Tel. +372 666 08 00; www.stpeterline.com) besteht die Möglichkeit eines visumfreien Aufenthalts in Sankt Petersburg für 72 Stunden. Details unter www.stpeterline.com/-/visa-free-rule in Englisch.

Feste und Folklore

Ende März feiert man die **Estnischen Musiktage**. Der 23. Juni ist der **Tag des Sieges** in Erinnerung an den Unabhängigkeitskrieg von Võnnu 1919.

Am 24. Juni wird **Mittsommer** gefeiert, besser bekannt als **Jaanipäev** oder St. Hans-Tag (Johannistag), wichtigster Feiertag in Estland mit abendlichen Johannisfeuern. Viele Einrichtungen, Läden und Lokale sind spätestens am Nachmittag dieses Tages und die meisten Museen sind ganztags geschlossen. Zahlreiche Marktstände werden **Anfang Juni** vor dem Rathaus aufgebaut, wenn die **Altstadttage (Kesklinna linnaosa)** stattfinden. Nur wenige Tage später in der ersten **Juliwoche** findet an gleicher Stelle der **Mittelaltermarkt** statt und von Mitte Nov. bis Anfang Januar kann man den romantischen **Weihnachtsmarkt** mit dem traditionellen Christbaum auf dem Rathausplatz besuchen; www.visittallinn.ee/ger/tourist/entdecken-sie-tallinn/artikel-fuhrer/kulturelle-hohepunkte/.

RESTAURANTS

Café Maiasmokk „Zum Süßen Zahn", Pikk 16, Tel. + 372 646 40 79; www.kohvikmaiasmokk.ee/en/; 1. Etage geöffnet Mo - Fr 8 - 21 Uhr, Sa + So 9 - 21 Uhr, 2. Etage tgl. 11 - 21 Uhr; das älteste Kaffeehaus in Tallinn ist seit 1864 in Betrieb, mit Caféhauscharme.

Restaurant Olde Hansa, Vana turg 1, Tel. +372 627 90 20; www.oldehansa.ee. Sehr touristisches, aber uriges Restaurant in einem 700 Jahre alten Gebäude. Die Bediensteten tragen mittelalterliche Gewänder und das Essen wird gelegentlich zu Klängen aus dieser Zeit gereicht.

Peppersack, Viru 2, Tel. +372 646 68 00; www.peppersack.ee. Ebenfalls im mittelalterlichen Gewand präsentiert sich dieses rustikal eingerichtete Restaurant mitten in der Altstadt. Es gibt hier auch ein Café und ein uriges Grillrestaurant im Gewölbekeller. Abends um 20.30 Uhr „Schwertkampf" aus der Ritterzeit.

Vanaema Juures, Rataskaevu 10 - 12, Tel. +372 626 90 80; in der Altstadt etwa zwischen Rathausplatz und Burgberg gelegen, erkenntlich am Spiegelei in der Stielpfanne, ein kleines, sehr gemütliches Kellerlokal, serviert deftige estnische Küche, mittlerer Preislage. Lediglich 36 Plätze, deshalb Tischreservierung oder frühes Erscheinen empfehlenswert.

Kuldse Notsu Kõrts, Dunkri 8, +372 628 65 67; in nächster Nähe zum Rathausplatz, im Stil eines estnischen Landgasthauses. Im „Goldenen Schwein" serviert man deftige estnische Hausmannskost, die Würste-Kraut-Platte ist auch bei größtem Appetit kaum zu schaffen. Man kann auch auf der Straßenterrasse sitzen.

CAMPING

Vanamõisa bei Saue

Camping Vanamõisa Caravanpark [N59° 19′ 46.6″ E24° 32′ 24.6″]; Tel. +372 58 66 66 96; www.caravanpark.ee/de/; 1. Mai - 30. Sept.; südwestlich von Tallinn gelegener Platz des estnischen Campingverbandes, erst seit einigen Jahren in Betrieb; von der Straße 11 (Keila – Saue) oder von der Straße 4 aus Tallinn, gut beschilderter Abzweig Richtung Saue, über die Bahnlinie und noch ca. 2 km; ebenes, schattenloses Wiesengelände mit einigen befestigten Stellplätzen, durch Jungpflanzungen etwas unterteilt, neben einem öffentlichen Picknick- und Grillplatz und einem Basketballplatz; ca. 5 ha - 200 Stpl.; neue, zeitgemäße Sanitäreinrichtungen mit zahlenmäßig ausreichenden Installationen, Waschmaschine, Trockner, Sauna, Cafeteria im Sommer. V & E Station mit befahrbarer Plattform. Bahnstation Saue 1,8 km entfernt, noch in Gehnähe (ca. 10 Min.), Bahn nach Tallinn Zentrum Fahrzeit ca. 20 Min.

Jüri bei Aaviku
Camping Kivi Tourism Farm [N59° 21' 8.75" E24° 54' 56.11"], Kivi talu, Rae vald, Harjumaa, Tel. +372 60 34 386; www.kivitalupuhkus.ee/en/; Jan. – Dez.; ca. 14 km auf der Straße 2 (Tallinn – Tartu) bis zum großen Kreisverkehr, hier weiter bis nach Jüri, dort zum Platz am östlichen Ortsrand; ebenes Wiesengelände um einen Badeteich; ca. 3 ha – 20 Stpl.; einfache Sanitärausstattung. Sauna, WLAN auf Teilen des Platzes, Internetecke. Miethütten, Fremdenzimmer. Busverbindung nach Tallinn.

WOHNMOBIL-STELLPLÄTZE - TALLINN

Wohnmobil-Stellplatz Tallinn City Camping [N59° 26' 55.2" E24° 48' 27.7"], Pirita tee 28, Tel. +372 61 37 322; www.tallinn-city-camping.ee/de/; 22. Mai – 15. Sept.; Tallinns am nächsten zur Stadt gelegene Camping- und Stellplatzmöglichkeit. Nordöstlich der Stadt Abzweig von der küstennahen Pirita Straße am viereckigen Glaspalast rechts. Einfahrt trotz Privatschild in einen Gewerbehof. Asphaltierte Fläche zwischen Lagerhallen und Hochhaus. Eher ein recht nüchtern wirkender Wohnmobil-Stellplatz als ein Campingplatz; ca. 0,5 ha – 50 Stpl.; sehr einfache Sanitärausstattung. Waschmaschine, Sauna, Fahrradverleih, WLAN im Rezeptionsbereich, Stromanschlüsse, V & E für Wohnmobile. Bushaltestelle rund 300 m nördlich vom Platz. Wenige hundert Meter nördlich vom Platz liegt das Estnische Historische Museum im Schloss Maariamäe (Beschreibung siehe weiter vorne).

Wohnmobil-Stellplatz Pirita Harbour Camping [N59° 28' 02.3" E24° 49' 27.3"], Regati pst 1, Purje Straße; Jachthafen Pirita; Tel. +372 63 98 980; www.piritatop.ee/en/; Mai – Okt.; gut 6 km nordöstlich von Tallinn im Stadtteil **Pirita** gelegen. Nach der Neste-Tankstelle und der Casino-Olympic-Werbesäule ab zum Jachthafen, hinter dem Pirita Top Spa Hotel an der kleinen Werft vorbei. Kein richtiger Campingplatz, sondern ein bewachter 24 Std.-Parkplatz (Stellplatz), dennoch eine akzeptable Möglichkeit, mit dem Wohnmobil oder Caravan bei Tallinn zu nächtigen. Asphaltierte Fläche innerhalb des Jachthafengeländes mit kleiner Wiesenterrasse mit Picknicktischen; ca. 1 ha – 60 Stpl.; Toiletten und Duschen (Extragebühr, Chipkarte) in einem Gebäude nahe des Platzes. Stromanschlüsse. Wasserentnahmestelle, Grauwasser- und Chemikaltoilettenausguss. Blick über die Bucht auf Tallinn. Mit Bussen der Linie 34A bis Viru keskus am Ostrand der Altstadt.

TOUR 15: TALLINN – HAAPSALU

Länge der Tour: Rund 135 km, ohne Abstecher.

Die Route: Von der Straße 8 Abzweig zum **Freilichtmuseum Rocca al Mare** – Straße 8 über **Keila** bis **Paldiski** – Landstraße 174 bis **Padise** – Straße 17 bis hinter **Linnamäe** – Straße 9 bis **Haapsalu**.

Reisedauer: Mindestens ein Tag.

Höhepunkte: Das **Freilichtmuseum Rocca al Mare** *** südwestlich von Tallinn – der Wasserfall in **Keila-Joa** * – die Stadt **Haapsalu** *, ihre **Bischofsburg** ** und der **Bahnhof** *.

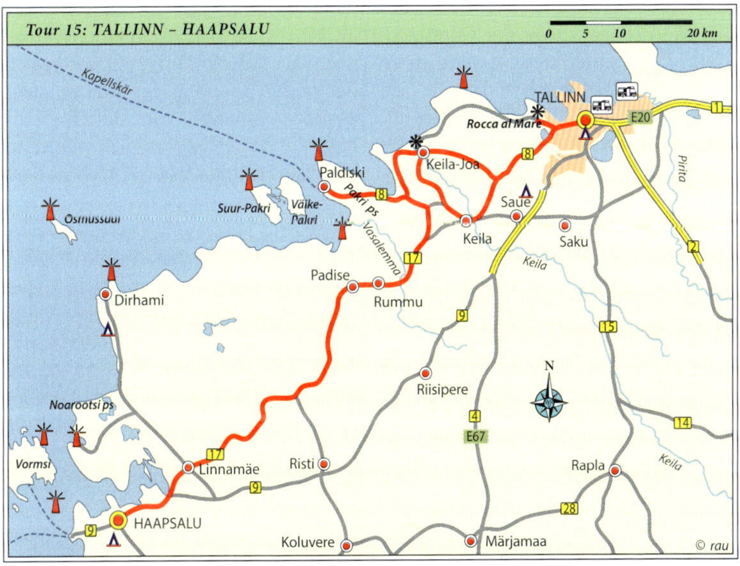

ROUTE:** Wir verlassen Tallinn über die Straße 8 in südwestlicher Richtung. Nach etwa 12 km und rund 3 km nordwestlich der verkehrsreichen Einfallsstraße 8 liegt das **Freilichtmuseum Rocca al Mare.

Das **Estnische Freilichtmuseum Eesti Vabaõhumuuseumi „Rocca al Mare“ [Parkplatz, N59° 25' 51.4“ E24° 38' 20.0“]** liegt in der Vabaõhumuuseumi tee Nr. 12, *(geöffnet 23. Apr. - 28. Sept. tgl. 10 - 20 Uhr; 29. Sept. - 22. Apr. tgl. 10 - 17 Uhr; Bauernhäuser tgl. 10 - 18 Uhr; im Winter 10 - 17 Uhr; www. evm.ee/deu/home)*. Mit öffentlichen Verkehrsmitteln erreicht man das Freilichtmuseum am einfachsten mit dem Bus Nr. 21 ab Hauptbahnhof Baltischer Bahnhof in Tallinn.

Am Haupteingang, Vabaõhumuuseumi tee 12, gibt es einen großen Parkplatz und ein gut sortiertes Besucherzentrum (Eintrittskarten, Toiletten, Literatur, Souvenirs). Hier können Sie sich einen „Audioguide-Führer“, ein Fahrrad oder einen Kinderwagen mieten. Das Museumsgelände ist sehr, sehr groß und weitläufig, reicht bis an die Küste und die

Ausstellungen, Präsentationen und Veranstaltungen sind so vielfältig, dass man hier leicht einen ganzen Tag mit der Familie verbringen kann.

Baron de Soucanton, Bürgermeister von Tallinn, erbaute hier 1863 seinen Herrensitz. Als großer Italienliebhaber nannte er seinen Park nach einem großen Findling an der Küste „Rocca al Mare", Fels am Meer. Den Namen übernahm man 1964 bei der Gründung des Estnischen Freilichtmuseums.

Heute sieht der Besucher über 70 Gebäude, die sehr anschaulich alle vier Regionen Estlands präsentieren (Nord-, Süd- und Westestland sowie die estnischen Inseln). Die meisten der Gebäude stammen aus der Zeit zwischen dem 18. und 20. Jh. Man sieht 12 Bauernhöfe der unterschiedlichsten Art und Herkunft, Fischerkaten, nostalgische Dorfläden, eine urige Schankwirtschaft, eine historische kleine Kapelle, ein Feuerwehrhaus mit Spritzenschuppen, eine Wassermühle, diverse Windmühlen der unterschiedlichsten Art und sogar einen russischen Fischerhof.

In vielen der Häuser werden alte Handwerke vorgeführt oder es wird Folkloristisches dargeboten. Und im Sommer sind samstags und sonntags Volkstänze und historische Trachten zu sehen. Einen anderen Reiz dieses Freilichtmuseums macht seine Lage am Meer aus, teilweise mit Blick auf die Ostsee.

ROUTE: Zurück zur Hauptstraße 8, der wir weiter in südwestlicher Richtung über ***Harku*** *bis* ***Keila*** *folgen. Rund 17 km hinter Keila ist von der Straße 8 ein Abstecher nordwestwärts zum Wasserfall* ***Keila-Joa*** *möglich. Ca. 12 km.*

Bei dem kleinen Ort **Harku** liegt in der Straße Metsa tee das geschichtsträchtige **Herrenhaus Harku mõis [N59° 23' 06.6" E24° 34' 39.0"]**, in dem im Jahr 1710 der Kapitulationsvertrag nach dem Nordischen Krieg unterzeichnet wurde. Der Sohn des größten Landbesitzers Estlands, von Ungern-Sternberg, auf dessen Spuren man wieder auf der Insel Hiiumaa stößt, erhielt das Gut in der ersten Hälfte des 19. Jh.

Wer die Liebe zu seiner/seinem Angebeteten festigen möchte, fährt in Estland nach **Keila-Joa**. Dort führen zahlreiche Wanderwege durch die Wälder zu dem wildromantischen **Wasserfall Keila juga [Parkplatz, N59° 23' 42.71" E24° 17' 46.86"]**. Er soll, vermutlich wegen seiner Hufeisenform, Verliebten, Verlobten und Verheirateten Glück bringen. Seit Generationen ist der Keila juga

„Auf ewig Dein" – Hochzeitsschlösser an der Brücke beim Wasserfall von Keila-Joa

ein Anziehungspunkt für heiratswillige Pärchen. Oberhalb des Gefälles befindet sich eine kleine Brücke und lange war es Brauch, dass jedes frisch verheiratete Paar dorthin pilgerte, um traditionell ein Vorhängeschloss mit der Gravur der Namen und des Hochzeitstages dort anzubringen. Und um die Ewigkeit der Liebe schließlich zu besiegeln, wurde der dazu passende Schlüssel in den Fluss geworfen. So sind im Laufe der Zeit viele Dutzend Schlösser angebracht worden. Ein alter Brauch übrigens, der noch heute auch in anderen baltischen Ländern gepflegt wird.

*ROUTE: Von Keila-Joa zurück bis zur Hauptstraße 8, der wir westwärts bis **Paldiski** folgen.*

Baltijskij Sadama heißt soviel wie *Baltischer Hafen*. Abgeleitet wurde daraus In den 1930er Jahren der Ortsname **Paldiski**.

Man erzählt sich, dass Zar Peter I. hier einen Stein in die Ostsee schnippte und damit die Stelle bestimmte, an der ein neuer Hafen gebaut werden sollte. Und angeblich sollen auch die Baupläne vom Zaren höchstselbst gezeichnet worden sein.

Der Grund für den Bau des Hafens von Paldiski lag ausnahmsweise nicht im militärischen Bereich. Vielmehr wollte Peter der Große die Halbinsel und die beiden vorgelagerten Pakri-Inseln mit einer Brücke verbinden. Doch bevor die Bauarbeiten abgeschlossen werden konnten, verstarb der Zar im Jahr 1725 und man stellte die Arbeiten am Hafen ein.

Der Ort Paldiski wuchs dennoch weiter, erhielt Stadtrechte und fast 90 Jahre später war hier Endstation für die St. Petersburg-Bahnlinie, was für die Wirtschaft von großer Bedeutung werden sollte.

Nach Ende des Zweiten Weltkrieges wurde Paldiski zu einer sowjetischen Militärbasis mit Trainingszentrum für Offiziere der Atom-U-Boot-Flotte und somit zu einer „geschlossenen Stadt“. Ein privater Besuch der Paldiski-Halbinsel war von da an für lange Zeit nicht mehr möglich. Nach Abzug der Russen, die ihre Trainings-Reaktoren glücklicherweise gleich mitnahmen, erklärte die estnische Regierung die Paldiski-Halbinsel zum Naturreservat.

Das Städtchen selbst präsentiert sich als triste Siedlung mit notdürftig aufgehübschten Plattenbauten und verlassenen Militäranlagen.

Außerdem findet man in Paldiski die 1787 erbaute orthodoxe Kirche, die evangelische Nikolauskirche aus dem 19. Jh. sowie das Adamsoni-Museum.

Bis heute von Bedeutung sind die beiden Häfen von Paldiski. Der nördliche dient ausschließlich als Frachthafen (Ölhafen, Auto-"Freihafen"), vom südlichen verkehren Auto- und Passagierfähren nach Kapellskär in Schweden.

Ganz am Nordwestende der Paldiski-Halbinsel (ca. 3,5 km) steht an der schroffen Steilküste einer der höchsten **Leuchttürme** des Landes **[Parkplatz, N59° 23′ 15.32″ E24° 2′ 11.13″]**. Der Pakri-Leuchtturm war einmal schön rot angestrichen, ragt 52 m in die Höhe, und kann im Sommer zwischen 10 Uhr und 20 Uhr bestiegen werden.

Im Westen von Paldiski vorgelagert liegen die **Pakri-Inseln**. Trotz ihrer fast gleichen Größe tragen sie die Namen Suur-Pakri (Groß-Pakri) und Väike-Pakri (Klein-Pakri). Der Damm, der die beiden Inseln miteinander verbindet, wurde vom sowjetischen Militär gebaut, da die beiden Inseln bis 1992 als Truppenübungsplatz benutzt wurden. Die letzten Bewohner, zwei Familien, verließen die Inseln 1965. Vor dem Zweiten Weltkrieg lebten dort über 340 Menschen, die meisten waren Schweden.

Die Eilande können mittlerweile wieder besucht werden und bieten sich an für kleinere Spaziergänge oder Radtouren. Man sollte aber wissen, dass der estnische Kampfmittelraumdienst noch heute damit beschäftigt ist, die Spuren der Sowjetzeit zu beseitigen!

Nicht unerwähnt bleiben soll die 5 km lange Insel **Osmussaar**. Sie liegt noch weiter westlich draußen in der Ostsee und ist heute unbewohnt. Rund 500 Jahre lang war sie von Schweden besiedelt. Mit ihrer höchsten Erhebung von gerade einmal 8 Meter ist sie eine sehr flache Insel. Zudem bringt sie es an ihrer breitesten Stelle auf lediglich 1,6 km.

Nun könnte man meinen, dass diese kleine Insel niemanden interessiert hätte. Doch weit gefehlt. Die letzten 120 Schweden, die vor dem Zweiten Weltkrieg hier noch lebten und eine eigene Kultur mit eigenen Bräuchen entwickelten, mussten ihre Heimat verlassen.

Grundlage hierfür war der Basenvertrag zwischen Estland und den Sowjets. Der Vertrag sicherte den Sowjets einen Status zu, der sie dazu ermächtigte, sich auf der Insel militärisch breit zu machen. So wurde Osmussaar im Zweiten Weltkrieg von rund 1.000 russischen Soldaten verteidigt. Und die Insel war eines der letzten Gebiete, das der deutschen Wehrmacht überlassen werden musste.

Übrigens nannten die Schweden die Insel „Odinsholm". Alter schwedischer Mythologie zufolge soll auf der Insel Osmussaar der Wikingergott Odin begra ben sein.

Wäre die Insel heute wieder der Allgemeinheit zugänglich, könnten auf der Insel noch Relikte aus der Vergangenheit entdeckt werden, wie die Ruinen der Jesuskapelle aus dem Jahr 1766 oder ein Friedhof, auf dem aber schon lange keiner mehr beerdigt wurde.

In Gedenken an den deutschen Kreuzer „Magdeburg", der im August 1914 vor der Insel auf Grund gelaufen ist, wurde auf der Insel einstmals ein Denkmal errichtet. Das einzige bewirtschaftete Gebäude auf der Insel war lange Zeit der Leuchtturm aus dem Jahr 1954.

Wer sich die Insel anschauen möchte kann von **Dirhami** mit Booten dahin gelangen. Da die Nachfrage jedoch gering ist, fahren die Schiffe nur sporadisch. Abfahrtszeiten müssen vor Ort erfragt werden!

Nach Dirhami gelangt man, wenn man 10 km östlich von Haapsalu von der Straße 8 auf die Straße 17 abzweigt, der man rund 5 km bis **Linnamäe** folgt. Dort nimmt man die nordwärts führende Straße über Tuksi/Bergsby bis Dirhami, ca. 29 km.

ROUTE: Von Paldiski fährt man auf der Straße 8 zurück Richtung ***Keila.*** *Einige Kilometer vor Keila zweigt man südwärts ab auf die Straße 18. Bei* ***Lehola*** *trifft man auf die Straße 17, der wir südwestwärts über* ***Padise*** *und* ***Linnamäe*** *Richtung* ***Haapsalu*** *folgen. Die Straße führt fast ständig durch waldreiche Landschaft und bietet keine Abwechslung. Nach knapp 20 Kilometer passiert die Straße 17 die* ***Burgruine Padise****.*

Padise, ein Städtchen mit kaum mehr als 2.000 Einwohnern, ist die westlichste Gemeinde der Verwaltungsregion Harjumaas, der nördlichsten Region Estlands, in der auch die Hauptstadt Tallinn liegt.

Links der Durchgangsstraße liegen ein Gutspark und die **Klosterruine Padise [N59° 13' 40,78" E24° 8' 27.53"]**, eine zwar historische, fürs Auge des Besuchers aber eher bescheidene Sehenswürdigkeit *(geöffnet Apr. - Sept. Mo - So 10 - 18 Uhr; Okt. - März Mi - So 11 - 17 Uhr)*. Das aus dem 13. Jh. stammende Kloster ist eines der ältesten Baudenkmäler in Nordeuropa. Es steht auf Überresten einer Burg, die an derselben Stelle bereits im 8. Jahrhundert erbaut worden war. Es ist nicht mehr viel von dem einstigen Zisterzienser-Kloster übriggeblieben. Ein Stopp an der nun restaurier-

CAMPING

Elbiku/Ölbäck bei Tuksi/Bergsby

Camping Roosta Puhkeküla [N59° 09' 29.2" E23° 31' 13.9"], Lääne-Nigula vald, Tel. +372 472 5190; www.roosta.ee/en/; 1. Jan. – 31. Dez.; Campingmöglichkeit im mit Kiefernwald bestandenem Dünengelände und bei einer großen Miethüttensiedlung und Freizeitanlage in ansprechender Lage; ca. 9 ha – 40 Stellplätze; teils befestigte Stellplätze; einfache Sanitärausstattung; Restaurant, Tennis, Fahrrad- und Bootsverleih, Windsurfschule, WLAN. V & E für Wohnmobile. Zum Meer und Sandstrand rund 200 m.

ten Klosteranlage (Kirche, Krypta, Friedhof) lohnt aber allemal. In der zweiten Augusthälfte großer Fischmarkt in den Klosterruinen.

*ROUTE: Von Padise auf der Straße 17 über **Linnamäe** weiter nach Südwesten. Rund 5 km südlich von Linnamäe trifft man auf die Straße 9. Sie führt westwärts nach **Haapsalu**, das man nach etwa 10 km erreicht.*

Haapsalu ist nicht nur Hauptstadt des Landkreises Läänemaa, sondern auch ein beliebter Urlaubs- und Kurort. Viele Gebäude im Zentrum vermitteln noch ein wenig das Flair des 19. Jh. Schon der Komponist Peter Tschaikowsky und gar die russischen Zaren Nikolai I. und Nikolai II. besuchten mit ihren Familien Haapsalu. Der Grund – Haapsalu hatte damals das erste Schlammheilbad weit und breit.

Der Blickfang der Stadt ist nach wie vor die **Bischofsburg [Parkplatz, N58° 56′ 44.93" E23° 32′ 23.53"]** aus dem 13. Jh. inmitten der Altstadt. Die einst von Zisterziensern errichtete Bastion mit seiner **Domkirche Toom kirik** war ausschlaggebend dafür, dass Haapsalu Stadtrechte erhielt. Der 38 m hohe, markante Wachtturm erhielt bei Ausbauarbeiten im 15. Jh. seinen wehrhaften Charakter.

Die mächtige Bischofsburg von Haapsalu ist noch heute ein deutliches Indiz dafür, dass der Ort vom 13. Jh. an fast 300 Jahre lang ein mächtiges religiöses Zentrum und Mittelpunkt des mittelalterlichen Bistums Ösel-Wiek war.

Die Ringmauer, die die innere Burg oder „Kleine Burg" noch heute umgibt, ist fast 1 km lang, bis zu 12 m hoch und mit sieben Türmen bewehrt, deren Mauern teilweise fast zwei Meter dick sind. Vier Tore führten einstmals in die Festung. Wir gelangen durch das Haupttor am Schlossplatz Lossiplats in das Burggelände.

Der Aufstieg auf den **Aussichtsturm „Moon Battery"** lohnt sich nicht sonderlich. Die Aussicht wird durch hohe Laubbäume doch sehr beeinträchtigt. Architektonisch am wertvollsten sind die sogenannte **„Kleine Burg"**, die die eigentliche Bischofsburg darstellt und die erwähnte **Domkirche**, die das Gebäudeensemble an seiner Südseite mit nicht minder mächtigen Mauern abschließt. In der „Kleinen Burg", so wird vermutet, befand sich einst auch die Domschule.

Das dem Hl. Nikolaus geweihte Gotteshaus hingegen wurde, wenn es darauf ankam, auch als Flucht- und Schutzburg benutzt, was man an den hohen und engen Fenstern gut erkennen kann.

Im Inneren des einschiffigen Sakralbaus, der vom 18. Jh. an über viele Generationen bis in die Zeit der sowjetischen Okkupation in Ruinen lag und erst 1990 wieder geweiht wurde, sind hauptsächlich gotische Architekturelemente zu finden. Der Kirchenraum dient wegen seiner guten Akustik gelegentlich auch als Konzerthalle. *Öffnungszeiten Burg, Domkirche und Burgmuseum: 15. Mai - 15. Sept. tgl. 10 - 18 Uhr; 16. Sept. - 14. Mai Mi - So 11 - 17 Uhr, letzter Einlass 30 Min. vor Schließung; https://linnus.salm.ee/en/the-castle/.*

Eine Legende erzählt von einer „Weißen Frau", die als Geist in und um die Kirche umherspukt. Zur Strafe, einem Domherrn „zu nahe gekommen" zu sein, soll vor langer Zeit eine Frau in weißem Kleid in die Wand der Taufkapelle eingemauert worden sein. Man gab ihr für einige Tage Wasser und Brot und so soll sie langsam gestorben sein, während ihr Wehklagen tagelang zu hören war.

Übrigens – Leute mit einer Ader fürs Spiritistische sollen in Vollmondnächten im August noch heute den Geist der Weißen Dame gelegentlich an einem schmalen hohen Fenster an der Südseite der Domkirche sehen können. Aufgeklärtere Naturen wissen aber inzwischen, dass es sich bei dem Phänomen um eine Reflexion des Mondes handelt, der just im August durch ein Fenster in die Kirche scheint, was sich natürlich weniger romantisch anhört. Passend dazu wird regelmäßig das Festival der „Weißen Dame" veranstaltet.

Nördlich grenzt an die Burgmauern direkt der **Schlossplatz Lossiplats [Parkplatz, N58° 56′ 53.4" E23° 32′**

20.3"], der alte Marktplatz von Haapsalu, an. An der Nordostseite des Platzes liegt hinter dem Denkmal für den Freiheitskrieg das ehemalige **Rathaus**, Kooli 2. Es beherbergt heute das sehenswerte **Läänemaa-Museum [N58° 56' 55.7" E23° 32' 25.8"]** *(geöffnet 1. Mai - 31. Mai tgl. 11 - 17 Uhr; 1. Juni - 1. Sept. tgl. 10 - 18 Uhr; www.salm.ee/en/haapsalu-old-town-hall/)*. Zu sehen sind geschichtliche Exponate wie zum Beispiel das Amtszimmer des Bürgermeisters Hans Alver (1887 – 1942), eine Münze des Königs Richard Löwenherz oder das älteste Friedrich-Schiller-Denkmal der Welt. Dorothea Augusta von Helvig (1781 – 1826), eine glühende Verehrerin des Dichterfürsten, hat das Denkmal gestiftet.

Durch die Aufteilung der Ausstellungen in mehrere Themenkomplexe kann man die Geschichte der Gutshöfe in Estland genauso kennenlernen, wie das Leben der Fischer an der Küste oder der Kaufleute in der Region.

Im zweiten Gebäudeabschnitt wird die Historie der Stadt Haapsalu auf interessante Art erklärt. Hier gibt es einen Saal, der den Ort als eine Art begehbares Modell zeigt. Dann sieht man den „Raum der Bürgermeister" und dahinter eine Szene auf der Promenade Haapsalus.

Gleich hinter dem alten Rathaus sieht man die **Johanniskirche [N58° 56' 55.26" E23° 32' 29.97"]**. Sie stammt aus dem 16. Jh. Die Ursprünge der Kirche, die einst dem heiligen Nikolaus geweiht war, gehen zurück auf die Fundamente einer alten Lagerhalle. Der Kirchturm wurde erst viel später errichtet und im Jahr 1858 fertiggestellt. Die Glocke im Turm stammt aus der Anfangszeit der Kirche. Sie ist eine der ältesten in Estland.

Eine andere Sehenswürdigkeit der Stadt ist – neben ihrer Lage an der Ostsee – der **Kuursaal [N58° 57' 01.0" E23° 32' 14.6"]** aus dem Jahr 1898, zwei Straßen nördlich des Schlossplatzes an der Promenaadi gelegen. Anfangs stand das Gebäude fast komplett im Wasser, doch im Laufe der Jahrzehnte füllten sich die kleinen Badebuchten und die Befestigung des Ufers bekam ihr heutiges Aussehen. Während der russischen Okkupation wurde das Kurhaus als Lagerhalle genutzt. Heute gibt es darin wieder, so wie zur Zarenzeit, ein exklusives Café-Restaurant.

Am Kurhaus beginnt die so genannte ehemalige **„Schokoladenpromenade"**. Zu sehen ist an ihrem Nordende die **Tschaikowsky-Steinbank**, die dem Komponisten, der 1867 hier zur Kur weilte, zu Ehren aufgestellt wurde. Tschaikowsky komponierte in Haapsalu die Instrumentalweise „Souvenir de Hapsal" sowie seine 6. Symphonie, der die estnische Volksweise „Liebe Mari" als Motiv zugrunde liegt.

Diese Sitzgelegenheit ist wohl das kleinste Freilichtmuseum der Welt. Denn über Lautsprecher sind abends zum Sonnenuntergang Teile von Tschaikowskys Werken zu hören und Informationen aus seinem Leben zu erfahren. Zu Ehren Tschaikowskys trägt heute die ganze ehemalige „Schokoladenpromenade" seinen Namen.

Von der Promenade hat man einen herrlichen Blick hinüber auf die Halbinsel **Noarootsi** im Norden. Von der Uferpromenade ist die Halbinsel zwar nur 2 km entfernt, aber es dauert, wenn man mit dem Auto hinfahren will. Man hat 35 Straßenkilometer mehr auf dem Tacho, bis man endlich dort angekommen ist. Vom 13. Jh. bis zum Zweiten Weltkrieg lebten auf der Halbinsel Schweden, die dann aber nach Schweden flüchten mussten.

Am Nordende der Promenade kann man im **Aibolands Museum**, auch **Rannarootsi Muuseum [Parkplatz, N58° 57' 20.3" E23° 31' 41.5"]**, Sadama 31/32, einem kleinen Freilichtmuseum an der Küste, den Spuren der frühen Küstenschweden nachgehen *(geöffnet 2. Mai - 31. Mai Di - Sa 10 - 18 Uhr; 1. Juni - 31. Aug. Di - Sa 10 - 18 Uhr, Mo + So 10 - 16 Uhr; 1. Sept. - 30. Apr. Di - Sa 10 - 16 Uhr; www.aiboland.ee)*.

Ein gutes Stück südwestlich des Schlossplatzes liegt am Südwestrand der Stadt der sehenswerte **Bahnhof von Haapsalu**, Raudtee 2, der einen Besuch durchaus lohnt. Je nachdem aus welcher

Das Eisenbahnmuseum in Haapsalu

Richtung man sich dem Bahnhof nähert, sehen Sie entweder das pittoreske Bahnhofsgebäude oder die dahinter (Kiltsi tee, Straße 9 Richtung Rohuküla) stehenden alten **Schienenbusse** und **Dampflokomotiven** sowjetischer Bauart, die ihre endgültige Endstation in Haapsalu erreicht haben und schon etwas ramponiert wirken. Die Lokomotiven stammen aus dem Zeitraum 1940 bis 1960.

Der Bahnhof ist heute das **Raudteenmuusem**, das **Eisenbahnmuseum [N58° 56' 18.9" E23° 31' 56.6"]** *(geöffnet Juni - Aug. tgl. 10 - 18 Uhr; Sept. + Mai Mi - So 11 - 17 Uhr; Okt. - Apr. Fr- So 11 - 16 Uhr, letzter Einlass 30 Min. vor Schließung; www.salm.ee/en/museums/railway-and-communications-museum/)*. Der über 200 m lange und mit geschnitzten Holzsäulchen schön verzierte **Bahnsteig** ist komplett überdacht. Außergewöhnlich an dem **Bahnhofsgebäude** ist, dass hier gleich zwei Architekten aus St. Petersburg tätig waren. Das war damals völlig unüblich. In russischer Zeit wurden nämlich alle Bahnhöfe nach feststehenden einheitlichen Plänen errichtet. Wozu also zwei Architekten? Man weiß es nicht. Auch im Museum ist nichts darüber zu erfahren.

Im Museum wird die Geschichte der estnischen Eisenbahn erklärt. Der Besucher sieht nicht nur Züge und Waggons, sondern auch lebensgroße Puppen, die in der typischen Arbeitskleidung eines früheren Eisenbahners stecken.

Die Einrichtung des „Imperatorpavillons" stammt aus dem 19. Jh. Sie ist aus Bahnhöfen an der Bahnlinie Haapsalu – Keila zusammengetragen. Der Name der Empfangshalle mit ihrem Mosaikboden ist darauf zurück zu führen, dass in vergangenen Zeiten an diesem Bahnhof auch gekrönte Häupter empfangen wurden.

Der Personenzugverkehr in Haapsalu wurde nach 90jähriger Tätigkeit im Jahr 1995 eingestellt.

Wer gerne Museen besichtigt, sollte sich auch das **Spitzenzentrum Haapsalu (Haapsalu Pitsikeskus) [N58° 56' 44.29" E23° 32' 15.07"]**, Karja 25 *(geöffnet 1. Mai - 31. Aug. Di - Fr 11 - 18 Uhr, Sa 11 - 15 Uhr; 1. Sept. - 30. Apr. Di - Fr 11 - 16 Uhr, Sa 11 - 15 Uhr; www.haapsalusall.ee)*, die **Stadtische Kunstgalerie [Parkplatz, N58° 56' 44.8" E23° 32' 23.7"]**, Posti 3 *(geöffnet Juni - Aug. Mi - So 12 - 18 Uhr; Sept. - Mai Di - Fr 14 - 18 Uhr, Sa 12 - 16 Uhr)*, das **Evald Okas Museum [N58° 56' 45.1" E23° 32' 13.8"]**, mit einer Gemäldesammlung des Malers Evald Okas, Karja 24 *(geöffnet 1. Juni - 31. Aug. Di - So 12 - 18 Uhr; 1. - 15. Sept. Fr - So 12 - 18 Uhr;*

www.evaldokasemuuseum.ee/eng/) oder die **Museumswohnung des Musikers Cyrillus Kreek [N58° 57' 13.0" E23° 31' 28.5"]**, Väike-Viigi 10 *(geöffnet Juni - Sept. Mi - So 14 - 18.30 Uhr)* nordwestlich der Innenstadt ansehen.

PRAKTISCHE HINWEISE – HAAPSALU

Touristeninformation Haapsalu [N58° 56' 47.9" E23° 32' 10.6"], Karja tn 15, EE-90502 Haapsalu, Tel. +372 473 32 48; www.haapsalu.ee, www.visit-haapsalu.com. *Geöffnet 15. Mai - 15. Sept. Mo - Fr 9 - 17 Uhr, Sa + So 10 - 16 Uhr; 16. Sept. - 14. Mai Mo - Fr 11 - 17 Uhr.*

RESTAURANTS

Hermannuse Maja, Karja 1a, Tel. +372 473 71 31; www.hermannus.ee/ (Seite nur in russischer Sprache!); am Schlossplatz, einladendes, gemütliches Lokal, bodenständig, deftige Küche zu erschwinglichen Preisen. 3 Fremdenzimmer.
Wiigi Kohvik, Suur-lossi 25, Tel. +372 473 31 12; www.wiigikohvik.ee; Café und Restaurant am See Väike viik am Nordrand der Innenstadt gelegen.

HOTELS

Baltic Hotel Promenaadi, 35 Zi., Sadama Str. 2, Tel.: 47-37 25 0, www.promenaadi.ee. Angenehmes Mittelklassehotel direkt am Hafen mit Blick auf das Meer, Bar, Restaurant, Sommerterrasse, Wi-Fi, Sauna, Parkplatz.
Hotel Kongo, 21 Zi., Kalda 19, Tel.: +372 472 4800; www.kongohotel.ee. Zentral gelegenes Mittelklassehotel zwischen Ortskern, Schlosspark und Ostsee. Restaurant, Bar, Sauna inklusive Pool, Parkplatz.

CAMPING

Camping Pikseke [N58° 55' 39.3" E23° 32' 10.9"], Männikue tee 32, Tel. +372 475 5779; www.campingpikseke.com; 1. Jan. – 31. Dez.; am südwestlichen Stadtrand gelegen. Von der Straße 31 (Laiküla – Haapsalu) am Südrand der Stadt bei der Neste-Tankstelle links (westwärts) ab auf die Männiku Straße, nach rund 700 m unscheinbare Einfahrt links. Oder vom Hafen Rohoküla kommend von der Straße 9 am südwestlichen Stadtrand am Transformatorenhäuschen, i-Schild und unscheinbarem Campinghinweis rechts (ostwärts) und noch ca. 700 m. Durch einen Bretterzaun unterteiltes, ebenes Wiesengelände beim Wohnhaus der Besitzer, von Büschen und Bäumen umgeben; ca. 1,5 ha – 40 Stpl.; einfache, nicht mehr zeitgemäße und zahlenmäßig unzureichende Sanitärausstattung. Waschmaschine, Sauna, WLAN. V & E für Wohnmobile. Am Platzeingang Bushaltestelle.

Lokomotiven und anderes rollendes Material vor dem Eisenbahnmuseum in Haapsalu

TOUR 16: HAAPSALU – INSEL HIIUMAA

Länge der Tour: Rund 135 km, ohne Abstecher. Plus Fähre.

Die Route: Über die Straße 9 bis **Rohuküla sadam** – Fähre nach **Heltermaa** auf der **Insel Hiiumaa** oder nach Sviby auf der Insel Vormsi – von Heltermaa auf der Insel Hiiumaa Straßen 80 und 83 westwärts über **Suuremoise** bis **Vaemla** – auf Nebenstraßen über die Insel **Kaasari** – Straße 81 von **Käina** nordwärts bis **Kärdla** – Straße 80, Nebenstraße und teils Schotterstraße bis **Kõpu** – Straße 84 bis **Emmaste** – Straßen 83 und 80 zurück zum Hafen **Heltermaa** – **Fähre zurück nach Rohuküla**.

Reisedauer: Mindestens ein Tag.

Höhepunkte: Die Inselhauptstadt **Kärdla** * – die **Freilichtmuseen** * – Besteigung des **Leuchtturmes Kõpu** ** – die Küstenlandschaft der Insel **Hiiumaa** ***.

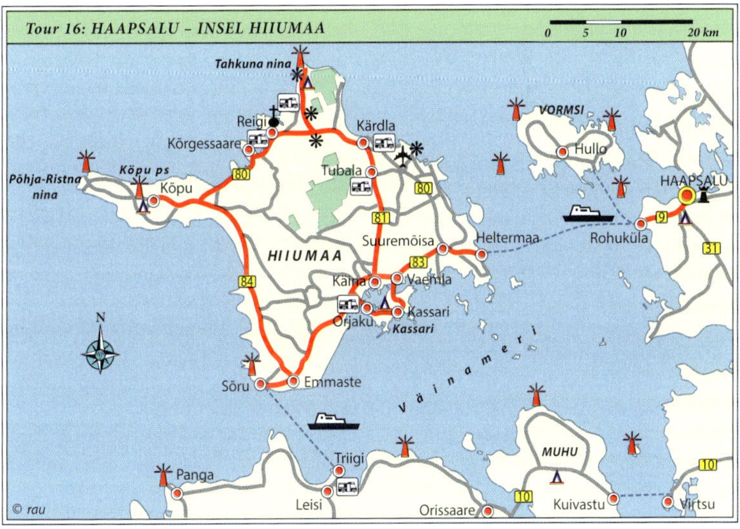

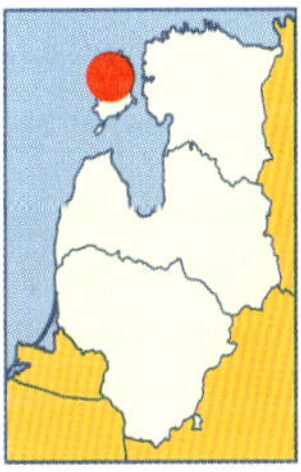

*ROUTE: Von Haapsalu, vorbei am Eisenbahnmuseum, auf der Straße 9 nach Südwesten bis zum Fähranleger **Rohu küla sadam**, ca. 8 km. Ab hier verkehren Fähren zu den Inseln **Vormsi** und **Hiiumaa**.*

Auf dem Wege nach Rohuküla sadam fällt eine stattliche Ruine auf, die verwaist mitten in der Landschaft steht. Es sind die Reste von **Schloss Ungru / Ungru lossi varemed [N58° 55′ 2.23″ E23° 28′ 58.12″]**. Ein Graf namens Ewald von Ungern-Sternberg hat das Schloss 1893 für seine zukünftige Frau, die den Bau eines Schlosses zur Bedingung für eine Heirat machte, errichten lassen. Tragischerweise kam es aber nie zur Hochzeit, da die Dame vorzeitig verschied. Auch das Schloss wurde nie vollendet und verfiel wieder. Es kann nicht besichtigt werden.

Insel Vormsi

Wer Lust verspürt, eine gesamte Insel mit dem Rad zu umrunden, und nicht ganz so viel Zeit hat, der ist auf Vormsi, Estlands viertgrößter Insel, genau richtig. Die stark zerklüftete Küste von Vormsi bringt es auf eine Länge von gut 100 km. Um einiges kürzer ist dagegen die Ringstraße, die alle Ortschaften des Eilandes miteinander verbindet.

Die Insel besitzt einige kleine Seen, die sich dadurch gebildet haben, weil sich im Laufe der Zeit die Buchten meist durch strömungsbedingte Sandaufspülungen geschlossen haben. Geologisch betrachtet, ist Vormsi mit seinen 3.000 Jahren jedoch noch recht jung.

Wie auch auf der weiter im Norden gelegenen Insel Osmussaar, haben sich auch auf Vormsi die so genannten „Küstenschweden" angesiedelt, die mit der estnischen Kultur und dem estnischen Volk allerdings wenig gemein haben. Viele der noch heute existierenden Ortsnamen wie *Norrby, Sviby* und *Saxby*, können ihre skandinavischen Wurzeln nicht verleugnen. Und nicht zuletzt auf Grund der weiten Entfernung zu ihrem Heimatland Schweden entwickelten die Küstenschweden ihre eigene Kultur und Tradition.

In **Saxby** kann ein eiserner Leuchtturm aus dem Jahr 1864 besichtigt werden.

Zentraler Ausgangspunkt für eine Inseltour ist die Ortschaft **Hullo**. In Hullo wurde im 12. Jahrhundert mit Fürsprache des dänischen Königs Valdemar II. eine Kirche errichtet. Sie ist ein Vorgängerbau der **St. Olaikirche**, die vor 200 Jahren entstand und heute am Waldrand von Hullo liegt. Der erst im 15. Jahrhundert errichtete Kirchturm ist heute nur noch in Ruinen zu sehen.

Insel Hiiumaa

Hiiumaa ist die zweitgrößte Insel Estlands.

Die Überfahrt (Luftlinie rund 10 km) mit der Fähre von Rohuküla, ca. 8 km südwestlich von Haapsalu, nach Heltermaa auf der Insel Hiiumaa, dauert rund 90 Minuten. Die recht modernen Autofähren verkehren, je nach Wochentag und Jahreszeit, zwischen 6.30 Uhr und 22 Uhr alle 1,5 Stunden. Buchung eines Autoplatzes ist an Wochenenden ratsam! Infos unter www.praamid.ee/cp/#/trip/?direction=RH/.

Mein Tipp! Planen Sie Ihre Reise auf die Insel Hiiumaa so, dass Sie nicht an einem Freitag auf die Inseln oder an einem Sonntag von der Insel zurückfahren. Die Hauptstädter aus Tallinn nutzen in den Sommermonaten fast jedes Wochenende, um auf den Inseln zu entspannen. Wartezeiten an den Fähren von bis zu drei Stunden sind dann keine Seltenheit! Zudem wird ein 50%iger Aufschlag verlangt, wenn man am Freitag auf die Insel oder am Sonntag wieder zurück auf das Festland fahren möchte.

Fast die Hälfte der 10.000 Insulaner von Hiiumaa lebt in der Inselhauptstadt Kärdla.

In der ersten Hälfte des letzten Jahrhunderts lebten allerdings wesentlich mehr Menschen auf der Insel. Bis zum Ausbruch des Zweiten Weltkrieges hatten ca. 17.000 Menschen ihren ständigen Wohnsitz auf Hiiumaa. Aber wie auf allen estnischen Inseln siedeln die Einwohner langsam auf das Festland über, weil sie dort bessere Perspektiven sehen.

Landwirtschaftlich betrachtet ist Hiiumaa nur wenig nutzbar. Das Innere der Insel besteht hauptsächlich aus Wäldern und Mooren. Nicht umsonst gilt Hiiumaa als einer der waldreichsten Landkreise des gesamten Landes. Die meisten Siedlungen findet man deshalb auch in unmittelbarer Nähe der Küste, die es auf eine Gesamtlänge von 326 km bringt.

Verwaltungstechnisch teilt sich die Insel in fünf regionale Bezirke – Kärdla, Käina, Kõrgessaare, Emmaste und Pühalepa.

Das Klima der Insel weicht ein wenig von dem auf dem Festland ab. Da der Regen normalerweise schon auf der Ostsee nieder geht hat die Insel mehr Sonnentage und kürzere Regenperioden als das übrige Estland.

Den Menschenschlag auf Hiiumaa könnte man in etwa vergleichen mit den Ostfriesen in Deutschland. Zumindest was den Humor angeht. Denn wenn ein Este einen Witz erzählen möchte, dann benutzt er meistens einen Inselbewohner von Hiiumaa als Hauptdarsteller.

Aber die Leute von Hiiumaa können auch herzhaft über sich selber lachen. Sie gelten als fröhlicher Menschenschlag. Und wenn es um die regionale Rivalität zwischen den Inseln Hiiumaa und Saaremaa geht, dann sagen sie, dass die Bewohner Saaremaas nur eines besser hätten: die Bewohner der Nachbarinsel, also sich selbst.

Und nicht minder humorvoll wird von manchen Insulanern auf Hiiumaa immer noch behauptet, dass ihre Insel aussehe, wie eine Ente, die auf der Ostsee landen will. Und tatsächlich, ein Blick auf die Karte lässt mit ein wenig Fantasie glauben, die westliche Kõpu-Halbinsel sei der Kopf des Vogels, während sich im Norden und Süden die Flügel ausbreiten.

Eine erste namentliche Erwähnung erfuhr Hiiuma bereits im Jahre 1228. Damals wurde von einer Insel namens *Dageida* berichtet.

Mein Tipp! Lassen Sie das Fahrzeug stehen und erkunden sie die Insel mit dem Fahrrad. Viele Campingplätze und Hotels vermieten Fahrräder. Und die breiteste Ausdehnung in Ost-West-Richtung beträgt gerade mal 60 km.

Das Inselinnere von Hiiumaa ist allerdings sehr eintönig. Interessant sind eigentlich nur die Küstenorte und die Leuchttürme.

*ROUTE: Auf Hiiumaa angekommen, ist unser erstes Ziel der kleine Ort **Suuremõise**, der 6 km westlich vom Hafen Heltermaa an der Gabelung der Straßen 80 und 83 liegt.*

Die Historiker wissen zwar nicht hundertprozentig, wann die **Kirche von Suuremõise,** die **Pühalepa kirik [N58° 52′ 23.7″ E22° 57′ 17.7″],** fertig gestellt wurde (wahrscheinlich um 1259), sie sind sich aber einig, dass es sich um das älteste Gotteshaus von Hiiumaa handelt. Die Kirche steht auf der rechten Seite der Straße 83 in Richtung Kälna und trägt den Namen des heiligen Laurentius. Der Kirchenbau – ursprünglich zu Verteidigungszwecken konzipiert – erhielt 1770 einen ersten Turm und wird seitdem (mit Unterbrechungen während der Sowjetzeit) als Bethaus benutzt.

Ein Blick in das Innere der Kirche lohnt. Man sieht dort die einzige **Steinkanzel** in ganz Estland, die vom Steinmetzen Joachim Winter aus Haapsalu geschaffen wurde.

Nicht weit von der Kirche entfernt befindet sich das **Herrenhaus von Su-**

Die Kirche von Suuremõise

uremõisa [Parkplatz, N58° 52' 14.1" 22° 56' 39.9"]. Die Gründerin des dortigen Parks und Schlossensembles, Gräfin Ebba-Margaretha Stenbock, liegt seit 1776 auf dem kleinen Friedhof mit der Kapelle neben der Kirche begraben. Ihr Herrenhaus gilt als eines der schönsten in Estland und wird im allgemeinen estnischen Sprachgebrauch auch einfach nur als „das Schloss" bezeichnet. Das Gut kann nur nach Voranmeldung besichtigt werden.

Ebenfalls nicht weit von der Kirche entfernt sehen Sie eine Aufhäufung mehrerer Steine, die völlig unnatürlich in der Landschaft liegen. Wenn dieses **Steinfeld** von Menschenhand geschaffen wurde, dann nicht ohne technische Hilfsmittel. Es gibt keine genauen Angaben darüber, wer die Felsen aus welchem Grund dorthin brachte. Es wird jedoch angenommen, dass es sich um das Grab des nordischen Königs Ingvar handeln könnte. Andere haben die Steine etwas euphorisch auch schon als „Stonehenge von Hiiumaa" bezeichnet.

ROUTE: *Weiter geht es auf der Straße 83 südwestwärts bis* ***Vaemla****, rund 8 km.*

In der kleinen Ortschaft **Vaemla** fällt ein weißes, langgezogenes Steingebäude auf. Es ist Sitz des Familienunternehmens Hiiu Vill, seit 1992 geführt von Tiiu und Jüri Valdma, eine der letzten tätigen **Wollgarnfabriken [N58° 49' 53.49" 22° 49' 37.33"]** auf Hiiumaa *(geöffnet Mo - Fr 9 - 18 Uhr, Sa 10 - 16 Uhr; hiiuvill.ee)*. Beim Betreten des Gebäudes vergisst man fast, dass man sich im 21. Jahrhundert befindet und es sich hier um eine Fabrik handeln soll.

Mit der Beschreibung „Manufaktur" würde man es eher treffen, vieles wurde hier lange Zeit noch in Handarbeit hergestellt. Natürlich gibt es auch Maschinen. Die älteste stammt aus dem 19. Jh. und ist noch heute in Betrieb. Gefertigt wurde diese Art von Maschinen seit 1860 in Polen. Unter anderem befindet sich in der Fabrik auch eine Maschine, die automatisch Wolle spinnt. Sie stammt noch aus der Sowjet-Ära und wurde in Taschkent gebaut.

Man kann die Fabrik besichtigen und auch einige Produkte, wie z. B. Socken, Handschuhe oder Pullover etc., kaufen.

Hinter Vaemla führt ein Abzweig nach links auf die **Insel Kassari**. Sie ist über zwei kurze Fahrdämme mit Hiiumaa verbunden.

Kassari ist nach Saaremaa, Hiiumaa, Vormsi und Muhu die fünftgrößte Insel des Landes und Heimat vier kleiner Dörfer. Geprägt ist die Insel von einer wunderschönen Natur, die man auf zahlreichen Wanderwegen näher kennen lernen kann.

Seit jeher ist Kassari für viele Inselbewohner die Urlaubsinsel schlechthin. Wenn sie sagen, sie fahren in den Süden, meinen sie meistens Kassari bzw. die dortige Halbinsel Sääretirp. In heißen Sommermonaten, vor allem an den Wochenenden, sind dann die feinen Strände sowie die Zeltplätze auf beiden Seiten der Straße oft hoffnungslos überfüllt.

Auf dem Weg zum Ort Kassari begegnen Sie einer **Skulptur**, die einen großen Felsbrocken auf den Schultern trägt. Das ist **Leiger**, ein estnischer Sagenheld, der der Überlieferung nach Felsen zwischen die Inseln warf, um diese als Brücke zu nutzen, wenn er seinen Bruder auf der Nachbarinsel besuchen wollte.

Die einzige **Kirche mit Reetdach** in Estland steht in **Kassari**.

Im **Hiiumaa-Heimatmuseum [N58° 47' 26.4" E22° 49' 52.1"]** von Kassari, *(geöffnet 1. Mai - 30. Sept. tgl. 10 - 18 Uhr; 1. Okt. - 31. Dez. Di - Sa 10 - 17 Uhr; www.visitestonia.com/de/das-lange-haus-des-museums-von-hiiumaa)*, vermittelt die Ausstellung in dem Museumsgebäude Einblicke in die Geschichte Hiiumaas von der Steinzeit bis in die Gegenwart. Fotodokumente erinnern an die berühmtesten Inselbewohner, auf deren Namen man bei einer Reise über Hiiumaa häufig trifft, wie z. B. Ebba Margarethe von Stenbock oder Otto Reinhold Ludwig von Ungern-Sternberg. Als besondere Ausstellungsstücke werden der letzte Wolf Hiiumaas und ein Spiegelkabinett angesehen, das aus Spiegeln von Leuchttürmen besteht. Vor dem Mu-

CAMPING –KASSARI

Camping Vetsi Tall [N58° 47′ 21.4″ E22° 49′ 09.8″], Tel. +372 462 2550; www.vetsitall.ee; 1. Mai – 1. Okt.; westlich von Kassari an der Straße nach Orjaku; Wiesen in einer Obstplantage bei einem Gasthaus/Restaurant; ca. 1 ha – 10 Stpl.; einfache Sanitärausstattung. Sie können auch in einem der großen Holzfässer übernachten, die als Ferienhäuschen dienen. Grillplatz.

WOHNMOBIL-STELLPLATZ –ORJAKU BEI KASSARI

Wohnmobil-Stellplatz Orjaku Sadam [N58° 47′ 22.1″ E22° 46′ 22.3″]; einfache Stellplatzmöglichkeit ohne Einrichtungen am Hafen von Orjaku, im Südwesten der Insel bei Kassari.

Am Beginn der schmalen, weit in die Ostsee reichenden Landzunge südlich von Orjaku findet man in einem Wäldchen zwischen Straße und Meer den ganzjährig und für jedermann jederzeit zugänglichen **Biwak- und Picknickplatz Sääre tirbi [N58° 46′ 12.03″ E22° 48′ 56.14″]** mit Grillplatz. Es gibt allerdings kein Frischwasser oder sonstige wohnmobilspezifischen Einrichtungen.

seum wurde ein Rettungsboot des tragisch gesunkenen Fährschiffes „Estonia“ aufgestellt.

Weiter westlich führt die Dammstraße über **Orjaku** auf die Insel Hiiumaa zurück.

Für die Inselbewohner macht es übrigens einen großen Unterschied, ob man von Kassari oder von Orjaku stammt. Darauf wird Wert gelegt!

Auf der Halbinsel Orjaku wurde gleich neben dem alten markanten Leuchtturm Orjaku ülemine tuletorn ein **Aussichtsturm [N58° 47′ 41.99″ E22° 46′ 18.07″]** errichtet, von dem aus man nicht nur eine herrliche Rundumsicht auf die Käina-Bucht genießt, sondern man kann auch die Vogelwelt in der relativ seichten Bucht beobachten.

Die Bucht, die Hiiumaa von Kassari trennt, ist sehr flach und der Meeresgrund dort ist völlig verschlammt. Dieser Schlamm hat allerdings die Qualität von Heilschlamm, was sich lange Zeit Sanatorien in der Umgebung zu Nutze machten.

Zurück auf der Insel Hiiumaa trifft man auf die Straße 83 und – rund 3 km nach Nordosten fahrend – auf **Käina**, mit kaum 1.000 Einwohnern größte Stadt im Süden von Hiiumaa.

Lange war Käina stolz auf seine **Gemeindekirche [N58° 49′ 42.3″ E22° 46′ 35.4″]**, gegenüber dem Hotel-Restaurant Liilia. Der gotische Bau aus dem 15. Jh. bot Platz für 600 Gläubige und war die größte Kirche auf der ganzen Insel, bis sie im Zweiten Weltkrieg zerstört wurde. Die Ruinen bieten heute das romantische Ambiente für Freilichtkonzerte. Ob die Pläne, die Kirche wieder komplett aufzubauen, aber je realisiert werden ist ungewiss.

Am Ortsrand von Käina befindet sich das **Rudolf Tobiase Majamuuseum [N58° 49′ 30.3″ E22° 45′ 41.6″]**, das Möbel und die private Musikinstrumentensammlung von Rudolf Tobias zeigt und seine Lebensgeschichte erzählt *(geöffnet 18. Mai - 31. Aug. Mi - Sa 11 - 17 Uhr; sonst nur nach Vereinbarung; www.muuseum.hiiumaa.ee/WP/deutsch/rudolf-tobias-geburthaus-museum/)*.

Rudolf Tobias (1873 – 1918), ein estnischer Komponist klassischer Musik, verbrachte einen Großteil seines Lebens in Paris, St. Petersburg, Leipzig und in Berlin, wo er bis zu seinem Tode als Lehrer an der Musikhochschule arbeitete. Das Museum ist in seinem Geburtshaus nahe der Straße 83 untergebracht.

Jedes Jahr Ende Mai werden hier die **Käinaer Musiktage** zur Erinnerung an Rudolf Tobias abgehalten. Auf dem Museumsgelände sieht man auch eine alte Bockwindmühle.

*ROUTE: Von der Straße 83 zweigt in Käina nach Norden die Straße 81ab. Ihr folgen wird bis **Kärdla**, rund 20 km.*

PRAKTISCHE HINWEISE – KÄINA

Feste und Folklore
Ende Mai werden die **Musiktage** zur Erinnerung an Rudolf Tobias in seinem Haus abgehalten.

RESTAURANT
Restaurant Luige, Mäe plats 2, Tel.: +372 463 6637.

HOTEL
Hotel Lõokese, Lõokese 14, Tel.: +372 463 6146. Drei-Sterne-Hotel. 20 Zimmer, Bar, WLAN, Sauna, Schwimmbad, Parkplatz.

Kärdla, im 14. Jh. vermutlich von Schweden gegründet, ist heute mit rund 3.000 Einwohnern Hauptstadt der Insel Hiiumaa. Alte Dokumente – die ältesten stammen aus dem Jahre 1564 – belegen, dass der Ort in der Vergangenheit auch die skandinavischen Namen *Kertil, Kärtellby* und *Kertel* trug. Im Schwedischen bedeutet der Stadtname angeblich so viel wie schwammige, nasse Stadt.

1938 erhielt Kärdla Stadtrechte. Damals herrschte hier Hochkonjunktur und beim größten Arbeitgeber, der Tuchfabrik, waren über 700 Mitarbeiter beschäftigt. Im Krieg wurde das Fabrikgebäude zerstört. Nur eine kupferne Gedenktafel erinnert noch daran. Auf der Gedenktafel wurde vom Bildhauer Mati Karmin die Umrisse der damaligen Gebäude eingraviert.

Heute trägt Kärdla, ein Städtchen mit viel Grün und reichem Baumbestand, den Beinamen „Gartenstadt". Von Industrie ist schon lange nichts mehr zu sehen.

Unübersehbar ist der lang gezogene **Stadtplatz [Parkplatz, N58° 59′ 50.9″ E22° 44′ 49.1″]** im idyllischen Kern des Ortes. Dort am südlichen Rand befindet sich die **Touristeninformation [N58° 59′ 48.2″ E22° 44′ 48.5″]** und auf der rechten Seite das kleine Feuerwehrhaus während im Norden ein Supermarkt zu finden ist.

Zu den Sehenswürdigkeiten von Kärdla zählt in erster Linie das **Hiiumaa Muuseum [N59° 00′ 15.3″ E22° 44′ 46.4″]**, das **Inselmuseum** in der Vabrikuväljak Straße 8 weiter im Norden der Stadt *(geöffnet 1. Mai - 30. Sept. tgl. 10 - 17.30 Uhr; 1. Okt. - 30. Apr. Mo - Sa 10 - 17 Uhr; www.muuseum.hiiumaa.ee/WP/deutsch/langes-haus/)*. Die Ausstellungen befinden sich im sog. **Langhaus Pikk maja**, dem 60 m langen ehemaligen Wohnhaus eines Tuchfabrikanten aus dem frühen 19. Jh. Das Museum informiert über die Geschichte der Tuchfabrik Dagö-Kertel und über die Kultur-, Kunst- und Wirtschaftsgeschichte des Städtchens und der Insel.

Das Stadtgebiet von Kärdla befindet sich inmitten eines 4 km großen Kraters, der durch einen Meteoriteneinschlag vor über 450 Millionen Jahren entstand. Um diesen besser erkennen zu können, hat die Stadtverwaltung eigens zur Besichtigung des Kraterwalles Aussichtsplattformen in der näheren Umgebung von Kärdla aufgestellt.

Rund 7 km östlich von Kärdla findet man eine typische Sehenswürdigkeit der Balten. An der Küste in der Nähe des Dorfes **Kukka** liegt der **Kukkakivi [N58°59′12.04″ E22°51′38.92″]**, der „fünftgrößte Stein Estlands", Umfang: 42 m. Der Steinkoloss in einem Waldgebiet ist zu Fuß zugänglich.

In der Nähe kann man das **Bauernhofmuseum Soera Talumuuseum [N58° 58′ 11.3″ E22° 50′ 57.2″]** besichtigen, *(geöffnet 19. Juni - 25. Aug. Di - Sa 11 - 18 Uhr; sonst nur auf Voranmeldung; https://www.lhk.palade.edu.ee/blog/index.php/soera-talumuuseum/)*, Abzweig in Palade von der Straße 80 und noch 1 km. Das Freilichtmuseum zeigt das frühe Leben der Inselbewohner und gibt einen guten Überblick darüber, wie sich

PRAKTISCHE HINWEISE – KÄRDLA

Hiiumaa Turismiinfokeskus, Touristeninformation [N58° 59' 48.2" E22° 44' 48.5"], Hiiu tänäv 1, Zentralplatz, EE-92413 Kärdla, Hiiumaa, Tel. +372 504 53 93; www.hiiumaa.ee. *Geöffnet 1. Apr. - 14. Mai Di - Fr 12 - 17 Uhr, Sa 10 - 14 Uhr; 15. Mai - 15. Sept. Mo - Fr 10 - 17 Uhr, Sa + So 10 - 15 Uhr.*

RESTAURANT

Kohvik Rannapaargu, Lubjaahju 3, Tel. +372 463 20 53; www.rannapaargu.ee/en/. Eines der besseren Restaurants in Kärdla, gute Küche, angenehmes Ambiente, Restaurantterrasse mit Meerblick.

HOTEL

Hotel Padu, 18 Zi., Heltermaa mnt. 22, Tel.: +372 463 3037; www.paduhotell.ee. Café-Bar, Terrasse, Sauna, Fahrradverleih, Parkplatz.

WOHNMOBIL-STELLPLÄTZE

Wohnmobil-Stellplatz Kärdla Sadam [N59° 00' 27.5" E22° 45' 07.1"]; Geöffnet 15. Apr. – 15. Nov. Anmeldung im Hafenbüro im weißen Gebäude. Gebührenpflichtig. Im Ort mit „Kärdla Sadam" beschildert. Befestigte, vegetationslose Fläche an der neu gestalteten Hafenmole des Freizeithafens, 10 Stellplätze, Strom, Wasser, Dusche, WC, Sauna gegen Extragebühr, Restaurant.

Tubala
Wohnmobil-Stellplatz Katri [N58° 57' 11.8" E22° 46' 22.0"], Tubala küla, Tel. +372 56 48 28 69; www.katrimajutus.ee/en/. Das **Gästehaus Katri Kulalistemaja** liegt in Tubala mitten im Grünen, 5 km südlich von Kärdla an der Straße 81 (Kärdla – Käina). Das Gästehaus stellt gegen Gebühr drei Parkplätze für Übernachtungen im Wohnmobil zur Verfügung. Anmeldung im Haus. Keine Entsorgungsmöglichkeit, Frischwasser auf Nachfrage. Grillstelle, Sauna, man serviert Frühstück. 3 Miethütten, Fremdenzimmer. Ganzjährig geöffnet.

Landleben im Laufe der Zeit verändert hat. Alle Charakteristiken eines früheren Bauernhauses haben hier überlebt.

Am Hof beginnt ein **Naturlehrpfad** durch den angrenzenden Wald.

Westteil der Insel Hiiumaa

*ROUTE: Ab Kärdla auf der Straße 80 nach Westen durch waldreiche Landschaft über **Kõrgessaare** und **Luidja** nach **Kõpu**, 40 km.*

Rund 7 km westlich von Kärdla an der Straße 80 ist der **Ristimägi [N59° 00' 36.3" E22° 38' 53.9"]** von historischem Interesse, ein sehr bescheidener „Berg der Kreuze", nicht zu vergleichen mit dem in Litauen. Das erste hier aufgestellte Kreuz stammt aus dem Jahr 1781. Es wurde im Andenken an die Vertreibung der Schweden von der Insel aufgestellt.

Vier Jahrhunderte lang war Hiiumaa die Heimat von 1.200 Schweden, bis Zarin Katharina die Große die Umsiedlung in andere Landesteile anordnete. Einige der Schweden wurden nach Haapsalu oder nach Vormsi geschickt. Die meisten aber wurden in die Ukraine deportiert.

Am letzten Abend, dem 20. August 1781, den die Esten und Schweden gemeinsam auf der Insel verbrachten, stellte man während eines feierlichen Abschiedsgottesdienstes das erste Kreuz auf.

Daraus entstand die Tradition, dass jeder, der die Insel verlässt, ein Kreuz aufstellen muss. Auch Besucher dieses historischen Ortes können hier „ein aus natürlichem Material" gemachtes Kreuz aufstellen.

Es soll Glück bringen, so wie zwei an dieser Stelle wegen des Vorrechts auf dem schmalen Weg in heftigen Streit geratene Brautpaare letztendlich doch noch ihr Glück fanden.

Ein ausgedienter Panzer vom Typ T-34 weist den Weg zum Hiiumaa Militärmuseum

Wenige Kilometer weiter bietet sich Gelegenheit zu einem Abstecher (10 km) nordwärts zum **„Takhuna nina"**, dem nördlichsten Punkt auf Hiiumaa.

Auf dem Weg dahin passiert man die unbefestigte Zufahrt zum **Mihkli Farm Museum Mihkli Talumuuseum [N59° 01' 10.4" E22° 36' 27.7"]**, einem Freilichtmuseum, das in einem Waldgebiet etwas abseits der Hauptstraße liegt und sechs historische Bauernhäuser aus dem 19. Jh. präsentiert, die bis 1987 bewohnt und bewirtschaftet wurden *(geöffnet 1. Mai - 31. Mai Mi - Sa 11 - 18 Uhr; 1. Juni - 31. Aug. Di - So 11 - 18 Uhr; sonst nur nach Vereinbarung; www.muuseum.hiiumaa.ee/WP/deutsch/bauernhofmuseum-mihkli/).*

Später kommt man an der Zufahrt, zu erkennen an einem ausrangierten Panzer T-34 rechts der Straße, zum 200 m westlich der Straße gelegenen **Hiiumaa Militaarmuuseum [N59° 04' 36.9" 22° 35' 41.7"]** vorbei *(geöffnet 15. Mai - 15. Sept. Di - So 10 - 18 Uhr; www.militaarmuuseum.ee).* In der privaten Sammlung des Museums sind altes Kriegsgerät, Waffen, Fahrzeuge etc. zu sehen.

In **Tahkuna** stehen der erste Windgenerator Estlands und ein **Leuchtturm [Parkplatz, N59° 05' 26.0" 22° 35' 13.4"],** dessen gusseiserne Einzelteile in Paris gefertigt worden sind, hierher transportiert und zusammengebaut wurden. Der Leuchtturm ist 43 m hoch

CAMPING – MANGU/TAHKUNA

Camping Randmäe Holiday Farm, Randmäe Puhketalu [N59° 01' 50.8" E22° 34' 48.3"], Mangu Küla, Tel. +372 56 83 35 11; www.visitestonia.com/de/ferienhof-randmae; 1. Jan. – 31. Dez.; rund 8 km westlich von Kärdla Abzweig von der Straße 80, nordwärts auf die Straße zum Leuchtturm von Tahkuna, nach rund 3 km westwärts auf schlechtem, unbefestigtem Waldweg 600 m zum Platz. Der einzige Campingplatz auf der Insel Hiiumaa, der die Bezeichnung „Campingplatz" verdient, auch wenn das einladende Campinggelände in einem gewissen Widerspruch zum spartanisch einfachen Sanitärangebot steht; weitläufiges, welliges, ansprechend gelegenes Wiesengelände teils mit sandigem Untergrund, bis ans Meer reichend, an drei Seiten von Wald umgeben, von einem Wasserlauf durchzogen, ein Teich in der Platzmitte; ca. 11 ha – 50 Stpl.; einfache Sanitäreinrichtungen. Fahrradverleih, WLAN, Grillplatz, Chemikaltoilettenausguss. Miethütten.

Tahkuna, der höchste und einzige Leuchtturm seiner Art an der estnischen Küste

und gilt als höchster seiner Art an der ganzen estnischen Küste. *Besichtigung 1. Mai - 15. Sept. Dienstag bis Sonntag 10 Uhr bis 19 Uhr gegen Gebühr möglich, sonst nur nach Voranmeldung; www.visitestonia.com/de/leuchtturm-tahkuna/. Es gibt Sammeleintrittskarten, die für die Leuchttürme Tahkuna, Kõpu und Ristna gelten.*

Am Strand vor dem Leuchtturm gibt es ein einfaches **Denkmal** mit Glocke, das an die Kinder erinnert, die 1994 beim Untergang des Fährschiffs „Estonia" umgekommen sind. Der Gedenkstein wurde von Bildhauer Karmin bearbeitet, der für viele Kunstwerke im Nordwesten Estlands verantwortlich zeichnet. Das Denkmal wurde durch Spenden der Bewohner finanziert und am 1. November 1995 eingeweiht.

In der Vergangenheit war Tahkuna ein militärischer Stützpunkt. Zar Peter I. hatte hier einen Seehafen errichten lassen. Gewachsen ist der Stützpunkt dann durch die Armee der Sowjets, die zahlreiche militärische Anlagen baute. Erst im Jahr 1993 verließ die Rote Armee die Insel wieder. Sie hinterließ Bunker, Geschützanlagen und eine fünfeinhalb Kilometer lange Eisenbahnstrecke, die für den Munitionstransport gedacht war und die einzigen Bahngleise auf der gesamten Insel sind.

Zurück zur Straße 80. Rund 10 km weiter südwestlich kommt man auf der Straße 80 zum Abzweig nach Kõrgessaare.

Zuvor passiert man aber noch die **Kirche von Reigi [N58° 58' 59.0" E22° 30' 38.8"]**, die aus dem Jahre 1802 stammt. Baron Otto Ludwig Reinhold von Ungern-Sternberg ließ dieses Gotteshaus in Gedenken an seinen Sohn bauen, der Selbstmord begangen hatte.

Kõrgessaare liegt nur wenig westlich der Hauptstraße 80.

Zu Beginn des 20. Jh. hatte man große Pläne in Kõrgessaare. Der Hafen wurde erweitert, eine Schnapsbrennerei aus dem 19. Jh. aktiviert, eine Fabrik zur Herstellung synthetischer Seide gebaut und der Handel angekurbelt.

Tragischerweise machte der Erste Weltkrieg alles zunichte. Die Fabrik, die 1.000 Menschen beschäftigen sollte, wurde nach einem kurzen Testlauf wieder geschlossen und 1917 gesprengt. Erst nach dem Zweiten Weltkrieg begann man mit dem Wiederaufbau und gründete an der Stelle eine Konservenfabrik.

Ansonsten wurde Kõrgessaare vom **Gut Hohenholm,** einem ehemaligen Anwesen von Baron von Ungern-Sternberg und ältestem Gutshof auf Hiimuaa, geprägt.

HOTEL/STELLPLATZMÖGLICHKEIT – KÕRGESSAARE

Hotel-Restaurant Viinaköök, 19 Zi., Sadama 2, Tel.: +372 469 3337, +372 517 8640; www.viinakook.com. Gasthaus in der ehemaligen Destillerie des Gutes Kõrgessaare/Hohenholm, Sauna, Buffet-Restaurant mit Außenterrasse. Gebührenpflichtige **Stellplatzmöglichkeit für Wohnmobile [N58° 58' 56.46" E22° 28' 11.83"]**, Anmeldung im Gasthaus, bei der Anmeldung erhält man lt. Webseite Schlüssel zu Sanitäranlagen im Gasthaus. Wasser, Strom, Wi-Fi, Sauna, Ausguss für Chemikaltoiletten, Fahrradvermietung, Supermarkt nebenan.

Vor der Küste von Kõrgessaare machen zahlreiche Felsenriffe die Gewässer unsicher und das Leben der Seefahrer seit Generationen schwer.

Um weitere Schiffsunfälle möglichst zu verhindern, wurde an der gefährlichsten Stelle ein Feuerschiff verankert. Zu Beginn des Zweiten Weltkrieges wurde das Feuerschiff von einem deutschen U-Boot versenkt. Die Mannschaft des Feuerschiffes kam dabei um. Der estnische Bildhauer Riho Kuld gestaltete ein Denkmal zu Ehren der Opfer, das 1990 eingeweiht wurde.

ROUTE: Die Straße 80 führt weiter in Richtung Westen bis nach ***Luidja*** *und trifft dort auf die 84. Diese nutzen wir 3 km südwärts, um dann nach rechts (westwärts) Richtung* ***Kõpu*** *abzubiegen.*

Am Ende der Straße biegt man rechts ab und erreicht gleich darauf das Wahrzeichen von Hiiumaa, den **Leuchtturm von Kõpu [Parkplatz, N58° 54' 57.4" E22° 12' 04.1"]**. Auf den estnischen Landkarten ist die Region um den Leuchtturm mit 67 m Höhe über dem Meer angegeben, aber die Höhe gilt wohl für die gesamte Halbinsel Kõpu, die keine besonderen Höhenzüge aufweist.

Der Leuchtturm mit seinem markanten Äußeren ist der älteste Leuchtturm in der gesamten Ostseeregion und sogar der drittälteste der Welt. Grund für die Errichtung des Leuchtfeuers war die so genannte Hiiu-Untiefe, eine der gefährlichsten in der Ostsee.

Schon im Jahr 1499 beschloss man zwar, an dieser Stelle ein Leuchtfeuer zu errichten. Man sollte meinen, dass alle Verantwortlichen damit einverstan-

Der Leuchtturm von Kõpu mit seinen mächtigen Mauern ist angeblich der drittälteste Leuchtturm der Welt

den gewesen wären, immerhin ging es schon damals um die Sicherheit der Seefahrer und um Menschenleben. Es fehlte aber lange am Willen, den umstrittenen Plan auch umzusetzen.

Zur damaligen Zeit gab es nämlich die gesetzliche Regelung, dass jedes Strandgut, das angeschwemmt wurde, dem jeweiligen Finder gehörte. Also kam es den Strandbewohnern und den ansässigen Gutsherren recht ungelegen, wenn nun die Seeleute vor der Untiefe gewarnt werden sollten. Es gab sogar Fälle, in denen die Insulaner etwas nachhalfen und Kapitäne und Steuerleute mit falschen Signalen in die Irre leiteten. Der berühmteste dieser Insulaner soll Baron von Ungern-Sternberg gewesen sein, der seine so gesammelten Trophäen und Schätze in einem doppelten Boden des bereits erwähnten Gutes Suuremõisa lagerte.

1559 endlich konnte ein erster, relativ niederer, nur halb so hoher Leuchtturm wie heute, die Seefahrer warnen. Eine erste Erweiterung erhielt das Gebäude im Jahr 1649, als ein Feuerrost und eine Außentreppe angebracht wurden.

1810 dann wurden innerhalb des Turmes eine Treppe sowie ein Mannschaftsraum eingerichtet. Ein halbes Dutzend Mitarbeiter war ständig damit beschäftigt, das Feuer in Gang zu halten. Am Anfang verbrannte man Holz, nach dem Umbau benutzte man Öl. Seit 1845 hat man Gas zur Verbrennung benutzt.

Die heutige, höhere und größere Version des Turms, dessen nun elektrisch erzeugtes Licht 26 Seemeilen (rund 50 km) weit zu sehen ist, stammt im Wesentlichen aus dem Ende des 19. Jh.

Bei einer Renovierung in der Mitte des letzten Jahrhunderts machte man allerdings einen fatalen Fehler. Der Turm sollte mit wetterfester Ölfarbe angestrichen werden. Es stellte sich jedoch später heraus, dass diese Farbe wasserundurchlässig ist und zwar in beide Richtungen. Da das Bindematerial im Mauerwerk jedoch Feuchtigkeit aus der Erde saugt, konnte Feuchtigkeit auf Grund der Farbe jetzt nicht mehr nach außen entweichen. Der Turm sog sich im Laufe der Jahre voll mit Wasser und drohte einzustürzen. Dieses wurde im letzten Moment verhindert, indem man ihn schließlich Ende der 1980er Jahre umfassend restaurierte und damals mit einem Eisenbetonkorsett ummantelte.

Die Besteigung des Turmes ist von 1. Mai bis 15. September täglich von 10 bis 20 Uhr gegen Gebühr möglich; sonst nur nach Voranmeldung; www.visitestonia.com/de/leuchtturm-kopu-dt-oberdageort/. Gezahlt wird im **Restaurant** am **Parkplatz**. Im Inneren des Leuchtturms befindet sich eine mehrsprachige **Ausstellung** über die Leuchttürme in der Ostseeregion. Der Aufstieg ist bis zur ersten Etage recht beschwerlich.

Seit 1874 gibt es gut 10 km weiter westlich bei dem Ort **Ristna** einen weiteren **Leuchtturm [Parkplatz, N58° 56' 25.7" E22° 03' 23.0"]**. Es gibt eine Cafeteria. *Die Besteigung des Turmes ist von 1. Mai bis 15. September Di - So 10 - 19 Uhr gegen Gebühr möglich; sonst nur nach Voranmeldung;* www.visitestonia.com/de/leuchtturm-ristna/. Ristna ist wegen der Brandung bei Surfern sehr beliebt. Im Ort selbst ist außer der westlichsten Wetterstation Estlands nichts zu entdecken.

ROUTE: Falls man nicht zurück zum Fährhafen Heltermaa an der Ostküste von Hiiumaa fahren möchte, Weiterreise von Kõpu zurück bis ***Luidja.***

CAMPING – KÕPU / INSEL HIIUMAA

Camping Pihla [N58° 54' 23.35" E22° 12' 49.20"], Kõpu, Insel Hiiumaa, Tel. +372 56 47 00 91; www.pihlatalu.ee; Jan. – Dez.; nahe des Kõpu-Leuchtturms Abzweig von der Hauptstraße südwärts. Wiesengelände beim Bauernhof Pihla Talu in ländlicher Umgebung; ca. 1 ha – 40 Stpl.; einfache Sanitärausstattung. Kiosk und Imbiss im Sommer, Sauna, WLAN. V & E für Wohnmobile. Miethütten.

*Dort auf der Straße 84 südwärts und – vorbei am Abzweig zum **Fährhafen Sõru [N58° 41' 29.0" E22° 31' 18.8"]** an der Südspitze der Insel – nach **Emmaste**, 32 km.*

Auf dem Weg nach Emmaste kommt man an eine kleine Kreuzung. Dort befindet sich das **Vanajõe-Tal**.

Es als Tal zu bezeichnen, mag ein wenig übertrieben sein, da es sich lediglich um eine 10 m tiefe Kerbe in einer Sanddüne handelt. Aber ein kurzer Aufenthalt mit einem Spaziergang über die eigens angelegten Brücken und Treppen lohnt allemal.

Der kleine Bach in der Senke ist nicht zu unterschätzen. Das Gewässer schafft es nämlich im Frühling oder im Herbst auch schon mal, ganze Bäume wegzureißen und das sandige Ufergestein zu unterspülen. Nicht umsonst befand sich unweit von dieser Stelle im 16. Jahrhundert eine Mühle, die von dem Wasser angetrieben wurde. Das Flusstal ist als geologisches Gebiet seit 1962 geschützt.

Schließlich erreicht die Straße den Küstenort **Emmaste**.

Dort kam man im Zweiten Weltkrieg auf die Idee, die Glocke der Kirche aus Angst vor Plünderungen zu verstecken. Die Einwohner gruben ein Loch, legten die Kirchenglocke hinein und schütteten das Loch wieder zu. Der Trick half. Keiner fand die Glocke – auch die Einwohner selbst nicht. Denn dummerweise konnte sich nach dem Krieg keiner mehr erinnern, wo die Glocke denn nun vergraben war. So vergingen viele Jahre, bis ein amerikanischer Soldat in den 1990er Jahren die Glocke mit Hilfe eines Metalldetektors ausfindig machen konnte.

Die **Fähren von Sõru nach Triigi**, dem Fährhafen auf der Nachbarinsel Saaremaa, verkehren bislang nur zweimal täglich um 8.15 Uhr und um 17.30 Uhr; Fahrtdauer ca. 1 Stunde; www.veeteed.com/#/en/.

Für die meisten ist **Sõru** nur ein kleines Hafenstädtchen mit Fährverbindungen nach Triigi.

Ganz anders sehen das einige Historiker. Sie assoziieren Sõru nämlich mit dem Namen *Sarwo*, einem historischen Ort, der im Jahr 1254 erstmals namentliche Erwähnung auf der Insel gefunden haben soll.

In Sõru am Hafenkai befand sich ein alter Dreimaster auf dem Trockenen, der einmal als Museum an die glanzvolle Zeit der Segelschiffe auf Hiiumaa erinnern sollte. Lange Zeit war es bei der Absicht geblieben, hier ein Seefahrtmuseum zu etablieren.

Der Dreimaster war 1939 vom Stapel gelaufen und wurde für den Holztransport eingesetzt. Als dann die Rote Armee vorrückte, planten einige, mit dem Schiff nach Schweden zu fliehen. Die Geheimdienste erfuhren davon und schickte den Dreimaster nach Haapsalu. Über Umwege geriet das Schiff dann nach Deutschland und von dort nach Schweden, wo es bis 1968 in Dienst stand.

Mittlerweile war der Dreimaster alt geworden und musste generalüberholt werden. Dafür brachte man den maroden Windjammer nach Dänemark, wo er prompt in Vergessenheit geriet. Erst 1998 erfuhren die Esten davon und holten „ihr" Segelschiff zurück nach Hiiumaa, wo es auf bessere Zeiten wartete.

Und zwischenzeitlich wurde in Sõru auch ein – wenn auch sehr bescheidenes – **Seefahrt- und Heimatmuseum [N58° 41' 41.38" E22° 31' 23.38"]** eingerichtet *(geöffnet Mo - Fr 10 - 15 Uhr)*.

*ROUTE: Falls man nicht die Fähre von Sõru nach Triigi sadam (Saaremaa) nimmt, folgt man ab Emmaste der Straße 83 nordostwärts über **Käina** bis zum Hafen **Heltermaa** (37 km) und fährt von dort mit die **Fähre nach Rohuküla** auf dem Festland.*

TOUR 17: INSEL HIIUMAA – INSEL SAAREMAA – PÄRNU

Länge der Tour: Rund 260 km, ohne Abstecher. Plus 2 x Fähre.

Route: Fähre von **Sõru** (Insel Hiiumaa) nach **Triigi sadam** (Insel Saaremaa) – Nebenstraßen bis **Kihelkonna** – Straße 78 bis **Kuressaare** – Straßen 10, 79, und 75 bis **Orissaare** – Straße 10 über die Insel **Muhu** bis zum Fährhafen **Kuivastu** – Fähre von **Kuivastu** (Insel Muhu) nach **Virtsu** (Festland) – Straße 10 bis **Lihula** – Straße 60 bis **Pärnu**.

Abstecher: Straße 77 auf die **Halbinsel Sõrve** (Insel Saaremaa).

Reisedauer: Mindestens drei Tage.

Höhepunkte: **Insel Saaremaa** als Gesamtes *** – die **Windmühlen** * **bei Angla** (Saaremaa) – das **Bauernhofmuseum Mihkli** ** in Viki (Saaremaa) – Besichtigung von **Kuressaare** und seine **Bischofsburg** ** – das **Freilichtmuseum Koguva** ** auf der Insel Muhu – Stadtbesichtigung von **Pärnu** *.

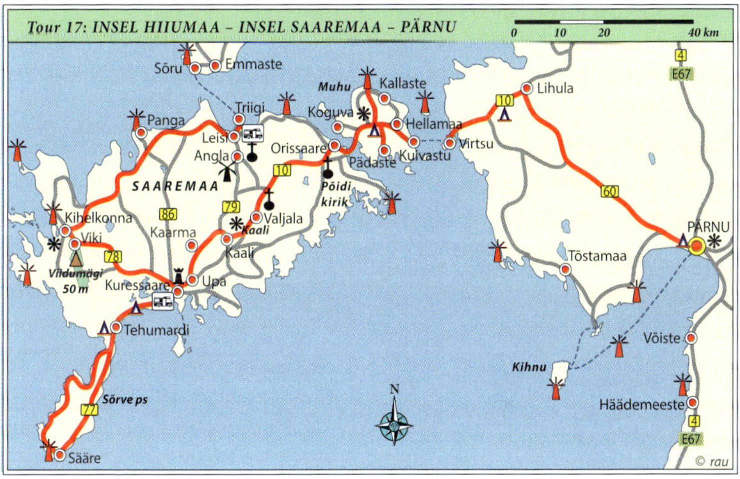

*ROUTE: Fährüberfahrt von Sõru (Insel Hiiumaa) nach **Triigi sadam** auf der Insel Saaremaa.*

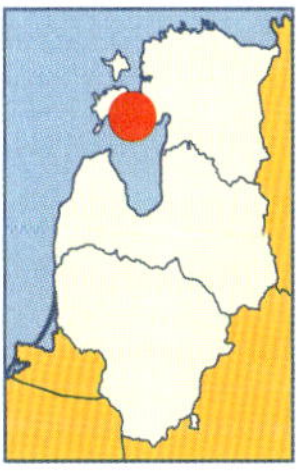

Die Fähre von Sõru nach Triigi sadam stellt eine erhebliche Abkürzung unseres Reiseweges dar. Allerdings verkehren die Fähren zwar täglich, aber nur bis zu zweimal am Tag, nämlich ab Sõru um 8.15 Uhr und 17.30 Uhr. Im Sommer gibt es meist eine zusätzliche Abfahrt um die Mittagszeit. Fahrplanänderungen sind möglich! Infos zu Fahrplanauskünften findet man bei https://veeteed.com/#/en/content/schedules/SOR-TRI. Die Überfahrt dauert rund 1 Std. und 15 Minuten. Bezahlt wird an Bord der Fähre in der Cafeteria. Dort ist Ihr Autokennzeichen hinterlegt, das bei der Einfahrt in die Fähre, zusammen mit der Anzahl der Personen, erfasst worden ist.

Die Autofähre im Hafen Triigi (Insel Saaremaa)

WOHNMOBIL-STELLPLATZ – TRIIGI

Wohnmobil-Stellplatz Parking Triigi Sadam [N58° 35' 29.02" E22° 42' 58.03"], Triigi Sadam, ganzjährig zugänglicher Parkplatz am kleinen Bootshafen und Fährhafen (Fähren nach Sõru), östlich von Leisi bei Triigi. Toiletten, Waschbecken, Stromanschlüsse, Grillstelle, Müllcontainer, Stranduschen. Mit EU-Geldern erstellt. Beaufsichtigter Betrieb. Funktion der Installationen nur im Sommer.

Am Fährhafen von Triigi gibt es **Stellplatzmöglichkeit** vor dem kleinen Jachthafen rechts (s. o.).

Die größte Insel in der Ostsee ist Gotland (Schweden), doch nur wenig kleiner ist **Saaremaa**. Sie ist die größte Insel Estlands und damit auch die größte des gesamten Baltikums.

Bevor Estland seine Unabhängigkeit wiedererlangt hat, war die Insel eine rein landwirtschaftliche Region. Auch heute noch sind bei Urlaubern die dort hergestellten Fisch-, Milch- und Fleischprodukte sehr beliebt.

Zudem macht die gute Infrastruktur die Insel mittlerweile zu einem beliebten Ausflugs- und Reiseziel. Jährliche reisen über 200.000 Touristen über die Häfen der Insel ein. Die fast 3.000 qkm Fläche der Insel Saaremaa entsprechen ungefähr 6% des gesamten estnischen Territoriums.

Lange war es durchaus üblich, dass die Inselbewohner ihre Häuser und Türen bei Abwesenheit nicht verriegelten, so sicher konnte man sich hier fühlen.

Vielleicht hat auch die Zeit der Okkupation mit dazu beigetragen. Denn damals war es nicht so einfach möglich, auf die Insel zu kommen. Selbst „sowjetische Esten" vom Festland mussten in der Okkupationszeit bei Reisen nach Saaremaa eine Einladung vorzeigen können.

Während der Fährüberfahrt von Hiiumaa hat man die nördliche Küste von Saaremaa vor sich und Muse sie zu betrachten. Im Gegensatz zum südlichen Inselufer fällt die Nordküste, z. B. bei Panga, steil ab.

Falls Sie dem Abstecher nach Panga nicht folgen, bitte weiter mit **Hauptroute**.

Abstecher nach Panga

*ROUTE: Das rund 12 km westlich von Triigi gelegene **Panga** an der nordwestlichen Küste ist über meist unbefestigte und staubige Straße, die oft durch dichte Wälder führen, zu erreichen.*

Bei ausreichend zur Verfügung stehender Zeit lohnt der Weg nach **Panga [Parkplatz Panga Cliff, N58° 34′ 11.5″ E22° 17′ 25.4″]** vor allem wegen der **schroffen Steilküste**, die sich hier 21 m hoch senkrecht aus der Ostsee erhebt. Bei klarer Sicht ist von den Klippen aus der Leuchtturm von Kõpu auf der weiter nördlich gelegenen Insel Hiiumaa zu erkennen.

Bis Ende des 19. Jh. war die schmale Küste östlich von Panga dicht mit Fischerkaten besiedelt. In den damals noch überaus fischreichen Gewässern vor der Insel wurde vor allem nach Sprotten, Strömling und Flundern gefischt, die gesalzen und in Fässern eingelegt oder geräuchert per Segelschiff nach Tallinn (Reval) geliefert wurden. Das Gewerbe war offenbar so erfolgreich, dass sich in der westlich benachbarten Bucht von Küdema Schiffsbauwerften etablierten.

Im Winter, wenn die Ostsee zugefroren war und das Eis sich an der Küste türmte, ging man auf Robbenjagd. Der wertvolle Robbentran war z. B. bei Sattlern und Schustern als Weichmacher für derbes Leder sehr begehrt. Das Ende der Fischersiedlungen kam mit der Okkupation 1944. Boote und Siedlungen wurden zerstört und es wird berichtet, dass die Bewohner scharenweise in kleinen überfüllten Booten nach Schweden flüchteten.

Der Leuchtturm an der Küste stammt aus der Sowjetzeit um 1960.

HAUPTROUTE

ROUTE: Vom Fährhafen in Triigi nach Südwesten bis ***Leisi****. In Leisi fahren wir auf der Straße 79 rund 5 km nach Süden bis zum* ***Windmühlenpark Angla,*** *der rechts der Straße auftaucht.*

Beim Weiler **Angla** liegt unmittelbar an der Straße 79 der **Windmühlenpark Angla Tuuliklud [Parkplatz, N58° 31′ 32.70″ E22° 42′ 4.19″]** mit kleiner agrartechnischer Freilichtausstellung *(geöffnet 1. Mai – 31. Aug. 9 – 20 Uhr; 1. – 30. Sept. 10 – 18 Uhr; 1. Okt. – 30. Apr. 10 – 17 Uhr; http://www.angla-tuulik.eu/?keel=eng)*. Die Windmühlen hier sind die letzten Zeugen des einstigen Mühlenreichtums von Saaremaa. In den letzten Jahrhunderten arbeiteten auf der Insel insgesamt rund 800 Mühlen, die alle im Laufe der Zeit durch die technische Entwicklung ihre Bedeutung verloren haben. Auch diese Mühlen sind nur noch der Rest einer Gruppe von neun Windmühlen, die einst hier

Windmühlen bei Angla/Leisi auf Saaremaa

RESTAURANT MIT TOURISTENINFORMATION – LEISA

Restaurant Sassimaja, Kuressaare maantee 11, Tel. +372 457 3070; gemütliche Gaststube an der Kreuzung nach Triigi. Im Restaurant ist auch eine Art **Touristeninformation** untergebracht.

standen. Heute sind sie das beliebteste Fotomotiv auf der Insel. Eine der Mühlen wurde soweit wiederhergestellt, dass sie heute zu Demonstrationszwecken wieder mahlen kann. Und Sie können von hier sogar frisch gemahlenes Mehl als Souvenir mitnehmen.

Zwei Kilometer östlich des Windmühlenparks liegt die weiße, turmlose **Kirche von Karja [N58° 31'22.7" E22° 43' 52.0"]** aus dem 14. Jh. Sie ist mit einem reichen Innendekor ausgestattet. Zahlreiche aus Dolomit gearbeitete Figuren verzierten die Pfeiler des Bauwerks.

*ROUTE: Von Leisa oder vom Windmühlenpark auf der Straße 79 südwärts Richtung Kuressaare zunächst bis **Liva-Putla.** Dort nehmen wir die nach Südosten abzweigende Straße nach **Kaali.***

Ein kleiner kreisrunder **See** beim Ort **Kaali** ist eine der Hauptattraktionen auf der Insel Saaremaa. Jedes Jahr kommen rund 50.000 Menschen nach Kaali, um das Naturphänomen zu bestaunen.

Der mitten in einem Wald gelegene Tümpel, der weder Zu- noch Abfluss hat und dessen Wasser leicht grünlich schimmert, ist zudem von einem mehrere Meter hohen Erdwall umgeben, der nicht von Menschenhand geschaffen wurde.

Es ist noch keine hundert Jahre her als man noch davon ausging, der See wäre durch eine unterirdische Gasexplosion entstanden. Doch weit gefehlt. Die Ursache kam weder aus dem Erdinneren noch von diesem Planeten. Der Bergbauingenieur Ivan Reinwald fand im Jahr 1937 einige Meteoritensplitter und konnte eindeutig beweisen, dass es sich bei dem so genannten **Kaali-Krater [Parkplatz, N58° 22' 17.1" E22° 40' 18.7"]** um die Einschlagstelle eines Meteoriten handelt.

In der unmittelbaren Umgebung des Hauptkraters gibt es acht weitere Krater, die durch Bruchstücke des Meteoriten entstanden sind. Es wird vermutet, dass der Einschlag im Zeitraum von vor 3.000 bis 7.000 Jahren stattgefunden haben könnte, doch genau ist das bisher nicht geklärt worden. Der Wasserstand im Kaali-Krater ändert sich je nach Niederschlagsmenge und Jahreszeit.

Weil die naturverbundenen Esten früherer Generationen ungewöhnliche Naturerscheinungen als Heiligtümer ansahen, gaben Sie dem Krater den Namen „Pühajärv", was so viel wie „Heiliger See" bedeutet.

Direkt neben dem Wald gibt es am Parkplatz ein kleines Hotel, das zum Meteoriten-Informationszentrum gehört. Im **Informationszentrum** bzw. im angeschlossenen **Museum für Meteoritik und Kalkstein** *(geöffnet Mai - Sept. tgl. 9 - 20 Uhr; Okt. - Apr. nur nach Voranmeldung; www.visitestonia.com/en/kaali-meteoritics-and-limestone-museum)* erfährt man einiges über Eigenschaften und Materialien eines Meteoriten.

RESTAURANT – KALI

Kaali Trahter Taverne, Tel. +372 459 11 82; www.kaalitrahter.ee/en; rustikales Restaurant mit Freiterrasse, gegenüber vom Hotel. Spezialitäten: Wildschweinbraten und Pithla Bauern-Starkbier. Das Restaurant gehört zum Gästezentrum Kaali.

GÄSTEHAUS

Gästezentrum und Hotel Kaali, Tel.: + 372 459 1184; www.kaali.kylastuskeskus.ee. Die Rezeption des Gästehauses ist zugleich der Eingang des Besucherzentrums. Das Gebäude liegt rund 150 m vom Krater entfernt, Sauna, Souvenirladen.

WOHNMOBIL-STELLPLATZ – KAALI

Wohnmobil-Stellplatz Kaali [N58° 22' 18.47" E22° 40' 22.36"] – Der befestigte Parkplatz neben dem Informationszentrum wird von Wohnmobilfahrern auch als Übernachtungsstellplatz genutzt, was bislang auch toleriert wurde. Toilettenbenutzung gegen Gebühr. Änderung möglich!

*ROUTE: Zurück bis zur Hauptstraße 79 und weiter südwärts bis **Kaarma**.*

Die einzige Kirche auf der ganzen Insel Saaremaa, die zwei Kirchenschiffe aufweist, findet man in **Kaarma**. Ursprünglich stand hier eine Kirche mit nur einem Schiff. Der Boden unter dem Gotteshaus aber war zu weich, die Kirche senkte sich allmählich mit der Folge, dass das Deckengewölbe einstürzte. Beim Neubau Anfang des 15. Jh. plante man eine weitere Reihe von Stützpfeilern, die das Langhaus nun in zwei Schiffe teilte.

Interessant ist hierbei eine Gedenktafel, die an diesen Wiederaufbau erinnert. Sie ist am Portal des barocken Turmes zu sehen. Es ist jedoch nicht bekannt, wann genau die Tafel dort angebracht wurde. Sollte sie gleichzeitig mit dem Wiederaufbau angebracht worden sein, dann wäre der Text in estnischer Sprache ungewöhnlich alt.

In unmittelbarer Nähe der Kirche kann man einen kleinen Erdwall erkennen. Dieser ist ein Überbleibsel einer ehemaligen Wallburg, die sich in Kaarma befand.

In Kaarma wird der wichtigste Bodenschatz von Saaremaa abgebaut – **Dolomit**. Dolomit entsteht aus kalziumreichem Sedimentgestein unter Hinzufügung von Magnesiumsalzen. Aus Dolomit sind Gebäude in Kuressaare gebaut. Auch die meisten Grabsteine auf dem Friedhof von Kudjape bei Kurassaare sind aus diesem Stein gemacht. Zu den namhaften Gebäuden Estlands, die zumindest zu Teilen aus Kaarma-Dolomit bestehen, zählt z. B. die Nationalbibliothek in Tallinn.

In Kaarma gibt es einige Steinmetzwerkstätten, die sich auf die Dolomit-Bearbeitung spezialisiert haben. Souvenirs aus Dolomit, kleine Vasen z. B. oder Mörser u.a. sind sehr beliebt.

*ROUTE: Weiter auf der Straße 79 nach Süden. Bei **Upa** stoßen wir auf die Hauptstraße 10, der wir bis **Kuressaare** folgen.*

Kuressaare, an der Südküste von Saaremaa gelegen, ist mit etwas mehr als 13.000 Einwohnern der Hauptort der Insel und sowohl ihr wirtschaftlicher, als auch ihr gesellschaftlicher Mittelpunkt.

Geprägt wird Kuressaare, das als kleiner Marktflecken am Ufer des Põdus-te-Flusses entstand, von der gut erhaltenen, stark befestigten **Bischofsburg [nördlicher Zugang, N58° 14' 57.0" E22° 28' 53.7"]**. Das westestnische Bistum hatte die Festung errichten lassen, als die Stadt gegen Ende des 14. Jh. zum Bischofssitz erhoben worden war und Kuressaare durch den Ausbau seiner Handelsbeziehungen, insbesondere mit Rīga, wirtschaftlich erstarkte.

Eine schleichende, aber unabwendbare Anhebung des Meeresbodens hatte im Laufe der Jahrhunderte die fatale Folge, dass das Hafenbecken immer kleiner und seichter wurde. Andererseits verlangten die größer werdenden Handelsschiffe aber immer tiefere Häfen. Der Stern der Hafen- und wichtigen Seehandelsstadt Kuresssaare begann zu sinken.

Erschwerend kam hinzu, dass das Bistum aufgelöst und nun die Ländereien durch den dänischen König verwaltet wurden. Nur der Bruder des Königs hatte noch Hoffnung auf eine florierende Wirtschaft und verlieh dem Ort im Jahr 1563 die Stadtrechte.

Immer wieder auftretende Feuersbrünste zerstörten fast schon regelmä-

Mächtig, die Festung und Bischofsburg von Kuressaare,

ßig die alten Holzhäuser. Das Rathaus aus dem 17. Jh. und eben die Burg sind die einzigen Gebäude, die die Brände überstanden. Der letzte verheerende Feuersturm fand während des Nordischen Krieges im Herbst 1710 statt.

Weitere Einzelheiten zur Geschichte von Kuressaare sind im **Saareemaa Museum,** dem Museum der Burg, zu besichtigen, die als eine der besterhaltenen Festungen des Baltikums gilt *(geöffnet 1. - 16. Aug. Mi - So 11 - 18 Uhr; 17. Aug. - 30. Sept. tgl. 11 - 18 Uhr; 1. Okt. - 30. Apr. Mi - So 11 - 18 Uhr, letzter Einlass 1 Std. vor Schließung; www.saaremaamuuseum.ee/ en/)*. In der obersten Etage des Hauptturms mit den diversen Museumsabteilungen befindet sich auch ein nettes Café.

Gebaut wurde die mächtige Burg in der zweiten Hälfte des 13. Jh. Im Laufe der Jahrhunderte wurde sie immer wieder erweitert. So stammen die Rundtürme aus dem 15. und die hohen Erdwälle um die Burg herum aus dem 16. bis 18. Jh. Zwischen der Burg und den Wällen schwappte einst das Wasser der Ostsee. Die Burg von Kuressaare war zur damaligen Zeit eine Festung, die man besser gar nicht versuchte anzugreifen.

Eine Besichtigung des Inneren lohnt sich vor allem wegen des gotischen **Kapitelsaals**, der auch als Festrefektorium genutzt wurde und der **Bischofswohnräume**. Beachtung verdienen aber auch die naturkundlichen Ausstellungen, die Sammlungen zur Stadtgeschichte und zur Schifffahrt sowie die Abteilung über die Zeit des Zweiten Weltkriegs und die Zeit der „Sowjetischen Okkupation und Repressalien auf Saaremaa zwischen 1940 und 1953".

Noch vor wenigen Jahren herrschte eine Tristesse im Stadtbild von Kuressaare, die Touristen eher abschreckte.

In sehr kurzer Zeit hat sich aber viel getan. In der Stadt entstanden zahlreiche neue Gebäude. Unter anderem wurden zwei neue Gesundheitszentren gebaut. Man will an die Zeiten der 1930er Jahre anknüpfen, als Heilschlamm die Stadt zu einem beliebten Kurort gemacht hatte.

Die erste Heilschlammbadeanstalt wurde 1840 gegründet. Weitere folgten. Heute existieren wieder mehrere moderne Thermen- und Kurhotels. Wie das Spa Hotel Meri oder das Spa Hotel Rüütli.

Vor dem Spa Hotel Meri, bei dem sich auch der Wohnmobil-Stellplatz befindet, sieht man ein **Denkmal des Großen Riesen Töll und seiner Frau Pirit [N58° 14' 50.1" E22° 28' 23.7"]**, die

Denkmal des Riesen Töll und seiner Frau Pirit vor dem Spa Hotel Meri in Kuressaare

stolz ein mit Fischen voll beladenes Boot tragen. Die beiden freundlichen Riesen, „die warmherzig, fleißig und gerecht waren, wie Insulaner so sind", halfen Fischern, die in Gefahr waren, so die Sage.

Die Altstadt von Kuressaare, wie man sie heute sehen kann, stammt weitgehend aus dem 18. und 19. Jh. Im **Rathaus,** das direkt am Zentralplatz gelegen ist, befindet sich heute die **Touristeninformation [N58° 15′ 10.0″ E22° 29′ 07.3″]**. Über dem Rathausportal steht der lateinische Text: „Immer füllt es seine Pflicht zu Gunsten der Menschen, wobei es sich immer von seiner Bürgerschaft beraten lässt."

Parkplätze [N58° 15′ 07.03″ E22° 29′ 15.9″] findet man z. B. östlich vom Touristenbüro am Ende der Straße Raekoja.

Wenn Sie das Rathaus verlassen und nach rechts abbiegen, gelangen sie automatisch zur **Laurentiuskirche [N58° 15′ 13.8″ E22° 29′ 11.4″]**, die sich auf der linken Seite befindet. Sie wurde im spätklassizistischen Stil erbaut.

An den östlichen Stadtrand grenzt der Nachbarort **Kudjape [N58° 15′ 48.4″ E22° 31′ 27.6″]**. Dort findet man den Friedhof von Kuressaare, der 1780 angelegt wurde und den Namen des einstigen Gutshofes trägt, der einmal hier stand (Zufahrt auf unbefestigter Staubstraße).

Die Grabsteine des Friedhofes erzählen dem Besucher die gesamte estnische Geschichte. Man findet zahlreiche deutsche Namen der hier früher lebenden so genannten Deutschbalten, bei denen es sich um angesehene Einwohner und Adelsfamilien handelte.

Außerdem sieht man Gedenksteine, die an die Deportationen im Zweiten Weltkrieg erinnern oder auch an den Untergang des Fährschiffes Estonia.

Im westlichen Teil des Friedhofes liegen die Gräber der im Zweiten Weltkrieg gefallenen Soldaten ungeachtet ihrer Nationalität nebeneinander.

Südlich von Kuressaare liegt die 9 qkm große **Insel Abruka** in der Ostsee. Ihr größter Teil steht unter Naturschutz, bietet dennoch Platz für ein Gästehaus, einen Zeltplatz und einen Friedhof, auf dem sich ein Denkmal für die Opfer des Estonia-Unglücks befindet. Nach Abruka pendelt eine **Fähre** von **Roomassaare [N58° 13′ 04.9″ E22° 30′ 19.7″]** (südlich von Kuressaare) aus. Sie fährt in der Zeit von Mitte Mai bis Ende September Di + Fr um 9 und 14.30 Uhr, So um 16 Uhr. Änderungen möglich! Neueste Zeiten bitte im Touristenbüro erfragen.

PRAKTISCHE HINWEISE – KURESSAARE

Touristeninformation [N58° 15′ 10.0″ E22° 29′ 07.3″], Tallinna 2, im Rathaus, EE-93819 Kuressaare, Tel. +372 453 31 20; www.visitsaaremaa.ee/en/. *Geöffnet 1. Juni - 31. Aug. Mo - Fr 9 - 18 Uhr, Sa + So 10 - 16 Uhr; 15. Mai - 31. Mai + 1. - 15. Sept. Mo - Fr 9 - 17 Uhr, Sa + So 10 - 16 Uhr; 16. Sept. - 14. Mai nur nach Vereinbarung.*

RESTAURANTS

La Perla, Lossi 3, Tel. +372 453 69 10; www.laperla.ee/about.html/. Klassische italienische Küche, italienische Weine, angenehmes Ambiente.
Veski Windmill Tavern, Pärna tn 19, Tel. +372 453 37 76; www.saaremaaveski.ee. Ein in einer alten Windmühle eingerichtetes gemütliches Restaurant, inklusive Sitzmöglichkeit im Freien, Live-Musik.

HOTELS

Arensburg Boutique Hotel & Spa, 46 Zi.; Lossi 15, Tel. +372 452 47 00; www.arensburg.ee. Zentral in der Altstadt gelegenes komfortables Mittelklassehotel, Restaurant, Hotelterrasse, Fitnesseinrichtungen, Schwimmbad.
Linna, 18 Zi.; Lasteaia 7, Tel. +372 453 18 88; www.linnahotell.ee Das modern eingerichtete Haus liegt in einer kleinen, ruhigen Seitenstraße im Zentrum. Sauna. Parkplatz.
Saaremaa Spa Hotell Meri, 132 Zi.; Pargi 16, Tel. +372 452 21 00; www.saaremaaspahotels.eu; am Jachthafen gelegen, von einigen Zimmern Blick zur Bischofsburg; zeitgemäßes, modernes Haus der gehobenen Mittelklasse, Zimmer auch zu moderaten Preisen, Restaurant, Fitnesseinrichtungen, Wellness, Kuranwendungen, Schwimmbad, Parkplatz und **Wohnmobilstellplatz**.
In unmittelbarer Nachbarschaft liegen die modernen Kurhotels **Saaremaa Spa Hotell Rüütli** und **Georg Ots Spa Hotell**.

WOHNMOBIL-STELLPLÄTZE

Wohnmobil-Stellplatz Kuressaare [N58° 14′ 53.4″ E22° 28′ 24.5″], Pargi 16. Ganzjährig zugängliche, gebührenpflichtige Stellplatzmöglichkeit auf dem **Parkplatz** neben dem blauen **Saaremaa Spa Hotel Meri**, kurz vor dem Jachthafen City Harbour, Tel. +372 452 21 00; www.saaremaaspahotels.eu/en/, Anmeldung im Hotel. Schattenloser, ebener, asphaltierter, sehr nüchtern wirkender Parkplatz, auf dem man wie auf einem Präsentierteller steht. Platz für ca. 10 Wohnmobile. Stromanschlüsse, Frischwasser, Chemikalausguss. WC- und Duschenbenutzung (Gebühr) im Hotel. Restaurant im Hotel. Die Fitness- und Badeeinrichtungen im Hotel und im benachbarten Rüütli Spa Hotel können (teils gegen Gebühr) mitbenutzt werden. Vor dem Hotel und dem Stellplatz befindet sich eine lange Grünfläche und ein kleines Hafenbecken mit dem Riese Tõll Denkmal. Dahinter sieht man hinter Bäumen die Türme der Bischofsburg.
Wohnmobil-Stellplatz Suure Tõllu Puhkeküla beim Feriendorf Suure Tõllu Puhkeküla, Lilbi, Tel. +372 454 54 04; www.suurtoll.ee/en/; rund 3 km nordöstlich von Kuressaare bei Lilbi an der Straße 10 gelegen; gebührenpflichtige Stellplätze bei einem Feriendorf mit Gästehäusern (69 Zi.), 20 Miethütten, Restaurant, Bar, Grillstelle, Fahrradverleih, WLAN, sowie Duschen, WC und Chemikalausguss.

CAMPING

Mändjala

Camping Mändjala [N58° 13' 07.4" E22° 19' 53.1"], Mändjala küla, Kaarma vald, Tel. +372 502 97 06; www.mandjala.ee/en/; 1. Juni – 16. Aug.; ca. 11 km südwestl. von Kuressaare an der Straße 77 auf der linken Seite gelegen; weitläufiges, welliges Pinienwaldgelände bis ans Meer reichend; Touristenplätze hauptsächlich in Strandnähe neben dem Beachvolleyballplatz in Waldkojen mit sandigem Untergrund; ca. 10 ha – 70 Stpl.; relativ weite Wege zu den Sanitäranlagen, sep. Duschhaus (Gebühr). Restaurant in Saison; Imbiss, Sauna, Fahrradverleih, WLAN auf Teilen des Platzes. 60 Miethütten. Das Plus dieses Platzes ist einzig sein vorgelagerter weiter Sandstrand!

Tehumardi

Camping Tehumardi Puhkekeskus [N58° 10' 48.2" E22° 15' 10.6"], Tel. 372 457 16 66; www.tehumardi.ee; 1. Mai – 20. Okt.; 17 km südwestl. von Kuressaare, Einfahrt unmittelbar an der Straße 77 Richtung Sääre, beschildert. Ebenes Gelände mit lichtem, hochstämmigen Pinienbestand, von Wald umgeben. Im Eingangsbereich kleiner Teich. Einige Stellplätze befestigt. Einer der einladendsten Plätze im Bereich von Kuressaare. Ca. 7 ha – 50 Stpl.; ordentliche, zeitgemäße Sanitärausstattung. Waschmaschine, Sauna, WLAN. Boots- und Fahrradverleih. V & E für Wohnmobile. Miethütten. Zum Meer über die Straße ca. 500 m.

Falls Sie auf die nachstehend beschriebenen **Abstecher** verzichten, bitte weiter mit **„Hauptroute"** weiter hinten!

Abstecher auf die Halbinsel Sõrve

*ROUTE: Von Kuressaare aus führt die breite Landstraße 77 über **Nasva** und **Tehumardi** (Camping siehe oben) südwestwärts erst zur schmalsten Stelle der Halbinsel bei **Salme** und weiter auf die **Halbinsel Sõrve**.*

Der kleine Ort **Tehumardi** war Schauplatz einer blutigen Schlacht wie sie die Insel nie zuvor erlebt hat, als sich hier in der Nacht auf den 9. Oktober 1944 1.500 Soldaten der deutschen Wehrmacht und der Roten Armee gegenüber standen. Rund ein Drittel der Soldaten kamen bei diesem Nahkampf ums Leben.

Ganz in der Nähe des Campingplatzes findet man zwischen Straße und Meer die **Tehumardi Lahinguväli Ge-**

Kriegsgedenkstätte in Tehumardi auf der Halbinsel Sõrve

denkstätte [N58° 10' 37.5" E22° 15' 12.6"] zu Ehren der in den Kämpfen im Oktober 1944 gefallenen russischen und deutschen Soldaten. Der Bildhauer Matti Varik schuf das Denkmal, das 1967 enthüllt wurde und das an diese blutige Nacht erinnert.

Andere „Denkmäler" auf der Halbinsel Sörve sind verbliebene Ortsschilder, zu denen der passende Ort fehlt. Die Orte wurden ebenfalls im Zweiten Weltkrieg zerstört und nicht wieder aufgebaut.

Ein ganz anderes Andenken an die Vergangenheit ist der griechische Frachter „Volare", der im Jahr 1980 vor der Halbinsel strandete. Das Schiffswrack befindet sich dort wo der Lõu-Fluss in die Ostsee fließt.

Abstecher von der Hauptstraße an die Küste sind nicht immer einfach, da sie in aller Regel über unbefestigte, sandige Wege führen.

Mehrere meterhohe **Sanddünen** prägen das Bild der **Halbinsel Sõrve**, die rund 30 km in die Ostsee hinausragt. Sie ist trotz der Nähe zur Inselhauptstadt Kuressaare relativ ruhig und beinahe menschenleer.

An der Südspitze der Halbinsel ragt die **Sääre-Nehrung**, die einstmals besiedelt war, südwärts in die Ostsee. Das Dorf Sääre existiert heute nicht mehr. Nur ein **Leuchtturm** aus dem Jahr 1960 ist von der Siedlung übriggeblieben. Und selbst hier trifft man nur noch einmal im Monat auf einen Mitarbeiter, wenn dieser zur Technikkontrolle vorbeischaut. Ein Vorgänger des heutigen Leuchtturmes wurde schon im Jahr 1170 erbaut und mit Holz und später mit Öl betrieben. Leider ist von ihm seit November 1944 nichts mehr zu sehen. Er wurde damals gesprengt.

Am Beginn der Nehrung liegt rechts der Straße das **Sõrve Militaarmuuseum [N57° 55' 7.90" E22° 3' 26.86"]**, das täglich geöffnet ist. Zu sehen sind hier neben Relikten aus der sowjetischen Militärzeit auch naturgeschichtliche Ausstellungen.

Abstecher in den Westteil der Insel Saaremaa

*ROUTE: Ausgehend von Kuressaare kann man auf der Straße 78 über **Kärla** und **Viki** nach **Kihelkonna** an der zerrissenen, buchtenreichen Westküste von Saaremaa fahren, 33 km*

In **Kihelkonna** stand einstmals eine Kirche ohne Turm. Die Leute von Kihelkonna wollten ihre Kirche absichtlich ohne Turm und so niedrig wie nur irgend möglich bauen, damit sie von See aus von Seeräuber und Piraten nicht gesehen werden konnte. Geholfen hat die Vorsichtsmaßnahme offenbar wenig, das Bauwerk aus dem 13. Jh. wurde trotzdem mehrfach geplündert.

Die **Kirche von Kihelkonna [N58° 21' 36.79" E22° 2' 7.22"]**, die 1899 schließlich doch noch einen Turm bekam, ist heute das einzig Sehenswerte im Dorf. Im Kircheninneren ist ein Altar aus dem 16. Jh. zu sehen.

Geht man an der Kirche vorbei, sieht man einen weiteren Glockenturm. Dieser relativ niedrige Turm stammt aus dem 17. Jh. und ist so platziert, dass auch er vom Meer aus nicht gesehen werden konnte.

Lebhaftere Zeiten erlebte Kihelkonna, als es als Seehafen einen rasanten Aufschwung und eine gewisse Berühmtheit erlebte. Das Postamt wurde sogar mit einem Telegrafen und einem Telefonapparat ausgestattet und Geschäfte siedelten sich an.

Im Nordwesten von Kihelkonna beginnt der **Nationalpark Vilsandi Rahvuspark,** einer der ältesten geschützten Naturräume Europas. Seit dem Jahr 1914 kann man dort Vogelbeobachtungen nachgehen.

Vilsandi, eine 8 qkm große Insel, ist Teil des Nationalparks. Sie zieht jedes Jahr zahlreiche Ornithologen an, da das kleine Eiland von einer großen Anzahl von Seevögeln als Brutgebiet aufgesucht wird. Die Insel, die im Norden von Kiefernwäldern bedeckt und im Süden eher kahl ist, kann von Papisaare aus mit dem Schiff erreicht werden.

Vilsandi-Nationalpark – hier kann man die Einsamkeit genießen.

Die wenigen Einwohner auf Vilsandi arbeiten meistens in der Wetterstation in unmittelbarer Nachbarschaft zum Leuchtturm. Dieser aus Kalkstein bestehende Turm wurde 1809 errichtet. Damals arbeiteten dort 5 bis 8 Leuchtturmwärter: Heute wird aber auch hier in dieser Abgeschiedenheit alles elektronisch geregelt.

In **Viki**, ca. 3 km südöstlich von Kihelkonna, befindet sich das **Bauernhofmuseum Mihkli talumuuseum [Parkplatz, N58° 21′ 00.1″ E22° 04′ 52.7″]** *(geöffnet 15. - 31. Mai + 24. Aug. - 26. Sept. Mi - So 10 - 16 Uhr; 1. Juni - 13. Aug. tgl. 10 - 17 Uhr; www.saaremaamuuseum.ee/en/branches/mihkli-farm-museum/)*. Das Freilichtmuseum, bei dem es sich um einen typischen Bauernhof West-Saaremaas handelt, wurde im Februar 1959 gegründet. Zu sehen gibt es in den acht Gebäuden des Hofes Arbeitsgeräte und Gebrauchsgegenstände. Vieles stammt noch aus dem frühen 19. Jh. als der Hof entstand. Lediglich die neue Mühle, rund 100 m entfernt, stammt aus dem Jahr 2001. Sie ersetzt die 1994 abgebrannte Mühle.

Bauernhofmuseum Mihkli bei Viki

Anfang der 1950er Jahre versuchte die sowjetische Armee eine Eisenbahnlinie auf der Insel zu bauen. Sie sollte den Strandschutz mit Munition versorgen. Ruinen dieser militärischen Anlagen sind noch heute hinter der kleinen Siedlung Viki zu sehen.

Ein gutes Stück weiter südöstlich von Viki und östlich des Weilers Lümanda liegt der **Viidumägi [N58° 17′ 53.7″ E22° 05′ 58.1″]**, die mit 59 m höchste Erhebung der Insel. Als Höhenrücken oder gar als Berg kann man den Viidumägi kaum bezeichnen. Aber immerhin war es die erste Landfläche von Saaremaa, so sagen es Wissenschaftler, die zu sehen war, als sich die Insel in grauer Vorzeit vor mehreren Jahrtausenden langsam aus dem Meer erhob. Noch immer erhebt sich die Insel Saaremaa langsam weiter

Die Pferde von Saaremaa

Im Laufe der letzten Jahre haben sich einige Pferdehöfe auf der Insel Saaremaa entwickelt. Nicht ohne Grund, denn die Pferde von Saaremaa sind ideale Reittiere für Anfänger und Kinder.

Die Rasse wird auch oft als Estnisches Pferd bezeichnet. Sie haben eine Widerristhöhe von ca. 144 cm und haben einen ruhigen Charakter. Gleichzeitig verfügen sie aber auch über eine enorme Leistungsfähigkeit und wurden daher in der schwedischen Armee unter König Gustav II. Adolf genutzt.

Mitte des 19. Jahrhundert wurde das Estnische Pferd nach Russland exportiert, damit es dort weiter gezüchtet werden konnte. Gerne wurde es auf Grund der Größe auch als Nutztier in Bergwerken eingesetzt. Doch lag die Anzahl der Tiere zwischen den Weltkriegen noch bei rund 100.000 so sind es heute nur noch rund 500. Dafür müssen sie aber keine schweren Arbeiten mehr verrichten, sondern werden lediglich im Bereich des Sports oder des Tourismus eingesetzt.

Damit die Rasse erhalten bleibt, gibt es mittlerweile den Verein zum Schutz des Estnischen Pferdes und den Verband der estnischen Pferdezüchter.

aus der Ostsee. Es wird sogar vermutet, dass es nur noch wenige Jahrhunderte dauern wird, bis Saaremaa mit der benachbarten Insel Muhu zusammenwächst.

Vom Viidumägi aus hat man einen schönen Blick über den Westteil von Saaremaa und besonders über das **Naturschutzgebiet Viidumäe**, in dem sich viele seltene Pflanzenarten befinden. Stolz sind die Insulaner auf eine endemische Pflanze, die nur hier gedeiht, den *Saaremaa-Klappertopf* (Rhinanthus osiliensis). Wer sich dafür interessiert, kann sich auf einem Naturlehrpfad durch das Naturschutzgebiet führen lassen und die **Viidumäe-Ausstellung** besichtigen *(geöffnet tgl. zu jeder Zeit; www.visitestonia.com/de/naturlehrpfad-viidumae).*

HAUPTROUTE

*ROUTE: Von Kuressaare auf der Straße 10 über **Upa** und **Valjala** nordostwärts an die Ostküste der Insel Saaremaa.*

Auf dem Weg an die Ostküste kommt man an dem Städtchen **Valjala** vorbei. Dort ist die **Kirche [N58° 24′ 29.16″ E22° 47′ 17.88″]** von Interesse. Sie gilt als die älteste Kirche auf Saaremaa und hat vor allem an der westlichen Giebelfassade noch romanische Baustilelemente und ein schön gearbeitetes Portal.

In unmittelbaren Nähe der Kirche kann man noch die Reste einer fast 120 m langen Wallmauer erahnen, die einstmals zu einer hier stehenden Wallburg gehörte.

Kurz bevor man wieder die Ostsee und den Abzweig der Straße 75 nach Orissaare erreicht, liegt etwas südlich der Hauptstraße 10 die **Pöide-Kirche [N58° 30′ 33.74″ E23° 2′ 52.99″]**, die mehr an eine Festung als an eine Kirche erinnert. Hohe Kalksteinmauern mit schmalen Fensteröffnungen prägen das Bild des Gotteshauses und besonders des trutzigen Turms.

Im Inneren ist der Chorbereich restauriert worden, nachdem 1940 der Kirchturm durch einen Blitzeinschlag in Brand geraten war, die Kirche nach dem Krieg geplündert und das gesamte Bauwerk anschließend als Heuschober benutzt wurde.

An der Kanzel auf der Nordseite befindet sich ein Grabstein, der an einen Ritter erinnert. Dieser ehemalige estni-

Insel Ruhnu und der einsame Pfarrer

Ruhnu, die Insel zwischen Rīga und Saaremaa ist nur 16 km² groß. Dennoch oder gerade deswegen war die Insel der Grund für einen Zeitungsartikel in der Westdeutschen Allgemeinen Zeitung in 2005. Worum es ging? Um den dorfeigenen 78jährigen Pfarrer Harri Rein und seine Arbeit.

Jeden Sonntag ging der brave Gottesmann in die Kirche, um zu predigen. Doch fast jeden Sonntag war er ganz alleine in dem Gotteshaus. Die meisten der 60 Einwohner hatten anscheinend keine Zeit oder keine Lust zum Kirchgang. Pfarrer Rein hatte sich in seinem Priesterleben daran gewöhnt – wenn schon am Sonntag keiner kommt, dann dürfte unter der Woche erst recht kein Kirchengänger zu erwarten sein. Doch der Pfarrer hielt dennoch jeden Morgen eine Messe. Er sagte, so die Zeitung, dass er sich sicher ist, dass „ihm wenigstens die Engel zuhören". Und Harri Rein, der einsame Pfarrer von Ruhnu, dachte nicht daran einfach zu resignieren. Im Gegenteil. Er arbeitete an einem eigenen Gebetbuch. Der Titel sollte lauten: „Die 1000 Gebete der Insel Ruhnu." Leider gibt es auf Ruhnu keine Buchhandlung, so dass Pfarrer Rein seine Gemeinde wohl auch auf diesem Wege nicht erreichen konnte.

sche Gutsherr wurde im dänischen Kopenhagen enthauptet, weil er sich zu Schweden bekannte.

Gleich hinter der Kirche lag einer der ältesten Gutshöfe Saaremaas, das Gut Oti. Die Ländereien befinden sich heute in Privatbesitz. Auf Gut Oti starb 1917 der deutsche Dichter Walter Flex.

ROUTE: *Von der Kirche zurück zur Hauptstraße 10 und auf der Straße 75 rund 5 km nordwärts bis nach* ***Orissaare****.*

Der Küstenort **Orissaare** kann auf eine kuriose Gemeindechronik verweisen. In den 1920er Jahren plante man hier eine Industriesiedlung. Zusätzlich sollten 50 Haushalte angesiedelt werden. Doch eines haben die Planer vergessen – die Flächen für die Industrieanlagen auszuweisen bzw. zu schaffen. Den Neusiedlern, die sich Arbeit in den Industriebetrieben versprochen hatten, blieb nun nichts anderes übrig, als sich in das ländliche Leben der hier bereits ansässigen Bewohner, die hauptsächlich in der Viehzucht tätig waren, einzufügen.

Im Laufe der Zeit entwickelte sich Orissaare zu einem Bezirkszentrum mit Gymnasium und Bibliothek. Darüber hinaus kann der Ort, in dem heute ständig kaum mehr als 900 Menschen leben und der schon von weitem durch die riesige Sendeantenne zu erkennen ist, einen Segelhafen vorweisen, eine Einrichtung, die Orissaare den Weg hin zum Urlaubsort ebnen soll.

Neben dem Segelhafen von Orissaare sieht man ein Überbleibsel eines alten Schiffes. Es war ein historisches Schiff. Man entdeckte es im Jahr 1985 vor der Küste im lehmigen Meeresboden wieder und fand heraus, dass der Kahn ein Frachtensegler war, mit dem Steine und Kalk für den Bau der Ordensburg Masilinna antransportiert wurde.

Nur fünf Autominuten weiter nördlich erreicht man bei **Maasi** die Ruinen der ehemaligen **Ordensburg Masilinna [N58° 34' 32.43" E23° 2' 10.15"]** aus dem 14. Jh.

Zerstört wurde die Burg übrigens auf Befehl des dänischen Königs, der sie sprengen ließ, damit sie nicht in die Hände der Schweden fällt. Die Burg soll restauriert werden.

ROUTE: *Über die Straße 75 gelangen wir von Orissaare entlang der Küste ostwärts zur Landstraße 10 und zum Straßendamm zur* ***Insel Muhu****.*

Insel Muhu

Muhu, die drittgrößte Insel Estlands, liegt zwischen Saaremaa und dem estnischen Festland. Die Insel Muhu ist mit einem Damm, auf dem die Verbindungsstraße verläuft, mit der Insel Saaremaa verbunden.

Ein Pastor namens Carl Wilhelm Freundlich aus Liiva (Insel Muhu) hatte die Idee zu diesem 1896 fertiggestellten Damm, der zu Beginn natürlich nicht so befestigt war wie heute. Im Winter kam es deshalb oft genug vor, dass das Eis der Ostsee den Damm zur Seite drückte. Erst im Laufe der Zeit wurden Straße und Damm befestigt. Nun war ein gefahrloses Passieren möglich. Bei der Findung der besten Trassenführung nutzte man geschickt mehrere kleine Inseln im Sund.

Benannt wurde der Damm, der nach vierjähriger Bauzeit fertiggestellt werden konnte, zunächst nach dem russischen Gouverneur Zinovjev. Die Esten nannten den Damm dann später einfach Väina tamm (Damm der Meerenge).

Bis zum Jahr 1914 existierte sogar ein Wärterhäuschen am Ufer von Muhu und ein Bediensteter regelte den Verkehr über den Damm.

Der Bau des Dammes war natürlich auch ein Eingriff in die Natur. Die nun geschlossene Meerenge zwischen den beiden Inseln wuchs und wächst auf Grund der ausbleibenden Strömung langsam mit Schilf zu.

An der Stelle, wo sich vor mehr als einhundert Jahren das Wärterhäuschen befand, ist heute das Kriegsdenkmal der trauernden Mutter und ein Gedenkstein sowie eine Infotafel zum Dammbau zu sehen.

Heute leben auf Muhu kaum mehr als 1.500 Menschen. Aber selbst die geringe Zahl an Einwohnern müht sich seit Generationen, die eigenständigen Traditionen und Bräuche zu bewahren. Auf den nationalen Sängerfestivals zum Beispiel fallen die Sänger von Muhu immer besonders auf, da ihre Trachten äußerst farbenfroh sind. Die Männer tragen schwarz-orangefarbene Strickjacken und die Frauen gelbgestreifte Röcke.

Gleich nach der Überquerung des Dammes passiert die Straße 10 die rechts der Straße gelegene und 1980 komplett restaurierte **Windmühle Eemu tuulik [Parkplatz, N58° 34′ 53.73″ E23° 9′ 54.44″],** die einzige Bockmühle von 1881 auf rundem Sockel aus Naturstein weit und breit, die noch in Betrieb ist und besichtigt werden kann *(geöffnet 15. Mai - 15. Sept. tgl. 9 - 18 Uhr; 16. Sept. - 14. Mai Mi - So 10 - 17 Uhr; https://www.visitestonia.com/en/eemu-windmill).*

Auf der Hauptstraße 10, die quer über Muhu verläuft, erreicht man nach rund 13 km zwischen den Orten **Viira** und **Liiva** die **Katharina-Kirche - Katariina kirik [Parkplatz; N58° 36′ 14.4″ E23° 13′ 36.6″]**, einen Kirchenbau aus dem Jahre 1267, der durch seine teleskopartige Bauweise auffällt und im Inneren eine schöne **Holzkanzel** im Renaissance-Stil aufweist. Wie so vielen Kirchen auf Muhu und Saaremaa fehlt auch hier der Kirchturm. Neben der Kirche liegen uralte, halb in der Wiese versunkene Wegkreuze und die Campingmöglichkeit Aki (s. u.).

Man sollte Muhu aber nicht einfach nur durchqueren. Machen Sie – wenn Sie ein bisschen Zeit mitbringen – einen Abstecher zum südlichen Teil des Eilands und besuchen Sie dort den **Gutshof Pädaste**. Das Anwesen besteht aus einigen Gehöften, die als Lehngut zusammengeschlossen wurden und seit 1566 das Gut Pädaste bilden. Die Gutsbesitzer wechselten sich im Laufe der Zeit immer wieder ab, stammten aber in der Regel aus den Adelsfamilien Saaremaas.

Der Gutshof wird von fünf Granitgebäuden umgeben und liegt so nah am Meer, wie kein anderes Gut im gesamten Baltikum. Den Stallungen und der Käserei gegenüber stehen Schmiede, Werkstatt und Speicher. Das zweistöckige Haupthaus wurde im Jahr 1875 errichtet. Der Pferdestall und die Käseküche wurden zu einer Luxusherberge ausgebaut. Besichtigungen waren zuletzt nicht mehr möglich!

Im Norden der Insel liegt das kleine Dorf **Kallaste,** nicht zu verwechseln mit

PRAKTISCHE HINWEISE – INSEL MUHU

Feste und Folklore – Musikfestival im Juli.

HOTEL – PÄDASTE

Hotel Pädaste, Pädaste, Muhu, Tel.: 45-48 80 0, Fax: 45-48 81 1, Web: www.padaste.ee, E-Mail: info@padaste.ee. Luxuriöses Hotel im oben beschriebenen Gutshof, über das schon im Wall Street Journal und in der Times berichtet wurde. Man kann wählen zwischen herkömmlichen Zimmern, einer Unterkunft im Gästehaus oder sogar einem kompletten Privathaus mit allem erdenklichen Komfort. Geöffnet hat es ganzjährig außer im Februar.

CAMPING – LIIVA/VIIRA, INSEL MUHU

Camping Aki Körts [N58° 36' 14.2" E23° 13' 28.3"], Liiva, Tel. +372 514 82 11; www.muhu.info/aki-Kamping; Mai – Okt.; einfache Campingmöglichkeit (ca. 1 ha, Waschmaschine, Trockner) bei einem Gasthof/Pub mit acht Mietbungalows direkt neben der Katharinenkirche in Liiva.

der gleichnamigen Ortschaft weiter östlich am Peipus-See.

Die Küste bei Kallaste auf Muhu ist sehr steil und bis zu 7 m hoch. Im Laufe der Zeit hat das Meer Höhlen aus den Steilhängen gewaschen. Das Dolomitgestein hier ist ca. 3.000 Jahre alt.

Am westlichsten Zipfel der Insel Muhu (6 km Stichstraße) befindet sich das **Museumsdorf Koguva [Parkplatz, N58° 35' 43.4" E23° 05' 00.3"]** *(geöffnet 15. Mai - 15. Sept. tgl. 9 - 18 Uhr, übrige Zeit Di - Sa 10 - 17 Uhr; www.muhumuuseum.ee)*. Einige der Häuser, die bis zu 200 Jahre alt sind, werden heute noch bewohnt. Ansonsten sind in den Museumshäusern Bauernstuben, Schlafräume, aber auch Scheunen, Stallungen, Gesinderäume, Werkstätten etc. aus früheren Jahrhunderten zu besichtigen.

Autofähren zwischen **Kuivastu** (Insel Muju) und **Virtsu** (estnisches Festland) verkehren im Sommer täglich von morgens bis 22.50 Uhr etwa im Stundentakt. In der übrigen Zeit verkehren die Fähren zwar auch täglich, aber weniger häufig. Die Überfahrt dauert knapp 30 Minuten. Infos zu Preisen und detaillierten Fahrplänen findet man unter https://www.praamid.ee/wp/timetable-for-saaremaa-route/?lang=en.

*ROUTE: Vom Hafenort **Kuivastu** an der Ostküste der Insel Muhu mit der Fähre nach **Virtsu** auf dem Festland. Ab Virtsu über die Straße 10 bis nach **Lihula** und ab dort auf der Straße 60 südostwärts über **Nätsi** und **Audru** bis nach **Pärnu**.*

In **Virtsu** kann man am nördlichen Ortsrand rechts der Straße 10 das kleine private **Oldtimer-Museum [N58° 35' 12.35" E23° 31' 47.07"]** des pensionierten Juristen Valerie Kirss besuchen, Linnamää tänav 11, *(geöffnet 1. Juni - 1. Sept. tgl. 10 - 18 Uhr; https://www.visitestonia.com/de/oldtimer-museum-von-kirss-in-virtsu oder http://kirsimuuseum.ee/)*. Dort sind mehrere Pferdekutschen, alte Autos und Fahrräder ausgestellt, unter anderem auch ein Fahrzeug von Chruschtschow und eines von Stalin. Das Museum ist in der kleinen Scheune eines ehemaligen Herrenhauses unter-

CAMPING – VOOSE

Camping Voosemetsa [N58° 38' 44.54" E23° 39' 40.53"], Tel. +372 505 2679; https://www.visitestonia.com/de/erholungsdorf-des-ferienhofs-voosemetsa; 1. Mai – 30. Sept.; rund 12 km nordöstlich des Fährhafens Virtsu und ca. 2,5 km nördlich der Straße 10 (Virtsu – Lihula); naturbelassene Waldwiese mit Einfachausstattung, bei einem Wohnhaus.

gebracht und hebt sich deshalb wohltuende von großen Ausstellungshallen ab.

Pärnu (Pernau), eine Stadt mit rund 51.000 Einw., liegt an der Mündung des Pärnu-Flusses in die Ostsee. An der Flussmündung fand man Spuren, die auf Ansiedlungen vor rund 11.000 Jahren hinweisen.

Erstmalig erwähnt wurde Pärnu im Jahr 1241. Damals wurde die Siedlung als Hafen von *Perona* erwähnt. Später errichtete man die Domkirche um die sich erste feste Ansiedlungen etablierten, die aber in der zweiten Hälfte des 13. Jh. durch einfallende Litauer wieder zerstört wurden.

Konrad von Madern, ein Ritter des Deutschen Ordens, war für den Wiederaufbau verantwortlich.

Man baute aber nicht eine, sondern gleich zwei neue Städte. Zum einen wuchs um die Domkirche erneut das alte Pärnu, während sich auf der linken Flussseite Uus-Pärnu (Neu Pärnu) wesentlich schneller entwickelte. Neu-Pärnu erhielt bereits im Jahr 1318 Stadtrechte. Im Laufe der Jahre und nach weiteren Zerstörungen durch Kriege und Feuer wuchsen die beiden Ortsteile zusammen und Pärnu entfaltete sich zu einer Großstadt.

Um die Wende zum 17. Jh. wurde in Pärnu sogar für einige Zeit die Universität von Tartu untergebracht.

Den wahren Aufschwung erlebte Pärnu erst durch den Bau einer **Badeanstalt für Schlammkuren**. Die 1838 fertiggestellte Badeanstalt besaß fünf Baderäume, in denen die Kurgäste Warmwasserbäder nehmen konnten. In den Wintermonaten waren die Baderäume als Sauna nutzbar.

Mit der Badeanstalt war für Pärnu der Grundstein als „Sommerhauptstadt Estlands" gelegt. Im Ersten Weltkrieg brannte die ganz aus Holz erbaute Badeanstalt komplett ab und konnte erst 1927 wieder aufgebaut werden.

Im heutigen Schlammkurbad werden Knochen- und Gelenkkrankheiten, Erkrankungen am Nervensystem und gynäkologische Erkrankungen behandelt. Dabei werden unter anderem Wasser-, Schlamm- oder Lasertherapien sowie Akupunkturen angewendet.

Die Einwohner von Pärnu waren die ersten Esten, die über eine regelmäßige Zeitung in estnischer Sprache verfügten. Johann Voldemar Jannsen gründete 1857 die Zeitung „Perno Postimees" und exakt 80 Jahre später gab es eine weitere Neuheit. 1937 legte das Schiff im Hafen von Pärnu ab, das die erste regelmäßige Fährverbindung über die Ostsee begründete.

Während der Sowjetherrschaft war der Hafen von Pärnu für fast fünf Jahrzehnte geschlossen und kann erst seit 1990 von der allgemeinen Schifffahrt wieder angesteuert werden.

Motorisierte Besucher finden **Parkplätze (1)** am ehesten im Norden der Stadt beim **Port Artur Einkaufszentrum [N58° 23' 11.5" E24° 30' 14.3"]** an der Lai-Straße unweit nördlich des Busbahnhofs und östlich des Pärnu Museums, dann an der **Brücke über den Pärnu-Fluss [N58° 23' 14.3" E24° 29' 43.9"]** in der Kalda Straße und schließlich westlich vom **Kursaal [Parkplatz, N58° 22' 36.7" E24° 29' 32.6"]**. Straßenparkplätze, in der Sommerferienzeit kaum zu ergattern, sind Mo - Fr 8 - 18 Uhr gebührenpflichtig (Parkautomaten), erste 60 Min. (am Strand 30 Min.) mit Parkscheibe frei.

Unser **Stadtspaziergang durch die Altstadt** von Pärnu startet an dem kleinen Stadtpark Lastepark am **Touristeninformationsbüro (4) [N58° 23' 06.8" E24° 29' 57.0"]** im Rathaus in der Uus 4.

Beachtung verdient die klassizistische Fassade des **Rathauses Raekoja (3)**. Es wurde 1797 errichtet. Der russische Zar Alexander I. hielt sich 1806 während seines Pärnu-Aufenthaltes hier auf.

Unweit westlich des Rathauses erhebt sich die unübersehbare gelb-grüne **St. Katharinenkirche - Katariina kirik (2) [N58° 23' 06.5" E24° 29' 52.5"]**. Sie wurde 1768 auf Befehl von Zarin Katharina II. erbaut, die vier Jahre zuvor die Stadt besucht und an einem Gottesdienst in einer Kirche teilgenommen hatte, die vorher an dieser Stelle stand. Der Innenraum der St. Katharinenkirche ist dunkel gehalten und wird dominiert von barocken und frühklassizistischen Einrichtungen. Der Grundriss des barocken Gotteshauses stellt ein griechisches Kreuz dar. Zahlreiche apostolische Kirchenbauten in Estland orientierten sich an der St. Katharinenkirche von Pärnu.

Die St. Katharinenkirche in Pärnu

Geht man am Rathaus vorbei die Nikolai Straße nach Norden und überquert die Hauptstraße Pikk, kommt man zum **Pärnu Museum (5) [N58° 23′ 12.4″ E24° 29′ 59.2″]**, Aida 3. Auf zwei Etagen vermitteln die Ausstellungen einen Einblick in die Geschichte der Stadt und der Region seit der ersten Besiedlung *(geöffnet Di - So 10 - 18 Uhr; www.parnumuuseum.ee/en/)*.

An der Südseite des Lasteparks am Rathaus verläuft die Hauptstraße der Stadt, die **Rüütli-Straße** nach Osten. Die Rüütli ist heute Fußgängerzone mit zahlreichen interessanten Wohn- und Geschäftshäusern. Das Gebäude der ehemaligen **Zentralbücherei** z. B. stammt aus dem Jahr 1875 und wurde im Neo-Renaissance-Stil errichtet. Das Geschäftshaus gegenüber, Rüütli Straße Nr 27, stammt aus dem Jahr 1903.

Zwei Häuser weiter rechts steht seit 1681 das **Haus mit dem Treppenaufgang**. Hier verweilte der schwedische König Karl XII. 10 Tage lang, bevor er mit seinen Truppen weiter in Richtung Narva zog. Er war nicht die einzige historische Persönlichkeit, die hier nächtigte. Auch Katharina II., die über ein halbes Jahrhundert später hier war, nahm im Haus Quartier.

Geht man die Rüütli Straße weiter nach Osten, erreicht man das Haus Nummer 40. Es ist das ehemalige **Schulhaus** aus der Zeit um 1860. Das Gebäudes hat schon so ziemlich jede Institution beherbergt. Nach dem Mädchengymnasium zog das Büro der Eisenbahngesellschaft ein. Während der Sowjetherrschaft dann war hier ein Club für junge Offiziere der Sowjets eingerichtet. Und heute haben sich in der alten Schule eine Spielhalle und ein Nachtclub etabliert.

Nummer 41 gegenüber ist ein schönes Beispiel für einen Jugendstilbau, während Haus Nummer 45 zwar im gotischen Stil, aber erst Ende des 19. Jh. errichtet wurde. In ihm befindet sich unter anderem das Konditorei-Café Elleni Pagariäri & Kohvik und das Bristol Hotel, das nach der Okkupation restauriert wurde.

*PÄRNU (PERNAU) – **1** Parkmöglichkeit – **2** St. Katharinenkirche – **3** Rathaus – **4** Touristeninformation – **5** Pärnu-Museum – **6** apostolisch-orthodoxe Kirche – **7** Elisabeth-Kirche – **8** Tallinner Tor – **9** Kuursaal und Raimond Valgre Denkmal – **10** Mini-Zoo – **11** Richtung Campingplatz – **12** Rannahotel, Promenade – **13** Endla Theater – **14** Lydia Koidula Denkmal im Koidula Park – **15** Tervise Paradiis Spa Hotel Waterpark*

Etwas weiter nach Südosten sieht man die **apostolisch-orthodoxe Kirche (6) [N58° 23′ 02.3″ E24° 30′ 20.0″]** aus dem Jahr 1904 und das Denkmal, das an das ehemalige „Endla"-Theater erinnern soll, welches im Zweiten Weltkrieg an dieser Stelle zerstört wurde.

Über die Kuninga Staße westwärts vorbei am Koidula Park mit dem **Lydia Koidula Denkmal (14) [N58° 23′ 00.2″ E24° 30′ 13.3″]**. Lydia Koidula (1843 – 1886) war eine der herausragenden Dichterinnen Estlands des 19. Jh. Ihr Erstlingswerk, das romantische Gedicht „Am Dorfwegrand" verfasste sie noch in Deutsch, der Umgangssprache des gehobenen Bürgertums der damaligen Zeit in Estland. Ihr Vater, Johann Voldemar Jannsen, brachte in Pärnu die erste estnische Zeitung „Perno Postimees" heraus.

Ein zu Ehren von Lydia Koidula eingerichtetes **Museum,** das **Koidula Museum [N58° 23′ 26.8″ E24° 29′ 06.6″]** findet man in der Straße Jannseni 37 am nördlichen Pärnu-Ufer *(geöffnet Di - Sa 10 - 18 Uhr; www.parnumuuseum.ee/koidula-muuseum; derzeit wegen Renovierung geschlossen).*

Kurz nach dem Koidula Park kann man links in die Nikolai Straße einbiegen, wo sich die barocke **Elisabeth-Kirche (7) [N58° 23′ 00.2″ E24° 30′ 13.3″]** befindet *(geöffnet Di, Mi, Fr 9 - 10 Uhr, Do 18 - 19 Uhr, So 10 - 11 Uhr)*. Als die einzige lutherische Kirche der Stadt weggenommen und der russischen Garnison zur Verfügung gestellt wurde, spendete die Kaiserin 8.000 Rubel, um eine neue Kirche errichten zu lassen. Ende des 19. Jh. wurde die Kirche um- und ein Querschiff an der Südseite angebaut. Verziert ist nur die Westfassade.

Wenn Sie von der Elisabeth-Kirche die Kuninga Straße weiter nach Westen gehen, gelangen Sie zum **Tallinner Tor**

Das Tallinner Tor in Pärnu

- Tallinna Värav (8) [N58° 23' 01.4" E24° 29' 42.0"] in einer Parkanlage. Dieses im Südwesten der Altstadt gelegene Bauwerk – auch Königstor nach König Carl Gustav – genannt, ist das einzig übrig gebliebene Stadttor seiner Art im ganzen Baltikum und es ist ein Überbleibsel eines Walls, der in der zweiten Hälfte des 17. Jh. rund um Pärnu angelegt wurde. Das Tallinner Tor ist eines von dreien, die einstmals in die Stadt führten. Zudem gab es sieben Bastionen, die nach den Himmelsobjekten Mond, Sonne, Jupiter, Merkur, Mars, Venus und Saturn benannt waren.

Neben dem Tallinner Tor blieb nur noch ein kleines Stück des Festungswalls zwischen dem Tor und der Venus-Bastion übrig. Der Rest wurde in der Zarenzeit eingeebnet.

Der Weg durch das aus Granit- und Ziegelsteinen errichtete und mit Dolomit verzierte Tallinner Tor führt aber nicht direkt auf Tallinn zu, wie der Name vermuten lassen könnte. In Zeiten als das Tor entstand, in den Jahren 1675 bis 1686, gab es noch keine Brücke über den Fluss Pärnu, so dass die Straße nach Tallinn erst nach Westen führte und später nach Norden abzweigte. Die Brücke über den Fluss wurde erst im Jahr 1803 gebaut.

Heute kann der Besucher in Pärnu die Ausdehnung der Wallanlage noch gut erahnen, wenn er der Grünanlage folgt, die sich an Stelle der Befestigungen heute um den Altstadtkern erstreckt.

Der Boulevard Mere pst. führt an alten **Holzvillen** vorbei südwärts zum Strand.

Haus Nummer 7 am Mere Boulevard, die **Ammende Villa [N58° 22' 50.0" E24° 29' 32.6"]** (elegantes Hotel-Restaurant mit 17 Zi., www.ammende.ee, einladende Zimmer, vorzügliches Restaurant, schöner Hotelgarten – eine Empfehlung!), gilt als eines der besten Beispiele für den frühen Jugendstil in Estland. Es wurde 1905 fertig gestellt und diente in der Zeit von 1927 bis 1935 als Sommercasino für Wohlhabende und nach dem Zweiten Weltkrieg als Club.

Eine weitere interessante Villa liegt auf der gegenüberliegenden Straßenseite. 1945 war dort ein Teil des städtischen Sanatoriums eingerichtet.

Auf dem weiteren Weg zum Strand passiert man die Zufahrt zu einem Strandparkplatz und etwas später den **Kuursaal (9) [N58° 22' 35.1" E24° 29' 37.0"]**. Er wurde 1880 erbaut und hat eine zylindrische Bühne. Bei dem doppelten Buchstaben „u" handelt es sich

Raimond-Valgre-Denkmal beim Kursaal in Pärnu

übrigens nicht um einen Tippfehler, sondern um das estnische Wort für Kursaal, das wie im Deutschen ausgesprochen wird.

Hinter dem Kuursaal sieht man in einer kleinen Parkanlage das **Denkmal für Raimond Valgre** (1913 – 1949) **[N58° 22' 34.80" E24° 29' 39.74"].** Valgre war ein überaus beliebter estnischer Komponist, Unterhaltungs- und Tangomusiker. Sehr bekannt im Land ist sein Walzer „Saaremaa valss". Während Sie das Denkmal betrachten, werden Sie dezent mit Tangomelodien des Komponisten berieselt.

Unweit westlich vom Kurpark und vom Kuursaal liegt ein großer **Parkplatz (1) [N58° 22' 37.49" E24° 29' 30.86"]**. Der sich hier hinter einem breiten Dünengürtel ausdehnende breite **Sandstrand** ist allerdings exklusiv der Damenwelt vorhalten und deutlich mit „Ladies Beach", also als „Frauenstrand" gekennzeichnet. Bereits 1920 wurde der Frauenstrand in Pärnu eingerichtet, um es Damen zu ermöglichen, ungestört und heute auch hüllenlos am Strand liegen zu können.

Und männliche Wesen sollten gar nicht erst auf die Idee kommen, hier baden zu wollen. Ihr Strand liegt weiter östlich.

Vom Kuursaal nach Osten verläuft die **Strandpromenade** (Ranna pst) und erreicht als nächstes die **Badeanstalt**, einen Bau im neoklassizistischen Stil.

Flankiert wird die Badeanstalt vom **Strandcafé** und dem **Strandhotel Ranna (12)** (Ranna pst 5; 63 Zi.; www.rannahotell.ee), das nach einer grundlegenden Restaurierung im Jahr 1994 wieder eröffnet wurde. Von den Zimmern hat man einen wunderschönen Blick auf das Baltische Meer.

Eine nicht nur bei Kindern überaus beliebte Abwechslung bietet das Spaßbad im **Tervise Paradiis Waterpark (15) [Parkplatz, N58° 22' 25.2" E24° 30' 40.4"]**, Side 14, mehrere Pools, Wasserrutschen, Pool mit Kletterwand *(geöffnet tgl. 11 - 22 Uhr; www.terviseparadiis.ee/en/)*. Der Badelandschaft Tervise Paradiis ist ein Wellnesshotel angegliedert.

Unweit südlich vom Tervise Paradiis Waterpark liegen **Parkplätze [N58° 22' 21.04" E24° 30' 29.81"]**. Von dort führt ein holzbeplankter Rundweg durch die Marschen am Meer.

Noch weiter östlich kommt man am Meer zum Aussichtsturm **Mai Linnuvaatlus Torn [N58° 21' 57.70" E24° 31' 34.85"]**, der auch gerne zur Beobachtung von Strand- und Wasservögeln genutzt wird.

Bei klarer Sicht kann man von hier bis zur **Insel Kihnu** sehen, die in der Bucht von Pärnu liegt. Der Leuchtturm an der Südspitze der Insel ist meist gut erkennbar.

Interesse an Reptilien? Dann sollten Sie dem **Mini-Zoo (10) [N58° 23′ 02.4″ E24° 29′ 42.0″]**, Vana-Tallinna 1, am Nordwestrand der Stadt Pärnu einen Besuch abstatten *(geöffnet Mo - Fr 10 - 18 Uhr)*. Der Name des Tiergartens ist Programm, denn ein größeres Lebewesen als eine 5 m lange Netzpython wird man hier nicht finden. Hauptsächlich sind Schlangen, Spinnen und Reptilien zu sehen. Der Mini-Zoo stellt aber nicht nur Tiere aus. Hier wird auch gezüchtet und über die Lebensweisen der Tiere geforscht.

PRAKTISCHE HINWEISE – PÄRNU

Touristeninformation (4) [N58° 23′ 06.8″ E24° 29′ 57.0″], Uus 4, EE-80011 Pärnu, Tel. +372 447 30 00; https://visitparnu.com/de/; im Rathausgebäude. *Geöffnet 15. Mai - 15. Sept. tgl. 9 - 18 Uhr; 16. Sept. - 14. Mai Mo - Fr 9 - 17 Uhr, Sa + So 10 - 14 Uhr.*

RESTAURANTS

Steffani Pizzarestoran, Nikolai 24, Tel. +372 443 11 70; http://steffani.ee/en/steffani/; Pizza in allen erdenklichen Varianten, Salate, Pasta, aber auch andere Gerichte, man kann auch draußen sitzen.

Supelsaksad, Nikolai 32, Tel. +372 442 24 48; www.supelsaksad.ee; das stadtbekannte und traditionsreiche Kaffeehaus wurde schon als „Bestes Café in Estland" ausgezeichnet. Man kann hier auch etwas essen (Salate, Pasta etc.) und dabei das gelegentlich recht illustre Publikum betrachten. Im Suplesaksad verkehrt Jung und Alt.

HOTELS

Rannahotell, 62 Zi.; Ranna pst 5, Tel. +372 444 44 44; www.rannahotell.ee; ein blendend weißes Strandhotel im Stil der 30er-Jahre mit sehr gutem Komfort, zwischen Promenade und Meer gelegen. Von vielen Zimmern schöner Meerblick. Restaurant mit Terrasse, Parkplatz.

Hotel Pärnu, 80 Zi.; Rüütli 44, Tel. +372 447 89 11; https://www.hotelparnu.com/en/; modernes Hotelhochhaus, zentral gelegenes, komfortables Mittelklassehotel. Restaurant, Bar, Sauna, Fitnesseinrichtungen, Parkmöglichkeit.

CAMPING

Camping Konse Motel [N58° 23′ 04.8″ E24° 31′ 33.7″], Suur-Jõe 44a, Tel. +372 534 35 092; www.konse.ee/de/. 1. Jan. – 31. Dez.; im östlichen Stadtbereich von der Straße 4 an der ampelgeregelten Kreuzung am Maxima Supermarkt abzweigen, beschildert; zwei getrennte Wiesen mit einigen Bäumen, auch einige befestigte Stellflächen, direkt am Fluss Pärnu, hinter einem Fabrikgelände; ca. 1,4 ha – 100 Stpl.; gute Sanitärausstattung. Restaurant, Café, Sauna, Waschmaschine, Trockner, Sauna, WLAN, Internetecke, Fahrrad- und E-Bikeverleih. Miethütten. Campingküche. V & E für Wohnmobile. Gästehaus mit 30 Fremdenzimmern.

Camping Solar Caravan Park [N58° 25′ 27.01″ E24° 21′ 45.23″], Lõosilma talu, Lemmetsa küla, Tel. +372 566 21 955; www.solarcaravan.ee/de/; 1. Jan. – 31. Dez.; von Pärnu auf der Straße 60 (Pärnu – Lihula) ca. 8 km westwärts bis zum Abzweig zum Platz; ebene Wiese, durch junge Bepflanzung unterteilt; ca. 2 ha – 60 Stpl.; Standardsanitärausstattung. Imbiss, Kiosk, WLAN, Grillstelle, Fahrradverleih. Strom wird vollständig mit Solarenergie erzeugt.

OBLAST KALININGRAD

1 Tour – ca. 3 Tage

Die Erlöserkathedrale in Kaliningrad

EXTRA TOUR
TOUR18: RUND UM KALININGRAD (KÖNIGSBERG)

Länge der Tour: Rund 470 km, ohne Abstecher.

Route: Straße A195 bis **Kaliningrad (Калининград)** – A229/E28/E77 über **Černjahovsk (Черняховск)** bis **Gusev (Гусев)** – Straße 198 bis **Sovetsk (Советск)** – Straßen A216/E77 und A229/E28/E77 bis **Kaliningrad (Калининград)** – Straße 193 bis **Primorsk (Приморск)** – Straße 192 über **Svetlogorsk (Светлогорск)** bis **Želenogradsk (Зеленоградск)** – Straße P515 über die **Kurische Nehrung** bis **Litauen.**

Reisedauer: Mindestens zwei, besser drei Tage.

Höhepunkte: **Königsberger Dom** ** – das **Kant-Museum** und das **Bernsteinmuseum** ** in Kaliningrad – rund um den **Platz Pobedy** – Königin-Luise-Brücke in **Sovetsk** *.

Tipps zu Reisen nach Kaliningrad

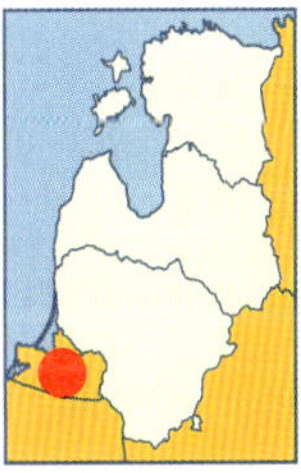

Zur Einreise in die Russische Föderation ist ein Visum notwendig. Die Beschaffungsprozedur ist immer noch langwierig. Näheres unter **„Praktische und nützliche Informationen von A bis Z – Einreisebestimmungen – Einreise nach Russland (Kaliningrad)“** weiter hinten.

Seit 1. Juli 2019 können Staatsangehörige der EU-Staaten, ohne Großbritannien, ein kostenfreies elektronisches Visum für das Kaliningrader Gebiet zur einmaligen Einreise für maximal 8 Kalendertagen, nicht acht 24-Stunden-Tage, beantragen. Genaue Informationen geben die Webseiten https://germania.diplo.de/ru-de/service/11-InformationenfuerTouristen/-/2216046 und/ oder www.russische-botschaft.ru/de/consulate/visafragen/elektronische-visa-fuer-besucher-des-kalinigrader-gebiets/). Auf der Webseite des Auswärtigen Amtes ist über das kostenfreie elektronische Visum zur Einreise in die Oblast Kaliningrad aber auch zu lesen: „Bereits die geringste Zeitüberschreitung von wenigen Minuten (z.B. durch lange Wartezeiten an der Grenze) wird mit Bußgeld und Gerichtsverfahren geahndet und kann zu einer Einreisesperre von bis zu 5 Jahren in die Russische Föderation führen."

Sollte Ihr Reiseplan aber einen Besuch in Kaliningrad **und** in Sankt Petersburg vorsehen, müssen Sie sich nach wie vor ein Touristenvisum für mehrmalige Einreise besorgen.

Mein Tipp: Dringend zu empfehlen ist, sich rechtzeitig vor Reiseantritt etwas mit der russischen Sprache zu befassen! Lernen Sie wenigsten ein paar elementare Worte oder Sätze und vor allem, lernen Sie die russischen Buchstaben zu lesen! Beschriftungen – oder auch die Speisekarten in den meisten Kaliningrader Restaurants –sind (mit minimalen Ausnahmen) immer in kyrillischer Schrift. Ohne diese Kenntnisse können Sie unterwegs nichts lesen! Das ist vor allem bei Straßenschildern und Wegweisern fatal. Die Suche nach dem richtigen Weg wird dann noch schwieriger.

Und Fragen hilft auch selten weiter. Die Leute werden immer freundlich bemüht sein, Ihnen den Weg zu beschreiben, was aber bei beiderseitigen Verständigungsschwierigkeiten nur selten verlässlich gelingt. Fremdsprachen werden oft nur von in der Tourismusbranche tätigen Menschen beherrscht.

Eine Reise durch das Kaliningrader Gebiet ist mit einer Reise durch das restliche Baltikum kaum zu vergleichen. Deshalb ist diese Route als **Extra-Tour** gekennzeichnet und möglicherweise nicht für Jeden etwas. Russland ist etwas abenteuerlicher und Russland ist auch etwas komplizierter, wenn man nur an die Visabeschaffung oder an die Einreiseprozedur denkt.

Wer sich für eine Wohnmobilreise durch das russische Gebiet rund um Kaliningrad entscheidet sollte auch wissen, dass bei der Einreise mehrstündige Wartezeiten entstehen können und dass seit geraumer Zeit die Kosten für eine früher übliche russische Kfz-Haftpflichtversicherung entfallen. Seit einiger Zeit wird die „Internationale Grüne Versicherungskarte", wenn sie durch den Eintrag „Russland" bzw. „RUS" für die Russische Föderation gültig gemacht ist, als Nachweis einer Kfz-Haftpflichtversicherung anerkannt. Dringend zu empfehlen ist der Abschluss einer Vollkaskoversicherung und der Schutzbrief eines Automobilklubs!

Und schließlich schlagen die Gebühren für den Nationalpark Kurische Nehrung für ein Wohnmobil je nach Reisezeit, die auf litauischer Seiten nochmals erhoben werden, noch zu Buche.

Und wenn schon von Gebühren die Rede ist, hier gleich noch ein gutgemeinter **Tipp**: Halten Sie sich als Autotourist unbedingt an alle Anweisungen und an alle Verkehrsvorschriften und Höchstgeschwindigkeiten! Schon geringste Übertretungen von Verkehrsregeln, z. B. das nicht vollständige Anhalten an einem Stoppschild so, dass die Räder stillstehen, werden sehr gerne dazu benutzt, kräftig Bußgelder in erheblicher Höhe zu kassieren.

Das Reisen nicht einfacher macht der Umstand, dass es in der gesamten Oblast Kaliningrad (Oblast = russische Bezeichnung für einen Verwaltungsbezirk, entfernt vergleichbar mit einem deutschen Bundesland) bislang nur eine campingplatzähnliche Anlage zum Übernachten für Campingreisende gibt. Sie liegt östlich von Kaliningrad beim Hotel Baltica. Genaue Beschreibung und Lage siehe am Ende dieser Etappe.

Das freie Campieren ist verboten! Es gibt zwar einige Stellen z. B. an der Küste, die zu einem freien Stehen mit dem Wohnmobil verlocken, doch aus zweierlei Gründen wird davon abgeraten. Zum einen ist die Armut im Lande recht hoch und ein westliches Wohnmobil übt auf den einen oder anderen vielleicht doch eine gewisse „Anziehung" aus und zum anderen ist die Polizei-Präsenz in Russland so hoch, dass man damit rechnen muss, bei dieser verbotenen Art der Übernachtung erwischt zu werden, was wiederum teuer werden kann.

Man wird es zwar nicht schaffen, ganz ohne Polizeikontrolle durch das Land zu kommen. Aber es gibt kaum einen uniformierten Russen, der nicht auch ein freundliches Wort übrighätte.

Zumindest über die Fragen „Wo kann ich tanken", „Wo kann ich Geld tauschen" oder „Wo kann ich einkaufen" brauchen Sie sich keine allzu großen Gedanken machen. Viele **Geschäfte** sind ab 9 Uhr bis weit in die Abendstunden hinein, viele gar rund um die Uhr geöffnet. Supermarktketten sind gewöhnlich von 9 bis 24 Uhr geöffnet.

Kleiner Tipp: Wenn Sie in einem großen Supermarkt einkaufen und mit Ihrer Kreditkarte bezahlen wollen, ist das grundsätzlich möglich. Sie müssen aber darauf achten, sich an einer Kasse anzustellen, die auch Kreditkarten akzeptiert!

Tankstellen gibt es in und um Kaliningrad ausreichend.

Und Geld wechselt man in **Wechselstuben**, die in der Innenstadt zahlreich zu finden sind, oder man bedient sich der **Bankautomaten**. Auch sie gibt es in der Innenstadt zahlreich. Allerdings fallen da ganz erhebliche Gebühren an.

Weniger gut ist die Idee, Geld in den Touristenhotels zu tauschen. Dort ist der Wechselkurs in aller Regel recht ungünstig für den Gast.

Und bei den „fliegenden" Geldwechslern auf der Straße wird man – zumal man ja sofort als sprachunkundiger Tourist erkannt wird – sicher auch einen sehr ungünstigen Umrechnungskurs erhalten.

Übrigens: Rubel schon zu Hause zu kaufen, lohnt am allerwenigsten. Banken müssen die Währung oft erst beschaffen, der Kurs ist für uns sehr unvorteilhaft und die Einfuhr von Rubel nach Russland ist begrenzt.

Und wenn Sie am Ende der Reise Rubel übrighaben sollten, dann kaufen Sie sich lieber was Schönes dafür oder noch besser, tanken Sie nochmal voll. Das ist alles wesentlich sinnvoller, als Rubel wieder mit nach Hause zu nehmen und sie hier wieder zurücktauschen zu wollen.

Übrigens: Die Rezeptionen der großen Hotels verfügen meist auch über Informationsmaterial zur Stadt. Oft liegt an den Rezeptionen auch die Info-Broschüre „Welcome to Kaliningrad" aus.

Und noch etwas – **Telefonieren** mit Ihrem „Mobilnik", sprich Mobiltelefon, innerhalb des Kaliningrader Gebiets, ebenso wie mit Ihren Lieben zu Hause, schlägt sich mit unverhältnismäßig hohen Gebühren auf ihrem Konto nieder.

Wenn Sie von Kaliningrad aus in Deutschland anrufen, müssen Sie als Landesvorwahl die „8-1049" (Österreich 1043, Schweiz 1041) und *nicht* wie sonst für Deutschland üblich die „0049" vorwählen, danach dann die Ortskennzahl ohne Null, dann die Rufnummer.

Um von Deutschland aus eine Nummer in Kaliningrad zu erreichen, wählen Sie die Landesvorwahl für Russland +7 (007), dann die Ortsvorwahl für Kaliningrad 4012, danach die Teilnehmernummer.

Zeitunterschied: Während der Periode unserer „Winterzeit" gehen die Uhren in Kaliningrad ein Stunde vor. Beispiel: Bei uns 12 Uhr – in Kaliningrad 13 Uhr.

Deutsche Spuren sind im Kaliningrader Gebiet kaum noch auszumachen. Es existieren zwar noch vereinzelt deutsche Schriftzüge an manchen Gedenksteinen, doch wer hier einst als Ostpreuße wohnte, wird heute kaum noch etwas wiedererkennen. Von der einstigen Altstadt Königsbergs, wie Kaliningrad in früheren Zeiten hieß, ist heute kaum noch etwas zu sehen. Und dass sich mal am Ufer der Pregel ein herrschaftliches Schloss befand ist heute kaum noch vor stellbar.

Geografisches

Bei der **Kaliningrader Oblast,** heute eine Exklave der Russischen Föderation, handelt es sich um das ehemalige nördliche Ostpreußen.

Wie mit dem Lineal gezogen, verläuft die Grenze zwischen der Exklave und

Polen geradewegs von Ost nach West. Südlich dieser Grenzlinie befindet sich der polnische Teil Ostpreußens, der an die Masurische Seenplatte angrenzt.

Im Westen der Oblast befindet sich die **Bernstein-** oder auch **Samlandküste**. Sie ragt wie eine Halbinsel in die Ostsee hinein und breitet sich nach Norden und Süden aus. Im Süden liegt das **Frische Haff,** das sich Russland mit Polen teilt. Im Norden liegt das **Kurische Haff**, welches mit Litauen eine Grenze bildet.

In das Kurische Haff fließt die Memel, die heute Nemunas heißt und auf weite Strecken litauisch-russischer Grenzfluss ist. Weiter südlich bilden die beiden ebenfalls im Osten entspringenden Flüsse Inster und Pissa den Fluss Pregel/ Pregolja, der durch die Stadt Kaliningrad fließt.

Die größte Stadt in der Exklave ist Kaliningrad, gefolgt vom weiter östlich gelegenen Černjahovsk/Черняховск, dem ehemaligen Insterburg.

Geschichtliches

Kaliningrads und damit Ostpreußens Geschichte ist nicht nur umfassend, sondern auch sehr bewegt und schwierig.

Man muss sich zuerst mit der Frage beschäftigen, wann denn die Geschichte Kaliningrads überhaupt beginnt. Nach russischer Denkart erst im Jahr 1946. Zumindest will es das landeskundliche Museum so.

Doch was ist mit den älteren Bauwerken und was mit der Geschichte, die vorher auf dem Gebiet stattfand? Von Persönlichkeiten wie Kant und E.T.A. Hoffmann ganz zu schweigen.

Eine genaue Beschreibung der Geschichte Kaliningrads bzw. Königsbergs würde ein eigenes Buch füllen. Und Bücher über Kaliningrads bewegte Geschichte wurden auch schon mehrfach veröffentlicht.

Begonnen hat alles im 13. Jahrhundert, als im Hinterland der Bernsteinküste auf einer Insel im Fluss Pregel eine Burg des Deutschen Ordens entstand, die zu Ehren König Ottokars II. den Namen „Königsberg" erhielt. Schon kurze Zeit darauf ging der Name auf die ganze Region über. Und der Name „Preußen" stammt von den Prussen (auch Pruzzen) ab, die den Aufstand probten, während besagte Burg befestigt werden sollte. Die Prussen werden als heidnischer Bauernstamm beschrieben, der in der Gegend des Kurischen Haffs lebte und enge Bindungen zu seinen baltischen Nachbarn pflegte.

Nach zahlreichen Machtwechseln, bedingt auch durch die Schlacht von Tannenberg im Jahr 1410, dem Thorner Frieden, der wiederum zu einem tiefgreifenden Machtverlust des Deutschen Ordens in Ostpreußen führte, wurde Königsberg Sitz des Hochmeisters des Deutschen Ordens. Und im Jahr 1544 gründete Herzog Albrecht die Königsberger Universität. Sie ist damit älter als die von Moskau.

In der Folgezeit gab es immer wieder Auseinandersetzungen rund um die Stadt und in der Region. Nicht nur Litauen und Polen versuchten in Sachen Preußen bzw. Königsberg mitzureden, auch von der anderen Seite der Ostsee kamen Machthaber und kämpften um die Vorherrschaft. So der schwedische König Gustav II. Adolf. Er forderte von Königsberg eine Neutralitätserklärung und besetzte die Stadt dafür nicht.

Als Preußen am Anfang des 18. Jahrhunderts zu einem Königreich wurde, begann unter Preußenkönig Friedrich I., Sohn des Großen Kurfürsten von Brandenburg, Friedrich Wilhelm, die Blüte von Königsberg. Die Stadt hatte damals so viele Einwohner wie Berlin. Und als königliche Residenzstadt wurde sie berühmt.

Wirtschaftlich ging es der Stadt niemals besser als um die Wende zum 20. Jahrhundert. Damals wurde viel gebaut in Königsberg – die Börse, der Seekanal zwischen Pillau (heute Baltijsk) und Königsberg, ein komplettes Eisenbahnnetz, eine Kunsthalle, das Telegrafenamt, die Eisenbahndirektion und viele weitere wichtige Institutionen und Gebäude. Nach einigen Zerstörungen im Ersten Weltkrieg und dem anschließenden Wiederaufbau kam die Tragödie des Zweiten Weltkrieges über Königsberg.

Lange Zeit hatte Königsberg nicht viel vom Krieg mitbekommen, außer dass zahlreiche Waffen und Kriegsgüter hier umgeschlagen wurden.

Dann aber, im Jahre 1944, bombardierten die Engländer Königsberg und vernichteten fast die halbe Stadt. Den Rest übernahmen die Russen, als sie im April 1945 in die Stadt einmarschierten.

Wer nicht schon vorher auf einem der legendären, verlustreichen Flüchtlingstrecks geflohen war, war dem Hass des Kriegsgegners ausgeliefert, wurde vergewaltigt, hingerichtet oder auf den Todesmarsch geschickt. Am Ende des Krieges gab es dann wirklich nichts mehr. Königsberg war dem Erdboden gleichgemacht worden.

Das Gebiet rund um Königsberg wurde als besondere Verwaltungseinheit der Russischen Sowjetrepublik zugeschlagen. Diese gaben der Stadt im Juli 1946 den Namen „Kaliningrad“ nach dem damalige Obersten Sowjet und Gefolgsmann Stalins, Michail Iwanowitsch Kalinin (1875 – 1946).

Damit nichts mehr an die deutsche Vergangenheit erinnerte, wurden zuerst einmal alle Deutschen ausgewiesen. Als nächstes gab man jeder noch bestehenden Ortschaft einen neuen Namen, sowohl im russischen Teil der Sowjetunion als auch in der litauischen Sowjetrepublik.

Anschließend kamen die Neusiedler, entweder aus der Ukraine oder Kasachstan oder aus vielen anderen Regionen der Sowjetunion. Sie wurden angesiedelt in einer Region, die ihnen fremd war, mit der sie überhaupt nichts zu tun und zu der sie keinerlei Bindungen welcher Art auch immer hatten, ob russische oder gar deutsche. Und dieses Desinteresse spiegelt sich heute im ganzen Stadtbild wieder. In nur einem Jahr kam damals rund eine Viertelmillion Menschen in das darniederliegende Kaliningrad.

Nachdem man die gröbsten Kriegsschäden beseitigt hatte und langsam ein Wiederaufbau erkennbar war, beschloss man den Abriss des Königsberger Schlosses. Es wurde Mitte der 1960er Jahre gesprengt und abgetragen. Nun war auch noch das letzte Zeugnis von Rang der langen Stadtgeschichte und Preußens dahin.

Wenige Jahre später beschloss man ein Neubauprogramm und plante ganze Stadtteile neu. Nun mussten auch noch die letzten wenigen Häuser aus deutscher Zeit weichen. Die spärlichen Hinweise auf deutsche Spuren gingen mit diesem Bauprogramm endgültig verloren. Das ursprüngliche Königsberg existierte jetzt tatsächlich nicht mehr. Eine neue Stadt wurde geschaffen.

Die Oblast Kaliningrad galt als die isolierteste Region der Sowjetunion. Jahrzehntelang wusste außerhalb der Sowjetunion keiner was dort geschieht. Selbst innerhalb des Sowjetreiches war dies nicht immer bekannt.

Deutsche Spuren sind nicht nur in Kaliningrad, sondern im ganzen Kaliningrader Gebiet kaum noch auszumachen. Es existieren zwar noch vereinzelt deutsche Schriftzüge an manchen Gedenksteinen, doch wer hier einst als Ostpreuße wohnte, wird heute kaum noch etwas wiedererkennen.

Von der einstigen Altstadt Königsbergs ist heute kaum noch etwas zu sehen. Und dass sich mal am Ufer der Pregel ein herrschaftliches Schloss befand ist heute fast unvorstellbar, auch wenn man an der richtigen Stelle, dem nichtssagenden pl. Centralnaja, steht.

„Nach dem Beitritt der DDR als ‚Neue Bundesländer‘ gab das nun souveräne Deutschland am 14. November 1990 in Paragraph 1 des **Zwei-Plus-Vier-Vertrages** mit dem darin eingebetteten bilateralen Deutsch-Polnischen Grenz-vertrag jegliche Gebietsansprüche außerhalb der Bundesrepublik, der DDR und Westberlins auf. Spätestens mit dessen Inkrafttreten 1992 sind deutsche Gebietsansprüche auf die ehemaligen Deutschen Ostgebiete und damit auch auf

Schriftzug Kaliningrad und Denkmal an der Stadtgrenze, im Hintergrund links das Baltica Hotel.

Ostpreußen, erloschen" (zitiert aus einem Wikipedia- Beitrag).

Als schließlich mit Perestroika und Glasnost ein Umdenken erfolgte, beschloss man die Öffnung Kaliningrads für westliche Besucher zum 1. Januar 1991. Die deutschen Reisenden, die daraufhin ihre alte Heimat oder die Heimat ihrer Eltern besuchen wollten, waren enttäuscht. Sie suchten vergeblich das ihnen vertraute Gesicht der Stadt Königsberg, das Schloss, und sie fanden einen Dom in desolatem Zustand.

In den 1990er Jahren hat man den Dom wieder restauriert.

Doch was sonst geblieben ist, hat mit deutscher Kultur und Vergangenheit nichts mehr gemein. Erstaunlicherweise sind aber viele Russen, besonders sehr viele junge Russen, heute bemüht, deutsche Spuren zu suchen und zu bewahren.

Aber letztendlich ist Kaliningrad heute eine russische Stadt, die ihren Namen nach alter Sowjetmanier in großen kyrillischen Denkmalsbuchstaben am Stadtrand präsentiert, mit einer breiten Lenin-Straße, bunter Neon-Werbung für weltbekannte Importartikel zwischen Plattenbauten und mit chaotischem Verkehr.

Und auch dem unvoreingenom-menen Besucher fällt es schwer, das heutige Kaliningrad als „Reise-Muss" in Erinnerung zu behalten.

Die Tour

*ROUTE: Wenn Sie von Polen her in das Kaliningrader Gebiet einreisen, empfiehlt sich der Grenzübergang beim polnischen **Bezledy**. Am südöstlichen Ortsrand von **Bagrationovsk Багратионовск** (Preussisch Eylau) über quert man die polnisch-russische Grenze. Fahren Sie auf der A195 in nördliche Richtung nach **Kaliningrad**. Falls sie die Campingmöglichkeit hinter dem Hotel Baltica (Балтик) ansteuern, halten Sie sich südlich von Kaliningrad an der Autobahnkreuzung ostwärts und wechseln Sie auf die A229/E28. Nach Überqueren der Bahnlinie und des Flusses Pregolja/Pregel halten Sie sich am großen Autobahnkreuz ostwärts Richtung Černjahovsk/Черняховск (Insterburg). Kurz darauf sehen Sie das Hotel Baltica auf der linken Seite der Autobahn.*

Die Tour durch das Gebiet um Kaliningrad ist in zwei Abschnitte unterteilt, die man auf mindestens zwei Tage aufteilen sollte. Als Übernachtungsort empfiehlt sich für Wohnmobilfahrer die Campingmöglichkeit hinter dem Hotel Baltica (Балтик) [N54° 42′ 25.4″ E20° 37′ 01.2″], das am östlichen Rand von Kaliningrad liegt.

Östlicher Teil der Oblast Kaliningrad

Černjahovsk (Черняховск) (Insterburg) und Sovetsk/Советск (Tilsit)

*ROUTE: Auf der Autobahn A229/E28 ostwärts nach **Černjahovsk/Черняховск (Insterburg)**, das links der Autobahn liegt.*

In **Černjahovsk/Черняховск (Insterburg)** fallen die alten Gebäude auf, die zum Teil noch aus der Zeit vor dem Krieg stammen. Auf dem Weg in das Stadtinnere gelangt man automatisch zum Leninplatz am Bahnhof. Auf der linken Seite begrüßt Lenin in Bronze den Besucher. Dieser öde und leere Platz war einst das Zentrum bzw. der alte Marktplatz von Insterburg.

Von dem Schloss, das sich in unmittelbarer Nähe befand, ist heute nicht mehr viel zu sehen. Nach rechts, bzw. nach Süden, der Blickrichtung Lenins folgend, gelangt man automatisch zum Bahnhof, der jedoch wenig spektakulär ist und sich heute immer noch mit Hammer und Sichel präsentiert.

Besichtigen kann man das **Museum für Stadtgeschichte Музей истории Черняховска [N54° 38′ 3.12″ E21° 48′ 49.40″]** in der Straße ул. Крупской, 6, das sich aber eher als Militärmuseum entpuppt.

*ROUTE: In Černjahovsk bleiben Sie auf der Straße A229/E28 und folgen ein Stück der Beschilderung nach Moskau. Nach rund 20 km haben Sie **Gusev/Гусев (Gumbinnen)** erreicht.*

Kurz vor Gusev liegt rechts der Hauptstraße A229/E28 und ganz in der Nähe der Bahnlinie das sog. **Haus von Immanuel Kant Музей Иммануила Канта Дом [N54° 35′ 24.45″ E22° 1′ 56.29″]**, das nach langer Restaurierung nun wieder besichtigt werden kann *(geöffnet Mi - So 10 - 18 Uhr)*. Kant war hier angeblich um 1746 eine Zeit lang als Hauslehrer tätig.

Der Fluss Pissa, der sich bei Insterburg mit der Inster zum Fluss Pregel vereinigt, teilt die Stadt **Gusev/Гусев (Gumbinnen)** in zwei Hälften.

Zu sehen gibt es in Gusev nicht viel. Die markanteste Sehenswürdigkeit ist ein Elch. Diese Bronzefigur wurde nach Ende des Zweiten Weltkrieges in den Zoo von Kaliningrad gebracht. Erst im Jahr 1991 durfte der **Elch [N54° 35′ 21.32″ E22° 11′ 53.55″]** zurückkehren.

Stand er einst auf dem Magazinplatz, so befindet sich die Figur heute neben dem Theater Mir auf der Pobedystraße. Auf dem Magazinplatz [N54° 35′ 25.86″ E22° 11′ 58.07″] sieht man mittlerweile ein Denkmal des russischen Offiziers Gusev, nach dem die Stadt Gumbinnen benannt wurde.

Geht man vom Denkmal noch etwas weiter nach Norden bis in die weiterführende Ulitsa Moskovskaja (A198) kommt man zum Park Istorii und zum **Heimat- und Regionalmuseum von Gusev [N54° 35′ 47.09″ E22° 12′ 20.77″]** *(geöffnet tgl. 11 - 17 Uhr)*.

*ROUTE: Von Gusev auf der Straße A198 bis nach **Sovetsk/Советск (Tilsit)**, rund 60 km.*

Sovetsk/Советск, das ehemalige **Tilsit**, ist eine Grenzstadt zu Litauen und liegt direkt am Fluss Nemunas (Memel). Dort überspannt die beeindruckende **Königin-Luise-Brücke**, das markanteste und schönste Bauwerk der Stadt, den Fluss.

Beim Rückzug der Deutschen im Zweiten Weltkrieg sprengten Soldaten das Brückenbauwerk, doch das Portal aus Sandstein blieb stehen und macht diese Brücke heute zu einer kleinen Sehenswürdigkeit.

Als die Stadt noch Tilsit hieß, war die Brücke eine der letzten Grenzübergänge Deutschlands. Heute ist ein Überqueren der Brücke nur noch möglich, wenn man

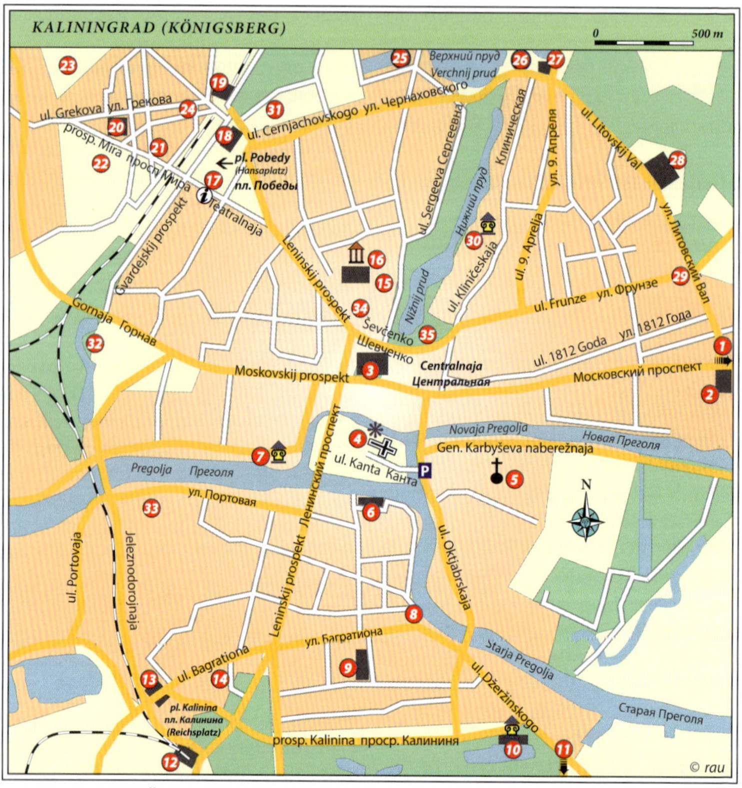

*KALININGRAD (KÖNIGSBERG) – **1** Richtung Hotel Baltica, Wohnmobilstellplatz, ca. 8km – **2** Sackheimer Tor – **3** Haus der Räte, daneben Aussichtsstelle auf Reste des Königsberger Schlosses – **4** Dom, Museum, Kant Grabdenkmal – **5** ehem. Heiligkreuzkirche – **6** ehem. Börse, z. Zt. Kulturpalast der Seeleute – **7** Museum der Weltmeere, Stadtmuseum, Museumsschiffe – **8** Brückenhaus – **9** Orgelkonzerthalle, ehem. Kirche der Hl. Familie – **10** Museum für Russische Geschichte, ehem. Friedländer Tor – **11** Richtung Bagrationovsk – **12** Südbahnhof, früher Hauptbahnhof – **13** Brandenburger Tor – **14** Haus der Kunst – **15** Immanuel Kant Denkmal – **16** Universität – **17** Rathaus, ehem. Handelshof, Touristeninformation – **18** Erlöserkirche – **19** Geschäftszentrum, ehem. Nordbahnhof – **20** Theater, ehem. Neues Luisentheater– **21** Schillerdenkmal – **22** Stadion Baltika – **23** Zoo – **24** Kunstdenkmal „Kämpfende Wisente" – **25** Wrangelturm – **27** Dohnaturm, Bernsteinmuseum – **27** Rossgärtner Tor – **28** Bastion Grolmann – **29** Königstor Museum – **30** Regionalmuseum für Kunstgeschichte, ehem. Rathaus – **31** Markt – **32** Kriegerdenkmal – **33** Friedrichsburg Tor – **34** Bunkermuseum – **35** E. T. A. Hoffmann Gedenkstein*

die russische Oblast Kaliningrad verlassen möchte. Für eine evtl. erneute Einreise wird ein neues Visum benötigt.

Am Ende des Brückenkopfes befinden sich heute zahlreiche hässliche Plattenbauten.

Früher stand hier die Deutsche Kirche, die das Stadtbild prägte. Doch die Überreste des Gotteshauses wurden in den 1970er Jahren endgültig abgerissen. Dieses Schicksal musste die Deutsche Kirche mit den anderen Kirchen in der Stadt teilen. Auch von der Litauischen Kirche in der Drushbystraße ist nichts mehr zu sehen.

ROUTE: *Wenn Sie in Sovetsk nicht die Grenze nach Litauen überqueren möchten, dann fahren Sie auf der Straße A216/E77 südwärts nach Kaliningrad. Nach fast 70 km treffen Sie wieder auf die Querverbindung A229/E28 (Kaliningrad – Černjahovsk), der wir westwärts nach* ***Kaliningrad*** *folgen.*

Westlicher Teil der Oblast Kaliningrad

Stadt Kaliningrad/Калининград (Königsberg) und die Ostseeküste

Der Autoverkehr in **Kaliningrad/Калининград (bis 1946 Königsberg)** ist heftig, vor allem während der Geschäftszeiten, Tendenz rasant zunehmend.

Auch das Gebaren mancher Verkehrsteilnehmer ist gewöhnungsbedürftig, um einen moderaten Ausdruck zu gebrauchen. Überholen auf welcher Seite auch immer, nicht selten unter Einbeziehung der Gehwege ist keine Seltenheit. Niemand staunt, wenn ein Verkehrsteilnehmer, dem die Schlange vor einer Ampel zu lange ist, einfach ausschert und auf der Gegenfahrbahn nach vorne prescht und auch noch bei Rot die Kreuzung überquert. Wem es zu langsam geht, nutzt auch schon mal die Trasse der Straßenbahn als Fahrspur. Achten Sie auf Straßenbahnen! Sie biegen gnadenlos ab und queren Ihre Fahrspur, auch wenn Sie bei Grün losgefahren sind.

Noch vorsichtiger müssen Sie sein, wenn Sie als Fußgänger über die Straße wollen. Rücksicht Fußgängern, auch Radfahrern, gegenüber, ist offenbar völlig unbekannt.

Wer mit dem eigenen Fahrzeug nach Kaliningrad hineinfährt, wird suchen müssen, bis er einen **bewachten Parkplatz** findet. Diese sind in der Stadt bei weitem noch nicht so bekannt wie in den benachbarten Staaten. Und auf einem bewachten Parkplatz sollten Sie Ihr Auto schon abstellen, wenn Sie es länger verlassen.

Mein Rat wäre, lassen Sie Ihr Wohnmobil am Hotel Baltica stehen und nehmen den Bus Nr. 37 in die Stadt. Haltestelle vor dem Hotel. Bewachte Parkplätze gab es zuletzt – beim Hotel Moskwa [N54° 43′ 12.19″ E20° 29′ 14.02″] und dann östlich vom pl. Pobedy am Zentralmarkt an der Černjachovskogo oder noch weiter östlich am Roßgärter Tor. Diese Informationen sind ohne Gewähr. Schließlich gibt es eine Tiefgarage unter dem zentralen pl. Pobedy, die aber für Wohnmobile ungeeignet ist.

Alternativ bieten sich einige – in der Regel aber unbewachte – Parkplätze direkt hinter dem Dom auf der Oktjabrskaja-Straße (Октябрская) an.

Wer auf Nummer Sicher gehen will, dem kann nur empfohlen werden, wie schon erwähnt, seinen Wagen am Hotel Baltica stehen lassen und mit der Buslinie Nr. 37 zur Stadt zu fahren oder mit dem Taxi zum gewünschten Ort zu fahren. Aber seien Sie auch hier aufmerksam. Offiziell haben heute alle Taxis ein Taxameter. Achten Sie darauf, dass es vor Antritt der Fahrt auch eingeschaltet wird. Und wenn es zufälligerweise „gerade kaputt gegangen" sein sollte, dann nehmen Sie lieber ein anderes Taxi. Und nicht verkehrt ist es, wenn Sie sich im Hotel vor Antritt der Fahrt über den Circapreis der Taxifahrt zu Ihrem Ziel erkundigen, damit Sie eine grobe Vorstellung davon haben, ob ein verlangter Preis realistisch oder überhöht ist.

Sehenswertes in Kaliningard

Der Fluss Pregel (Pregolja) fließt von Ost nach West durch Kaliningrad und teilt die Stadt in eine nördliche und eine südliche Hälfte. Heute leben in Kaliningrad fast 432.000 Menschen.

Im südlichen Bereich befindet sich unweit des **Südbahnhofs**, des ehemaligen Hauptbahnhofs am Reichsplatz, heute pl. Kalinina (Площадъ Калинина) das **Brandenburger Tor [N54° 41′ 50.4″ E20° 29′ 41.1″]**. Es wurde im neugotischen Stil Mitte des 19. Jahrhunderts errichtet und gehört zu den letzten Stadtbefestigungen, die überhaupt noch in Europa gebaut wurden. Östlich vom Tor sieht man den modernen Bau (von 1970) des **Hauses der Kunst**.

Der Dom und das Julius-Rupp-Denkmal in Kaliningrad.

Geht man den Kalinina Propsekt an einer Parkanlage entlang nach Osten, trifft man auf das rechterhand gelegene **Friedländer Tor [N54° 41' 44.0" E20° 31' 17.2"]**, Kalinina pr. 6. Es stammt aus der Mitte des 19. Jh. und beherbergt heute ein kleines **Museum** zur Geschichte Preußens, mit wechselnden Ausstellungen *(geöffnet tgl. 10 - 18 Uhr)*.

Weiter nordwärts sieht man am Pregelufer ein turmbewehrtes, seltsames Haus, das sog. **Brückenhäuschen [N54° 41' 56.4" E20° 31' 02.3"]**. Im Gebäude befanden sich Maschinerien, die die früher hier existierende Hubbrücke bewegten.

Weiter flussaufwärts sieht man am Leninski Prospekt Nr. 83 ein schönes, stattliches Gebäude mit neoklassizistischer Fensterfassade. Es wurde 1875 nach Plänen von H. Müller erbaut und ist eines der wenigen alten Königsberger Repräsentativbauwerke, das von den Russen restauriert wurde. Einst diente es als **Börse**, heute ist es der **„Kulturpalast der Seeleute" [N54° 42' 18.6" E20° 30' 24.1"**. Die Löwenskulpturen an der Freitreppe waren den Königsbergern als „Gebrüder Löwenstein" bekannt.

Direkt gegenüber der ehemaligen Börse befindet sich die kleine **Kneiphof-Insel** (heute Kant-Insel), das historische „Herz" von Kaliningrad, mit dem Wahrzeichen der Stadt, dem **Königsberger Dom [Parkplatz, N54° 42' 20.9" E20° 30' 51.5"]**. Über den verkehrsreichen Leninski-Prospekt (Лениский Проспект) gelangt man auf die Insel. Fußgänger gehen auf einer breiten Promenade und über Treppen hinab zum Dom. Autofahrer müssen einen Umweg an die Ostseite der Insel machen. Dort gibt es an der Oktjabrskaja Straße (Октябрьская) an der kleinen **Honigbrücke** zur Insel einige Parkplätze (falls nicht von Bussen zugeparkt).

Wenn Sie über die Brücke, eine alte Klappbrücke, auf die Kneiphof-Insel gehen, werden Ihnen an dem schmiedeeisernen Brückengeländer die vielen, vielen Schlösser der unterschiedlichsten Machart auffallen. Nach altem Brauch kommen Brautpaare nach der Trauung hierher, bringen ein Schloss an der Brücke an und werfen den Schlüssel in die Pregel, ein hübscher Brauch und nettes Symbol der „ewigen Verbundenheit" des Paares.

In früheren Zeiten war dieses kleine Eiland, die Kneiphof-Insel, dicht bebaut. Heute erhebt sich hier nur noch der von Grünflächen umgebene Dom, an dessen Nordostseite das große, von einem hohen Gitter abgeschrankte **Grabdenkmal von Immanuel Kant** zu sehen ist. Es gibt Stimmen, die davon überzeugt sind, dass dem Königsberger Dom nur deshalb das Schicksal des Königsberger Schlosses, also der komplette Abriss, erspart blieb, weil sich hier das Grabdenkmal des auch von der russischen Intelligenz verehrten Philosophen Kant befindet.

Immanuel Kant Grabdenkmal

Vor dem südöstlichen Ende des roten Backsteingebäudes des Doms sieht man auf dem Rasen einen kleinen **Gedenkstein für Julius Rupp** mit der deutschen Inschrift: „Wer nach der Wahrheit, die er kennt, nicht lebt, ist der gefährlichste Feind der Wahrheit selbst." Käthe Kollwitz, Enkelin von Julius Rupp, hatte das Original des Rupp-Denkmals geschaffen.

Der Grundstein zum **Dom von Königsberg** wurde im Jahr 1333 gelegt. Fertiggestellt wurde er, nach einer für die damalige Zeit bemerkenswert kurzen Bauzeit, schon nach 18 Jahren. Später diente der Dom als Grabkirche für die Hochmeister des Deutschen Ordens, für Bischöfe, hohe Geistliche und andere Würdenträger.

Im August 1944 wurde der historische Kirchenbau ein Raub der Flammen. Das 96 m lange Kirchenschiff stand während der Sowjetzeit viele Jahre lang als Ruine mitten in der Stadt.

Erst 1992 hat – mehr schlecht als recht – der Wiederaufbau begonnen. U. a. wurden der 57 m hohe Turm und die markante Westfassade wieder hergestellt. Für die Restaurierung der einstmals berühmten Glasfenster des Doms hat es aber offenbar bislang nicht gereicht. Die Fensternischen sind nur angedeutet.

Fachleute äußerten sich über den Wiederaufbau gelegentlich auch skeptisch. So wird gesagt, dass ziemlich gedankenlos Mengen von Beton beim Wiederaufbau verwendet wurden, anstatt möglichst originalgetreue Materialien wie roten Backstein zu verwenden. Außer aus ästhetischen Gründen wird Beton hier auch aus statischen Gründen als unangebracht angesehen. Das historische Bauwerk ruht nämlich auf einer uralten Pfahlgründung, die den Betongewichten auf Dauer vermutlich nicht gewachsen sein wird. Vielleicht wurde bei der Bedeckung des großflächigen Kirchendaches aus diesen Gründen auf Dachziegel verzichtet und Kupfer verwendet?

Heute sind im Dom mehrere **Ausstellungen** untergebracht. Für Gottesdienste werden lediglich zwei kleine Kapellenräume rechts und links des Eingangs benutzt. Der Kirchenraum dient als Konzertsaal.

In den Turmetagen sind die **Museumsräume** untergebracht *(geöffnet tgl. 9 - 17 Uhr)*. Zu sehen sind Ausstellungen zur Geschichte des Kneiphofes, wie Königsberg im Mittelalter genannt wurde, Sammlungen zur Historie des Domes, eine umfangreiche Kant-Ausstellung, Exponate aus dem Dom vor seiner Zerstörung u. ä.

Immanuel Kant, 1724 in Königsberg geboren, gilt als einer der größten Philosophen. Er wirkte als Professor an der Königsberger Albertina und kam über die Grenzen seiner Heimatstadt zeitlebens nie hinaus. Dennoch prägten seine Weltsicht, seine Sicht der Dinge die philosophische Wissenschaft wie kaum ein anderer. Zu seinen großen wissenschaftlichen Werken zählen u.a. „Kritik der reinen Vernunft" (1781) und „Zum ewigen Frieden" (1795). Immanuel Kant starb am 12. Februar 1804 in Königsberg.

Am Pregelufer östlich der Dominsel soll ein ganz neues Stadtviertel – Projektname **„Fischdorf"** – entstehen, das in seinem Erscheinungsbild wieder an das alte Königsberg, das sich einst auf dem Kneiphof rund um den Dom erstreckte, erinnern soll.

Ein recht interessantes Museum, das **Museum der Weltmeere [Parkplatz, N54° 42' 24.6" E20° 29' 53.8"]**, liegt unweit westlich der Kneiphof-Insel am Nordufer des Pregel-Flusses, Nabereschnaja Petra Welikowo 1 *(geöffnet Mi - So 10 - 18 Uhr, letzter Einlass 1 Std. vor Schließung; www.world-ocean.ru/en/)*. Zentrum der Ausstellungen ist das ehemalige Forschungsschiff „Witjas". Daneben hat ein U-Boot festgemacht, das nun als Museumsschiff Einblick in die Geschichte der russischen U-Boot-Flotte gewährt.

Nördlich des Domes, auf der anderen Seite des Nowaja Pregolja (Neuer Pregel), fällt das unrühmliche **Rätehaus Dom Sovetov [N54° 42' 35.8" E20° 30' 42.7"]** auf.

Ein richtiges Zentrum hat das heutige Kaliningrad ja eigentlich nicht. Es gibt lediglich den ziemlich nüchternen **Zentralplatz (Площадь Центральная) [N54° 42' 38.33" E20° 30' 42.34"]**, wo sich früher das **Königsberger Schloss** befand. Heute steht an dem Platz, den auch die lieblosen Wasserspiele nicht mehr schöner machen, das merkwürdig anmutende **Rätehaus [Parkplatz,]**. Und es heißt, beim Bau des Rätehauses sei so schlecht gearbeitet worden und dabei seien so viele Mängel entstanden, dass der hässliche Betonklotz nie genutzt werden konnte!

Man liest aber auch, dass bei der Sprengung des alten Königsberger Schlosses Mitte der 60er Jahre, das in unmittelbarer Nähe des Baugrunds des Rätehauses lag (und das mit etwas gutem Willen durchaus auch wieder hätte restauriert werden können), zu viel des Guten getan wurde und die Detonation nicht nur dem Schloss den Garaus machte, sondern auch das Rätehaus als Bauruine zurückließ, obwohl es äußerlich, so im Vorbeigehen, ganz intakt aussieht.

Dass sich auch in Kaliningrad die Zeiten ändern können geht vielleicht daraus hervor, dass in jüngster Zeit ab und zu Stimmen laut werden, die über den Wiederaufbau des Königsberger Schlosses, samt Rekonstruktion des legenddären Bernsteinzimmers, nachdenken. Andere Pläne der Stadt sehen vor, am ehemaligen Schloßplatz ein „Zentrum dreier Kulturen" entstehen zu lassen. Dis-

Der Wrangelturm, ein historisches Bollwerk in Kaliningrad

kussionen darüber flammen immer wieder auf. Aber über das Planungsstadium hinaus ist man noch nicht gekommen.

Hinter dem Rätehaus erstreckt sich der schmale, lange **Schlossteich Nishnij Prud (Пруд Нижний)** nach Norden. Ein Spaziergang durch die Uferparks mit diversen Lokalen ist eine hübsche Abwechslung.

Das Gewässer reicht fast bis zum **Roßgärter Tor (Россгартенские Ворота) [Parkplatz, N54° 43′ 18.9″ E20° 31′ 25.6″]**, einem weiteren Tor der einstigen Stadtbefestigung aus der Mitte des 19. Jh. Im **Dohna-Turm** gleich daneben ist eines der weltgrößten **Bernsteinmuseen (Музей Янтаря) [N54° 43′ 19.5″ E20° 31′ 22.1″]** untergebracht, Ploschadj Marschala Wassilweskowo 1 *(geöffnet Mai - Sept. tgl. 10 - 19 Uhr; Okt. -Apr. Di - So 10 - 18 Uhr, letzter Einlass 30 Min. vor Schließung; www.ambermuseum.ru/en/)*. 6.000 Exponate, teilweise mit seltenen Insekteneinschlüssen, Objekte aus dem Bernsteintagebau von Palmnicken und Kunsthandwerkliches, alles aus dem begehrten „Baltischen Gold", werden dort gezeigt.

Der Dohna-Turm befindet sich auf der östlichen Seite des **Oberteiches**, der zu einem kleinen Naherholungsgebiet gehört. Auf der anderen Uferseite befindet sich der **Wrangel-Turm (Башня Врангеля) [N54° 43′ 19.5″ E20° 31′ 22.1″]**. Dieses unter Denkmalschutz stehende, düstere Bauwerk aus der Mitte des 19. Jh. ist ein massives Bollwerk, das die sowjetische Armee als Lagerraum nutzte.

In unmittelbarer Nähe befindet sich das **Haus der Technik**, auf dem heute noch eine deutsche Inschrift angebracht ist.

Geht man auf der Ul. Tschernjachowskowo (улица Черняховского), auch Chernyhovskogo (ehemals Wrangelstraße) nach Westen, gelangt man zum **Platz Pobedy (Площадь Победы) [N54° 43′ 08.7″ E20° 30′ 05.3″]**, erkenntlich u. a. an der schlanken hohen Triumphsäule Triumfal'naya Kolonna mitten auf dem Platz. Am südlichen Ende des Platzes sieht man das **Stadthaus.** Heute ist hier auch das **Touristenbüro** untergebracht. Und gegenüber des **Nordbahnhofs [Parkplatz, N54° 43′ 14.7″ E20° 29′ 57.3″]** liegt die Technische Hochschule.

Der **Pobedy-Platz**, einst der Hansaplatz, heute Platz des Sieges, hat sich zum eigentlichen Zentrum Kaliningrads entwickelt. Zumindest spielt sich hier ein Großteil des öffentlichen gesellschaftlichen Lebens ab.

Und an der Ostseite des Platzes erkennt man die glänzenden Kuppeln der orthodoxen **Christ-Erlöser-Kathedrale (Собор Христа Спасителя) [N54° 43′ 14.2″ E20° 30′ 09.7″]**, die 2005 rechtzeitig zur 750-Jahr-Feier anlässlich der Stadtgründung wieder eingeweiht werden konnte.

Von Südosten her trifft der Leninski Prospekt (Ленинский Проспект), ehemals Kneip Langgasse, und von Südwesten her der Gvardeyskiy Prospekt (Гвардейский Проспект), ehemals Deutschorden Ring, auf den turbulenten Platz.

Wenn Sie etwas weiter westlich die Bahngleise überqueren und die **Technische Hochschule** rechts liegen lassen, sehen Sie auf der linken Seite in einer kleinen Grünanlage in der Kurve das **Schiller-Denkmal [N54° 43′ 10.2″ E20° 29′ 38.5″]**. Es stammt aus dem Jahr 1910, steht heute aber nicht mehr ganz an derselben Stelle wie ehedem. Zudem wurde von den Russen die Inschrift auch in Kyrillisch (ШИЛЛЕР) eingemeißelt.

Nach dem Straßenknick des Mira-Prospekts (Проспект Мира) steht hinter einigen Bäumen das **Neue Schauspielhaus [N54° 43′ 09.7″ E20° 29′ 32.9″]**, das ehemals als „Neues Louisentheater" bekannt war.

Schräg gegenüber vom Schauspielhaus sieht man das kleine **Stadion Baltica** und ein Stück nordwestlich vom Schauspielhaus liegt auf der rechten Seite **Kaliningrads Zoo (Калининградский зоопарк) [Zooeingang N54° 43′ 13.14″ E20° 29′ 16.60″]**. Der Wiederaufbau des Zoologischen Gartens wurde von Bürgermeister Wiktor Denissow veranlasst. Er war auch dafür verantwortlich, dass die Kunstga-

Der ehemalige Hansaplatz in Königsberg, heute pl. Pobedy

lerie errichtet wurde und die weiter im Westen gelegene Luisenkirche erhalten blieb. Ebenso ließ Bürgermeister Denissow den Schlossteich sanieren und verschönerte dadurch die Stadt, die zu dem Zeitpunkt schon ziemlich heruntergekommen war. Als „Dankeschön" musste er Mitte der 1980er Jahre seinen Stuhl als Stadtoberhaupt räumen.

Der Weg unseres Spaziergangs durch Kaliningrad führt über den Platz Pobedy zurück zum Leninski Prospekt. Wenn Sie dieser breiten Straße nun südostwärts Richtung Rätehaus folgen, passieren Sie zunächst das rechterhand gelegene Denkmal „Mutter Russland" (Inschrift: „Kommt her zu mir, ihr Kinder Russlands ..."), eine energisch nach Osten blickende Frau und kommen, kurz vor dem Rätehaus, zum **Kant-Denkmal [N54° 42' 49.9" E20° 30' 38.0"]** auf der linken Seite direkt am Universitätsgebäude. Das von Marion Gräfin Dönhoff gestiftete Denkmal wurde 1992 enthüllt. Ein früheres Denkmal des berühmtesten Königsbergers ging in den Kriegswirren unter. Nur der Denkmalsockel, den von 1945 an für 45 Jahre Ernst Thälmann zieren durfte, ist original erhalten

Vor der Universität befindet sich der unterirdische ehemalige Befehlsstand von General Otto von Lasch, dem Verteidiger von Königsberg. In dem Militärbunker, in dem Lasch die Kapitulation Königsbergs unterschreiben musste, ist heute das **Museum „Blindazhbunker Lyasha" [N54° 42' 48.1" E20° 30' 35.7"]** eingerichtet, das an Hand von Fotos und Dokumenten den Kampf um Königsberg in den letzten Tagen des Zweiten Weltkrieges dokumentiert *(geöffnet tgl. 10 – 17 Uhr)*.

*ROUTE: Wir verlassen Kaliningrad über den **Prospekt Mira/Проспект Мира** (die alte Hufenallee) in westlicher*

PRAKTISCHE HINWEISE – KALININGRAD

i **Regionales Touristisches Informationszentrum Kaliningrad Regional'nyy Informatsionnyy Tsentr Turizma (Региональный информационный центр туризма) [N54° 43' 10.33" E20° 30' 2.11"]**, Pobedy Platz 1, im Gebäude des Kaliningrader Stadthauses, Tel. +8 800 200 55 39 oder +8 (412) 555-200; www.visit-kaliningrad.ru/de/. *Geöffnet Mo - Fr 10 - 19 Uhr, Sa + So 10 - 17 Uhr.*

Internet: https://www.russlandjournal.de/russland/ oder auch www.kaliningrad.aktuell.ru, Seite der Internet-Zeitung „Russland Aktuell", sehr informativ und in Deutsch. U. a. gibt es Informationen zu Stadtnachrichten, zu Aktuellem, Sehenswertem in Kaliningrad, zu Hotels, Restaurants, Verkehr etc. Infos auch über Sankt Petersburg und über Moskau.

Deutsches Generalkonsulat Kaliningrad, Generalnoje Konsulstwo Germanii, uliza Telmana 14, 236 008 Kaliningrad, Tel. +7 4012 92 02 30; Visastelle: Tel. +7 4012 92 02 30; https://germania.diplo.de/ru-de/vertretungen/gk-kali. *Geöffnet Mo - Do 9 - 17 Uhr, Fr 9 - 12 Uhr. Visastelle: Mo - Do 14 - 16 Uhr.*

HOTELS

Baltica (Балтик) [N54° 42' 25.4" E20° 37' 01.2"], 127 Zi., Moskowskij Prospekt 375, Московский проспект 375; Tel. (aus dem Ausland) +7 4012-35 35 11, +7 4012-35 34 00; Tel. (innerhalb von Kaliningrad) 8 (4012) 35-35-07, 8 (4012)-35 34 00; https://baltica-hotel.ru/; ca. 8 km östlich von Kaliningrad an der Schnellstraße A229/E28 (Kaliningrad – Černjahovsk) gelegen. Nüchternes, komfortables Mittelklassehotel aus der Sowjetzeit, 1995 renoviert, mittlere Preislage. Restaurant, Bar, Sauna, Schwimmbad, bewachter Parkplatz, Campingmöglichkeit. An der Rezeption spricht man auch Deutsch.

Dona, General Vasilevsky Platz 2 (площадь маршала Василевского), 30 Zi., Tel.: 0112-35 16 50. Das Hotel liegt in unmittelbarer Nähe des Dohna-Turmes und des Oberteiches. An der Rezeption spricht man Deutsch. Bar, Restaurant, Parkplatz.

Moscow, Prospekt Mira 19 (Мира Проспект), 170 Zi., Tel. 0112 35 23 33; ordentliches 3-Sterne-Hotel in unmittelbarer Nähe des Tiergartens; Bar, WLAN, Parkplatz.

Kaliningrad, Leninski Prospekt 81 (Ленинский Проспект), 206 Zi., Tel. +7 (4012) 536 021; www.hotel.kaliningrad.ru. Zentral gelegenes 3-Sterne-Hotel. Zählt zu den größten Hotels in der Stadt. Restaurant, Bar, Parkplatz.

WOHNMOBIL-STELLPLATZ

Wohnmobil-Stellplatz Hotel Baltica (Балтик) [N54° 42' 25.4" E20° 37' 01.2"], Moskowskij Prospekt 233 (Московский Проспект 233), Tel. (aus dem Ausland) +7 4012 35 35 11, +7 4012 35 34 00; Tel. (innerhalb von Kaliningrad) 8 (4012) 35-35-07, 8 (4012)-35 34 00; www.baltica-hotel.ru/en/; Anmeldung an der Hotelrezeption, man spricht deutsch. Auf Nachfrage vor Ort im Hotel wurde der Weiterbestand der Campingmöglichkeit beim Hotel ausdrücklich bestätigt! Ganzjährig geöffnet. Das Hotel liegt ca. 8 km östlich des Stadtzentrums von Kaliningrad verkehrsgünstig an der autobahnähnlichen A229/E28/E77 (Kaliningrad – Černjahovsk / Калининград – Черняховск).

Ebene, schattenlose Wiese hinter dem Hotelhochhaus, oberhalb des Sees „Mühlenteich". Stromanschlüsse vorhanden, aber nur teilweise funktionsfähig. Dusche-, Toiletten- und Waschbeckenbenutzung in der Hotelsauna möglich. Keinerlei V & E für Wohnmobile.

Zufahrt: Von Osten kommend kurz VOR dem Kaliningrad-Schriftzug-Monument die A229 verlassen und noch knapp 1 km (links halten) zum Hotel. Hat man diesen Abzweig versäumt, nächste Gelegenheit bei der Tankstelle und noch VOR dem Kontrollposten rechts ab und zurück zum Hotel.

Aus Süden kommend halten Sie sich südlich von Kaliningrad an der Autobahnkreuzung ostwärts und wechseln Sie auf die A229/E28. Nach Überqueren der Bahnlinie und des Flusses Pregolja/Pregel halten Sie sich am großen Autobahnkreuz ostwärts Richtung Černjahovsk/Черняховск (Insterburg). Kurz darauf sehen Sie das Hotel Baltica auf der linken Seite der Autobahn. Vor dem Hotel Haltestelle der Buslinie 37 zur Innenstadt, Fahrzeit ca. 20 Minuten.

Richtung und folgen der Straße A193 bis ***Primorsk/Приморск (Fischhausen),*** *ca. 41 km. Rund 12 km südlich von Primorsk liegt* ***Baltijsk/Балтийск (Pillau).***

Mein Tipp: Machen Sie sich möglichst mit ausreichend gefülltem Tank auf den Weg.

Primorsk, ehemals **Fischhausen**, wurde im Zweiten Weltkrieg völlig zerstört. Der heutige Ort ist belanglos und hinterlässt einen wenig anziehenden Eindruck.

Auch das alte **Pillau**, heute **Baltijsk (Балтийск),** wurde im Zweiten Weltkrieg komplett zerstört.

Zum Kriegsende hin waren über Pillau die letzten Flüchtlingstransporte per Schiff möglich, mit denen weit über eine halbe Million Ostpreußen noch kurz vor Toresschluss vor der anrückenden Roten Armee fliehen konnten.

Seit der Sowjetzeit ist Baltijsk eine reine Militärstadt. Hier befindet sich die größte Marinebasis der Baltischen Flotte nach St. Petersburg. In jüngster Zeit wird die Küstengegend um Baltijsk zum beliebten Spekulations- und Anlageobjekt für betuchte Moskauer.

Kurz vor Baltijsk trifft man auf einen **Kontrollposten**. Die Weiterfahrt ist nur mit Genehmigung in Form eines Passierscheins möglich. Man will sich aber langsam ausländischen Besuchern öffnen. Und vielleicht ist bis zu Ihrem Besuch eine Genehmigung nicht mehr notwendig. In jüngster Zeit konnten Reisende den Passierschein gegen Bezahlung zeitweise auch direkt am Kontrollposten bekommen.

Sich um die Genehmigung zu bemühen – man bekommt sie gewöhnlich bei jedem größeren Reisebüro in Kaliningrad – lohnt bislang aber nur, wenn man einen speziellen Grund hat, nach Baltijsk zu fahren.

Und das einzige **Museum** in Baltijsk beschäftigt sich mit dem Thema Kriegsmarine sowie mit Ruhm und Ehre der Baltischen Flotte, wie sollte es auch anders sein.

Kenner des alten Pillau schwärmten allerdings von der schönen Aussicht vom alten, über 30 m hohen **Leuchtturm** auf die Mole und auf das Elisabeth-Denkmal dort, das die Zarin hoch zu Ross zeigt. Den Leuchtturm hat übrigens kein geringerer als der Architekt Karl Friedrich Schinkel zu Beginn des 19. Jh. errichtet. Vor dem Turm steht ein Denkmal zu Ehren Zar Peters I.

Freunde großer Windjammer wird interessieren, dass der Stolz der Baltischen Flotte, die Viermastbark **„Krusenstern“**, in der Königsberger Bucht in der Nähe von Baltijsk ihren Heimathafen hat.

Auf der Tecklenborg-Werft in Bremerhaven gebaut und 1926 als „Padua“ vom Stapel gelassen, gehörte sie – wie die „Passat“ in Travemünde, die „Pommern“ in Mariehamn (Åland Inseln) und die legendäre, 1957 in einem Hurrikan gesunkene „Pamir“ – zu den berühmten „Acht Schwestern“ der Hamburger Flying-P-Line. 1946 kam der Rahsegler als Reparationsleistung an Russland, wurde umbenannt in „Krusenstern“ nach dem estnisch-russischen Admiral und Weltumsegler Adam Johann von Krusenstern und dient heute als Segelschulschiff.

ROUTE: *Von Primorsk nordwärts und auf der Straße A192 bis* ***Svetlogorsk/Светлогорск (Rauschen).*** *Auf dem Weg dorthin kann man einen kleinen, aber nicht sonderlich lohnenswerten Abstecher westwärts nach* ***Jantarnyj (Palmnicken)*** *machen.*

Die Zeiten, als **Jantarnyj/Янтарный (Palmnicken)** von Fremden nicht betreten werden durfte, weil es einerseits in einem Küstengrenzgebiet lag und andererseits, weil hier Bernstein in großem Stil abgebaut wird, sind längst vorbei.

Mittlerweile dürfen sich Besucher auch wieder am **Strand** aufhalten und der ist immerhin bis zu 100 m breit und lockt mit feinem Sand.

Tourismus ist in Jantarnyj aber immer noch fast unbekannt. Die Spuren des Bernsteintagebaus, der einzige seiner Art auf der Welt, kann man von der Steilküste aus sehen.

Rauschen, wie das heutige **Svetlogorsk/Светлогорск** vor 1945 hieß, war einmal ein erholsames Kur- und Seebad. Bereits im 13. Jahrhundert wurde die Ortschaft erwähnt.

Der Aufschwung kam jedoch erst mit der Wende zum 20. Jahrhundert, als die Samlandbahn gebaut wurde. Nun konnten Sommerfrischler aus Danzig, ja bis aus Berlin, bequem anreisen.

Svetlogorsk, das in einem weiten Waldgebiet liegt, ist unterteilt in zwei Stadtteile – in Svetlogorsk I (früher Rauschen-Ort) und in Svetlogorsk II (früher Rauschen-Düne). Letzteres befindet sich nördlich der Durchgangsstraße etwas weiter oberhalb und ist der eigentliche Kurort. Wer also zum Kuren und Entspannen hierher kommt, muss nach Svetlogorsk II gehen.

Wohnhäuser dagegen gibt es fast ausschließlich in Svetlogorsk I. Und seit Glasnost und Perestroika steht das alte Rauschen auf der Liste begehrenswerter Spekulationsobjekte reicher Moskauer und St. Petersburger ganz, ganz oben.

Das kuppelartige Gebäude mit dem Turm ist der **Wasserturm [N54° 56' 35.86" E20° 9' 16.10"]**, ehemals das „Warmbad". Im Turm befindet sich nicht nur ein Wasserreservoir, sondern in 25 m Höhe auch eine **Aussichtsplattform**.

Einen Blick in die „gute alte Zeit" in Rauschen vermitteln die Ausstellugen im **Heimat- und Regionalmuseum „Rad der Geschichte" "Колесо истории" [N54° 56' 27.69" E20° 8' 49.35"]** in der Ulitsa Gorkogo 9 (*geöffnet 11 - 17 Uhr; http://www.kolesoistorii.ru/, Webseite in russischer Sprache!)*

An der **Steilküste** an der Nordseite von Svetlogorsk kann man hinunter an den **Strand** gehen und wunderschöne Spaziergänge unternehmen.

Von der Straße Letnyaya Ulitsa Nr. 3 führt auch eine **Kabinenseilbahn [N54° 56' 40.68" E20° 8' 49.53"]** hinab an den Strand von Rauschen.

Im Sommer am Strand von Svetlogorsk/Rauschen einen Platz zu finden ist noch schwieriger als oben im Ort einen Parkplatz!

Oberhalb des Strandes kann man auf der etwa einen halben Kilometer langen, immer bevölkerten **Promenade [N54° 56' 44.8" E20° 08' 50.5"]**, vorbei an Skulpturen, wie der pitoresken „Undine" oder der Skulptur „Nimfa" bis zur großen Sonnenuhr flanieren. Zumindest ein Teil der Promenade scheint allerdings aus nichts als aus einer Ansammlung von Kneipen und Bernsteinläden zu bestehen.

Ostwärts schließt sich die weiterführende **Novyy Promenad** an.

Die Skulptur **„Nimfa" [N54° 56' 45.87" E20° 9' 3.36"]** auf der Promenade, eine Nymphen-Bronzeplasstik in einer Mosaikmuschel, wurde von dem aus Stuttgart stammenden Bildhauer Hermann Brachert (1890 – 1972) geschaffen.

Hermann Bracherts Sommerhaus [N54° 56' 26.93" E20° 6' 58.91"], das heute als Museum dient, liegt westlich von Svetlogorsk/Rauschen in **Otradnoje/Georgenswalde** in der Ulitsa Tokareva 7 *(geöffent tgl. 10 - 19 Uhr; http://hbrachert.ru/, Webseite nur in russischer Sprache und Schrift!)*. Brachert war um 1920 in Königsberg tätig.

ROUTE: Von Svetlogorsk führt unser weiterer Reiseweg zunächst ein Stück ins

HOTELS – SVETLOGORSK

Russ, 42 Zi.; ul. Vereščagina 10, Tel. +7 4012-77 77 87; http://russ-hotel.ru/kontakty/?lang=en; recht komfortables Haus, das durch seine schräge Fassade auffällt, ist von Wald umgeben und liegt am östlichen Stadtrand rund 200 m vom Meer entfernt, eines der besten Häuser am Platz. Restaurant, Bar, Sauna, Solarium, Fitnesseinrichtungen, Parkplatz.

Universal, 32 Zi.; ul. Nekrasowa 3; Tel. +7 4012-74 36 58; http://hotel-universal.ru/; Mittelklassehotel nahe der Ostsee; Restaurant, Schwimmbad, Parkplatz.

Landesinnere. Folgen Sie nicht der Beschilderung nach Pionerskiy! Es ist eine Sackgasse. Sondern halten Sie sich in Richtung ***Želenogradsk/Зеленоградск (Cranz).***

Želenogradsk/Зеленоградск, das ehemalige **Cranz**, liegt an der **Samlandküste**, dem Küstenstrich zwischen Frischer und Kurischer Nehrung.

Cranz war vor dem Zweiten Weltkrieg der bedeutendste und mondänste Kurort der ganzen Region. Heute hat der Küstenort knapp 13.000 Einwohner und er ist für viele Kaliningrader ihr beliebtester Ferienort.

Die Gegend um Cranz ist übrigens uraltes Siedlungsgebiet. An den hiesigen Ufern des Kurischen Haffs hat man bei Grabungen – unter Beteiligung deutscher Wissenschaftler – vor allem im nahen Mochowje wertvolle Grabbeigaben und Schmuckgegenstände gefunden, die auf eine legendäre Siedlung namens *Wiskiauten* hinweisen, deren prussische Bewohner zwischen dem 9. und 11. Jh. offenbar einen regen Handel mit den Wikingern trieben.

Bis ins 13. Jh. hinein lebten hier die heidnisch-baltischen Bauernstämme der *Prussen* oder *Pruzzen*. Vor allem der Handel mit Bernstein war einer ihrer wichtigsten Erwerbszweige.

Mit dem Auftreten des Deutschen Ordens in der Region wurden die heidnischen Prussen gezwungen zum Christentum überzutreten. Im Laufe der Zeit wurde Prussen schließlich zu *Preußen*.

Lange war geplant, hier am Kurischen Haff gegenüber des Želenogradsker Hafens Cranzbeek ein Prussen-Museumsdorf, ein Freilichtmuseum, zu errichten. Leider ist bislang von der Erinnerungsstätte an die prussische Kultur nichts konkretisiert worden.

Von Cranz aus hat man beste Möglichkeiten die **Kurische Nehrung** (Kurškaja kosa/Куршская коса) zu erreichen. Dieser sehr schmale, sichelförmige Sand und Dünenstreifen zwischen Kurischem Haff (Kurškij zaliv/Куршский залив) und Baltischer See ist heute **Nationalpark** – sowohl auf russischer, wie auf der nördlich anschließenden litauischen Seite. Der südliche, russische Teil ist zwar urtümlicher, jedoch touristisch kaum erschlossen. Bei einer Fahrt über die gesamte Nehrung merkt man diesen Unterschied sehr deutlich, obwohl es sich um das gleiche Landschaftsbild und die gleiche Flora handelt.

ROUTE: *Von Želenogradsk (Cranz) aus fährt man auf den Straßen A191/A217 entweder zurück nach* ***Kaliningrad*** *oder man setzt die Reise Richtung Norden fort und fährt auf der Straße 27A-015/167, dem einzigen Verkehrsweg auf der Kurischen Nehrung, durch bewaldetes Gebiet bis nach* ***Nida*** *in Litauen, ca. 55 km (Nida siehe auch Tour 1, Klaipėda (Memel) – Kuršių Nerija/Kurische Nehrung). Auf der Fahrt nach Nida ist die russisch-litauische Grenze zu passieren und es werden Gebühren für die Durchquerung des Nationalparks Kurische Nehrung auf russischer wie auch auf litauischer Seite fällig.*

SECHS RATOUREN IN DEN BALTISCHEN LÄNDERN

Nehmen Sie möglichst Ihr Fahrrad mit auf die Reise durchs Baltikum. Es ist nämlich eine gute Idee, und man macht bestimmt nichts falsch, wenn man auch mal sein Wohnmobil verlässt, um mit dem Rad die nähere Umgebung zu erkunden oder hinaus in die Natur zu strampeln. Gerade Flora und Fauna kann man vom Fahrradsattel aus viel besser genießen als im Auto.

Während in Deutschland an fast jedem Fluss oder Kanal ein Fernradweg gebaut wurde, ist dies im Baltikum (noch) nicht üblich. Aber auch hier finden sich gute Gelegenheiten, gemütlich in die Pedale zu treten.

Der insgesamt fast 5.200 km lange **Europaradweg R1** von London über Berlin und St. Petersburg bis nach Moskau durchquert auch alle drei baltischen Länder. Der Weg des R1 im Baltikum führt von Kaliningrad über die Kurische Nehrung nach Klaipėda und weiter über Rīga und Tartu, mit einem Abstecher nach Tallinn.

In Litauen wurde im Jahr 2006 der etwa 200 km lange **„Küstenradweg Litauen"** (Teil des Europaradwegs R1) eingeweiht und in Lettland gibt es mittlerweile verschiedene Fernradwege mit der Bezeichnung LV. Der rund 700 km lange **Fernradweg LV3** zum Beispiel geht von der Hauptstadt Rīga aus und führt fast durch den gesamten Südteil des Landes über Jēkobpils (Jakobstadt) nach Daugavpils (Dunaburg) und zurück über Rēzekne (Rositten).

Am vorbildlichsten in Sachen Radstrecken ist aber das nördlichste baltische Land Estland. Estland hat ein sehr gutes Fahrradwegesystem, das sich über das gesamte Land erstreckt.

Tomas Lelov schreibt in seinem Beitrag auf der Webseite https://www.visitestonia.com/de/uber-estland/unterwegs-in-estland-mit-dem-fahrrad: „Estland wird von einer der coolsten Routen entlang der Küste – **EuroVelo10** – umrandet. Die 981 km lange Route durchläuft aus dem Süden, aus Lettland, kommend den Seeort Pärnu, die größten Inseln, die Hauptstadt Tallinn und Estlands ältestes Nationalpark Lahemaa, und beendet seinen Weg an der Grenze Russlands."

Bis auf die Hauptrouten muss man in Estland, aber auch in Lettland und Litauen, mit einem teilweise schlechten Fahrbahnbelag rechnen. Die Schotterstraßen sind zum Teil in einem derart fahrraduntauglichen Zustand, dass man hier nur von Waschbrettpiste reden kann. Manchmal bleibt einem nichts anderes übrig (doch das ist die Ausnahme!), als den schmalen Übergang/Randstreifen zwischen Straße und Straßengraben zu befahren.

Und wenn Sie es sich etwas leichter machen wollen, erkundigen Sie sich nach geführten Pauschalradreisen, mit vorgeplanter Route, vorgebuchten Hotelunterkünften und mit Gepäcktransport. Solche Touren werden in allen drei baltischen Staaten angeboten. Infos dazu findet man zum Beispiel in der Webseite https://www.bbtravel.lt/de/radreisen/.

Ausrüstung

Auf Grund der schlechten Wegbeschaffenheit mancher Radwege ist es sinnvoll, das Baltikum mit einem Mountainbike, mindestens mit einem Trekkingrad mit einem breiten Reifenprofil zu erkunden. Bei der Reifengröße ist 28-622 das absolute Minimum, wenn man sich nicht immer auf den Hauptstraßen aufhalten möchte, besser ist die Reifenbreite 32-622.

Da das Baltikum relativ flach ist, benötigt man nicht unbedingt sehr viele Gänge. Es reicht sogar eine Dreigangschaltung aus, besser sind jedoch mindestens sechs.

Für einen längeren Tagesausflug ist es zu empfehlen, einen stabilen hinteren Gepäckträger mit mindestens zwei Streben zu besitzen, an dem man seine Packtaschen einhängen kann. Während einer Radtour einen Rucksack zu tragen, ist wenig sinnvoll und verursacht möglicherweise Rücken- oder Nackenschmerzen.

Die Packtaschen sollten staub- und wasserdicht sein, diese sind im Übrigen nur unwesentlich teurer als Packtaschen, die man mit einem Plastiküberzug schützen muss.

Das Fahrrad sollte zudem mit Schutzblechen ausgestattet sein, die nicht nur vor Dreck schützen, sondern auch hochfliegende Steinchen zurückhalten.

Auch wenn sich heute immer noch einige Radler unverständlicherweise dagegen sträuben, aber ein Helm schützt wirklich vor schweren Kopfverletzungen. Ein Sturz mit dem Rad ist schneller geschehen, als man glaubt. Das gilt auch für erfahrene und erwachsene Radler.

Wer kein Fahrrad mitnehmen möchte oder kann, der hat im Baltikum an zahlreichen Verleihgeschäften die Möglichkeit, ein Fahrrad zu mieten. Auch viele Campingplätze und Hotels vermieten Fahrräder. Doch es fährt sich natürlich immer besser auf dem eigenen Sattel, zumal das heimische Fahrrad auf die eigenen Bedürfnisse zugeschnitten ist.

Für Tagesauflüge reicht es in der Regel, Flickzeug und eine Luftpumpe mitzunehmen. Besonders hilfreich sind hier übrigens Einmalhandschuhe aus dem Sanitärbereich, denn selbst wenn nur die Kette abspringt, macht man sich meistens die Hände sehr dreckig und anschließend den Lenker.

Doch am wichtigsten ist es, vor Fahrtantritt, am besten noch vor Reiseantritt zuhause, das Fahrrad fachmännisch zu überprüfen. In die Jahre gekommene Fahrradteile sollte man besser austauschen, dazu gehören insbesondere poröse oder abgefahrene Mäntel, Schläuche und Brems- oder Schaltungszüge, die nur noch vom Rost zusammengehalten werden.

Sinnvoll kann auch eine kleine Erste-Hilfe-Ausrüstung sein: Pflaster, elastische Mullbinden und eine Rettungsdecke sollten darin enthalten sein.

Schließlich sei noch der Mücken- und Sonnenschutz zu erwähnen, der nicht vergessen werden darf.

Doch das Wichtigste ist immer noch ausreichend Trinkwasser. Zwei Liter pro Person sollten das Minimum sein!

TOUR 1 – KURISCHE NEHRUNG (LITAUEN)

Entfernung: Rund 52 km.

Strecke: Nida – Preila – Pervalka – Juodkrantė.

Reisedauer: Ca. 3 - 4 Stunden, ohne Pause.

Wegbeschaffenheit: Asphaltierte Strecke über Dünen, daher manchmal kurze, aber steile Anstiege, die jedoch kaum der Rede wert sind.

Schwierigkeitsgrad: Leicht, ideal für ungeübte Radler.

Fahrradservice: Fahrradverleih am Campingplatz in Nida.

Wie bereits im Hauptteil dieses Buches empfohlen, lohnt es sich, das Campingfahrzeug auf dem Campingplatz in Nida abzustellen und von Nida aus die gesamte Kurische Nehrung per Rad zu erkunden. Ein Verfahren ist hier kaum möglich, da der Radweg gut ausgebaut und beschildert ist. Zudem befindet sich auf der einen Seite die Ostsee, auf der anderen das Kurische Haff.

Allerdings führt dies zu dem Nachteil, dass man dieselbe Strecke auch wieder zurück radeln muss und keine Rundtour möglich ist.

Verlassen Sie den Campingplatz und fahren Sie geradeaus bis die etwas größere Straße erscheint. Rechts geht es bergauf in das Zentrum von **Nida** und links geht es zur Straße 167, die überquert werden muss, um auf der Ostseeseite zum Radweg zu gelangen. Sie fahren durch Dünenlandschaft und Kiefernwälder immer in der Nähe der Ostsee. Nur wenn es zu den Ortschaften Preila und Pervalka oder über einen Nebenweg nach Nida geht, bleiben Sie in unmittelbarer Nähe der dort entlangführenden Straßen, meist bleibt man aber weiterhin auf dem extra angelegten Radweg.

Hinter **Juodkrantė [N55° 31′ 55.9″ E21° 07′ 02.1″]** lohnt es nicht, weiter nach Norden zu radeln. Sie würden den Nationalpark wieder verlassen und müssten bei der Rückreise erneut Eintritt bezahlen. Zudem ist dort der Blick auf die nicht so schöne Hafenanlage von Klaipėda getrübt.

TOUR 2 – RADELN AM FLUSS NEMUNAS (MEMEL-RADWEG) IN LITAUEN

Entfernung: Rund 115 km.

Strecke: Am Nordufer des Flusses **Nemunas (Memel)** überwiegend auf der Straße 141 von **Jurbarkas** bis **Vilkija** – **Nemunas-Fähre** – auf der Südseite über **Krukiai** und **Ilguva** sowie **Gelgaudiškis** bis **Jurbarkas**.

Reisedauer: Ca. 8 - 9 Stunden.

Wegbeschaffenheit: Am Nordufer hauptsächlich Asphalt, auf der Südseite überwiegt der Schotter.

Schwierigkeitsgrad: Auf Grund der langen Etappe hoch, ein Wechseln der Flussseite ist jedoch leider erst in Vilkija möglich. Wer sich die komplette Länge nicht zutraut, kann auf der Südseite durch die ruhigen Auen fahren und jederzeit umkehren.

Diese Tour führt von **Jurbarkas** erst am Nordufer des Flusses **Nemunas (Memel)** in Richtung Osten bis zur Ortschaft **Vilkija**. Dort besteht von Mai bis September die Möglichkeit, mit der Fähre den Fluss zu überqueren und auf der südlichen Flussseite wieder gen Westen zu fahren, um in Jurbarkas die Brücke zu passieren.

Verlassen Sie **Jurbarkas [N55° 04′ 36.5″ 22° 45′ 42.7″]** auf der Straße 141 in Richtung Kaunas. Sie passieren das Dorf **Rotuliai** und erreichen **Skirsnemunė**. Diese Ortschaft erhielt im 18. Jahrhundert die Magdeburger Stadtrechte, wurde aber oftmals von verheerenden Bränden heimgesucht, so dass ein wirtschaftlicher Aufstieg nie möglich war. Vermutlich beherbergte der Ort die litauische Burg Bisena, die jedoch im Jahr 1328 vernichtet worden sein soll, nachdem die Deutschordensritter sie von der anderen Flussseite aus ständig angriffen.

Zwei Kilometer weiter erreicht man auf der Straße 141 den Ort **Šilinė**, wo sich die Parkverwaltung des nahe bei Pilis gelegenen Regionalparks Panemunė mit Schloss befindet. Kurz darauf kreuzt man den Bach Kartupis, wo sich der Burgwall Kartupėnai befindet.

Vorher sieht man die Türme der Burg Vytėnai. Diese gehörte in mittelalterlicher Zeit dem Ritter Vytenis. Nach zahlreichen Kämpfen um die Burg und dem anschließenden Zerfall wurde sie in den 1960er Jahren wieder restauriert.

Als nächstes folgt nach weiteren neun Kilometern die Ortschaft **Raudonė**. Es wird angenommen, dass in Raudonė der Großfürst Gediminas starb. Zumindest steht fest, dass er dort gegen Ende des 16. Jahrhunderts eine Residenz bauen ließ, die eines der ersten Renaissance-Bauwerke des Landes war.

Auf dem weiteren Weg auf der Straße 141 folgt nun **Veliuona**. Hinter dem kleinen Fluss Gystus sieht man einige Wälle, bei denen es sich um Überbleibsel einer Kreuzritterburg handelt. Veliuona ist eher unscheinbar, doch Fürst Vytautas ließ in dem Ort eine der ersten Kirchen in Litauen bauen. Sie stammt aus dem Jahr 1421 und enthält wertvolle Kunstgegenstände wie zum Beispiel eine spätgotische Madonna und einen herrlichen Barockaltar.

Als nächstes folgt die Ortschaft **Seredžius**, wo der Fluss Dubysa in den Nemunas fließt. Das Flüsschen Dubysa überquert man auf der Straßenbrücke der 141. Anschließend fahren Sie durch das Landschaftsschutzgebiet bis **Vilkija [N55° 02′ 20.6″ E23° 34′ 32.8″]**. Die Ortschaft wurde im Jahr 1426 zum ersten Mal in einem Brief des Großfürsten Vytautas erwähnt. Es handelte sich um das erste Zollamt Litauens, in dem Wachs, Felle, Leder exportiert und Salz, Seide und Stoffe importiert wurden.

Benutzen Sie die Fähre in Vilkija über den Fluss Nemunas. Am anderen Ufer geht die Radtour wieder zurück bis Jurbarkas. Nun geht es gemütlicher durch die Auen des Flusses zurück.

Im kleinen Weiler **Mikytai/Pavilkijs [N55° 01′ 50.8″ E23° 33′ 46.7″]**, der sich ein wenig vom Fluss entfernt befindet, biegen Sie rechts ab und erreichen nach kurzer Zeit **Žemoji Panemunė**. Das Dorf ist schnell durchquert, doch wer genau hinschaut, kann einige Gräber mit französischer Inschrift sehen. Diese stammen aus der Zeit, als einige Einheiten von Napoleon sich hier geschlagen geben mussten.

Von hier geht es wieder direkt am Fluss Nemunas (Memel) entlang und durch das Dorf **Kriukai**.

Sechs Kilometer später sehen Sie die gelb strahlende Kirche von **Ilguva**. Dort quert das Flüsschen Nyka den Weg, das auf einer neuen Brücke passiert werden kann.

Dahinter geht es links weg und Sie entfernen sich ein wenig vom Fluss Nemunas. Sie treffen auf eine Schotterstraße, an der Sie nach rechts abbiegen, überqueren den Fluss Nykutė und halten sich in Richtung **Plokščiai**.

Von hier gibt es bis **Gelgaudiškis** einen relativ neuen geschotterten Radweg, der über 14 km am Nemunas entlangführt. Schließlich sind es nur noch 12 km bis **Kiduliai [N55°04′10.0″ E22° 46′ 12.6″]**, wo die Brücke über den Nemunas zurück nach **Jurbarkas** führt.

Auf dem Weg dorthin ist nochmals ein Burgwall zu sehen. Dort soll es sogar einstmals einen Hafen der Kreuzritter gegeben haben.

TOUR 3 – IM DZŪKIJOS NATIONALPARK (LITAUEN)

Entfernung: Rund 36 km.

Strecke: Marcinkonys – Zervynos – Žiūrai – Mardasavas – Marcinkonys.

Reisedauer: Ca. 2 - 3 Stunden.

Wegbeschaffenheit: Überwiegend Schotter, teilweise Waldweg, das letzte Stück nach Marcinkonys ist asphaltiert.

Schwierigkeitsgrad: Sehr leicht.

Im Nationalpark befinden sich mehrere Möglichkeiten und Wege für Radfahrer.

Einer der schönsten beginnt in **Marcinkonys**. Lassen Sie Ihr Fahrzeug auf dem **Parkplatz [N54° 3′ 14.25″ E24° 24′ 27.61″]** zwischen Nationalparkverwaltung (Museum) [N54° 03′ 15.5″ E24° 24′ 27.8″] und Bahnhof stehen und fahren Sie in Richtung Bahnhof. An den Gleisen geht es nach links am Bahnhof entlang.

Folgen Sie der Beschilderung nach **Lynežeris**. Der Weg führt rechts von den Bahngleisen weg und ostwärts am kleinen **See Kastinis [N54° 3 ,22.63″ E24° 25′ 33.50″]** vorbei.

Nach rund einem Kilometer erscheint in einer Rechtskurve ein schmaler Weg durch den Wald. Folgen Sie diesem für ca. 5 km bis **Zervynos [N54° 6′ 32.90″ E24° 29′ 47.20″]**.

Zervynos liegt am Ufer des Flusses Ula, den Sie überqueren. Danach biegen Sie links ab auf die schmale Straße nordwestwärts, überqueren die schmale, asphaltierte Landstraße zwischen Marcinkonys und Varėna und erreichen nach weiteren 4 km **Žiūrai [N54° 8′ 45.20″ E24° 24′ 11.59″]**.

Dort verläuft die Straße weiter durch den dichten Wald bis **Mardasavas [N54° 9′ 2.03″ E24° 19′ 50.49″]** und endet drei Kilometer südlich von Mardasavas in **Puvočiai [N54° 6′ 53.15″ E24° 18′ 31.96″]**. Auf der schmalen Straße geht es wieder zurück nach Marcinkonys, das Sie nach weiteren 6 km erreichen.

TOUR 4 – KOLKA RUNDTOUR (LETTLAND)

Entfernung: Rund 65 km.

Strecke: P131 bis Melnsils – Nebenstrecken bis Slītere – P125 bis Mazirbe – Küstenweg und P124 bis Kolka.

Reisedauer: Ca. 5 - 6 Stunden.

Wegbeschaffenheit: Auf den Hauptstraßen Asphalt, die Nebenstraßen bestehen aus Schotter oder sind Feldwege.

Schwierigkeitsgrad: Mittel, in der Regel kommt der Wind von Westen, so dass man an der Küste Rückenwind hat, leichte Steigungen.

Fahrradservice: Landhaus Ūši, an der P131 südlich von Kolka, Tel.: +371 294 75 692.

Der größte Teil der Tour führt an der Küste durch den **Slītere-Nationalpark**.

Zu sehen gibt es die im Hauptteil des Buches beschriebenen Orte sowie die livischen Fischerdörfer.

Beginnen Sie die Tour am besten am großen **Parkplatz in Kolka [N57° 45′ 23.78″ E22° 35′ 59.82″]** und starten Sie im Uhrzeigersinn nach Süden auf der Straße P131. Dieser folgen Sie nach **Melnsilns**, wo Sie rechts abbiegen und den Fluss Timatejupe überqueren.

Über den schmalen Weg geht es weiter bis zur Schotterstraße, die wiederum nach Süden führt. Nach Überquerung des kleinen Flusses Lorumupe biegen Sie rechts ab und erreichen das Dorf **Vīdale [N57° 36′ 24.02″ E22° 27′ 55.62″]**. Dort fahren Sie rund 2 km auf der befestigten Straße westwärts bis **Cirstes [N57° 37′ 24.18″ E22° 24′ 14.42″]**.

In Cirstes geht es wieder auf einer Schotterpiste weiter nach Westen.

Der Weg teilt sich und Sie nehmen den linken Weg.

Nach 2,5 km erreichen Sie den Weiler **Lapmežciems**, wo sich am rechten Fahrbahnrand ein kleiner Weg befindet, der nach **Slītere [N57° 37′ 26.99″ E22° 17′ 39.84″]** führt. Folgen Sie diesem bis zur Straße P125, die Sie anschließend in Nordöstlicher Richtung bis **Mazirbe [N57° 40′ 28.00″ E22° 19′ 24.13″]** benutzen müssen. Dort überqueren Sie die Straße 124 und fahren in Richtung Küste.

Alternativ kann man den Weg etwas abkürzen und auf der 124, die schon seit einigen Jahre asphaltiert ist, nach Kolka fahren.

In Mazirbe biegen Sie abermals rechts ab und fahren nun an der Küste entlang durch **Pitrags** und **Vaide [N57° 43′ 52.23″ E22° 28 ,46.18″]**.

Am Ende, kurz vor dem Kap Kolka, müssen Sie kurzzeitig die P124 benutzen und treffen wieder in Kolka ein.

TOUR 5 – VÕRU BIS VASTSELIINA (ESTLAND)

Entfernung: Rund 65 km.

Strecke: Straße 2 bis Vastseliina – Tal der Piusa – Nebenstraße und Straße 65 bis Võru.

Reisedauer: Ca. 8 - 9 Stunden.

Wegbeschaffenheit: Hauptsächlich Asphalt, lediglich im Tal der Piusa Waldboden.

Schwierigkeitsgrad: Leicht, am Anfang jedoch etwas mehr Verkehrsaufkommen.

Fahrradservice: Silja Sport, Kooli, Võru, im Einkaufszentrum Kagukeskus, Tel.: +372 782 1916; www.siljasport.ee.

Fahren Sie in **Võru** auf die Hauptstraße 2 und folgen Sie dieser verkehrsreichen Fernstraße nach Südosten über **Kose** bis **Vastseliina [N57° 43′ 58.35″ E27° 17′ 0.19″]**.

Hinter der Ortschaft biegen Sie links ab auf die Straße 164 in Richtung russischer Grenzübergang nach **Petseri**.

Nach etwas über drei Kilometer beginnt links das **Tal der Piusa [N57° 43′ 11.00″ E27° 20′ 7.90″]**. In diesem ist ein Verfahren kaum möglich, da man sich nur nach dem Wasserlauf richten muss bzw. kann.

Der Fluss fließt nordwärts und begleitet Sie bis zur Asphaltstraße 130 zwischen Obinitsa und Lasva.

Biegen Sie links auf die Asphaltstraße ab und Sie erreichen nach rund 18 km, hinter Lasva bei der kleinen Gemeinde **Kääpa [N57° 51′ 48.87″ E27° 6′ 5.47″]**, die Straße 65.

Halten Sie sich dort wieder links. Nach ca. 5 km kommt man wieder zurück zum Ausgangspunkt **Võru**.

TOUR 6 – INSEL HIIUMAA (ESTLAND)

Entfernung: Rund 48 km, alternativ 60 km.

Strecke: Straße 81 – Straße 83 – Nebenstrecke über Kassari und Orjaku – Straßen 83 und 81 bis Kärdla.

Reisedauer: Ca. 4 - 5 Stunden.

Wegbeschaffenheit: Teils Schotter, teils Asphalt.

Schwierigkeitsgrad: Leicht, die Insel ist sehr flach und macht Freude, per Rad entdeckt zu werden.

Fahrradservice: Hotel Sõnajal, Leigri väljak 3, Kärdla, Tel.: 46-31 22 0 (Verkauf, Verleih und Reparatur). Weiterbestand des Fahrradservices fraglich!

Je nach Standort gibt es natürlich viele Möglichkeiten, die Insel Hiiuma per Rad zu erkunden. Am ansprechendsten ist es, wenn man eine Radtour durch Hiiumaa mit dem an der Südseite vorgelagerte hübschen kleinen Inselchen Kassari mit Kärdla, der Hauptstadt von Hiiumaa, in Verbindung bringen kann.

Kärdla [N58° 59′ 37.18″ E22° 44′ 48.72″] an der Nordostküste und **Käina [N58° 49′ 56.23″ E22° 47′ 10.26″]** an der Südseite liegen gerade mal 19 km auseinander.

Wenn man nun sein Fahrzeug zum Beispiel auf dem Parkplatz [N59° 0′ 28.55″ E22° 45′ 3.27″] am Hafen von Kärdla abstellt, dann kann man die Insel Hiiumaa per Rad bequem über die Landstraße 81 von Nord nach Süd durchqueren.

Kurz vor Käina treffen Sie auf die Straße 83, folgen dieser nach links und biegen vor **Vaemla [N58° 49′ 51.66″ E22° 49′ 27.76″]** wieder rechts ab.

Dort bleiben Sie auf der Straße 123 bis auf das Inselchen **Kassari [N58° 47′ 58.22″ E22° 51′ 4.17″]** und fahren über **Orjaku [N58° 47′ 22.14″ E22° 46′ 22.95″]** wieder zurück zur Straße 83.

An der T-Kreuzung biegen Sie rechts ab, radeln durch Käina und fahren die Straße 81 bis Kärdla nordwärts zurück.

Wer lieber Rundtouren mag, der bleibt besser auf der Straße 83, hält sich ostwärts, und biegt in **Suuremõisa [N58° 52′ 15.75″ E22° 56′ 37.19″]** links ab auf die Straße 80. Sie führt mehr in Küstennähe nordwärts zurück nach Kärdla. Doch diese kleine Rundreise beinhaltet 12 km mehr Strecke.

PRAKTISCHE UND NÜTZLICHE INFORMATIONEN VON A BIS Z

ANSCHRIFTEN

Die Vertretung der Baltikum Tourismuszentrale in Berlin wurde geschlossen.

Touristische Informationen erhält man über die Webseiten der baltischen Länder oder bei deren diplomatischen Vertretungen in Berlin.

Estland Tourismus
https://www.visitestonia.com/de/

Lettland Tourismus
https://www.latvia.travel/de/

Litauen Tourismus
https://www.lithuania.travel/de/

Automobilclubs

Estland
Eesti Autoklubi (EAK), Laki 11, EE-12915 Tallinn, Tel: +372 697 91 00. Technische Assistenz auf estnischen Straßen, Tel. 1888.

Lettland
Auto-Moto Society of Latvia (LAMB), 16b Raunas str., LV-1039 Riga, Tel: +371 756 62 22. Technische Assistenz auf lettischen Straßen, Tel. +371 293 20 041.

Litauen
Lietuvos Automobilininku Sajunga (LAS), Antakalnio 28, LT-2055 Vilnius, Tel: +370 (0)5 210 44 21.

Camping

Estland
Estonia Camping Association
Vabaöhukeskuse tee 18 Vanmõisa küla, EE-76407 Saue vald
Tel. +372 506 7491
www.camping-estonie.ee

Lettland
Latvian Camping and Leisure Park Association
„Apaļkalns", Raiskuma pagasts
LV-4146 Pārgaujas novads
www.camping.lv

Litauen
Lithuania Camping Association
Salos gatve 3, Žalvarių k.
LT-33284 Molėtų r. sav.

Konsularische Vertretungen

Baltische Botschaften in Deutschland

Estland
Botschaft der Republik Estland
Hildebrandstrasse 5
10785 Berlin
Tel.: +49 (0)30 25 46 06 02
Fax: +49 (0)30 25 46 06 01
E-Mail: embassy.berlin@mfa.ee
https://berlin.mfa.ee

Lettland
Botschaft der Republik Lettland
Reinerzstrasse 40 - 41
14193 Berlin
Tel.: +49 (0)30 82 60 020
Fax: +49 (0)30 82 60 0233
E-Mail: embassy.germany@mfa.gov.lv
https://www.mfa.gov.lv/de/

Litauen
Botschaft der Republik Litauen
Charitéstr. 9
10117 Berlin
Tel.: +49 (0)30 890 6810
Fax: +49 (0)30 890 68 115
E-Mail: info@botschaft-litauen.de
https://de.mfa.lt/de/de/

Konsularische Vertretungen im Baltikum

Estland
Deutsche Botschaft
Toom-Kuninga 11
15048 Tallinn
Tel. +372 627 53 00
Fax +49 (0)30 181 767 255
https://tallinn.diplo.de/

Lettland
Deutsche Botschaft
Raina bulvaris 13
1050 Riga
Tel. +371 67 08 51 00

Fax: +371 67 08 51 49
E-Mail: info@riga.diplo.de
https://riga.diplo.de/lv-de/botschaft

Litauen
Deutsche Botschaft
Sierakausko Gatve 24/8
03105 Vilnius
Tel. +370 5 210 64 00
Fax +370 5 210 64 46,
E-Mail: info@wilna.diplo.de
https://wilna.diplo.de/lt-de/botschaft

Fluggesellschaften

Air Baltic
https://www.airbaltic.com/de-DE/index

Weitere Internetadressen

Estland
www.visitestonia.com
www.rmk.ee (u. a. Wanderwege in Staatsforsten)
www.maaturism.ee
www.culture.ee
www.festivals.ee
www.laulupidu.ee
www.mois.ee

Lettland
www.latvia.travel
www.celotajs.lv

Litauen
https://www.mann.lt/de/
www.vilniusjazz.lt
http://folkinstruments.lt/de/index.htmlwww.teatras.lt

CAMPING

Thema Stellplatz

Immer begehrter, auch bei baltischen Wohnmobilisten, sind Stellplätze, ob offizielle oder inoffizielle.

In keinem anderen Land der ehemaligen so genannten Ostblockstaaten soll es so viele heimische Wohnmobile wie in Litauen und Lettland geben.

Nur die naturverbundenen Esten bevorzugen weiterhin den Urlaub mit dem Zelt. Eine klassische Stellplatzkultur wie in Deutschland, Frankreich oder Italien existiert in den baltischen Ländern jedoch nicht.

In diesem Reiseführer sind Stellplätze für Wohnmobilreisende aufgeführt, die zum Zeitpunkt der Recherche bekannt und vorhanden waren. Bei diesen Stellplätzen handelt es sich in der Regel um offizielle Plätze, die von Gemeinden, Parkverwaltungen oder von Privat angeboten werden. Sanitäranlagen und Stromanschlüsse darf man aber nicht auf jedem Stellplatz erwarten.

Das „freie Stehen" im Baltikum wird grundsätzlich toleriert. Es existieren sog. **Biwakplätze**, an denen man sehr gut frei stehen kann. Allerdings verfügen Biwakplätze – außer über Picknickeinrichtungen (Feuerstellen, Tische, Bänke) und evtl. Abfallbehälter – über keine wohnmobilspezifischen Einrichtungen (WC, Frischwasser, Stromanschlüsse, Entsorgungsmöglichkeiten für Abwässer, etc.).

Die Zufahrten zu solchen, meist sehr romantische und einsam gelegenen Biwakplätzen, führen aber nicht selten über etwas abenteuerliche, unbefestigte, sandige Pisten und Waldwege, was für manche ausladende Fahrzeuge insbesondere für Gespanne schwierig werden kann. Und es ist damit zu rechnen, dass bei einer übermäßigen Anzahl von frei stehenden Wohnmobilen die Kommunen dazu übergehen werden, dies zu reglementieren oder zu untersagen.

Gerade im Baltikum sind die Campingplatzpreise zum Teil noch so niedrig, dass es einfach nicht lohnt, lange nach einem guten freien Stellplatz zu suchen. Und wer seine Chemietoilette entsorgen möchte, kann dies in den meisten Fällen sowieso nur auf den großen, professionellen Campingplätzen tun.

Übrigens bieten viele Hotels und Pensionen in ländlichen Gebieten Wohnmobilisten die Möglichkeit, mit ihrem Gefährt auf dem Hotelgelände zu nächtigen, was der Beherbergungsbetrieb dann deutlich auf seiner Reklametafel anzeigt. Sanitäranlagen und Stromanschlüsse darf man aber nicht immer erwarten.

Campingsituation

Alle drei baltische Staaten verfügen heute über zahlreiche Campingplätze.

Die meisten Plätze stammen aus der Zeit nach 1990 und haben mitunter schon westeuropäischen Standard.

In den Jahren davor wurden kaum Campinganlagen gebaut. Zu Zeiten der Okkupation durch die Sowjetunion z. B. gab es im baltischen Raum nur sehr wenige Campingplätze. Die Entwicklung des Campingsektors zeigt nun aber wieder steigende Tendenz.

Allerdings ist im Sanitärbereich oft noch mit zu wenig Installationen zu rechnen. Auch die Pflege der Einrichtungen und die Art der Installationen entspricht nicht überall unseren Vorstellungen von Sanitäreinrichtungen auf einem Campingplatz.

Seit der Jahrtausendwende wird Camping im Baltikum immer populärer. Hat man in den Nuller Jahren in diversen Wohnmobilforen im Internet gelesen, dass man als Wohnmobilist relativ einsam durch die baltischen Staaten reist, so ist diese Aussage heute nicht mehr zutreffend. Kaum ein Campingplatz, auf dem nicht ein Wohnmobil oder ein Wohnwagen aus Deutschland, den Niederlanden, Italien oder Frankreich anzutreffen wäre. Auch sind viele Campingfahrzeuge mit Kennzeichen aus Finnland oder Schweden unterwegs.

Mittlerweile hat die Entwicklung auf dem Campingsektor aber auch dazu geführt, dass z. B. die lettische Regierung ein Gesetz erlassen hat, welches besagt, dass neue Campingplätze nicht mehr eröffnet werden dürfen. Lediglich vorhandene Anlagen dürfen erweitert werden.

Die **Campingcarnets** *CCI* oder *Camping Key Europe* sind noch nicht sehr bekannt und werden selten verlangt.

Bei den Stromanschlüssen auf dem Platz sind oft noch die normalen Schutzkontaktstecker zu finden. Neuere oder umgestaltete Plätze verfügen über die dreipoligen **Stromstecker nach CEE-Norm**.

So gut wie auf jedem Platz ist der Internetzugang via **WLAN**, teils gratis, teils gegen Gebühr, entweder auf dem ganzen Platz oder auch nur an gewissen Stellen, möglich. Das Angebot ist so verbreitet, dass auf eine spezielle Erwähnung in den Beschreibungen der Campingplätze verzichtet werden kann.

Die meisten Plätze sind **zwischen 1. Mai und 30. September geöffnet**. Viele Plätze in Estland und Litauen haben ganzjährig geöffnet.

Die Preise der Plätze schwanken und sind sehr von der Lage und der Ausstattung abhängig. Generell kann man davon ausgehen, dass sie im Schnitt momentan noch günstiger sind als in Deutschland zum Beispiel.

In den meisten Fällen verfügen Campingplätze über **Miethütten**, die im Hinblick auf Ausstattung und Erhaltungszustand aber sehr unterschiedlich ausfallen können. Nicht selten beschränkt sich die Ausstattung auf Betten, Tisch und Stühle.

Gewöhnlich sind Miethütten auf Campingplätzen in der Regel etwas teurer als die Übernachtung im eigenen Fahrzeug. Sie stellen aber nach wie vor eine preislich günstige Alternative zu Übernachtungen in Pensionen oder Hotels dar.

Und je weiter man nach Norden kommt, umso öfter findet man eine **Sauna** auf dem Campingplatz vor. In Estland gehört sie zur Standardausstattung.

Wer seine **Chemikaltoilette** entleeren möchte, kann dies auf vernünftige Weise in den meisten Fällen nur auf den großen, professionell geführten Campingplätzen tun.

Speziell für die Entsorgung von Wohnmobilabwässern und die Aufnahme von Frischwasser eingerichtete Stationen, die bequem mit dem Wohnmobil angefahren werden können, sind noch selten.

Es fällt auf, dass die Balten zunehmend selbst gerne Campingurlaub machen. In den Bereichen Campingfreizeit wird sich im Laufe der nächsten Jahre also noch einiges entwickeln.

Camping Informationen der baltischen Länder findet man unter www.camping.lt/de/ (Litauen), www.camping.lv/index.php/en/ (Lettland), www.camping-estonia.ee/de/ (Estland).

Hinweise zu Angaben über Campingplätze

Bei den in diesem Reiseführer aufgelisteten Campingplätzen folgen dem **Platznamen** die vor Ort erfassten **GPS-Navigationskoordinaten** in eckigen Klammern (soweit ermittelbar), danach **Anschrift** und **Telefonnummer** mit Vorwahl, dann **Öffnungszeit** und die Lokalisierung oder **Zufahrt**.

Bei der **Beschaffenheit des Geländes** wird die Form angegeben, die überwiegt, z. B. Wiesengelände.

Die **Größe** des Platzgeländes wird in Hektar (ha), die **Aufnahmekapazität** in Stellplätzen (Stpl.), ggf. mit Belegung durch Dauercamper (Dau.), angegeben. Die Angabe **Miethütten** deutet auf das Vorhandensein von mietbaren Campinghütten, Mietbungalows bzw. anderweitige Mietunterkünfte hin.

Es wird versucht, die **Platzeinrichtungen**, so wie sie beim Besuch vorgefunden wurden, in etwa zu charakterisieren, wobei Zustand und Pflege der Gebäude und Installationen auch von Bedeutung waren. Die Übergänge zwischen den drei als grobe Anhaltspunkte geschaffenen Kategorien sind fließend.

Mindestausstattung: Einfacher Platz mit bescheidenen, veralteten oder vernachlässigten Einrichtungen, die außer WC's, Kaltwasserwaschbecken und evtl. Duschen keine oder völlig unzeitgemäße Einrichtungen für Hygiene und Körperpflege aufweisen.

Standardausstattung, mit den Varianten einfache oder gute Standardausstattung: Der Durchschnittscampingplatz mit WC's, Kaltwasserwaschbecken und Duschkabinen in den Waschräumen, evtl. mit Warmwasser, Kochgelegenheit, Geschirrspül- und Wäschewaschbecken teils mit Warmwasser. Ordentlicher Gesamteindruck, einige Stromanschlüsse für Caravans.

Komfortausstattung, mit der Variante gehobene Komfortausstattung: Außer ausreichend WC's, Waschbecken mit Warmwasser und Warmduschen in zeitgemäßen, gepflegten Sanitäranlagen, werden auch Geschirr- und Wäschewaschbecken mit Warmwasser, Waschmaschine und Trockner, Küche und Aufenthaltsraum, Ausgüsse für Chemikal-Campingtoiletten, eine Ver- und Entsorgungsstation für Wohnmobile (Frischwasser, Abwasser) und Stromanschlüsse für Caravans/ Wohnmobile in ausreichender Zahl erwartet. Das Terrain soll durch Wege erschlossen sein und im Gelände verteilte Müllbehälter und Wasserzapfstellen aufweisen, sowie Restaurant oder Cafeteria, Einkaufsmöglichkeit und Freizeit- und/ oder Sporteinrichtungen anbieten.

Campinghütten

Wer nicht mit Zelt, Wohnwagen oder Wohnmobil durch das Baltikum reist, oder auf einer Radtour abends ein festes Dach über dem Kopf vorzieht, dennoch aber nicht in Hotels oder Gasthäusern übernachten will, findet auf vielen baltischen Plätzen sog. **Campinghütten**.

Im baltischen Raum sind Campinghütten vielfach wesentlich einfacher und rustikaler ausgestattet, als in skandinavischen Ländern zum Beispiel. Dafür sind sie aber auch erheblich preiswerter zu mieten.

Die aus Holz, oft in Blockhausmanier, errichteten Häuschen bieten Platz für zwei bis sechs Personen. Sie sind in aller Regel recht zweckmäßig eingerichtet. Oft ist eine kleine überdachte Veranda vorgebaut.

Bettwäsche ist in der Regel mitzubringen, kann aber gelegentlich auch geliehen werden.

Saubermachen muss man selbst und auch für des eigene leibliche Wohl muss man selbst sorgen.

Vor allem im Hauptreisemonat Juli sollten Hütten unbedingt vorbestellt, oder sehr früh am Tage angefahren werden, da in dieser Zeit die Nachfrage überaus groß ist!

EINREISEBESTIMMUNGEN

Persönliche Dokumente

Für **Estland**, **Lettland** und **Litauen** gilt: Die Mitnahme des **Personalaus-**

weises reicht vollkommen aus. Ebenso werden deutsche Kinderausweise anerkannt. Diese sollten jedoch mit einem Lichtbild versehen sein. Ein Eintrag in den Reisepass der Eltern reicht unter Umständen nicht aus.

Russland

Zur Einreise nach Russland ist ein Visum notwendig. Die Einreiseformalitäten sind auf den ersten Blick etwas verwirrend. Zumindest sind sie sehr umfangreich.

Das Gebiet **Kaliningrad** gehört zur Russischen Föderation und ist daher ebenfalls **visumpflichtig**.

Seit 1. Juli 2019 können Staatsangehörige der EU-Staaten, ohne Großbritannien, ein kostenfreies elektronisches Visum für das Kaliningrader Gebiet zur einmaligen Einreise für maximal 8 Kalendertagen, nicht acht 24-Stunden-Tage beantragen. Genaue Informationen geben die Webseite www.germania.diplo.de/ru-de/service/11-InformationenfuerTourisen/-/2216046 und www.russische-botschaft.ru/de/consulate/visafragen/elektronische-visa-fuer-besucher-des-kalinigrader-gebiets/).

Sollte Ihr Reiseplan aber einen Besuch in Kaliningrad und in Sankt Petersburg (oder in einer anderen russischen Stadt) vorsehen, müssen Sie sich nach wie vor ein Touristenvisum für mehrmalige Einreise besorgen.

Zur Visumbeantragung benötigen Sie einen **Reisepass**, der noch mindestens sechs Monate über Ihren Russlandaufenthalt hinaus gültig sein muss!

Auf der Webseite des russischen Botschaft über Visafragen heißt es u. a. „Sehr geehrte Damen und Herren, die Einreise in die Russische Föderation erfolgt mit einem gültigen Visum, das in einer Konsularvertretung der Russischen Föderation in Berlin, Bonn, Frankfurt am Main, Hamburg, Leipzig, München oder durch das Visazentrum (Tel.: +49 8921540197, E-mail: info.rus-berlin@russia-visacentre.com, Web-site: https://russia-visacentre.com/de/visa/germany/russia) rechtzeitig vor der Reise beantragt werden muss."

Infos über Einreisevisa in die Russische Föderation gibt auch folgende Webseite: https://russia-visacentre.com/de/visa/germany/russia.

Einreise mit dem Auto

Erkundigen Sie sich bei Ihrem Autoversicherer nach **ausreichendem Versicherungsschutz** (z. B. Vollkaskoversicherung). Die Versicherungen baltischer oder russischer Autofahrer haben gewöhnlich ein viel niedrigeren Deckungsschutz als deutsche Kfz-Versicherungen.

Private Kraftfahrzeuge können von Besuchern in die baltischen Staaten vorübergehend zollfrei eingeführt werden.

Die Mitnahme der **Internationalen „Grünen Versicherungskarte"** wird empfohlen. Benötigt werden zudem der **Führerschein** sowie die **Zulassungsbescheinigung Teil I** (Fahrzeugschein).

Für eine Einreise nach **Russland** genügt der nationale Führerschein nicht. Ein **Internationaler Führerschein** ist notwendig!

Weiter muss bei der Einreise nach Russland eine für das russische Gebiet gültige **KfZ-Haftplicht-Versicherung** vorhanden sein. Seit geraumer Zeit wird die „Internationale Grüne Versicherungskarte", wenn Sie durch den Eintrag „Russland" bzw. „RUS" für die Russische Föderation gültig gemacht ist, als Nachweise einer Kfz-Haftpflichtversicherung anerkannt. Es muss also bei der Einreise keine zusätzliche russische Kfz-Haftpflichtversicherung mehr abgeschlossen werden.

„Im Fall eines nicht selbst verschuldeten Unfalls ist nicht immer mit einer vollständigen Schadenersatzleistung des Unfallgegners zu rechnen, da die Deckungssummen der russischen Haftpflichtversicherung relativ niedrig sind. Bei Pkw-Reisen in die Russische Föderation wird daher bis auf weiteres der Abschluss einer Vollkaskoversicherung empfohlen" (lt. Info des Auswärtigen Amtes).

Haustiere

Erkundigen Sie sich bitte rechtzeitig vor Ihrer Abreise bei Ihrem Tierarzt nach den neuesten Einfuhr- und Impfbestimmungen, die sich bis dahin z. B. für Russland u. U. geändert haben können!

Mit der Aufnahme in die Europäische Union ist es mittlerweile kein Problem mehr, seinen Hund oder seine Katze in die baltischen Staaten mitzunehmen. Wichtig ist die Mitnahme des **EU-Heimtierausweises** aus dem hervor geht, dass das Tier geimpft ist. Zudem muss der Vierbeiner mit einer eindeutig erkennbaren Tätowierung oder einem Mikrochip zweifelsfrei zu identifizieren sein.

Für **Russland** gelten hier andere Spielregeln. Die russischen Behörden verlangen ein amtstierärztliches Gesundheitszeugnis, das nicht älter als zehn Tage sein darf. Des Weiteren muss im Impfpass eine Tollwutimpfung eingetragen sein.

Zollbestimmungen (Auszug)

Bitte erkundigen Sie sich vor Ihrer Reise nach dem neuesten und vollständigen Stand der dann geltenden Bestimmungen!

Bei Reisen in die **Baltischen Staaten** dürfen von Personen über 17 Jahre 800 Zigaretten, oder 400 Zigarillos oder 200 Zigarren und 1 kg Tabak pro Person zollfrei eingeführt werden.

Bei den alkoholischen Getränken gelten folgende Freimengen: 10 Liter hochprozentige Spirituosen, 20 Liter alkoholreicher Wein (Sherry, Port o. ä.), 90 Liter Wein und 110 Liter Bier.

Für alle drei baltischen Staaten gilt, dass bei der Rückkehr nach Deutschland nur 300 Zigaretten pro Person mitgebracht werden dürfen.

Waren bis zu einem Gesamtwert von 1.500 Euro oder einem Gewicht bis zu 50 kg können nach **Russland** zollfrei ohne Deklaration eingeführt werden.

Darüber hinaus dürfen abgabenfrei eingeführt werden: 400 Zigaretten, 200 Zigarillos, 100 Zigarren oder 0,5 kg Tabak und 3 Liter Spirituosen. Frisches Gemüse und Obst, sowie Schriften, deren Inhalt gegen Russland gerichtet ist, unterliegen einem Einfuhrverbot!

Bargeldbestände, die einem Gegenwert bis 10.000 US-Dollar entsprechen, dürfen ohne Deklaration ein- bzw. ausgeführt werden.

An der Grenze wird Autoreisenden eine Kfz-Zolleinfuhrbescheinigung erteilt, die den Reisenden verpflichtet, sein Fahrzeug nach einer in dem Dokument angegebenen Zeitspanne wieder auszuführen! **Wichtig** in diesem Zusammenhang ist, dass Sie dieses Dokument bei der Ausreise unbedingt an der russischen Grenzstation wieder abgeben müssen! Normalerweise behalten die kontrollierenden Beamten das Papier bei der Ausreise ein. Sollte das versäumt werden, geben Sie das Papier selbst ab.

Wenn Sie dieses Zollpapier aus Versehen mit nach Hause nehmen, stellt sich das beim russischen Zoll so dar, dass Sie das Fahrzeug nicht ausgeführt, also verkauft haben und deshalb Einfuhrzoll fällig wird! Es wäre nicht das erste Mal, dass Sie – wenn Sie schon lange nicht mehr daran denken – ein Schreiben erhalten, das Sie unmissverständlich auffordert, die ausstehenden Zollgebühren samt Strafgebühr zu begleichen. Das nun aufzuklären, bedeutet sehr viel Ärger und Lauferei, Übersetzerkosten etc!

Würden Sie nicht reagieren, würde gegen Sie in Russland ein Verfahren eingeleitet an dessen Ende Sie dort dann als vorbestraft gelten. Eine weitere Reise nach Russland wäre dann kaum möglich.

ESSEN UND TRINKEN

Herzhafte Speisen und Fischgerichte, das sind zwei Attribute für die **estnische Küche**, die in Mitteleuropa zwar wenig bekannt ist, ihre Wurzeln aber in vielen Ländern hat.

Auch in der Küche haben die diversen Besatzer im Lauf der Jahrhunderte ihren Einfluss hinterlassen – Russland, Deutschland, Schweden oder Dänemark.

Fast alles wird in der traditionellen estnischen Küche gekocht, weniger gebraten. Sehr ungewöhnlich für Mitteleuropäer ist das kaum noch praktizierte Braten mit Milch oder saurer Sahne.

Als Vorspeise nimmt man oft eine Milchsuppe, bestehend aus Grießklößchen, Milchgraupen, Weißkohl, Kohlrüben, Fisch, Ei, saure Sahne, Pilzen und Honig.

Auf Grund der geographischen Lage verwundert es nicht, dass **Fisch** eines der wichtigsten Nahrungsmittel in Estland ist. Lachs, Dorsch, Hering oder Seezunge werden oft und gerne serviert.

Doch auch Schweinefleisch mit Kartoffeln in saurer Sahne ist eine Spezialität. Das gegarte Schweinefleisch wird gewürfelt, in Kartoffelpüree getunkt und gebacken. Das Ganze nennt sich dann Kartoffelschweinchen (Kartulipörsad).

Nach alter Tradition schließt man ein deftiges, umfangreiches Essen mit Kartoffelkuchen oder einem Eierpudding.

Als Nationalspeise gilt die **Blutwurst (verivorst)**, die traditionell zu Weihnachten auf den Tisch kommt.

Zu Trinken gibt es eher **Bier** als Wein. Zum einen passt es besser zu den herzhaften Speisen, zum anderen wird es in Estland auch gerne selbst hergestellt.

Saku ist das bekannteste estnische Bier, doch es gibt auch einige kleinere Brauereien, die einen leckeren Gerstensaft herstellen.

In **Lettland** richtet sich der Speiseplan sehr nach dem Kalender.

Die Letten behaupten von sich, im Herbst würden die meisten Hochzeiten stattfinden, weil zu diesem Zeitpunkt die Keller voll sind mit Lebensmitteln, die selbst angepflanzt und geerntet wurden.

Wie in Estland isst man auch in Lettland sehr herzhaft bzw. deftig. Kartoffeln stehen fast immer auf dem Speiseplan. Und am besten muss alles immer sehr schnell gehen.

In den Wintermonaten kommen mehr Fleischgerichte und Wurzelgemüse auf den Tisch. Im Sommer hingegen wendet man sich lieber Milchprodukten wie Käse, Brei und Milchsuppe zu. Und während der Herbstsaison gehen die Letten gerne auf Pilzsuche, fast jeder Lette kennt ein Pilzrezept.

Um es kurz zu sagen: In Lettland wird traditionell gegessen.

Und man respektiert Grundnahrungsmittel, wie zum Beispiel Brot, weil viele Letten, vor allem der älteren Generation wissen, dass diese Lebensmittel nicht immer eine Selbstverständlichkeit waren.

Nicht nur in ländlichen Bevölkerungskreisen ist durchaus auch heute noch üblich in den Spätsommermonaten Marmelade einzukochen, Gurken zu marinieren und Konfitüre aus selbst gepflückten Beeren zuzubereiten.

Abschließend ist zu erwähnen, dass in Lettland Gerichte nicht immer warm gegessen werden. Angeblich hat diese Gewohnheit historische Gründe. In früheren Zeiten hatten die Bauern den ganzen Tag auf dem Feld zu tun, ihr zubereitetes Essen, das sie morgens mitnahmen, bis zur Essenzeit aber nicht mehr sehr warm war.

Auch in der **litauischen Küche** herrschen herzhafte Kartoffelgerichte vor. Als besonders kalorienarm kann man aber auch litauische Gerichte nicht bezeichnen.

Als Nationalgericht gelten die **Cepelinai**, die traditionell an hohen Feiertagen gegessen werden. Bei den Cepelinai handelt es sich um Kartoffelklöße, die mit Hackfleisch oder Quark gefüllt sind.

Wie bei vielen alten Rezepten, ist auch die Herstellung von Cepelinai nicht im Handumdrehen erledigt. Zunächst müssen rohe Kartoffeln geschält und fein gerieben, die Kartoffelmasse dann durch ein Tuch solange ausgequetscht werden, bis möglichst der ganze Kartoffelsaft ausgetreten ist. Später wird das Ganze dann mit gekochten und geriebenen Kartoffeln verarbeitet, mit der gewürzten und mit Zwiebeln vermengte Hackfleischmasse gefüllt und ca. 30 Minuten lang gekocht. Der Name kommt von der Form, die nachher die Klöße haben werden. Sie sehen aus wie kleine Zeppeline.

Wie schon in Estland und Lettland gilt auch hier, dass zu den Speisen am besten das einheimische Bier passt.

Schließlich sollte aber nicht unerwähnt bleiben, dass auch im Baltikum die internationale Küche, sowohl aus China oder aus Amerika bekannter wurde. Keine Großstadt ohne Fast-Food-, Hamburger- oder Pizzakette. Typisch baltische Lokalitäten gibt es kaum.

Das Thema **Russische Küche** würde an dieser Stelle den Rahmen sprengen. So groß das Land ist, so vielfältig ist auch die Küche. Berühmt sind natürlich der Kaviar, die Rote-Beete-Suppe namens **Borschtsch**, die gefüllten Teigtaschen, die **Pierogi** oder der herzhafte, suppenartige Wursteintopf **Soljanka**.

Die Küche Russlands ist einfach, deftig und keinesfalls aufwändig. Lästerzungen sagen gelegentlich, bei den russischen Küche gelte das Prinzip: Hauptsache viel.

Was der Russe zum Essen trinkt, dürfte bekannt sein, gerne trinkt man Tee, aber noch viel lieber das „Wässerchen" Vodka. Leider ist der hohe Alkoholkonsum vieler Russen oft nicht zu übersehen.

FESTE UND FOLKLORE

Das wichtigste baltische Fest ist die Feier zum **Johannistag**. Man flicht Blumenkränze, sucht die Farnblüte, singt, tanzt und lacht. Dieser längste Tag des Jahres wird bis zum nächsten Morgen gefeiert.

Besonders die Esten sind sehr bemüht, Folklore und Traditionen zu bewahren. Jahr für Jahr werden zahlreiche Feste veranstaltet und es gibt kaum eine Region oder Ortschaft, die nicht wenigstens eine eigene Sage zu erzählen hätte. Meistens handeln alte Sagen vom Teufel, der oftmals als Verlierer dargestellt wird oder von **Kalevipoeg**, dem Helden des Nationalepos.

Auch in Lettland und Litauen werden Traditionen bewahrt und Feste gefeiert. Nach der langen Unterdrückung kommt man wieder darauf, eigene Trachten herzustellen und alte Volkslieder zu singen.

Singen ist zudem die beliebteste Folklore-Tradition der Balten. Neben dem berühmten Sängerfest, das alle fünf Jahre in Tallinn stattfindet, gibt es zahlreiche lokale Festlichkeiten, auf denen gesungen und getanzt wird.

In **Russland** hingegen kann man noch heute große Aufmärsche der Armee sehen. Besonders im Mai, wenn der Jahrestag des Kriegsendes gefeiert wird. In Russland ist dies der 9. Mai.

Wichtig im russischen Alltag sind nach wie vor die religiösen Feiertage der orthodoxen Kirche wie das **Weihnachts-** oder das **Osterfest**.

GESETZLICHE FEIERTAGE

Estland

1. Januar – Neujahrstag

24. Februar – Unabhängigkeitstag, Nationalfeiertag

Karfreitag

Ostersonntag

Ostermontag

1. Mai – Tag der Arbeit

23. Juni – Siegestag

24. Juni – Johannistag (Mittsommerwende)

20. August – Wiedererlangung der Unabhängigkeit

25. u. 26. Dezember – Weihnachten

Lettland

1. Januar – Neujahrstag

Karfreitag

Ostersonntag

Ostermontag

1. Mai – Tag der Arbeit

23./24. Juni – Jāņi (Mittsommerwende)

18. November – Ausrufung der Republik Lettland, Nationalfeiertag

25. u. 26. Dezember – Weihnachten

31. Dezember – Silvester

Litauen

1. Januar – Neujahrstag

16. Februar – Tag der Wiederherstellung der Unabhängigkeit

11. März – Unabhängigkeitstag, Nationalfeiertag

Karfreitag

Ostersonntag

Ostermontag

06. Juli – Jahrestag der Krönung des Königs Mindaugas I. und der Staatsgründung im Jahr 1250

15. August – Mariä Himmelfahrt

1. November – Allerheiligen

25. u. 26. Dezember – Weihnachten

Russland

1. und 2. Januar – Neujahr

7. Januar – orthodoxe Weihnachten

23. Februar – Tag des Verteidigers des Vaterlandes, früher Tag der russischen Armee und Flotte

8. März – Internationaler Frauentag

1. und 2. Mai – Tag des Frühlings und der Arbeit

9. Mai – Tag des Sieges

12. Juni – Deklaration der Staatssouveränität

7. November – Tag der Freundschaft und der Versöhnung

12. Dezember – Tag der Verfassung

25. Dezember – katholische Weihnachten

Fällt ein Feiertag auf einen Samstag oder Sonntag wird der Feiertag am nächsten Werktag arbeitsfrei nachgeholt.

GESUNDHEIT UND SICHERHEIT

Der Abschluss einer **Auslandskrankenversicherung** ist sinnvoll, die auch die Kosten für einen evtl. notwendigen Rettungsflug abdeckt. Oft ist eine solche Versicherung bereits in anderen Ihrer Versicherungen oder im Schutzbrief Ihres Autoclubs enthalten. Informieren Sie sich darüber, um nicht doppelt abzuschließen.

Für Russland ist eine Auslandsreisekrankenversicherung notwendig, die von den russischen Behörden anerkannt sein muss. Sie muss bereits vor Beantragung des Visums abgeschlossen sein, da sonst kein Visum erteilt wird. Informationen, welche Krankenkassen anerkannt werden, finden sich auf der Webseite www.visum.net der Fa. Spomer GmbH, die auch Visa für die Russische Föderation beschaffen kann.

Impfungen sind für die in diesem Reiseführer beschriebenen Länder nicht vorgeschrieben. Dennoch empfehlen sich Impfungen gegen Polio, sowie gegen Diphtherie und Tetanus.

Auch über eine Zeckenimpfung sollten Sie nachdenken. Fragen Sie Ihren Hausarzt nach evtl. weiteren für Sie sinnvollen Impfungen und nach deren Vor- und Nachteile!

Verzichten Sie besser darauf, in östlichen Ländern **Leitungswasser** direkt zu trinken. Kaufen Sie lieber Trinkwasser in Flaschen. Kein Problem in Läden oder Supermärkten. Beim fliegenden Händler sollten Sie aber auf der Hut sein und nachsehen, ob die Flaschen auch noch original verschlossen sind!

Da Leitungswasser nicht immer und überall als unbedenklich gilt, ist es kein Fehler, **Wasserentkeimungsmittel** dabei zu haben, um Wasser in zweifelhaften Zustand, das man im Wohnmobil bunkert, entkeimen zu können. Im Zweifel ist langgenuges Abkochen aber immer noch die zuverlässigste Lösung.

Der Zustand kostenloser **öffentlicher Toiletten** in östlichen Regionen sind gelegentlich in einem Zustand, der einen veranlasst, auf dem Absatz kehrt zu machen. Toilettenpapier ist vielfach unbekannt.

Es ist ein gut gemeinter Tipp, immer etwas Toilettenpapier und Desinfektionstücher bei sich zu haben.

Beaufsichtigte und gebührenpflichtige Toiletten sind meist in einem ordentlicheren Zustand.

In Russland finden Damen Toiletten gewöhnlich hinter der Tür mit einem „**Ж**" oder einem Damen-Symbol und Herren hinter der Tür mit einem „**M**" oder einem Herren-Symbol.

Überprüfen und ergänzen Sie Ihre **Reiseapotheke**!

Zum **Thema Sicherheit** kann gesagt werden, dass Reisen, auch Reisen mit Auto oder Wohnmobil in die baltischen Länder und/oder nach Kaliningrad nicht riskanter ist, als Reisen in unseren Breiten, wenn man einige elementare, auf Reisen eigentlich überall gültige Vorsichtsmaßnahmen beherzigt.

Fahren Sie konzentriert und defensiv. Lassen Sie sich von den Unarten örtlicher Fahrer nicht anstecken oder provozieren.

Parken und übernachten Sie auf beaufsichtigten Plätzen.

Tanken Sie nachts nur an großen, gut beleuchteten Tankstellen.

Wenn Sie nicht selbst tanken, achten Sie darauf, dass auch tatsächlich der Kraftstofftank mit dem **richtigen Kraftstoff** und nicht aus Versehen der Wassertank im Wohnmobil befüllt wird. Nicht jeder Tankwart kennt sich mit Wohnmobilen aus.

Und verschließen Sie Ihr Auto auch während eines nur kurzen Tankstopps, wenn auch Ihre Reisebegleitung das Fahrzeug verlässt!

Lassen Sie keine wertvollen Räder, Roller z. B. oder andere Dinge/Sportgeräte während der Nacht oder während eines Stadtrundgangs außen am Fahrzeug.

Nehmen Sie wertvolle Gegenstände, Schmuck, besonders teure Kleidung etc. die Sie unterwegs nicht wirklich brauchen, erst gar nicht mit auf die Reise!

Tragen Sie Reisedokumente, Ausweispapiere, Geld u. ä. nur in körpernahen Taschen mit sich. Machen Sie Kopien von den Dokumenten.

Tragen Sie Ihren Reisepass bei sich.

Verteilen Sie Geld und Dokumente auf mehrere körpernahe Taschen. Denken Sie daran, dass nicht einer aus der Reisegesellschaft das ganze Geld in der Tasche hat. Verteilen Sie es auf Ihre Partner.

Meiden Sie große Menschenansammlungen oder Gruppen betrunkener Personen und seien Sie auf Bahnhöfen, Busbahnhöfen, bei Drängeleien in vollen Zügen und öffentlichen Bussen, in U-Bahn-Stationen etc. besonders aufmerksam und achten Sie auf Ihre „Sieben Sachen".

Lassen Sie sich nicht zu Straßenspielen animieren oder in zwielichtige Tausch- und Wechselgeschäfte verwickeln.

Seien Sie umsichtig, wenn Sie Geld aus Geldautomaten holen.

Vermeiden Sie es, nachts in unbekannten, abgelegenen und dunklen Stadtvierteln herumzuspazieren.

Falls Sie im Hotel wohnen, nutzen Sie die Hotelsafes, verschließen Sie immer Ihr Zimmer, auch nachts und auch wenn Sie nur kurz weggehen.

Legen Sie (wenn vorhanden) die Sicherheitskette vor. Öffnen Sie auf das Klopfen an Ihrer Zimmertür nicht sofort und unbesehen, wenn Sie niemanden bestellt haben (Etagenkellner, Zimmermädchen, Reinigung etc. etc.). Schauen Sie erst durch den Tür-Spion (falls einer vorhanden ist), bevor Sie öffnen.

Seien Sie mit der Weitergabe Ihrer Kreditkartennummer oder Ihrer Heimatanschrift nicht allzu vertrauensselig.

HOTELS UND ANDERE UNTERKÜNFTE

Estland, Lettland und Litauen ähneln sehr, was die Hotelsituation betrifft. Ähnlich wie beim Thema Campingplätze, hat sich auch bei den **Hotels** in den letzten Jahren vieles getan.

Die einstmals staatlichen Häuser wurden privatisiert, teils von westlichen Investoren übernommen, heute bieten viele Hotels einen Standard, den Häuser in Mitteleuropabieten. Leider gilt gleiches auch für die Preise.

Die meisten und größten Hotels finden sich natürlich in den Touristenhochburgen und großen Städten wie Tallinn, Tartu, Vilnius, Riga, der Kurischen Nehrung, Kaunas, in einigen Kurorten und natürlich im Küstenbereich.

Bei Einheimischen beliebter und zudem auch kostengünstiger sind kleine Gasthöfe oder **Ferien auf dem Lande**.

Im gesamten Baltikum ist es relativ einfach, einen Gasthof mit Unterkunftsmöglichkeit zu gründen.

Zahlreiche Bauern bieten gemütliche und rustikale Zimmer an. Viele bauen neue kleine Holzhäuser oder stellen einen Teil ihres Grundstücks als Zeltwiese bzw. als Wohnmobilstellplatz zur Verfügung.

Gemütlich sind die Herbergen, die in den letzten zehn Jahren entstanden und sich auf dem Land befinden, allemal.

Des Weiteren gibt es noch kleinere Hotels und **Motels**, die meist am Stadtrand von mittelgroßen Städten wie Ventspils, Daugavpils oder auch Tartu stehen. Sie bieten einen Parkplatz, ein sauberes Zimmer und sind noch relativ preiswert. Dennoch sind sie nicht so schön und urig wie ein kleines Privatzimmer im Wald an einem See gelegen, wo sich der Besitzer noch persönlich um einen kümmert.

Mittlerweile sind auch im Baltikum **Jugendherbergen** zu finden. Die meisten davon sind in den großen Städten anzutreffen.

Alleine Tallinn besitzt elf der 17 estnischen Jugendherbergen. Diese liegen oft zentral in der Nähe der Altstadt und sind preiswerter als die Hotels, aber es gilt je zentraler desto teurer. Aber auch in baltischen Jugendherbergen gehört das Bild von großen Schlafsälen längst der Vergangenheit an. Viele der Jugendherbergen bieten ein Frühstück an.

Außerhalb von Kaliningrad hat man allerdings keine so große Auswahl an Hotels. Hier gibt es nur wenige Hotels, die sich direkt in oder im Umfeld einer Stadt befinden. Dichter ist das Angebot an der Ostseeküste in den Badeorten wie Rauschen zum Beispiel.

Die Zimmer sind in aller Regel modern und sauber, doch man darf kein preisgünstiges Hotelzimmer erwarten.

Jugendherbergen oder Ferien auf dem Lande sind im Oblast Kaliningrad gänzlich unbekannt.

INTERNET

Morgens melkt ein Bauer seine Kühe, am Nachmittag sitzt er vor dem Flachbildschirm und schaut sich die neueste Agrar-Technologie im weltweiten Datennetz an. Was sich wie ein Werbespruch für das Internet anhört, ist im Baltikum zum Teil Realität.

Offen und selbstbewusst gehen die Balten mit modernster Technik um. Handy, Internet, Wireless Lan sind gängige Begriffe im Alltag der Esten, Letten und Litauer.

Auch Smartphones lassen sich in den drei baltischen Staaten hervorragend nutzen. Hier gilt aber natürlich, dass die Verbindung in der Nähe von Städten besser ist als in einem weit entfernten Waldgebiet.

Vorbildlich ist Estland, das einzige Land auf der Welt, in dem kostenloses WLAN als Grundrecht verankert wurde.

Die Länderkürzel für das Internet lauten wir folgt: .ee für Estland, .lv für Lettland, .lt für Litauen sowie .ru für Russland.

KLIMA UND REISEZEIT

Bis zu 70°C Temperaturunterschied kann es im Baltikum geben. Natürlich nicht gleichzeitig, aber auf das Jahr verteilt. Bis zu 33°C werden es im Sommer, während der frostige Winter, mit ebenfalls weit über 30°C Minus, die Länder fest im Griff hat. Starke Schneefälle sind keine Seltenheit, aber wen wundert´s?

Tallinn liegt nördlicher als Stockholm. Und es ist auch keine Seltenheit, dass das baltische Meer zwischen Tallinn, St. Petersburg und Helsinki komplett zufriert.

In den letzten Jahren waren die Sommer zwar sehr warm und relativ trocken, doch sollte man immer regenfeste Kleidung im Gepäck haben. Es gibt keine Zeiten, in denen Niederschlag mehr oder weniger stattfindet. Niederschlag ist in der Regel das ganze Jahr über gleichmäßig verteilt.

In den Monaten Juni, Juli und August ist es am wärmsten und das Thermometer steigt im Schnitt auf 22°C.

Im Winter hat das Baltikum auch seinen Reiz, wenn die Landschaft verschneit ist und das Sonnenlicht alles unwirklich erscheinen lässt. Darauf haben sich auch bereits viele Gastronomen eingestellt und empfangen ihren Besuch das ganze Jahr über.

Die **angenehmste Reisezeit** sind die Monate Mai bis September, wenn die Sonne am längsten scheint.

Bis zu 20 Stunden Helligkeit sind in Estland nicht ungewöhnlich und so werden auch in der Umgebung von Tallinn die „Weißen Nächte“ wie in St. Petersburg gefeiert.

Sommerlicher Höhepunkt ist natürlich die **Johannisfeier** am 23. Juni, wenn in Estland der längste Tag begangen wird und im Baltikum gerne, lange und laut gefeiert wird.

Im Gegensatz zu den langen Sommertagen sind die Tage im Winter extrem kurz.

Baden gehen kann man im Sommer bei Wassertemperaturen von 16° – 18°C in den Seen und Flüssen. In der Zeit von September bis zum Frühlingsanfang ist die Wassertemperatur in der Regel höher als die der Luft.

MEDIKAMENTE UND ÄRZTLICHE VERSORGUNG

Wer unterwegs auf bestimmte Medikamente angewiesen ist, sollte sich diese von zu Hause mitbringen. Wichtig ist dabei aber, dass man dann tunlichst eine Bescheinigung des Arztes mitführt, die aussagt, dass man auf diese Medikamente aus medizinischen Gründen nicht verzichten kann. Eine solche Bescheinigung ist umso wichtiger, wenn die Medikamente Stoffe enthalten, die unter das Betäubungsmittelgesetz fallen.

Es kann passieren, dass bei bestimmten Behandlungen und Medikamenten vor Ort Zuzahlungen geleistet werden müssen, die je nach Art unterschiedlich hoch sind. Doch unter Vorlage der Europäischen Krankenversicherungskarte soll die komplette Behandlung abgesichert sein.

Allerdings kann es in entlegenen Gebieten noch vorkommen, dass die Krankenversicherungskarte nicht bekannt ist oder nicht akzeptiert wird.

Für Russland ist eine Auslandsreisekrankenversicherung notwendig, die von den russischen Behörden anerkannt wird. Sie muss bereits vor Beantragung der Visa abgeschlossen sein, da sonst kein Visum erteilt wird. Informationen, welche Krankenkassen anerkannt werden, finden sich auf der Webseite www.visum.net der Fa. Spomer GmbH, die auch bei der Beschaffung von Visa für die Russische Föderation behilflich ist.

Weitere Informationen zu Zuzahlungen und Adressen über die staatlichen Krankenversicherungen von Estland, Lettland und Litauen finden sich auf der Homepage der Deutschen Verbindungsstelle Krankenversicherung – Ausland (DVKA): www.dvka.de.

MINIWORTSCHATZ

In Estland hat man keine Zukunft – zumindest in der Sprache. Das Futur wie wir es kennen, funktioniert im estnischen Sprachgebrauch nicht.

Doch das ist nicht die einzige Besonderheit. Die **estnische Sprache** kennt 14 Fälle, die das Ganze zu einer schwierigen Sache machen.

Das Estnisch gehört zur finno-ugrischen Sprachgruppe und ist die einzige Sprache weltweit, die dem Ungarischen ähnelt. Zudem hat es viele Doppelvokale, die lang ausgesprochen werden. Diese wiederum haben Ähnlichkeit mit dem Finnischen.

Lettisch und **Litauisch** hingegen stammen aus dem indoeuropäischen Sprachraum. Beide Sprachen sind eng miteinander verwandt.

Und alle drei baltischen Sprachen haben diakritische Zeichen, die wir aus dem deutschsprachigen Raum nicht kennen. Das estnische „õ" liegt bei der Aussprache zwischen dem deutschen „o" und „e".

In Lettland spricht man das „h" aus wie das deutsche „ch" in Bach. Der Querbalken über den Vokalen (ā, ē, ī, ū) bedeutet eine gedehnte und lange Aussprache. Konsonanten, die über oder unter dem Zeichen einen Haken haben, werden weich ausgesprochen (Beispiel ļ = lj).

Im Litauischen gibt es zusätzlich die Dialekte der Aukštaiten und der Žemaiten mit zahlreichen Mundarten und Varianten.

Richtig kompliziert wird es aber in Russland. Zumindest auf den ersten Blick. Hier kommt noch erschwerend hinzu, dass die **kyrillischen** Buchstaben verwirren. Doch im Grunde ist es gar nicht so schwer. Für das Lesen der kyrillischen Wörter empfiehlt sich immer der Vergleich von lateinischem Buchstaben zu kyrillischen anhand der nachfolgenden Tabelle.

Deutsch	Estnisch	Lettisch	Litauisch	Russisch	
Allgemeines					
Apotheke	apteek	aptieka	vaistinė	аптека	apteka
Arzt	arst	ārsts	gydytojas	врач	wratsch
Auf Wiedersehen	Head aega	zu redzēšanos	Viso gero	До свидания	do swidanija
Bäckerei	leivapood	maizes veikals	duonos parduotuvė	пекарня	pjekarnja
Billig	odav	lēts	pigus	дешёвый	djeschjowyj
bitte	palun	lūdzu	prašom	прошу	proschu
Brief	kirja	past	pašto	письмо	pismo
Briefkasten	kirjakast	pasta kastīte	pašto	почтовый ящик	potschtowyj jascht-schik
Campingplatz	kämping	kempings	kempingas	кемпинк	kempink
Danke	aitäh	paldies	ačiū	спасибо	spasibo
Entschuldigen Sie	Palun vabandust	Piedodiet, lūdzu	prašom	извините	iswinitje
Frauen	Proua	kundze	Ponia	женщины	shenschtschiny
Geöffnet	avatud	atvērts	atidaras	открыт/ работает с - до	otkryt/ rabotajet s - do
Guten Abend	Tere õthust	Labvakar	Labas vakaras	Добрый вечер	dobryj wjetscher
Guten Morgen	Tere hommikust	Labrīt	Labas rytas	Здравствуйте	sdrawstwujtje
Guten Tag	Tere päevast	Labdien	Laba diena	Здравствуйте	
Hallo	Tere	Sveicinati	Sveiki	Привет	priwjet
Herr	Härra	kungs	Pone	мужчина	mushtschina
Hotel	hotell	viesnīca	viešbutis	отель	otjel
Informationsbüro	teadete büroo	uzziņu birojs	informacijos biuras	справочное бюро	sprawotschnoje bjuro
Ja/Nein	jah/ei	jā/nē	taip/ne	да/нет	da/njet
Krankenhaus	haigla	slimnīca	ligoninė	больница	bolniza
Links	vasekule	kreisi	kaire	левый	lewyj
Postamt	postkontor	pasts	paštas	почта	potschta
Postkarte	postkaart	atklātne	atvirukas	открытка	otkrytka
Rechts	paremale	labi	dešinė	правый	prawyj
Teuer	kallis	dārgs	brangus	дорогой	dorogoj
Toilette	tualett	tualete	tualetas	туалет	tualet
Wieviel kostet es?	Kui palju see maksab?	Cik tas maksā?	Kiek kainuoja?	Сколько стоит?	skolko stoit
Wo?	Kus?	Uz kurieni?	Kur?	где?	gdje
Zahnarzt	hambaarst	zobārsts	dantugydytojas	зубной врач	subnoj wratsch
Zimmer	tuba	istaba	kambarys	комната	komnata
Abfahrt	ärasõit	atiešana	pavažiamivas	отъезд	otjesd
Auto	autot	mašina	automobilis	автомашина	awtomaschina

Ankunft	saabumine	pienākšana	atvažiamivas	приезд	prijesd
Bahnhof	raudteejaam	stacija	stotis	вокзал	woksal
Bewachter Parkplatz	valvega autoparkla	apsargāta auto stāvvieta	saugoma automobilių stovėjimo aikštelė	охраняемая автостоянка	ochranjajemaja aw-tostojanka
Benzin	bensiini	benzīns	benzinas	бензи	bensin
Flughafen	lennujaam	lidlauks	aeronostas	аэродром	aerodrom
Geradeaus	otse	taisni	tiesiai	прямо	prjamo
Hafen	sadam	osta	uostas	порт	port
Polizei	politsei	policija	policija	полиция/милиция	polizija/ milizija
Tankstelle	bensiinijam	uzpildes stacija	degalinė	бензозаправочная станция	bensosaprawotschnaja stanicija
Werkstatt	remonditöökojani	auto darbnīca	autoservissas	автомастерская /автомобиль технической помощи	awtomastjerskaja / aw-tomobil tjechnitsche-skoj pomoschtschi
Zentrum	keskus	centrs	centras	центр	zentr
Zug	rong	vilciens	traukinys	поезд	pojesd
Essen und Trinken					
Abendessen	õhtusöök	vakariņas	vakarienė	ужин	ushin
Bier	õlu	alus	alus	пиво	piwo
Brot	sai	maize	duona	хлеб	chleb
Fisch	kala	zivs	žuvis	рыба	ryba
Fleischgericht	liharoad	gaļas ēdieni	ėsos patiekalai	мясное	mjasnoje
Frühstück	hommikueine	brokastis	pusryčiai	завтрак	sawtrak
Gemüse	köögiviljad	saknes, dārzeņi	daržovės	овощи	owoschtschi
Getränke	joogid	dzērieni	gėrimai	напиток	napitok
Käse	juust	siers	sūris	сыр	syr
Kaffee	kohv	kafija	kava	кофе	kofe
Kuchen	kook	kūka	pyragaitis	лепёшка	ljepjoschka
Limonade	limonaad	limonāde	limonadas	лимонад	limonad
Milch	piim	piens	pienas	молоко	moloko
Mineralwasser	mineraalvesi	minerālūdens	mineralvanduo	минеральная вода	mineralnaja woda
Mittagessen	lõuna	pusdienas	pietūs	обед	objed
Nachtisch	magusroad	saldie ēdieni	saldumynai	вечерняя закуска	wjetschjernaja sakuska
Obst	puuvili	augļi	vais ai	фрукты	frukty
Rechnung	arvet	rēķinu	sąskaitą	счёт	stschjot
Restaurant	restoran	restorāns	restoranas	ресторан	restoran
Saft	mahl	sula	sultys	сок	sok
Salz	sool	sāls	druska	соль	sol

Speisekarte	menüü	ēdienkarte	valgiaraštis	меню	menju
Suppe	supp	zupa	sriuba	суп	sup
Tee	tee	tēja	arbata	чай	tschaj
Wasser	vesi	ūdens	vanduo	вода	woda
Wein	vein	vīns	vynas	вино	wino
Zucker	suhkur	cukurs	cukrus	сахар	sachar
Im Lande unterwegs					
Bernstein	merevaik	dzintars	gintaras	янтарь	jantar
Brücke	sild	tilts	tiltas	мост	most
Denkmal	ausammas	piemineklis	paminklas	памятник	pamjatnik
Dorf	küla	ciems	kaimas	деревня	djerjewnia
Fluss	jõgi	upe	upė	река	rjeka
Insel	saar	sala	sala	остров	ostrow
Haltestelle	peatus	pietura	stotelė	остановка	ostanowka
Kirche	kirik	baznīca	bažnyčia	храм	chram
Meer	meri	jūra	jūra	море	morje
Museum	muuseum	muzejs	muziejus	музей	musej
Nationalpark	rahvuspark	nacionālais parks	nacionalinis parkas	гасударственный заповедник	gasudarstwjennyj sapowjednik
Naturschutzgebiet	looduskaitseala	rezervāts (rez.)	rezervatas (rez.)	заповедник	sapowjednik
Platz	väljak	laukums	aikštė	площадь	ploschtschad
See	järv	ezers	ezeras	озеро	osjero
Stadt	linn	pilsēta	miestas	город	gorod
Straße	tänav	iela	gatvė	улица	uliza
Zahlen					
In Lettland und Litauen sind die Zahlen 1-9 geschlechtsbezogen.					
Eins	üks	viens, -a	vienas, -a	один, одна, одно	odin, odna, odno
Zwei	kaks	divi, -as	du, dvi	два, две	dwa, dwje
Drei	kolm	trīs	trys	три	tri
Vier	neli	četri, -as	keturi, -ios	четыре	tschetyrje
Fünf	viis	pieci, -as	penki, -ios	пять	pjat
Sechs	kuus	seši, -as	šeši, -ios	шесть	schjest
Sieben	seitse	septiņi, -as	septyni, -ios	семь	sjem
Acht	kaheksa	astoņi, -as	aštuoni, -ios	восемь	wosjem
Neun	üheksa	deviņ, -as	devyni, -ios	девять	djewjat

Zehn	kümme	desmit	dešimt	десять	djesjat
Elf	üksteist	vienpadsmit	vienuolika	одиннадцать	odinnadzat
Zwölf	kaksteist	divpadsmit	dvylika	двенадцать	dwjenadzat
Dreizehn	kolteist	trīspadsmit	trylika	тринадцать	trinadzat
Vierzehn	neliteist	četrpadsmit	keturiolika	четырнадцать	tschjetyrnadzat
Fünfzehn	viisteist	piecpadsmit	penkiolika	пятнадцать	pjatnadzat
Zwanzig	kakskümmend	deivdesmit	dvidešimt	двадцать	dwadzat
Einhundert	sada	simts	šimtas	сто	sto
Eintausend	tuhat	tūkstotis	tūkstantis	тысяча	tysjatscha
Zeit					
Montag	esmaspäev	pirmdiena	pirmadienis	понедельник	ponjedjelnik
Dienstag	teisipäev	otrdiena	antradienis	вторник	wtornik
Mittwoch	kolmapäev	trešdiena	trečiadienis	среда	srjeda
Donnerstag	neljapäev	ceturtdiena	ketvirtadienis	четверг	tschjetwjerg
Freitag	reede	piektdiena	penktadienis	пятница	pjatniza
Samstag	laupäev	sestdiena	šeštadienis	суббота	subbota
Sonntag	pühapäev	svētdiena	sekmadienis	воскресенье	woskrjesjenje
Tag	päev	diena	dienau	день	djen
Woche	nädal	nedēļa	savaitė	неделя	njedjelja
Monat	kuu	mēnesis	mėnuo	месяц	mjesjaz
Jahr	aasta	gads	metai	год	god

Die Kyrillischen Buchstaben

А	а	a	Р	р	r
Б	б	b	С	с	s
В	в	w	Т	т	t
Г	г	g	У	у	u
Д	д	d	Ф	ф	f
Е	е	e, je	Х	х	ch
Ё	ё	jo	Ц	ц	z
Ж	ж	sh	Ч	ч	tsch
З	з	s (stimmhaft)	Ш	ш	sch
И	и	i	Щ	щ	schtsch
Й	й	j	Ъ	ъ	-
К	к	k	Ы	ы	y
Л	л	l	Ь	ь	-
М	м	m	Э	э	e
Н	н	n	Ю	ю	ju
О	о	o	Я	я	ja
П	п	p			

MIT DEM AUTO DURCH DAS BALTIKUM

Generelles

Generell empfiehlt sich ein **Euroschutzbrief** eines Automobilclubs. Die **Internationale Grüne Versicherungskarte** kann hilfreich sein.

Für Reisen nach Russland benötigen Sie einen **Internationalen Führerschein**.

Wenn Sie Eigner Ihres Fahrzeuges sind, aber auch Ihr Reisepartner das Fahrzeug unterwegs fahren wird, müssen Sie für Reisen in Russland eine **Erklärung** dabeihaben, die besagt, dass Sie diesem namentlich erwähnten Reisepartner das Führen Ihres Fahrzeuges erlauben.

Fertigen Sie von allen wichtigen Dokumenten (Pass, Fahrzeugschein, Führerschein etc., etc.) **Fotokopien** an und deponieren Sie diese einmal zu Hause, aber auch im Auto oder bei sich, an anderer Stelle natürlich als die Originaldokumente.

Nationalitätszeichen „D", „A", „CH" etc. am Fahrzeug anbringen.

Führen Sie **Warnwesten** für Fahrer und Beifahrer mit.

Geben Sie einen **Zweit-Autoschlüssel** Ihrem Reisepartner.

Führen Sie einen gefüllten **Kraftstoff-Reservekanister** mit.

Notieren Sie sich (bzw. speichern Sie im Mobiltelefon) **Notfall-Telefonnummern**, Rufnummern Ihrer Familie, ggf. die Rufnummer Ihres Hausarztes etc.

Erkundigen Sie sich vor Abreise nach dem **neuesten Stand der Verkehrsvorschriften** der einzelnen Länder!

Rechnen Sie auf baltischen zweispurigen Fernverkehrsstraßen mit haarsträubenden Überholmanövern mancher Verkehrsteilnehmer.

Einige Nebenstraßen in den baltischen Ländern sind mitunter in einem miserablen Zustand, wellig, ausgefahren, ausgefranste Fahrbahnränder, schmal, Alleebäume nahe des Fahrbahnrandes u. ä. Vor allem Gespannfahrer werden an diesen Straßenzuständen keine Freude haben!

Asphaltstraßen der unterschiedlichsten Qualität, aber auch **unbefestigte Straßen und Staubpisten** sind im gesamten Baltikum noch zu finden. Teilweise sind manche Schotterstraßen in einem so schlechten Zustand, dass man nur Schritttempo fahren kann. Andere unbefestigte Straßen (oft Straßen, die von den Hauptstraßen zur Küste oder zu ganz kleinen Orten abzweigen) sind zwar relativ gut befahrbar, wirbeln nach Schönwetterperioden aber viel Staub auf.

Vor allem Gespannfahrer sollten darauf vorbereitet sein, dass auch mit sehr welligen Fahrbahnen (meist auf Alleestraßen), mit tiefen Spurrillen, löchriger Fahrbahn, völlig ausgefranste Fahrbahnränder und desolaten Straßenbanketten zu rechnen ist.

Viele Asphaltstrecken hingegen sind gut ausgebaut und machen ein gutes und sicheres Vorwärtskommen möglich.

Das **Tankstellennetz** ist dicht und weist teilweise sehr modern ausgestattete Tankstellen auf. Die Diesel-Zapfsäulen erkennt man an dem „D" oder an der Farbe der Zapfpistole (schwarz). In Russland steht das kyrillische Zeichen Д (D) für Diesel.

In abgelegenen Gebieten in Litauen, Lettland und Estland können Sie noch auf **Verkehrsampeln** mit für uns ungewohnter Ampelschaltung treffen. Nach der normalen Grünphase blinkt das Grün erst, bevor es gelb wird. Allerdings entspricht das blinkende Grün dem westeuropäischen Gelb. Das Gelb des Baltikums wiederum bedeutet aber schon Rot und verpflichtet zum Stehen.

Bahnübergänge: Stopp an Bahnübergängen! Halten Sie sich besser aus zweierlei Gründen daran. Zum einen empfiehlt es sich sehr (gilt übrigens auch für Russland), an Bahnübergängen zu stoppen, da hier gerne kontrolliert wird und Zuwiderhandlungen dann mit Bußgeldern belegt werden. Zum anderen sind viele Bahnübergänge in einem so erbärmlichen Zustand, dass man sie schon im Interesse seines Fahrzeugs nach einem Stopp nur sehr langsam überqueren sollte, besonders auch mit Caravans!

Estland

Eine sehr gute **Beschilderung** macht es einem in Estland schwer, sich zu verfahren.

Verkehrsregeln und Verkehrszeichen entsprechen im Wesentlichen den im übrigen Europa üblichen.

Omnibusse und Straßenbahnen haben immer Vorfahrt.

Überholverbot an Kreuzungen und Bahnübergängen.

Es gibt keine Straßenbenutzungsgebühr.

Das ganze Jahr über muss **mit Abblendlicht gefahren werden**.

In den Wintermonaten von Dezember bis März ist das Benutzen von **Winterreifen** Pflicht. Je nach Wetterlage, kann dieser Zeitraum auch ausgedehnt werden. Die Nutzung von **Spikesreifen** ist in der Zeit von 1. Mai bis 1. Oktober nicht erlaubt.

Das **Telefonieren** am Steuer während der Fahrt ohne Freisprecheinrichtung ist verboten.

Es gelten eine **0,0-Promille-Grenze** sowie **Anschnallpflicht für alle Insassen**.

Die **Höchstgeschwindigkeiten:**

Innerorts für alle Kfz und Gespanne 50 km/h

Außerorts: Kfz bis 3,5 t 90 km/h, Kfz über 3,5 t und Gespanne 70 km/h

Schnellstraßen: Kfz bis 3,5 t 110 km/h, Kfz über 3,5 t und Gespanne 90 km/h

Lettland

Lettland verfügt auch über **autobahnähnliche Straßen**. Aber Achtung! Auf diesen so genannten „Autobahnen" darf links abgebogen und gewendet werden! Und auf diesen Straßen existieren sogar Zebrastreifen und auch Ampeln können vorkommen.

Verkehrsregeln und Verkehrszeichen entsprechen im Wesentlichen den in Europa üblichen.

Omnibusse und Straßenbahnen haben immer Vorfahrt.

Überholverbot an Kreuzungen und Bahnübergängen.

Rund um das gesamte Jahr muss mit **Abblendlicht** gefahren werden.

Warnwestenpflicht.

Promillegrenze: 0,5 Promille, 0,2 Promille bei Führerscheinneulingen die die Fahrerlaubnis erst weniger als zwei Jahre haben.

Anschnallpflicht für alle Insassen.

Winterreifen sind Pflicht von 1. Dezember bis 1. März. Zwischen 1. Mai und 1. Oktober darf nicht mit **Spikesreifen** gefahren werden.

Handygespräche sind am Steuer nur mit Freisprechanlage erlaubt.

Die **Höchstgeschwindigkeiten:**

Innerorts für alle Kfz, Wohnmobile bis 7,5 t und Gespanne 50 km/h.

Außerorts: Kfz und Wohnmobile bis 3,5 t 90 km/h, Gespanne 80 km/h.

Schnellstraßen/Autobahn: Kfz, Wohnmobile bis 3,5 t und Gespanne 100 km/h.

Auf Fernstraßen und Autobahnen besteht für Fahrzeuge über drei Tonnen zulässigem Gesamtgewicht **Mautpflicht**. Die Preise sind von der Schadstoffklasse und der Anzahl der Achsen abhängig. Für Pkw wird bislang keine Maut erhoben (außer zur Durchfahrt durch Jūrmala, Elektrofahrzeuge sind davon ausgenommen).

Maut kann in Lettland nicht vor Ort bezahlt werden. Es ist auch keine Plakette zu erwerben. Man meldet sich über das Internet an und erwirbt eine Maut für einen Tag, für 8 Tage, einen Monat oder für ein ganzes Jahr. Bezahlt wird im Internet mit Kreditkarte. Für ein Fahrzeug von 3 bis 3,5 Tonnen Gesamtgewicht werden für die einen Tag gültige Maut bislang rund 6 Euro fällig. Ausführliche Infos über Maut in Lettland erfährt man in der Webseite https://www.bussgeldkatalog.org/maut-lettland/.

Litauen

Die **Straßenverhältnisse** sind etwas besser als in den nördlichen Nachbarländern und es gibt in Litauen weniger Schotterstrecken.

Verkehrsregeln und Verkehrszeichen entsprechen im Wesentlichen den im übrigen Europa üblichen.

Omnibusse und Straßenbahnen haben immer Vorfahrt.

Überholverbot an Kreuzungen und Bahnübergängen.

Es muss auch tagsüber mit **Abblendlicht** gefahren werden.

Es gelten **Anschnallpflicht** und **Telefonierverbot** am Steuer ohne Freisprecheinrichtung.

Bei **Gelblicht an der Ampel** darf nicht mehr gefahren werden.

Warnwestenpflicht.

Promillegrenze: 0,4 Promille. Bei Fahrern von Fahrzeugen über 3,5 t und bei Führerscheinneulingen 0,0 Promille.

Winterreifenpflicht vom 10. November bis 1. April. Zwischen 10. April und 1. November darf nicht mit **Spikesreifen** gefahren werden.

Die **Höchstgeschwindigkeiten:**

Innerorts für alle Kfz und Gespanne 50 km/h

Außerorts: Pkw, Motorräder, Gespanne bis 3,5 t und Wohnmobile bis 3,5 t 90 km/h, Wohnmobile über 3,5 t und Gespanne 80 km/h. Auf nicht asphaltierten Straßen alle Kfz 70 km/h.

Schnellstraßen: Pkw, Motorräder und Wohnmobile bis 3,5 t 100 km/h, Führerscheinneulinge 90 km/h. Wohnmobile über 3,5 t 80 km/h. Gespanne 90 km/h.

Autobahnen: Pkw, Motorräder und Wohnmobile bis 3,5 t zwischen 1. April bis 31. Oktober 130 km/h (zwischen 1. November und 31. März 110 km/h), Führerscheinneulinge 90 km/h. Wohnmobile über 3,5 t und Gespanne 90 km/h.

In Litauen wird bislang für die Nutzung der Autobahnen A1 bis A18 nur für Fahrzeuge des Güterverkehrs und für Busse eine **Maut** fällig. Für Pkw wird noch keine Maut erhoben. Ausführliche Infos über Maut in Litauen erfährt man in der Webseite https://www.bussgeldkatalog.org/maut-litauen/.

Russland

Wer auf eigene Faust mit dem Auto in der Russischen Föderation unterwegs ist, sollte zumindest rudimentäre Kenntnisse der russischen Sprache beherrschen, oder in Begleitung einer russisch sprechenden Person sein. Das Allermindeste ist, dass man die russisch-kyrillische Schrift entziffern und lesen kann. Andernfalls ist das Orientieren anhand von Straßenschildern, Ortsnamen, Wegweisern extrem schwierig oder besser gesagt kaum möglich.

Notwendig ist ein **Internationaler Führerschein** und eine für Russland gültig geschriebene **„Internationale Grüne Versicherungskarte"**.

Im Falle eines Unfalls, dürfen Sie Ihr Fahrzeug auf keinen Fall von der Unfallstelle entfernen! Auch nur an den Fahrbahnrand stellen ist unzulässig! Sie müssen auf das Eintreffen der Miliz warten. Das kann zwar dauern, ist aber nicht zu umgehen.

Das dem allgemeinen Verkehr zur Verfügung stehende Straßennetz in der Russischen Föderation ist fast 600.000 km lang! Davon ist aber ein großer Teil reparaturbedürftig.

Vermeiden Sie es, nachts zu fahren. Die Straßenverhältnisse sind nämlich teilweise sehr schlecht bis gefährlich! Große Schlaglöcher und Risse in der Fahrbahndecke sind genauso wenig auszuschließen, wie fehlende Gullydeckel. Und lassen Sie sich nicht von der rasanten Fahrweise mancher Einheimischer anstecken.

Eine Haltelinie an Ampeln gibt es gewöhnlich nicht. Bei Rot wird oft soweit es nur geht und gefährlich nah an die Fahrspur des Querverkehrs vorgefahren.

In Russland finden viele **Polizeikontrollen** statt. Einfachstes Mittel, um hier nichts falsch zu machen, ist, immer schön freundlich bleiben. Wenn man dann nicht wirklich irgendeine Ordnungswidrigkeit begangen hat, z. B. nicht ganz und gar an der Linie beim Stoppschild angehalten hat, wird man im Normalfall nach kurzer Kontrolle der Ausweispapiere freundlich zur Weiterfahrt aufgefordert.

Sollten Sie tatsächlich ein Schild übersehen oder eine Vorschrift missachtet haben, bleiben Sie ruhig und versuchen Sie erst gar nicht Ihr Verhalten zu erklären, was gewöhnlich sowieso an den Verständigungsschwierigkeiten scheitern würde. Vor allem aber machen Sie *nicht den Fehler,* die Angelegenheit mit einem mehr oder minder diskret zugeschobenen Geldschein bereinigen zu wollen! In 99,99 Prozent der Fälle würden Sie damit die Situation nur verschlimmern.

Wie wir erfahren haben – und das sollten Sie im Zusammenhang mit Straßenkontrollen auch wissen – sind die kontrollierenden Beamten gehalten, Strafgebühren nicht direkt abzukassieren. Ob man sich aber immer und überall daran hält? Sie als Fahrer sollten bei Verstößen vielmehr einen Strafzettel erhalten, den Sie innerhalb von 14 Tagen bei einer Filiale der Russischen Sparbank begleichen müssen.

Die **Verkehrszeichen** entsprechen den international festgelegten Verkehrszeichen. Die Verkehrsregeln sind (mit Ausnahmen) denen im übrigen europäischen Raum angeglichen. Sarkastische Kenner des russischen Verkehrsalltags sind allerdings der Meinung: „Regel Nr. 1 ist, es gibt keine Regel".

Fahren mit Abblendlicht auch am Tage.

Straßenbahnen und Omnibusse haben immer Vorfahrt.

An **Bahnübergängen** und an **Kreuzungen** darf nicht überholt werden.

Verbandskasten, Warndreieck und **Feuerlöscher** müssen mitgeführt werden.

Rauchen und **Telefonieren am Steuer ohne Freisprecheinrichtung** ist verboten.

Promillegrenze: 0,0 Promille.

Tankstellen im beschriebenen Gebieten Kaliningrad sind modern und ausreichend vorhanden, so dass hier keinerlei Probleme bestehen. In Russland steht das kyrillische Zeichen **„Д"** (D) für Diesel.

Die zulässigen Höchstgeschwindigkeiten, falls nicht anders ausgeschildert:

Innerorts für Kfz und für Gespanne 60 km/h.

Außerorts: Fahrzeuge bis 3,5 t und Gespanne 90 km/h, Fahrzeuge über 3,5 t 70 km/h.

Schnellstraßen/Autobahnen: Fahrzeuge bis 3,5 t 100 km/h, Fahrzeuge über 3,5 t 70 km/h.

Für Führerscheinneulinge gilt eine Höchstgeschwindigkeit auf allen Stra-

ENTFERNUNGSÜBERSICHT

Städte	Berlin	Daugavpils	Kaunas	Klaipėda	München	Narva	Pärnu	Riga	Tallinn	Tartu	Vilnius
Berlin	-	1007	792	1004	580	1494	1267	1267	1386	1292	830
Daugavpils	1007	-	215	430	1595	655	429	229	544	483	147
Kaunas	792	215	-	212	1380	702	475	271	594	500	104
Klaipėda	1004	430	212	-	1592	649	413	223	538	467	309
München	580	1595	1380	1592	-	2082	1855	1651	1976	1880	1415
Narva	1494	655	702	649	2082	-	296	426	214	182	714
Pärnu	1267	429	475	413	1855	296	-	190	125	171	483
Riga	1063	229	271	223	1651	426	190	-	315	244	290
Tallinn	1386	544	594	538	1976	214	125	315	-	185	605
Tartu	1292	483	500	467	1880	182	171		185	-	534
Vilnius	830	147	104	309	1415	714	483	290	605	534	-

ßen außerhalb von Ortschaften von 70 km/h.

Interessantes über Autofahren in Russland ist auch auf der Webseite http://www.stawropol.de/html/mit_dem_auto_in_russland.html zu erfahren.

Kraftstoffpreise

Estland:
Super - ca. EUR 1,24
Super Plus - ca. EUR 1,26
Diesel - ca. EUR 1,19

Lettland:
Super - ca. EUR 1,22
Super Plus - ca. EUR 1,21
Diesel - ca. EUR 1,00

Litauen:
Super - ca. EUR 1,12
Super Plus - ca. EUR 1,20
Diesel - ca. EUR 0,91

Russland:
Super - ca. RUB 40,03 (0,59 Euro)
Super Plus -ca. RUB 44,20 (0,66 Euro)
Diesel - ca. RUB 37,06 (0,55 Euro)

ÖFFNUNGSZEITEN

Estland

Geschäfte – Montag bis Freitag 9.00 - 19.00 Uhr, Samstag 8.00 - 17.00 Uhr.

Große Supermärkte – Montag bis Freitag 9.00 - 20.00/22.00 Uhr, Samstag 10.00 - 21.00 Uhr.

Alkoholverkauf in Geschäften und Supermärkten nicht vor 10 Uhr vormittags.

Banken – Montag bis Freitag 9.00/10.00 - 18 Uhr, Samstag 9.00 - 18 Uhr.

Postämter – Montag bis Freitag 8.00 - 18.00, Samstag 9.30 - 15.00 Uhr (gilt nur für große Hauptpostämter), sonst Montag bis Freitag 9.00 - 18.00 Uhr, Samstag 9.00 - 14.00 Uhr.

Lettland

Geschäfte – Montag bis Freitag 9.00/10.00 - 19.00 Uhr, Samstag 9.00/10.00 - 16.00/17.00 Uhr.

Große Supermärkte – Montag bis Freitag 10.00 - 19.00 Uhr, Samstag 8.00 - 20.00 Uhr, Sonntag 10.00 - 19.00 Uhr.

Banken – Montag bis Freitag 9.00 - 17.00 Uhr.

Postämter – Montag bis Freitag 9.00 - 18.00 Uhr, Samstag 9.00 - 16.00 Uhr. Das Hauptpostamt in Rīga auf dem Boulevard Brīvības hat von Montag bis Freitag 7.00 – 22.00 Uhr und am Samstag und Sonntag von 8.00 - 20.00 Uhr geöffnet.

Litauen

Geschäfte – Montag bis Freitag 8.00 - 20.00, Samstag 10.00 - 15.00/16.00 Uhr.

Große Supermärkte haben oftmals rund um die Uhr geöffnet. Zu erkennen ist dies am Symbol 7/7 in Verbindung mit 24h.

Banken – Montag bis Freitag 8.00 -18.00 Uhr, in großen Städten auch bis 20.00 Uhr und Samstag von 8.00 - 14.00 Uhr.

Postämter – Montag bis Freitag 7.00/8.00 - 18.00/20.00 Uhr, Samstag 9.00 - 16.00 Uhr.

Russland

Geschäfte – Montag bis Sonntag 9.00 - 21.00 Uhr. Immer beliebter werden in Großstädten Geschäfte, die 24 Stunden an sieben Tagen in der Woche geöffnet sind.

Banken – Montag bis Donnerstag 9.30 - 17 Uhr, Freitag 9.30 - 16 Uhr.

Postämter – Montag bis Freitag 8.00 - 18.00 Uhr.

Bei allen Angaben gilt jedoch, dass diese variieren können, besonders im ländlichen Bereich werden auch Mittagspausen eingelegt oder die Filialen schließen etwas früher.

POST UND TELEFON

Das komplette **Telefonsystem im Baltikum** ist wie im übrigen Mitteleuropa auf Selbstwählverkehr ausgerichtet und entspricht dem europäischen Standard.

Die meisten **Telefonzellen** sind mit einer **Telefonkarte** zu bedienen, bei manchen kann man auch mit Kreditkarte bezahlen. Telefonkarten sind in Geschäften, an Tankstellen oder an Kiosken erhältlich. In Zeitalter der Mobiltelefone wird die Bedeutung von öffentlichen

Telefonzellen aber immer nebensächlicher. Ihre Standorte werden mehr und mehr reduziert.

In Estland und Lettland wurde das Telefonnummern-System eingeführt, welches die **Vorwahl mit in die Rufnummer integriert**. So gibt es in diesen Ländern keine spezielle Vorwahl mehr und man wählt die komplette Rufnummer inkl. integrierter Vorwahlnummer, egal ob Orts- oder Ferngespräch.

Lettische Telefonnummern haben acht Ziffern und beginnen immer mit einer „6". Telefonnummern von Mobiltelefonen beginnen mit den Nummer 25, 26, 28 oder 29.

Nur in Litauen muss vor der eigentlichen Nummer noch eine 8 gewählt werden. Aber es gibt Ausnahmen: Die 8 wird *nicht* vorgewählt innerhalb derselben Stadt und auch nicht zu einer Handy-Rufnummer.

Das **Mobilfunknetz** ist gut ausgebaut und deckt den gesamten baltischen Raum ab. In Grenzregionen gilt aber zu beachten, in welchem Handynetz man sich gerade befindet, besonders im engen Küstenbereich Litauens kann es schnell passieren, dass man in einem lettischen oder einem russischen Handynetz eingewählt ist.

Für die Angabe der entsprechenden Roaming-Gebühren hilft der heimische Handy-Anbieter weiter. Wer möchte, kann sich auch eine entsprechende Pre-Paid-Karte kaufen.

Die Landesvorwahlen Vorwahlen von Deutschland aus:

Für **Estland: +372** oder **00 372**
Für **Lettland: +371** oder **00 371**
Für **Litauen: +370** oder **00 370**
Für **Russland: +7** oder **007**

Vorwahlen für Deutschland, Österreich, Schweiz

Für **Deutschland: +49** oder **00 49** (danach Ortsvorwahl ohne erste Null, dann Rufnummer). **Von Russland** aus: **1049**.

Für **Österreich: +43** oder **00 43** (danach Ortsvorwahl ohne erste Null, dann Rufnummer). **Von Russland** aus: **1043**.

Für die **Schweiz: +41** oder **00 41** (danach Ortsvorwahl ohne erste Null, dann Rufnummer). **Von Russland** aus: **1041**.

Russland

Das lohnt nicht, für Urlaubsgrüße nach Hause die Post zu bemühen. **Postsendungen** nach Deutschland dauern mindestens zwei Wochen. Aber zwei Monate sind auch keine Seltenheit, immer vorausgesetzt, der Brief kommt überhaupt an! Wer ganz sicher gehen will oder es eilig hat, sollte sich an UPS oder DHL wenden, muss jedoch mit enormen Gebühren rechnen.

Die internationale **Telefonvorwahl** für Russland ist +7 bzw. 007. Danach wählt man die Ortsvorwahl z. B. für Kaliningrad (4012) und dann die Teilnehmernummer.

Um von Russland nach Hause zu telefonieren müssen Sie zunächst die 8 wählen, einen Summton abwarten und die 1049 für Deutschland (10 für Auslandsgespräche und 49 für Deutschland), 1041 für die Schweiz oder die 1043 für Österreich, dann die Vorwahl ohne erste Null und die Teilnehmernummer wählen.

In großen Hotels gibt es blaue, öffentliche Telefonkabinen, von denen Auslandsgespräche geführt werden können. Diese Apparate funktionieren oft nur mit Kreditkarten oder mit Telefonkarten.

WANDERN AUF DEM KÜSTENWANDERWEG

Wandern nach Herzenslust können Sie auf dem **Baltischen Küstenwanderweg**, der Teil des Europäischen Fernwanderweges E9 ist. Der fast 1.200 km lange Fernwanderweg führt in 8 Teilstrecken entlang der Küsten von Lettland und Estland. Ausgangspunkt ist **Nida** auf der Kurischen Nehrung. Ziel ist die estnische Hauptstadt **Tallinn.**

Unterwegs kommt man in Lettland durch Lipāja, Ventspils, am Kap Kolka vorbei, durch das Seebad Jūrmala, durch die lettische Hauptstadt Rīga und durch Saulkrasti. In Estland passiert der Fernwanderweg E9 Ikla, Pärnu, Virtsu, Lihalu,

Haapsalu (hier ist ein Abstecher zu den westestnischen Inseln Vormsi, Muhu, Hiiumaa und Saaremaa) möglich. Schließlich geht man über Paldiski, das während der Sowjetzeit wegen des dortigen Atom-U-Boothafens als „verbotene Stadt" galt, nach Tallinn.

Wer die gesamte Tour unternimmt, wird mit 60 Tagen à 20 km rechnen müssen.

Natürlich ist es auch möglich nur eines der Teilstücke zu wandern. Von Nida nach Kolka hat man entlang der Kurländischen Küste etwa 270 km zu wandern.

Und die Strecke um die Rigaer Bucht von Kolka über Jurmala nach Riga ist rund 200 km lang.

Näher Infos zum Baltischen Küstenwanderweg erfährt man unter https://coastalhiking.eu/de.

WÄHRUNG UND DEVISEN

Seit dem Jahr 2015 ist auch Litauen als letztes der drei baltischen Staaten der Eurozone beigetreten. Bezahlt wird also in Estland, Lettland und Litauen mit dem **Euro (€)**.

Geldautomaten sind in allen baltischen Staaten üblich und die bequemste Art an Bares zu kommen. Allerdings sind Transaktionen über Geldautomaten mit Gebühren verbunden. Gebührentechnisch kann es also besser sein einmal einen größeren Betrag abzuheben, als öfters mal kleine Beträge.

Die Maestro BankCard sowie **Kreditkarten** der Anbieter MasterCard oder Visa werden an vielen Verkaufsstellen akzeptiert.

Russland

Der Rubel rollt, in Russland wohl noch sehr lange.

Ein **Rubel [RUB, Kurzform P]** (russisches R) unterteilt sich in 100 **Kopeken**. Es existieren 10, 50, 100, 500 und 1000-Rubel-Banknoten sowie 1, 5, 10 und 50 Kopeken-Münzen und 1- und 2-Rubel-Stücke.

1 EUR = ca. 78,78 RUB
1 RUB = ca. 0,01 EUR

Kreditkarten werden von allen größeren Geschäften, Hotels, Restaurants und Tankstellen akzeptiert. Gelegentlich werden aber lieber Euro als Rubel als Zahlungsmittel angenommen, obwohl das alleinige legale Zahlungsmittel in Russland der Rubel ist.

Auf dem „flachen Lande" allerdings sind Kreditkarten als Zahlungsmittel noch nicht sehr gebräuchlich. Hier geht ohne Rubel-Bargeld meist gar nichts!

Reiseschecks, sei es in Dollar oder in Euro, werden kaum akzeptiert.

Tauschen Sie nur bei den offiziellen Wechselstellen, in Hotels oder bei Banken. Auch in großen Warenhäusern in den Großstädten findet man offizielle Wechselstuben.

Wenn Sie Euro-Banknoten in Rubel tauschen wollen, achten Sie darauf, dass Sie möglichst neue, unzerknitterte, gänzlich unbeschädigte Euroscheine vorlegen können! Alt wirkende, zerknüllte oder gar eingerissene Scheine nimmt kaum eine Bank oder Wechselstelle an!

Bewahren Sie Wechselquittungen unbedingt bis zur Ausreise auf! Empfehlenswert ist, Euros (oder auch Dollars) in möglichst kleinen Stückelungen bei sich zu haben und vor allem bei längerem Aufenthalt immer nur kleinere Beträge zu tauschen, um von den rasanten Kursschwankungen weniger betroffen zu sein.

Wechseln Sie möglichst nur soviel Geld, wie sie tatsächlich zu brauchen glauben. Überschüssige Rubel wieder zurückzutauschen ist sehr mühsam, wenn überhaupt möglich und immer mit gewaltigen Verlusten verbunden. Tanken Sie lieber, oder kaufen Sie sich was Schönes dafür.

Bankautomaten findet man verbreitet. Seien Sie aber umsichtig und aufmerksam, wenn Sie den Automaten bedienen.

Prüfen Sie wenn möglich, ob Sie an dem Automaten, an der Tastatur, an dem Schacht, in den Sie Ihre Kreditkarte schieben sollen etc. evtl. ungewöhnliche Dinge entdecken. Es wird von manipulierten Automaten berichtet, die Ihre Geheimnummer samt Bankdaten ausspähen, mit denen dann Missbrauch betrieben, sprich Ihr Konto geplündert werden kann. Geben Sie Ihre Geheimnummer möglichst gut verdeckt ein! Und brechen Sie den Vorgang lieber ab, wenn Sie den Eindruck haben, die Warteschlange hinter Ihnen rückt Ihnen zu sehr auf die Pelle.

Lassen Sie sich nicht ablenken, wenn der Automat gerade die Geldscheine ausgibt!

Transaktionen über Bankautomaten sind allerdings auch in Russland mit hohen Gebühren verbunden.

WICHTIGE RUFNUMMERN

In allen in diesem Reiseführer erwähnten Ländern ist in Notfällen die **Notrufnummer 112** aus allen Festnetz- und Mobilfunktelefonen (Handy) gebührenfrei erreichbar. 112 ist auch in Israel, Norwegen, Russland, Schweiz und Türkei als gebührenfreie Notrufnummer gültig.

Estland
Notruf, Feuerwehr, Notarzt – 112
Deutsche Botschaft in Tallinn – +372 627 53 00

Lettland
Notruf – 112
Deutsche Botschaft in Rīga – +371 67 08 51 00

Litauen
Notruf – 112
Deutsche Botschaft in Vilnius – +370 5 210 64 00

Russland
Notruf – 112
Deutsches Generalkonsulat in Kaliningrad – +7 4012 92 02 30

Weitere Nummern
ADAC Auslandsnotruf – +49 89 22 22 22
ADAC-Ambulanzservice – +49 89 76 76 76

ZEITUNTERSCHIED

Das Baltikum ist uns das ganze Jahr hindurch eine Stunde voraus. Wenn es in Deutschland 12.00 Uhr schlägt, ist es in Vilnius, Rīga und Tallinn bereits 13.00 Uhr. Dasselbe gilt auch für das Gebiet von Kaliningrad.

Zu beachten ist die Schreibweise der Tage im baltischen Raum. Besonders bei Öffnungszeiten ist man oft verwundert statt Angaben in Tagen dort römischen Zahlen zu lesen – die römische 1 (I) steht dann für Montag, die 2 (II) für Dienstag und so geht es weiter bis Sonntag (VII).

Haftungsausschluss

Alle in diesem Reiseführer gemachten Angaben, sowie Reise- und Sicherheitshinweise sind nach den aktuell erreichbaren und dem Verlag zugänglichen Informationen mit Sorgfalt und nach bestem Wissen zusammengestellt. Eine Gewähr für die Richtigkeit und die Vollständigkeit der Angaben sowie eine Haftung für eventuell eintretende oder daraus entstehende Schäden kann nicht übernommen werden. Gesetze, Vorschriften, Öffnungszeiten, Preise, Fahrpläne können sich jederzeit ändern, ohne dass der Verlag davon erfährt.

Die Entscheidung über die Durchführung einer Reise liegt in der Verantwortlichkeit des Lesers.

Verlag und Autor empfehlen, sich rechtzeitig vor Antritt der Reise nach den neuesten reiserelevanten Vorschriften zu erkundigen.

INFORMATIONEN ZU GPS-NAVIGATIONSKOORDINATEN

Ein Wort zu den GPS-Daten

Alle unsere GPS-Koordinaten sind im System WGS 84 („World Geodetic System 1984"), einer der beiden internationalen Standards für Koordinatensysteme (neben UTM), erfasst.

Bitte beachten Sie: Die Genauigkeit der Routenführung durch das Navigationssystem hängt auch von der Genauigkeit und Aktualität des in Ihrem Navigationsgerät vorhandenen Kartenmaterials ab.

Prüfen Sie, ob Ihr System über detailliertes Kartenmaterial mit Feindaten für das zu bereisende Land verfügt.

Sollte Ihr System nur einen Teil der europäischen Länder mit Feindaten abdecken oder nur über Basiskarten (wichtigste Orte, wichtigste Fernstraßen) verfügen, MÜSSEN SIE MIT MISSWEISUNGEN UND FEHLBERECHNUNGEN RECHNEN! Oder es muss mit laufenden Neuberechnungen des Weges durch das System ohne konkretes Ergebnis gerechnet werden. Bitte denken Sie bei der Navigation daran. Danke!

Minuten/Sekunden ändern in Dezimalkoordinaten

Alle Navigationsdaten in diesem Buch sind im Format Grad/Minuten/Sekunden angegeben. Falls Sie Navigationskoordinaten in Ihr Navigationsgerät evtl. nur als Dezimalkoordinaten eingeben können, ist das kein größeres Problem.

Koordinaten lassen sich von Grad/Minuten/Sekunden – so wie bei uns dargestellt – relativ einfach „per Hand" in Dezimalkoordinaten umrechnen und müssen dann gewöhnlich auch von Hand in das Navigationsgerät im Auto eingegeben werden.

– Da das Minuten/Sekunden-System in 60er Schritten geht, darf man die Minuten- und Sekunden-Markierungen nicht einfach ignorieren und daraus Dezimalkoordinaten machen, sondern man muss die Daten durch 60 teilen. Umgekehrt ist das auch von Dezimalwerten in Minuten/Sekunden möglich (multiplizieren).

Beispiel: Grad/Minuten/Sekunden-Format: z. B. N39° 29' 12.6" wird so zum Dezimalformat: 29 : 60 = 0,48, 12.6 : 60 = 0,21. Das wieder zusammengesetzte Format zeigt nun die Dezimalkoordinate: N 39,4821°.

Oder: E 20° 15' 34.2" – entspricht dann E 20,2557° (alle Angaben ohne Gewähr).

Sollten Sie Koordinatenformate konvertieren wollen, können Sie sich eines der **Konvertierungsprogramme** bedienen, die Sie kostenlos aus dem Internet herunterladen können, wie z. B.

GPS Babel http://www.gpsbabel.org (Englisch)
Routeconverter http://www.routeconverter.de (Deutsch)
Garmin POI-Loader http://www8.garmin.com/products/poiloader (Englisch), https://support.garmin.com/de-DE/?faq=lfiKohFF2UAo3eaO9vHYp6 (Deutsch)

Im Reiseführer sind die Koordinaten wie folgt dargestellt:
Beispiel: [N70° 10' 40.0" E25° 17' 49.0"]

Gelegentlich steht vor den Koordinaten das Wort „Parkplatz", z. B. **[Parkplatz, N70° 10' 40.0" E25° 17' 49.0"]**. Damit wird darauf hingewiesen, dass sich bei oder ganz in der Nähe des Wegpunktes ein Parkplatz befindet. Die Koordinate bezieht sich dann auf den Parkplatz. Vom Parkplatz können es noch ein paar Meter Fußweg bis zum eigentlichen Ziel sein.

Obwohl wir bei der Erfassung von GPS-Koordinaten größte Sorgfalt walten lassen, können wir für die Richtigkeit der in unseren Reiseführern angegebenen GPS-Koordinaten sowie für evtl. daraus resultierende Ereignisse durch Missweisungen keine Haftung übernehmen.

ZEICHENERKLÄRUNG

- Hauptstadt
- Etappen-Start-/Endpunkt
- Orte
- Sehenswürdigkeit
- Touristeninformation
- Museum, Schloss
- Rathaus, öffentl. Gebäude
- Busbahnhof, Bahnhof
- Parkplatz
- Tiefgarage
- Flughafen
- Postamt
- Restaurant
- Hotel, Parador, Pousada
- Reiseweg, Route

- Campingplatz
- Womo-Stellplatz
- V & E Station
- Kirche, Kathedrale
- Burg, Kastell
- Wandermöglichkeit
- archäol. Stätte
- Berg, Gipfel
- Rast-, Picknickplatz
- Grenzübergang
- Pass
- Strand, Badeküste
- Höhle

V & E für Wohnmobile – Einrichtungen für die Versorgung mit Trinkwasser sowie die Entsorgung von Wohnmobilabwässern sind auf dem Campingplatz vorhanden.

Wichtige, am Anfang zu jeder Tour vermerkte Sehenswürdigkeiten sind ihrer Bedeutung entsprechend mit einem, zwei oder drei Sternchen versehen.

* = sehenswert

** = sehr sehenswert

*** = ein „Muss" auf der Reise

Warum gerade Reiseführer aus dem Werner Rau Verlag?

Ein großes, schier unübersehbares Reiseführerangebot erwartet Sie im Handel. Warum sollten also gerade Reiseführer aus dem Werner Rau Verlag die richtigen für Sie sein? Gute Frage! Hier meine Antwort:

Schon seit den 70er-Jahren fröne ich dem Wohnmobil-Touring und verfasse seit Beginn der 80er-Jahre Reiseführer für alle, die ein Land gerne auf eigene Faust erfahren vollen. Jahrelange Reiseerfahrung in fast allen europäischen und zahlreichen außereuropäischen Ländern, die auf den vielen Reisen gesammelt werden konnte, kommt nun dem Konzept meiner Reiseführer zugute.

Einfach einsteigen, losfahren und entspannt die Wohnmobiltour genießen! Das wäre doch ideal, dachte ich. Und genau das möchte ich mit meinen „MOBIL REISEN"-Tourenbüchern den Lesern bieten.

Ziel ist es nach wie vor, kompetente, verlässliche und vollwertige Reiseführer zu schaffen.

Zusammen mit den bewährten Tourenvorschlägen und Reisetipps bieten meine Reiseführer nicht nur umfangreiche Infos zu den schönsten Reiserouten mit GPS-Koordinaten, sondern zudem eine gelungene Mischung aus zeitgemäßer Informationsvielfalt, Kultur und aktuellen Tipps für täglich neue Reiseerlebnisse unterwegs. Und natürlich fehlen auch umfangreiche Hinweise zu Campings und Wohnmobil-Stellplätzen nicht.

Einer der vielen Vorteile der Reiseführer aus der Reihe „MOBIL REISEN", quasi das „Alleinstellungsmerkmal", wie man heute zu sagen pflegt, ist z. B. der, dass Sie durch die in den Büchern vorgeschlagenen Routen sich Ihre ganz individuelle „Grand Tour" zusammenstellen können.

Fast alle Tourenvorschläge, jeder mit einer eigenen Übersichtskarte versehen, sind so gewählt, dass sie etwa an einem Tag zu bewältigen sind. Und alle beschriebenen Touren sind - wie gesagt - Vorschläge, an die Sie sich aber nicht sklavisch halten müssen. Natürlich haben Sie die Freiheit, Touren ganz nach Ihrem Gusto auszuwählen. Dabei helfen Ihnen die Info-Kästen. Vor jeder Tour haben Sie nämlich einen kurzen Infokasten, der die Reisehöhepunkte hervorhebt, die Länge der Tour und die eventuelle Reisedauer erwähnt. Und wenn Sie diesen Infokasten überfliegen, wissen Sie schon, ohne endlos hin- und her blättern zu müssen, was Sie auf der entsprechenden Tour bzgl. Reisehöhepunkte, Zeitaufwand und Entfernungen erwartet. Und Sie können die Tourenvorschläge nach Ihren Vorstellungen zu Ihrer ganz persönlichen Reise zusammenstellen.

Kurz, Raus Reise- und Tourenbücher mit dem neuen Konzept „Mobile Touring Highlights" sind handliche, praktische Reiseführer, optimal geeignet für individuelles Wohnmobil-, Auto-, Caravan- und Van-Camper-Touring.

Also, nix wie raus, einsteigen, losfahren und genießen - mit Raus Reiseführern aus der Reihe MOBIL REISEN.

Zu fast allen meinen Wohnmobilführern können Sie beim Verlag ein GPS-Roadbook auf CD erstehen, mit GPS Koordinaten zu wichtigen Wegpunkten und zu fast allen im Reiseführer erwähnten Camping- und Wohnmobil-Stellplätzen.

Mobil Reisen – Mit Vergnügen Reisen!

Ihr Werner Rau

Mehr über den Rau Verlag erfahren Sie unter www.rau-verlag.de

REGISTER

Personennamen in kursiver Schrift.

(CP) bzw. (ST) hinter dem Ortsnamen weist darauf hin, dass in oder ganz in der Nähe des Ortes ein im Reiseführer beschriebener Campingplatz und/oder ein Wohnmobil-Stellplatz zu finden ist.

A

B

C

Campingplätze

D

MOBIL REISEN

NIX WIE RAUS!

Raus Reiseführer – die gelungene Mischung aus kompetentem Reiseführer, Tourenbuch, Camping- und Stellplatzführer.

Erlebnisreiche Touren zum Nachreisen mit Wohnmobil, Caravan oder Van-Camper.

Mobil Reisen: BALTIKUM
Die schönsten Reiserouten, kombiniert zu einer erlebnisreichen Tour durch alle drei baltischen Länder - Litauen, Lettland und Estland. Mit einem Abstecher nach Kaliningrad. Reisetipps in Fülle. Plus Vorschläge zu sechs Radtouren.
Mit Wohnmobil-Stellplätzen u. Campingplätzen.
336 S., 128 Farbfotos, 31 Karten und Stadtpläne.
ISBN 978-3-926145-89-5. € 19,90.

Mobil Reisen: BRETAGNE
Ein individueller Reiseführer mit Routenvorschlägen, ausgesuchten Touren für eine Reise von Nantes bis ans „Ende der Welt", der Finistère an die bretonische Atlantikküste. Historisches, Amüsantes, Kulinarisches und natürlich viele praktische Reisetipps. Jetzt mit noch mehr Wohnmobil-Stellplätzen.
Mit vor Ort erfassten GPS-Koordinaten.
336 S., zahlr. Farbfotos, Karten, Stadtpläne, Hotels, Campingplätze sowie viele Infos und Reisetipps.
ISBN 978-3-926145-78-9. € 19,90.
GPS-Roadbook-CD mit Navigationskoordinaten verfügbar!

Mobil Reisen: DÄNEMARK – Mit Insel Bornholm
Handlich und praktisch für erlebnisreiches Van-Camper-, Caravan- oder Wohnmobil-Touring. Auf den 15 attraktivsten Urlaubsrouten zu den schönsten Städten und Küsten in Jütland, Fünen, Seeland und Bornholm. Ausführlicher Teil über "wonderful, wonderful Copenhagen".
Mit vor Ort erfassten GPS-Koordinaten.
312 S., zahlr. Farbfotos, Karten, Stadtpläne, sowie viele Infos, die schönsten Camping- u. Stellplätze.
ISBN 978-3-926145-87-1. € 19,90.

Mobil Reisen: ENGLAND SÜD
Von den weißen Felsen von Dover über lebhafte Seebäder bis hinaus an die abgeschiedene, wilde Küste von Cornwall. Wandern auf den herrlichen Küstenwegen und Klippenpfaden, den Schauplätzen aus Pilcher-Filmen nachspüren, in prächtigen Gärten schwelgen oder lieber gemütlich in einem uralten Pub verweilen, in dem sich schon die Schmuggler früherer Tage die Klinke in die Hand gaben? Dieser Reiseführer sagt Ihnen, wo's lang geht. Mit vor Ort erfassten GPS-Koordinaten.
348 S., zahlr. Farb-Abb., Karten, Stadtpläne, Pubs, sowie viele Infos und die schönsten Campingplätze.
ISBN 978-3-926145-86-4. € 22,90.
GPS-Roadbook-CD mit Navigationskoordinaten verfügbar!

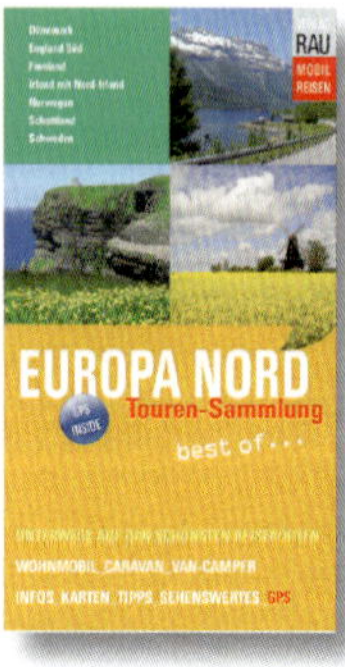

Mobil Reisen: EUROPA NORD
Wohin im nächsten Urlaub? Diese Sammlung der schönsten Wohnmobil-Touren durch Europas Norden gibt jede Menge Tipps. Erleben Sie auf den schönsten Reisewegen Touring Highlights in Dänemarks Jütland, in Englands Süden, in Finnland, in Irland und Nordirland, in Norwegens Fjordwelt und auf den Lofoten, in Schottland und in Südschweden.
Mit einladenden Camping- und Stellplätzen und mit vor Ort erfassten GPS-Koordinaten.
300 Seiten, zahlr. Farbfotos, Karten, Stadtpläne.
ISBN 978-3-926145-82-6. EUR 22,90.

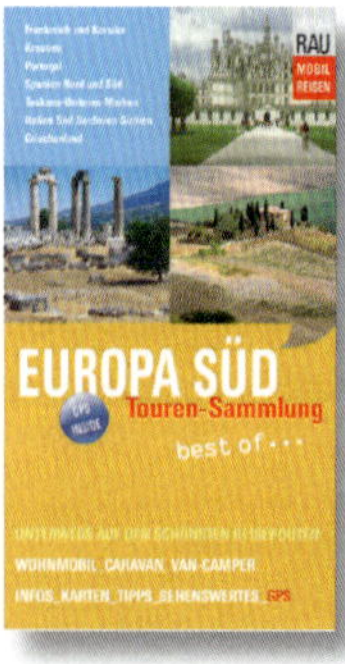

Mobil Reisen: EUROPA SÜD
Auf in den Süden! Mit dieser Sammlung der schönsten Wohnmobil-Touren fällt Ihnen die Auswahl, wohin die nächste Tour gehen soll, bestimmt leichter. Der „best of-Band Europa Süd“ sagt Ihnen wo's langgehen könnte. Anhand der zahlreichen Tourenvorschläge können Sie wählen, ob es Sie lieber nach Frankreich, nach Griechenland, nach Kroatien, nach Spanien, Portugal oder doch eher nach Italien zieht.
Alle Touren sind ausführlich beschriebenen. Und Sie finden dort jede Menge Reisetipps und Infos zu Camping und Stellplätzen und natürlich auch GPS-Koordinaten.
Ca. 320 Seiten, zahlr. Farbfotos, Karten u. Pläne.
ISBN 978-3-926145-90-1. EUR 22,90.

Mobil Reisen: FINNLAND – Mit Åland-Inseln
Das „Land der tausend Seen“ von Helsinki über das Labyrinth des Saimaa-Seengebiets, weiter über Karelien, die einsamen Weiten Lapplands und zurück über den finnischen Schärengarten auf eigene Faust erleben. Anschließend ein Abstecher auf die Åland-Inseln.
Mit einem ausführlich geschilderten **Abstecher zum Nordkap**. Und das Ganze mit vor Ort erfassten GPS-Koordinaten.
264 S., zahlreiche Farbfotos, Karten, Stadtpläne, Hotels, Campingplätze sowie viele praktische Informationen über Land und Leute.
ISBN 978-3-926145-50-5. € 19,90.
GPS-Roadbook-CD mit Navigationskoordinaten verfügbar!

Mobil Reisen: GRIECHENLAND

Aus der Reisepraxis für die Reisepraxis geschrieben. Ein Reisehandbuch mit Routen, Touren und Reisetipps fürs Reisemobil-Touring.
Eine Fülle von Routenvorschlägen führt Sie durch alle Regionen Festlandgriechenlands, von den Badestränden der Chalkidiki-Halbinsel bis in den Süden der Peloponnes-Halbinsel und natürlich zu allen archäologischen Stätten.
Mit vor Ort erfassten GPS-Navigationskoordinaten!
312 S., zahlr. Farbfotos; Karten, Stadt- u. Lagepläne, Stadtspaziergänge, Hotels und die schönsten Campingplätze.
ISBN 978-3-926145-80-2. € 19,90.
GPS-Roadbook-CD mit Navigationskoordinaten verfügbar!

Mobil Reisen: IRLAND – Mit Nordirland

Der ideale Urlaubsführer für alle, die den Charme der "Grünen Insel" auf eigene Faust entdecken wollen. Ausgesuchte Routenvorschläge fürs Wohnmobil-Touring von den südlichen Counties über die imposante Westküste bis hinauf ins abgeschiedene Donegal und durch Nordirland. Ausführlicher Dublin- und Belfast-Teil mit detaillierten Rundgängen. Kultur, Folklore, Tipps zu Pubs, Wandermöglichkeiten.
Mit vor Ort erfassten GPS-Navigationskoordinaten!
408 S., zahlr. Farbfotos, Karten, Stadtpläne, Hotels, viele Infos und die schönsten Campingplätze.
ISBN 978-3-926145-84-0. € 22,90.
GPS-Roadbook-CD mit Navigationskoordinaten verfügbar!

Mobil Reisen: ITALIEN SÜD

Italiens Süden hat viel mehr zu bieten als Sonne, Strand und Meer. Erleben Sie auf den schönsten Reisewegen die süditalienische Region Apulien mit dem hübschen Zentrum der Trullibehausungen und dem imposanten Stauferschloss Castel del Monte, die prächtige Küste der Halbinsel Gargano, sowie die einladendsten Plätze in Kalabrien. Und lernen Sie die Touring Highlights der Basilikata kennen. Natürlich fehlt auch ein Abstecher nach Paestum nicht. Neben jeder Menge an Reisetipps und Sehenswürdigkeiten finden Sie in diesem Tourenbuch eine Vielzahl von Camping- und Wohnmobilstellplätzen sowie vor Ort erfasste GPS-Koordinaten.
240 Seiten. Zahlr. Farbotos, Karten u. Pläne sowie eine Fülle an Tipps.
ISBN 978-3-926145-83-3. € 22,90.
GPS-Roadbook-CD mit Navigationskoordinaten verfügbar!

Mobil Reisen: KORSIKA

Korsika, „Ile de Beauté", die „Insel der Schönheit" besticht durch ihre wunderbare Berglandschaft und ihre herrliche, oft atemberaubende Küstenszenerie. Eine Herausforderung für alle unternehmungslustigen Wohnmobilisten und Caravaner und ein Eldorado für anspruchsvolle Wandertouren.
Hotels, Restaurants, Campingplätze und jede Menge Tipps und Infos.
Mit vor Ort erfassten GPS-Koordinaten.
228 S., zahlreiche Farbfotos., Karten, Stadtpläne.
ISBN 978-3-926145-41-3. € 18,90.
GPS-Roadbook-CD mit Navigationskoordinaten verfügbar!

Mobil Reisen: KROATIEN
Istrien, die Dalmatinische Küste und Kroatiens herrliche Adriainseln auf den schönsten Reisewegen erleben. Dieses praktische Reisehandbuch sagt Ihnen, wo's lang geht. U. a. mit Inseln Cres, Lošinj, Krk, Rab, Pag, Hvar, Korčula u. a., Makarska Riviera, Krka-Wässerfälle, Dubrovnik, Plitvicer Seen, Zagreb, sowie mit einer Fülle an Reisetipps, Infos zu Hotels und jede Menge Campingplätze.
Mit vor Ort erfassten GPS-Koordinaten.
264 S., zahlreiche Farbfotos, Karten, Stadtpläne, Stadtspaziergänge.
ISBN 978-3-926145-81-9. € 18,90.
GPS-Roadbook-CD mit Navigationskoordinaten verfügbar!

Mobil Reisen: LOIRETAL
Komplett überarbeitet, aktualisiert! Noch mehr Womo-Stellplätze!
Die schönsten Reisewege durch das Herz Frankreichs, der Landschaft, in der es sich leben lässt „wie Gott in Frankreich“. Nicht umsonst entstanden hier die prächtigsten Schlösser Frankreichs. Aber auch wer weniger das Historische als viel mehr kulinarische Erlebnisse sucht, wird in der Gegend um das Loiretal auf seine Kosten kommen. Und dieser Reiseführer sagt Ihnen wo's lang geht. Mit vielen Wohnmobil-Stellplätzen und mit vor Ort erfassten GPS-Navigationskoordinaten!
288 S., zahlr. Farbfotos, Karten, Stadtpläne, sowie viele Infos und die schönsten Camping- und Wohnmobilsstellplätze.
ISBN 978-3-926145-85-7. € 19,90.
GPS-Roadbook-CD mit Navigationskoordinaten verfügbar!

Mobil Reisen: NORWEGEN – Reisewege zum Nordkap
Komplett überarbeitet! Aktualisiert! Noch mehr Womo-Stellplätze!
Neue Touren und zusätzliche Routen! Noch übersichtlicher!
Jetzt mit praktischen „Tourenpaketen“ zum Kombinieren, wie z. B. „Südnorwegen“, „Gletscher, Fjells und Fjorde“ oder „Finnmark und Nordkap“.
Durchgehend farbig und noch mehr Fotos und Karten!
Verlässliche Kompetenz aus langjähriger Reiseerfahrung.
Mit vor Ort erfassten GPS-Koordinaten.
408 S., Stadtrundgänge, Wandervorschläge, viele Farbfotos, Karten, Stadtpläne, Hotels, sowie Reise-Infos in Fülle, dazu über 200 Campingplätze und zahlr. Stellplätze.
ISBN 978-3-926145-77-2. € 22,90.
GPS-Roadbook-CD mit Navigationskoordinaten verfügbar!

Mobil Reisen: OSTSEE-RUNDE
Auf überlegt ausgesuchten Routen und Touren die schönsten Gegenden Pommerns und Masurens, wunderschöne baltische Städte wie Vilnius, Riga und Tallinn, sowie die russische Perle Sankt Petersburg erleben. Reisen Sie über Finnland, Schweden und die dänische Insel Seeland zurück. Dieser Reiseführer hilft – ob Wohnmobil-Tourer, Caravaner, Autourlauber oder Motorbiker – sowohl bei der Vorbereitung als auch auf der Reise unterwegs. Ein unvergessliches Reiseerlebnis!
396 S., Stadtrundgänge, zahlr. Farbfotos, Karten, Stadtpläne, Hotels, sowie viele Infos und die schönsten Camping- und Wohnmobil-Stellplätze.
ISBN 978-3-926145-88-8. € 22,90.

Mobil Reisen: POLEN

Polen bequem auf eigene Faust kennen lernen. Über die Sudeten und über Schlesien, weiter durch die Karpaten, Zentral- und Ostpolen mit einem ausführlichen Teil über die Hauptstadt Warschau, durch Ermland, die Masurische Seenplatte, durchs Lebuser Land und über Pommern schließlich bis zur Ostseeküste. Alles in bequem nachvollziehbaren Reiserouten beschrieben.
Von Michael Moll, 240 S., viele Farbfotos; Karten, Stadt- u. Lagepläne, Stadtspaziergänge, Hotels und die schönsten Campingplätze.
ISBN 978-3-926145-73-4. € 19,90.

Mobil Reisen: PORTUGAL

Gesamt Portugal, vom grünen Norden bis zur sonnigen Algarveküste, vom kargen, ursprünglichen Alto Alentejo bis zu den Seebädern am Atlantik beschreibt dieser Band auf leicht nachvollziehbaren Touren, die einen kompletten Eindruck von diesem überaus interessanten Reiseland vermitteln. Besonders ausführlich die Weinstadt Porto und natürlich Lissabon, eine der schönsten Hauptstädte Europas.
Mit vor Ort erfassten GPS-Koordinaten.
300 S., zahlr. Farbfotos, Karten, Stadtpläne, Hotels, sowie viele Infos und die schönsten Campingplätze.
ISBN 978-3-926145-64-2. € 19,90.
GPS-Roadbook-CD mit Navigationskoordinaten verfügbar!

Mobil Reisen: SARDINIEN

Ein Reiseziel mit ganz unerwarteten Attraktionen – zauberhafte Küstenszenerien, das größte Dünengebiet ganz Italiens, wunderschöne Seegrotten, mystische Nuraghen, geisterhafte alte Minenstädte und einer der spektakulärsten Canyons in Europa.
Dieses Tourenbuch, gespickt mit jeder Menge Reisetipps, führt auf den schönsten Routen und Wohnmobil-Touren durch Sardinien. Mit Wohnmobil-Stellplätzen, Tipps zu Hotels und Restaurants, Campingplätzen. Mit vor Ort erfassten GPS-Navigationskoordinaten!
252 S., zahlr. Farbfotos, Karten, Stadtpläne.
ISBN 978-3-926145-62-8. € 18,90.
GPS-Roadbook-CD mit Navigationskoordinaten verfügbar!

Mobil Reisen: SCHOTTLAND

Schottland auf neuen Wegen erleben. Eine variantenreiche Rundreise – von den Borders bis zu den Highlands, von den Western Isles bis zu den Orkneys. Detaillierte Beschreibung von Edinburgh, Glasgow, allen wichtigen Städten, Schlössern und Landschaften.
Außerdem Essen und Trinken, Whisky, Clans, Tartans und Dudelsäcke, Wandern u.v.m.
336 S., zahlr. Farbfotos., Karten, Stadtpläne, Hotels, sowie viele Infos und die schönsten Campingplätze mit GPS-Koordinaten.
ISBN 978-3-926145-79-6. € 19,90.
GPS-Roadbook-CD mit Navigationskoordinaten verfügbar!

Mobil Reisen: SCHWEDEN - Mit Inseln Öland und Gotland

Komplett überarbeitet, aktualisiert! Noch mehr Wohnmobil-Stellplätze! 22 sorgfältig ausgewählte, vor Ort getestete Reise(mobil)routen und Autotouren durch die schönsten Landschaften, Städte und Regionen. Mit vielen Reisetipps und Informationen über Sehenswertes vom südlichen Schonen bis Lappland. Mit ausführlichem Stockholm-Teil, Stadtrundgänge u. a. durch Helsingborg, Göteborg, Uppsala, Kalmar, sowie die Inseln Öland und Gotland. Mit vor Ort erfassten GPS-Koordinaten.
336 S., zahlr. Farbfotos, Karten, Stadtpläne, Hotels, sowie viele Infos und die schönsten Campingplätze. Mit Wohnmobil-Stellplätzen.
ISBN 978-3-926145-74-1. € 22,90.
GPS-Roadbook-CD mit Navigationskoordinaten verfügbar!

Mobil Reisen: SIZILIEN

Auch ein klassisches Reiseziel lässt sich immer wieder neu entdecken. Dieses neue Tourenbuch schildert kompetent und ausführlich die schönsten Reisewege durch Sizilien.
Mit Wohnmobil-Stellplätzen und mit vor Ort erfassten GPS-Koordinaten.
252 S., zahlr. s/w.- u. Farb-Abb., Karten, Stadtpläne, Hotels, sowie viele Infos und die schönsten Campingplätze.
ISBN 978-3-926145-55-0. € 18,90.
GPS-Roadbook-CD mit Navigationskoordinaten verfügbar!

Mobil Reisen: SKANDINAVIEN

Reiseziel Nordkap

Die große Tour zum Nordkap in bequem zu kombinierenden Reiserouten. Mit neuen Touren und vielen Streckenvarianten durch alle vier nordischen Länder – Dänemark, Norwegen, Schweden und Finnland. Ausführliche Beschreibung der Hauptstädte. Übersichtlich, informativ, kompetent. Mit vor Ort erfassten GPS-Koordinaten.
408 S., zahlr. Farbfotos, Karten, Stadtpläne, Hotels, sowie viele Infos und die schönsten Campingplätze und viele Wohnmobil-Stellplätze.
ISBN 978-3-926145-71-0. € 22,90.
GPS-Roadbook-CD mit Navigationskoordinaten verfügbar!

Mobil Reisen: SPANIEN NORD

Spaniens Norden von den Stränden der Costa Brava über die Pyrenäen, durch das grüne Galicien mit dem Pilgerziel Santiago de Compostela bis ins Herz Kastiliens mit den Hochburgen von Kunst, Kultur und Geschichte wie Salamanca oder Segovia.
Ausführlich: **Der Jakobsweg**.
Paradores, Restaurants und die schönsten Camping- und Wohnmobilstellplätze. Mit vor Ort erfassten GPS-Koordinaten.
300 S., zahlr. Farbfotos; Karten und Stadtpläne.
ISBN 978-3-926145-91-8. € 22,90.

Mobil Reisen: SPANIEN SÜD

Eine gelungene Mischung aus Kunst, Kultur, Information und Reisetipps. Ein kompletter Reiseführer, der mehr als nur Routen und Touren bietet. Vom Mittelmeer ins Herz Kastiliens, auf den Spuren der Conquistadores, weiße Dörfer, maurische Paläste und der sonnige Süden Andalusiens. PLUS: Madrid City Guide.
Mit vor Ort erfassten GPS-Koordinaten.
312 S., zahlreiche Farbfotos, Karten und Stadtpläne. Stadtspaziergänge, Hotels, Paradores, Campings, Wohnmobil-Stellplätze u. v. m.
ISBN 978-3-926145-69-7. € 22,90.
GPS-Roadbook-CD mit Navigationskoordinaten verfügbar.

Mobil Reisen: TOSKANA - Mit Florenz und Insel Elba

Wiege der Renaissance, altes Zentrum von Kunst, Kultur und Wissenschaft und natürlich Eldorado für Weinliebhaber und ein wahres Paradies für kulinarische Entdecker. Ein Autoführer mit bequem zu kombinierenden Reiserouten durch die gesamte Toskana, mit Elba.
Großer Florenz-Teil sowie alle wichtigen Städte, Landschaften und Sehenswürdigkeiten. Mit vor Ort erfassten GPS-Koordinaten.
300 S., zahlr. Farbfotos, Hotels, Restaurants, Camping- u. Reisemobil-Stellplätze, Kartenskizzen, Stadtpläne und viele Infos.
ISBN 978-3-926145-70-3. € 19,90.
GPS-Roadbook-CD mit Navigationskoordinaten verfügbar.

Mobil Reisen: UMBRIEN, MARKEN

Mit San Marino

Auf den schönsten Reiserouten durch die mittelitalienischen Regionen Umbrien und Marken. Reisen Sie von der sehenswerten Hauptstadt Umbriens Perugia über das prächtig gelegene Orvieto bis an die Ufer des Lago di Bolsena, weiter über die einladenden Höhen der Sibellinischen Berge an die adriatische Küste und in die älteste Republik Europas, San Marino. Mit vor Ort erfassten GPS-Koordinaten.
240 S., zahlr. Farbfotos, Hotels, Restaurants, Camping- u. Reisemobil-Stellplätze, Kartenskizzen, Stadtpläne und viele Infos.
ISBN 978-3-926145-76-5. € 19,90.
GPS-Roadbook-CD mit Navigationskoordinaten verfügbar.

Weitere Titel sind in Vorbereitung!

Fragen Sie im Buchhandel nach unseren aktuellen Neuerscheinungen.

Oder besuchen Sie uns im Internet:

https://www.rau-verlag.de

http://www.mobil-reisen.eu

VERLAG RAU MOBIL REISEN

WERNER RAU VERLAG, Feldbergstraße 54, D - 70569 Stuttgart
www.rau-verlag.de – e-mail: info@rau-verlag.de

Mobil Reisen: Baltikum

Vorliegend: 4. Auflage 2021/2022